Das große Ravensburger

Babybuch

Das große Ravensburger

Babybuch

Miriam Stoppard

Handbuch für junge Eltern

Urania-Ravensburger

Die Deutsche Bibliothek – CIP Einheitsaufnahme

Stoppard, Miriam:
Das große Ravensburger Babybuch :
Handbuch für junge Eltern / Miriam Stoppard.
[Aus dem Engl. übertr. von Lynn Hattery-Beyer ...]. –
18. Aufl. – Berlin : Urania-Ravensburger, 1998
Einheitssacht.: New baby care book <dt.>
ISBN 3-332-00840-4

Aus dem Englischen übertragen
von Lynn Hattery-Beyer, Hildegard Leiska
und Ulrike Meller
Umschlagskonzeption: Kraxenberger Kommunikation
Umschlaggestaltung: Ekkehard Drechsel BDG
Umschlagfoto: Christine Aulitzky

Satz: acomp, Wemding
Gesamtherstellung: aprinta, Wemding
Printed in Germany

01 00 99 98 20 19 18

ISBN 3-332-00840-4

Vorwort

»Das große Ravensburger Babybuch« ist 1984 zum ersten Mal erschienen. Was hat sich seither verändert? Die Erforschung des plötzlichen Kindestods (Sudden Infant Death Syndrome, SIDS) hat weitere Fortschritte erbracht. Einiges scheint darauf hinzudeuten, daß Babys, die regelmäßig auf den Bauch gelegt werden, stärker betroffen sind. Es ist deshalb ratsam, das zu tun, was ich schon mit meinen eigenen Kindern getan habe, sie nämlich auf die Seite zu legen. Ich tat dies damals allerdings nicht aus dem Wissen um den plötzlichen Kindestod, sondern weil in dieser Stellung die Babys am einfachsten am Daumen lutschen konnten.

In der letzten Zeit haben wir viel über die Gefahren von Listeria, Salmonellen und Campylobacter in der Nahrung - besonders in Milch und Eiern - gehört. Zwar hat es diese Erreger schon immer in Lebensmitteln gegeben, doch wurde erst jetzt deutlich, welche Gefahren besonders für Ungeborene, Babys und Kleinkinder von ihnen ausgehen und wie die Eltern sie davor schützen können.

Natürlich hat es auch einige Entwicklungen bei der Ausstattung für Babys gegeben, bei den Windeln beispielsweise, die heute besser an den Beinen schließen und mehr Nässe aufnehmen. Kinderwagen, Sicherheitssitze und Möbel haben ein besseres Design und sind praktischer und sicherer geworden.

Vor allem aber hat sich in den letzten Jahren die Einstellung gegenüber Kindern verändert. Die Eltern haben entdeckt, daß Kinder eigene Rechte haben, die es zu respektieren gilt. Kinder gehören nicht zum Besitz der Eltern, sondern sie sind Lebewesen, denen mit Anstand und Würde begegnet werden muß. Sie müssen gehört und bei Entscheidungen muß ihrer Meinung Rechnung getragen werden.

Wir haben auch erkannt, wie wichtig die Rolle der Eltern als Modell und Lehrer für die Verhaltensweisen des Kindes ist. Gerade im sozialen Bereich lernen Kinder Entscheidendes, lange bevor sie in den Kindergarten oder in die Schule gehen - von ihren Eltern. Eltern sollten diese Rolle sehr ernst nehmen, um ihren Kindern einen besseren Start ins Leben zu ermöglichen.

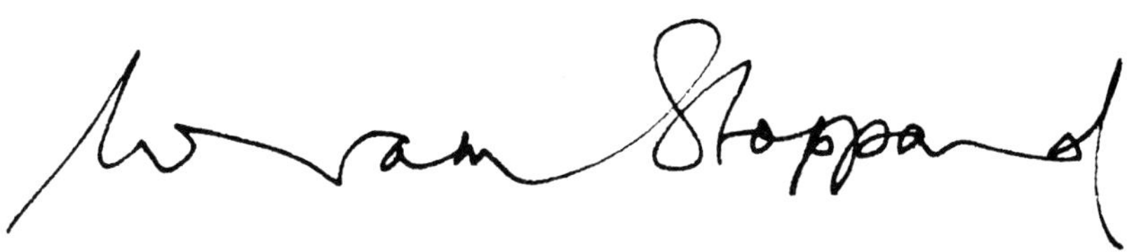

Inhalt

1 Die Bedeutung der Eltern

Sicher! Es gibt diese Eltern, die nichts als die reine Freude verspüren, wenn sie ein Kind erwarten. Doch sie sind selten. Nachdem die erste Freude verblaßt ist, empfinden die meisten eher gemischte Gefühle angesichts der Aussicht, demnächst ein Kind zu bekommen.
Die Angst davor, Mutter oder Vater zu werden, ist wahrscheinlich eine der verbreitetsten Ängste: Wird man das Kind richtig erziehen? Was geschieht, wenn man Fehler macht? Wird man finanziell über die Runden kommen? Das Geld, das vorher für 2 langte, muß jetzt für 3 reichen. Viele Anschaffungen, der Urlaub im fernen Ausland, das neue Auto, all dies muß jetzt verschoben oder ganz aufgegeben werden.
Ein weiterer Grund von Beunruhigung liegt in dem unausweichlichen Verlust von persönlicher Freiheit, der auf die Eltern zukommt. Sie werden nicht mehr einfach ins Auto steigen können, um ins Blaue zu fahren; nicht mehr spontan ausgehen können und spät nach Hause kommen; nicht mehr ein verlängertes Urlaubswochenende machen können.
All diese Sorgen und Ängste sind ganz natürlich. Doch ist die Angst, als Mutter oder Vater zu versagen, ebenso normal wie heilbar. Eine gute Voraussetzung, mit diesen Gefühlen umzugehen, ist die Einsicht darin, daß Sie und Ihr Kind sich zusammen ständig verändern werden. Die Einheit der Familie, die inneren Beziehungen, die gefühlsmäßigen Bindungen, all dies ist ständig in Bewegung. Manchmal wird alles recht harmonisch verlaufen, aber oft genug werden Spannungen auftauchen und Depressionen verursachen. Dies ist der natürliche Rhythmus, den man in allen menschlichen Beziehungen wiederfindet – auch in der Familie.
Die Liebe, die Eltern ihrem Kind entgegenbringen, wird irgendwann auch mit Befremden, Bitterkeit, Angst, Feindseligkeit oder Frustration gemischt sein. Wie in jeder menschlichen Beziehung ist dies unvermeidlich. Doch es gibt einen gewaltigen Unterschied. Er besteht darin, daß Kinder ihre Eltern in einer Art und Weise belohnen, wie es sonst niemand könnte. Nach meiner Erfahrung wird alles, was Sie als Eltern Ihrem Kind geben, hundertfach zurückgegeben. So wächst nicht nur Ihre persönliche Freiheit während Ihr Kind älter wird, sondern auch die Freude, die es Ihnen bereitet. Eines der schönsten Erlebnisse wird für Sie die Entwicklung Ihres Kindes sein: Von einem abhängigen und fordernden Wesen entwickelt es sich zu einem entdeckenden Kamerad, einem unterhaltsamen Freund, zu einem guten Kumpel.

Die Entwicklung der Familie

Die Familie, wie wir sie heute kennen, läßt sich bis in die frühste Menschheitsgeschichte zurückverfolgen. Sie hatte schon immer die Funktion, eine sichere Umwelt für das Aufwachsen der Kinder zu gewährleisten. Denn für niemanden ist die Familie wichtiger als für ein Baby. Sie ist sein ganzes Universum. Innerhalb der Familie erlernt das Kleinkind alle, für die menschlichen Beziehungen grundlegenden Verhaltensmuster: Liebe, Empfinden von Freude oder Glück, aber auch Umgehen mit Angst, Konflikten oder Spannungen. Später, wenn das Kind heranwächst, bildet die Familie den sicheren Ausgangs- und Zufluchtsort, von dem neue und schwierige Situationen erfahren werden können und zu dem das Kind immer wieder zurückkehren kann, wenn es mit den Problemen des Neuen nicht allein fertig wird.
Die Struktur, die Rollenverteilung wechselt von Familie zu Familie. In den modernen

westlichen Gesellschaften hat der Mann traditionell die Rolle des Geldverdieners übernommen. Die Frau bleibt als Hausfrau und Kindererzieherin im Hause. Doch obwohl in der letzten Zeit diese Rollenverteilung aufgebrochen wird, muß man sehen, daß sie historisch eine recht neue Stufe von Entwicklung der Familie darstellt.

Vor der industriellen Revolution bildete die Familie eine Einheit, in der Mutter, Vater und Kinder für das gemeinsame Wohl arbeiteten. Den Unterschied, den wir heute zwischen Arbeit und Kindererziehung machen, kannte man damals nicht. Frauen und Kinder arbeiteten, genauso wie die Männer, auf dem Hof und im Feld. Hausarbeit und Kindererziehung wurden nicht als typisch weiblicher Bereich betrachtet. Es herrschte vielmehr eine Art Gleichberechtigung in der Arbeitsorganisation.

Erst die industrielle Revolution zerstörte diese Einheit der Familie. Der Mann, oft genug auch die Frau, gingen als Lohnarbeiter in die Fabrik. Schulen übernahmen von den Eltern einen großen Teil der Erzieherrolle. Blieben die Frauen während der langen Arbeitszeit des Mannes im Hause, dann mußten sie die Hauptlast der Hausarbeit und der Kindererziehung tragen.

Industrialisierung und Verstädterung führten zu einer deutlichen räumlichen Trennung der Familien. Mütter konnten immer weniger ihre eigenen Mütter, Großmütter oder Schwestern um Rat fragen. Sie waren immer mehr auf sich allein gestellt. Die Familie verlor Unterstützung durch die früher recht nah lebende Verwandtschaft. Für die Frauen, die im Haus mit wenigen Außenkontakten arbeiteten, wurde das Leben enger und langweiliger als früher. Erst in den letzten Jahren, als ein Resultat der Frauenbewegung, hat sich die Situation der Hausfrau und Mutter hin auf die gleichberechtigte Ehe zu verändern begonnen.

Die moderne Mutter

Unter den modernen Müttern gibt es zwei Typen: Die einen glauben, daß, solange ihr Kind noch recht jung ist, die Kindererziehung die sinnvollste Aufgabe ist. Doch selbst eine Mutter, die ihr Kind ungewöhnlich stark liebt, wird zugeben, daß diese Beschränkung nicht einfach ist. Eine Frau, die bis kurz vor der Geburt ihres Kindes im Büro oder in einer Fabrik gearbeitet hat, ist kaum auf die Aufgaben einer Mutter und die Isolation des Lebens zu Hause vorbereitet.

Mutter zu sein ist nicht nur befriedigend, es ist auch sehr schwer. Es ist ein 24-Stunden-Job, der obendrein schlecht bezahlt wird. Es ist eine Tätigkeit voller Wiederholung und Langeweile, zugleich ist sie anspruchsvoll und zehrt an allen Kräften. Die gesellschaftliche Umwelt unterschätzt die Arbeit der Mutter. Viele Frauen – besonders wenn sie eine lange Ausbildung hinter sich haben – fühlen sich als »Nur-Mutter« minderwertig gegenüber anderen Frauen, die einer bezahlten Arbeit nachgehen. Auch heute noch gilt es, in der Gesellschaft ein realistisches Bild von der Arbeit der Mutter durchzusetzen.

Der zweite Typ von Mutter beschreibt all die Frauen mit Kindern, die weiterhin arbeiten gehen. Aber auch ihr Ansehen ist in unserer Gesellschaft nicht sehr hoch. Oftmals werden Frauen, die nicht bereit sind, sich voll und ganz auf ihr Kind zu konzentrieren, als nicht mütterlich, egoistisch oder gar herzlos betrachtet.

Dabei ist es ein normales Bestreben, wenn Frauen auch nach der Geburt ihres Kindes weiter ihrer alten Arbeit nachgehen wollen. Oft müssen Frauen auch arbeiten gehen, weil sie keinen Partner haben oder das Familieneinkommen sonst nicht ausreichen würde.

Fast alle Mütter, die außer Haus arbeiten, haben das Bedürfnis nach einem eigenen Bereich, außerhalb der Familie. Sie wollen eigene Interessen und Einkommensquellen bewahren. Sie brauchen weiterhin einen Tätigkeitsbereich, in dem sie als fähige »Fachfrau« anerkannt und respektiert werden. Solche Motive sind gute und vernünftige Gründe für eine Rückkehr in die Arbeitswelt nach der Geburt des Kindes. Die Frauen, die eine solche Entscheidung getroffen haben, zählen zu den am härtesten arbeitenden Menschen in unserer Gesellschaft. Sie haben zwei Ganztagsbeschäftigungen: die Arbeit im Haus und die Arbeit außer Haus.

Der moderne Vater

Heutzutage sind immer weniger Väter bereit, ihren Kindern nur als Besucher, als Randfigur zu erscheinen. Sie suchen die Mitverantwortung für die alltägliche Pflege ihres Kindes. Sie wollen die schönen Ereignisse im Leben ihres Kindes nicht verpassen. Sie wollen sehen, wie ihr Kind aufwächst. Sie versuchen ihre Arbeitszeit so einzurichten, daß sie möglichst viel vom Leben ihres Kindes mitbekommen, um es im Spiel, bei den Mahlzeiten, bei den Hobbys aktiv mitzugestalten. Von Geburt an übernimmt der Vater seinen Teil der alltäglichen Pflege: Wickeln, nachts füttern, Baden, ins Bett bringen. Der moderne Vater will ein Ganztagsvater und kein Fremder sein.

Ein Vater, der schon an der Schwangerschaft seiner Frau sehr interessiert war, behält dieses Interesse nach der Geburt des Kindes. Er wendet sich von Anfang an dem Kind zu, wenn es schreit, er ist für es da. Diese Haltung des Vaters beeinflußt natürlich auch die Beziehung zu seiner Frau. Je glücklicher er über die Schwangerschaft ist, je mehr er die Rolle als Vater annimmt, desto besser können beide Elternteile die ersten Lebenswochen ihres Kindes genießen. Als Frau bin ich eigentlich überrascht, daß die Männer nicht schon viel früher als heute bereit waren, von Geburt an Aufgaben bei der Kindererziehung zu übernehmen. Es ist ja auch zu ihrem eigenen Nutzen!

Ein neuer Lebensstil

Als Eltern werden Sie sehr viele Veränderungen in Ihrem Leben feststellen. Ihr Leben kreist um Ihr Kind, es wird bestimmt von seiner inneren Uhr, den Wickelzeiten, den Fütterzeiten, den Notwendigkeiten der Pflege und Zuwendung – egal ob Tag oder Nacht.

Ihr Lebensstil wird fast auf den Kopf gestellt – womit nicht jeder ohne weiteres fertig wird. Einige Eltern akzeptieren dies grundsätzlich nicht. Sie versuchen, soweit nur irgend möglich, ihr bisheriges Leben fortzuführen. Wohin und wann auch immer sie losziehen, schleppen sie ihr Baby in der Tragetasche mit sich herum. Andere Eltern tun genau das Gegenteil. Sie geben alles auf, um ihr Baby zu pflegen. Sie machen das Kind zum Mittelpunkt ihres Lebens und investieren dort ihre ganze Kraft. Beide Extreme gehen erheblich zu weit. Das Beste ist eine Mittelposition, in der sich die Bedürfnisse und Emotionen des Kindes und der Eltern treffen.

Kinder brauchen von ihren Eltern Sicherheit und Liebe. Sie brauchen ständige Anbahnungen neuer Erfahrungen. Sie brauchen die Anerkennung als Individuum. Solange Eltern diese Bedürfnisse erfüllen, besonders die nach Liebe und Zuneigung, solange wird sich das Kind normal entwikkeln. Es wird sich ein Muster aufbauen, nach dem es alle zukünftigen Beziehungen bewältigen kann.

Nach der Liebe ist Anregung das Zweitwichtigste, was Sie Ihrem Kind geben können. Ein Kleinkind ist wie ein Schwamm: Es saugt fast jedes neue Erlebnis, jede Erfahrung in sich auf. Ein Baby hat einen enormen Lernhunger, der immer wieder mit neuer »Nahrung« gespeist werden will. Die Aufgabe der Eltern ist es, ihrem Kind die Möglichkeiten, Wunder und Aufregungen der Außenwelt zugänglich zu machen. Zunächst durch die eigene Person des Vaters und der Mutter. Dann durch andere Familienmitglieder und später durch Freunde, Bekannte und Nachbarn.

Kinder benötigen Sicherheit darüber, daß die Erwachsenen, die sie am meisten lieben, ihre Eltern also, sie anerkennen. Dies können Eltern durch Lob ausdrücken. Es ist ja oft genug gesagt, daß Kinder sehr viel besser auf Lob als auf Tadel reagieren. Ein geliebtes Kind hat Selbstrespekt, ein ungeliebtes selten. Das ungeliebte Kind neigt

darüber hinaus zu unkooperativem und antisozialem Verhalten.
Nun haben nicht nur Kinder Bedürfnisse, sondern auch ihre Eltern. Deren Bedürfnisse verschwinden ja nicht in dem Moment, in dem sie Eltern werden. Die ursprüngliche Begeisterung über das Kind kann sogar ganz schnell vergehen, wenn die Eltern ihre eigenen Bedürfnisse völlig vernachlässigen. Alle Eltern müssen Opfer bringen, aber keine Mutter und kein Vater muß zum Märtyrer werden.
Gelingt es nicht, die Bedürfnisse des Kindes und die der Eltern auszugleichen, dann wird es meistens zu Spannungen kommen. Eine glückliche und entspannte Atmosphäre kann nicht aufkommen.
Heutzutage sollten beide Elternteile mit gleichwertigen Rechten und Pflichten am Leben des Kindes beteiligt sein. Gleichermaßen für die Zeugung des Kindes verantwortlich, sollten auch beide Verantwortung für seine Erziehung tragen. Das geringste dabei ist, daß beide Partner mit der Rollenverteilung einverstanden sind. Oft genug wird von der Frau erwartet, die Rolle der Amme und des Babysitters in der begrenzten Welt des Hauses oder der Wohnung zu spielen, während der Vater das Haus früh verläßt und meist erst dann zurückkehrt, wenn das Kind bereits wieder schläft. Eine solche Situation ist schnell unerträglich, wenn die Frau mit dem ihr zugedachten Part nicht einverstanden ist.
Im Idealfall ergänzen sich die Bedürfnisse des Vaters, der Mutter und des Kindes. Dies bedeutet nichts anderes, als daß das Verlangen beider Eltern, ihr Kind zu lieben und zu pflegen, der Abhängigkeit und dem Pflegebedürfnis ihres Kindes entspricht. Immer dann, wenn diese Übereinstimmung gestört wird, kommt es zu Konflikten.

Sie spielen eine wichtige Rolle!

Eltern übernehmen für ihr Kind verschiedene Rollen. Sie sind die ersten Freunde des Kindes und wahrscheinlich während

ihres ganzen Lebens deren beste. Der Einfluß der Eltern setzt sehr früh ein. Ein altes Jesuiten-Sprichwort lautete: »Überlaß mir ein Kind, bis es sieben Jahre alt ist, dann gehört es dir!« Es macht deutlich, daß man früher der Auffassung war, daß ein Kind in den ersten sieben Lebensjahren am stärksten geprägt werden kann.
Heute wissen wir, daß diese prägende Phase wesentlich kürzer ist. Mit der Sekunde, in der es geboren wird, beginnt ein Kind Informationen aus seiner Umgebung aufzunehmen und zu verarbeiten. Aus der Tatsache, daß ein Baby erst mit sechs Wochen in der Lage ist, ein entferntes Objekt zu fokussieren, darf man nicht schließen, daß es vorher nicht sehen kann. Es kann durchaus! Ein Neugeborenes kann all das sehen, was 20 bis 25 Zentimeter entfernt ist. So nahe müssen Sie also heran, damit Ihr Kind Sie wiedererkennen und beobachten kann. Sofort nach der Geburt reagieren Babys auf Gesehenes, auf Geräusche, Gerüche, Berührungen und Gespräche. Eltern sollten sich dies bewußt machen, denn es bedeutet für sie eine große Verantwortung.
Aber Eltern sind nicht nur Lehrer, sie sind Spielkamerad, Berater, Erzieher und Aufpasser. Ihr Einfluß entscheidet alles. Ein Kind lernt von Ihnen Gefühle wie Freundschaft und Feindschaft, Glück und Trauer, Zufriedenheit, die Grundzüge der Liebe zu anderen Menschen und der Kommunikation mit ihnen. Ja wirklich, Sie können mit einem zwei Wochen alten Baby kommunizieren, Sie müssen nur lernen, die Botschaften, die das Kind sendet, zu entschlüsseln.

Alle Kinder benötigen schon früh in ihrem Leben zuverlässige und starke emotionale Bindungen. Fehlt diese Beziehung, weil Eltern in ihrer Liebe, ihrer Zuneigung, in ihrem Verhalten unbeständig sind – oder weil sich die Mutter durch unzureichenden Ersatz vertreten läßt –, so wird es das Kind schwer haben, zukünftig feste Bindungen aufzubauen.

Die Aufgabe der Eltern wird es auch sein, dem Kind Respekt vor anderen Menschen beizubringen. Manchmal werden Sie dabei standfest auf die Disziplin Ihres Kindes bestehen müssen. Doch bleiben Sie in solchen Situationen immer liebe- und verständnisvoll. Oft zielt ein »respektloses« Verhalten eines Kindes auf nachlässige oder rücksichtslose Eltern. Sobald Eltern ihre Aufmerksamkeit für das Kind vernachlässigen, verlieren sie ihre Einflußmöglichkeiten. Mütter und Väter dagegen, die jeden Entwicklungsschritt beobachten, die die jeweiligen Eigenheiten, Erfolge und Mißerfolge des Kindes respektieren, werden immer in der Lage bleiben, sein Verhalten zu verstehen und im positiven Sinne zu lenken.

Die entwicklungspsychologische Forschung hat gezeigt, daß Kinder ohne einen gewissen Grad an Disziplin nicht auskommen können. Nur kommt es darauf an, daß dem Kind die Grenzen des eigenen Verhaltens deutlich und eindeutig gesetzt werden. Die Aufgabe der Eltern ist es, altersgerechte Verhaltensnormen zu setzen, als Rahmen, innerhalb dessen sich das Kind frei von unnötigen Reglementierungen entfalten kann und soll. Übertriebene Einschränkungen und Kontrollen, aber auch inkonsequentes Verhalten üben negative, hemmende Einflüsse auf das Kind aus. Die idealen Eltern akzeptieren und fördern die Unabhängigkeit des Kindes, wo es nur möglich ist.

Eltern sollten sich darüber klar sein, daß sie für das Kind ein Verhaltensmodell darstellen. Ein Junge beobachtet das Verhalten seines Vaters. Er lernt dadurch die Erwartungen zu befriedigen, die später, wenn er sehr viel älter ist, an ihn gestellt werden. Er ahmt den Vater nach und übernimmt manche seiner Gewohnheiten. In ähnlicher Weise lernt ein Mädchen von seiner Mutter, wie es ist, Frau zu sein. Für das Kind prägen Atmosphäre und Verhaltensweisen in der Familie ganz entscheidend sein eigenes soziales Verhalten. Und auch später wird sein Auftreten wesentlich durch Rollenmuster, Normen und Wertvorstellungen der Eltern mitbestimmt.

Ein Kind kann sich durchaus völlig normal nur bei seiner Mutter entwickeln, aber es hat es, nach allem, was wir wissen, leichter, wenn es zwei Verhaltensmodelle, Mutter und Vater, miteinander vergleichen kann. Ich bin deshalb der Meinung, daß ein Kind Zuwendung, Hilfe, Unterstützung, Erziehung, Beratung und Liebe des Vaters nicht entbehren sollte. Es sollte erleben, wie beide Eltern Interesse an den für das Kind wichtigen Phasen und Entscheidungen zeigen.

Die Bedeutung des Anfassens

»Eine ordentliche Tracht Prügel hat noch keinem Kind geschadet!« Unter diesem Motto wurden noch in der Generation meiner Eltern viele Kinder erzogen. Und viele Menschen meiner Generation wurden nicht nur durch Worte, Belohnungen oder Bestrafungen erzogen, sondern auch durch Schläge und Prügel. Die Haltung, die hinter diesen Sprüchen steht, ist äußerst problematisch. Eltern sollten nicht danach fragen, was ihrem Kind schadet, sondern was ihm und seiner Entwicklung nützt. Und das Wichtigste, was sie ihm unter dieser Frage geben können, ist ihre Liebe. Kein Kind kann zuviel Liebe bekommen.

Die ersten Zeichen der Liebe einer Mutter sind ihre Berührungen, die zweiten ihre Stimme, mit der sie auf das Neugeborene einredet. Ich bin davon überzeugt, daß damit schon die Bindung zwischen Mutter und Baby einsetzt. Babys erkennen ihre Mütter und das heißt diejenigen, die sie füttern, wickeln, mit ihnen sprechen und das Leben angenehmer machen, an den Berührungen, am Geruch und an der Stimme.

Einer der wichtigsten Aspekte der frühen Beziehung zwischen der Mutter und dem Baby ist die Art und Weise, wie die Mutter das Kind berührt und anfaßt: zärtlich, weich, sanft, kuschelnd.

Das Moment des Berührens spielt auch bei anderen Lebewesen eine wichtige Rolle. Dies wird durch einige inzwischen sehr berühmte Experimente deutlich. Bei einer dieser Untersuchungen wurden zwei Gruppen junger Schimpansen sehr bald nach der Geburt von ihren Müttern getrennt. Die Gruppen erhielten unterschiedlich ausgestattete Ersatzmütter zur Verfügung gestellt. Eine Gruppe erhielt eine »Draht-Mutter«. Das war einfach ein Drahtgestell, das der Form eines Schimpansen nachempfunden war und das eine Vorrichtung zum Nuckeln enthielt, über die die Schimpansenbabys Nahrung aufnehmen konnten.

Die zweite Gruppe erhielt eine »weiche« Mutter. Diese bestand aus dem gleichen Drahtgestell, das aber zusätzlich mit Schafwolle überzogen war. Wenn sich das Schimpansenbaby an der weichen Wolle gerieben hat, dann hatte das den gleichen Effekt, als würde es durch eine Mutter gestreichelt. Das Experiment hat nun gezeigt, daß die Schimpansenbabys lieber auf ihr Futter verzichteten, als daß sie sich das weiche Fell der Ersatzmutter entgehen ließen. Und heute werden frühgeborene Babys auf einigen Intensivstationen auf Schafwolle gelegt, weil sie damit das Gefühl erhalten, als würden sie von einer natürlichen Mutter gehalten. Erstaunlich ist, daß sie sich besser entwickeln und schneller an Gewicht gewinnen als die Babys, die auf ein normales Laken aus Baumwolle gelegt werden.

Die Quintessenz für Eltern hieraus ist denkbar einfach. Wenn Sie ein glückliches Baby wollen, das sich gut entwickelt, dann gehört zum wichtigsten, was Sie für Ihr Kind tun können, mit ihm zu schmusen, zu schmusen und zu schmusen. Nutzen Sie jede Gelegenheit, die sich bietet, um es zu berühren, anzufassen und zu streicheln. Begleiten Sie dies mit einer sanften und liebevollen Stimme, einem Lächeln, und halten Sie Ihr Gesicht in einer Entfernung von 20 bis 25 Zentimetern. All dies verhilft Ihrem Baby zu einem fliegenden Start ins Leben.

Auf die Liebe kommt es an!

Bis vor kurzer Zeit herrschte die Meinung vor, die Mutter-Kind-Beziehung sei durch nichts zu ersetzen. Man glaubte, nur die Bindung zwischen Mutter und Kind könne die Entwicklung gewährleisten. Dem Kind

wurde gar die Fähigkeit abgesprochen, eine Beziehung zu einer anderen Person als der biologischen Mutter einzugehen. Die Mutter trug eine enorme psychische Verantwortung und Last und war obendrein allen Manipulationsmöglichkeiten - durch Partner, Familie oder Umwelt - ausgesetzt.

Die neuere Forschung hat mit diesen Vorstellungen gründlich aufgeräumt. Babys können durchaus mehr als eine Beziehung zugleich eingehen. Die meisten Babys können – nachdem sie überhaupt in der Lage sind, Verbindungen aufzubauen – mehrere verschiedene Beziehungen eingehen. Bis zum 18. Lebensmonat haben viele Babys über die Mutter hinaus schon Bindungen zu Nachbarn, Großeltern und, am wichtigsten, zum Vater. Eine große Anzahl von Beziehungen bedeutet auch nicht – wie früher angenommen –, daß die einzelne Beziehung schwächer ausgeprägt ist. Das Bild

vom Kuchen, der auf viele Personen verteilt wird, ist falsch; denn die Liebe eines Babys ist grenzenlos.
Es gibt also keinen vernünftigen Grund, daß die Rolle und die Arbeit der Mutter nicht auf verschiedene Personen verteilt werden kann. Die Mutter muß nicht die biologische Mutter sein. Auch ein Mann kann diese Rolle übernehmen. Die »Blutsbeziehung« zwischen Mutter und Kind ist ein Mythos. Es gibt keine Hinweise, nach denen es nicht möglich wäre, daß mit dem Kind biologisch nicht verwandte Erwachsene die Rollen der Eltern übernehmen können. Positive Beispiele geben zahlreiche Familien mit Adoptiv- bzw. Pflegekindern.
Der Glaube, daß die Mutter aufgrund einer biologischen Bindung zum Kind einzigartige, unersetzbare Fähigkeiten besäße, ist irrig. Es gibt keinerlei biologische, medizinische oder psychologische Gründe für eine Beschränkung der Kinderpflege und -erziehung auf Mütter bzw. Frauen. Und damit gibt es auch keine entsprechenden Gründe, die gegen die Arbeitsteilung zwischen Vater und Mutter sprechen.
Die entwicklungspsychologische Forschung hat gezeigt, daß die Qualität einer Beziehung des Säuglings zu anderen Menschen entscheidender ist als die Dauer. Der Streit darüber, ob eine Mutter den ganzen Tag mit ihrem Kind verbringen muß, ist damit überflüssig. Eine Mindestzeit des Zusammenseins ist sicher notwendig. Doch läßt sich diese Zeit nicht generell festlegen. Solange die Qualität der Beziehung gewahrt wird, gibt es keinen Grund dafür, daß Mutter und Kind nicht für einen Teil des Tages getrennt sind: etwa wenn die Mutter arbeitet und das Kind von einer Tagesmutter betreut wird. Dies oder ähnliches ist möglich, wenn die Stabilität der Mutter-Kind-Beziehung nicht davon beeinflußt wird. Wechseln sich aber die für die Betreuung des Kindes verantwortlichen Personen ständig ab, dann kann es Störungen des Sozialverhaltens des Kindes geben. Ein Kind braucht nicht unbedingt eine einheitliche – wohl aber kontinuierliche Pflege. Wollen beide Eltern nicht immer im Hause bleiben, dann müssen sie diese Bedingungen schaffen.

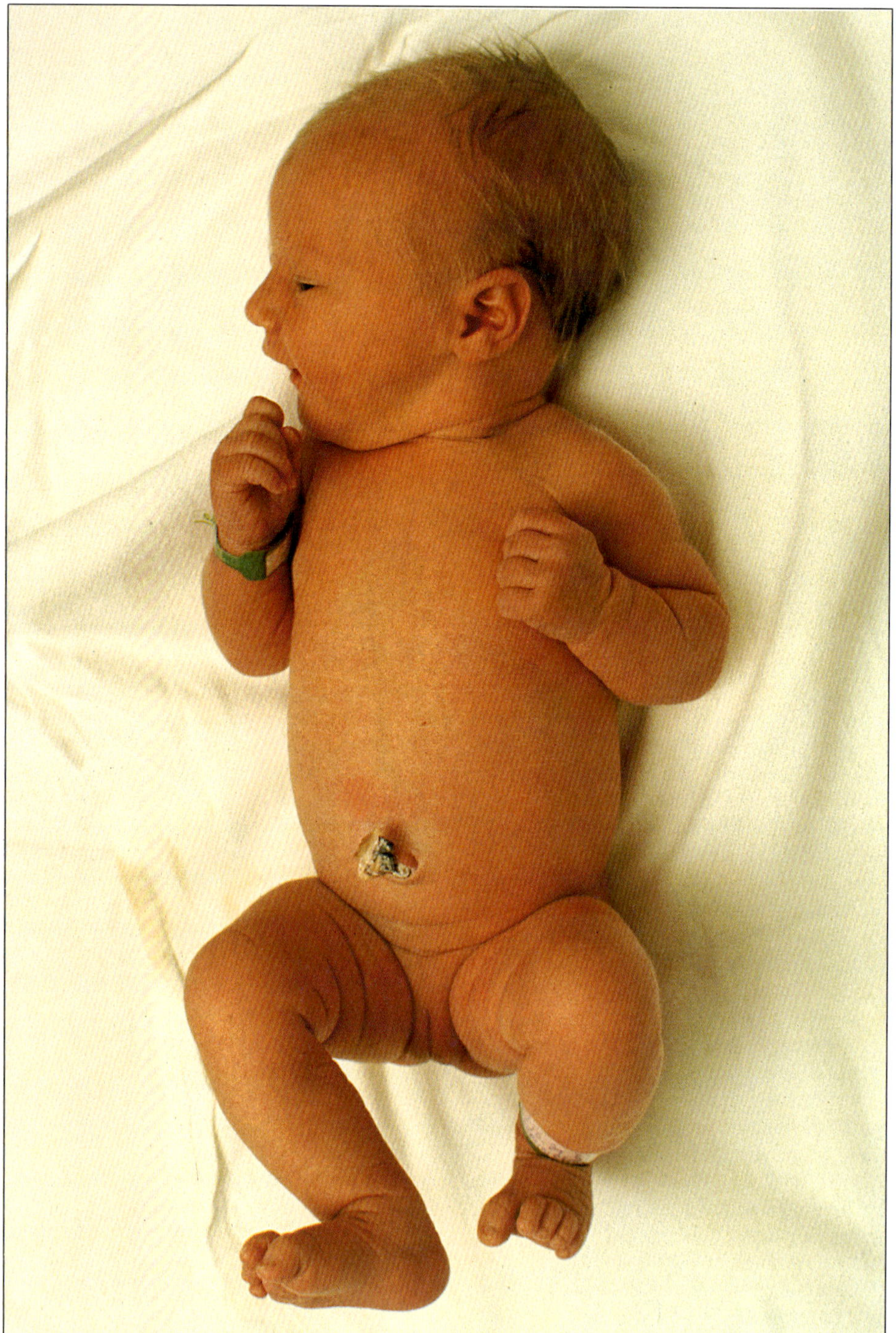

2 Das Neugeborene

Wahrscheinlich sieht Ihr Neugeborenes ganz anders aus, als Sie es sich vorgestellt haben. Es ist vielleicht kleiner und rötlicher, als Sie dachten. Womöglich erscheint Ihnen sein Kopf viel zu groß und unförmig. Dies ist alles völlig normal.
Gleich nach der Geburt wird Ihr Baby gründlich untersucht. Dabei wird unter anderem auch sein Gewicht, sein Kopfumfang und seine Größe gemessen. Die Daten bilden dann gewissermaßen die Basis, von der aus die zukünftige Entwicklung des Babys beurteilt werden kann. Sie sollten die Daten Ihres Babys nicht mit denen von anderen vergleichen, das tun die Schwestern und Ärzte auch nicht. Interessant für sie ist nur der Vergleich der Daten eines Kindes, die zu unterschiedlichen Zeitpunkten gewonnen wurden.
Das Geburtsgewicht schwankt zwischen 2500 und 4500 g, die Länge um 50 cm. Sie sollten sich aber keine Sorgen machen, wenn Ihr Baby von solchen Durchschnittswerten abweicht. Die Schwankungsbreite ist sehr groß. Wichtiger als der Vergleich mit anderen ist, wie sich Ihr Baby entwikkelt.

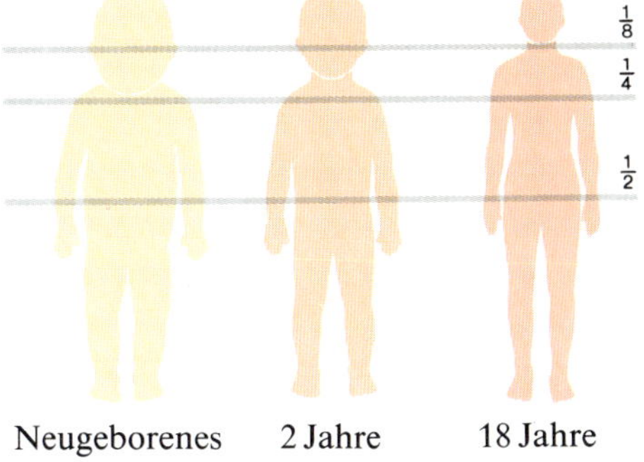

Bei der Geburt ist die Kopfgröße ein Viertel von der des gesamten Körpers; mit 2 Jahren beträgt sie noch ein Fünftel, und mit 18 Jahren ein Achtel davon.

Der Körper

Der Kopf

Größe
Im Durchschnitt hat der Kopf eines Neugeborenen einen Umfang von 35 cm. Im Verhältnis zu einem Erwachsenen erscheint der Kopf zum restlichen Körper viel zu groß. Beim Erwachsenen macht der Kopf ein Achtel, beim Baby ein Viertel der gesamten Länge aus.

Die Form
Selten hat der Kopf eines Säuglings nach dem Geburtsvorgang schon die übliche Form. Er ist vielleicht geschwollen oder sieht stark gedrückt aus. Doch keine Sorge, das Gehirn wird während der Geburt nicht in Mitleidenschaft gezogen. Die Knochen des Schädels sind nämlich so beschaffen, daß sie sich während der Geburt zusammenschieben können. Der Kopf, als größter Körperteil des Kindes, kann dadurch bei der Geburt besser ausgetrieben werden. Manchmal hat das Kind eine auffällige, größere Schwellung an einer, selten an beiden Seiten des Kopfes, die nicht sofort verschwindet (Kephalhämatom). Diese Schwellung entsteht durch den natürlichen Druck der Gebärmuttermuskulatur während der Wehen. Es handelt sich eigentlich um eine Quetschung der Kopfhaut außerhalb des Gehirns. Die Schwellung übt deshalb auch keinerlei Druck auf das Gehirn des Kindes aus. Sie verschwindet ohne Behandlung innerhalb einiger Wochen. Nach einer Zangengeburt sind Schwellungen und Vertiefungen am Kopf normal. Sie sind nach einigen Tagen verschwunden.

Die Fontanellen
Fontanellen sind weiche Stellen auf dem Kopf Ihres Kindes. Dort sind die Schädelknochen noch nicht zusammengewachsen. Bei der Geburt können sich hier die Schädelknochen zusammenschieben, ohne das Gehirn zu schädigen. Normalerweise schließen die Fontanellen erst im 2. Lebensjahr. Diese »offenen« Stellen werden

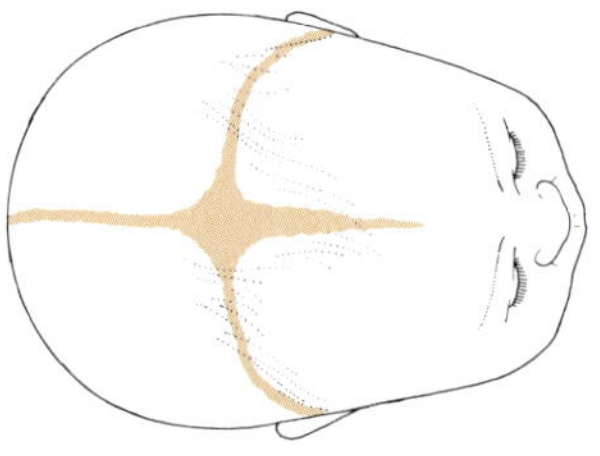

solange durch die sehr widerstandsfähige Kopfhaut geschützt. Sie sollten trotzdem darauf achten, daß die Fontanellen nie zu stark gedrückt werden. Haut und Haare über den Fontanellen bedürfen ansonsten keinerlei besonderen Aufmerksamkeit. Bemerken Sie allerdings, daß sich die Haut dort auffällig ausdehnt oder stark spannt, dann wenden Sie sich an Ihren Arzt.

Die Augen

Zustand
Als Folge des starken Drucks während des Geburtsvorgangs haben viele Neugeborenen geschwollene Augen. Diese Schwellung verschwindet während der ersten Lebenstage.
Ein Ausfluß aus den Augen Ihres Neugeborenen ist nie normal. Wahrscheinlich handelt es sich um eine harmlose Infektion (Konjunktivitis). Sie sollten aber damit immer zum Arzt gehen.

Farbe
Alle Neugeborenen haben blaue Augen. Der Grund dafür ist, daß ihnen noch das natürliche Hautpigment Melanin fehlt. Erst einige Wochen nach der Geburt beginnen sich Augen und Haut zu färben. Und erst im 6. Lebensmonat ist die endgültige Färbung erreicht.

Funktion
Anfangs wird es Ihnen schwerfallen, Ihr Kind zum Öffnen seiner Augen zu bewegen. Sie dürfen nie versuchen, die Augenlider mit Gewalt zu öffnen. Nach meiner Erfahrung ist es am einfachsten, wenn Sie das Baby über Ihren Kopf halten. Es wird dann meist automatisch die Augen öffnen. Vielleicht fällt Ihnen auf, daß Ihr Baby schielt. Machen Sie sich darüber keine Sorgen. Ihr Kind ist noch nicht in der Lage, seine Augen synchron, d. h. als Paar zu benutzen. Das Schielen verschwindet im ersten oder zweiten Lebensmonat. Sollte Ihr Kind über den dritten Monat hinaus schielen, so konsultieren Sie Ihren Arzt.

Tränen
Neugeborene weinen tränenlos. Dies wird Ihnen sicherlich recht bald auffallen. Es dauert vier bis fünf Monate, bevor Ihr Kind seine ersten Tränen vergießen kann.

Der Mund

Lippenblasen
Blasen auf den Lippen, meist in der Mitte, entstehen durch das Nuckeln. Sie sind harmlos und verschwinden von selbst.

Zunge
Manchmal scheint es, daß die Zunge Ihres Babys in ihrer gesamten Länge an der unteren Mundhöhle angewachsen ist. Auch dies ist kein Grund zur Beunruhigung. Während des ersten Lebensjahrs wächst die Zunge, hauptsächlich an der Spitze.

Die Haut

Die Käseschmiere
Die Haut eines Neugeborenen ist meist mit einer weißlichen Talgschicht bedeckt. Bei manchen Babys bedeckt diese Käse-

schmiere den gesamten Körper, während andere sie nur an wenigen Stellen haben. In den Kliniken gibt es keine einheitliche Praxis bezüglich des Umgangs mit der Käseschmiere. In manchen Krankenhäusern wird sie als natürlicher Schutz der Haut betrachtet und nicht entfernt. Andere Kliniken achten dagegen darauf, daß die Haut peinlichst genau von der Schmiere gesäubert wird. Im allgemeinen wird heute diese Reinigung als überflüssig angesehen. Zum einen schützt die Käseschmiere die Haut tatsächlich, zum anderen wird sie innerhalb weniger Tage von der Haut des Babys aufgenommen. Nur wenn die Schmiere sich in Hautfalten angesammelt hat, sollte man sie vorsichtig wegwischen.

Beschaffenheit

Es kommt vor, daß sich besonders an Hand- und Fußflächen die Haut Ihres Babys pellt. Es handelt sich dabei weder um ein Ekzem noch bedeutet dies, daß Ihr Kind an einer besonders trockenen Haut leiden wird. In den meisten Fällen verschwindet die Erscheinung innerhalb einiger Tage.

Farbe

Vielleicht fällt Ihnen auf, daß die obere Körperhälfte Ihres Neugeborenen blaß und die untere Hälfte rötlich erscheint. Dies hängt mit dem unausgereiften Zustand seines Kreislaufs zusammen, wodurch sich das Blut in den unteren Extremitäten sammeln kann. Ein bißchen Bewegung sorgt dafür, daß der normale Zustand wieder hergestellt wird.

Die gleiche Ursache hat es, wenn Ihr Kind – besonders im Liegen – bläuliche Hände und Füße bekommt. Auch diese Erscheinungen verschwinden durch Bewegung oder durch das Hochnehmen. Versuchen Sie zusätzlich, die Temperatur im Kinderzimmer konstant bei 21° zu halten.

Bei Babys mit dunklerer Hauttönung erscheinen am unteren Rücken manchmal blaue Flecken (»Mongolenflecke«). Sie sind sehr häufig bei afrikanischen und asiatischen Babys. Machen Sie sich keine Sorgen. Die Flecken sind völlig harmlos und verblassen mit der Zeit.

Gelbsucht

Gelbsucht ist bei Neugeborenen relativ häufig. Dabei handelt es sich um eine gelbliche Verfärbung der Haut und des Weißen im Auge. Das sieht manchmal gefährlich aus, Sie müssen sich aber keine Sorgen machen. Viele Babys entwickeln eine Gelbsucht um den dritten Lebenstag, da es sich dabei nicht um eine Krankheit handelt, spricht man von »physiologischer Gelbsucht«. Sie hängt damit zusammen, daß das Blut des Babys einen hohen Anteil von roten Blutkörperchen hat, die nach der Geburt zersetzt werden. Eines der Endprodukte dieser Zersetzung ist der gelbe Farbstoff »Bilirubin«. Sein Anteil im Blut steigt und verursacht damit die Gelbsucht. Sie ist normalerweise nach wenigen Tagen verschwunden.

Geburtsmale

Häufig können Eltern auf der Haut ihres Babys kleine rote Punkte entdecken, besonders in der Mitte der Stirn, an den Augenlidern oder am Nacken. Es handelt sich dabei um vergrößerte Blutgefäße, die oft auch als »Storchenbiß« bezeichnet werden.

Bei manchen Säuglingen treten harmlose Blutgefäßgeschwulste auf, die stark rot gefärbt sind und oftmals zu der Größe eines Fünf-Mark-Stücks wachsen. Sitzt so ein Blutschwamm an einer unbedeutenden Stelle, dann können Sie getrost die zwei bis drei Jahre warten, bis er von selbst verschwindet. Sitzt er an empfindlichen Stellen, etwa im Gesicht, dann sollten Sie Ihren Arzt um Rat fragen.

Pusteln

Viele Säuglinge haben feine weiße Pünktchen auf dem Nasenrücken. Es handelt sich dabei um zeitweilig verstopfte Schweiß- bzw. Talgdrüsen. Sie sollten diese Aknepusteln niemals ausdrücken. Sie verschwinden nach einigen Tagen von selbst.

Hautausschlag

Ebenfalls nicht ungewöhnlich ist ein Hautausschlag, der an einen Brennesselausschlag erinnert. Die Haut wird rot und fleckig und enthält weiße Punkte. Dieser Ausschlag verschwindet so schnell, wie er gekommen ist. Falls Sie Zweifel haben, konsultieren Sie Ihren Arzt.

Haare

Kinder werden mehr oder weniger behaart geboren. Einige Neugeborene haben nur einen leichten Haarflaum auf dem Kopf, während andere mit starkem Haarwuchs, sogar auf Schultern und Rücken, bedeckt sind. Diese »Lanugohaare« fallen bald nach der Geburt aus.

Die Nabelschnur

Nach der Geburt wird die Nabelschnur ungefähr 8–10 cm vom Bauch des Kindes entfernt abgeschnitten. Der verbleibende Rest des Nabels wird mit einer Klammer abgeklemmt, er vertrocknet und fällt innerhalb von 40 Tagen von allein ab.

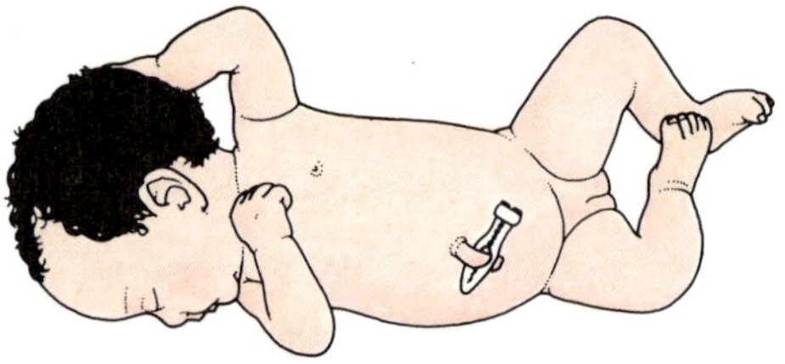

Einige Babys bekommen am Nabel mehr oder weniger große Vorwölbungen aus dem Bauch (Nabelhernien). Bei ihnen hat sich die Bauchwand noch nicht vollständig geschlossen. Meist verschwinden diese Schwellungen von selber. Sowohl weibliche als auch männliche Neugeborene können geschwollene Brüste haben, aus denen sogar Milch (Hexenmilch) fließen kann. Dies ist eine Folge der Hormone der Mutter, die sich noch im Blutkreislauf des Kindes befinden. Sie werden innerhalb einiger Tage oder Wochen abgebaut. Dann verschwinden diese Schwellungen. Versuchen Sie nicht, die Milch herauszudrücken. Sie könnten dadurch empfindliche Entzündungen der Brüste verursachen.

Die Genitalien

Die Genitalien aller Neugeborenen sind bei der Geburt relativ größer als der restliche Körper. Hoden und Schamlippen können rot entzündet aussehen. Dies ist ein natürlicher Zustand, der durch mütterliche Hormone, die sich noch im Blutkreislauf des Kindes befinden, verursacht wird. Diese Hormone können bei Mädchen auch einen Ausfluß und Blutungen verursachen. Das ist also nichts Beunruhigendes und verschwindet nach ein paar Tagen.

Der Stuhlgang

Die ersten Stuhlgänge eines Babys sind dunkel bis schwarz, zähflüssig und geruchlos. Aus dem Darm wird das Mekonium oder »Kindspech« entleert, das aus verschluckten Haaren, Hautzellen, Schleim und Fettsubstanzen, die vor der Geburt aufgenommen wurden, besteht. Nach einigen Entleerungen verändert sich der Stuhl. Aussehen und Konsistenz hängen dann davon ab, ob das Kind gestillt oder mit der Flasche ernährt wird (siehe S. 139 und S. 140).

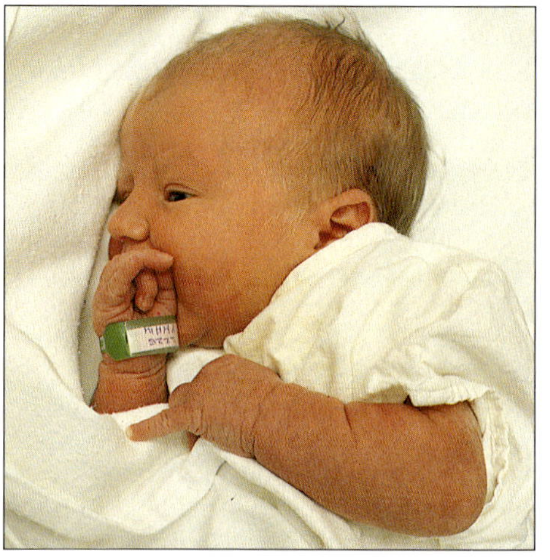

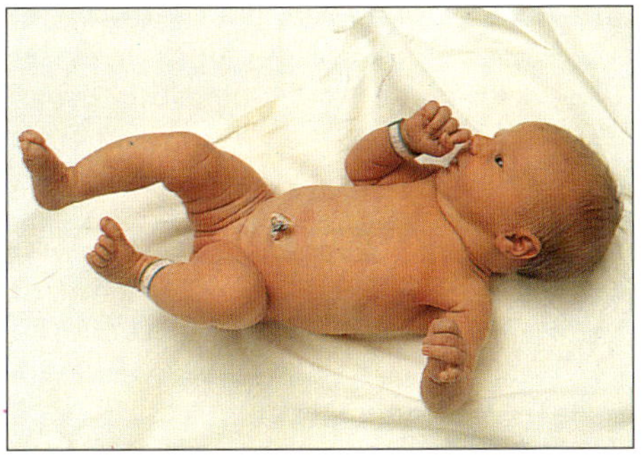

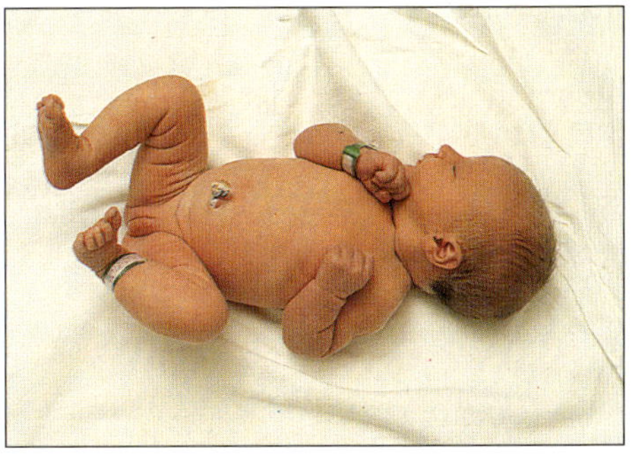

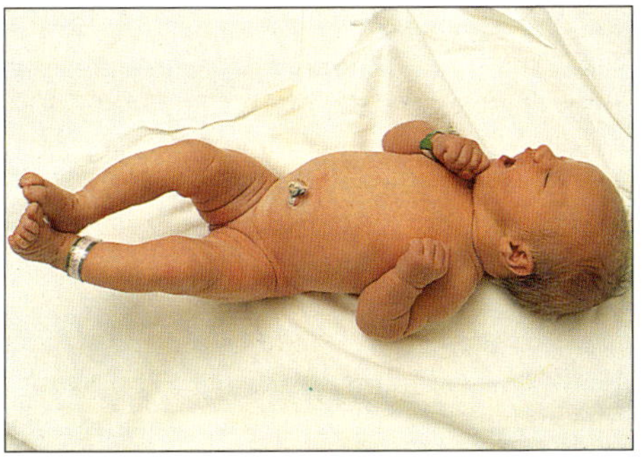

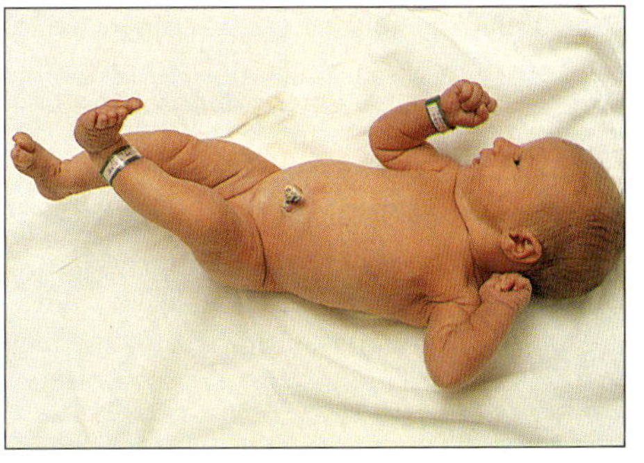

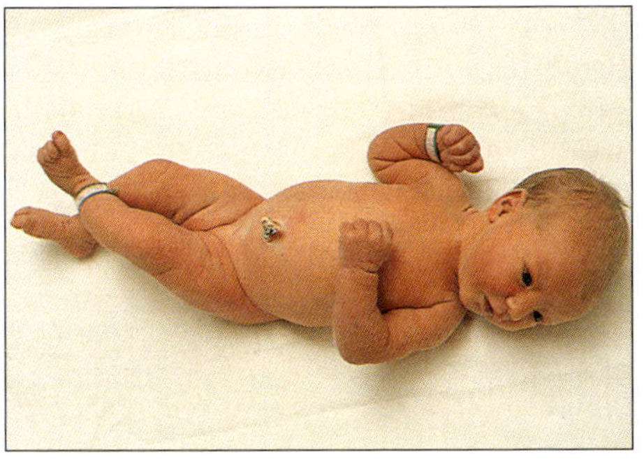

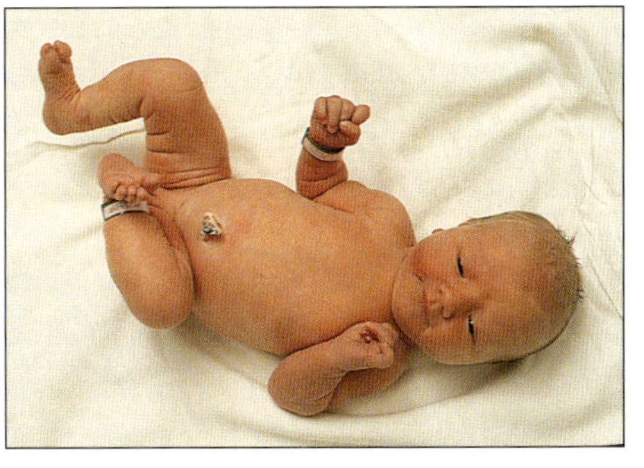

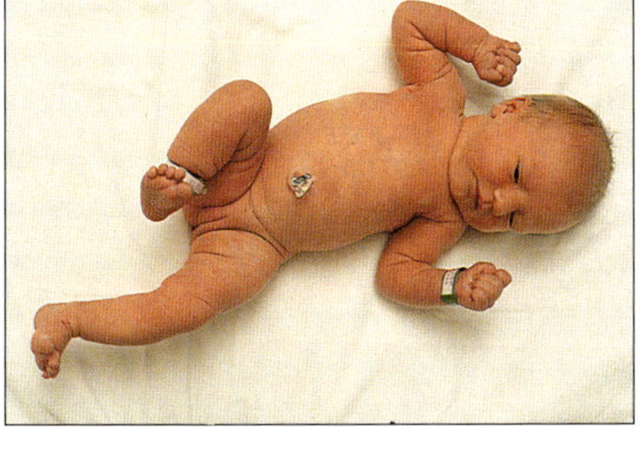

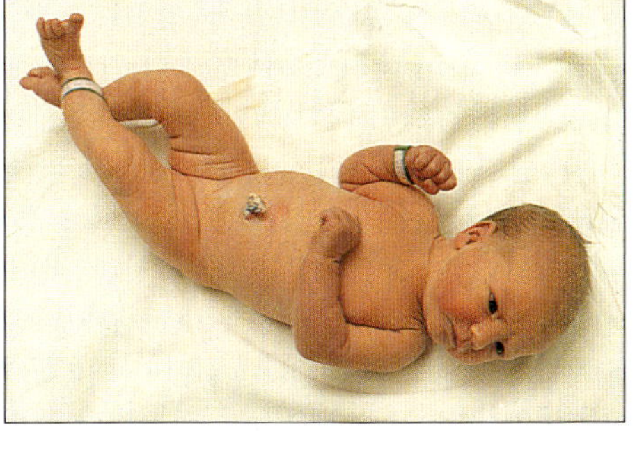

Laute

Atemgeräusche

Die Lungen eines Neugeborenen sind noch recht klein. Seine Atmung wirkt, im Vergleich zum Erwachsenen, ziemlich flach. Manchmal hat man den Eindruck, es atmet überhaupt nicht. Aber seien Sie nicht ängstlich. Die Atmung wird von Tag zu Tag kräftiger.

Alle Neugeborenen machen beim Atmen Geräusche. Manchmal geht der Atem laut und heftig, manchmal sehr unregelmäßig. Manchmal röchelt oder schnüffelt Ihr Kind so stark, daß Sie meinen, es hat sich fürchterlich erkältet. Bei vielen Babys entstehen Geräusche, weil ihr Nasenrücken noch sehr niedrig ist. Die Atemwege sind dadurch sehr schmal. Wird die Luft durch die Engstellen gepreßt, entstehen Geräusche. Während des Heranwachsens hebt sich der Nasenrücken, und die »Schnüffelei« verschwindet von selbst.

Ist allerdings Ihr Baby durch die Verengung der Atemwege beim Saugen behindert, sollten Sie sich mit Ihrem Arzt in Verbindung setzen. Dieser wird dem Baby wahrscheinlich Nasentropfen verordnen, die Sie vor jeder Mahlzeit geben. Sie sollten jedoch Nasentropfen immer nur nach Rücksprache mit dem Arzt verabreichen. Möglichst schnell sollten Sie Ihr Kind zum Arzt bringen, wenn Sie bemerken, daß das Baby nur mühsam atmet, seine Brust bei jedem Atemzug eingezogen wird und die Atemfrequenz höher als 60 Züge pro Minute ist.

Das Niesen

Während der ersten Lebenstage niesen Babys recht häufig. Dies liegt an der ausgeprägten Lichtempfindlichkeit. Licht reizt nämlich nicht nur die Augen, sondern auch die Nerven der Nase. Sie können es an sich selbst ausprobieren, indem Sie in starkes Licht oder in die Sonne blinzeln. Wenn Ihr Baby also viel niest, so muß das nicht bedeuten, daß es sich erkältet hat. Das Niesen hat auch eine positive Funktion, es bewirkt, daß die Atemwege frei gehalten werden.

Der Schluckauf

Neugeborene haben oft einen Schluckauf. Normalerweise ist dies kein Grund zur Beunruhigung. Ein Schluckauf wird durch ein krampfartiges Zusammenziehen des Zwerchfells verursacht. Schluckaufs sind im Prinzip nur ein Anzeichen dafür, daß die Atemmuskulatur wächst und stärker wird. Manchmal weisen sie allerdings auch darauf hin, daß das Baby zu kühl liegt.

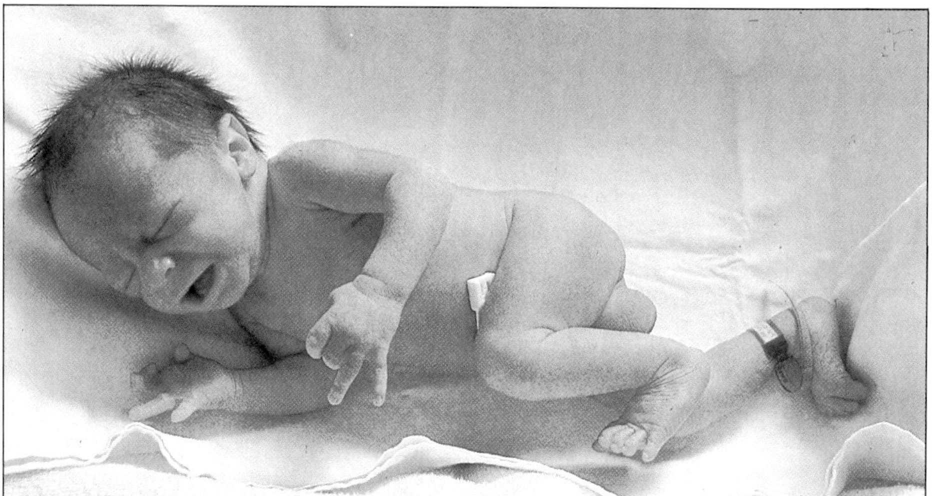

Reflexe und Bewegungen

Alle Neugeborenen zeigen Reflexe, die meist der Nahrungsaufnahme und dem Schutz dienen. Die Bewegungen des Babys werden bis in den 3. Lebensmonat von solchen Reflexen bestimmt. Zwei einfach auszulösende Reflexe betreffen Auge und Atmung. Ihr Kind wird sofort seine Augen schließen, wenn Sie es am Lid berühren. Und es wird abwehrende Armbewegungen machen, wenn Sie ihm die Nase leicht zuhalten.

Der Suchreflex

Berühren Sie eine Wange des Neugeborenen mit Ihrem Finger, so dreht es seinen Kopf zu diesem Finger und öffnet dabei seinen Mund. Es bewegt sich so, um die Brust zur Nahrungsaufnahme zu finden.

Der Saugreflex

Jedes Neugeborene beginnt intensiv zu saugen, wenn Sie ihm einen Finger in den Mund legen oder an seinen oberen Gaumen drücken. Diese Saugbewegungen sind sehr kräftig und halten selbst dann noch an, wenn der Finger oder der Nuckel längst aus dem Mund gezogen wurde. Wollen Sie Ihr Kind stillen, dann sollten Sie das Baby möglichst bald anlegen. Denn trotz des starken Saugreflexes muß das Baby die optimale Technik erst herausfinden.

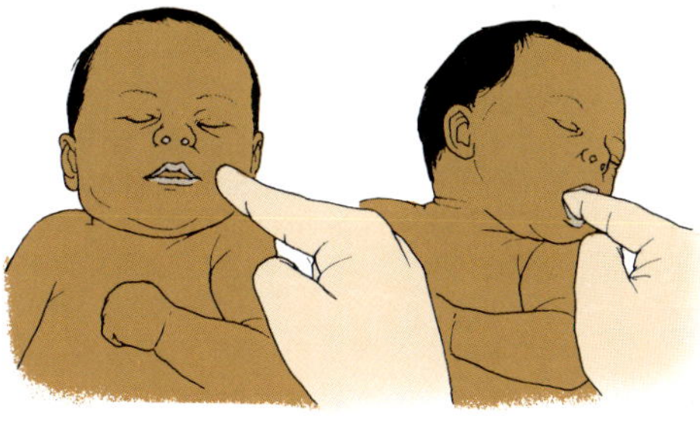

Der Schluckreflex

Ein Baby kann von Geburt an schlucken. Es kann deshalb auch sofort an die Brust gelegt werden und Vormilch trinken.

Der Laufreflex

Wenn Sie Ihr Neugeborenes unter den Armen fassen und seine Füße eine feste Fläche berühren, so versucht es, sich im Lauf

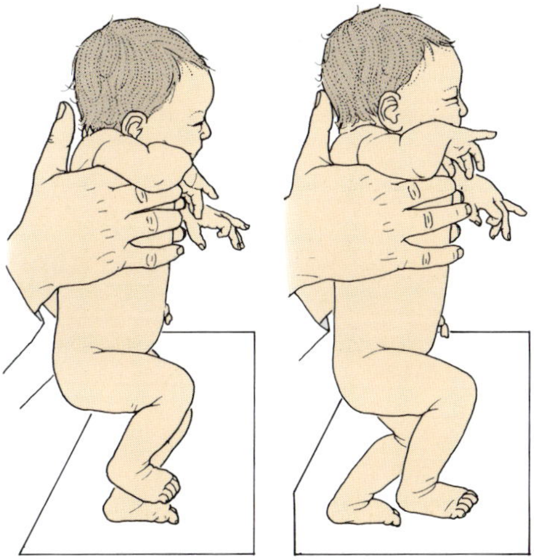

zu bewegen. Halten Sie Ihr Kind aufrecht und berühren dann seine Schienbeine einen Gegenstand, so bringt es die Beine automatisch hoch, wie in einer Schrittbewegung. Diese Reflexe ermöglichen es Ihrem Baby allerdings nicht, zu stehen oder zu laufen (siehe S. 210).

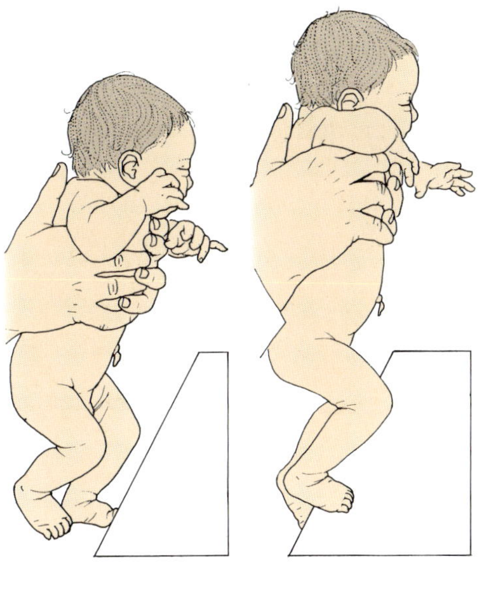

Der Krabbelreflex

Legt man ein Neugeborenes auf seinen Bauch, so nimmt es eine Krabbelposition ein. Es schiebt seine Beine aufwärts unter seinen Körper, in eine Position wie im Mutterleib. Wenn das Baby dabei die Beine bewegt, so kann es sogar vorwärts krab-

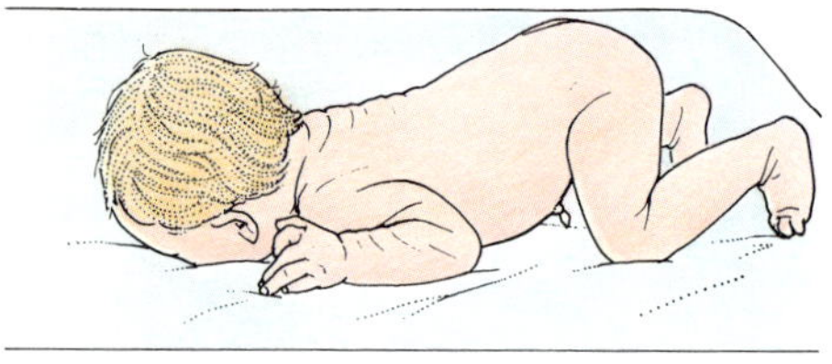

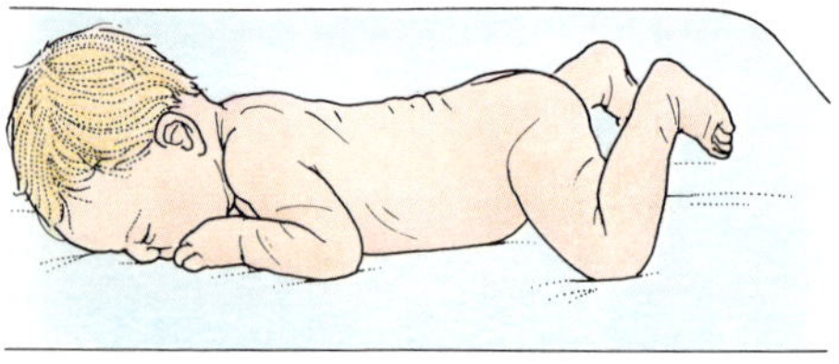

beln. Später lockern sich dann die Beine, und Ihr Kind bleibt flach auf dem Bauch liegen.

Der Greifreflex

Ein junges Baby umklammert automatisch alles, was ihm in die Hände gelegt wird. Es greift dabei sehr fest zu. Kurz nach der Geburt ist dieser Reflex so stark ausgeprägt, daß das Baby sein eigenes Körpergewicht halten kann. Um den 3. Lebensmonat herum verliert sich dieser Reflex wieder. Man kann übrigens eine ähnliche Greifbewegung wie an den Händen auch an den Füßen beobachten.

Der Moro-Reflex

Wenn das Baby durch ein lautes Geräusch oder grobes Anpacken überrascht wird, so wirft es seine Arme und Beine hoch – als ob es sich irgendwo anklammern möchte. Es läßt dann langsam seine Glieder wieder fallen, beugt seine Knie und schließt seine Hände zur Faust.

Der Moro-Reflex ist, wie die meisten Reaktionen von Neugeborenen, eine Reaktion, bei der der ganze Körper eingesetzt wird. Wenn Ihr Baby Sie sieht, so wird es Sie mit Bewegungen des ganzen Körpers grüßen. Erst im 8. oder 9. Lebensmonat wird es nur noch lächeln und seine Arme nach Ihnen strecken.

Greifreflex

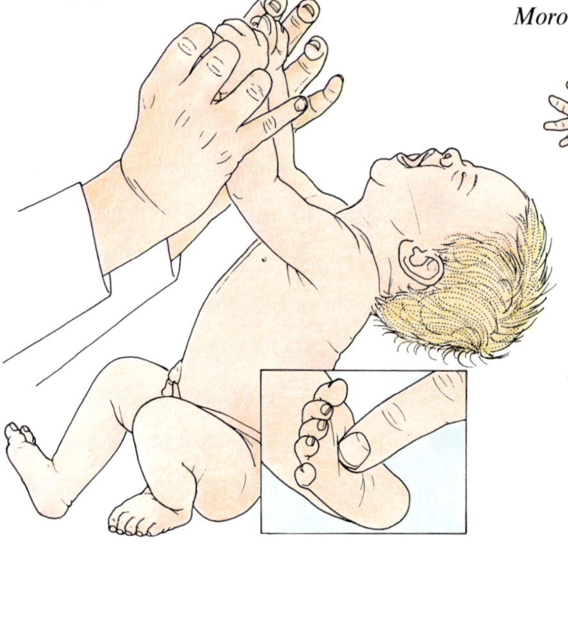

Moro-Reflex

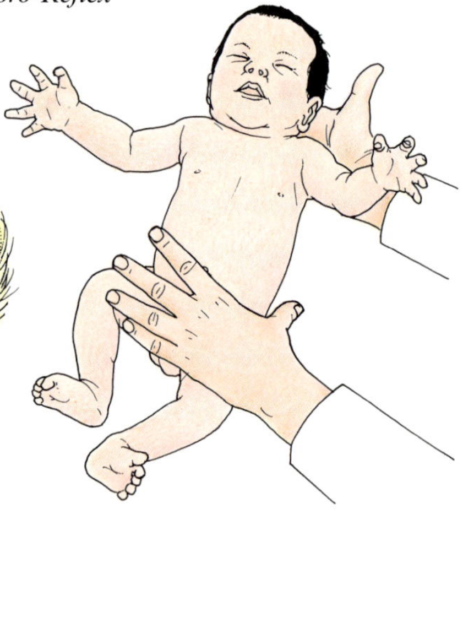

Bindungsverhalten

Während seiner ersten Lebenstage schläft ein Baby sehr viel. Sie sollten die Wachperioden nutzen und in dieser Zeit so viel mit ihm zusammensein wie möglich. In dieser sensiblen Phase nimmt das Baby Ihre Stimme und Ihren Körpergeruch intensiv wahr. Es entwickelt jetzt eine starke Bindung an seine Mutter. Dabei muß es sich nicht um die natürliche Mutter handeln. Eine biologisch mit dem Kind nicht verwandte Pflegeperson kann durchaus die Mutterfunktion übernehmen.

Mit dem Bindungsverhalten wird in der Natur gesichert, daß Eltern bzw. Elterntiere ihre Nachkommen annehmen und ernähren, wodurch letztlich das Überleben der Art gewährleistet ist. Normalerweise wird bei uns Menschen der enge Kontakt zwischen der Mutter und dem Kind durch das Stillen bzw. Füttern, das Wickeln, das Schmusen und Halten hergestellt.

Wird Ihr Baby aus irgendwelchen Gründen getrennt von Ihnen in eine Klinik gebracht, dann sollten Sie deshalb so viel Zeit wie möglich bei dem Kind verbringen. Fassen Sie es an, streicheln Sie es, pflegen und füttern Sie es, wann immer die besonderen Umstände dies zulassen. Tun Sie alles, um die Zeit, in der das Kind von Ihnen getrennt ist, so kurz wie möglich zu halten.

Augenkontakt

So wie die entwicklungspsychologische Forschung die Bedeutung des frühen Kontakts zwischen Mutter und Kind erwiesen hat, so hat sie auch auf die Bedeutung des Augenkontakts mit dem Baby hingewiesen. Früher war man der Ansicht, Babys können, bevor sie Objekte fixieren, nicht richtig sehen. Dies stimmt so generell nicht. Sie können nämlich durchaus Formen und Umrisse wahrnehmen und interpretieren. Den Umriß und die Form Ihres Kopfs kann das Baby innerhalb von 36 Stunden erkennen. Dabei sucht das Baby Ihre Augen, auf die es sich dann völlig konzentriert. Kurz nach der Geburt legte ich meinen zweiten Sohn auf meinen Bauch und rief ihn. Er öffnete die Augen und suchte so lange umher, bis er meine Augen entdeckt hatte.

Der frühe Körperkontakt

Auch nach der Geburt sollten Sie so oft es geht den Körperkontakt zu Ihrem Kind herstellen. Körperkontakt heißt für mich »nahe am Körper«, z. B. wenn Sie Ihr Kind in einem Tuch tragen. Von Indianern, Eskimos und afrikanischen Frauen, die ihre Babys fast ständig am Körper tragen, wissen wir, daß ihre Babys nur selten schreien. Die körperliche Nähe der Mutter beruhigt. Es ist weich und warm. Der Geruch ist vertraut. Das Baby kann den bekannten Herzschlag hören, den es schon neun Monate gehört hat. Das Baby fühlt sich in einer solchen Umwelt sicher und wohl. Vielleicht erinnert es sich an den angenehm gepolsterten Aufenthalt im Mutterleib. Auf jeden Fall ist es natürlicher, das Kind wird am lebendigen Körper der Mutter getragen, als daß es auf einer »toten« Matratze liegt.

Gerüche

Eine der ersten Verbindungen zwischen Ihnen und Ihrem Baby stellt Ihr Geruch her. Sie verbreiten, wie jeder Mensch, einen typischen Geruch, den das Baby wahrnehmen kann. Wenn Sie in das Zimmer des schlafenden Babys treten, wird es meist aufwachen. Betritt ein anderer das Zimmer, so schläft es in der Regel weiter. Die sehr empfindlichen Geruchsorgane des Kindes reagieren auf die Chemikalien (Pheromone), die Sie aussenden, und nicht auf die Pheromone eines Fremden. Es wacht auf, weil es mit Ihrem Geruch Freude, Behaglichkeit und Nahrung verbindet.

Geräusche

Neugeborene mögen keine lauten Geräusche. Sprechen oder singen Sie deshalb mit leiser, zärtlich beruhigender Stimme. Britische Wissenschaftler haben entdeckt, daß Babys besser auf eine höhere, weibliche Stimme reagieren. Die Stimme der Mutter kann oft wie eine Therapie Wunder bewirken. Sie sollten mit dem Baby soviel wie möglich plaudern und singen. Auch kleinste Babys mögen schon Kinderreime und einfache Lieder, besonders wenn sie ausgeprägte Rhythmen haben. Es gibt einige Befunde, die darauf hindeuten, daß Kinder, die sehr früh schon Lieder gehört haben, schneller und einfühlsamer mit Wörtern umzugehen lernen. Sie neigen dazu, früher zu sprechen und zu lesen als andere Kinder.

Liebe auf den ersten Blick?

Trotz der Anstrengungen der Geburt fühlen sich manche Mütter heiter-gelassen und verspüren von Anfang an eine tiefe Zuneigung zu ihrem Kind. Andere Mütter empfinden dagegen wenig Gefühle.

Wir wissen, daß die Gefühlswelt der Mutter in dieser Zeit stark durch Hormone beeinflußt wird, etwa durch Oxytocin oder Prolactin, die den Milchfluß steuern. Die Beeinflussung der psychischen Sphäre durch solche Hormone unterscheidet sich von Frau zu Frau. Dies mag eine Erklärung für die unterschiedliche Reaktion auf das Kind sein.

Allerdings werden die Gefühle einer Mutter für ihr Kind durch zahlreiche andere Faktoren bestimmt, wie z. B. vom Verlauf der Entbindung oder von den Vorstellungen vom Kind. Oft stellt sich die Entbindung für die Mutter als Tiefpunkt dar. Die Entbindung ist, selbst wenn sie kurz und unkompliziert verlief, ein ungemein dramatisches Ereignis, das erst einmal psychisch bewältigt werden muß. War sie lang und schwierig, die Mutter durch Drogen ermüdet oder benebelt, dann werden sich wahrscheinlich kaum irgendwelche spontanen Gefühle zum Kind einstellen.

Verbringen Sie viel Zeit mit Ihrem Kind

Die Reaktion einer Mutter auf ihr Kind ist natürlich auch von der Zeit abhängig, die sie gemeinsam mit dem Kind verbringt. In einer Untersuchung in einer Geburtsklinik wurde einer Gruppe von Müttern der Kontakt zum Kind nur während der üblichen Routinezeiten gestattet. Einer zweiten Gruppe von Müttern wurde während der ersten drei Lebenstage des Kindes ein zusätzlicher Kontakt von insgesamt 15 Stunden gestattet. Die Mütter beider Gruppen wurden dann nach einem Monat und einem Jahr befragt. Dabei stellten sich große Unterschiede heraus.

Die Mütter, die den zusätzlichen Kontakt von 15 Stunden hatten, waren stärker abgeneigt, ihr Kind zu verlassen, reagierten stärker auf Weinen, stellten mehr Augenkontakt zum Kind beim Füttern her und wirkten insgesamt aufmerksamer bezüglich ihrer Kinder.

Es ist unbestreitbar, daß die Stärke der Bindung durch den Körperkontakt beeinflußt wird. Doch ist dies nur ein Faktor, der die mütterlichen oder väterlichen Gefühle bestimmt. In einer Studie wurden Mütter untersucht, deren Babys über längere Zeit in einem Brutkasten liegen mußten. Einer Muttergruppe wurde, der normalen Krankenhauspraxis folgend, gestattet, die Babys regelmäßig anzuschauen. Einer zweiten Gruppe wurde zusätzlich erlaubt, die Babys im Brutkasten zu berühren. Nach einer Woche und nach einem Monat nach der Entlassung wurden die Mütter bezüglich der Haltung zu ihrem Kind befragt. Dabei konnten keine wesentlichen Unterschiede festgestellt werden. Dieses Ergebnis deutet darauf hin, daß eine frühe körperliche Trennung die Mutter-Kind-Beziehung nicht so ernsthaft beeinflußt, wie es die eingangs geschilderte Untersuchung vermuten läßt. Jedenfalls entsteht die Mutter-Kind-Bindung aus viel mehr Quellen als nur einem hormonellen Schub bei der Geburt.

Die für mich erklärungsstärkste Deutung der Entstehung von Mutterliebe geht auf die eigene Kindheit der Mutter zurück. Liebesvermögen entwickelt sich sehr früh. Zu ihrer Entwicklung bedarf die Liebe der Gegenseitigkeit. Ein Kind, das seine Eltern liebt und von ihnen geliebt wird, hat damit die Fähigkeit erworben, andere zu lieben. Es hat gelernt, Liebe zu empfangen und zu erwidern. Erst ein geliebtes Kind ist in der Lage, andere zu lieben. Deswegen meine ich, ist es so wichtig, daß Sie Ihrem Kind mit sehr viel Liebe begegnen.

3 Ausstattung

Ich rate Ihnen, die Ausstattung für das Baby in den letzten Schwangerschaftswochen zu kaufen. Sie fühlen sich dann noch relativ kräftig und haben Zeit und Ruhe zum Aussuchen.
Die Zahl der Artikel, die die Hersteller als unbedingt notwendig bezeichnen, ist beinahe endlos lang. Lassen Sie sich nicht durch raffinierte Werbung beeinflussen. Hören Sie sich bei Verwandten und Bekannten nach Nützlichem und Überflüssigem um. Schauen Sie sich um, bevor Sie kaufen. Überlegen Sie, ob ein bestimmter Gegenstand mit Ihrem Lebensstil übereinstimmt. Wenn es Ihnen zum Beispiel nichts ausmacht, das Baby in der Küchenspüle zu baden, dann können Sie auf den Kauf einer Babywanne verzichten.
Von ähnlichen Überlegungen sollten Sie sich beim Kauf eines Kinderwagens leiten lassen. Prüfen Sie zum Beispiel, ob der Kinderwagen gut durch den Hausflur rollen kann. Was können Sie überhaupt mit dem Kinderwagen anfangen? Sind in der Umgebung sehr viele Treppen, sehr steile Wege usw? Lohnt sich der oft sehr hohe Anschaffungspreis wirklich, wenn Sie bedenken, wie oft Sie voraussichtlich den Wagen benutzen können?
Manche Eltern glauben, daß es Unglück bringt, wenn die Baby-Ausstattung vor der Geburt gekauft wird. In einem solchen Fall können Sie vor der Geburt alle Sachen aussuchen und erst nach der Geburt kaufen bzw. liefern lassen.
Ich finde es unnötig, alles neu zu kaufen. Babys wachsen so schnell aus den Sachen heraus, daß es einfach zu teuer ist, sie neu zu kaufen. Eine Sicherheitsschale für den Autorücksitz ist meines Erachtens teuer, aber unerläßlich. Doch das Baby wächst aus ihr so schnell heraus, daß ich sie mir gebraucht kaufen würde. Viele Familien sind bereit, Babyartikel zu verleihen oder zu verkaufen. Entsprechende Anzeigen finden Sie in fast allen Tageszeitungen.
Kleider würde ich so spät wie möglich kaufen. Sie kennen dann die Größe des Kindes sicher. Außerdem sind Kleider beliebte Geschenke zur Geburt.

Mindestausstattung

Schlafen
Tragetasche, Stubenwagen, Wiege oder Kinderbett
Matratze
wasserdichte Einlage
3 Spannbettbezüge
Daunenkissen (als Zudecke)
2 Kissenbezüge
2 Babydecken
Kopfschutz am Bett

Ausfahren
Kinderwagen
Tragetuch
Tragetasche

Baden und Wickeln
Babywanne
Watte
Babyöl und -creme
großes, weiches Handtuch
Waschlappen oder Schwamm
Haarbürste für Babys
Babynagelschere
Wickelmulde oder -matte
Wickeleinlagen und 4 Pakete Höschenwindeln (oder 24 Mullwindeln, Babysicherheitsnadeln)
Gummihöschen

Bekleidung
4 Strampelanzüge
4 Unterhemden
2 Schlafanzüge
2 Hemden

Ernährung
gestillte Babys:

Stilleinlagen

2 Flaschen mit Sauger
Sterilisiertabletten
1 Packung Fertignahrung

Flaschenbabys:

Flaschennahrungs-Set
Fertignahrungsvorrat
Wippe
Hochstuhl

Wickeln und Baden

Einen Wickeltisch kann man selber bauen oder eine Kommode oder einen Tisch entsprechend umfunktionieren. Man kann ihn aber auch kaufen. Was auch immer Sie machen, der Wickeltisch sollte stabil sein, sicher stehen und viel Stauraum bieten.
Wollen Sie Ihr Kind nicht in der Badewanne oder einer großen Schüssel baden, dann müssen Sie eine Babybadewanne kaufen. Diese Wannen aus Kunststoff haben normalerweise auch Metallständer, so daß Sie das Kind baden können, ohne sich zu bücken.
Es gibt auch solche Babywannen, die auf eine normale Badewanne passen. Diese haben den Vorteil, daß das Wasser nicht herumgeschleppt werden muß.

Wickelausstattung

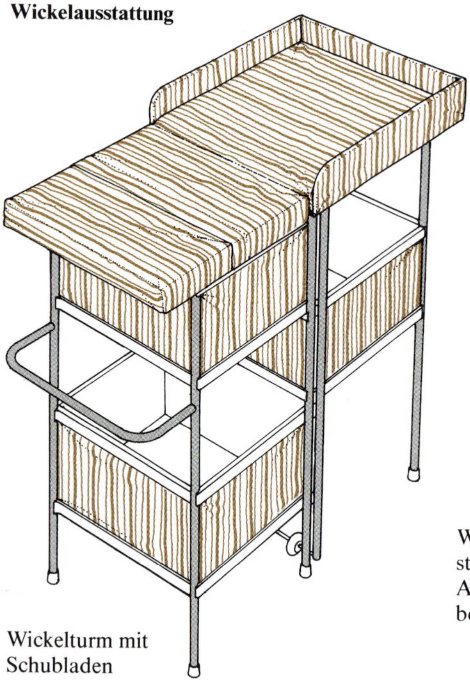

Wickelturm mit Schubladen

Wickelständer mit Aufbewahrungsboxen

Pflegekoffer

Zubehör

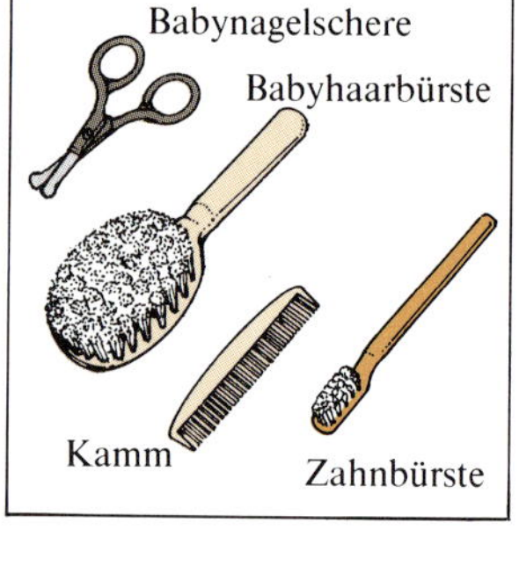

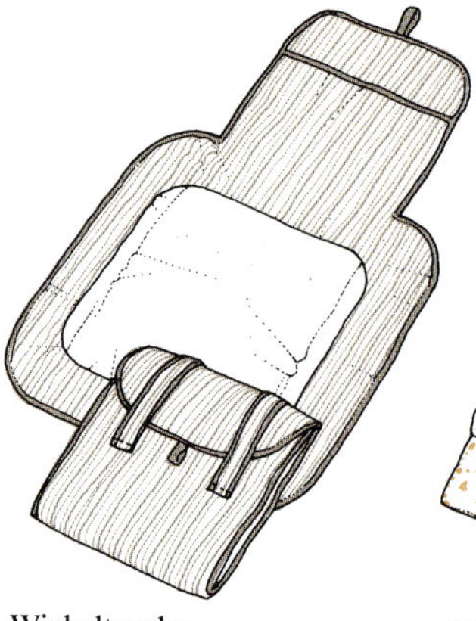

Wickeltasche (für unterwegs)

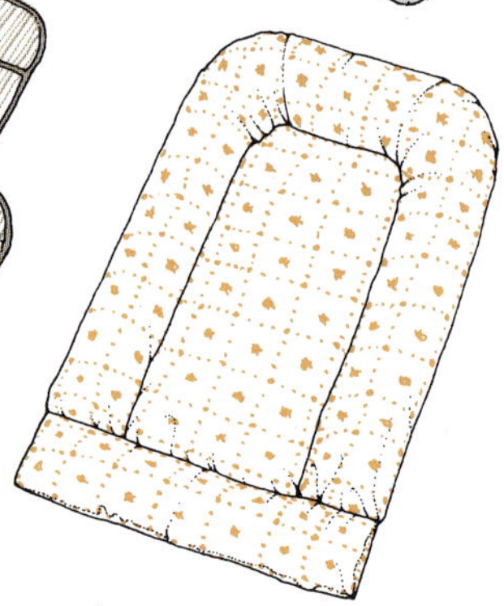

gepolsterte Wickelunterlage

Baden und Pflegen

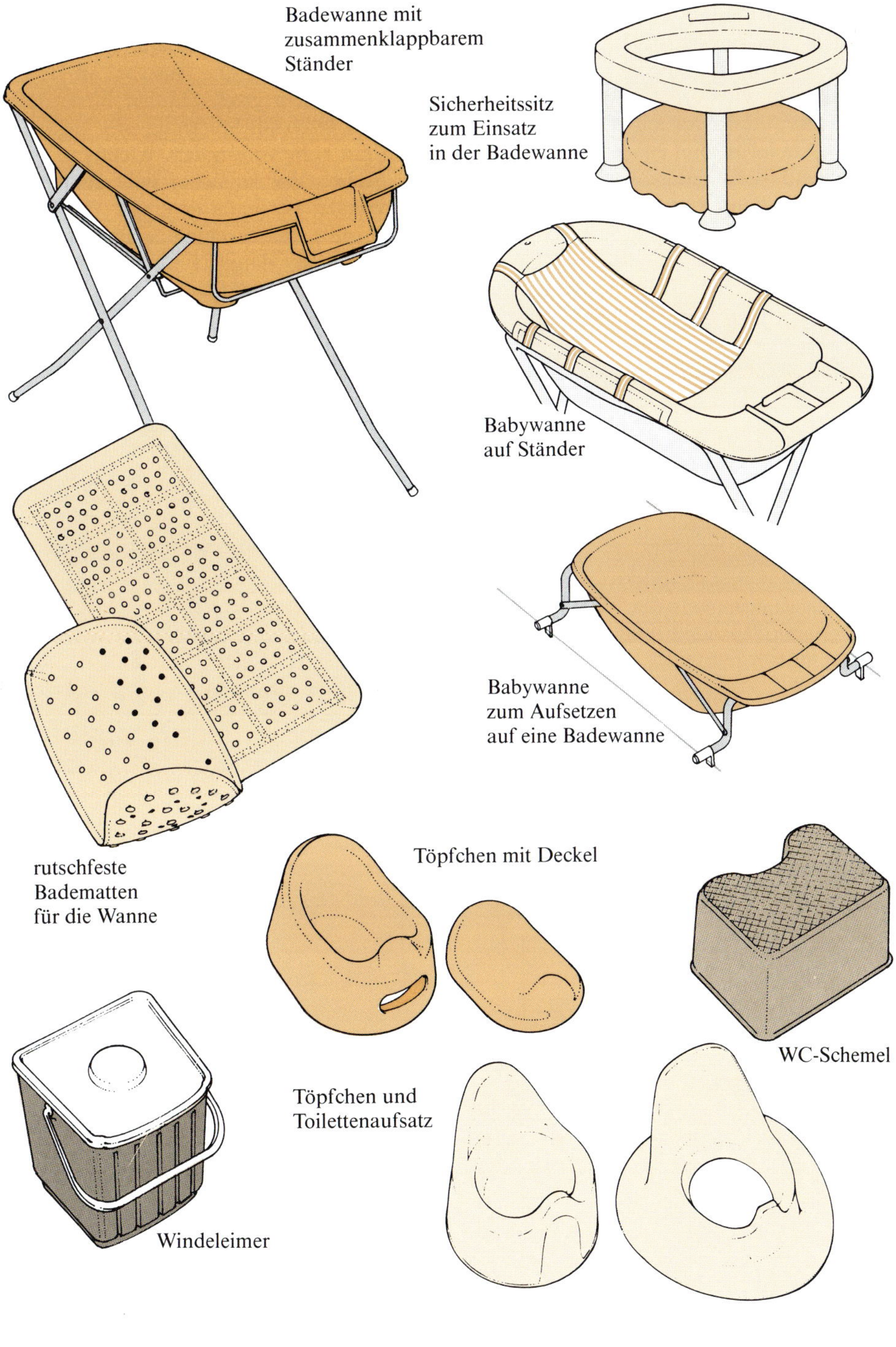

Ernährung

Solange Sie Ihr Kind stillen, kommen Sie mit einem Minimum an Ausstattung aus; ein paar Flaschen, falls Sie die Milch ausdrücken bzw. abpumpen wollen (etwa wenn Sie krank werden). Mütter die das Kind von Anfang an mit der Flasche ernähren, müssen die entsprechende Flaschen- und Sterilisierausrüstung kaufen.

Beginnt das Kind, feste Nahrung zu essen, dann brauchen Sie Geräte, um das Essen zu pürieren, und einen unzerbrechlichen Teller, in dem Sie es servieren. Es gibt Baby-Teller, die das Essen warm halten. Ein Lätzchen ist notwendiger Bestandteil der Essens-Ausrüstung.

Notwendig ist eine spezielle Sitzgelegenheit für das Baby. Die Auswahl an Hochstühlen ist sehr groß. Manche lassen sich auch als Tisch, als Spielzeug oder sogar als Laufflern-Hilfe verwenden. Wichtig ist, daß der Stuhl stabil ist, sicher steht und leicht zu reinigen ist. Falls er einen Tisch hat, dann sollte dieser einen leicht erhöhten Rand haben, damit Flüssigkeiten nicht gleich auf den Boden tropfen.

Sauger und Nuckel

Es gibt eine Vielzahl verschiedener Sauger und Nuckel. Einige sind der Anatomie des Babymundes angepaßt. Andere sind so geformt, daß sie sich während des Saugens wie eine Brustwarze hin- und herbewegen.

Flaschen und Sterilisation

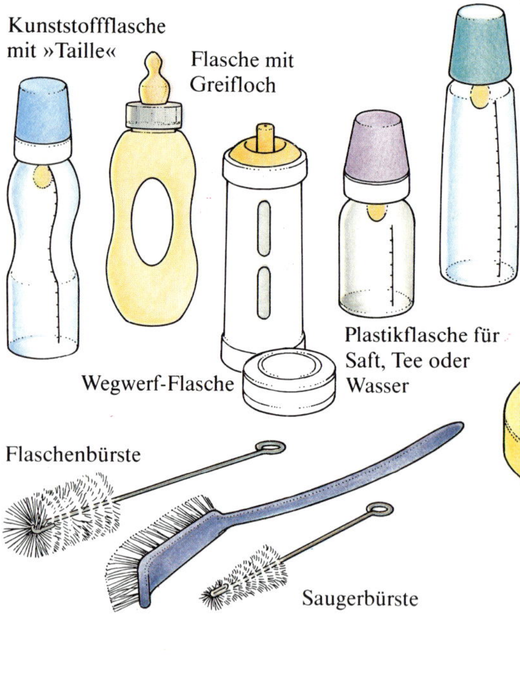

Zubereitung und Essen

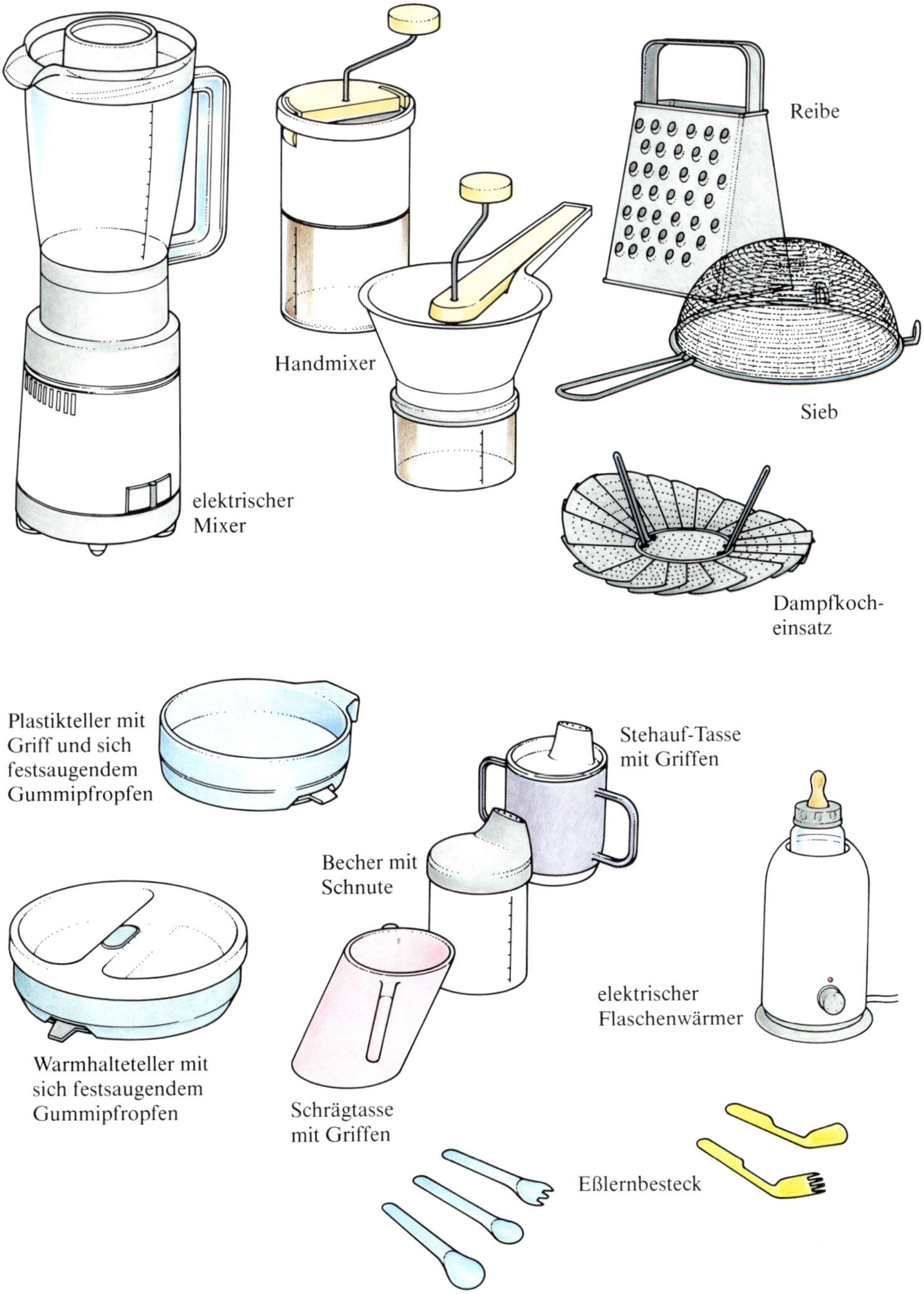

Hochstühle

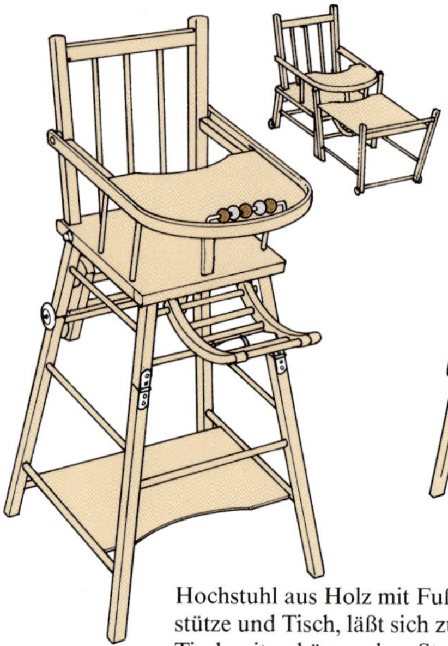

Hochstuhl aus Holz mit Fußstütze und Tisch, läßt sich zu Tisch mit anhängendem Stuhl umschwenken

Hochstuhl aus Holz mit abwaschbarem Kunststoffbezug, Kombination aus Tisch und Stuhl

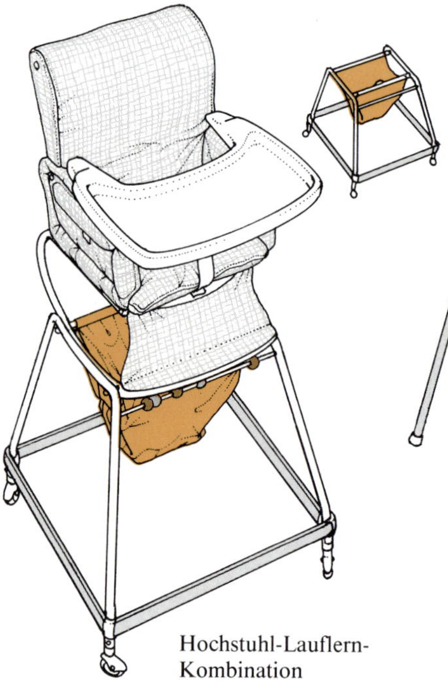

Hochstuhl-Lauflern-Kombination

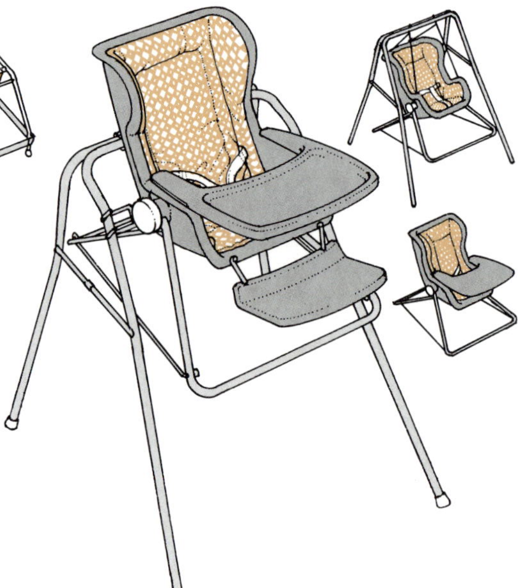

Mehrzweck-Hochstuhl

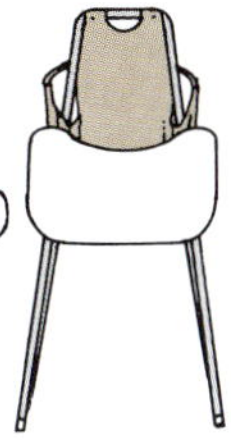

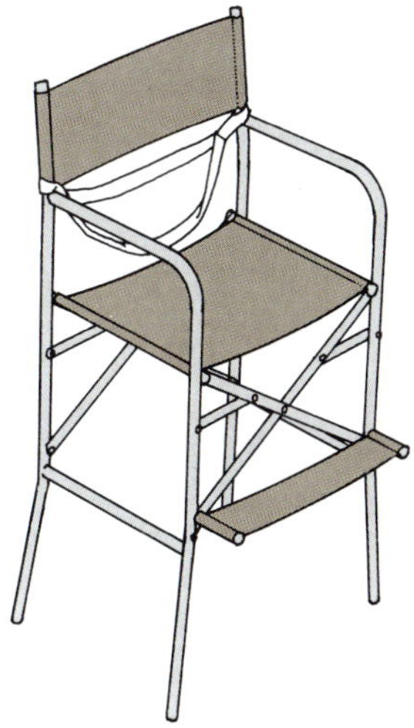

Reisehochstuhl mit Segeltuchsitz

zusammenklappbarer Hochstuhl mit Tisch

Lätzchen

kurzärmeliges Lätzchen

Plastiklätzchen

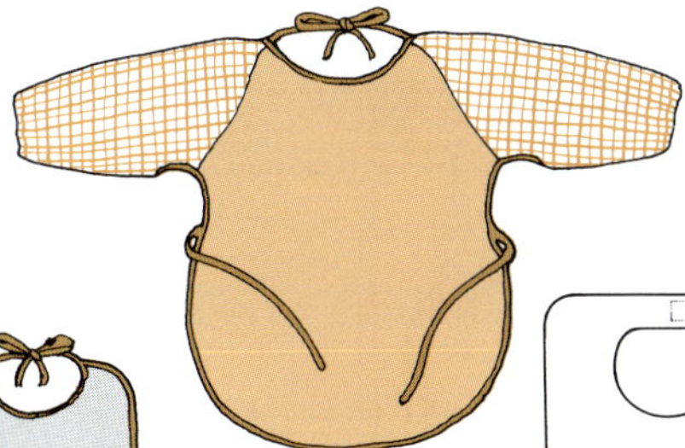

langärmeliges Lätzchen

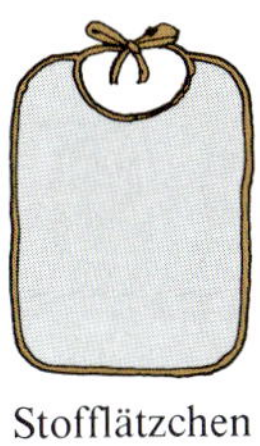

Stofflätzchen

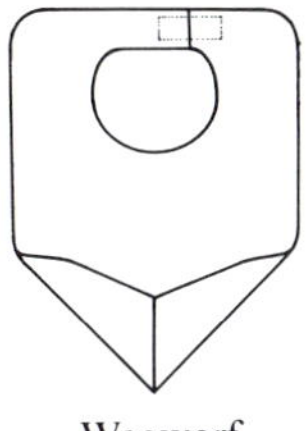

Wegwerflätzchen

Zubehör

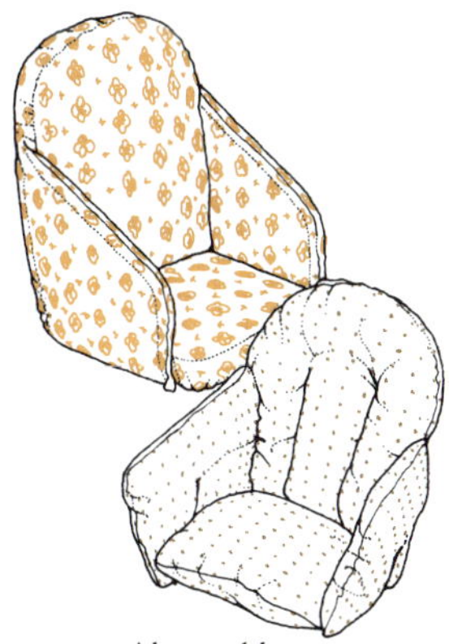

Abwaschbare Hochstuhlpolster

Plane zum Schutz des Teppichbodens unter dem Hochstuhl

Schlafen

Wiegen oder Stubenwagen sehen sehr dekorativ aus; wenn man aber nur begrenztes Geld für die Babyausstattung hat, sind sie einigermaßen überflüssig. In 2 bis 3 Monaten ist Ihr Kind ihnen sowieso entwachsen. Ebensogut können Sie einen Tragekorb oder eine Tragetasche benutzen.

Später müssen Sie ein Kinderbett haben. Die Matratze sollte gut in das Bett passen. Die Stangen sollten so eng sein, daß das Kind nicht seinen Kopf dazwischen bekommt. Besonders praktisch sind solche Kinderbetten, deren Seiten man auf- und zuklappen kann. Sie können das Kind wesentlich bequemer und sicherer hineinlegen. Als Zusatzanschaffung empfiehlt sich ein zusammenklappbares Reisebett für den Urlaub, aber auch die Besuche über das Wochenende.

Sobald das Kind aus dem Kinderbett herausklettern kann, sollten Sie ein normales Bett anschaffen. Manche Kinderbetten lassen sich aber auch umrüsten.

Kinderbetten

Gepolsterter Tragekorb

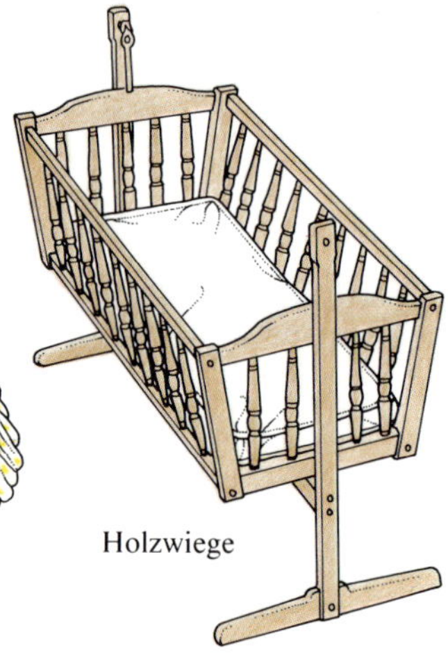

Holzwiege

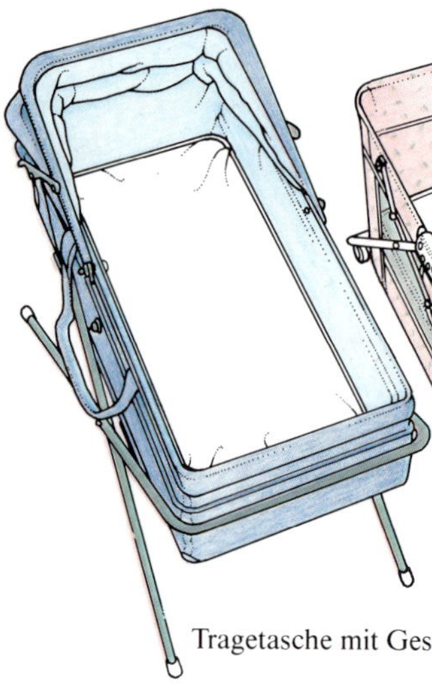

Tragetasche mit Gestell

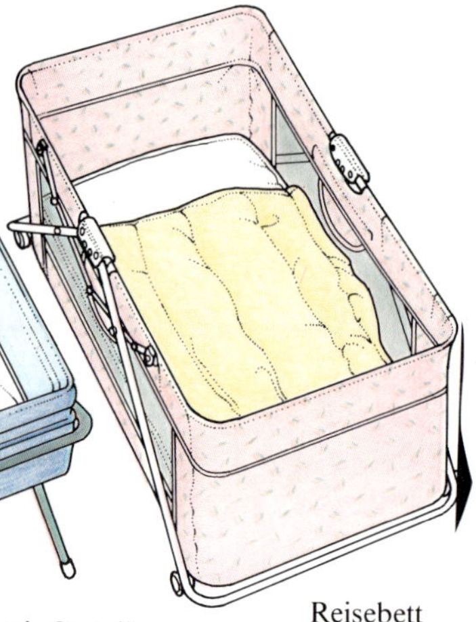

Reisebett

Überwachungsanlagen

Mit elektrischen Überwachungsanlagen können Sie den Schlaf des Babys von anderen Räumen oder sogar vom Garten aus kontrollieren.

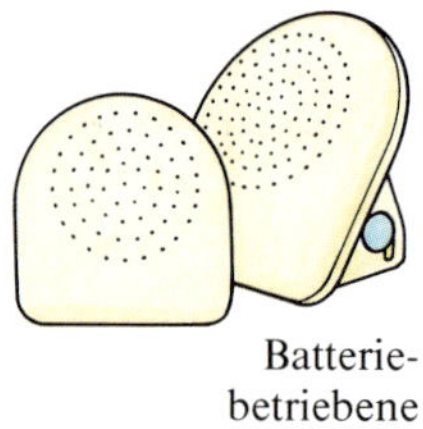

Batterie-betriebene Anlage

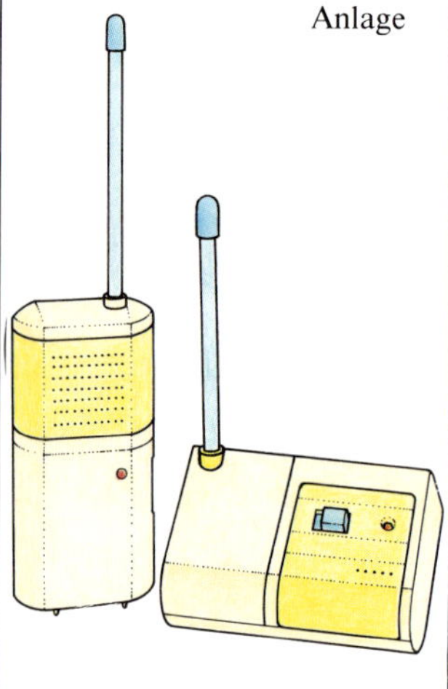

Tragbares System, Sie können das Baby noch auf 100 m Entfernung weinen hören.

Zubehör

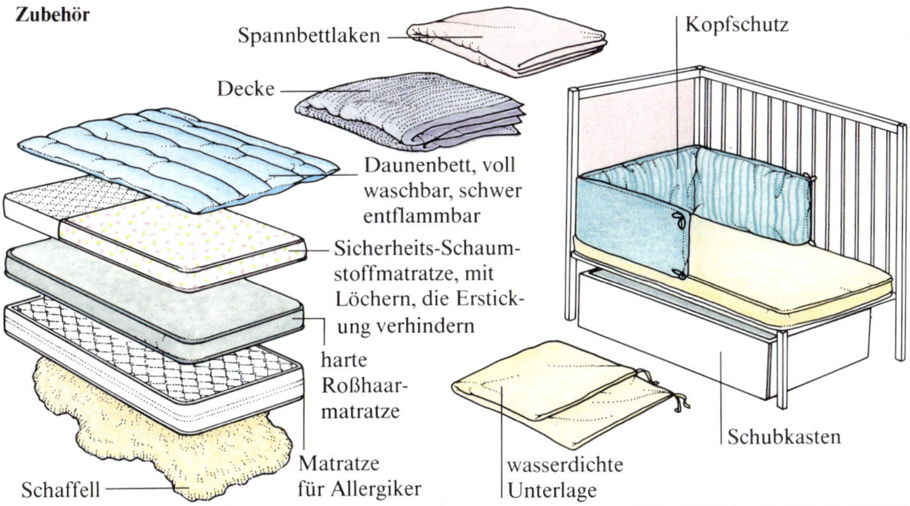

Kinderbett aus Holz mit Stäben; ein Seitenteil kann heruntergelassen werden; die Matratze ist in der Höhe verstellbar

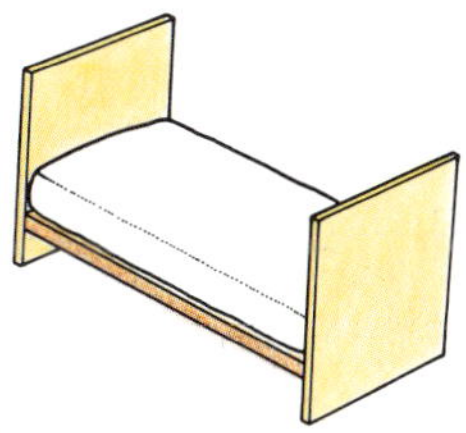

Kinderbett mit Holzstäben; umwandelbar in ein Jugendbett

Ausrüstung für unterwegs

Tragetuch, Bauch- oder Rückenträger sind die einfachsten Möglichkeiten, ein Baby umherzutragen. Diese Träger können Sie so lange benutzen, wie Ihnen das Kind nicht zu schwer wird. Bei sehr jungen Kindern muß dabei der Kopf durch Ihre Hände oder eine Stütze gehalten werden.

Ein großer Kinderwagen ist sehr unpraktisch, wenn Sie in einer kleinen Wohnung in der 3. Etage wohnen. In diesem Fall würde sich ein zusammenklappbarer Buggy oder ein Kinderwagen mit herausnehmbarer Tragetasche besser eignen. Beim Kauf sollten Sie auf gute Schiebeeigenschaften, Bremsen und Sicherheitsvorrichtungen achten.

Wann auch immer Sie mit dem Kind Auto fahren, müssen Sie es sicher anschnallen. Sehr junge Babys gehören in eine Sicherheitsschale, ältere in einen Kindersitz, immer auf den Rücksitz. Beim Kauf von Fahrradsitzen für das Kind sollten Sie vor allem darauf achten, daß das Kind seine Beine nicht zwischen die Speichen stecken kann.

Träger und Tragetücher

Schulterträger mit Kopfstütze

Verstellbarer Träger, Neugeborene können völlig umhüllt werden, ältere Kinder können die Beine herausbaumeln lassen

Tragenetz

Rückenträger mit Gestell und einstellbarer Kopfstütze und Sonnenschirm

Leichter Rückenträger, verstellbar für mehrere Altersstufen

Sportwagen

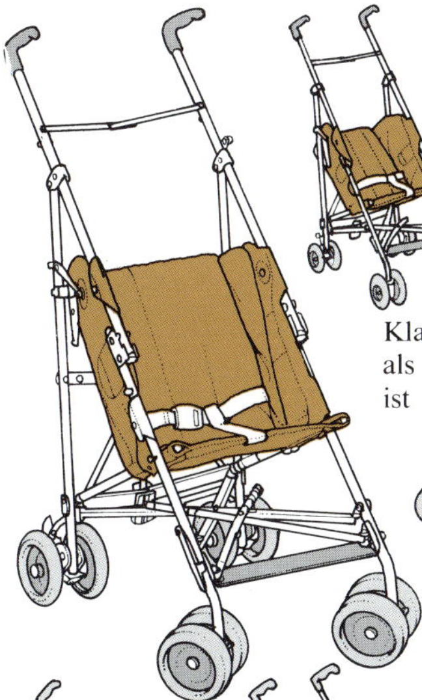

Klappkinderwagen, der auch als Zwillingswagen erhältlich ist

Sportwagen mit Einkaufskorb, verstärktem Rückenteil und Sonnenschirm

Buggy, dessen Sitzfläche verstellt werden kann

Zubehör

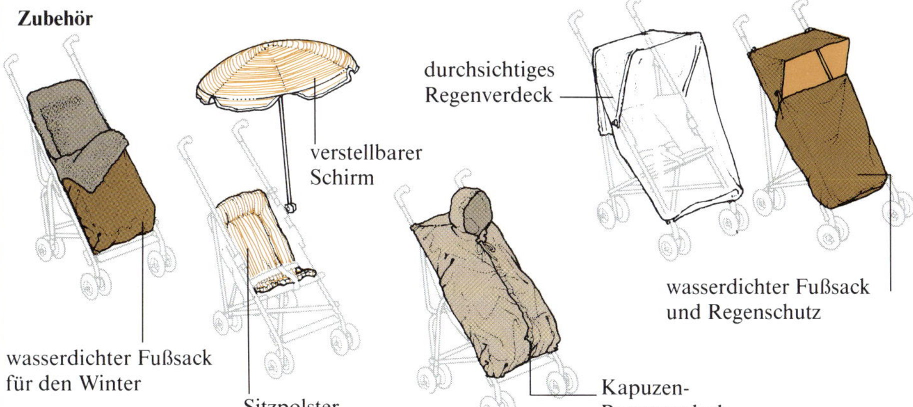

Kinderwagen

einteiliger Kinderwagen mit Verdeck

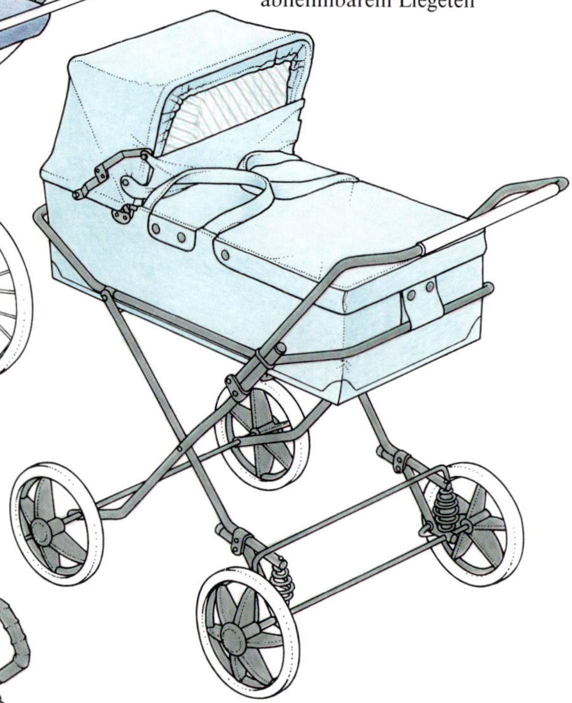

Kinderwagen mit abnehmbarem Liegeteil

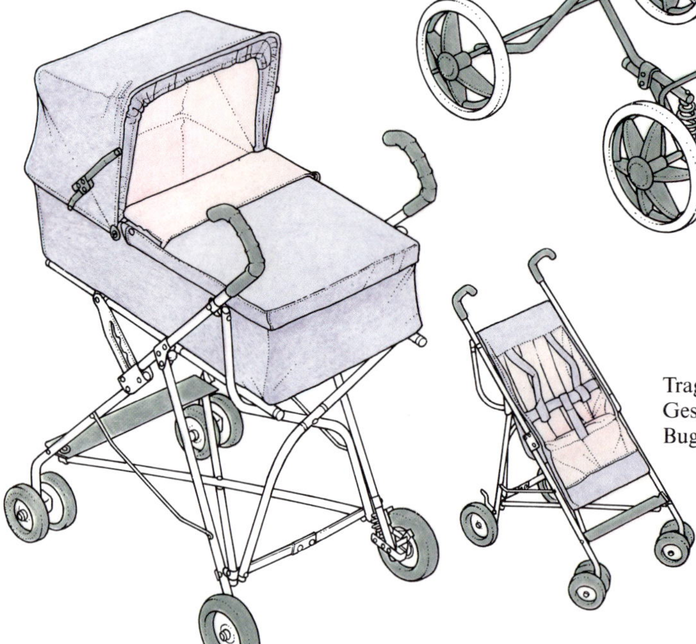

Tragetasche auf fahrbarem Gestell, das auch für einen Buggy benutzt werden kann

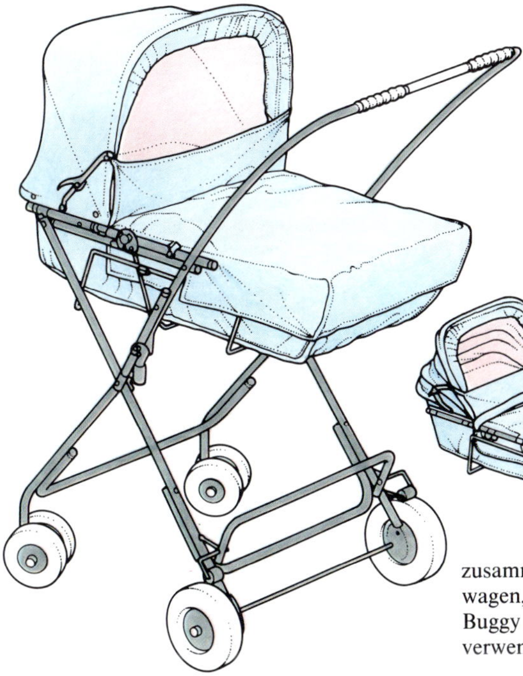
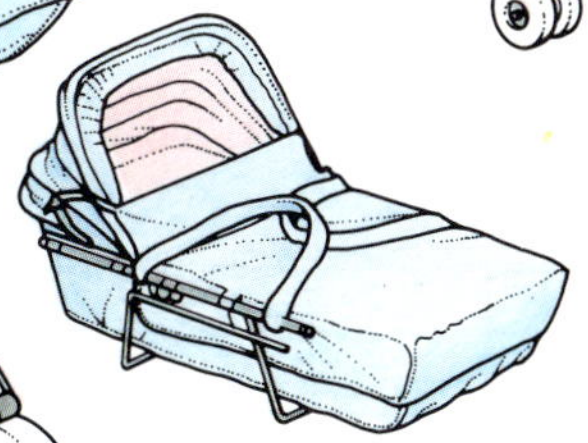
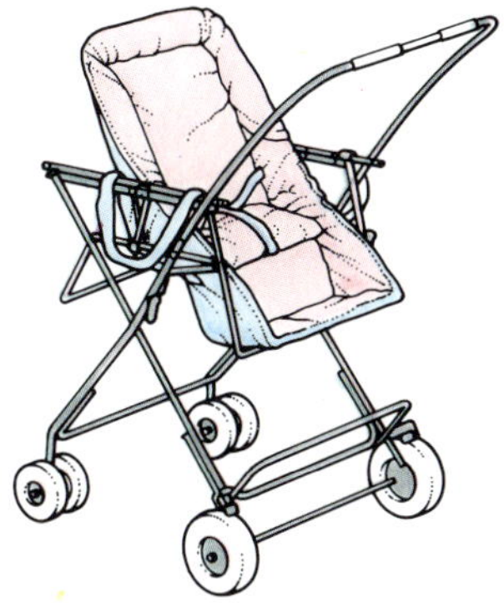
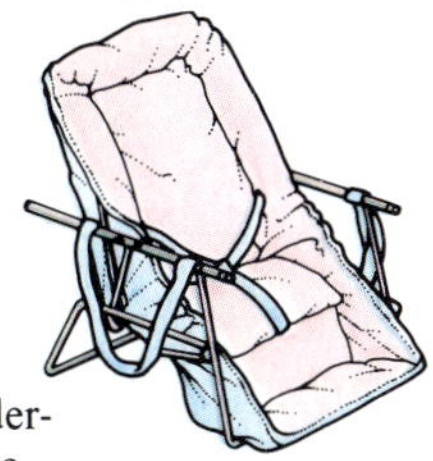

zusammenklappbarer Kinderwagen, auch als Tragetasche, Buggy und Kindersitz verwendbar

Zubehör

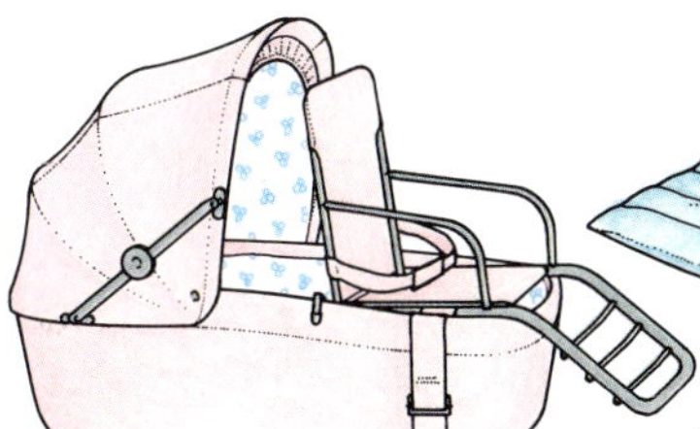

Kindersitz mit Fußstütze

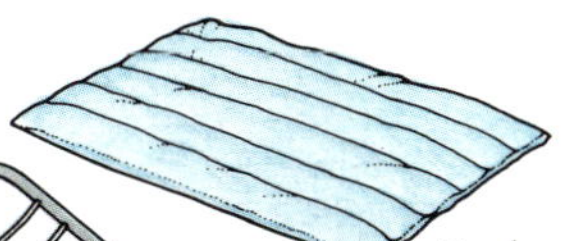

Decke

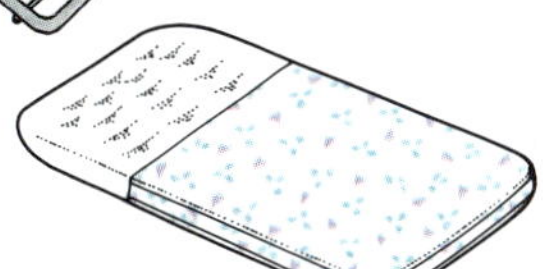

Sicherheitsmatratze

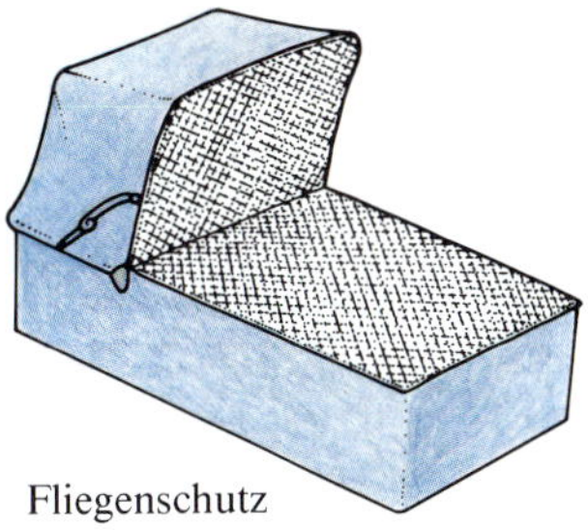

Fliegenschutz

Kinderwagenkorb

Laufgeschirr

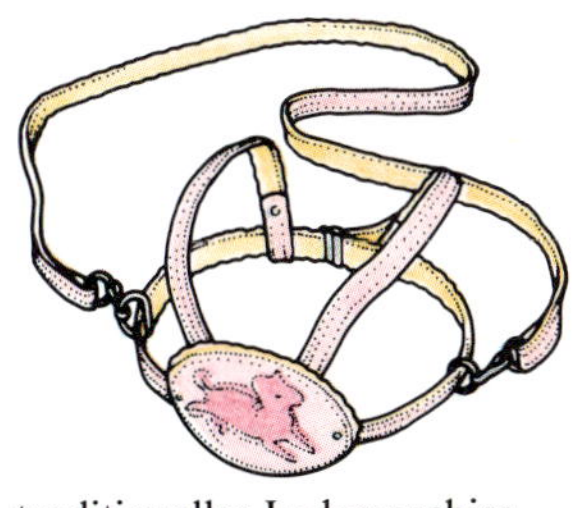

traditionelles Ledergeschirr

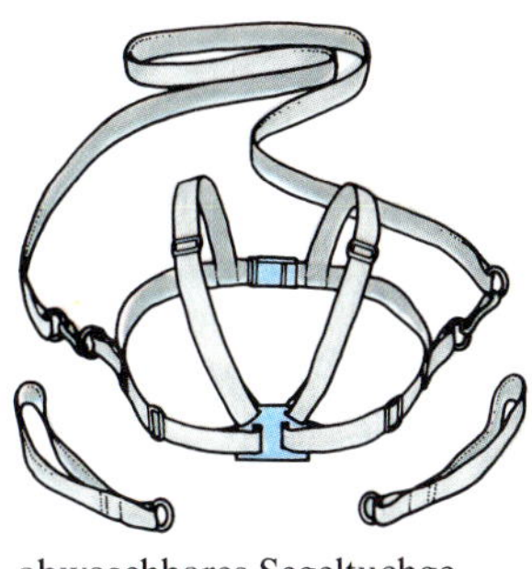

abwaschbares Segeltuchgeschirr, als Lauf- oder Sicherheitsgürtel verwendbar

Autosicherheit

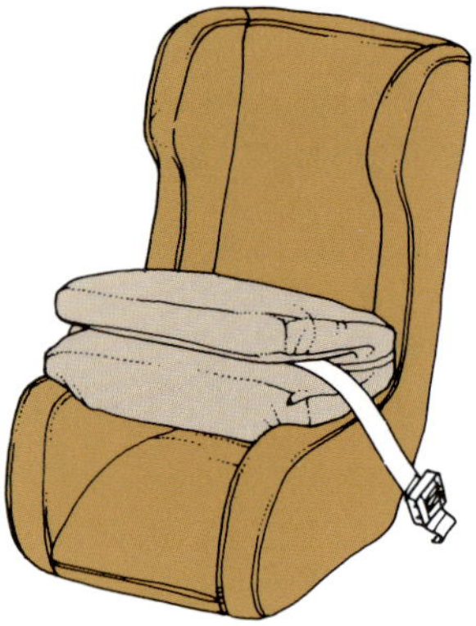

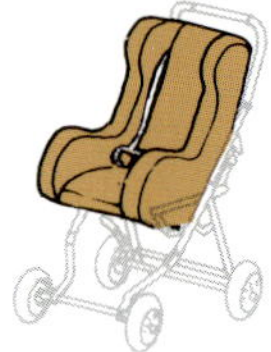

Sicherheitssitz aus geschäumten Kunststoff, der sich auch als Kinderwagen benutzen läßt

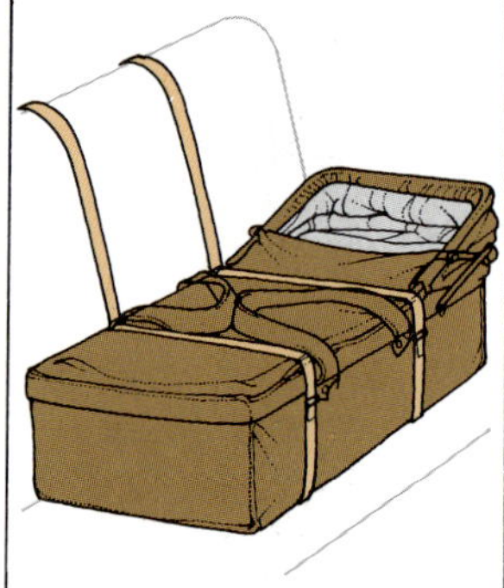

Tragetasche, die auf dem Rücksitz längs festgeschnallt wird

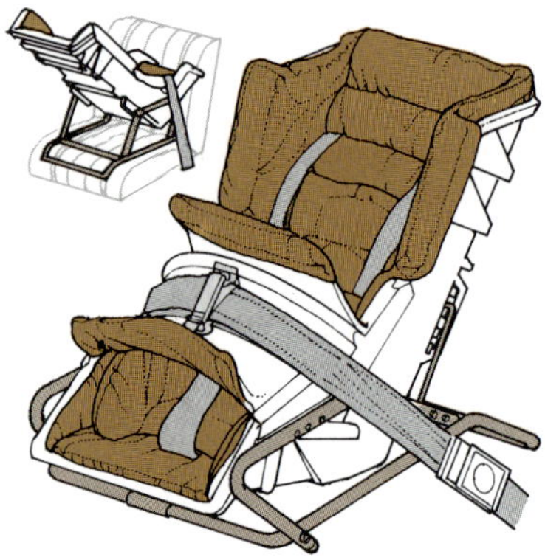

Gepolsterte Sitzschale aus Kunststoff

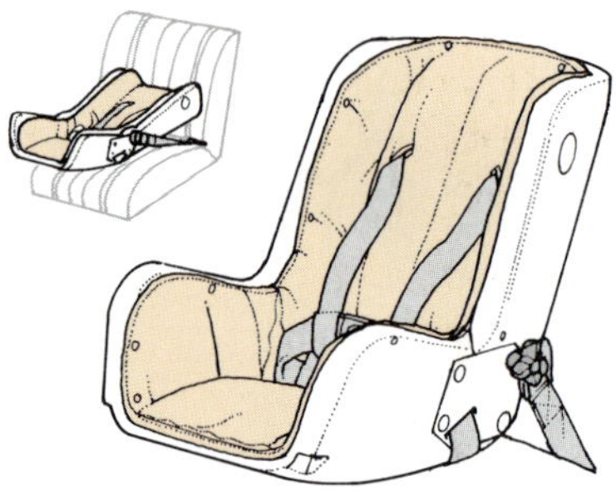

Sicherheitssitz aus Kunststoff, der sich in Liegeposition verstellen läßt

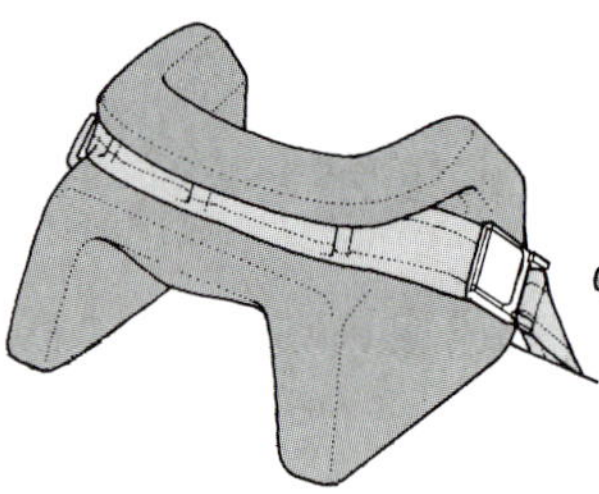

Sicherheitspolster mit Gurt

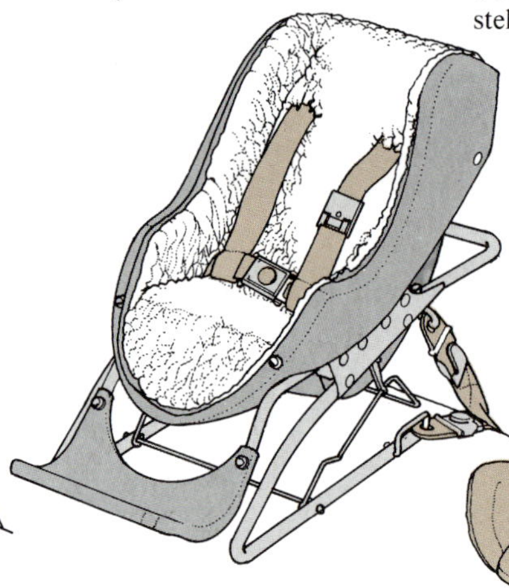

Gepolsterter Rohrgestell-Sitz mit Fußstütze

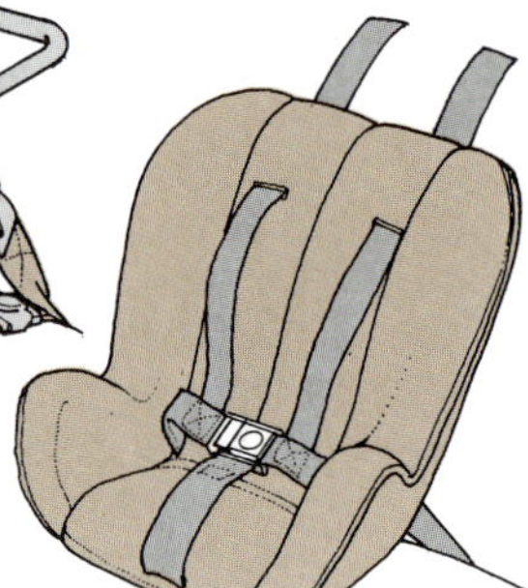

Sitz für ältere Kinder

Sonstiges Zubehör

Säuglinge schauen gern in ihre Umwelt. Kindersitze (Wippen) sind dazu gut geeignet. Sie ermöglichen, besser als ein Sofakissen, freie Sicht. Es gibt auch Schaukelsitze, die in den Türrahmen gehängt werden. Diese haben gegenüber den Kunststoffwippen jedoch einen Nachteil. Das Kind muß in ihnen sitzen bleiben. Wippen dagegen lassen sich in verschiedene Sitz- und Liegepositionen verstellen.
Manche Eltern wollen auf Laufställe nicht verzichten, weil das Baby dann immer relativ sicher überall dabeisein kann. Andere Eltern sehen in ihnen Gefängnisse und lehnen sie grundsätzlich ab.

Laufställe

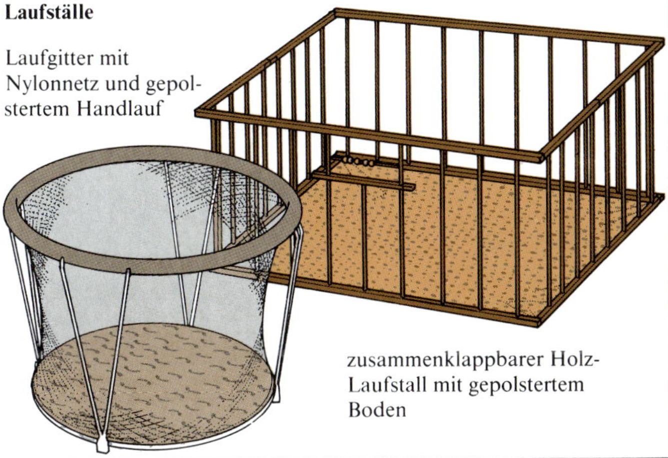

Laufgitter mit Nylonnetz und gepolstertem Handlauf

zusammenklappbarer Holz-Laufstall mit gepolstertem Boden

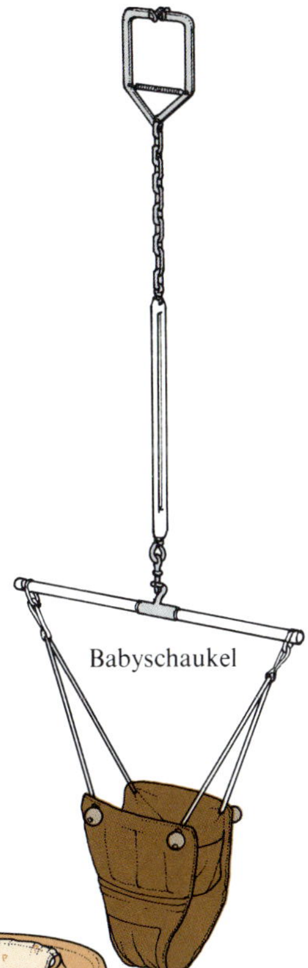

Babyschaukel

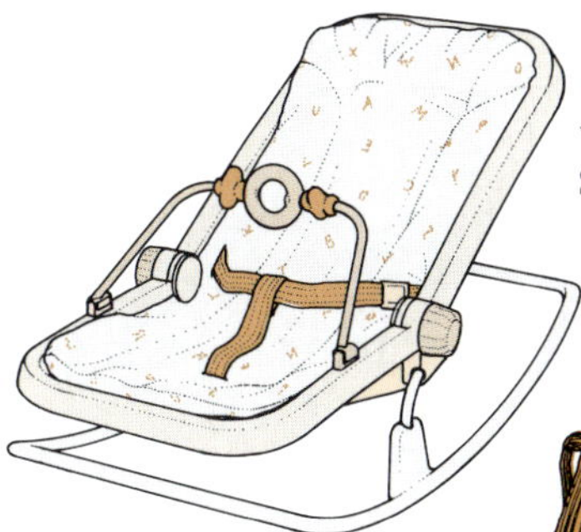

Wippe aus Kunststoff mit Spieltisch und Tragegriff

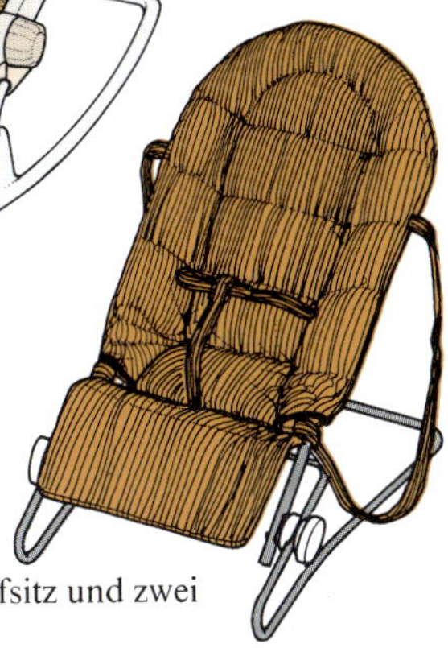

Wippe mit Stoffsitz und zwei Trageriemen

Stabile Lauflernhilfe, mit Spieltablett rundum, und gepolsterten Rädern

Einrichtung des Kinderzimmers

Das Kinderzimmer sollten Sie, trotz möglicher Vorbehalte, in jedem Fall vor der Geburt einrichten. Nachher sind Sie mit der Pflege des Kindes so beansprucht, daß keine Zeit für die Renovierung des Raumes und die Anschaffung von Möbeln bleibt.

Das Zimmer, das Sie als Kinderzimmer auswählen, sollte sauber und hell sein. Die großen Flächen sollten abwaschbar, der Boden gut zu reinigen sein. Die Möbel dürfen keine scharfen Kanten haben. Möbel und Wände müssen mit ungiftiger Farbe gestrichen sein.

Sie werden viel Unterstellplatz benötigen, besonders in der Nähe des Wickelplatzes. Der Wickelplatz sollte breit und tief genug für eine Wickelmulde sowie für Abstellraum rechts und links davon sein. Alte Kommoden sind meist ideale Wickelstellen. Sie haben oben eine große Fläche und viele Schubladen.

Der Fußbodenbelag im Kinderzimmer sollte warm und zugleich sehr strapazierfest sein. Beläge aus Naturfasern oder Korkfliesen sind ideal.

Die Raumtemperatur im Kinderzimmer sollte anfangs ohne Probleme bei 24 °C gehalten werden können. Ist es dazu nötig, daß Sie das ganze Haus oder die ganze Wohnung heizen müssen – ohne daß Sie dies wollen –, dann sollten Sie sich eine zusätzliche elektrische Heizung für das Kinderzimmer zulegen.

Das Licht im Kinderzimmer sollte sich im Idealfall stufenlos regeln lassen, zum Beispiel mit einem Dimmer. Das Kind bekommt dann keinen Schreck, wenn Sie das Licht anmachen müssen, und außerdem können Sie das Licht nachts ganz schwach brennen lassen.

Richten Sie das Zimmer mit hellen, freundlichen Farben ein. Wählen Sie Naturtöne aus, zum Beispiel Gelb, Blau und Hellgrün. Die Primärfarben (Blau, Gelb und Rot) sollten als Belebung nicht fehlen. An den Wänden sollten interessante Bilder, in der Nähe des Wickelplatzes ein Mobile von der Decke hängen. Stoffe und Tapeten sollten bunte Muster haben, die das Kind anregen.

Tips: Kinderzimmer

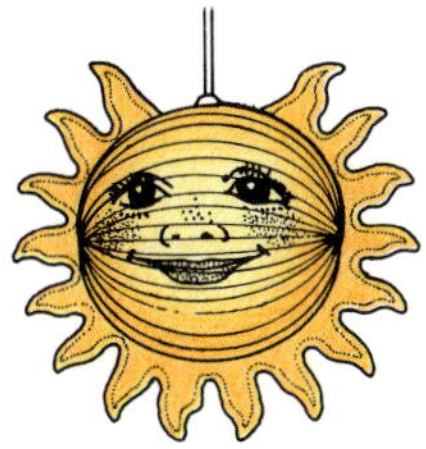

Lampenschirm als Sonne

Nachtbeleuchtung

Sicherheitsspiegel als Bettspielzeug

Aufleuchtende Sterne und Mond für die Decke

Spieluhr

Veränderungen im Kinderzimmer

Das Kinderzimmer muß im Laufe der Jahre immer wieder an die veränderten Bedürfnisse des Kindes angepaßt werden. Mit zunehmender Mobilität benötigt das Kind mehr Bewegungsraum. Sobald es zu krabbeln und zu laufen beginnt, sollten nur wenige Möbel die neuen Wege des Kindes verstellen. Die Möbel, die das Kind erreichen kann, sollten stabil und kippsicher stehen. Vor einem neugierigen Kleinkind ist nur weniges sicher. Treffen Sie deshalb alle (nötigen) Sicherheitsmaßnahmen (siehe S. 324). Sie sollten aber auch darauf achten, daß das Kind von sich aus alles Notwendige erreichen kann, sei es den Lichtschalter, sei es die wichtigste, täglich genutzte Bekleidung; dies ist abhängig vom Entwicklungsstand.

Sobald das Kind aus dem Kinderbett herauszukrabbeln beginnt, können Sie ihm ein normales Bett kaufen. Betten mit Schubkästen verschaffen Ihnen zusätzlichen Raum. Stellen Sie das neue Bett so in den Raum, daß in der Mitte genügend Platz zum Spielen bleibt. Viele Familien mit kleinen Wohnungen wählen von vornherein solche Betten, die sich, beim zweiten Kind, ohne Schwierigkeiten zu Etagenbetten ausbauen lassen. Eine gute Möglichkeit, Platz zu sparen bietet ein Wandklappbett.

Mit den Jahren werden sich im Kinderzimmer immer mehr Spielzeug, Kleider, Schuhe usw. ansammeln. Stellen Sie nicht nur offene Regale in das Zimmer. Sie sollten genug Schrankraum, Schubladen und -kästen zum Verstauen der Sachen zur Verfügung haben.

Ihr Kind wird sicher gern an seinem eigenen kleinen Tisch sitzen wollen. Manche Hochstühle lassen sich zu Tisch und Stuhl umstellen. Wenn Sie keinen solchen Hochstuhl haben, dann empfehle ich Ihnen, einen kleinen »Extratisch« zu bauen und sich (eventuell gebraucht) einen kleinen Stuhl zu besorgen.

Sobald das Kind seine Bewegungen besser koordinieren kann, sollten Sie im Zimmer eine Malecke, an der Wand oder auf einer Tafel, einrichten.

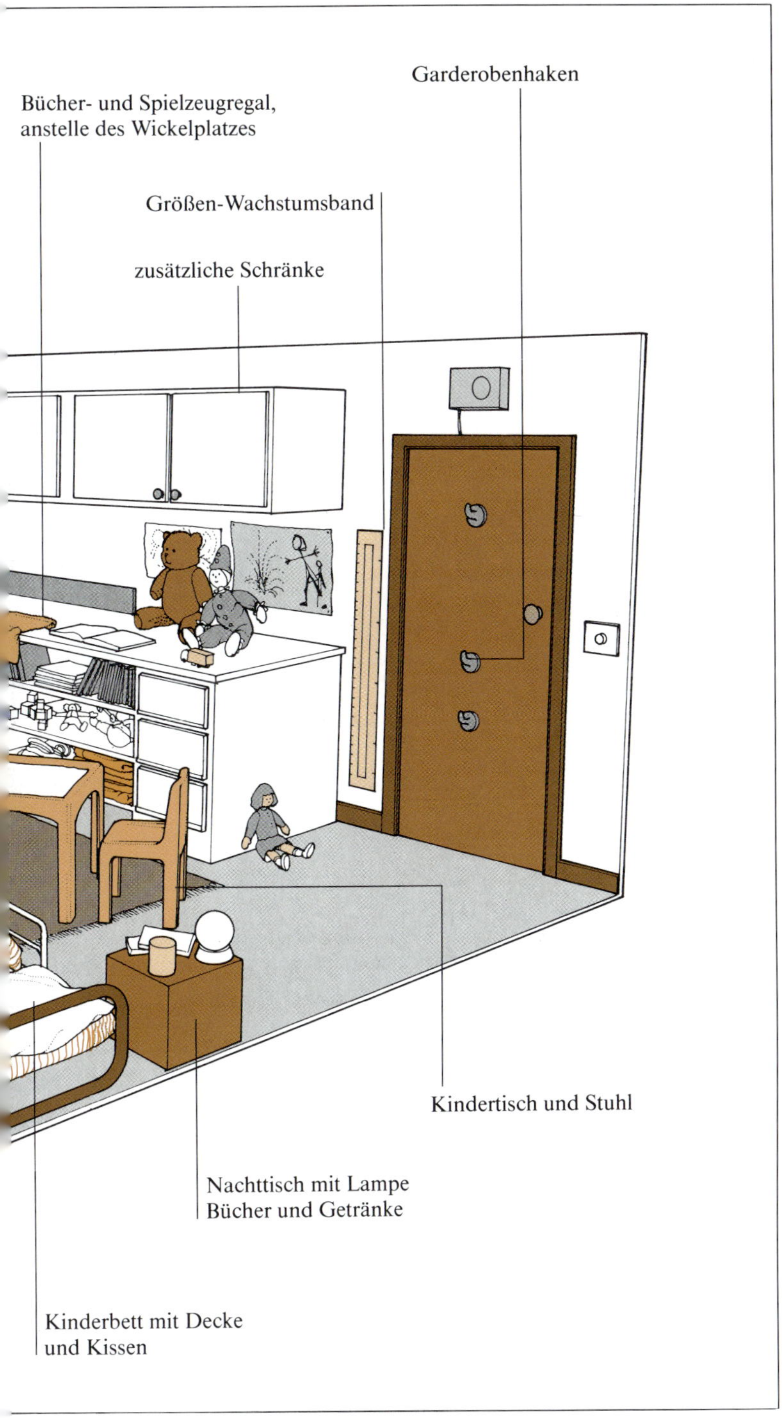

Tips: Aufbewahren

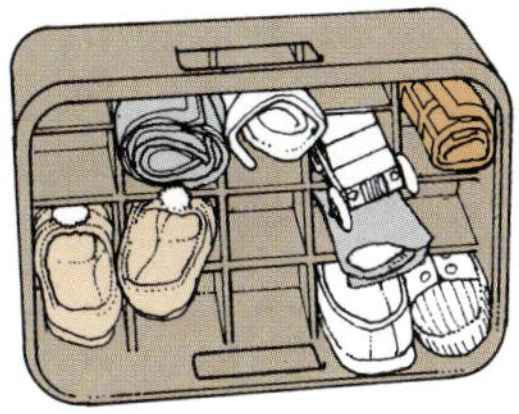

Bierkiste, für Schuhe

Korb, für Spielzeug und Kleider

Kunststoffkiste auf Rädern, läßt sich leicht bewegen

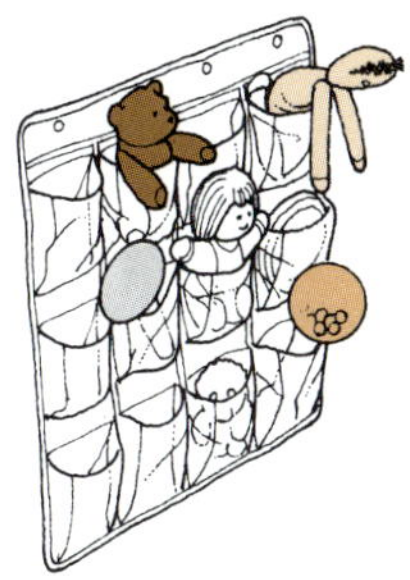

Wandbehang mit durchsichtigen Taschen für Spielzeug

4 Bekleidung

Eltern sind meist recht stolz über das Aussehen ihres Sprößlings. Die Versuchung, das Kind mit vielen hübschen neuen Kleidern auszustatten, ist anfangs recht groß. Doch bald bemerken sie, daß innerhalb der ersten drei Lebensjahre das Kind sehr schnell wächst und die Bekleidung entsprechend kurz getragen wird. Schließlich bestimmt vorwiegend das Portemonnaie die Anschaffungen.
Wichtig ist in jedem Fall, daß die Bekleidung, die Sie aussuchen, dem Kind sehr viel Bewegungsfreiheit läßt, sich leicht an- und ausziehen läßt und in der Waschmaschine gewaschen werden kann. Die Kleidung sollte in erster Linie praktisch sein.

Die Kleiderausstattung 0–1 Jahr

Viele Mütter kaufen teure Babykleidung besonders gern. Doch es gibt eigentlich keinen Grund, für die Erstausstattung viel Geld auszugeben. Ihr Neugeborenes wird anfangs nicht sehr aktiv sein, was nicht heißt, daß es sauber bleibt. Im Gegenteil, die Windeln dichten nicht immer gut ab oder das Kind wird auf den Strampelanzug sabbern. Sie werden es also einige Male am Tag neu anziehen wollen. In der Regel reicht aber die abgebildete Bekleidung aus.

Wird Ihr Kind im Sommer geboren, dann benötigen Sie mindestens

4 Baumwollunterhemden mit weitem Halsausschnitt

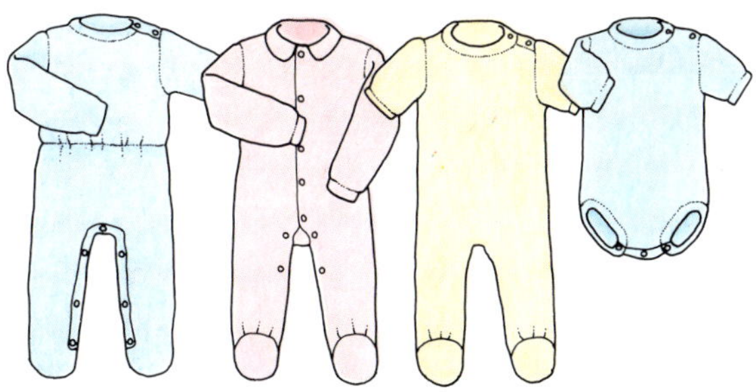

4 leichte Strampelanzüge

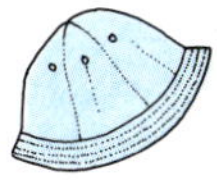

1 Sommermütze

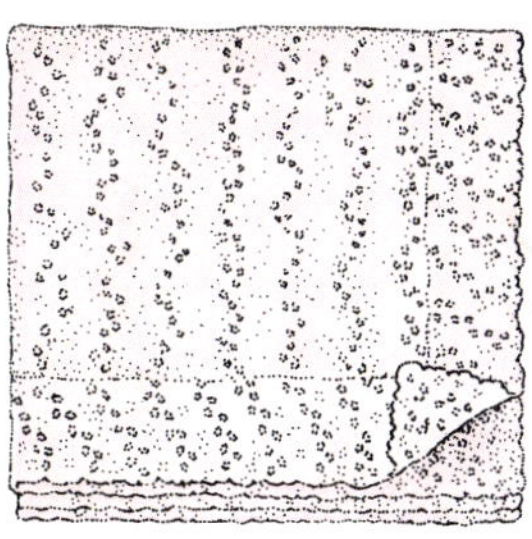

1 Babydecke

2 Wollstrickjacken

2 Paar Socken aus Baumwolle

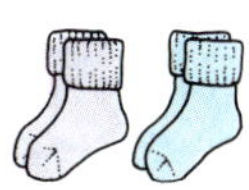

2 Nachthemden

Wird Ihr Kind im Winter geboren, dann benötigen Sie mindestens

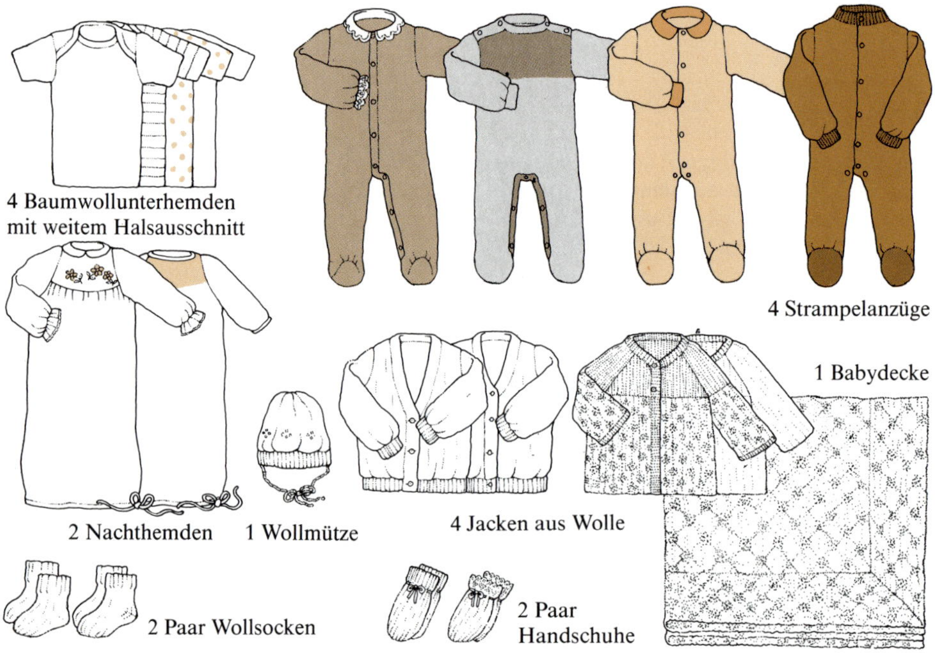

Tips: Bekleidung

- Halten Sie sich nicht allzusehr an die angegebenen Größen. Wählen Sie solche Kleidung, die Ihr Kind in den nächsten zwei Monaten tragen kann. Es macht gar nichts, wenn die Sachen anfangs etwas zu groß sind. Die kleinen Größen für Neugeborene sind nicht zu empfehlen, weil die Kinder zu schnell herauswachsen.
- Kaufen Sie nur farbechte Kleidung, die Sie in der Waschmaschine waschen können.
- Die Kleidung sollte einen leichten Zugang zur Windel ermöglichen. Kaufen Sie z. B. Strampelanzüge, die entlang der Beinnähte mit Druckknöpfen geschlossen werden. Solche höchst praktischen Anzüge sind in Deutschland nicht sehr verbreitet, man erhält sie aber meist in den speziellen Babygeschäften.
- Während der ersten Wochen sind Nachthemden, die unten zugebunden werden können, äußerst praktisch. Beim Wickeln wird das Hemd einfach hochgeschoben.
- Babys mögen es überhaupt nicht, wenn beim An- oder Ausziehen die Kleidung über ihren Kopf gezogen wird. Wählen Sie deshalb solche Bekleidung, die vorn geknöpft wird oder die einen weiten und weichen Halsausschnitt hat.
- Das Material sollte hautfreundlich und weich sein, ohne harte Nähte oder weite Maschen. Überprüfen Sie beim Kauf Halsausschnitt und Bund. Frottee, Baumwolle und Wolle eignen sich für Babybekleidung am besten. Kunstfasern sollten immer weich und angenehm auf der Haut sein.
- Verwenden Sie keine Bekleidung oder Decken, die mit Spitzen oder Durchbrüchen versehen sind.
- Babys tragen ungern Mützen. Meist versuchen sie, sich diese vom Kopf zu ziehen. Kaufen Sie deshalb Mützen, die mit einer Kordel o. ä. unter dem Kinn festgebunden werden.
- Bekleidung mit Schulterdruckknöpfen kann meistens länger benutzt werden. Denn Babys wachsen oft aus Kleidern heraus, weil der Kopf nicht mehr durch den engen Halsausschnitt paßt.

Zusätzliche Bekleidung

Welche Bekleidung Sie nach der Erstausstattung kaufen, hängt von Ihrem Geschmack und Ihrem Geldbeutel ab. Es gibt nichts, was absolut notwendig wäre. Gleichwohl ist einiges praktischer als anderes. Im Sommer eignen sich T-Shirts und Höschen aus Baumwolle am besten. Sie sind luftig und belassen dem Kind viel Bewegungsfreiheit. Im Winter sind Trainingsanzüge und Latzhosen eine praktische Alternative zum einteiligen Strampelanzug.
Sobald Ihr Kind zu krabbeln beginnt, sollten seine Hosen verstärkte Knie haben. Sie sollten dann auch darauf achten, daß Ihnen die Hose leichten Zugang zur Windel gewährt.
Welche Kleidung Sie auch immer kaufen, sie sollte in der Maschine waschbar sein.
Machen Sie es sich zur Gewohnheit, Hals- und Beinausschnitte sowie die Bündchen zu kontrollieren. Sie dürfen nicht zu eng sitzen. Sie werden im übrigen schnell in der Lage sein, die Größe Ihres Kindes richtig einzuschätzen. Bei Unsicherheiten können Sie auf die üblichen Konfektionsgrößentabellen zurückgreifen. Dabei sollten Sie jedoch immer Gewichtsangaben sowie Größen vergleichen. Der Vergleich der Altersangaben nutzt wenig. Da es keine international normierten Kindergrößen gibt, müssen Sie sich manchmal an die Verkäuferin wenden.

Oberbekleidung

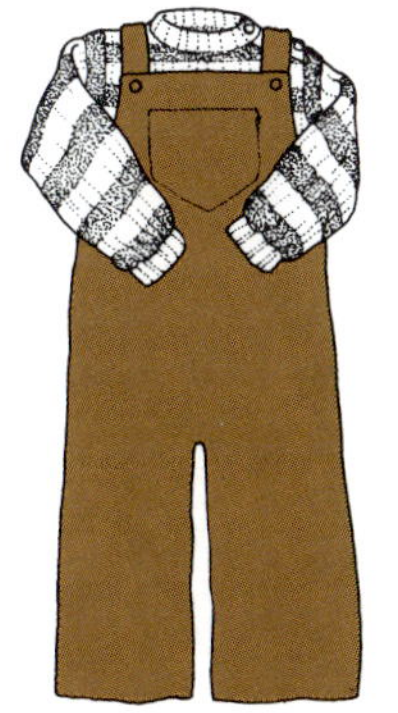

Pulli mit Druckknopfverschluß auf der Schulter, Latzhose

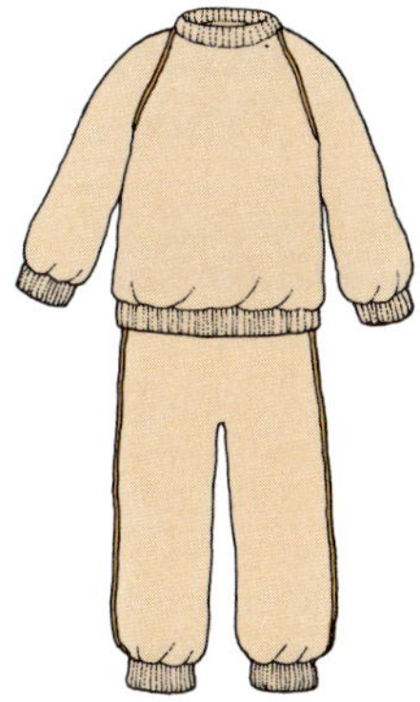

leichter Trainingsanzug

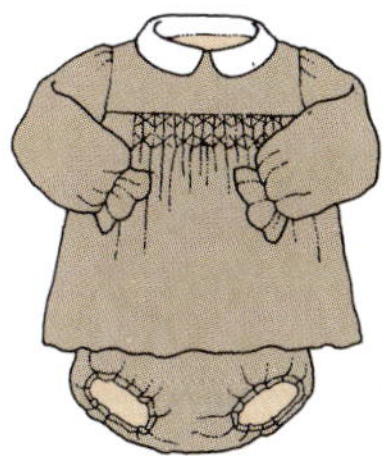

Kleid mit passendem Höschen

Spielanzug

Hausschuhe aus Wolle mit rutschfester Sohle

Unterwäsche und Nachtwäsche

Für sehr junge Babys gibt es keine Trennung zwischen Tag- und Nachtbekleidung. Dehnbare Strampelanzüge eignen sich am besten. Später zieht das Baby dann Schlafanzüge an. Im Winter lösen Schlafsäcke das Problem der weggestrampelten Decke.
Beim Kauf von Unterhemden sollten Sie darauf achten, daß die Halsausschnitte weit genug sind. Bunte, gemusterte Unterhemden können im Sommer auch als T-shirts dienen.

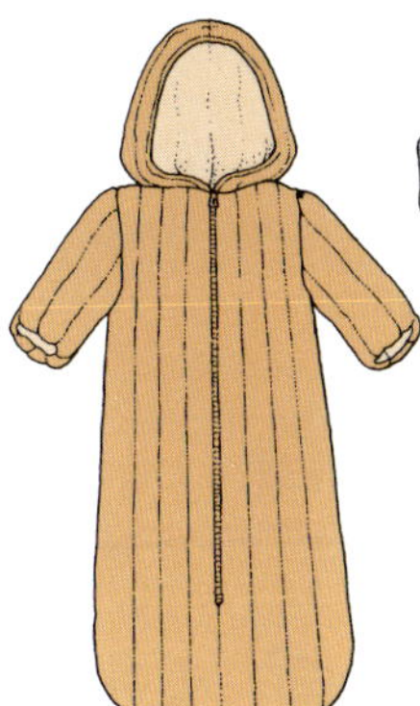

Schlafsack

Schlafanzug

Unterhemd und -hose

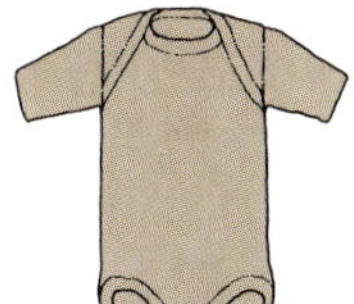

einteilige Unterwäsche

Die Bekleidung 1–3 Jahre

Je älter Ihr Kind wird, desto mehr müssen Sie bei der Kleiderauswahl auf Bequemlichkeit und Bewegungsfreiheit achten. Da das Kind auch weniger schläft, wird es auch mehr Bekleidung benötigen. Wie ein Erwachsener wird es sich mit verschiedenen Kleidern auf verschiedene Wetterverhältnisse (Sonne, Regen, Kälte, Schnee) einstellen müssen. Die Bekleidung muß fester werden. Die Stoffe, die Sie auswählen, sollten also einerseits widerstandsfähig sein, andererseits aber bequem bleiben und den Bewegungen des Kindes nachgeben.

Ein krabbelndes Kind braucht Schutz seiner Knie, ein laufendes den Schutz seiner Füße. Während der Sauberkeitserziehung ist es wichtig, daß die Bekleidung leicht an- und auszuziehen ist. Das gleiche gilt für die Phase, in der das Kind lernt, sich selbst an- und auszuziehen. Reißverschlüsse und kleine Knöpfe sollten vermieden werden. Ideal sind in dieser Zeit Gummizüge.

Bekleidung für draußen
Ein Anzug aus wasserfestem Material, der zusätzlich über der normalen Oberbekleidung getragen werden kann, schützt vor Schmutz, Regen und Pfützen. Eine zweiteilige Ausfahrgarnitur hält im Winter warm, sie ist für den Kinderwagen gedacht. Der Vorteil einer zweiteiligen Garnitur besteht darin, daß sich das Kind leichter wickeln läßt. Wintermäntel sollten auf »Zuwachs« gekauft werden.

Tips: Kleidung kaufen

- Notieren Sie sich regelmäßig die Körpermaße Ihres Kindes. Tragen Sie die Maße beim Einkaufen immer bei sich.
- Kaufen Sie Kleidung, die sowohl von Jungen als auch von Mädchen getragen werden kann. Mädchen können auch Jungenbekleidung tragen; diese ist meist widerstandsfähiger.
- Kaufen Sie die Bekleidung für draußen einige Nummern zu groß. Ihr Kind kann dann im Bedarfsfall noch bequem einen Pullover unterziehen. Außerdem paßt die Bekleidung dann meist auch noch in der nächsten Saison. Kaufen Sie immer Kleidung von guter Qualität. Diese hält länger, und Sie können sie später an andere weitergeben.
- T-shirts können auch als Schlafanzugoberteile verwendet werden.
- Bunte auffällige Kleidung ist sicherere Kleidung. Ihr Kind wird besser gesehen. Dies ist auf der Straße und falls es sich verläuft wichtig.

- Nähen Sie auf die Hosenträger zusätzliche Knöpfe, damit diese nach Bedarf verlängert oder verkürzt werden können.
- Kaufen Sie bunte Unterhemden, die auch als T-shirts benutzt werden können.
- Jungen haben Schwierigkeiten mit Reißverschlüssen an den Hosen. Kaufen Sie solange es geht Hosen mit Gummizug.
- Kaufen Sie fersenlose Socken. Diese kann das Kind länger tragen. Kaufen Sie mehrere Paare vom gleichen Muster. Geht ein Strumpf kaputt oder verloren, dann können Sie den zweiten weiter verwenden. Das gleiche empfiehlt sich für mehrteilige Schlafanzüge.
- Ziehen Sie immer Kleidung mit Gummizügen und Schulterträgern, die mit dem Kind »wachsen« kann, vor.
- Vermeiden Sie enge, taillierte Bekleidung. Lockere Kleidung kann länger getragen werden.
- Kaufen Sie keine Kunstfasern, die nicht atmen. Ihr Kind würde unnötig schwitzen.
- Ein weiter Mantel, z. B. ein Duffle-Coat, hält meist für zwei Winter. Im ersten sind die Ärmel hochgekrempelt, im zweiten werden sie normal getragen.

- Einige Schlafanzüge haben Fußsohlen aus Kunstleder. Schneiden Sie in diese Sohlen einige Luftlöcher, damit das Kind nicht an den Füßen schwitzt.

Wie Kleider länger halten

- Werden Schlafanzüge in der Länge zu knapp, dann schneiden Sie einfach die Füße ab. So können sie noch einige Wochen getragen werden.
- Verstärken Sie die Kniepartie von neuen Hosen, indem Sie von innen Flicken aufnähen.
- Verlängern Sie einen Stufenrock, indem Sie aus dem gleichen oder passendem Stoff eine zusätzliche Stufe annähen.
- Ein Winterschlafanzug läßt sich auch im Sommer benutzen: Schneiden Sie die Ärmel ab und kürzen Sie die Hosenbeine.
- Lange Hosen, die zu kurz geworden sind oder deren Knie durchgescheuert sind, lassen sich durch Abschneiden in kurze Sommerhosen umarbeiten.
- Einen Mantel, der zu kurz geworden ist, läßt sich oft in eine Weste umarbeiten.
- Werden getragene Jeans verlängert, dann sieht man immer dort einen weißen Ring, wo vorher die untere Hosenkante war. Lassen Sie diesen Ring einfach mit Hilfe eines blauen Farb- oder Filzstiftes verschwinden.
- Einteilige Kleider, ohne Taille, mit Dolman- oder Raglan-Ärmel können Kinder am längsten tragen.

Auswahl von Schuhen

Solange Ihr Kind noch nicht läuft, gibt es keinen Grund, ihm Schuhe anzuziehen. Seine Knochen sind noch weich und nachgiebig. So weich, daß selbst zu enge Strümpfe, regelmäßig getragen, zur Mißbildung der Zehen führen können.

Solange die Füße nicht eingeengt werden, können Sie dem Kind durchaus Strümpfe oder Wollschuhe anziehen; etwa wenn es kalt ist oder beim Krabbeln.

Ist die Zeit für das erste Paar Schuhe gekommen, dann gehen Sie mit dem Kind in ein gutes Fachgeschäft. Lassen Sie sich von einer Fachkraft beraten, die Erfahrungen mit Schuhen für Kleinkinder hat.

Vor dem ersten Anprobieren müssen Länge und Breite der Füße gemessen werden. Wenn die Schuhe angezogen sind, sollte die Verkäuferin prüfen, ob die Schuhe richtig sitzen. Wichtig ist, daß der Fuß nirgends eingeengt wird. Die Senkel oder Schnallen sollen den Schuh so am Fuß halten, daß er nicht herunterrutschen kann. Lassen Sie Ihr Kind herumlaufen. Prüfen Sie dabei, ob die Schuhe verrutschen oder dem Kind weh tun.

Für draußen sollten Sie feste, gut verarbeitete Lederschuhe kaufen. Es hängt aber natürlich auch von der Jahreszeit ab, welche Schuhe Sie kaufen werden. Für den Sommer sind solide Ledersandalen, aber auch Turnschuhe aus Segeltuch geeignet. Bei herbstlichem Regenwetter sind Gummistiefel am geeignetsten. Wichtig ist nur, daß die Schuhe richtig sitzen.

Ihr Kind sollte niemals gebrauchte Schuhe tragen. Kinderschuhe mögen zwar teuer sein, aber ihre Qualität ist entscheidende Voraussetzung für eine gesunde Entwicklung der Füße Ihres Kindes.

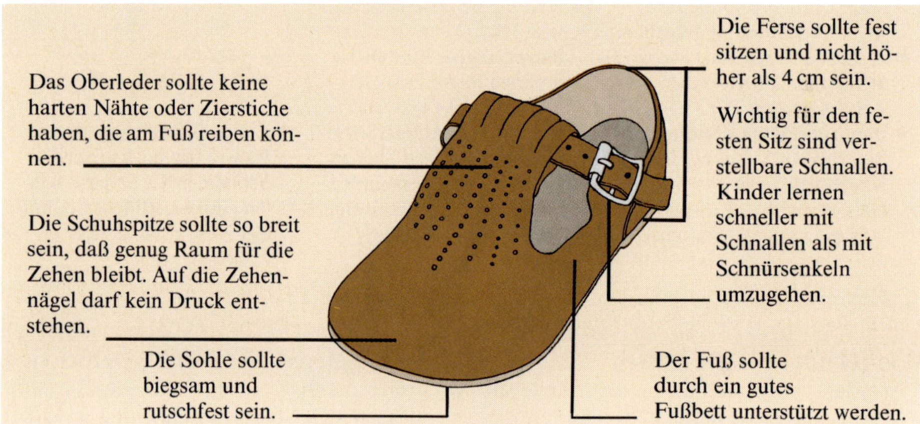

Kleiderpflege

Sobald Ihr Kind feste Nahrung bekommt, wird es trotz Lätzchen viel herumkleckern. Fängt es an zu laufen, werden die Kleider noch schmutziger. Sie werden also oft waschen müssen. Um so wichtiger ist es, daß die Kleidung Ihres Kindes farbecht ist. Dann können Sie es zusammen mit der sonst anfallenden Familienwäsche in der Maschine waschen. Je mehr das Kind anzuziehen hat, desto seltener müssen Sie waschen.

Um Ihre Waschmaschine zu entlasten, sollten Sie für das Kind einen Kittel bereithalten.

Tips: Pflege von Kleidung

- Imprägnieren Sie Manschetten, Kragen und Knie. Die meisten Verschmutzungen lassen sich dann durch einfaches Abwischen entfernen.
- Turnschuhe sehen immer wie neu aus, wenn sie vor dem ersten Tragen mit Wäschestärke besprüht wurden.
- Bevor Sie weiße Schuhe putzen, sollten Sie diese mit einer rohen Kartoffel, flüssigem Putzmittel oder Alkohol einreiben. Besprühen Sie die Schuhe nach dem Putzen mit Haarfestiger, dann bleiben sie besser sauber.
- Tauchen Sie schmutzige Wäsche nicht in eine Sterilisierlösung für Windeln. Die Farbe würde ausbleichen.
- Vergilbte Socken werden wieder sauber, wenn sie vor dem Waschen in einer Natriumkarbonatlösung gespült werden. Weiße Socken aus 100% Baumwolle können zusammen mit einer Zitronenscheibe gekocht werden.
- Bei Nylon, Reyon und allen feinen Geweben kann ein Eßlöffel Geschirrspülmittel als Bleichmittel verwendet werden.
- Essig ist ein guter Ersatz für Bleichmittel.
- Schuhe mit textilem Oberteil können mit einem Scheuerpad aus der Küche gereinigt werden.

Flecken entfernen

Ei
Weichen Sie verschmutzte Kleidungsstücke eine Stunde in kaltem Wasser. Anschließend waschen Sie wie gewohnt.

Gras
Sind Grasflecken beim normalen Waschen nicht verschwunden, so kann man es mit Alkohol versuchen.

Obst und Schokolade
Behandeln Sie die Flecken mit Sodawasser. Reiben Sie den Stoff im Wasser, bis die Verfärbung verschwindet. Anschließend wie gewohnt waschen.

Blut
Weichen Sie das Wäschestück eine halbe Stunde in kaltem Wasser. Waschen Sie es anschließend mit einem enzymhaltigen Waschmittel. Hartnäckige Flecken kann man mit Ammoniak behandeln.

Teer
Teerflecken können mit Eukalyptusöl behandelt werden.

Milch
Waschen Sie das Kleidungsstück gründlich in kaltem Wasser, anschließend in der Maschine mit einem enzymhaltigen Waschmittel.

Kaugummi
Weichen Sie das Kleidungsstück mit Tetrachlorkohlenstoff oder Methylalkohol. Danach läßt sich der Kaugummi abziehen.

Erbrochenes
Nach dem Ausspülen wird das Kleidungsstück mit einem enzymhaltigen Waschmittel gewaschen.

An- und Ausziehen 0–1 Jahr

Während der ersten Lebensmonate müssen Babys sehr oft gewickelt werden. Viele junge Eltern fühlen sich nicht sicher, wenn sie ihr Kind die ersten Male an- oder ausziehen. Diese Unsicherheit wird mit etwas Übung und Geduld aber überwunden sein. Ein Neugeborenes sollte immer auf einer flachen Unterlage an- und ausgezogen werden.

Ist Ihr Baby noch sehr jung, dann ist es wichtig, daß Sie es möglichst schnell wieder warm anziehen. Lassen Sie es also nicht lange nackt liegen. Sein mögliches Weinen sollte Sie nicht irritieren. Junge Babys wollen nur ungern ausgezogen werden. Sie fühlen sich an der kühleren Luft, ohne ihre schützende Stoffhülle unwohl und unsicher.

Denken Sie also nicht, Sie seien der Grund für das Schreien, weil Sie etwas falsch gemacht haben. Bleiben Sie ruhig und setzen Sie Ihre Auszieharbeit zügig fort. Oft hilft es, wenn Ihr Baby durch etwas Interessantes abgelenkt wird, z. B. ein Mobile über dem Wickeltisch.

Wie Sie ein Neugeborenes anziehen

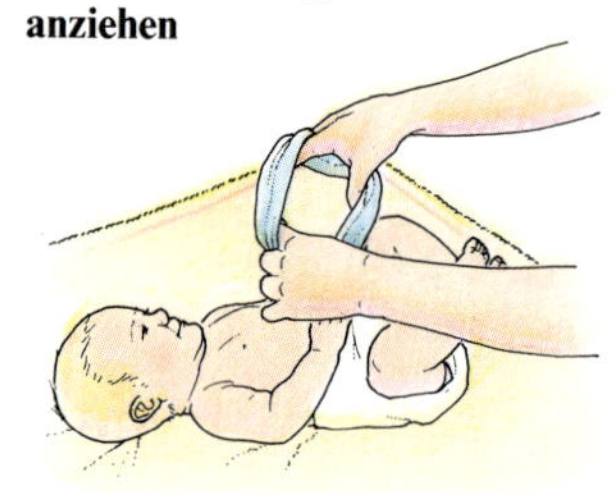

1. Legen Sie das Kind auf eine flache Unterlage. Wenn Sie ihm ein Unterhemd anziehen wollen, falten Sie es wie eine Ziehharmonika zusammen und halten den Halsausschnitt mit Ihren Daumen geöffnet.

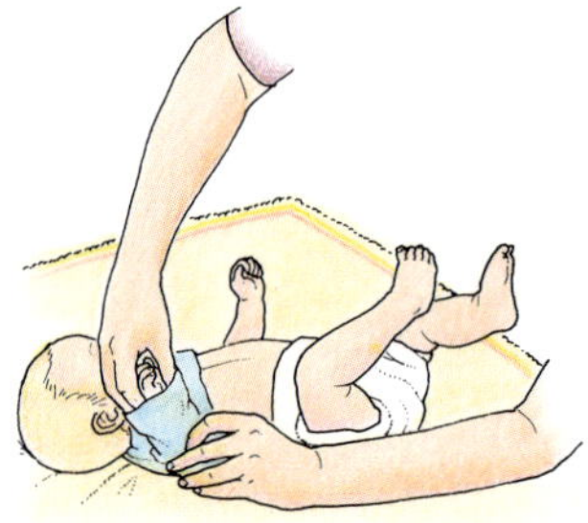

2. Heben Sie nun den Kopf des Kindes leicht an und ziehen Sie das Hemd darüber. Halten Sie den rechten Ärmel auf und führen Sie den Arm durch. Wiederholen Sie dies mit dem anderen Ärmel.

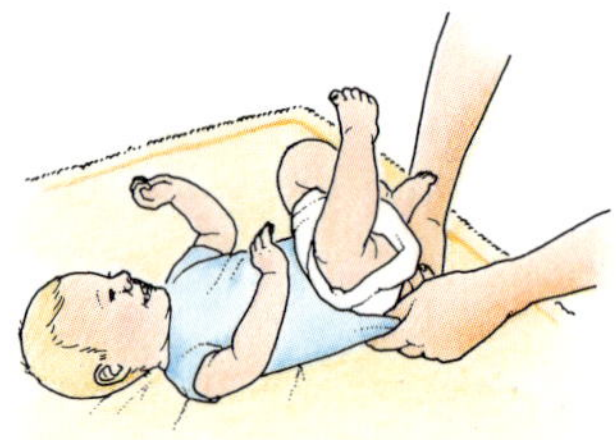

3. Ziehen Sie dann das Hemd am Körper herunter. Während Sie nun den Strampelanzug bereitlegen, sollten Sie Ihr Kind im Auge behalten.

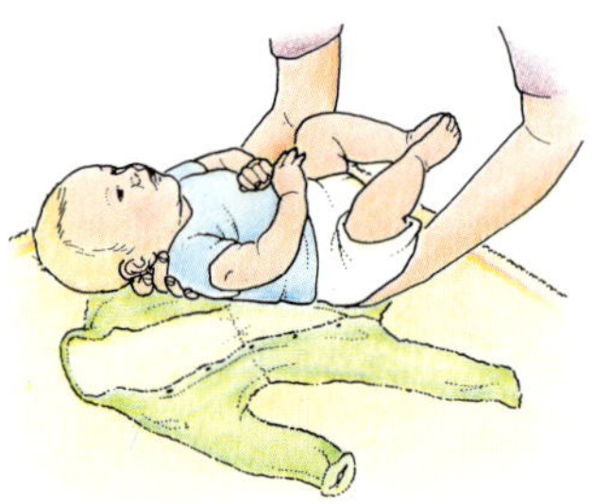

4. Legen Sie nun Ihr Kind auf den Strampelanzug.

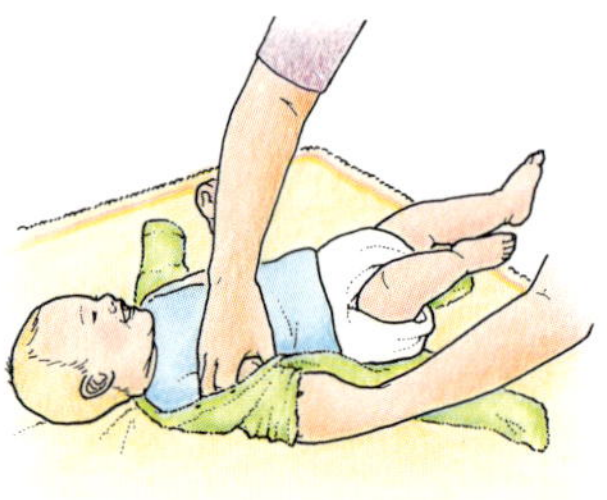

5. Krempeln Sie den rechten Ärmel zusammen und führen Sie die rechte Faust des Kindes vorsichtig durch. Den Vorgang wiederholen Sie mit dem linken Arm.

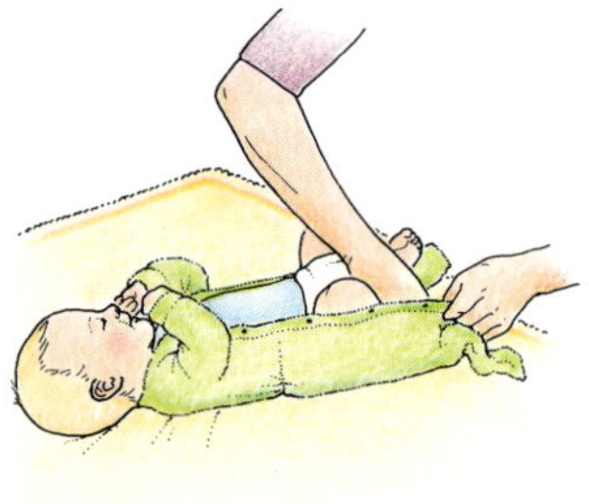

6. Führen Sie nun das rechte und anschließend das linke Bein in den Strampler. Jetzt können Sie den Anzug zuknöpfen oder vorsichtig mit dem Reißverschluß schließen.

Anziehen auf dem Schoß

Sobald Ihr Kind seine Muskeln besser kontrollieren kann und Sie sich sicherer fühlen, können Sie es auch auf Ihrem Schoß anziehen. Wenn Sie Ihre Beine übereinander schlagen, sitzt das Kind sicher in der Mulde. Sie können es mit einem Arm halten und mit dem anderen anziehen.

Besser ist es jedoch, beide Methoden zu kombinieren: Zum Wickeln legen Sie das Kind hin, zum Anziehen des Oberkörpers können Sie es auf dem Schoß halten. In jedem Fall sollten Sie Spielzeug zum Ablenken bereithalten.

Ein Neugeborenes ausziehen

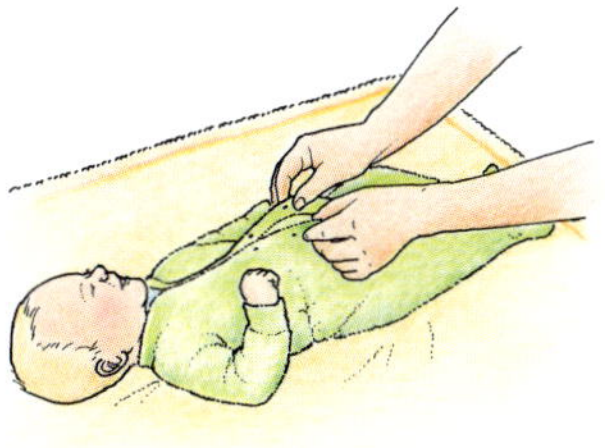

1. Legen Sie das Kind auf eine flache Unterlage und öffnen Sie den Strampelanzug.

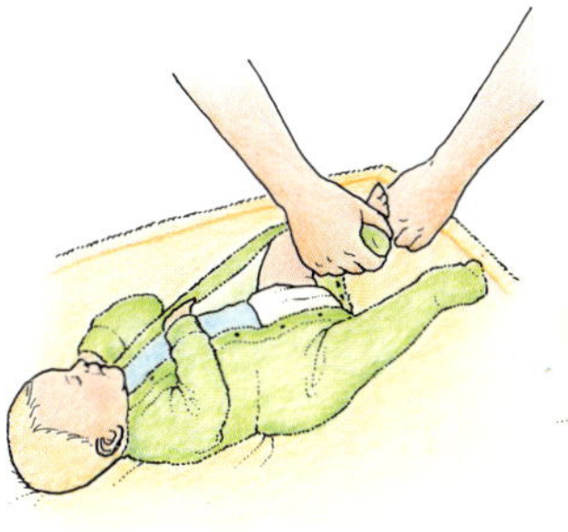

2. Wahrscheinlich wollen Sie jetzt erst wickeln. Ziehen Sie deshalb zunächst nur die Beine aus dem Anzug und wickeln Sie das Kind.

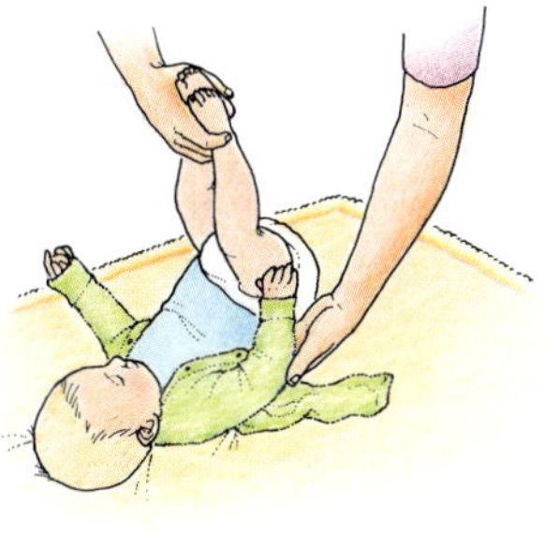

3. Heben Sie die Beine des Kindes vorsichtig hoch und schieben Sie den Anzug unter dem Kind hindurch, bis zu den Schultern.

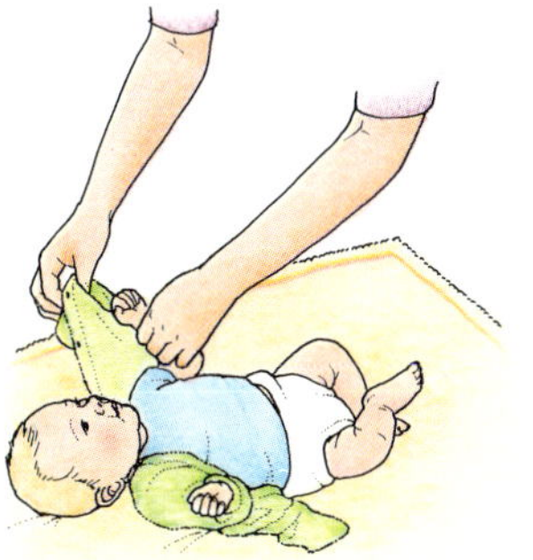

4. Ziehen Sie erst den linken, dann den rechten Arm vorsichtig heraus.

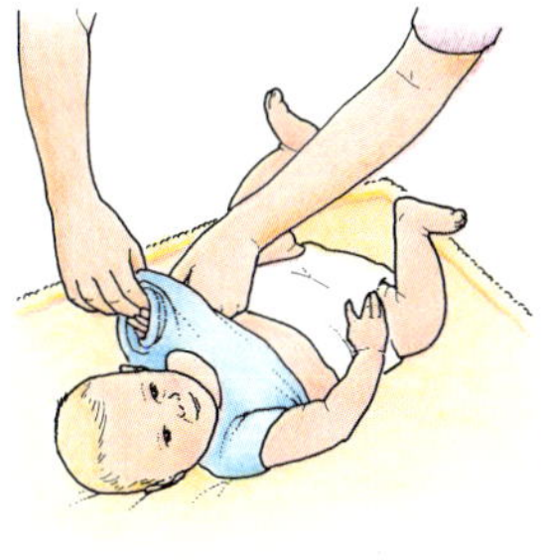

5. Nun können Sie das Hemd hochrollen. Während Sie den Ellbogen halten, krempeln Sie den Ärmel vom Brustkorb zur Hand und ziehen den Arm heraus.

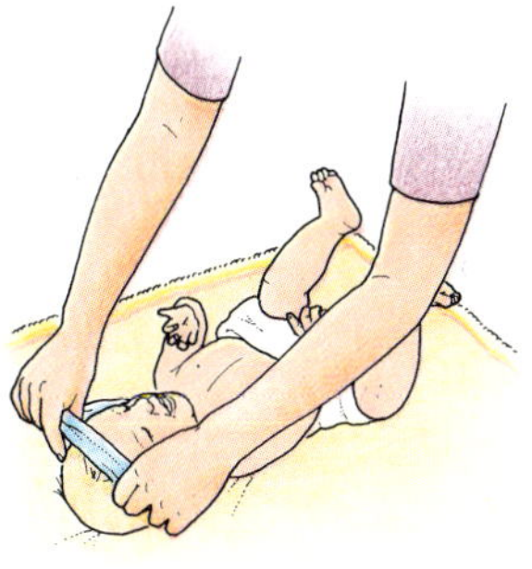

6. Breiten Sie den Halsausschnitt auseinander und ziehen Sie das Unterhemd über den Kopf. Achten Sie dabei, daß Sie Ihr Kind nicht am Kopf kratzen.

Ein älteres Kind anziehen

Sobald Ihr Kind krabbelt, wird es nicht lange stillhalten wollen. Sie werden es deshalb oft »in Bewegung« anziehen. Zum Ende des 1. Lebensjahres kann Ihnen Ihr Kind dann beim Anziehen helfen. Ein 11 Monate altes Kind kann man schon bitten, seinen Arm zu strecken oder eine Faust zu machen. Sie können das Kind dann anziehen, ohne lange seine Hände durch die Ärmel fummeln zu müssen.

Es ist fast unmöglich, ein verärgertes, zappelndes Kind anzuziehen. Je älter es wird desto mehr sind Sie auf seine Kooperation angewiesen. Machen Sie das Anziehen deshalb zum Spiel. Sie können jedes Kleidungsstück benennen oder Kuckuck oder Versteck spielen: Wo ist denn der Arm? Ach, schau! Da kommt er aus dem Ärmel!

Folgende Tips können Ihnen helfen:

- Ziehen Sie Hosen, Strumpfhosen, auch Schlüpfer hoch, während Ihr Kind zwischen Ihren Beinen steht. So kann es nicht weglaufen.
- Setzen Sie Ihr Kind in den Hochstuhl, wenn Sie seine Schuhe anziehen wollen.
- Um Gummistiefel anzuziehen, sollten Sie Ihr Kind auf die unterste Treppenstufe setzen. Es kann dann selbst beim Aufstehen in die Stiefel hineinsteigen.
- Versuchen Sie Ihr Kind dann auszuziehen, wenn es durch Spiel oder durch Singen abgelenkt werden kann.
- Falls Ihr Kind ein Lieblingslied hat, dann sollten Sie dieses beim An- und Ausziehen (eventuell zusammen) singen.

An- und Ausziehen 1–3 Jahre

Es dauert schon eine ganze Weile, ehe Ihr Kind die notwendige Muskelkontrolle entwickelt hat, um sich selbständig an- und auszuziehen. Mit 18 Monaten beginnen viele Kinder mit den ersten Versuchen: Sie reißen den Rock herunter oder winden sich umständlich aus einer Strickjacke. Solche Versuche sollten Sie als Zeichen wachsender Unabhängigkeit unterstützen.

Legen Sie die Kleidungsstücke möglichst so hin, daß Ihr Kind sie leicht anziehen kann. Auch wenn es nur rumzufummeln scheint, warten Sie so lange bis Ihre Hilfe wirklich notwendig wird. Sie werden allerdings noch lange bei Knöpfen, Druckknöpfen, Reißverschlüssen oder Schleifen helfen müssen.

Tips: Anziehen

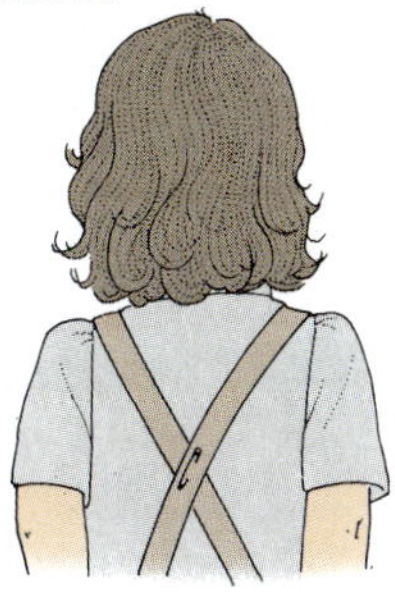

- Hosenträger können nicht mehr über die Schulter rutschen, wenn sie hinten am Kreuzungspunkt mit einer Sicherheitsnadel zusammengesteckt werden.
- Wenn Sie Ihrem Kind das Zuknöpfen beibringen wollen, so fangen Sie am besten bei den unteren Knöpfen an und »arbeiten« sich dann hoch.
- Benutzen Sie an der Kleidung so viele Klettverschlüsse wie möglich. Nur nicht am Hals, hier können sie leicht die Haut verletzen.
- Kleine Hände haben Schwierigkeiten mit Reißverschlüssen. Befestigen Sie einen Schlüsselring am Reißverschlußgriff.
- Wenn Sie Ihrem Kind zeigen wollen, wie man einen Reißverschluß hochzieht, dann sollten Sie darauf achten, daß das Kind den Verschluß von Bekleidung oder Haut weghält, um das Verhaken zu verhindern.
- Während der Sauberkeitserziehung sollten Sie Ihr Kind mit Hosen ausstatten, die sich schnell vom Kind öffnen lassen. Am besten sind Hosen mit Gummizug.
- Markieren Sie durch ein einheitliches Zeichen die Vorderteile der Bekleidungsstücke Ihres Kindes.
- Markieren Sie das richtige Gürtelloch mit einem lustigen Zeichen.
- Bis das Kind gelernt hat den Pulloverärmel festzuhalten, wenn es eine Jacke überzieht, können Sie das Ärmelbündchen des Pullovers mit einem Gummizug versehen. Er rutscht dann weniger leicht hoch.
- Einen hakeligen Reißverschluß können Sie wieder leichter gleiten lassen, indem Sie mit einem Bleistift oder mit Seife entlang der Zähne reiben.
- Weigert sich Ihr Kind beim Anziehen eines Ärmels, eine Faust zu machen, so geben Sie ihm etwas Kleines zu greifen: z. B. eine Rosine. Es wird diesen Leckerbissen umklammern, und Sie können leichter den Arm durch den Ärmel ziehen.
- Wenn Sie Schnürsenkel vor dem Zubinden naß machen, dann gehen sie nicht von allein wieder auf.

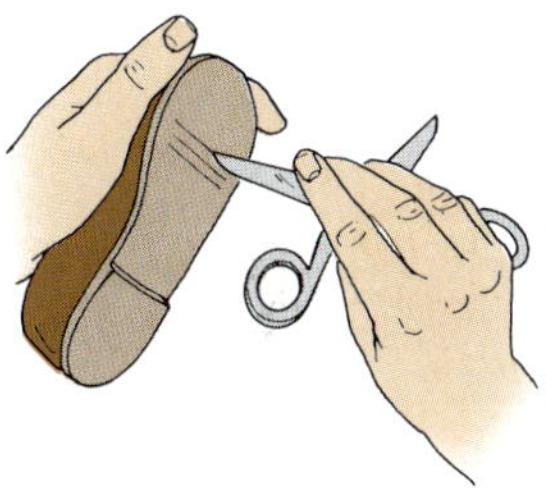

- Sie verhindern, daß Ihr Kind mit neuen Schuhen ausrutscht, wenn Sie die Sohle mit etwas Tesafilm bekleben oder mit einer Schere leicht anritzen.
- Sind die Enden eines Schnürsenkels ausgefranst, so können Sie diese durch Nagellack oder Tesafilm zusammenhalten.
- Kaufen Sie Stiefel so groß, daß das Kind darin bequem 2 Strümpfe übereinander tragen kann. Dies ist bei Gummistiefeln besonders wichtig, da sie nicht sehr warm halten.
- Wenn Ihr Kind lernt, mit Knöpfen umzugehen, nähen Sie große Knöpfe an seine Kleidung. Diese kann das Kind besser greifen. Sie können darüber hinaus die Knöpfe mit elastischem Faden annähen.

5 Umgehen mit einem Kind

In den ersten Lebenswochen wirkt Ihr Kind noch besonders verletzbar und schutzbedürftig. Manche Eltern, meist die Väter, haben Angst davor, ihr Neugeborenes überhaupt aufzunehmen und zu halten. Sie meinen, sie könnten es irgendwie verletzen. Nun sind Babys aber recht robust, und sie bedürfen, besonders wenn sie ihren Kopf schon halten können, keiner außergewöhnlichen Rücksichtnahme.

Wie Sie mit Ihrem Baby umgehen 0–1 Jahr

Gewissermaßen instinktiv halten Sie Ihr Kind schon richtig: Sie drücken es an sich, reden ihm beruhigend zu und schauen in seine Augen. Viele Studien haben die Notwendigkeit dieses engen Körperkontakts für die Entwicklung des Kindes erwiesen. Frühgeborene, die auf weichen, kuscheligen Unterlagen liegen, nehmen schneller zu – vielleicht weil sie das Gefühl haben, berührt zu werden. Durch Kuscheln und Streicheln wird ja ein Neugeborenes auch schnell beruhigt.

Enger Körper- und Hautkontakt ist für ein Baby etwas Wunderbares. Legen Sie sich nackt mit Ihrem Baby ins Bett, es kann Ihre Haut spüren, Sie riechen, Ihren Herzschlag hören. Besonders in den ersten Wochen sollten Sie Ihr Baby ruhig fest umarmen. Das Gefühl, fest umhüllt zu sein (durch Arme, Bekleidung, Decken) gibt ihm Sicherheit. Und wenn Sie Ihr Kind bewegen, so tun Sie dies am besten langsam und ohne jegliche Hast.

Wie Sie ein Neugeborenes hochnehmen

Sie sollten sich keine großen Gedanken darüber machen, wie Sie Ihr Neugeborenes hochnehmen. Es ist sehr viel robuster, als Sie meinen. Eigentlich müssen Sie nur auf den Kopf aufpassen, denn bis zum 4. Lebensmonat hat ein Kind noch keine Kontrolle über die Kopfbewegungen. Sie sollten den Kopf und das Rückgrat beim Hochnehmen und Tragen daher immer mit Ihrem Arm abstützen.

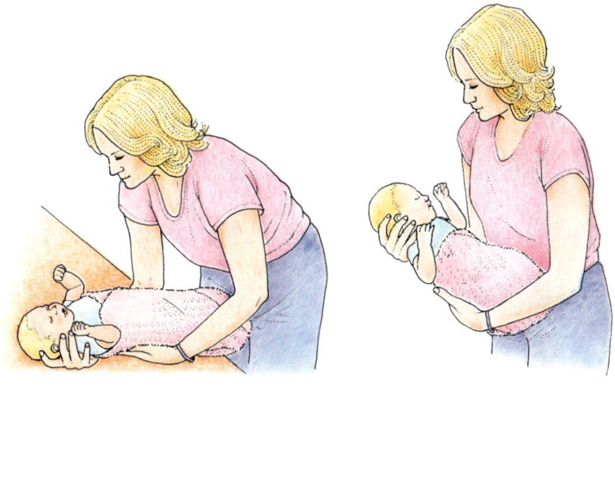

Ein Baby hochnehmen
Schieben Sie eine Hand unter den Hals Ihres Kindes, um dadurch seinen Kopf abzustützen. Mit der anderen Hand stützen Sie dann das Kreuz und den Po.
Mit diesen Griffen können Sie das Baby in alle Tragehaltungen bringen. Sie sollten darauf achten, daß Ihre Bewegungen ruhig und fließend ablaufen.

Ein Neugeborenes hinlegen

Wenn Sie Ihr Baby hinlegen, müssen Sie wiederum seinen Kopf stützen. Tun Sie dies nicht, dann fällt der Kopf nach hinten, und das Kind hat den Eindruck, als ob es fällt; der Körper des Kindes zuckt zusammen, es streckt Arme und Beine hoch (siehe S.30). Legen Sie Ihr Kind deshalb so hin, wie Sie es hochnehmen; d.h. mit Ihrem Arm unterstützen Sie Kopf, Hals und Rückgrat. Sie können es auch fest in einer Decke eingewickelt tragen (vgl. Abb.) und, nachdem Sie es hingelegt haben, wieder auswickeln.
Neugeborene können in vier verschiedenen Positionen liegen: auf dem Bauch, auf dem Rücken, auf der linken und auf der rechten Seite. Von der Bauchlage, die viele Babys besonders gern einnehmen, raten Kinderärzte heute allerdings oft ab.

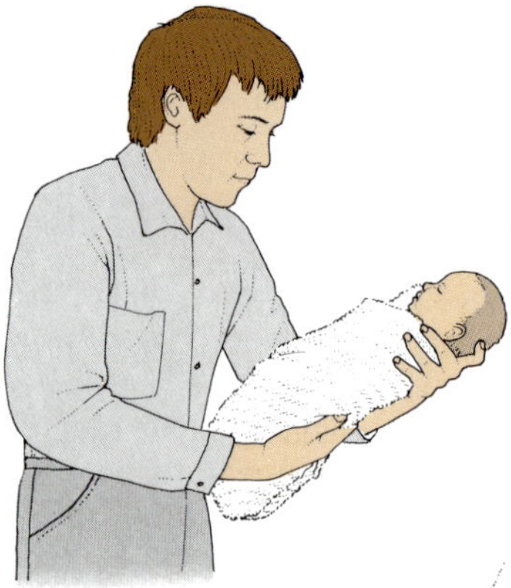

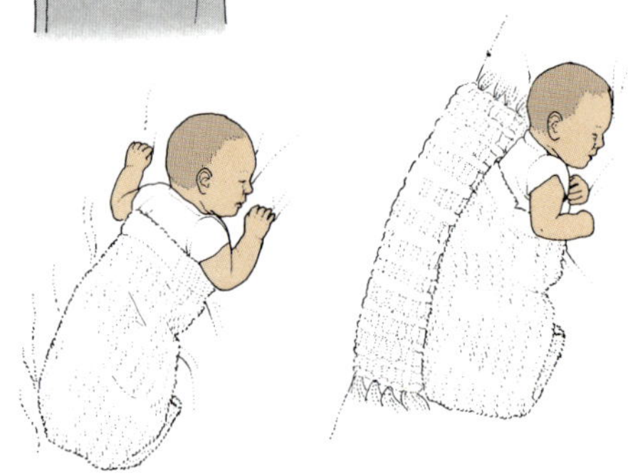

Beim Hinlegen müssen Sie den Kopf des Babys abstützen. Seitlich kann mit einer zusammengerollten Decke gestützt werden.

Ein Neugeborenes tragen

In den Armen
Es gibt zwei Möglichkeiten, ein Baby auf den Armen zu tragen. Eine besteht darin, das Kind in eine Armbeuge zu legen. Der Kopf des Kindes liegt auf Ihrem Oberarm, etwas höher als der übrige Körper, der durch Ihren Unterarm und Ihre Hand gehalten wird. Mit der anderen Hand stützen Sie den Körper seitlich ab. Diese Haltung ermöglicht den Augenkontakt mit dem Kind. Sie können das Kind anlächeln und mit ihm sprechen, während es seinerseits Ihr Gesicht wahrnehmen kann.
Die zweite Möglichkeit besteht darin, das Baby am oberen Teil Ihres Brustkorbs zu halten. Sein Kopf liegt, unterstützt durch Ihre Hand, auf Ihrer Schulter. Sein Körper wird durch Ihren Unterarm gehalten. Bei dieser Haltung bleibt Ihnen ein Arm frei. Sie können damit hantieren. Falls Ihnen

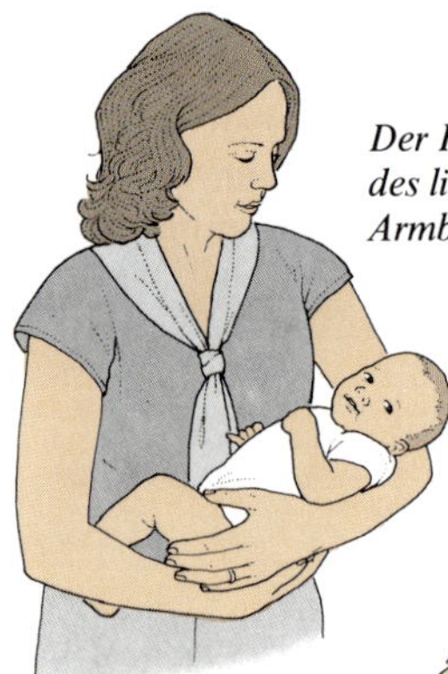

Der Kopf des Kindes liegt in Ihrer Armbeuge.

Das Kind wird so gehalten, daß sein Kopf auf Ihrer Schulter ruht.

diese einarmige Haltung nicht sicher genug ist, können Sie mit der freien Hand das Kind in Pohöhe abstützen.

In einem Träger

Solange ein Träger Kopf und Hals hinlänglich unterstützt, können Sie auch ein Neugeborenes schon darin tragen. Allerdings sollten Sie darauf achten, daß der Träger dem Kind erlaubt, in seiner natürlichen, leicht gekrümmten Haltung zu bleiben, ohne daß es seitlich herausrutscht. Die meisten Eltern tragen Ihr Kind am liebsten vor ihrem Bauch. So können Sie das Kind sehen und bei Gefahr schützen.

In einem Tragetuch

Ein Tuch oder eine Decke um den Körper eines Neugeborenen gewickelt oder als Träger genutzt übt eine beruhigende Wirkung auf das Kind aus. Es fühlt sich, fest verpackt, sicher aufgehoben. Da viele Babys einschlafen, wenn sie umwickelt sind, ist dies auch eine gute Beruhigungsmethode.

Das Tragetuch

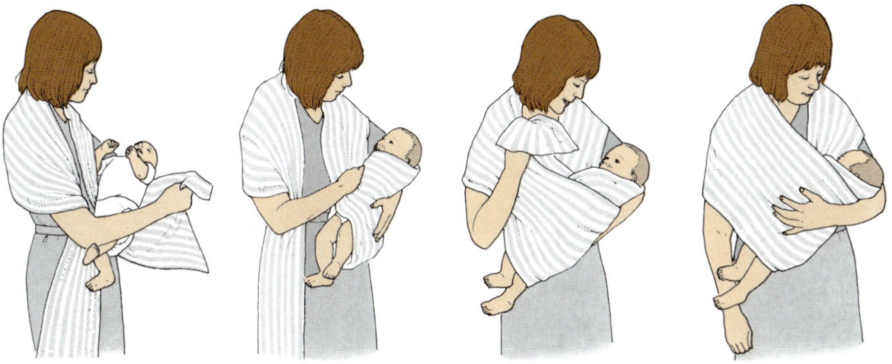

1. Legen Sie das Tuch um Ihre Schultern, mit einem kürzeren Ende auf die Seite, auf der Sie das Kind tragen wollen. Nehmen Sie dann das Kind hoch.

2. Legen Sie das kürzere Tuchende um den Körper des Kindes, und zwar so, daß die Füße frei bleiben. Umwickeln Sie das Kind fest mit dem Tuch.

3. Legen Sie das andere Tuchende von oben um das Kind herum und ziehen Sie es zwischen Ihrer Brust und dem Kind hoch.

4. Der restliche Stoff wird nun auf dem Körper des Kindes zusammengelegt. Diese Art zu wickeln, gibt Ihnen die Möglichkeit, mit den Händen frei zu hantieren.

Ein älteres Kind hochnehmen

Wenn Sie ein älteres Kind, das seine Kopfbewegungen schon kontrollieren kann, hochnehmen, dann müssen Sie keine besonderen Vorsichtsmaßnahmen mehr beachten. Kopf und Körper halten sich in einer Linie. Das Kind nehmen Sie am besten hoch, indem Sie es unter die Achseln fassen und es hoch zu sich heranziehen. Sie können es dann quer, an die Schulter gelegt, vor Ihrem Körper oder – nachdem seine Hals- und Rückenmuskulatur gestärkt ist – auf Ihrer Hüfte tragen.

Nachdem Ihr Kind seinen Kopf halten kann, können Sie es zum Hochnehmen unter die Arme fassen. Wenn das Kind schwerer wird, ist es besser, sein Gewicht mit den Beinen als mit dem Rücken abzufedern.

Ein älteres Kind tragen

Ab dem 4. oder 5. Lebensmonat tragen viele Eltern ihr Kind auf der Hüfte. Welche Hüfte Sie bevorzugen hängt davon ab, ob Sie Links- oder Rechtshänder sind. Sie werden schnell die bequemsten Methoden herausgefunden haben. Wie Sie Ihr Kind tragen, hängt nicht zuletzt auch von der Stimmung des Kindes ab. Sie können jedenfalls Ihr Kind über weite Strecken in einem bequemen Bauch- oder Rückenträger tragen.

Rückenschmerzen vermeiden

Babys und Kleinkinder wollen und müssen häufig hochgenommen und getragen werden. Zusätzlich müssen Kinderwagen und Buggys geschoben oder gar um Hindernisse gehoben werden. All dies strengt den Rücken an. Gewöhnen Sie sich deshalb von Anfang an eine Haltung an, die Ihren Rücken entlastet. Halten Sie sich möglichst gerade. Gehen Sie beim Hochheben des Kindes in die Knie, und lassen Sie Ihren Rücken gestreckt. So entlasten Sie Ihr Kreuz.

Ein älteres Kind tragen

Sitzt das Kind seitlich auf Ihrer Hüfte, kann es in drei Richtungen schauen und sich zugleich sicher in Ihrer Nähe fühlen. Sie haben hierbei eine Hand frei.

Viele Eltern bevorzugen diese Tragehaltung. Während Sie das Kind an der Taille halten, können Sie, falls erforderlich, mit einer Hand arbeiten.

Nachdem ein Kind seinen Kopf halten kann, wird es diese Position mögen, besonders wenn Sie es dabei leicht hin- und herschaukeln.

Ein älteres Kind hinlegen

Sie brauchen mit einem älteren Kind beim Hinlegen nicht so vorsichtig sein wie mit einem Neugeborenen. Sie können es genauso hinlegen, wie Sie es aufgenommen haben. Als Alternative können Sie den Oberkörper mit der einen und den Po mit der anderen Hand stützen.

Um Ihr Kind in einen Hochstuhl zu setzen, halten Sie es unter den Achseln und lassen seine Beine so baumeln, daß Sie sie zwischen Tisch und Sitzfläche hindurch bekommen.

Der Umgang mit Ihrem Kind 1–3 Jahre

Ein Kleinkind wird nicht mehr so getragen und gehalten wie ein Neugeborenes. Trotzdem wird es manchmal wieder wie früher getragen werden wollen. Wenn Sie diesen Wunsch nicht beachten, wird das Kind wahrscheinlich weinen. Vielleicht will es eng am Körper getragen werden, wenn es krank oder müde vom Laufen ist oder wenn es zahnt. Sie sollten Ihrem Kind diese Form der Zuneigung und körperlichen Unterstützung nicht versagen. Wenn es genug hat, dann wird es Ihnen schon deutliche Signale geben und versuchen sich hinunterzuschlängeln.

Eigentlich entwachsen wir diesem Bedürfnis nach körperlicher Zuneigung niemals in unserem Leben. Sie sollten dieses Bedürfnis bei Ihrem Kind stets anerkennen und nicht darüber spotten. Ab und zu kuschelte mein 11jähriger Sohn noch sehr gern; wenn er müde war, einen schlechten Schultag hatte, Angst vor meiner angekündigten Abwesenheit oder das Gefühl hatte, daß seine Welt nicht in Ordnung sei.

Bei vielen älteren Kindern erlebt man noch, daß sie gern auf dem Schoß der Mutter oder des Vaters sitzen wollen. Dies geschieht am häufigsten in ungewohnten Situationen, z. B. wenn ein Fremder zu Besuch kommt oder sie sich beobachtet fühlen. Lachen Sie Ihr Kind in solchen Situationen nicht aus, sondern gehen Sie so weit wie möglich auf seine Wünsche ein. Wenige Minuten Körperkontakt mit Ihnen kann Ihrem Kind die nötige Selbstsicherheit zurückgeben, um die Situation allein zu meistern.

Ich meine, daß abends kein Kind ins Bett gehen sollte, ohne daß es vorher durch Zärtlichkeiten ein Gefühl von Liebe und Sicherheit erhalten hat. Ist Ihr Kind krank, verängstigt oder besorgt, dann geben Sie ihm eine Umarmung und ein tröstendes Wort. Solche Unterstützung muß aber von dem Kind erwünscht sein. Machen Sie nicht den Fehler, Ihr Kind mit ungewollter Zuneigung zu überschütten.

Natürlich gibt es auch die Kinder, die überhaupt nicht angefaßt werden möchten. Eine solche Abneigung zeigen sie oftmals schon im frühesten Alter. Werden sie angefaßt, dann versteifen sie ihren gesamten Körper.

Normalerweise behalten solche Kinder auch später diese Haltung bei und wehren Umarmungen oder Küsse ab. Sie selbst geben anderen keine körperliche Zuneigung und erschweren es diesen dann, ihnen Liebe zu zeigen. Vielleicht werden diese Kinder auch später Schwierigkeiten haben, körperliche Zuneigung als angenehm zu empfinden. Zeigt Ihr Kind solches Verhalten, dann hüten Sie sich davor, die Situation zu verschlimmern, indem Sie es mit körperlicher Zuneigung zu überschütten versuchen. Haben Sie Respekt vor den Wünschen Ihres Kindes, und warten Sie ab, bis das Kind zu Ihnen kommt. Geben Sie ihm dann so viel Zärtlichkeit, wie es möchte.

Der Umgang mit älteren Kindern

Mit zunehmendem Alter werden Kinder unabhängiger, und mancher meint, daß sie dann seltener gehalten, getragen und umarmt werden müssen. Machen Sie aber nicht den Fehler und glauben, daß sie jetzt überhaupt keine Zärtlichkeit mehr brauchen. Dies gilt besonders für Jungen, von denen oft erwartet wird, daß sie schon in jungen Jahren »Haltung bewahren«, obwohl sie hierzu noch gar nicht in der Lage sind.

Ich habe es mir zur Regel gemacht, meinen Kindern jeden Tag zu sagen, daß ich sie lieb habe, und zwar immer dann, wenn ich diesen Wunsch verspüre. Ich meine auch, daß Eltern sich im körperlichen Umgang mit ihren Kindern ähnlich verhalten sollten. Lassen Sie Ihre Kinder beim Frühstück auf dem Schoß sitzen oder kuscheln Sie beim Ins-Bett-Bringen eine Weile mit ihnen.

Ältere Kinder wirken oft schüchtern, wenn ihnen in der Öffentlichkeit Zärtlichkeit gezeigt wird. Häufig versuchen sie, sich vehement zu entziehen. Suchen Sie also private Gelegenheiten, so daß Ihr Kind sich nicht schämen muß, wenn es Ihre Zuneigung, Aufmerksamkeit und Liebe annimmt.

Wenn Sie mehrere Kleinkinder haben, kann es schwierig erscheinen, Ihre Zeit gleichmäßig zwischen ihnen aufzuteilen. Ich erinnere mich an eine Bekannte, die Zwillinge hatte; sie mußte notwendigerweise eine pragmatische Lösung dieses Problems finden. Anstatt darauf zu achten, daß jeder Zwilling stets den gleichen Anteil an Zeit und Zuneigung bekam, konzentrierte sie sich jeweils auf das Kind, das die Mutter gerade am nötigsten brauchte. Sie nahm an, daß sich alles im Laufe der Monate und Jahre ausgleichen würde. Meist werden Sie Ihren Kindern natürlich gleich viel Aufmerksamkeit schenken, wenn aber ein Kind mehr verlangt als ein anderes, geben Sie sie ihm!

6 Alles über Windeln

Irgendwann in seinem 3. Lebensjahr wird Ihr Kind sauber sein. Bis dann muß es Tag und Nacht Windeln tragen. Während der ersten Lebenswochen wird Ihnen das Wikkeln als Hauptbeschäftigung erscheinen. Doch keine Sorge, während das Kind heranwächst, gewinnt es mehr und mehr Kontrolle über seine Darm- und Blasenmuskulatur. Außerdem werden die Zeiträume zwischen den Ausscheidungen immer größer. Die Zahl der Windeln, die Sie pro Tag wechseln werden, geht also kontinuierlich zurück. Mit zweieinhalb Jahren wird sich das Kind meist seiner Ausscheidungen bewußt. Jetzt ist es Zeit, ihm aktiv bei der Gewöhnung an die Toilette zu helfen.

Windeln und wickeln 0–1 Jahr

Heute erhält man Windeln in vielfältigen Formen und Größen. Grundsätzlich müssen Sie sich zunächst entscheiden, ob Sie wiederverwendbare Stoffwindeln oder Wegwerfwindeln benutzen wollen. Unabhängig von dieser Entscheidung wendet man bei beiden Typen die gleiche Wickeltechnik an.

Wann Sie wickeln sollten

Sie sollten das Kind wickeln, sobald Sie feststellen, daß die Windel naß oder voll ist. Wie häufig Sie das Kind wickeln müssen, läßt sich schwer vorhersagen. Jedes Kind ist hierin anders, außerdem ergeben sich von Tag zu Tag Unterschiede. Wahrscheinlich werden Sie es aber regelmäßig wickeln müssen, wenn es morgens aufwacht, bevor es einschläft und nach dem Baden. Viele Kinder müssen auch nach Mahlzeiten gewickelt werden. Dies ist eine Folge eines Reflexes des Magen-Darm-Trakts auf die Nahrungsaufnahme.

Der Wickelplatz

Legen Sie das Kind zum Wickeln stets auf eine weiche, warme und wasserdichte Unterlage. Ideal sind Wickelunterlagen und -mulden aus Schaumstoff, wenn sie mit einem wasserfesten Material überzogen sind. Die Ränder der Unterlagen sollten hochgezogen sein, damit das Baby nicht zur Seite wegrollen kann. Eine solche Wickelunterlage können Sie eigentlich überall dort hinlegen, wo es für Sie am bequemsten ist, auf einen Tisch, auf das Bett oder auf den Fußboden. Später wird das Kind beim Wickeln sich bewegen, zum Beispiel strampeln. Dann ist es sehr viel sicherer, wenn Sie das Kind auf einem niedrigen Bett oder auf dem Boden wickeln.

Wickeln

Bereiten Sie sich anfangs auf das Wickeln gut vor, dann fällt es Ihnen sehr leicht. Achten Sie darauf, daß alles, was Sie zum Wickeln benötigen, in Griffnähe ist. Das Unangenehmste, was Ihnen beim Wickeln passieren kann, ist, wenn Sie mittendrin feststellen, daß Sie das Babyöl im Badezimmer vergessen haben und die frischen Windeln noch im Auto liegen.
Es ist nicht nötig, das Kind beim Wickeln jedesmal mit Seife zu waschen. Sie brauchen lediglich den Po mit einer Ecke der schmutzigen Windeln abzuwischen und ihn dann mit Öl oder Creme zu reinigen. Ist die Windel nur naß gewesen, so genügt es, den Po mit einem feuchten Lappen oder Wattebausch abzuwischen. Verwenden Sie keinen Puder. Ich halte die Benutzung von Puder grundsätzlich für falsch. Puder sam-

melt sich in Hautfalten und kann dort hart werden. Dies stört das Kind. Außerdem kann es zu Wundsein führen. Wenn Sie das Kind wickeln, sollten Sie auf gerötete Stellen achten und, falls notwendig, diese behandeln.

Wegwerfwindeln

Wegwerfwindeln sind eine gute Antwort auf Ihre Wickelprobleme. Sie müssen nicht gereinigt, gewaschen oder getrocknet werden. Sie werden ja im Anschluß an ihre Benutzung einfach weggeworfen. Es ist darüber hinaus wesentlich einfacher, ein Kind mit solchen Windeln zu wickeln. Sie benötigen weder besondere Faltkenntnisse noch Sicherheitsnadeln noch ein Windelhöschen. Die ganze Sache ist von der Handhabung her völlig unproblematisch.
Auch wenn Sie regelmäßig Stoffwindeln verwenden, sollten Sie immer einen Vorrat an Wegwerfwindeln bereit halten. Sie sind ein guter Ersatz, wenn alle Stoffwindeln schmutzig sind oder wenn das Kind plötzlich gegen das Waschmittel der Windeln eine Allergie entwickelt hat. Auf Reisen sind Wegwerfwindeln natürlich sehr viel praktischer und Stoffwindeln durchaus vorzuziehen, nicht zuletzt aus Platzgründen: Wegwerfwindeln landen an Ort und Stelle im Abfall, während Sie die Textilwindeln, schmutzig, wie sie sind, wieder nach Hause nehmen müssen. Auch für die Kinder sind Wegwerfwindeln von Vorteil; nicht nur, daß sie weniger pummelig ausschauen, Wegwerfwindeln beeinträchtigen auch die Bewegungsfreiheit wesentlich geringer.
Diesen praktischen Vorteilen steht, neben den Kosten, allerdings auch ein Nachteil entgegen. Sie müssen ständig einen ausreichenden Windelvorrat im Haus haben. Um Zeit und Geld zu sparen, sollten Sie Windeln immer in großen Mengen kaufen und dabei alle Sonderangebote ausnutzen. Probieren Sie aber verschiedene Marken aus, ehe Sie einen großen Vorrat anlegen! Es gibt übrigens auch die Möglichkeit, sich die Windeln von lokalen Geschäften oder Versandhäusern schicken zu lassen.

Wegwerfwindeln
Der Aufbau von Wegwerfwindeln wird immer raffinierter; es gibt sie in einer Vielzahl von Größen mit unterschiedlichen Eigenschaften für die Lösung verschiedener Probleme. Ein wirksamer elastischer Beinabschluß gewährleistet eine gute Paßform. Dies senkt die Wahrscheinlichkeit des Naßwerdens. Ein »Nässe-Anzeiger« zeigt durch Farbveränderung, wann die Windel gewechselt werden muß.

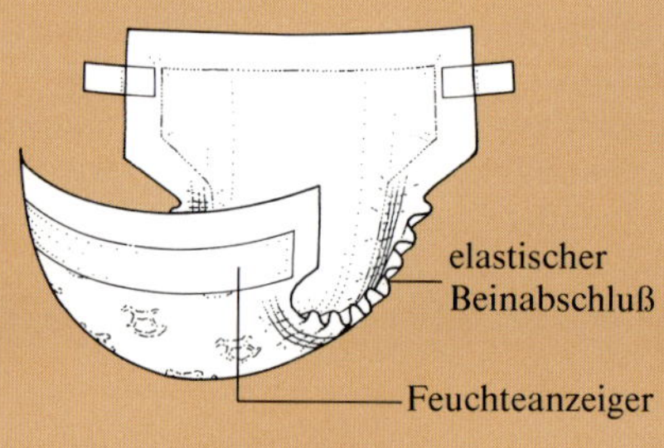

Mädchen und Jungen haben hinsichtlich der Windelform unterschiedliche Bedürfnisse. Es gibt heute Wegwerfwindeln, die dort zusätzliche Wattierung haben, wo sie am meisten gebraucht wird – vorn für Jungen und in der Mitte für Mädchen.

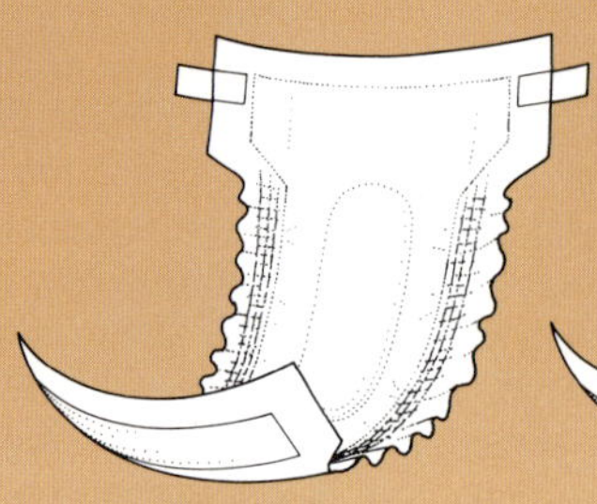
Windel für Mädchen

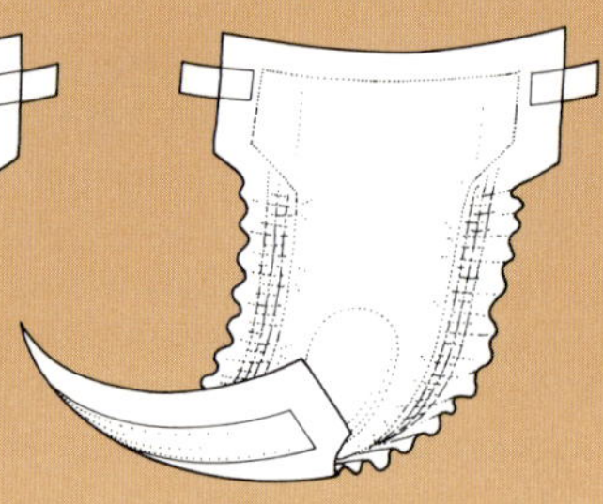
Windel für Jungen

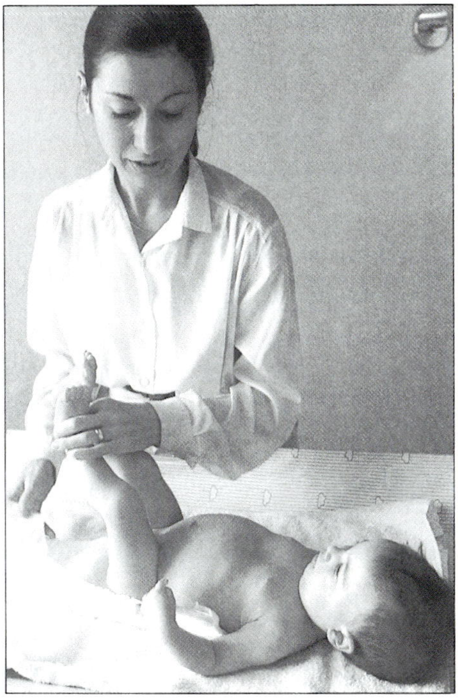

Wegwerfwindeln wegwerfen

Der Sinn der Wegwerfwindeln ist natürlich, daß sie nach Gebrauch weggeworfen werden. Höschenwindeln werden insgesamt, bei zweiteiligen Windeln nur die Einlagen weggeworfen. Die Wickelfolie bzw. das Windelhöschen kann bei letzteren mehrfach verwendet werden. Entgegen den Empfehlungen mancher Hersteller sollten Sie Windeln oder Windeleinlagen niemals in die Toilette werfen. Dies führt auf Dauer nur zur Verstopfung des Abflußkanals. Entfernen Sie soviel wie möglich Kot aus der Windel in die Toilette. Sammeln Sie dann die Windeln in einem gut abschließbaren großen Plastik-Mülleimer. Eventuell tun Sie in den Mülleimer zuvor noch eine feste Plastiktüte.

Tips: Wickeln

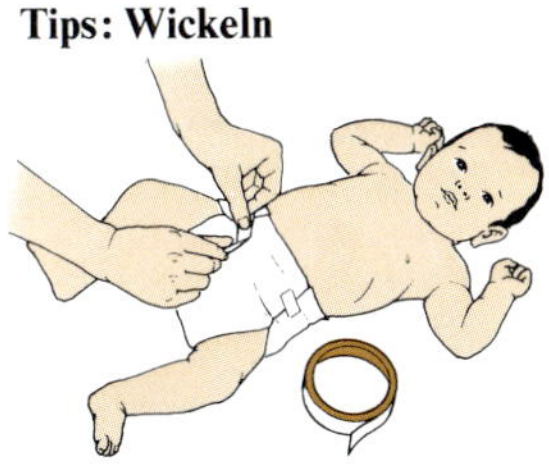

- Beim Ausziehen einer Höschenwindel entdecken Sie manchmal, daß diese noch völlig sauber ist. Meist ist jedoch der Klebeverschluß dabei kaputtgegangen. Verwenden Sie dann einfach einen Streifen normalen Haushaltsklebebands, dann können Sie die Windel weiter benutzen. Das gleiche können Sie bei Verschlüssen tun, die von Anfang an nicht richtig haften.
- Hat das Baby Durchfall oder einen sehr wunden Po, dann müssen Sie häufig wickeln. Am billigsten ist es dann, wenn Sie Einlagewindeln zusammen mit Wickelfolie oder Höschenwindeln benutzen.

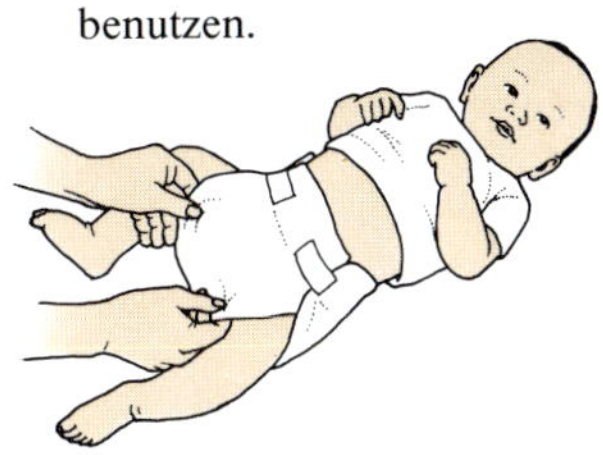

- Oft ist es ratsam, in Höschenwindeln eine zusätzliche Windeleinlage zu legen, zum Beispiel nachts. Auch wird die Beseitigung von Kot dadurch erleichtert.

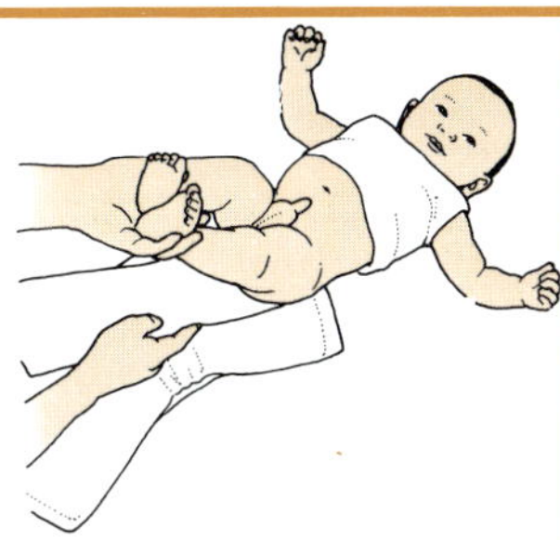

- Wenn Sie Höschenwindeln ohne elastischen Beinabschluß verwenden, dann sollten Sie den Beinabschluß vorsichtig so auseinanderziehen, daß er sich um das Bein schmiegen kann.
- Halten Sie einen Vorrat an Stoffwindeln bereit, falls die Höschenwindeln ausgehen.

Wickelschritte

1. Nehmen Sie die schmutzige Windel ab. Benutzen Sie diese, um den groben Schmutz zu entfernen. Legen Sie die Windel so zusammen, daß kein Kot herausfallen kann, und legen Sie sie dann beiseite.
2. Reinigen Sie Genital-Bereich, Po und Beinansätze des Babys.
3. Ziehen Sie dem Kind eine neue Windel an, nach den Methoden, die auf den Seiten 82 bis 84 beschrieben sind.
4. Ziehen Sie Ihr Kind an.
5. Legen Sie das Kind an eine sichere Stelle (Bett oder Wippe), und bringen Sie die schmutzigen Windeln weg.

Waschen Sie Ihre Hände.

Was Sie brauchen

- Wickelunterlage
- saubere Mullwindel, Windeleinlage, Sicherheitsnadeln und Windelhöschen oder
- eine Wegwerfwindel
- Watte
- Babyöl
- Papiertaschentücher
- Waschlappen
- Schüssel mit Wasser
- Creme für wunde Stellen
- saubere Bekleidung
- Windeleimer
- Spielzeug zum Ablenken

Einen Jungen säubern

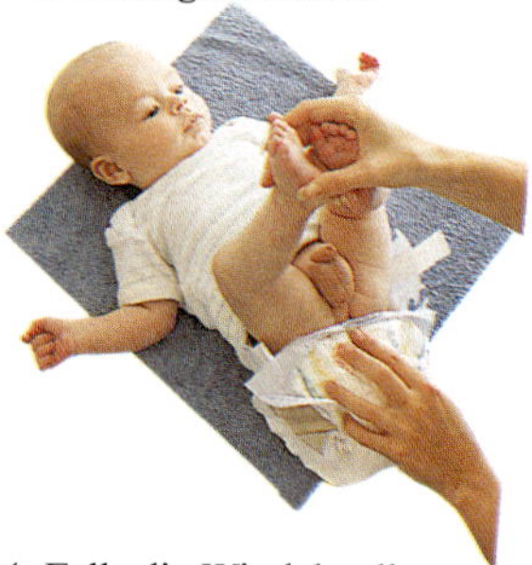

1. Falls die Windel voll war, entfernen Sie den Kot mit einer Ecke der Windel. Reinigen Sie dann den Po mit Wattebällchen und Babyöl.

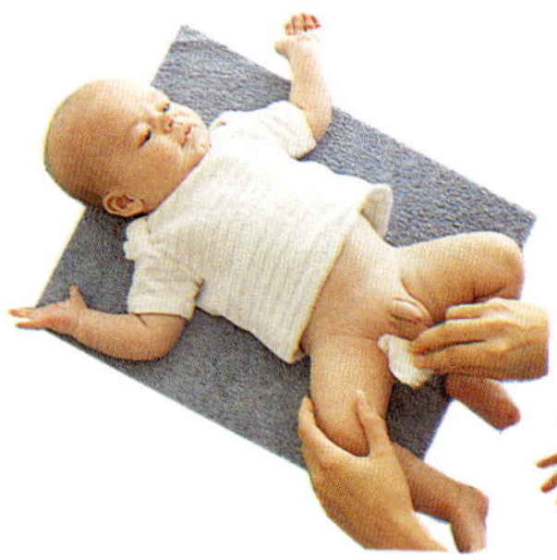

2. Urinreste entfernen Sie mit einem feuchten Waschlappen oder Wattebällchen. Wischen Sie von den Beinfalten hin zum Penis.

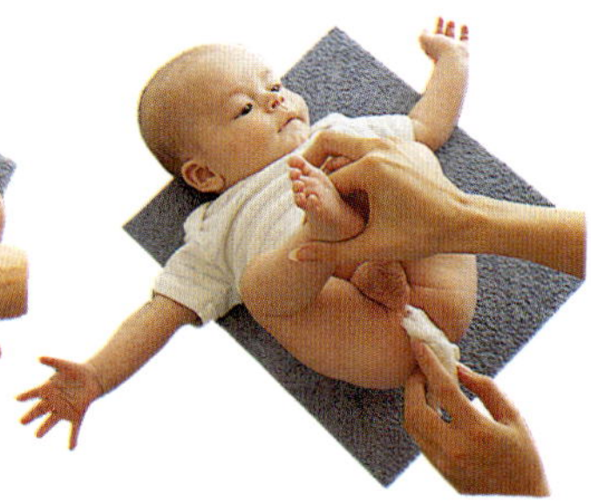

3. Wenn Sie den Po säubern, müssen Sie dazu beide Füße in Höhe der Knöchel in eine Hand nehmen und einen Finger zwischen die Fersen halten.

Ein Mädchen säubern

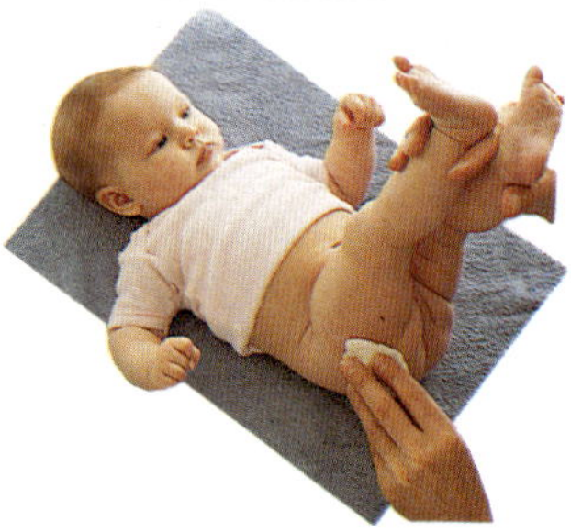

1. Falls die Windel voll war, entfernen Sie soviel Kot wie möglich mit einer Ecke der Windel. Reinigen Sie dann den Po mit Wattebällchen und Babyöl.

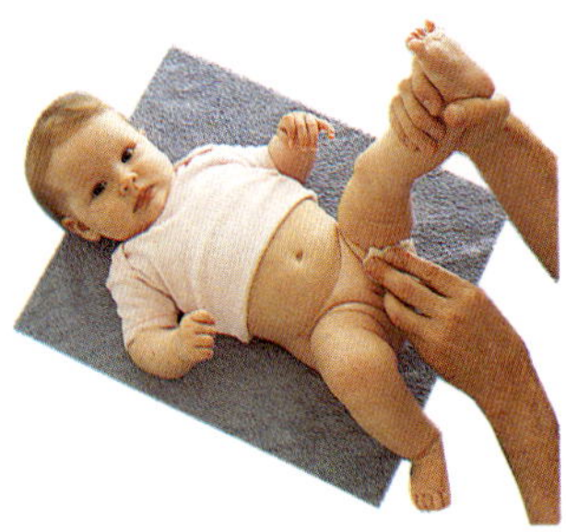

2. Urinreste entfernen Sie mit einem feuchten Waschlappen oder mit Wattebällchen. Ziehen Sie keinesfalls die Schamlippen auseinander, um sie von innen zu säubern!

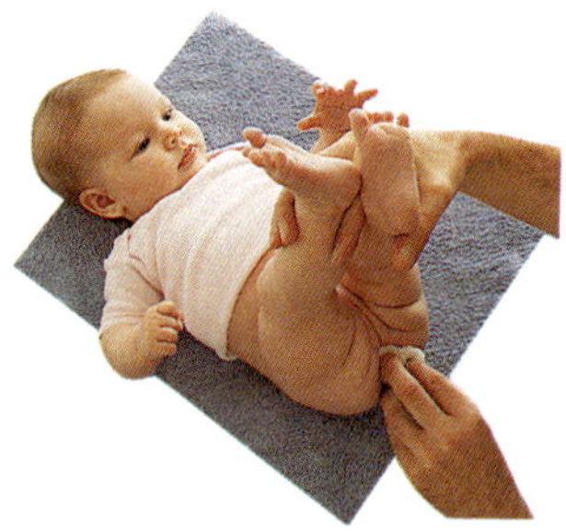

3. Halten Sie die Beine wie abgebildet hoch, und säubern Sie den Po. Wischen Sie stets von der Scheide zum Po, um das Eindringen von Darmbakterien zu verhindern.

Wickeln mit einer Höschenwindel

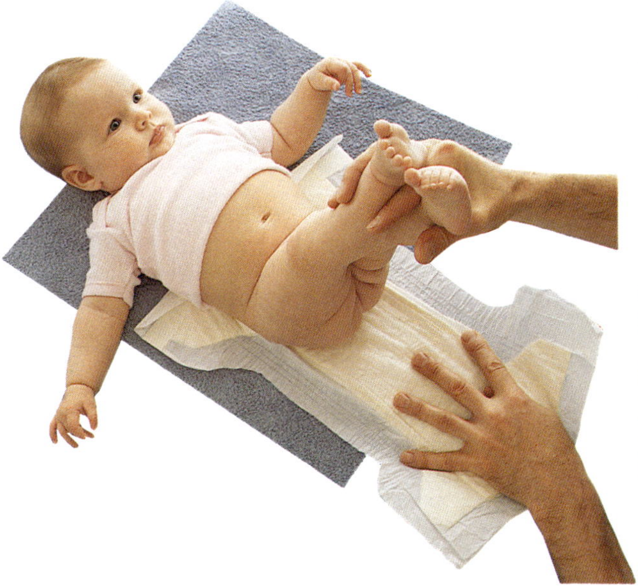

1. Schieben Sie das Ende der Windel mit den Klebestreifen unter das Kind – bis in Höhe der Taille.

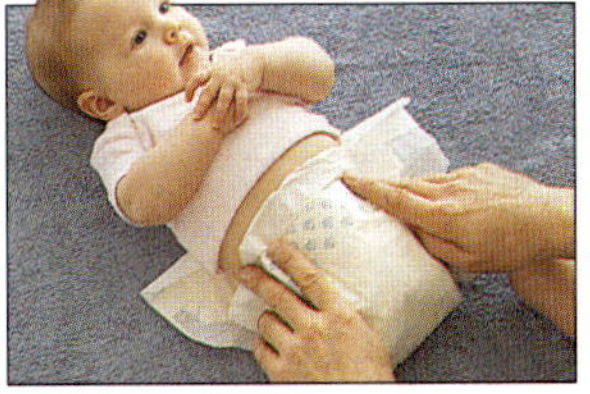

2. Schlagen Sie den unteren Teil der Windel zwischen den Beinen hoch und streichen Sie die Windel glatt.

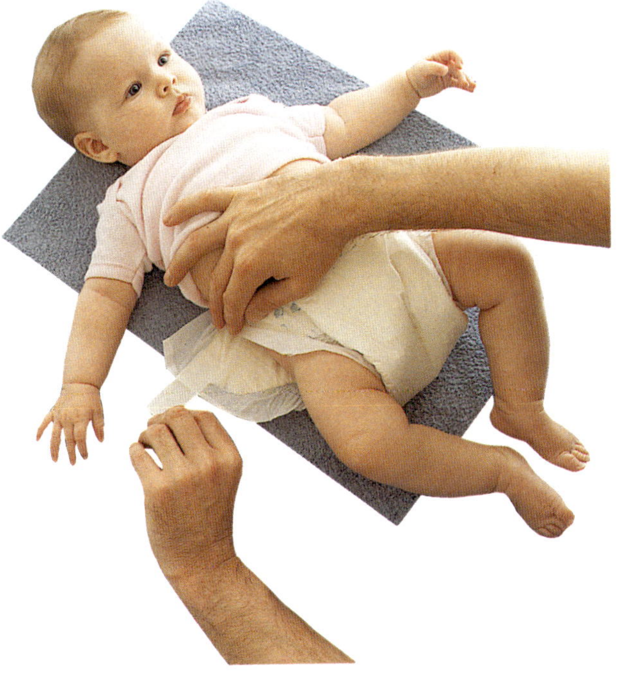

3. Ziehen Sie die Klebeverschlüsse nach vorne und streichen Sie sie fest. Die Windel sollte stramm sitzen.

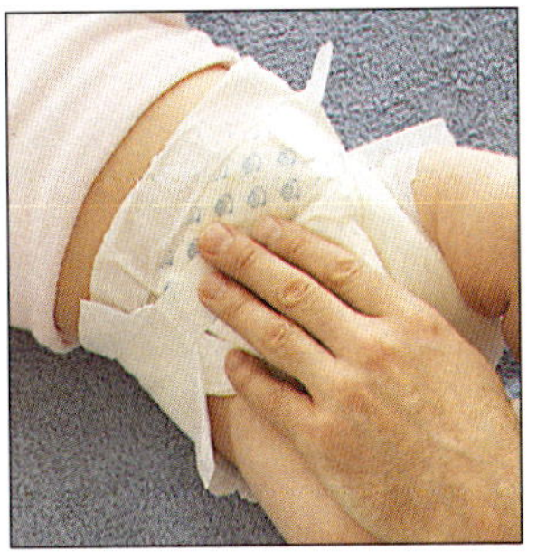

Wundsein

Da sich die Blase des Kindes automatisch entleert, wird das Baby oft von einer nassen Windel bedeckt sein. Bleibt der Urin längere Zeit auf der Haut, dann wird er von Darmbakterien zu Ammoniak abgebaut. Ammoniak brennt und bewirkt wunde Stellen auf der Haut.

Wundsein äußert sich in verschiedener Weise. Es reicht von einer leichten Hautrötung bis zur offenen, eitrigen Entzündung. Die Bakterien, die den Urin zu Ammoniak abbauen und somit das Wundsein bewirken, gedeihen am besten in alkalischer Umgebung. Nun sind die Ausscheidungen von Kindern, die mit der Flasche ernährt werden, leicht alkalisch, die Ausscheidungen von gestillten Kindern dagegen leicht sauer. Aus diesem Grund können Flaschenkinder weitaus häufiger wund sein als gestillte. Um das Wundsein möglichst unwahrscheinlich zu machen, sollten Sie sich an folgende Ratschläge halten:

- Wickeln Sie das Kind regelmäßig. Lassen Sie es nicht in einer nassen Windel liegen.
- Verwenden Sie stark saugende Wegwerfwindeln bzw. Windeleinlagen.
- Cremen Sie die Haut des Kindes dick ein. Einfache Zinkoxid-Salben oder billige Baby-Cremes reichen vollkommen aus.
- Lassen Sie das Kind, so oft es geht, nackt, ohne Windel laufen. Nach dem Baden oder vor einer Mahlzeit geht dies ohne Probleme.
- Verwenden Sie Mullwindeln, dann sollten Sie sorgfältig darauf achten, daß sie gründlich gereinigt sind.
- Beim ersten Anzeichen von Wundsein sollten Sie die Stellen sorgfältig eincremen. Es gibt dafür Spezialsalben, die Ihnen der Kinderarzt verschreibt.
- Verzichten Sie bei Wundsein auf Windelhöschen aus Kunststoff. Diese halten den Urin an der Haut und fördern damit die Bildung von Ammoniak.
- Reinigen Sie den Po des Kindes nicht mit Seife und Wasser. Diese trocknen die Haut des Kindes aus und begünstigen dadurch Risse.

Behandlung wunder Stellen

Trotz aller Vorsichtsmaßnahmen bekommt jedes Kind wunde Stellen, das läßt sich nicht vermeiden. Wenn Sie sich sicher sind, daß das Kind keine besondere Behandlung benötigt, dann sollten Sie, neben den schon genannten, folgende Tips befolgen:

- Wickeln Sie das Kind häufiger als gewöhnlich.
- Legen Sie nachts eine zusätzliche Einlage in die Windel. Dies empfiehlt sich besonders bei älteren Babys, die nachts durchschlafen und demzufolge lange nicht gewickelt werden.
- Verzichten Sie beim Wickeln auf Baby-Creme. Die Creme hält zwar die Haut trocken, verhindert aber zugleich, daß frische Luft an die Haut gelangt, was bei Wundsein besonders wichtig ist.

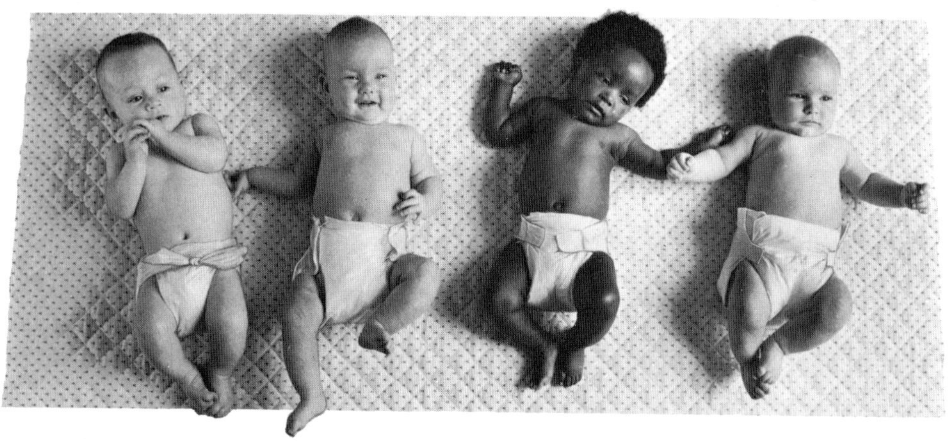

Stoffwindeln

Bei der Erstanschaffung von Stoffwindeln müssen Sie zwar einiges Geld ausgeben, doch auf Dauer sind sie sehr viel billiger als Höschenwindeln. Stoffwindeln (aus Mull oder Frottee) erfordern aber andererseits sehr viel mehr Arbeitszeit. Sie müssen ausgespült, desinfiziert, gewaschen und getrocknet werden.
Sie werden mindestens 20–30 Stück benötigen. Je mehr Windeln Sie kaufen, desto weniger häufig müssen Sie waschen. Obwohl es anfangs viel Geld sein kann, das Sie in Windeln investieren, ist es allein wegen der besseren Ausnutzung der Waschmaschine auf Dauer billiger, mehr Geld für mehr Windeln auszugeben.

Frotteewindeln
Frotteewindeln sind dick und saugkräftig und lassen sich, durch das Falten, an verschiedenste Bedürfnisse anpassen. Kaufen Sie Windeln, die an den Rändern umgenäht sind. Dadurch wird das Ausfransen beim Waschen verhindert. Frotteewindeln sind saugkräftiger als die meisten aller Wegwerfwindeln. Sie sind deshalb gerade nachts sehr gut einsetzbar.

Mullwindeln
Mullwindeln sind genauso groß wie viereckige Frotteewindeln. Sie sind jedoch weicher und sehr viel dünner. Für Neugeborene sind sie ideal, da sie sich sehr angenehm an der Haut tragen lassen. Sie sind allerdings nicht sehr saugfähig.

Windeleinlagen
Windeleinlagen kommen in die Windeln und werden direkt auf der Haut getragen. Die besten sind deshalb die Einlagen, die am saugkräftigsten sind, bei denen also die Haut trocken bleibt. Es wird dadurch die Gefahr wunder Stellen erheblich herabgesetzt. Da sie zugleich den Kot aufnehmen, verhindern sie auch die grobe Verschmutzung der Windel.

Sicherheitsnadeln
Es gibt spezielle Sicherheitsnadeln, deren Verschlüsse verhindern, daß sie sich durch Zufall selbst öffnen und das Kind verletzen. Sie sollten nur solche Sicherheitsnadeln verwenden.

Windelhöschen
Windelhöschen aus Plastik sind in verschiedenen Formen erhältlich. Sie werden über die Stoffwindel gezogen, um zu verhindern, daß die nasse bzw. volle Windel die Bekleidung oder die Bettwäsche verschmutzt. Anfangs brauchen Sie etwa sechs solcher Höschen. Sie müssen damit rechnen, daß die Plastikhöschen relativ schnell verschlissen werden.

Verschiedene Windeln

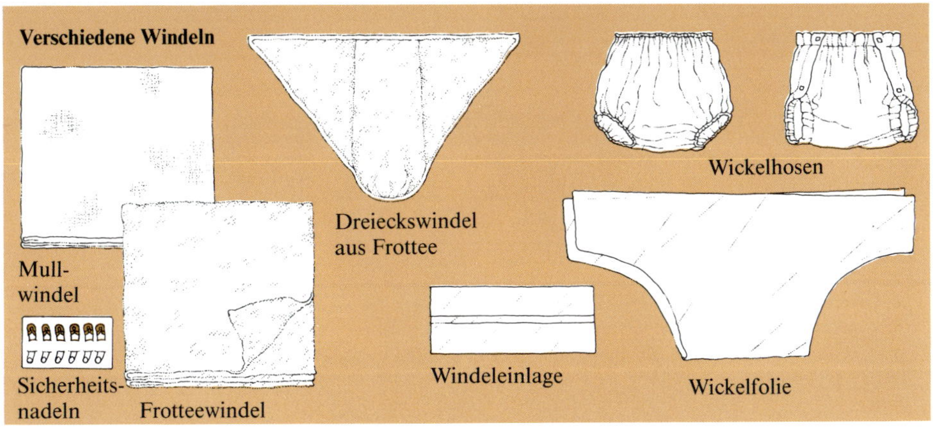

Windeln falten

Bis vor kurzer Zeit lernten alle Eltern, die Windeln zu Rechtecken bzw. Dreiecken zu falten. Dies ist zwar recht einfach, doch im Ergebnis nicht sehr effizient. Das Dreieck schließt nicht eng um die Beine, und das Rechteck ist zwar saugfähig, aber zugleich sehr sperrig und deshalb nur für kleine Babys geeignet.

Ich schlage Ihnen die hier abgebildeten Methoden vor, die bezüglich Saugfähigkeit und Aussehen meiner Meinung nach die besten sind. Bei Neugeborenen empfehle ich die Dreifache Faltung. Diese ist durch die verstärkte Mitte äußerst saugfähig und sieht glatt und ordentlich aus. Eine weitere Möglichkeit für Neugeborene ist das Wikkelkleid. Wickeln Sie das Kind mit einer Mullwindel und legen Sie dann das Kind auf eine viereckige Frottewindel, die Sie wie ein Kleid um das Kind herum legen. Befestigen Sie das »Kleid« seitlich mit einer Sicherheitsnadel.

Wird das Kind für die Dreifache Faltung zu groß, dann können Sie zur Parallel- oder Drachenfaltung wechseln. Die Drachenform paßt sich wahrscheinlich am besten dem wachsenden Kind an, da Sie die Länge des Windelpakets bei der Faltung bestimmen können.

Dreifache Faltung

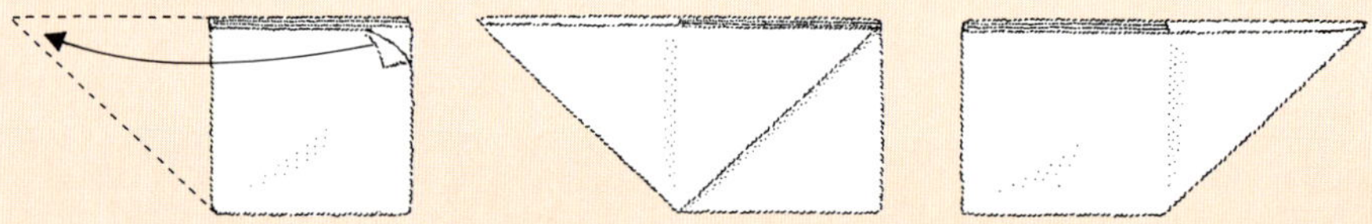

1. Legen Sie eine Windel zu einem Viereck zusammen, die offenen Seiten nach oben und nach rechts.

2. Ziehen Sie die rechte obere Spitze so nach rechts, daß sich die abgebildete Form ergibt.

3. Drehen Sie die Windel vorsichtig herum, so daß die Spitze rechts oben liegt.

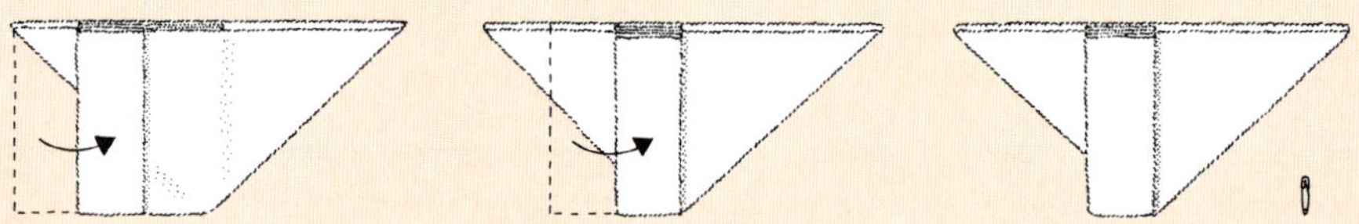

4. Falten Sie nun das erste Drittel des links liegenden Vierecks nach innen.

5. Falten Sie weiter das zweite Drittel nach innen.

6. Die Windel ist fertig gelegt. Sie können zusätzlich eine Windeleinlage hineinlegen.

Parallelfaltung

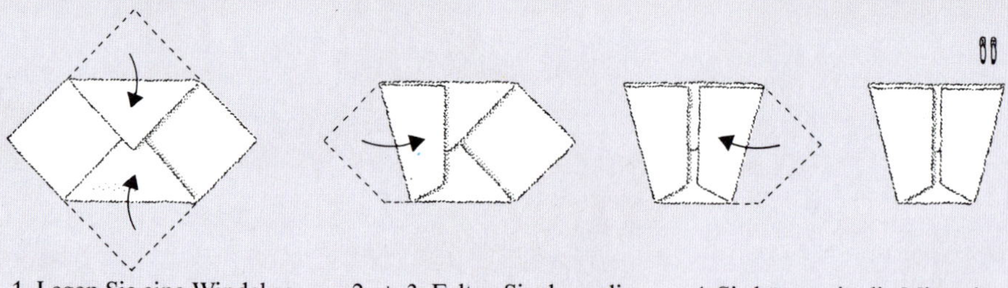

1. Legen Sie eine Windel so hin, daß eine Spitze auf Sie zeigt. Falten Sie diese und die entgegengesetzte Spitze nach innen.

2. + 3. Falten Sie dann die beiden Seiten so nach innen, daß die oberen Kanten in gerader Linie stehen.

4. Sie können in die Mitte eine Windeleinlage legen.

Drachenfaltung

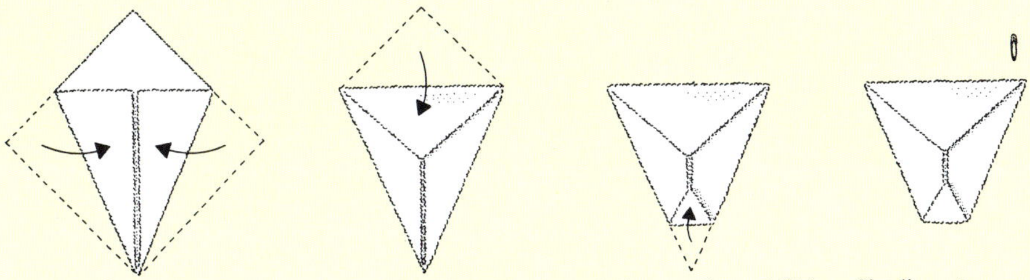

1. Legen Sie eine Windel so hin, daß eine Spitze auf Sie zeigt. Falten Sie die beiden Seiten so zur Mitte, daß eine Drachenform entsteht.

2. Falten Sie die obere Spitze so zur Mitte, daß ein Dreieck entsteht.

3. + 4. Falten Sie die untere Spitze zur Mitte, entsprechend der Größe Ihres Kindes. In die Mitte können Sie zusätzlich eine Windeleinlage legen.

Mit einer Stoffwindel wickeln

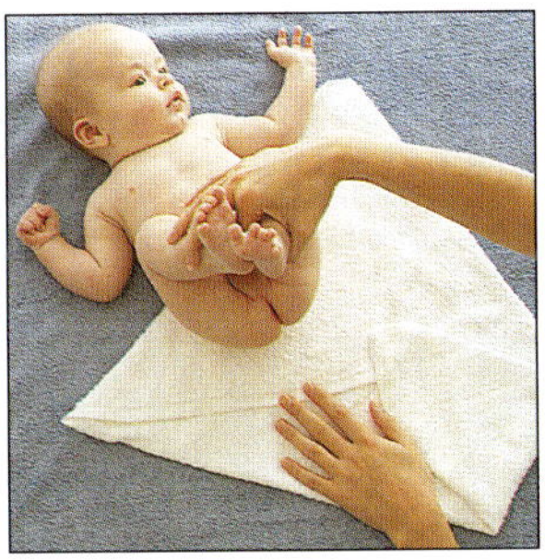

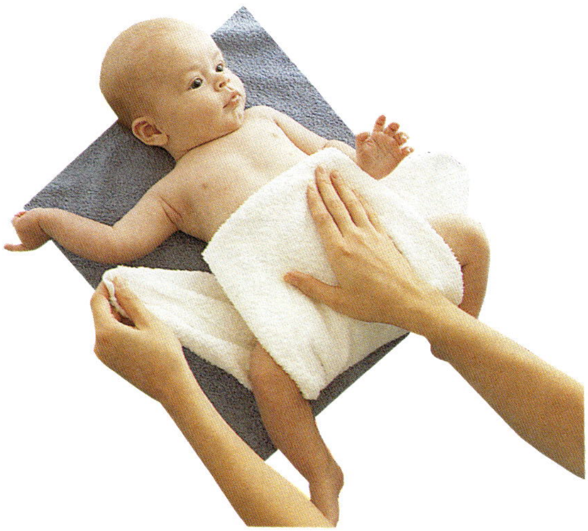

1. Schieben Sie die obere Seite der Windel bis zur Taille unter das Baby. Schlagen Sie die Windel zwischen den Beinen hoch. Halten Sie sie auf dem Bauch fest und streichen sie glatt.

2. Machen Sie die Windel bei einem kleinen Baby mit einer, bei einem größeren Baby mit zwei Sicherheitsnadeln fest. Stecken Sie dabei einen Finger zwischen die Windel und den Körper des Babys.

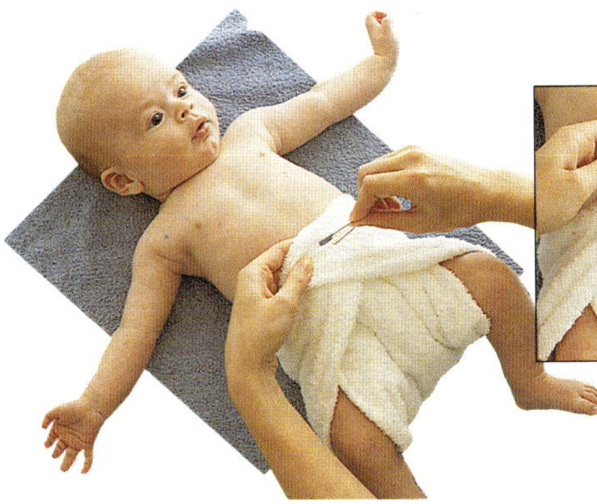

Tips: Wickeln

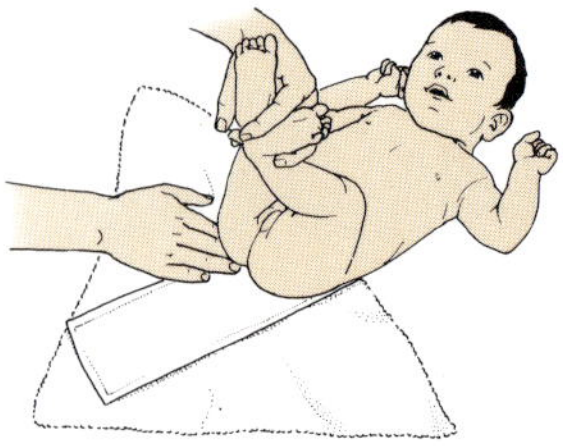

- Wenn Sie nachts eine Einlage in die Windel legen, können Sie die Saugfähigkeit einer Frotteewindel noch erhöhen. Diese Methode eignet sich auch unterwegs, wenn Sie einen Windelwechsel vermeiden möchten.
- Ziehen Sie dem Kind ein Baumwollhöschen über die Windel. Das sieht ordentlicher aus.
- Manche Babys strampeln gern beim Wickeln. Halten Sie deshalb Spielzeug zur Ablenkung bereit. Ein älteres Kind können Sie in das Wickeln miteinbeziehen: Es kann die frische Windel holen oder das Öl halten.

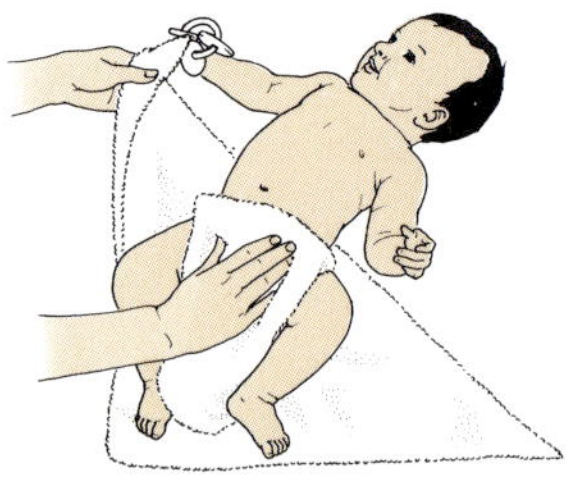

- Jungen urinieren manchmal beim Wickeln. Decken Sie das Kind deshalb mit einer Windel ab, wenn Sie es wickeln.

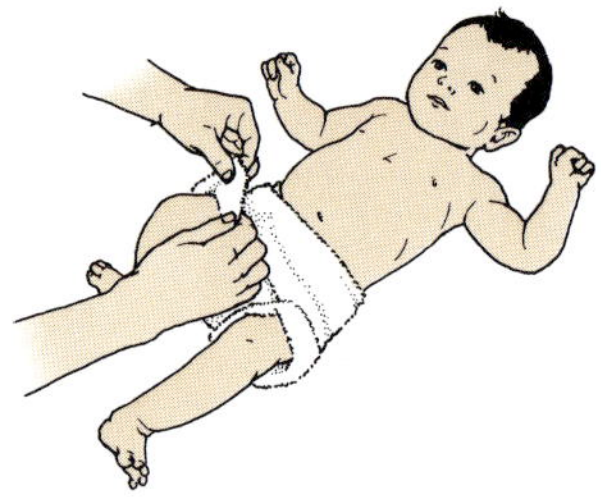

- Wenn Sie mit einer Sicherheitsnadel arbeiten, sollten Sie stets Ihren Finger zwischen der Haut des Kindes und der Spitze halten.
- Prüfen Sie nach dem Wickeln am Beinabschluß, ob die Windel nicht zu eng sitzt.
- Um Zeit zu sparen, können Sie Windeln auf Vorrat falten.

Windeln waschen und desinfizieren

Um alle Spuren von Ammoniak sowie Darmbakterien, die zur Reizung und Entzündung der Haut führen können, zu entfernen, müssen die Windeln gründlich gewaschen werden.

Im Handel sind spezielle Desinfektionsmittel erhältlich. Die Windeln werden in eine Desinfektionslösung gelegt und dort eine bestimmte Zeit eingeweicht. Anschließend werden sie mit normalem Waschpulver in der Maschine gewaschen. Wichtig ist, daß die Windeln gründlich gespült werden. Benutzen Sie keine starken Waschpulver oder solche, die Enzyme enthalten. Die Haut des Kindes könnte auf unausgespülte Reste allergisch reagieren. Gut geeignet sind reine Seifenflocken.

Besonders wenn Sie Weichspüler benutzen, sollten Sie sehr gründlich mit Wasser nachspülen. Wenn Sie Desinfektionsmittel verwenden, besteht keine Notwendigkeit, die Windeln auszukochen, es sei denn, sie sind fleckig oder grau geworden. Sie sollten übrigens bunte Kleidungsstücke niemals in die Desinfektionslösung legen, die Farbe würde sehr stark ausgebleicht. Sind andere Kleidungsstücke verschmutzt, dann genügt es in der Regel, wenn Sie den groben Schmutz entfernen und wie gewohnt waschen.

Waschroutine

Um Ihre Zeit richtig nutzen zu können, sollten Sie versuchen, stets größere Mengen von Windeln auf einmal zu waschen. Dies ist allerdings nur dann möglich, wenn Ihr Windelvorrat entsprechend groß ist. Nach meiner Erfahrung benötigen Sie etwa 25 Windeln. Benutzen Sie zum Desinfizieren zwei Kunststoffbehälter: einen für verschmutzte und einen für nasse Windeln. Die Behälter sollten groß genug sein, um neben der Desinfektionslösung mindestens 6 Windeln aufzunehmen. Sie sollten einen Deckel und einen Griff haben. Sie sollten andererseits aber auch nicht zu groß sein, denn Sie müssen die vollen Eimer ja zur Waschmaschine oder zum Bad tragen.

Es gibt spezielle Windeleimer zu kaufen. Doch im Prinzip reicht jeder größere Plastikbehälter mit Deckel.
Füllen Sie die Behälter an jedem Morgen mit der erforderlichen Menge an Wasser und Desinfektionsmittel. Spülen Sie die mit Urin genäßten Windeln aus, bevor Sie sie in die Lösung geben. Aus den anderen Windeln entfernen Sie zunächst soviel Kot wie möglich ins Klo. Spülen Sie die Windeln dann mit Wasser aus. Drücken Sie das Spülwasser aus und legen Sie die Windel dann in die Lösung. Nach der angegebenen Zeit können Sie alle Windeln aus der Lösung nehmen und auswringen. Die Windeln, die lediglich durch Urin verschmutzt waren, müssen nur noch in heißem Wasser gespült und getrocknet werden. Die anderen Windeln werden bei 60° in der Waschmaschine gewaschen und gespült. Ohne Waschmaschine reicht auch die Wäsche in heißem Wasser in der Badewanne.

Windelhöschen waschen

Nasse oder schmutzige Windelhöschen aus Plastik sollten in lauwarmen Wasser mit etwas Spülmittel gewaschen werden. Achten Sie auf die Temperatur. Ist das Wasser zu heiß, dann wird der Kunststoff schnell brüchig und die Höschen sind nicht mehr zu gebrauchen. Drücken Sie die Höschen nach dem Waschen in einem Handtuch aus und lassen Sie sie trocknen. Windelhöschen werden wieder weich, wenn Sie sie zusammen mit Handtüchern in einem Trockenautomat trocknen.

Die Benutzung von Windeln 1–3 Jahre

Die Blase eines einjährigen Kindes entleert sich noch automatisch, doch sie kann zunehmend mehr Urin aufnehmen. Das Kind bleibt deshalb über längere Zeiträume hinweg trocken. Sie benötigen weniger Windeln. Ein Neugeborenes benötigt etwa 80 Windeln pro Woche, ein Einjähriges kommt mit 50 aus. Haben Sie bisher Höschenwindeln aus finanziellen Überlegungen abgelehnt, so sollten Sie Ihre Entscheidung nun noch einmal überlegen.
Benutzen Sie weiterhin Stoffwindeln, dann falten Sie diese am besten nach der Drachenform (siehe S. 83). Sie können aber auch dreieckige Frotteewindeln verwenden, diese tragen ebenfalls wenig auf. Die Bekleidung des Kindes sollte leichten Zugriff zu den Windeln erlauben. Hosen, die zwischen den Beinen geknöpft sind, oder Hosen mit Gummizügen erleichtern die Arbeit erheblich.
Irgendwann im 3. Lebensjahr wird Ihr Kind wahrscheinlich bewußte Kontrolle über seine Blasen- und Darmtätigkeit gewinnen. Für die Übergangszeit empfehle ich Höschenwindeln. Es gibt auch spezielle Höschen, die das Kind schnell selbst herunterziehen kann, wenn es allein auf die Toilette geht. Diese bestehen außen aus Kunststoff und haben innen ein Textilgewebe. Sie sind angenehm zu tragen und geben etwas Schutz bei den mit Sicherheit auftretenden »Unfällen«.

Tips: Windeln waschen

- Einige Windeleimer haben eine Halterung für Luftreiniger. Wenn diese an Ihrem Eimer fehlt, können Sie durch den Luftreiniger einen Draht ziehen und diesen von innen (am Deckel) befestigen.
- Manche Eltern verwenden beim Herausnehmen der Windeln aus dem Eimer Gummihandschuhe. Sie können aber auch eine Greifzange benutzen.
- Verwenden Sie Desinfektionsmittel, dann sollten Sie erst das Pulver und dann das Wasser in den Eimer geben. Andernfalls gelangt zuviel von dem Pulver an die Luft, und Sie würden es einatmen.
- Windeln bleiben weicher, wenn sie an der frischen Luft oder in einem Wäschetrockner getrocknet werden. Auf Heizungen getrocknet, werden sie dagegen hart.

7 Waschen und Pflegen

Einen wichtigen Teil Ihrer Alltagsroutine nimmt die Reinigung und Pflege des Kindes ein. Solange das Kind noch sehr klein ist, werden Sie dafür nicht viel Zeit aufwenden müssen. Wird das Kind mit zunehmendem Alter immer aktiver, so erhält das Waschen und das tägliche Bad immer mehr Bedeutung. Zunächst ist dies noch etwas mühsam. Denn nicht immer empfindet das Kind das Waschen als Vergnügen. Einfacher wird es, wenn mit 2 Jahren das Kind selbst den Drang verspürt, sich zu waschen.

Das Baden 0–1 Jahr

Die meisten jüngeren Babys müssen nicht oft gewaschen werden. Abgesehen von Po, Gesicht, Nacken und Hautfalten werden sie ja kaum schmutzig. Ich bin der Meinung, daß es deshalb ausreicht, das Kind etwa alle 2 bis 3 Tage zu baden. Po, Gesicht und Hände sollten Sie täglich waschen und die Haare regelmäßig.
Viele Eltern blicken mit Sorge auf das erste Bad ihres Babys. Dazu besteht kein Anlaß. Nehmen Sie sich eine halbe Stunde Zeit, bereiten Sie das Bad sorgsam vor und gehen Sie mit viel Ruhe an die Sache heran – dann wird schon alles klappen.

Der Ort des Badens

Solange Ihr Kind noch nicht in der großen Badewanne plätschert, können Sie es auch an jedem anderen Ort der Wohnung baden: im Kinderzimmer, in der Küche oder in einem Nebenraum. Füllen Sie die Kinderbadewanne im Badezimmer mit Wasser, und tragen Sie diese dann zum vorgesehenen Badeort. Passen Sie dabei auf, daß das Wasser nicht überschwappt!

Ein kleines Baby wird am besten in einer eigens geformten Kunststoffwanne mit rutschfestem Boden gebadet. Da es für Sie bequemer ist, wenn Sie sich nicht tief hinunterbeugen müssen, sollten Sie die Wanne auf einen Tisch oder auf ein zugehöriges Gestell stellen.
Als billigere Alternative zur Babywanne kann eine große Plastikschüssel dienen, wie Sie sie in der Küche verwenden. Meist läßt sich diese sogar einfacher tragen als die Babywanne. Die Spüle in der Küche kann auch gute Dienste leisten, da sie meist in bequemer Arbeitshöhe montiert ist und seitlich viel Abstellplatz besitzt. Sie müssen allerdings aufpassen, daß sie sauber ist und das Kind sich nicht an den Hähnen verletzt. Vorbeugend können Sie die Hähne mit Lappen oder Handtüchern polstern. Ist der Beckenboden zu glatt, dann sollten Sie eine Gummimatte benutzen. Zur Not verhindert auch ein kleines Handtuch, daß das Kind ausrutscht.

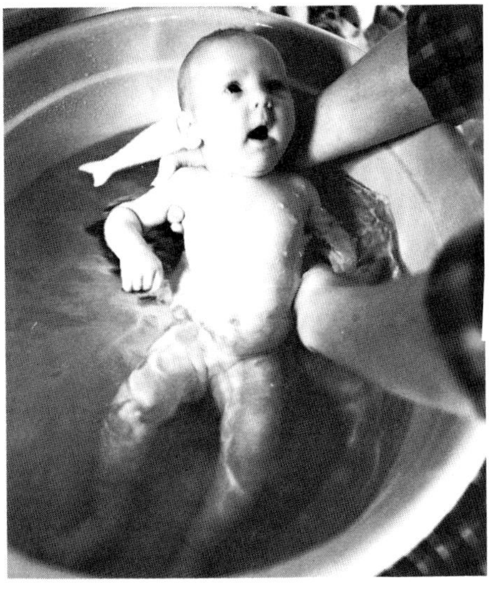

Katzenwäsche

Sie waschen nur die Körperteile des Kindes, die eine Wäsche nötig haben. Vermeiden Sie dabei möglichst jede Störung bzw. Irritation des Kindes. Solange das Baby noch sehr klein ist, sollten Sie besser abgekochtes warmes Wasser beim Waschen verwenden. Später reicht normales warmes Wasser aus.

- warmes Wasser, gegebenenfalls abgekocht
- Watte
- Waschlappen
- Handtuch
- saubere Windel
- Windeleinlage
- Gummihöschen
- Pflegemittel für das Wickeln
- saubere Bekleidung

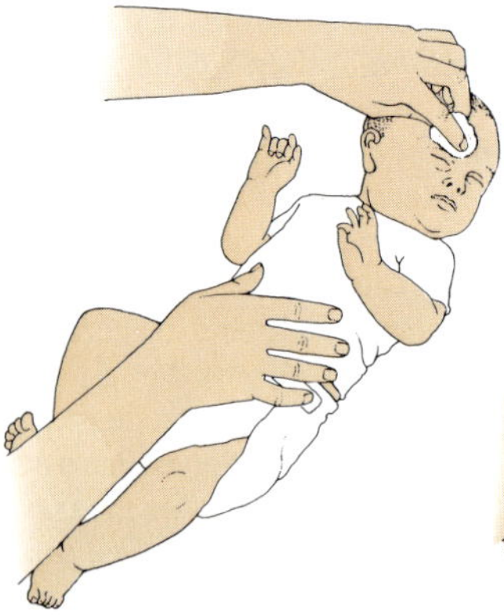

1. Legen Sie das Kind flach hin. Wischen Sie mit einem angefeuchteten Wattebausch sanft vom Nasenrücken aufwärts.

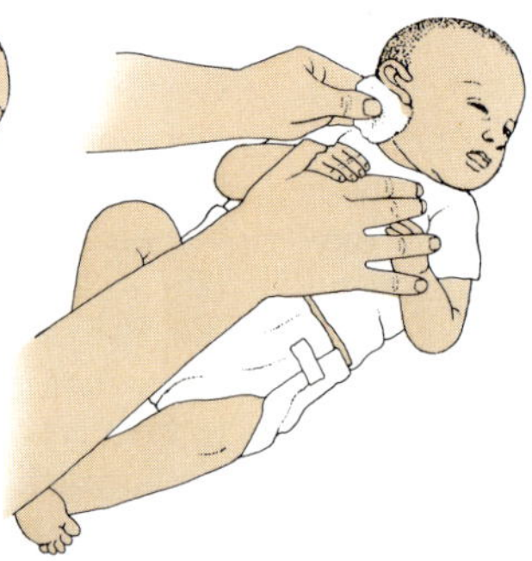

2. Wischen Sie mit Watte um die Ohren. Versuchen Sie nicht, das Innere des Ohrs zu reinigen. Stochern Sie nicht darin herum.

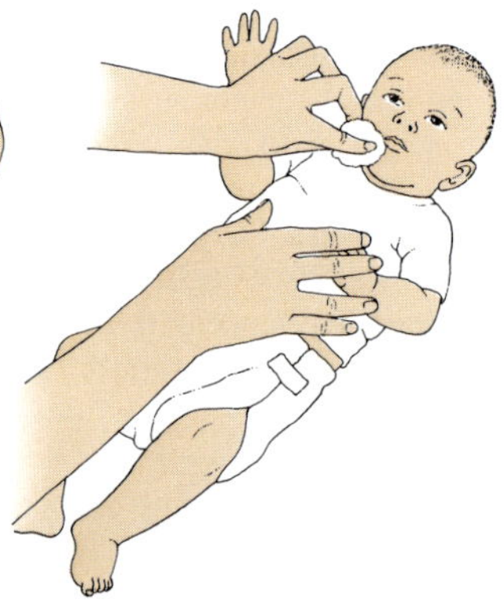

3. Entfernen Sie nun mit Watte alle Milch- und Sabberspuren aus dem Gesicht. Solche Reste würden die Haut reizen.

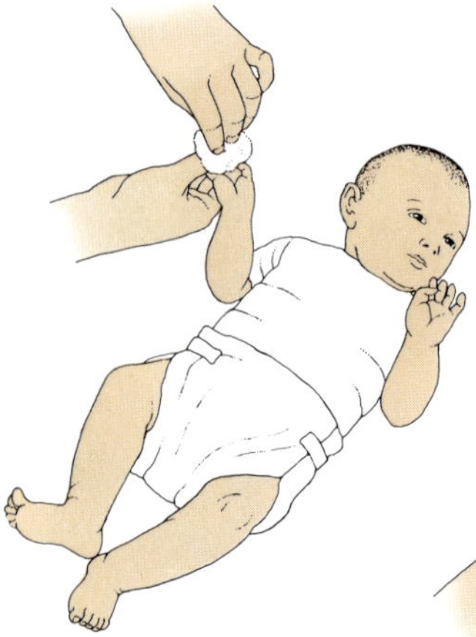

4. Reinigen Sie dann die Hände Ihres Kindes. Trocknen Sie sie mit einem Handtuch ab. Ist das Baby älter, so können Sie statt der Watte auch einen Waschlappen benutzen.

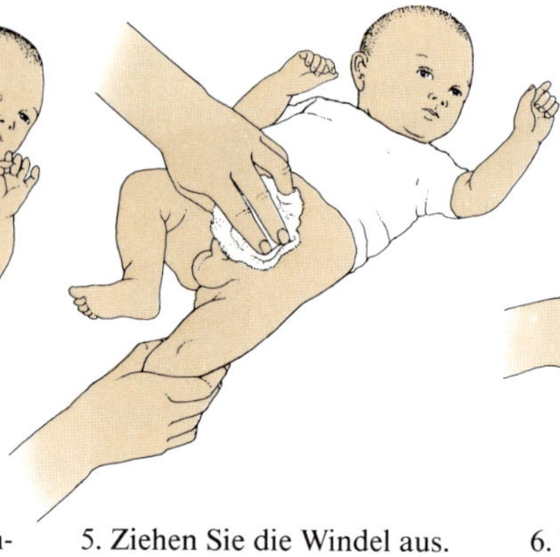

5. Ziehen Sie die Windel aus. Wenn das Kind nur naß ist, waschen Sie es mit einem Waschlappen oder angefeuchteten Wattebäuschchen.

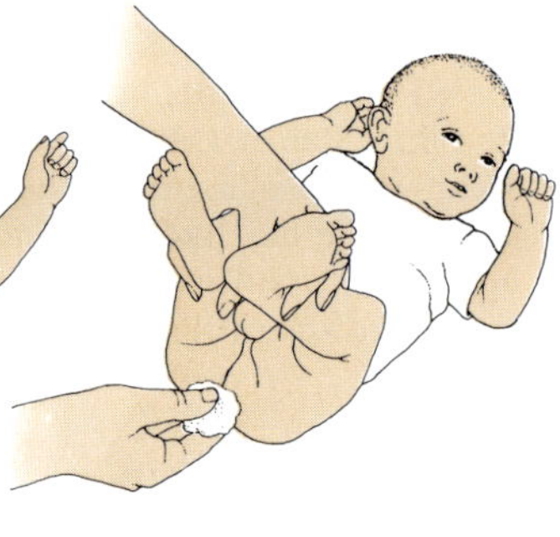

6. Wenn die Windel voll ist, wischen Sie die grobe Verschmutzung mit der alten Windel ab und säubern Sie dann den Po mit Watte und Öl (siehe S. 84).

Schoßwäsche

Diese Methode eignet sich dann, wenn Sie das Kind nicht in der Wanne baden möchten oder Ihr Kind ungern vollständig ausgezogen ist. Während Sie das Kind fest auf Ihrem Schoß halten, ziehen Sie immer nur einen Teil der Kleidung zum Waschen aus. Das Ganze geht statt auf dem Schoß natürlich auch auf einer Wickelmatte.

- Wasserschüssel
- Watte
- Waschlappen oder Schwamm
- Handtuch
- Seife
- Babyshampoo
- saubere Windel
- Gummihöschen (falls Sie es benutzen wollen)
- Pflegemittel beim Wickeln
- saubere Bekleidung

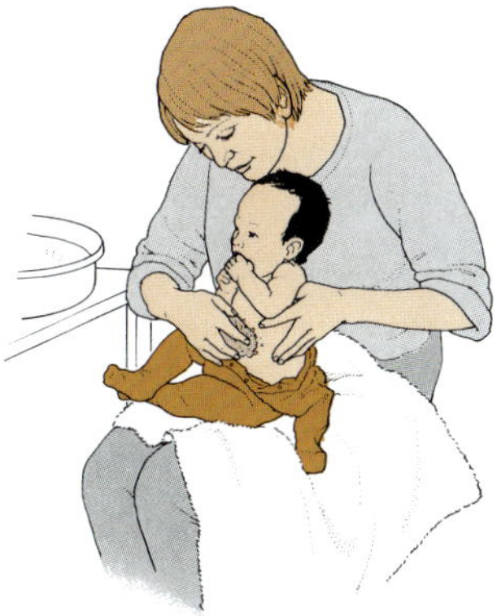

1. Auf einen Tisch stellen Sie die Schüssel mit warmem Wasser. Legen Sie sich das Handtuch über die Knie. Ziehen Sie den Oberkörper des Kindes aus, und seifen Sie die Vorderseite ein.

2. Entfernen Sie die Seife mit dem Waschlappen. Achten Sie darauf, daß die Seife auch aus den Hautfalten gründlich entfernt wird. Trocknen Sie die Haut dann gründlich ab.

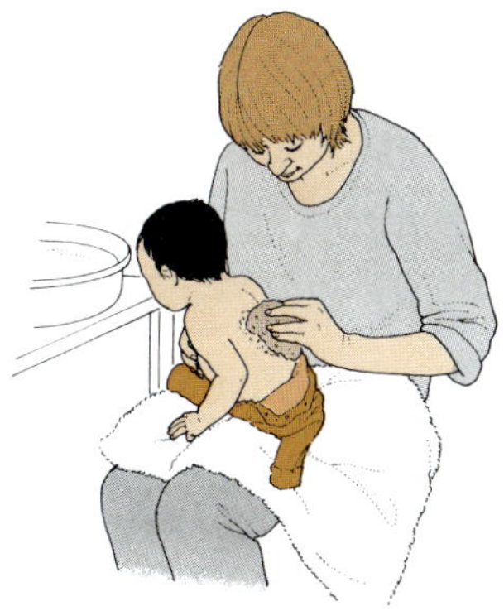

3. Beugen Sie nun das Kind so nach vorne, daß Sie seinen Rücken waschen können. Verfahren Sie wie bei der Vorderseite. Ziehen Sie ihm dann ein sauberes Unterhemd an; es sei denn, Sie wollen erst noch die Haare waschen.

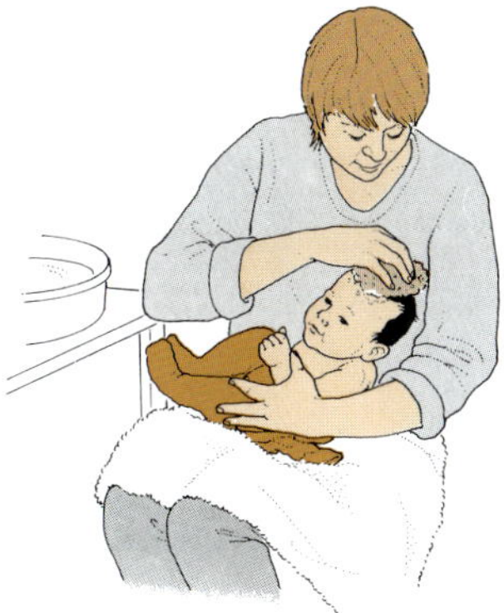

4. Machen Sie die Haare mit einem Schwamm oder Waschlappen naß. Reiben Sie dann die Haare mit Shampoo ein und spülen Sie sie anschließend aus.

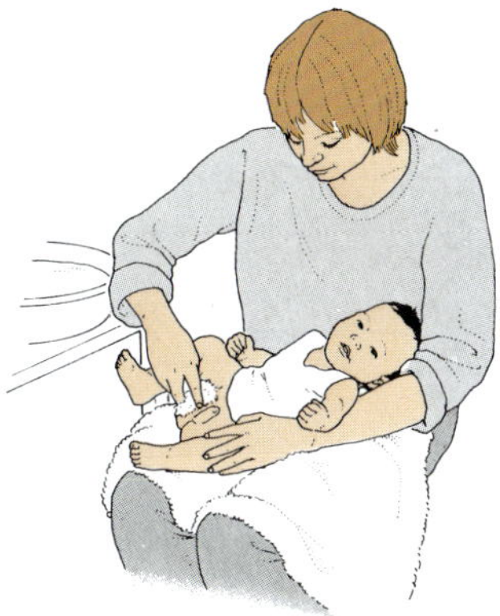

5. Ziehen Sie das Kind nun unten herum aus. Säubern Sie den Po mit Babyöl (siehe S. 95).

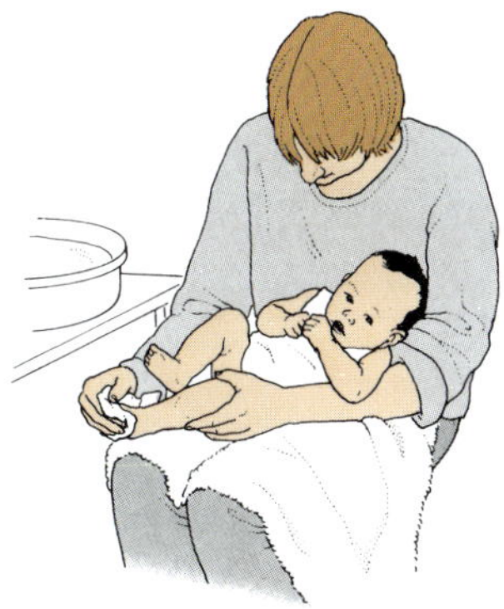

6. Waschen Sie die Beine und Füße mit einem Waschlappen. Spülen Sie die Seife ab, und trocknen Sie die Haut ab. Wickeln Sie jetzt das Kind, und ziehen Sie es vollständig an.

Das Baden

Wichtig ist, daß Ihr Baby nicht friert. Achten Sie deshalb darauf, daß der Raum warm und nicht zugig ist. Legen Sie alles vorher bereit: die Badewanne, ein großes Handtuch, Seife (falls gewünscht), einen Waschlappen, etwas Watte, eine saubere Windel, Windeleinlage und saubere Kleidung.

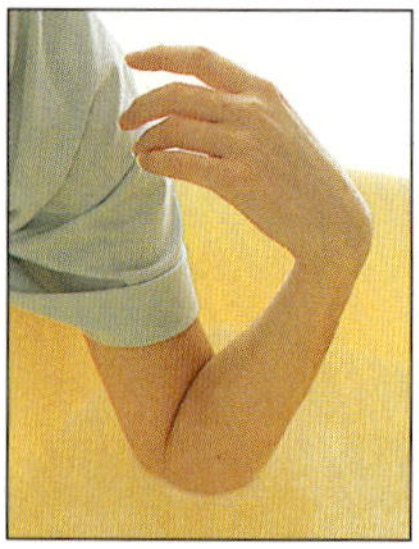

1. Bevor Sie das Baby ins Wasser legen, testen Sie die Wassertemperatur, entweder mit Ihrem Ellenbogen oder mit dem Handgelenk. Falls Sie unsicher sind, verwenden Sie ein Thermometer. Das Wasser sollte eine Temperatur um 36 °C haben. Lassen Sie erst kaltes und dann heißes Wasser einlaufen.

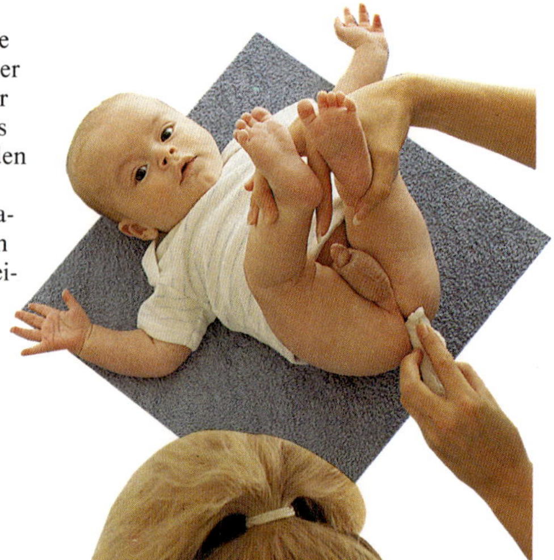

2. Legen Sie das Kind auf eine flache Unterlage, und ziehen Sie es bis auf das Unterhemd aus, damit ihm nicht kalt wird. Säubern Sie den Po mit Babyöl (siehe S. 78). Später im Badewasser müssen Sie Ihr Baby dann nur gut abspülen.

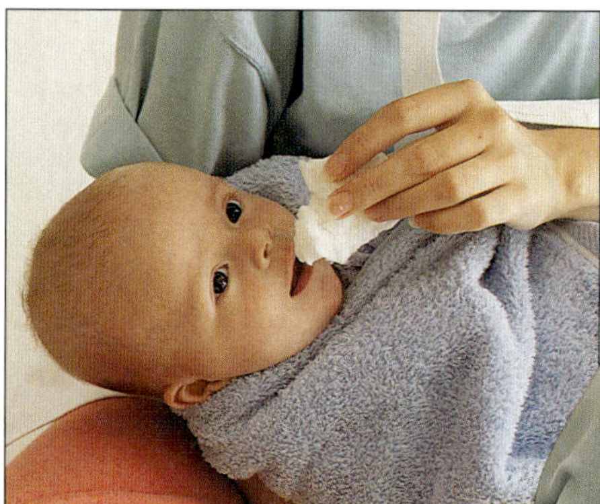

3. Ziehen Sie nun das Unterhemd aus, und wickeln Sie das Kind in ein Handtuch, damit es vor dem Nacktsein keine Angst bekommt. Reinigen Sie Augen, Ohren und Nase (siehe S. 88).

4. Halten Sie das Kind wie rechts abgebildet (siehe auch S. 93) über die Wanne, und waschen Sie seinen Kopf. Spülen Sie das Haar aus, und trocknen Sie es ab. (Über die Bildung von Milchschorf siehe S. 93.)

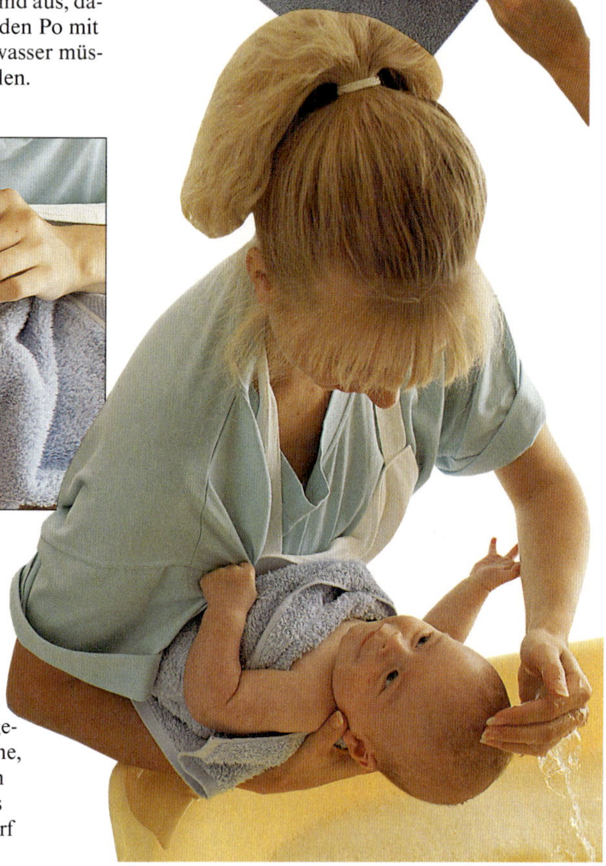

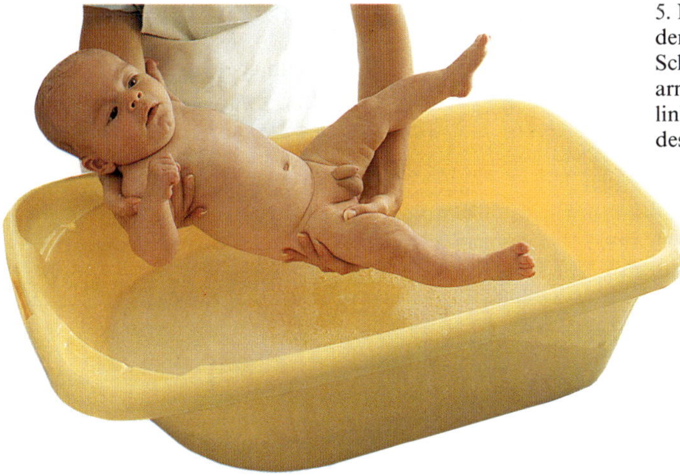

5. Nehmen Sie nun das Kind aus dem Handtuch. Legen Sie seine Schulter auf Ihren linken Unterarm, und greifen Sie mit Ihrer linken Hand über die Schulter des Kindes. Halten Sie seine Beine auf Ihrem rechten Arm, und greifen Sie einen Oberschenkel mit Ihrer rechten Hand. Lassen Sie das Kind sanft in das Wasser gleiten.

6. Halten Sie das Kind in der Wanne halb aufrecht, so daß seine untere Körperhälfte im Wasser liegt, seine Schultern und sein Kopf aber über dem Wasser bleiben. Waschen Sie es mit Ihrer freien Hand. Lächeln Sie das Kind während des Waschens an, und reden Sie mit ihm. Ist das Kind gewaschen und gut abgespült, legen Sie Ihre freie Hand unter seinen Po, heben Sie es aus dem Wasser, und legen Sie es auf das Handtuch.

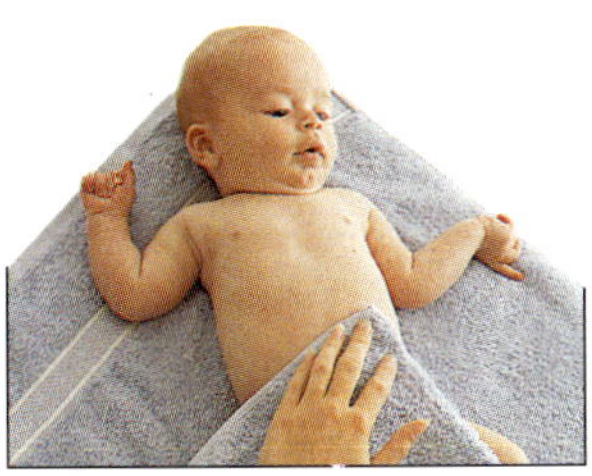

7. Legen Sie das Kind schräg auf das Handtuch. Schlagen Sie die unterste Ecke über die Beine des Kindes und dann die Seiten über den Bauch. Achten Sie besonders auf die Hautfalten, die sanft aber sorgfältig abgetrocknet werden müssen.

Tips: Baden

- Legen Sie sich alles, was Sie zum Baden und danach brauchen werden, vorher zurecht.
- Ziehen Sie sich einen Kittel über, um Ihre Kleidung vor Nässe zu schützen. Wenn Sie nach dem Baden ein weiches Handtuch über Ihre Schulter und auf Ihren Schoß legen, dann können Sie unmittelbar nach dem Baden mit dem Kind schmusen und es dabei abtrocknen.
- Sehr junge Babys können noch nicht ihre Körpertemperatur regulieren. Lassen Sie sie deshalb nicht lange nackt.
- Benutzen Sie bei älteren Babys ein Handtuch mit Kapuze. Das Baby fühlt sich darin meist sehr wohl. Wärmen Sie, falls möglich, das Handtuch auf der Heizung vor.
- Lassen Sie anfangs nur wenig Wasser in die Badewanne (5–10 cm). Nachdem Sie und das Kind sich sicherer fühlen, können Sie allmählich die Menge steigern.
- Verzichten Sie auf Babypuder. Dieses trocknet die Haut des Kindes unnötig aus.

In der Badewanne

Irgendwann zwischen drei und sechs Monaten wird Ihr Kind aus der Babywanne herauswachsen. Es wird dann in der großen Badewanne gebadet. Um zu vermeiden, daß das Kind in der großen Wanne Angst bekommt, können Sie in der Übergangszeit einige Male die Babywanne zum Baden in die große Wanne stellen.

Es ist schon etwas mühsam, das Kind in der großen Wanne zu baden. Sie müssen es ja weiterhin festhalten bzw. in Bereitschaft sein, es abzufangen, falls es einmal rutscht. Beugen Sie sich nicht im Stehen über die Wanne, Ihr Rücken wird dabei zu stark belastet. Knien Sie sich statt dessen neben die Wanne, und breiten Sie alles für das Baden Benötigte neben sich auf den Fußboden. Sie sollten in die Wanne eine Gummiunterlage legen und das Wasser höchstens 10–15 cm hoch einlaufen lassen.

Es kann sehr schnell gehen, daß das Baby plötzlich ausrutscht und mit dem Kopf unter Wasser aufschlägt. Seien Sie deshalb ständig auf der Hut. Lassen Sie niemals Ihr Kind allein im Bad, nicht einmal für einige Sekunden, um ganz schnell etwas zu holen. Klingelt das Telefon während des Bades, dann sollten Sie es klingeln lassen, andernfalls müssen Sie mit dem nassen Kind zum Telefon laufen. Das Risiko, daß dem Kind etwas passiert, wenn Sie es unbeaufsichtigt lassen, ist einfach zu groß.

Wenn das Kind älter wird, wird es häufig und ausgiebig auf dem Boden herumkrabbeln. Es wird schmutziger und muß deshalb häufiger gebadet werden. Das Bad wird zum festen Bestandteil der abendlichen Routine. Fast alle Kinder haben die Angst vor dem Ausziehen verloren und fühlen sich im Wasser pudelwohl. Die Badezeit wird zu einem Höhepunkt des Tages. Gestalten Sie diese Zeit deshalb so problemlos wie möglich. Sorgen Sie mit Wasserspielen für Anregung und Abwechslung.

Sobald das Kind in der Wanne sitzen kann, wird es sich mit Spielzeug recht lange in der Wanne beschäftigen. Enten, Schiffe oder Schwämme sind interessante Objekte, die seine Aufmerksamkeit fesseln. Haben Sie mehrere Kinder, dann können Sie diese ab und zu zusammen baden lassen. Ältere Kinder sind die besten Lehrmeister zum Thema »Wasser«. Das Baby schaut fasziniert zu, wenn Wasser in Behälter einströmt und von einem in einen anderen umgefüllt wird oder wenn ein Schiff langsam sich mit Wasser füllt und hinuntersinkt.

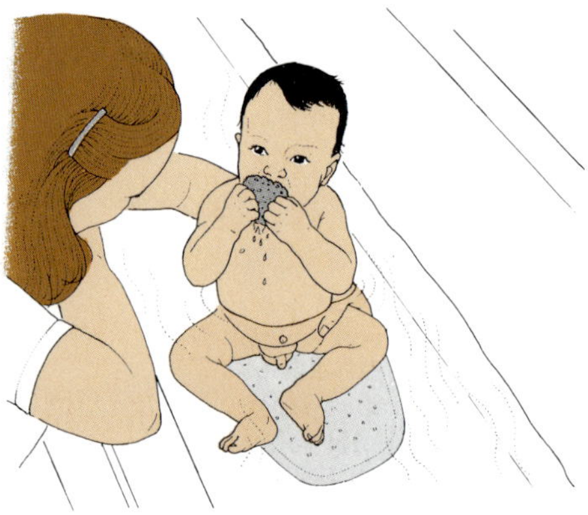

Auch wenn Ihr Kind schon allein sitzen kann, sollten Sie es sicherheitshalber immer noch festhalten.

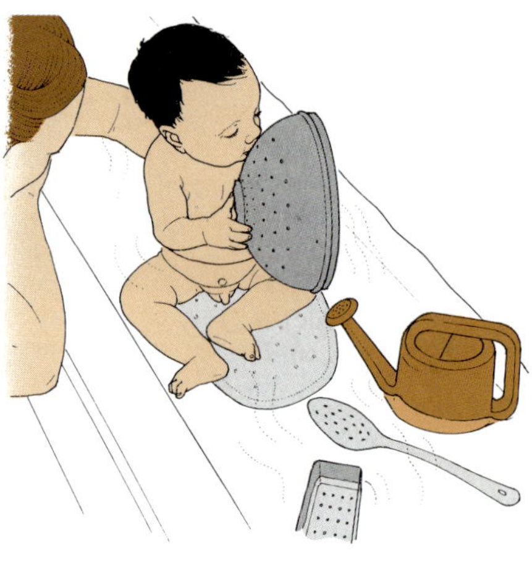

Viele Haushaltsgegenstände eignen sich als Badespielzeug. Meßlöffel, Siebe, Durchschläge, Plastikgeschirr, Eiswürfelbehälter können Sie verwenden. Viele Babys gießen gerne Wasser von einem Behälter in einen anderen.

Tips: Baden in der Badewanne

- Lassen Sie das Kind niemals unbeaufsichtigt in der Wanne sitzen. Die Gefahr, daß es mit seinem Kopf unter Wasser gerät und selbst nicht mehr hochkommt, ist zu groß.
- Lassen Sie das Kind nicht in der Wanne stehen. Es kann sehr leicht ausrutschen und hinschlagen.
- Polstern Sie, falls nötig, die Wasserhähne mit Handtüchern ab, damit das Kind sich nicht daran verletzen kann. Achten Sie darauf, daß aus dem Hahn kein heißes Wasser heraustropft.
- Lassen Sie kein heißes Wasser zulaufen, wenn das Kind schon in der Wanne sitzt. Das Kind könnte sich zu leicht verbrennen.
- Ziehen Sie nicht den Stöpsel, während das Kind noch in der Wanne sitzt. Es könnte sich eventuell erschrecken. Später allerdings finden viele Kinder das Abfließen des Wassers sehr interessant.
- Machen Sie aus dem Bad ein Ereignis durch Spiel und Spaß. Das Bad sollte ein Höhepunkt des Tages sein.
- Heben Sie das Kind mit geradem Rücken aus dem Bad. Lassen Sie das Gewicht auf den Beinen ruhen. Das entlastet nach einem anstrengenden Tag Ihren Rücken.

Haarpflege

Wenn Sie den Kopf Ihres Neugeborenen täglich mit etwas Babyshampoo und einer weichen Bürste waschen, können Sie Milchschorfbildung vermeiden. Und selbst wenn nur wenige Haare vorhanden sind, sollten Sie diese kämmen, um Schuppenbildung vorzubeugen. Sollte sich trotzdem Milchschorf bilden, so reiben Sie abends die Kopfhaut des Kindes mit etwas Babyöl ein, das Sie am nächsten Morgen auswaschen. Durch das Öl werden die Schuppen weich und locker, wodurch sie sich leicht auswaschen lassen. Versuchen Sie nicht Schuppen mit Ihren Fingern abzukratzen. Ist das Kind drei bis vier Monate alt, dann genügt es, den Kopf ein- bis zweimal pro Woche mit Shampoo zu waschen. Bei der Kopfwäsche halten Sie das Kind am besten in der abgebildeten Position (solange es noch nicht viel wiegt), oder setzen Sie sich auf den Badewannenrand, mit dem Kind rücklings auf Ihren Knien. Die letztgenannte Methode ist besonders bei wasserscheuen Kindern geeignet. Verwenden Sie nur Babyshampoo, das nicht in den Augen brennt. Es ist nicht nötig, besondere Rücksicht auf die Fontanellen zu nehmen. Sie sind durch die feste Haut geschützt. Solange Sie die Haare nicht schrubben, kann da nichts passieren.

Da Haarshampoos innerhalb kürzester Zeit Schmutz und Fett binden, genügt es, die Haare damit einzureiben, kurz zu warten und sie wieder auszuwaschen. Es ist nicht notwendig, den Vorgang zu wiederholen. Spülen Sie die Haare mit einem in warmes Wasser getauchten Waschlappen aus. Versuchen Sie sämtliche Shampooreste zu entfernen. Falls das Kind quengelt, ist es auch nicht sehr schlimm, wenn es Ihnen nicht gelingt. Trocknen Sie die Haare vorsichtig mit einem Handtuch ab.

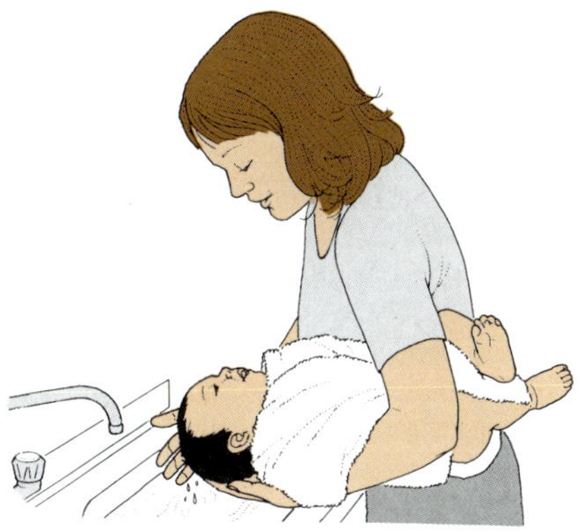

Halten Sie das Kind zum Haarewaschen in der abgebildeten Position. Die Beine des Kindes sind dabei unter Ihre Achselhöhle geklemmt. Der Rükken wird mit dem Arm und der Kopf mit der Hand abgestützt. Waschen Sie die Haare mit einem milden, nicht brennenden Shampoo.

Hautpflege

Die Haut eines Neugeborenen braucht keine Seife. Im Gegenteil, Seife entfettet die sehr empfindliche Haut Ihres Kindes nur unnötig. Bis zur 6. Lebenswoche sollten Sie Ihr Kind deshalb nur mit Wasser waschen, dann erhalten Sie die natürlichen Hautfette. Danach können Sie ohne weiteres Seife verwenden.
Waschen Sie besonders sorgfältig die Hautfalten. Trocknen Sie die Haut vorsichtig, aber gründlich ab. Jede feuchte Stelle kann zur Reizung der Haut führen. Verwenden Sie kein Hautpuder!

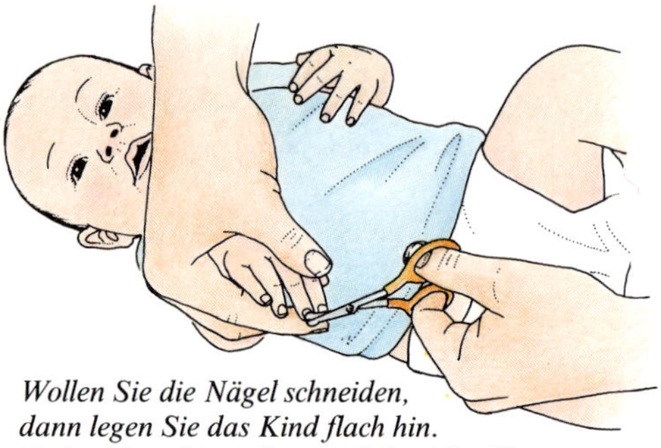

Wollen Sie die Nägel schneiden, dann legen Sie das Kind flach hin. Reden Sie ruhig auf es ein. Schneiden Sie die Nägel immer rund.

Augenpflege

Die Augen des Kindes waschen Sie am besten mit zwei Wattebäuschen, die Sie zuvor in warmes Wasser getaucht haben. Wischen Sie von innen, d.h. vom Nasenrükken, nach außen.

Nasen- und Ohrenpflege

Nase und Ohren sind Organe, die sich selbst reinigen. Es ist deshalb nicht nur überflüssig, sondern oft auch schädlich, diese Selbstreinigung zu stören. Ein Wattestäbchen zum Beispiel schiebt in der Regel alles, was sich angesammelt hat, tiefer in Nase und Ohr hinein, anstatt es zu entfernen. Besser ist es abzuwarten, bis Nasenschleim oder Ohrenschmalz von selbst herauskommen. Benutzen Sie auch keine Ohren- oder Nasentropfen, ohne vorher mit dem Arzt darüber gesprochen zu haben. Entfernen Sie das Ohrenwachs auch dann nicht aus den Ohren des Kindes, wenn Sie es sehen können. Das Wachs ist eine natürliche Absonderung der Haut entlang des Hörkanals. Es wirkt antiseptisch und beugt damit Infektionen vor. Zugleich schützt es das Trommelfell vor Schmutz und Staub.

Nagelpflege

Während der ersten drei bis vier Wochen ist es nicht nötig, die Nägel Ihres Neugeborenen zu schneiden; es sei denn, das Kind kratzt sich die Haut auf. Später lassen sich dann die Nägel am besten nach dem Baden schneiden, dann sind sie weich. Mit einer kleinen abgestumpften Nagelschere können Sie die Nägel innerhalb einer Minute schneiden. Falls Sie Angst haben, Sie könnten das Kind beim Schneiden verletzen, dann können Sie auch darauf warten, bis das Kind eingeschlafen ist.

Nabelpflege

Die Nabelschnur wird gleich nach der Geburt abgeklemmt und abgeschnitten, so daß ein 5 bis 8 cm langer Rest übrig bleibt. Innerhalb einiger Tagen vertrocknet er und fällt von allein ab. Sie werden wahrscheinlich Anweisungen bekommen, den Nabel jeden Tag mit Alkohol und steriler Watte zu reinigen und anschließend mit sterilen Kompressen abzudecken. Die Heilung schreitet um so schneller voran, je häufiger dieser Bereich der frischen Luft ausgesetzt wird. Falls Ihnen Rötung, Ausfluß oder andere Anzeichen von Entzündung auffallen, sprechen Sie mit Ihrem Arzt. Sie können Ihr Kind auch baden, bevor der Nabel abgefallen ist. Sie müssen ihn nur anschließend gut abtrocknen.
Einige Babys bekommen Nabelhernien (Vorwölbungen aus dem Bauch), die meist innerhalb einiger Jahre verschwinden. Falls Ihr Baby eine Vorwölbung hat, die bestehen bleibt oder größer wird, sprechen Sie mit Ihrem Arzt.

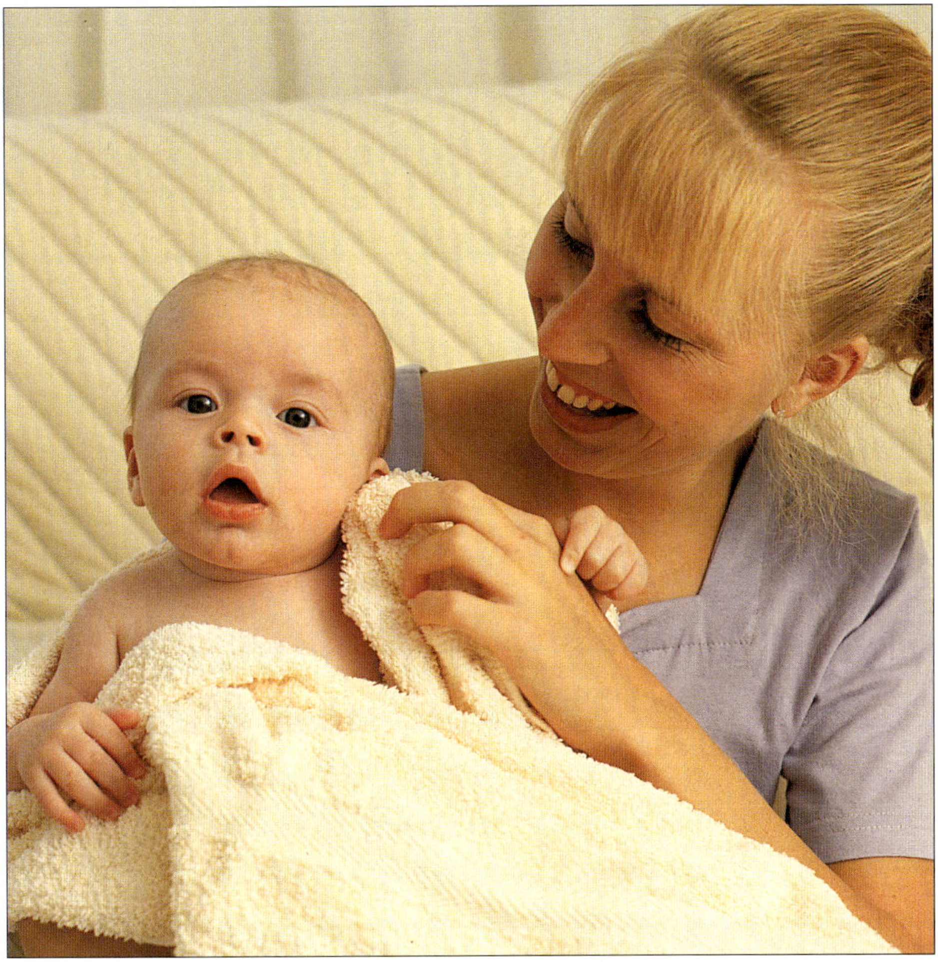

Pflege der Genitalien

Versuchen Sie niemals die Schamlippen Ihrer Tochter zu öffnen, um sie innen zu reinigen. Sie brauchen bloß den äußeren Bereich zu säubern und zu waschen. Achten Sie darauf, daß Sie Ihre Tochter stets von der Vagina weg säubern und waschen. So verhindern Sie eine Infektion der äußeren und inneren Vaginalbereiche.
Die Vorhaut eines Jungen sollte beim Waschen nicht zurückgezogen werden. Im Alter von vier Jahren wird sich die Vorhaut natürlicherweise zurückziehen.

Wurde Ihr Baby beschnitten, dann achten Sie sorgfältig darauf, daß der Penis nicht blutet. Sie haben in der Regel Anweisungen bekommen, wie Sie Ihr Baby baden und den Penis pflegen sollen. Nach der Beschneidung ist der Penis fast immer einige Tage geschwollen, leicht gerötet, und Bluttropfen können gelegentlich erscheinen. Dies ist normal und wird sich allmählich geben. Bei anhaltender Blutung oder Anzeichen von Entzündung sprechen Sie mit Ihrem Arzt.

Mögliche Probleme 0–1 Jahr

Angst vor dem Ausziehen

Viele junge Babys mögen es überhaupt nicht, wenn sie ausgezogen werden. Das Gefühl, die schützende Hülle der Kleidung zu verlieren, kann sie stark beunruhigen. Diesem Problem können Sie mit einer Katzenwäsche des Neugeborenen begegnen. Vermeiden Sie noch das Vollbad in der Wanne.

Angst vor dem Baden

Wenn das Baby durch das erste Bad sehr verängstigt wird, dann geben Sie das Baden besser für einige Tage auf. Versuchen Sie es dann erneut mit wenig Wasser in der Wanne. Sie können es in der Zwischenzeit auf Ihrem Schoß oder auf dem Wickeltisch mit dem Lappen waschen.
Behält das Kind seine Angst vor dem Baden über längere Zeit, dann versuchen Sie es einmal auf die folgende Weise:
Stellen Sie eine Schüssel mit warmem Wasser in ein Zimmer – nicht das Badezimmer. Halten Sie ein Handtuch bereit. Lassen Sie Spielzeug in der Schüssel schwimmen und lassen Sie das Kind damit spielen. Es wird auf diese Weise immer mehr an das Wasser gewöhnt.
Sie können nun das Kind an der Küchenspüle planschen lassen. Sorgen Sie vorher dafür, daß es in der Küche warm genug ist. Legen Sie auf die Geschirrablage ein Handtuch und setzen Sie das Kind darauf. Es kann nun mit seinen Beinen im warmen Wasser in der Spüle planschen. Halten Sie das Kind mit einer Hand fest. Mit der anderen können Sie im Wasser spielen und einige Spieltiere umherschwimmen lassen. Wenn Sie einige Male in dieser Weise zusammen mit dem Baby gespielt haben, können Sie die Küchenspüle durch die Babywanne ersetzen. Spielen Sie einfach wie gewohnt weiter. Irgendwann wird das Kind seine Angst überwinden und versu-

chen, mit dem Spielzeug ins Wasser zu klettern. Nützen Sie dann diese Gelegenheit zum richtigen Baden des Kindes.

Angst vor der großen Wanne

Planscht das Kind in der Babywanne schon so wild, daß das Wasser regelmäßig überschwappt, dann ist es Zeit, in die große Wanne umzusteigen. Falls das Kind Angst vor der großen Wanne zeigt, müssen Sie den Wechsel behutsam vorbereiten. Stellen Sie die gewohnte Babywanne in die große Wanne und legen Sie daneben eine Gummimatte in die Wanne. Legen Sie etwas Spielzeug auf die Gummimatte und lassen Sie warmes Wasser in die Babywanne. Setzen Sie das Kind wie gewohnt in die Babywanne. Wiederholen Sie diese Prozedur einige Male hintereinander, ehe Sie die große Wanne zusätzlich 5 cm hoch mit Wasser füllen. Ihr Kind wird nun wahrscheinlich häufig aus der Babywanne in die große Wanne und zurück klettern und sich auf diese Weise allmählich an die große Wanne gewöhnen. Sie können die Wasserhöhe in der Wanne Tag für Tag etwas steigern. Behalten Sie die Babywanne dabei, bis das Kind kein Interesse mehr an ihr zeigt. Ein solcher Wechsel ist zwar etwas aufwendig, ermöglicht dem Kind aber, das nötige Selbstvertrauen zu entwickeln.

Abneigung gegen das Haarewaschen

Viele Babys mögen gerne baden, aber nur wenige mögen es, die Haare gewaschen zu bekommen. Diese Abneigung entwickelt sich meist im neunten Monat. Und selbst wenn Sie sehr umsichtig und sanft dabei vorgehen, kann diese Abneigung bis in das Schulalter hinein reichen. Es lohnt sich deshalb von Anfang an, sehr vorsichtig an die Haarwäsche zu gehen:

- Babys mögen weder Wasser noch Seife in ihren Augen. Unternehmen Sie deshalb alles, um dies zu verhindern.
- Gießen Sie niemals Wasser auf den Kopf Ihres Kindes – etwa um zu zeigen, daß es nicht weh tut. Nur wenige Kinder unter 6 Jahren können dies vertragen, vor allem wenn es plötzlich geschieht.
- Setzen Sie eine Haarwäsche nicht fort, wenn Ihr Kind sich sträubt und schreit. Wenden Sie keine Gewalt an, um das Kind zum Haarewaschen zu zwingen. Sie würden damit alle zukünftigen Versuche von vornherein zum Scheitern verurteilen.
- Trennen Sie Baden, als normalerweise vergnügliches Ereignis, vom Haarewaschen, als unangenehmer Pflicht.
- Sträubt sich das Kind gegen das Haarewaschen, dann geben Sie Ihre Versuche für einige Zeit auf. Bürsten Sie in der Zwischenzeit den Schmutz aus dem Haar und wischen Sie diese mit einem feuchten Tuch sauber. Fettige Haare sind nicht schlimm. Sie schaden dem Kind nicht.
- Eine gute Methode, Wasser und Seife von den Augen abzuhalten, bietet der abgebildete Haarwaschkranz. Die Haare können gefahrlos sauber gespült werden.

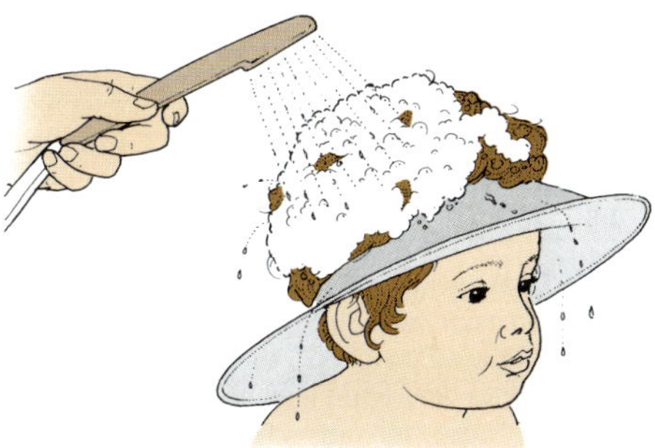

- Manchen Kindern macht das Haarewaschen nichts aus, solange sie auf dem Schoß ihrer Eltern sitzen. In diesem Fall setzen Sie sich am besten mit dem Kind neben eine Schüssel warmen Wassers. Feuchten Sie den Kopf mit einem Waschlappen an und reiben Sie die Haare mit Shampoo ein. Das Shampoo können Sie dann anschließend mit dem feuchten Lappen wieder auswaschen, ohne beim Kind viel Unbehagen zu verursachen.

Ein Kleinkind waschen 1–3 Jahre

Mit zunehmendem Alter wird Ihr Kind die Badezeiten auch als Spielzeit verstehen. Versuchen Sie, diese vergnügliche Stimmung beizubehalten und zu unterstützen. Das Baden soll ein angenehmer Teil des Tages sein, bei dem sich das Kind entspannen kann, bevor es ins Bett geht.
Fordern Sie Ihr Kind zum selbständigen Waschen heraus, indem Sie ihm einen eigenen Schwamm zur Verfügung stellen. Solange es die nötige Muskelkoordination noch nicht entwickelt hat, wird es diese Aufgabe nur in Teilen lösen können. Sie werden deshalb ab und zu etwas nachhelfen müssen. Seifen Sie die Hände des Kindes ein, indem Sie die Seife zwischen seine Hände schieben. Zeigen Sie ihm dann, wie es die Seife auf Arme, Beine und den übrigen Körper verteilen und anschließend wieder abwaschen kann.

Routine

Die meisten Kinder müssen morgens gewaschen werden. In der Regel ist es sinnvoll, damit bis nach dem Frühstück zu warten; denn das Kind wacht meist mit einem Riesenhunger auf. Oft reicht dann die Geduld nur für das Wickeln. Nach dem Frühstück ist das Kind dann eher bereit, sich still hinzustellen, Gesicht und Hände waschen und die Haare bürsten zu lassen.
Ein Eineinhalb-Jähriger ist durchaus in der Lage, beide Hände einzuseifen und unter fließendem Wasser abzuspülen. Dabei wird natürlich oft einiges, was zum Waschen gehört, vergessen, sei es, daß die Ärmel gleich mitgewaschen werden oder die Hände anschließend nicht abgetrocknet werden. Haben Sie es einmal entdeckt, lassen viele Kinder auch gern die Seife aus den Händen »flutschen«, ins Wasser oder auf den Fußboden. Bleiben Sie deshalb in der Nähe, um zu helfen.

Hygiene

Fangen Sie früh an, Hygieneroutinen einzuführen. Sobald das Kind zu krabbeln beginnt und seine Hände schmutzig werden, sollten Sie regelmäßiges Händewaschen vor dem Essen einführen. Wenn Sie anfangs Ihre Hände zusammen mit denen des Kindes waschen, d.h. gegenseitig einseifen und spülen, wird das Ganze zum beliebten Spiel. Probieren Sie dies noch zu unterstützen, indem Sie z.B. Seifenblasen produzie-

Tägliche Hygiene
Ermuntern Sie das Kind, selbst seine Hände zu waschen. Anfangs fällt es dem Kind leichter, seine Hände mit einem eingeseiften Waschlappen zu reinigen.

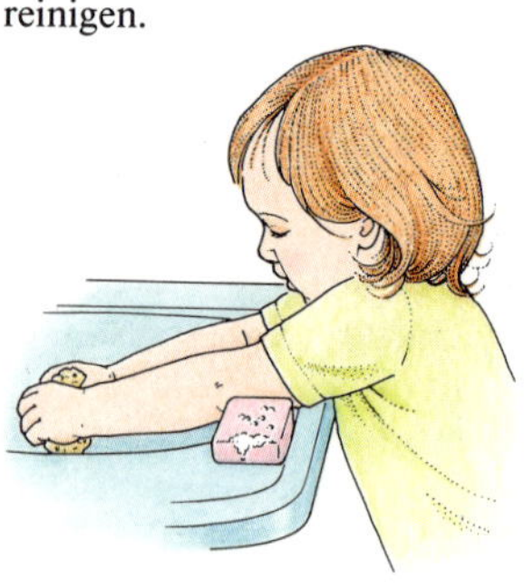

Vielen Kindern macht es mehr Spaß, ihr Gesicht mit einem Schwamm zu waschen. Er fühlt sich weicher an, und es läßt sich damit spielen.

Geben Sie dem Kind nach dem Erscheinen der ersten Backenzähne eine weiche Zahnbürste. Putzen Sie sich zusammen (oder gegenseitig) die Zähne.

ren. Nach dem Abtrocknen können Sie dann gegenseitig die Hände inspizieren. Ein solcher Anfang erleichtert die spätere Einführung von weiteren Hygienemaßnahmen, wie z. B. das Händewaschen nach jedem Toilettenbesuch.

Haustiere und Hygiene

Die Haltung eines Haustiers bringt Ihrem Kleinkind wichtige Vorteile. Manche Eltern machen sich Sorgen über eine mögliche Gesundheitsgefährdung. Wenn Sie sich aber im Umgang mit Haustieren an einige einfache Regeln halten, sind solche Sorgen unbegründet. Halten Sie das Kind dazu an, sich nach dem Umgang mit einem Tier stets die Hände zu waschen – besonders bevor es Lebensmittel anfaßt oder ißt. Sie sollten ebenfalls verhindern, daß Ihr Kind ein Haustier küßt, besonders im Bereich der Nase und des Mauls.

Die häufigsten Probleme, die durch Haustiere verursacht werden, sind Floh- und Wurmbefall. Beides kann durch die regelmäßige Durchführung der entsprechenden Vorbeugungsmaßnahmen leicht verhindert werden. Falls ein Haustier von Flöhen oder Würmern befallen ist, sollten Sie es sofort behandeln und jeden Umgang Ihres Kindes mit dem Tier unterbinden, bis die Kur erfolgreich beendet ist.

Mögliche Probleme 1–3 Jahre

Angst vor dem Haarewaschen

Hat Ihr Kind eine ausgeprägte Abneigung gegen das Haarewaschen, dann schneiden Sie sein Haar recht kurz, damit Sie es mit einem Waschlappen oder einem Schwamm reinigen können. Einer der Hauptgründe für eine solche Abneigung ist die Angst vor Wasser, das über das Gesicht läuft. Das Kind kann diese Angst erst dann überwinden, wenn ihm deutlich geworden ist, daß Haarewaschen nicht weh tut und daß warmes Wasser auf dem Kopf nichts Unangenehmes ist. Einige Tips:

- Machen Sie aus dem Haarewaschen ein Spiel. Aus der Sicht des Kindes macht es sehr viel mehr Spaß, wenn Sie mit in die Wanne steigen und sich ebenfalls die Haare waschen. Spülen Sie die Haare mit einer Plastikflasche voll Wasser und machen Sie daraus einen Riesenspaß.
- Wenn Sie noch ein älteres Kind haben, dann kann das ängstliche Kleinkind diesem älteren Kind die Haare waschen. Seifen Sie dem älteren Kind die Haare ein und halten Sie das Kleinkind so, daß es beide Hände durch den Schaum führen kann. Vielleicht will es ja auch mit Wasser nachspülen. Eine weitere Möglichkeit ist es, daß das Kind erst die Haare seiner Puppe wäscht, danach ist dann das Kind selbst dran. Vielleicht faßt es diesen Wechsel als Teil des Spiels auf.
- Zeigen Sie dem Kind, daß ein nasses Gesicht nicht weh tut. So könnte z. B. das ältere Kind recht stolz sein, wenn es

seinen Kopf unter Wasser halten kann. Ein Dreijähriges könnte bei diesem Spiel schon mitmachen – auch wenn es nur die Nase und Mund untertaucht. Sie können es natürlich auch selbst vormachen.

- Ein weiteres Problem, das das Haarewaschen sehr unangenehm machen kann, tritt bei Kindern mit sehr feinen, lockigen Haaren auf. Solche Haare verheddern sich beim Waschen und machen das anschließende Kämmen zum Alptraum. Wenn Sie in diesem Fall die Haare Ihres Kindes nicht wirklich kurz schneiden lassen möchten - was die einfachste Lösung wäre –, dann versuchen Sie es mit einer Spülung. Nachdem Sie das Shampoo ausgespült haben, massieren Sie etwas Haarspülung in das Haar, kämmen es mit einem groben Kamm durch, und duschen es vorsichtig ab. Reiben Sie dann die Haare nicht wie wild trocken, sondern tupfen Sie sie leicht mit einem Handtuch ab.
- Am schnellsten gewöhnt sich ein Kind natürlich an das Wasser, wenn es in einem Schwimmbad badet. Es gewöhnt sich im Planschbecken sehr schnell an Wasser in Gesicht und Haaren, besonders, wenn es andere, gleichaltrige Kinder beobachten kann. Der Übergang zum Haarewaschen könnte z. B. beim Duschen nach dem Baden gelingen. Auch zu Hause kann das Kind natürlich auch unter der Dusche spielen. Sind erst einmal die Haare naß, dann ist das Haarewaschen schon halb erledigt.

Angst vor Wasser

Einige Kinder haben große Angst vor Wasser. Bei ihnen ist das Baden immer eine problematische Sache. Eine Grundvoraussetzung zur Überwindung dieser Angst ist es, daß alle Badeversuche in entspannter Atmosphäre stattfinden und sich möglichst aus und im Spiel entwickeln.

Eventuell gelingt es Ihnen auch, die Ursache der Angst festzustellen. Liegt es zum Beispiel an der Größe der Badewanne oder

an der Wasserhöhe? Sind Sie sicher, daß die Wassertemperatur für das Kind angenehm war? Gab es in der Vergangenheit ein Ereignis, das das Kind erschreckt hat? Ist es plötzlich ausgerutscht und mit dem Kopf unter Wasser geraten? Hat es dabei sehr viel Wasser schlucken müssen?

Wenn das Kind Angst vor der Badewannengröße hat, dann führen Sie Alternativen ein. Baden Sie das Kind in der Küchenspüle oder in einer großen Haushaltsschüssel. Den meisten Kindern macht es Spaß, wenn Sie auf einem Handtuch auf der Geschirrablage sitzen können und mit den Beinen in der Spüle planschen können. Die besten Methoden sind die, bei denen das Kind spielerisch mit Wasser umgehen kann, wobei es sich immer stärker an größere Mengen gewöhnen kann.

Manche Kinder überwinden ihre Angst vor Wasser auch beim Schwimmunterricht in einer Gruppe von Gleichaltrigen. Günstig wäre solcher Unterricht, bei dem auch Sie selbst teilnehmen können, um dem Kind zusätzlich Sicherheit bieten zu können. Die Fähigkeit zu schwimmen kann Ihrem Kind einmal das Leben retten.

8 Ernährung

Im Prinzip können Sie sich bei der Ernährung von Ihrem Kind leiten lassen. Solange Sie mittelfristig auf die Ausgewogenheit der Nahrung achten, macht es überhaupt nichts, wenn das Kind an dem einen oder anderen Tag nicht alle »vorgeschriebenen« Nährstoffe erhält. Schließlich soll Essen auch Spaß machen.
Sicher ist es für das Kind am besten, wenn Sie es stillen können. Der Zwang oder auch die Entscheidung zur Flaschennahrung sollte Sie aber nicht mit Schuldgefühlen belasten. Entscheidend ist die Befriedigung der Bedürfnisse Ihres Kindes. Denn wichtiger als die Zusammensetzung der Milch ist die Liebe und Zuneigung, die Sie Ihrem Kind entgegenbringen.

Nährstoffbedarf 0–1 Jahr

Während der ersten sechs Monate wächst ein Kind schneller als zu jeder anderen Zeit in seinem Leben. Die meisten Babys haben nach 4 Monaten ihr Geburtsgewicht verdoppelt und nach einem Jahr verdreifacht. Die Körpergröße kann im ersten Jahr um 25 cm, das sind 50%, zunehmen. Diesem enormen Wachstum entsprechend groß ist der Nährstoffbedarf Ihres Kindes.
Natürlich beeinflußt die Zusammensetzung der Nahrung nicht nur das Wachstum, sondern auch die Gesundheit Ihres Kindes. Die ausgewogene Zufuhr von Kohlenhydraten, Eiweißen, Vitaminen und Mineralstoffen kann beides sichern. Bis zum 4. Lebensmonat wird Ihr Kind diese Nährstoffe mit seiner Milch erhalten. Erst danach, wenn das Kind feste Nahrung zu sich nimmt, ist es Ihre Aufgabe, eine vernünftige Diät zusammenzustellen.

Kalorien (Joule)

Alle Energie, die unser Körper benötigt, entstammt unserer Nahrung. Der Energiegehalt von Nahrungsmitteln wurde bisher in Kalorien angegeben. Zukünftig ist Joule die Maßeinheit (1 kal = 4,2 J). Bezogen auf sein geringes Körpergewicht, benötigt ein Säugling wesentlich mehr Energie als ein Erwachsener. Während der ersten sechs Lebensmonate sollen ca. 600 kcal (2500 kJ), während der nächsten 6 Monate 900 kcal (3800 kJ) gegeben werden. Genauer ausgedrückt: Bei einem Geburtsgewicht von 3000 g benötigt der Säugling ca. 600 kcal; nach 6 Monaten, bei einem Gewicht von 6 kg, etwa 750 kcal und mit einem Jahr etwa 1000 kcal, bei ca. 9 kg Körpergewicht (jeweils pro Tag).

Eiweiß

Fast das gesamte Eiweiß, das ein Säugling aufnimmt, wird für das Wachstum verbraucht. Während des ersten Jahres nimmt ein Baby soviel Eiweiß auf wie später nie mehr in seinem Leben. Ein Säugling benötigt im ersten Lebenshalbjahr etwa 2,5 g Eiweiß je kg Körpergewicht, ein Erwachsener hingegen nur 0,9 g. Dieser Eiweißbedarf wird beim Säugling durch die Milch gedeckt – sofern sie in ausreichender Menge gegeben wird.

Vitamine

Die Muttermilch enthält außer Vitamin D alle Vitamine in ausreichender Menge. Entscheidend für die Vitamin-D-Bildung ist die Sonne. Diese regt die Haut zur Produktion des Vitamins an. Leben Sie also in einer Gegend mit wenig Sonne oder hat Ihr Kind eine sehr dunkle Haut, dann sollten Sie mit Ihrem Arzt besprechen, ob Sie zusätzlich Vitamin D dem Kind verabreichen.

Mineralstoffe

Das starke Wachstum des Kindes während des ersten Lebensjahres hat einen hohen Bedarf an Mineralstoffen wie Kalzium, Phosphor und Magnesium zur Folge. Der Eisenvorrat eines Neugeborenen reicht bis zum 4. Lebensmonat. Da weder die Muttermilch noch die Kuhmilch viel Eisen enthält, muß nach diesem Zeitpunkt Eisen in Form von fester Nahrung oder mit dem Mineral versetzter Vitaminpräparate gegeben werden. Flaschennahrung ist normalerweise ausreichend mit Eisen angereichert. Sie können dies auf dem Etikett überprüfen.

Spurenelemente

Von bestimmten Mineralstoffen benötigt Ihr Kind nur sehr geringe Mengen; z. B. Zink, Kupfer oder Fluor. Zink und Kupfer sind ausreichend in Muttermilch und Flaschennahrung vorhanden; nicht dagegen Fluor. Fluor ist ein Element, das entscheidend für die Gesundheit der Zähne verantwortlich ist.
Einige Staaten sind deshalb dazu übergegangen, das Trinkwasser mit Fluor zu versetzen. In der Bundesrepublik Deutschland ist dies nicht der Fall. Sie sollten deshalb mit Ihrem Arzt über diese Frage sprechen.

Fette

Der Körper des Kindes benötigt nur wenig Fette in Form von essentiellen Fettsäuren. Muttermilch und Flaschennahrung unterscheiden sich nicht stark hinsichtlich des Fettgehalts. Gleichwohl ist Muttermilch leichter zu verdauen, da ihre Fetttröpfchen kleiner sind als die von Flaschennahrung.

Kohlenhydrate

Kohlenhydrate sind die Hauptenergiequelle. Sie sind in Muttermilch und Flaschennahrung in gleicher Qualität vorhanden.

Das Stillen 0–1 Jahr

Die Muttermilch ist auf die Nahrungsbedürfnisse des Säuglings genau abgestimmt. Sie enthält die richtigen Anteile an Eiweißen, Kohlenhydraten, Mineralstoffen und Vitaminen, um das Kind optimal gedeihen zu lassen. Lassen Sie sich nicht durch das bläuliche Aussehen stören. Das ist normal, genauso wie die Tatsache, daß Muttermilch weniger sahnig als Kuhmilch wirkt. Ihre Milch enthält trotz dieser manchmal unerwarteten Eigenschaften alles, was Ihr Kind braucht. Neben dem hohen Nährwert gibt es eine Reihe von Gründen, die für die Muttermilch sprechen:

- Gestillte Babys sind gegen eine Reihe von Krankheiten wesentlich widerstandsfähiger als Flaschenkinder; etwa gegen Magen-Darm-Infektionen, Entzündungen im Bereich des Brustkorbs oder Masern. Dieser Schutz ist auf die Antikörper zurückzuführen, die das Kind von der Mutter erhält. Während der Schwangerschaft erhielt das Kind diese Antikörper über das Blut der Mutter.
  Besonders wichtig ist der Schutz während der ersten Lebenstage, etwa im Bereich des Magen-Darm-Trakts. Da die Antikörper über das Blut transportiert werden, können sie in allen Körperbereichen wirksam werden. Nach der Geburt wird der Vorrat von Antikörpern durch die Antikörper, die die Mutter mit der Vormilch (Kolostrum) und Milch weitergibt, vergrößert. Die Muttermilch enthält sogar Antikörper gegen solche heimtückische Krankheiten wie spinale Kinderlähmung. Trotzdem sollten Sie nicht auf die Schluckimpfung im 3. und 5. Lebensmonat sowie auf die Wiederholung im 2. Lebensjahr verzichten.
- Die Muttermilch ist für den Säugling leichter und schneller zu verdauen als jede andere Milch. Gestillte Kinder leiden deshalb selten an Verstopfung. Es

kann sein, daß die Stuhlgänge sehr unregelmäßig auftreten. Dies liegt daran, daß die Muttermilch wesentlich effektiver durch den kindlichen Körper genutzt wird. Der Stuhl ist immer weich und relativ geruchlos. Ihm fehlen solche Bakterien, die vielfach Windelausschlag verursachen.

- Gestillte Babys haben selten Übergewicht. Jedes Baby entwickelt seinen eigenen Appetit und seinen eigenen Stoffwechsel. Es wird darin selten einem anderen Baby gleichen. Lassen Sie sich also nicht davon beunruhigen, daß ein Nachbarsäugling mehr oder weniger stark beim Stillen trinkt. Ihr Kind wird das richtige Verhältnis schon entwickeln.
- Das Stillen ist die bequemste Methode, einen Säugling zu ernähren. Die Milch hat immer die richtige Zusammensetzung und Temperatur. Sie vergeuden keine Zeit beim Waschen und Sterilisieren der Flaschen. Sie müssen nicht umständlich die Flaschennahrung ansetzen und sparen Geld; nicht nur für das Milchpulver, sondern auch für die Flaschen und das Sterilisiersystem. Säuglinge schlucken beim Trinken weniger Luft, spucken weniger und schlafen länger.
- Das Stillen ist gut für Ihre Figur. Die meisten der während der Schwangerschaft angesammelten Pfunde verschwinden wenn Sie stillen. Während des Stillens wird vom Körper ein Hormon (Oxytocin) produziert, das den Milchfluß steuert, aber auch die Zusammenziehung der Gebärmutter bewirkt (siehe S. 106). Becken und Taille gewinnen dadurch schneller den normalen Umfang zurück.
- Ihr Körper reagiert auf das Stillen durch die Bildung eines Hormons (Prolactin). Dieses regt die Milchbildung und verhindert zugleich einen Eisprung. Deshalb wäre eine weitere Schwangerschaft während der Stillzeit recht ungewöhnlich. Allerdings sollten Sie sich nicht allein auf das Stillen als »Empfängnisverhütungsmethode« verlassen. Ihr Arzt wird Sie in dieser Frage beraten.

Angebot und Nachfrage

Anatomisch betrachtet, sind alle Mütter in der Lage zu stillen. Die Größe der Brüste spielt bei der Milchproduktion keine Rolle, da die Milch nicht in den Fettpolstern der Brust, sondern in tiefer gelegenen Drüsen gebildet wird. Machen Sie sich deshalb keine Sorge, Sie hätten zu kleine Brüste.

Die Menge der von Ihnen gebildeten Milch hängt von den Bedürfnissen Ihres Kindes ab. Es handelt sich um ein System von Angebot und Nachfrage. Hat Ihr Kind wenig Hunger, so trinkt es wenig. Die Brüste werden weniger stimuliert, neue Milch zu bilden. Trinkt das Kind dagegen viel, so reagieren die Brüste darauf, indem sie mehr Milch produzieren. Die Milchmenge, die Sie bilden, wird sich also ständig verändern, je nachdem, wieviel Ihr Kind trinkt. Sollte Ihr Kind eine halbe Stunde nach dem Stillen schon wieder trinken wollen, so ist das durchaus möglich. Die Brust hat in dieser kurzen Zeit schon wieder einen bestimmten Vorrat an Milch aufgebaut.

Ein Neugeborenes benötigt pro Kilogramm Körpergewicht und pro Tag 120 bis 200 g Milch. Wiegt es also bei der Geburt 3 000 g, so trinkt das Kind 360 bis 600 g Milch pro Tag. Innerhalb von 3 Stunden können in jeder Brust 45 bis 55 g Milch gebildet werden. Die Tagesproduktion, die bei maximalem Bedarf zur Verfügung stünde, beträgt also ca. 700 bis 900 g. Dies reicht völlig aus.

Die Stillvorbereitungen

Sie sollten frühzeitig entscheiden, ob Sie Ihr Kind stillen möchten. Wollen Sie nicht stillen, müssen Sie Flaschen und Sterilisierapparatur kaufen. Früher wurde den Frauen empfohlen, während der Schwangerschaft durch Reiben oder Bürsten ihre Brustwarzen abzuhärten. Dies ist nicht nötig. Nur wenn Sie Hohlwarzen haben, müssen Sie einige besondere Vorbereitungen treffen. Bei Hohlwarzen ragt die Warze nicht hervor, das Kind hat nichts, woran es saugen kann. Durch Brustschilder, die vor der Entbindung getragen werden, können diese Frauen dafür sorgen, daß ihre Warzen rechtzeitig hervorstehen. Im übrigen können die meisten Frauen unabhängig von der Brustwarzengröße stillen.

Entbinden Sie in einem Krankenhaus, dann sollten Sie von Anfang an darauf bestehen, daß Sie Ihr Kind stillen wollen. Lassen Sie sich nicht von vielbeschäftigten Schwestern abwimmeln. Im Gegenteil, bitten Sie die Schwestern darum, anfangs bei den ersten Stillmahlzeiten dabeizubleiben. So kompetenten Rat, wie von den meist sehr erfahrenen Schwestern, finden Sie heute selten außerhalb der Kliniken. Früher, als die Mädchen noch im normalen Alltag die Mütter beim Stillen beobachten konnten, war das anders.

Der Erstkontakt

Für das Kind und für Sie ist es am besten, wenn Sie das Kind gleich nach der Geburt anlegen. Im Krankenhaus kann das noch im Kreißsaal geschehen. Für das schnelle Anlegen sprechen zwei Gründe: Erstens wird dadurch die Ausschüttung des Hormons Oxytocin gefördert, das die Zusammenziehung der Gebärmutter und das Ausstoßen der Plazenta (Nachgeburt) bewirkt. Zweitens ermöglicht es die Bildung einer engen Mutter-Kind-Beziehung von Geburt an. Sie brauchen sich übrigens nicht darüber Sorgen zu machen, daß das Kind an der Milch ersticken könnte. Der Saug- und Schluckreflex ist nämlich von Geburt an sehr stark ausgeprägt.

Die Vormilch (Kolostrum)

Während der ersten 72 Stunden nach der Geburt produzieren die Brüste nicht Milch, sondern eine dünne, gelbliche Flüssigkeit, das Kolostrum. Es besteht aus Wasser, Eiweiß und Mineralstoffen und reicht, bis die erste Milch einschießt, zur Ernährung des Säuglings vollkommen aus. Daneben enthält die Vormilch wertvolle Antikörper, die das Kind vor einer Reihe von Krankheiten schützen. Schließlich wirkt es abführend auf das Mekonium (siehe S. 26).

Während der ersten Tage sollten Sie Ihr Kind ziemlich regelmäßig anlegen; nicht nur wegen der Vorteile der Vormilch, sondern auch, um das Kind an die Brust zu gewöhnen (siehe S. 109). Am besten ist dies heute in Entbindungsstationen mit »Rooming-in« möglich, in denen Sie Tag und Nacht zu Ihrem Kind können. Sie können hier nach Bedarf (und nicht nach der festen Routine der Station) stillen. Schreit das Baby, dann können Sie es mehrmals für einige Minuten anlegen. Ihre Brustwarzen werden dadurch nicht so schnell wund. Wird, in anderen Stationen, Ihr Neugeborenes automatisch in ein Kinderzimmer gelegt, so bestehen Sie darauf, daß man Ihnen das Kind wenigstens jede Mahlzeit (auch nachts) zum Stillen bringt und es keine Flasche bekommt.

Der Milchflußreflex

Während Ihr Baby an der Brust saugt, wird Ihre Hirnanhangdrüse (Hypophyse) angeregt, die Hormone Prolactin und Oxytocin auszuschütten. Prolactin regt die Milchdrüsen zur Milchproduktion an. Oxytocin sorgt dafür, daß die Milch von den Drüsen zu den Vorratsbehältern (Milchseen) gepreßt wird. Der gesamte Vorgang spielt sich innerhalb weniger Sekunden ab und wird als der »Milchflußreflex« bezeichnet. Manchmal fühlen Sie den Reflex recht stark, wenn allein der Anblick oder das Schreien Ihres Kindes genügt, um Milch in die Brüste einschießen und aus den Warzen heraustropfen zu lassen.

Wie das Kind gehalten wird

Wiegen Sie das Kind an Ihrem Körper in Ihrem Arm, seinen Kopf in Ihrer Ellenbogenkrümmung, seinen Rücken und seinen Po auf Ihrem Unterarm und in Ihrer Hand. Beugen Sie sich niemals vor, um Ihre Warze in den Mund des Säuglings hängen zu lassen. Ist das Kind zu weit entfernt, legen Sie ein Kissen auf Ihren Schoß und stützen Sie das Kind wie oben beschrieben mit dem Arm. Eine andere Möglichkeit besteht darin, daß Sie Ihre Beine übereinanderschlagen und Ihr Knie als Stütze für Ihren Unterarm benutzen. Lassen Sie die Arme Ihres Kindes frei. Es wird damit Ihre Brüste berühren und den zusätzlichen Kontakt genießen.

Der Suchreflex

Beim ersten Anlegen benötigen manche Neugeborene etwas Hilfe, um die Brustwarze zu finden. Wiegen Sie das Kind in Ihrem Arm, und streicheln Sie die zur Brust gewandte Wange. Sie lösen dadurch den Suchreflex aus, das Kind wendet sich mit geöffnetem Mund zur Brust und beginnt mit Saugbewegungen. Legen Sie nun Ihre Warze in den Mund. Ihr Kind wird sie sofort mit den Lippen umklammern und mit kräftigen Bewegungen saugen.
Viele Babys lecken zunächst an der Warze, wodurch etwas Vormilch, als zusätzlicher Sauganreiz, herausfließt. Nach einigen Tagen wird das Kind Ihre Hilfe nicht mehr nötig haben. Sobald Sie es hochnehmen

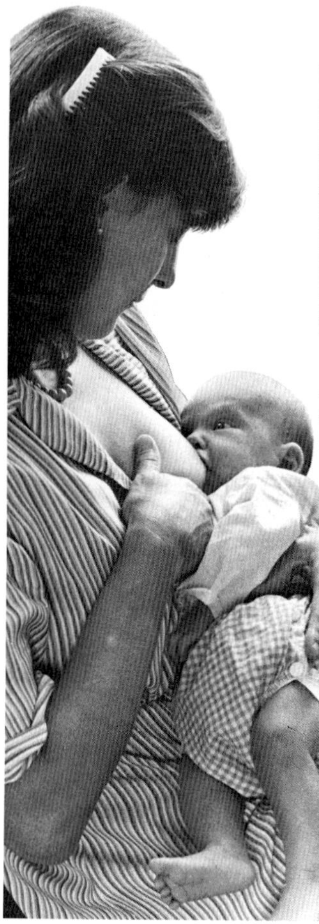

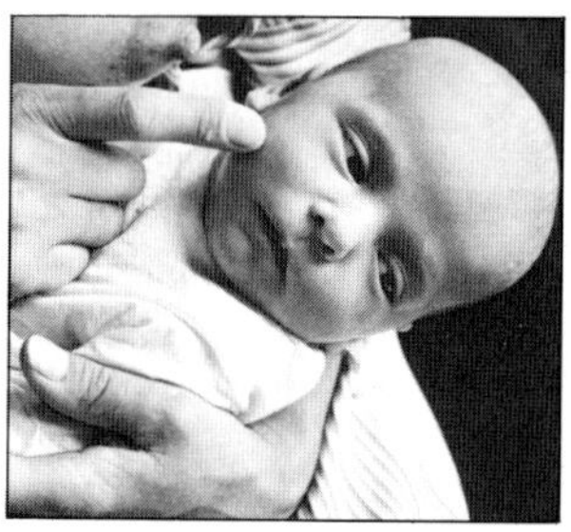

Wenn Sie das Baby sanft an der Ihnen zugewandten Wange streicheln, dreht es sich zu Ihrer Brust.

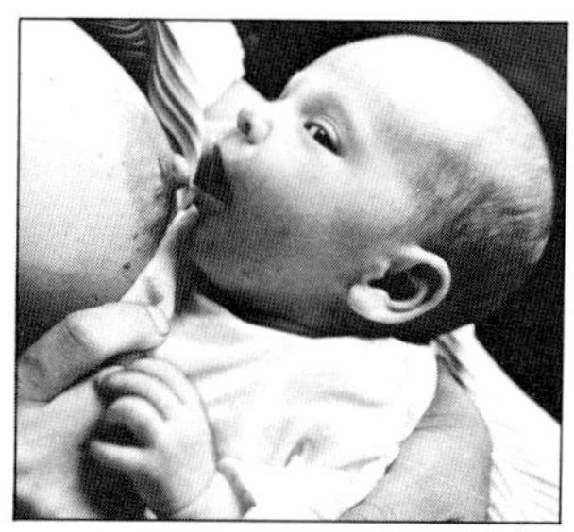

Es sucht mit offenem Mund nach der Brustwarze.

Das Kind umschließt mit seinem Mund den Warzenhof und beginnt fest zu saugen. Dabei übt das Kind Druck auf die Milchseen aus, die dadurch die Milch freigeben.

und an Ihren Körper andrücken, wird es sich zur Brust wenden und sehr zufrieden und glücklich saugen. Versuchen Sie nicht, den Kopf des Kindes zur Brust zu führen, indem Sie es an beiden Wangen halten oder seinen Mund aufdrücken. Ihr Kind käme durch die einander widersprechenden Reize auf beiden Seiten durcheinander und würde sich im Versuch, die Brust auf beiden Seiten zu finden, hin- und herwälzen.

Das Anlegen

Beim Anlegen sollten Sie darauf achten, daß Ihr Kind die Brustwarze mit seinem Mund ganz umschließt. Dies ist aus zwei Gründen wichtig:

Erstens wird das Kind beim Saugen wenig erfolgreich sein, wenn es nicht einen großen Teil des Warzenhofes im Mund hat. Das Baby zieht die Milch mit einer kauend-saugenden Bewegung heraus. Dabei funktioniert sein Mund wie eine Saugglocke um den Warzenhof. Während des Saugens drückt seine Zunge die Brustwarze gegen seinen Gaumen. Die Milch wird dann durch einen rhythmischen Wechsel von Drücken und Saugen herausgezogen. Die Milch fließt allerdings nur dann richtig, wenn Ihr Baby Druck auf die hinter dem Warzenhof liegenden Milchseen ausüben kann.

Zweitens vermindern Sie die Gefahr wunder Brustwarzen, wenn Ihre Brustwarze richtig im Mund des Kindes liegt (siehe S. 119). Die Saugbewegungen des Kindes sind recht stark. Hat das Kind lediglich die Brustwarze in seinem Mund, so werden die Milchseen geschlossen, und das Kind bekommt wenig Milch. Ihre Brustwarzen werden wund durch die starke Beanspruchung. Zusätzlich wird die Milchbildung stark zurückgehen, da die Vorräte in den Seen nicht aufgebraucht wurden. Ihr Kind wird enttäuscht und beginnt vor Hunger zu quengeln.

Die Mutter-Kind-Bindung

Wenn das Kind glücklich und zufrieden an Ihrer Brust saugt, so schauen Sie es an. Stellen Sie, sofern es seine Augen öffnet, Augenkontakt her. Lächeln Sie, und reden

Tips: Stillen

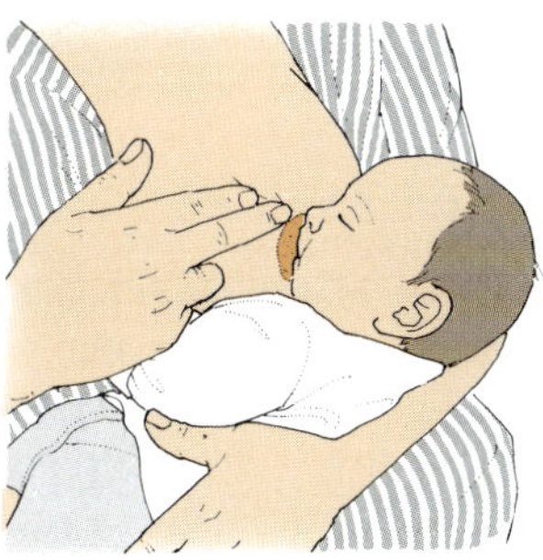

- Sind Ihre Brüste sehr groß und prall gefüllt, dann kann es sein, daß das Baby keine Luft bekommt. Legen Sie in solchen Fällen zwei Finger oberhalb des Warzenhofes auf die Brust und ziehen Sie diese leicht vom Gesicht des Kindes zurück.

- Manchmal fließt die Milch so stark, daß Ihr Kind Schwierigkeiten beim Trinken hat. Wenn Sie dies erwarten, dann ist es das Beste, Sie pumpen vor dem Stillen Milch ab. Sie können aber auch beim Stillen den Milchfluß dadurch verlangsamen, daß Sie mit zwei Fingern beidseits des Warzenhofes drücken.

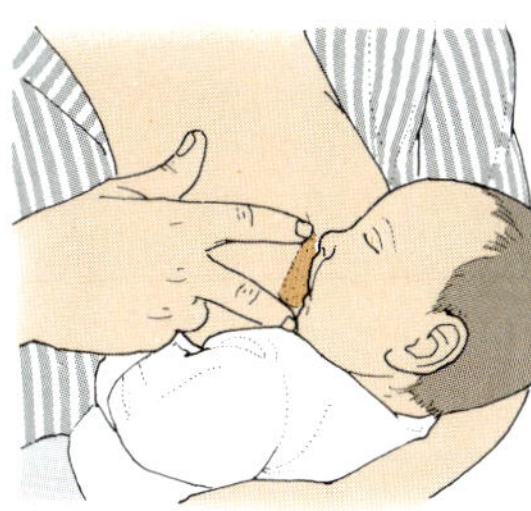

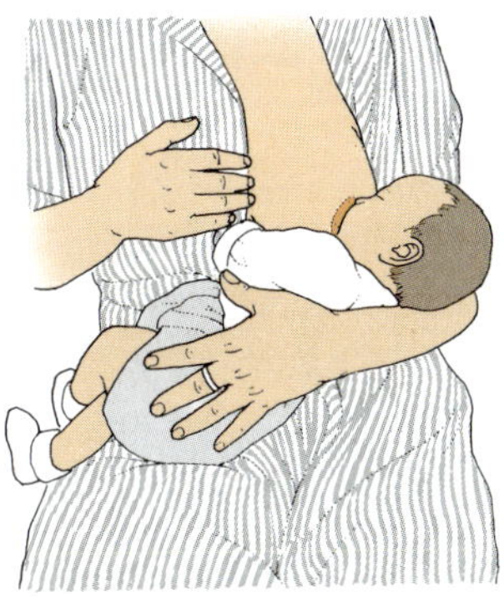

- Fließt beim Stillen aus der »freien« Brust Milch, dann drücken Sie oberhalb des Warzenhofes mit der Hand auf diese Brust. Dies wird in der Regel den Milchfluß stoppen.

Im Sitzen auf einem niedrigen Stuhl ▶

◀ Auf dem Boden mit abgestütztem Rücken

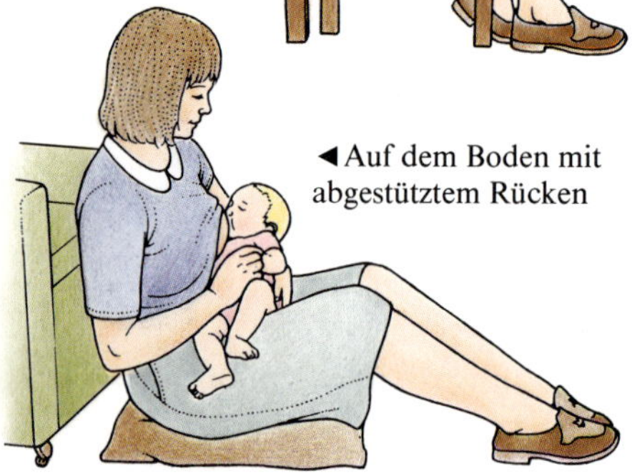

◀ Im Liegen, das Baby auf der Seite

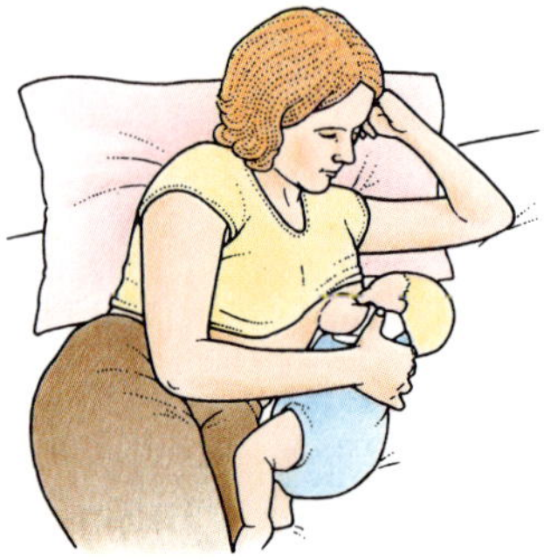

Im Liegen, das Baby auf einem Kissen ▶

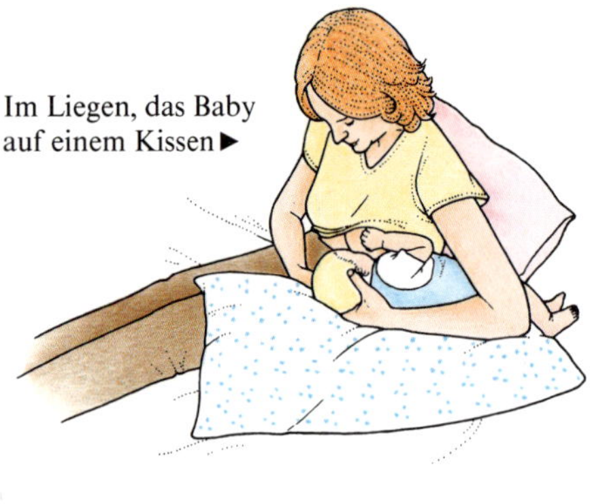

Sie leise auf das Kind ein. Es wird den Genuß des Stillens mit Ihrem Gesicht, Ihrer Stimme und Ihrem Geruch verbinden und so eine feste Bindung an Sie entwickeln.

Haltungen beim Stillen

Die Haltung, die Sie beim Stillen einnehmen, spielt keine große Rolle, solange Ihr Kind die Brustwarze gut umschließen kann und Sie sich entspannen können. Einige der häufig praktizierten Haltungen sind hier abgebildet. Probieren Sie einige davon aus und wählen Sie die für Sie und Ihr Kind bequemsten aus. Es ist für Ihre Brust günstig, wenn Sie an einem Tag in verschiedenen Haltungen stillen. Ihr Kind übt dann gleichmäßiger Druck auf Ihre Brust aus, wodurch Sie die Verstopfung eines Milchsees verhindern können. Wollen Sie im Sitzen stillen, so sollten Sie es sich erst einmal bequem machen, indem Sie zum Beispiel Rücken oder Arm mit Kissen stützen.

Besonders während der ersten Wochen ist es sehr schön, im Liegen zu stillen. Legen Sie sich auf eine Seite und stützen Sie nötigenfalls Ihren Rücken mit einem Kissen ab. Das Kind liegt neben Ihnen. Sie können es auf ein Kissen legen, solange es noch nicht an die Brust heranreicht. Bei einem größeren Kind ist dies nicht mehr nötig. Achten Sie darauf, daß Ihre Muskeln im Arm nicht gespannt sind, das würde den Milchfluß verlangsamen.

Alternativ zu dieser Haltung können Sie das Kind so auf das Kissen legen, daß seine Füße unter Ihrem Arm liegen. Sein Kopf liegt so an der Brust, und Sie können es zugleich mit der Hand halten.

Manchmal hängt es von der Entbindung ab, welche der beschriebenen Haltungen die bequemste ist. Mit einer Dammnaht ist zum Beispiel das Sitzen sehr unbequem. Es empfiehlt sich dann, im Liegen zu stillen. Nach einem Kaiserschnitt kann Ihr Bauch so empfindlich sein, daß Sie Schwierigkeiten haben, Ihr Kind bequem zu halten. Auch hier können Sie im Liegen meist besser stillen.

Stilldauer an jeder Brust

Während der ersten fünf Minuten saugt Ihr Kind am stärksten. Es nimmt in dieser Zeit etwa 80% der gesamten Mahlzeit auf. Sie sollten das Kind einfach so lange an der Brust halten, wie es am Saugen Interesse zeigt; normalerweise aber nicht länger als zehn Minuten pro Brust. Die Brust wird sich in dieser Zeit ziemlich geleert haben, das Kind wird aber aus Lust am Saugen weitermachen. Sein Desinteresse am Saugen zeigt das Kind recht deutlich: es fängt an, mit der Brust zu spielen, bewegt etwa seinen Mund ständig hin und her, oder es dreht sich einfach weg und schläft ein.

Wenn es von einer Brust genug zu haben scheint, nehmen Sie das Kind sanft ab (siehe unten) und legen Sie es an die andere Brust. Schläft das Baby an der zweiten Brust ein, dann ist es wahrscheinlich satt. Es wird Ihnen aber schon das Gegenteil verkünden, wenn es nach zehn Minuten wieder aufwacht. Ist Ihr Kind schon nach der ersten Brust satt, so sollte Sie das nicht beunruhigen. Bei der nächsten Mahlzeit fangen Sie einfach wieder mit der vollen Brust an.

Abnehmen von der Brust

Ziehen Sie Ihr Kind nicht einfach von der Brust weg. Hierdurch würden Sie nur Ihre Brustwarze verletzen. Statt dessen können Sie den Mund des Babys lockern, indem Sie leicht auf sein Kinn drücken. Sie können aber auch Ihren kleinen Finger zwischen Mund und Warzenhof oder ganz in seinen Mund schieben. Mit diesen Methoden erreichen Sie, daß das Kind seinen Mund öffnet und damit die Brustwarze freiläßt. In den ersten Tagen, in denen sich Ihre Brustwarzen noch nicht abgehärtet haben, sollten Sie dies beachten.

Unterbrechen des Saugens durch leichten Druck ▶

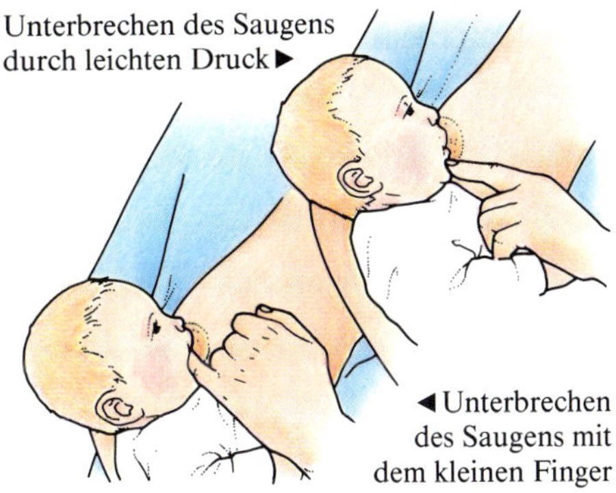

◀ Unterbrechen des Saugens mit dem kleinen Finger

Stillbekleidung

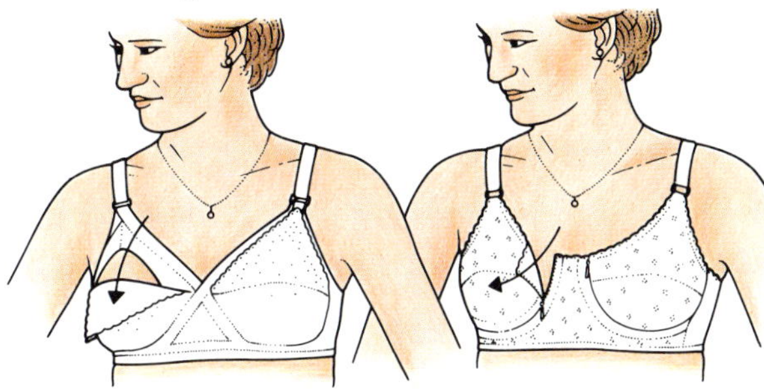

Es ist wichtig, daß Sie während der Stillzeit einen BH tragen. Am besten sind solche, die die Brust von unten stützen sowie einen Vorderverschluß und breite Träger haben. Über dem BH sollten Sie weite bequeme Kleidung tragen. Das Oberteil sollte einen leichten Zugang zu den Brüsten ermöglichen. Weite T-Shirts sind sehr praktisch. Viele Frauen tragen ungern Blusen. Diese lassen sich zwar vorne leicht aufknöpfen, aber sie entblößen im Urteil der Frauen zu stark.

Förderung des Milchflusses

- Ruhen Sie sich so oft es geht aus, besonders während der ersten Wochen nach der Geburt. In der Ruhe sollten Sie besser sitzen als stehen und besser liegen als sitzen.
- Ihr Milchfluß wird durch Anspannung und Nervosität beeinflußt. Machen Sie im Wochenbett Gymnastik und legen Sie sich täglich eine Weile hin.
- Gehen Sie früh ins Bett. Zwar werden Sie sowieso erschöpft sein, doch zusätzlich wird Ihr gewohnter Schlafrhythmus durch das Kind gestört.
- Nehmen Sie die Hausarbeit nicht so ernst. Machen Sie nur das Notwendige.
- Achten Sie auf Ihren Speiseplan. Dieser sollte ausgewogen, aber reich an Eiweiß sein. Verzichten Sie auf raffinierte und weiterverarbeitete Kohlenhydrate, wie z.B. Zucker, Kuchen, Kekse, Süßigkeiten, Schokolade.
- Sie sollten unter Umständen Eisen- und Vitaminpräparate nehmen. Fragen Sie Ihren Arzt.
- Solange Sie stillen, sollten Sie sehr viel trinken, etwa 2–3 Liter pro Tag. Viele Frauen stellen fest, daß Sie sogar während des Stillens trinken möchten.
- Ihre Milch wird hauptsächlich am Vormittag, wenn Sie ausgeruht sind, gebildet. Wenn Sie gerade in dieser Zeit ständig herumhetzen und angespannt sind, dann werden Sie abends merken, daß Ihre Milchvorräte zurückgegangen sind.
- Falls Ihr Kind die Brüste morgens nicht leergetrunken hat, können Sie die restliche Milch ausdrücken. Sie erreichen dadurch, daß der Milchvorrat tagsüber erneuert wird.
- Holen Sie sich Unterstützung und Ermutigung aus Ihrer Umgebung, von allen, die eine optimistische Haltung ausstrahlen. Suchen Sie die Hebamme oder die Mütterberatungsstellen auf. Vielleicht gibt es in der Nähe eine Stillgruppe, der Sie sich anschließen können.
- Bei Abwesenheit und Krankheit sollten Sie Milch ausdrücken, damit der Reiz zur Weiterproduktion bestehen bleibt.
- Während der ersten 5 Monate nach der Entbindung sollten Sie auf die Pille als Verhütungsmittel verzichten, denn diese wirkt sich negativ auf die Milchbildung aus. Alternative Verhütungsmittel besprechen Sie am besten mit Ihrem Arzt und Ihrem Mann.

Stillzeiten

Babys brauchen recht häufig Mahlzeiten. Das liegt an ihrer Körpergröße. Gestillte Kinder brauchen meist mehr Mahlzeiten als Flaschenkinder, da die Muttermilch schneller verdaut wird.

Sie sollten Ihr Baby nach Bedarf stillen (siehe S. 105). Junge Eltern werden schnell lernen, die Hungerschreie ihres Kindes zu erkennen (siehe S. 179). Neugeborene müssen nicht selten alle 2 Stunden gefüttert werden, das sind 8–10 Fütterungen pro Tag, im 1. Monat in der Regel alle 3 Stunden, ab 3. Monat alle 4 Stunden.

Es lassen sich keine allgemeingültigen Zeiten angeben. Jedes Baby hat seinen eigenen Appetit. Die meisten Babys schlafen mit drei Monaten schon durch. Sie sollten aber nicht auf die Fütterung während der Nacht verzichten, falls Ihr Baby noch aufwacht.

Häufigkeit der Mahlzeiten

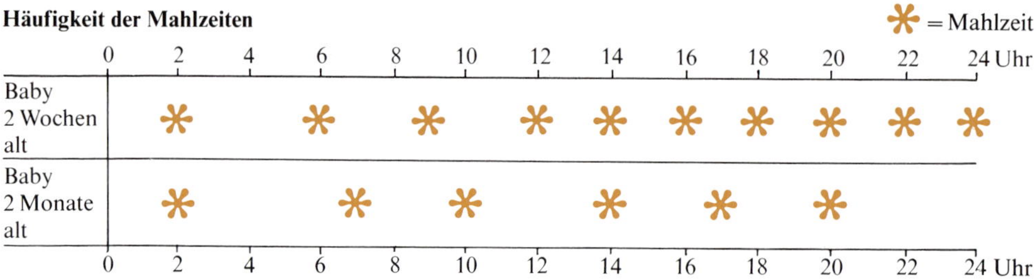

Zufüttern

Wir alle kennen Geschichten von Frauen, die angeblich nicht genug Muttermilch hatten, um ihre Babys zu stillen. Obwohl die Angst davor nur unterschwellig sein mag, kann eine Frau sie als Grund zum Abstillen verwenden, besonders wenn Sie Probleme während der ersten Stilltage hat. Geben Sie diesem Druck bitte nicht nach; wehren Sie sich, wenn Freunde und Verwandte oder sogar eine Hebamme Ihnen diese Möglichkeit aufzeigen.

Jede Frau ist mit den Mitteln und der Fähigkeit ausgestattet, ihr Baby zu stillen. Die Brüste reagieren auf die Nachfrage nach Milch mit der Milchproduktion. Wenn Ihr Baby in den ersten Tagen nicht Ihre ganze Milch trinkt, sollten Sie versuchen, den Rest auszudrücken, damit die Nachfrage bestehen bleibt. Die meisten Brüste reagieren hierauf mit einem guten Milchfluß.

Mit zunehmenden Alter wird Ihr Baby vielleicht längere Zeit weinen. Es kann dann vorkommen, daß Ihnen jemand sagt, Ihr Baby hätte Hunger. Haben Sie Ihr Baby aber gerade gestillt, hat es vielleicht nur Durst. Dies kommt natürlich dann vor, wenn Sie mit dem Zufüttern beginnen, denn die Nahrung bedarf der Verdünnung durch Flüssigkeit, bevor sie verdaut werden kann. Anfangs können Sie Ihrem Baby 15 ml abgekochtes, abgekühltes Wasser geben, um seinen Durst zu löschen.

Jede Mutter macht sich darüber Sorgen, ob sie Ihr Baby ausreichend stillen kann, und sie spürt den Druck, zuzufüttern. Für eine besorgte Mutter hat die Flasche den Vorteil, daß sie sehen kann, wieviel Milch ihr Baby getrunken hat - eine Sicherheit, die sie beim Stillen nicht bekommen kann. Versuchen Sie aber rational zu denken, und behalten Sie vor allem Ihr Selbstvertrauen, was Ihre Fähigkeit zu Stillen betrifft. Denken Sie daran, daß ein Baby schon 90% der Nahrung in den ersten 2 bis 3 Minuten an jeder Brust zu sich nimmt. Nach 5 Minuten wird es sicherlich genug getrunken haben.

Auch wenn »Stillen nach Bedarf« Ihr Prinzip ist, wird es Situationen geben, in denen Sie um das Zufüttern nicht herumkommen; d.h. Sie müssen dem Kind eine Flasche geben. Dies kann geschehen, wenn Sie besonders wunde Brustwarzen haben oder die Brustgänge verstopft sind. Bei Gefahr von Unterernährung müssen Sie auch zufüttern. Allerdings kommt dies beim Stillen nach Bedarf selten vor.

Notbedarf
großer Plastikbehälter
2 Kunststoff-Flaschen
2 Sauger
Sterilisiertabletten

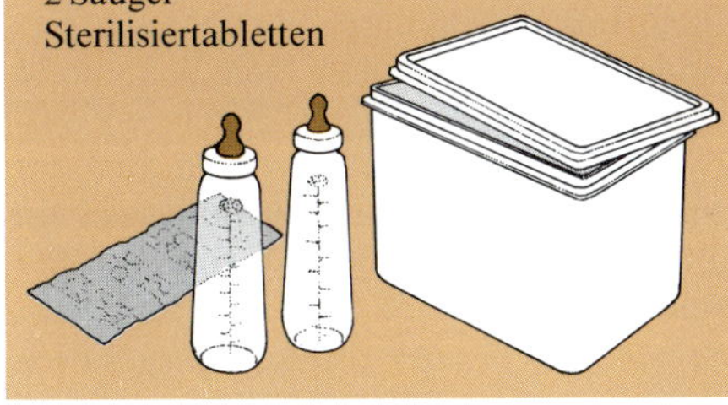

Wenn Sie eine Milchflasche machen, so müssen Sie darauf achten, daß alles, was Sie dazu benutzen, steril ist. Ebenso wichtig ist es, daß Sie die Milch genau nach Anweisung herstellen. Die Menge Milchpulver, die Sie nehmen müssen, hängt vom Gewicht des Kindes ab.

Das Zufüttern bringt einige Nachteile. Lehnt Ihr Baby die zusätzliche Flasche ab, so können Sie kaum sagen, ob es die Flasche nicht mag oder ob es satt ist. Versuchen Sie es mit etwas Beharrlichkeit. Wenn es wirklich noch Hunger hat, wird es auch an der Flasche saugen. Dies kann allerdings so weit gehen, daß das Baby nicht mehr an der Brust saugen will, da es weniger Kraft aufwenden muß, um aus der Flasche zu trinken. Versuchen Sie ihm Milch von einem sterilisierten Löffel zu geben.

Milchvorrat

Ihre eigene abgedrückte Milch können Sie auch in Flaschen aufbewahren. Sind Sie z.B. sehr müde, krank oder abwesend, dann kann das Baby seine gewohnte Milch aus einer Flasche trinken. Ihre ausgedrückte Milch kann eingefroren bis zu 6 Monate gelagert werden.

Milchabnahme

Viele Frauen fühlen sich durch das Stillen zu stark an das Kind gebunden. Dies ist nicht begründet; denn Sie können Ihre Milch immer abpumpen oder mit der Hand ausdrücken. Diese Milch kann in sterilisierten Flaschen im Kühlschrank aufbewahrt oder eingefroren werden. In Ihrer Abwesenheit kann dann Ihr Mann oder ein Babysitter das Füttern mit der Flasche übernehmen.

Die meisten Frauen drücken ihre Milch mit der Hand aus. Diese Methode ist leichter und bequemer als das Abpumpen. Alle Geräte, die Sie dazu benötigen, müssen sterilisiert werden, also eine Schüssel, ein Trichter und eine Flasche mit Verschluß. Sterilisieren können Sie in einer Sterilisierlösung oder in kochendem Wasser.

Während der ersten sechs Wochen ist das Ausdrücken noch etwas beschwerlich, da die Milchproduktion relativ niedrig ist.

Die beste Zeit für das Ausdrücken ist der Vormittag, dann haben Sie die meiste Milch. Schläft Ihr Kind nachts allerdings durch, dann ist der Abend besser als der Vormittag. Es wird Ihnen ohne große Mühe gelingen, 30–60 ml Milch auszudrücken.

Tips: Ausdrücken

- Wenn Sie sich beim Abpumpen oder Ausdrücken hinunterbeugen müssen, belasten Sie unnötig Ihren Rücken. Stellen Sie beim Ausdrücken den Behälter deshalb so hoch, daß Sie sich nicht bücken müssen; zur Not auf einen Bücherstapel.
- Abpumpen oder Ausdrücken sollte niemals weh tun. Verspüren Sie dabei Schmerzen, dann machen Sie etwas falsch.
- Sämtliche Geräte, die Sie benutzen, müssen steril sein. Ihre Hände müssen sauber gewaschen sein.
- Will Ihr Kind, nachdem es von der Flasche getrunken hat, nicht zurück an die Brust, so geben Sie ihm abgepumpte Milch mit einem Löffel. Dieser muß steril sein.
- Muttermilch verdirbt genauso schnell wie Kuhmilch, wenn sie nicht richtig gelagert wird. Ihr Kind kann an verdorbener Milch erkranken. Die Milch sollte sofort nach dem Abpumpen oder Ausdrücken gekühlt werden. Im Kühlschrank hält sie sich 48 Stunden, im Tiefkühlschrank 6 Monate. Die Milch sollte in gut verschließbare sterile Plastikbehälter abgefüllt sein. Verwenden Sie beim Tiefkühlen keine Glasbehälter. Diese können zerspringen.

Milch ausdrücken

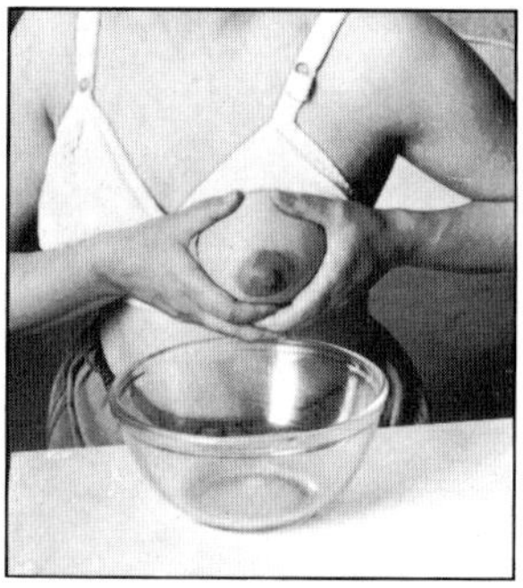

1. Waschen Sie vorher Ihre Hände und Brüste. Halten Sie die Brust mit beiden Händen, die Finger unterhalb, die Daumen oberhalb der Warze.

2. Drücken Sie den vorderen Teil der Brust mit Fingern und Daumen. Wiederholen Sie dies etwa 10mal, wobei Sie mit Fingern und Daumen um die Brust wandern.

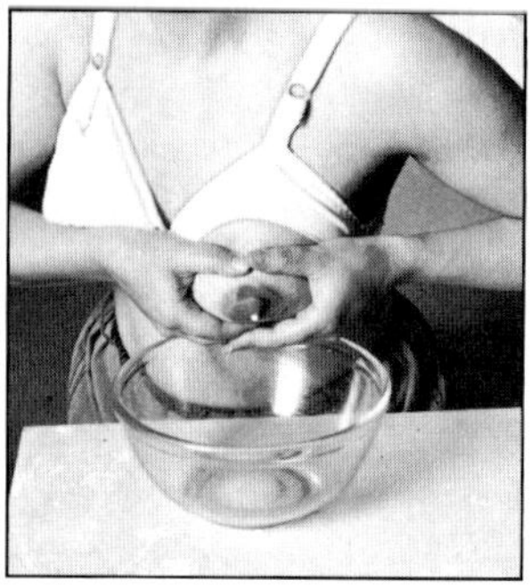

3. Wiederholen Sie das Drükken weiter 10mal, wobei Sie diesmal weiter vorne an der Brustwarze fassen. Sie regen dadurch den Milchfluß von den Drüsen zu den Milchseen an.

Abpumpen

Handpumpe

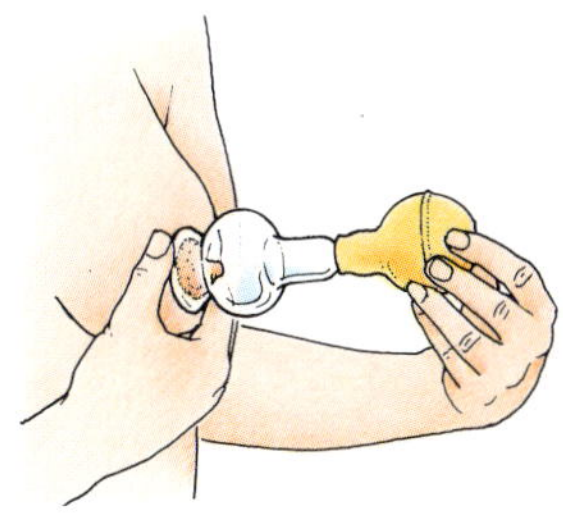

1. Legen Sie die Öffnung der Pumpe so fest auf Ihre Brust, daß eine luftdichte Verbindung entsteht.

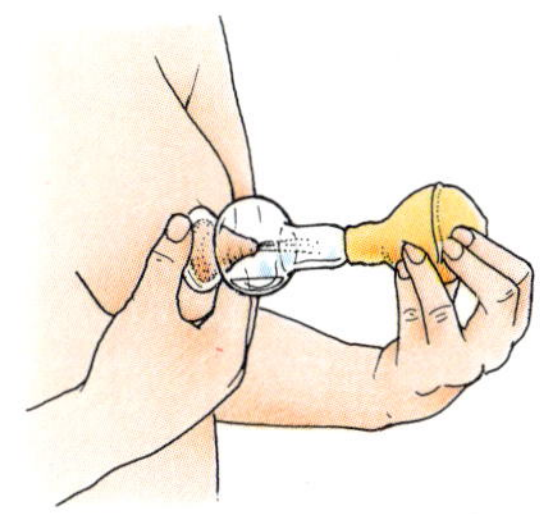

2. Drücken Sie rhythmisch auf den Gummiball, bis die Milch in den Behälter fließt. Sobald er voll ist, leeren Sie ihn und beginnen von neuem.

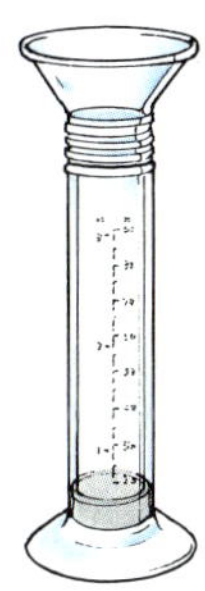

Kolbenpumpe

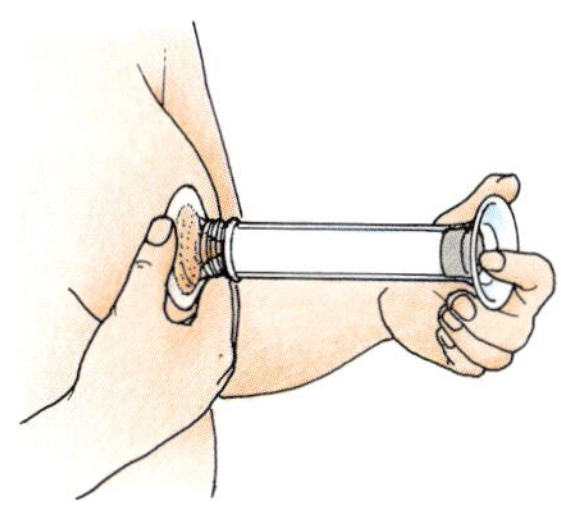

1. Legen Sie die Öffnung der Pumpe so fest auf Ihre Brust, daß eine luftdichte Verbindung entsteht.

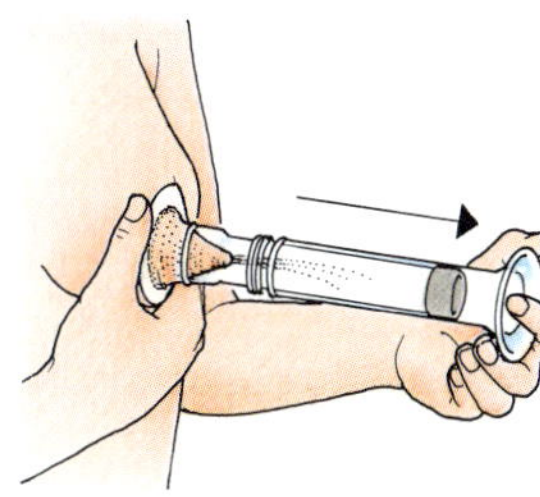

2. Mit einer Hand halten Sie die Pumpe an der Brust fest, mit der anderen betätigen Sie dann den Zylinder.

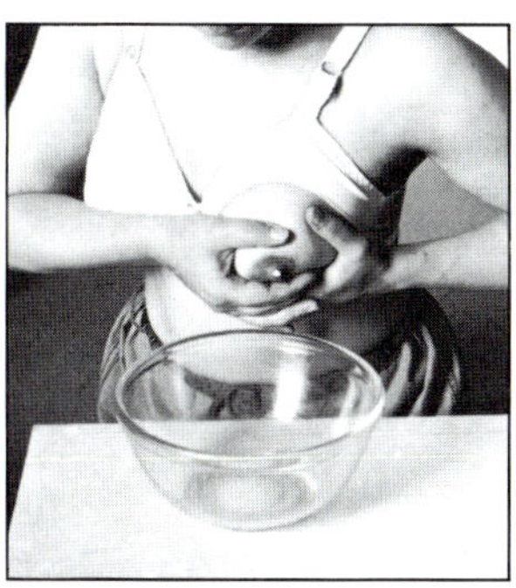

4. Halten Sie mit einer Hand die Brust von unten. Legen Sie Daumen und Zeigefinger Ihrer anderen Hand auf zwei Seiten des Warzenhofes.

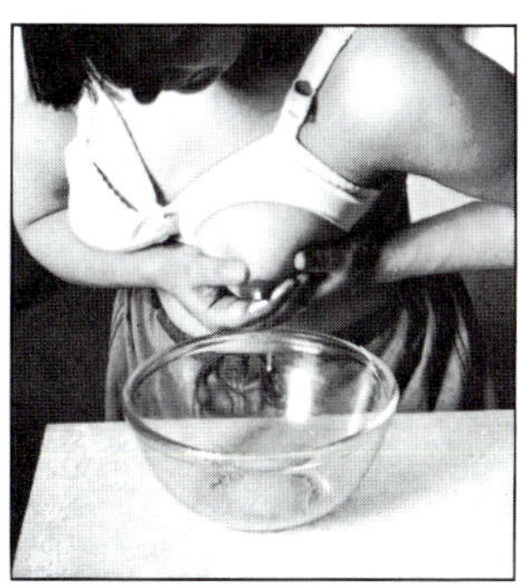

5. Drücken Sie Ihren Daumen und Zeigefinger nach hinten. Beginnen Sie dann mit beiden rhythmisch zu drücken, so lange, bis die Milch ausfließt.

6. Bewegen Sie die Finger um die Warze herum, damit die Brust gleichmäßig ausgedrückt wird. Machen Sie dies etwa 5 Minuten. Dann wiederholen Sie das Ganze mit der zweiten Brust

Mögliche Probleme 0–1 Jahr

Ablehnung der Brust

Ein häufiger Grund für Schwierigkeiten beim Anlegen ist, daß das Kind nicht atmen kann. Ihr Baby kann nicht gleichzeitig schlucken und durch die Nase atmen. Sie müssen deshalb dafür sorgen, daß Ihre Brust die Nasenlöcher des Kindes nicht zudeckt (siehe S. 109). Ein weiterer Grund für Atemschwierigkeiten ist eine verstopfte Nase, besonders bei Schnupfen. In diesem Fall kann Ihnen der Arzt Nasentropfen verschreiben, die Sie dem Baby vor dem Stillen geben.

Ein Baby, das nicht kurz nach der Geburt angelegt wurde, zeigt später häufiger Zurückhaltung beim Anlegen. Je schneller Sie Ihr Kind also nach der Geburt anlegen können, desto besser ist es für Sie und Ihr Kind. Während der ersten 48 Stunden nehmen Neugeborene die Brust schnell an. Je länger Sie mit dem Anlegen warten, desto schwieriger wird es. Das heißt nun aber nicht, daß Ihr Kind es in diesem Fall überhaupt nicht lernen würde zu saugen. Es bedeutet lediglich, daß Sie mehr Geduld und Ausdauer aufwenden müssen.

Bei einer Frühgeburt ist es in den meisten Krankenhäusern üblich, daß Ihr Kind Ihre abgepumpte Milch bekommt (nicht zuletzt, damit Ihr Vorrat erhalten bleibt). Zu Hause können Sie dann die Brust als Quelle der vertrauten Milch einführen.

Oftmals sind es aber kleine Probleme, die beim Anlegen stören. Ist das Kind z. B. sehr unruhig, so wird es kaum trinken. Eine typische Situation: Ihr Kind ist mit großem Hunger aufgewacht und wird zunächst gewickelt, gehätschelt oder ignoriert. Es regt sich jetzt so stark auf und schreit, daß es nicht mehr an die Brust angelegt werden kann. In einem solchen Fall müssen Sie das Kind erst beruhigen, indem Sie es z. B. fest an sich drücken und ihm leise zureden.

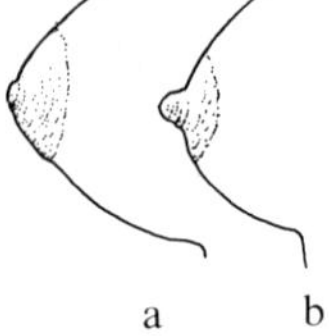

Wenn Ihre Brust sehr prall ist (a) und nicht nur voll (b), kann das Baby meist die Brustwarze schlecht mit dem Mund fassen. In diesem Fall sollten Sie vor dem Stillen etwas Milch ausdrücken.

An der Brust nuckelnde Babys

Das Saugen an der Brust der Mutter ist für viele Babys das größte Vergnügen des Tages. Sie selbst werden schnell merken, wenn das Kind wirklich trinkorientiert oder wenn es lust- oder trostorientiert saugt. Im letzten Fall merken Sie, wie das Baby zwar kräftige und rhythmische Saugbewegungen macht, aber nicht trinkt. Solange das Kind dabei glücklich ist und Ihre Brustwarzen nicht wund sind, ist gegen solches Nuckeln nichts einzuwenden.

Schläfrige Babys

Manchmal kommt es vor, daß Ihr Kind während der ersten Tage wenig Interesse am Trinken zeigt. Lassen Sie sich hierdurch nicht vom Stillen abbringen. Versuchen Sie immer wieder, das Baby mindestens fünf Minuten an jeder Brust zu stillen. Schläft es beim Trinken ein, so ist das eigentlich nur positiv zu bewerten; nämlich als Zeichen seiner Zufriedenheit und seines Wohlbefindens. Eine verschlafene Mahlzeit schadet nichts. Das Kind holt das beim nächsten Mal nach. (Bei frühgeborenen Babys ist das manchmal anders, sie schlafen viel und müssen regelmäßig geweckt und gefüttert werden).

Sie sollten nicht auf der Einhaltung eines Zeitplans bestehen. Verschläft Ihr Kind eine Mahlzeit, dann wecken Sie es eine halbe Stunde später, und bieten Sie ihm dann die Brust. Will es aber weiterschlafen, so legen Sie es wieder hin. Wenn Ihr Kind dann aufwacht und Hunger hat, wird es von ganz allein nach Ihrer Brust verlangen.

Erschreckte Babys

In ihren ersten Lebenswochen sind die meisten Neugeborenen sehr leicht zu erschrecken. Wenn Sie das Kind zum Stillen hochnehmen, dann sollten Sie es stets fest und ruhig halten und beruhigend auf es einreden. Beugen Sie Ihren Kopf so herunter, daß das Kind beim Trinken nur Ihr Gesicht wahrnehmen und sich darauf konzentrieren kann. Störende Geräuschquellen können Sie schon von vornherein ganz ausschalten oder dämpfen, wie z. B. die Telefonklingel.

Beißen

Beißen ist ein Verhalten, das ein Kind manchmal schon vor dem Zahnen zeigt. Wenn Ihr Kind Sie beim Stillen beißt, werden Sie automatisch zurückzucken und vielleicht sogar aufschreien, was wiederum das Kind erschreckt. Sie sollten in einer solchen Situation ziemlich bestimmt »nein« sagen – ohne allerdings laut zu werden. Bleiben Sie konsequent, dann wird das Kind das Beißen sehr schnell lassen.

Wenn Sie krank werden

Sie sollten so lange stillen, wie Sie möchten – selbst wenn Sie im Krankenhaus liegen müssen. Zwar müssen Sie in einem solchen Fall die Verantwortlichen im Krankenhaus meist überzeugen; doch werfen Sie nicht von vornherein die Flinte ins Korn, bestehen Sie auf Ihrem Wunsch. Allerdings kann es vorkommen, daß Sie bestimmte Medikamente nehmen müssen, bei denen Sie besser mit dem Stillen aufhören. Betäubungsmittel beeinflussen nicht nur Sie, sondern über Ihre Milch auch das Kind.
Wissen Sie rechtzeitig genug, daß Sie operiert werden, dann können Sie regelmäßig Milch abpumpen und einfrieren. So bekommt Ihr Kind dann wenigstens Muttermilch, wenngleich es auf das Vergnügen der Brust verzichten muß.

Ihre eigene Unruhe

Stoßen Sie auf unerwartete Schwierigkeiten, z. B. wenn Ihr Kind bei einer Mahlzeit plötzlich »streikt«, so lassen Sie sich nicht aus der Ruhe bringen. Ihre Nervosität überträgt sich nämlich schnell auf das Kind. Es wird unruhig und verweigert vielleicht das Trinken an der Brust ganz. Ihre Nervosität kann sogar die Qualität der Milch beeinflussen.
Betrachten Sie das Stillen nicht als Kampf, den Sie um des Kindes willen gewinnen müssen. Nur einige Tage Vormilch und Muttermilch bieten dem Kind schon einen guten gesundheitlichen Schutz. Ihr Kind wird ohne Ihre Brust auch nicht verhungern; denn es gibt ja immer noch die Flaschennahrung. Sie können also allen Stillproblemen mit einiger Gelassenheit begegnen. Lassen Sie sich auch in den ersten Tagen nach der Geburt, in der Sie emotional noch aufgewühlt sind, nicht durch Schwierigkeiten zum Abstillen hinreißen. Versuchen Sie durchzuhalten. Suchen Sie Ermutigung bei der Hebamme, der Mütterberatung oder einer Stillgruppe.

Überernährung

Ein gestilltes Kind kann nicht überfüttert werden, denn es bestimmt selbst, wieviel es von der (optimal angepaßten) Nahrung zu sich nimmt (siehe S. 105). Sein Gewicht wird immer richtig sein, es sei denn, es bekommt zusätzlich etwas anderes als Muttermilch (z. B. falsch angesetzte Flaschennahrung).

Unterernährung

Es kommt durchaus vor, daß ein gestilltes Kind zuwenig Nahrung erhält. Ein Anzeichen ist, wenn das Kind weitertrinken möchte, obwohl es beide Brüste geleert hat. Solches Verhalten deutet jedoch nicht automatisch auf Hunger: Das Kind kann Durst haben oder aber einfach Lust am Nuckeln. Gegen Durst hilft ein Löffel abgekochtes Wasser. Schreit es weiterhin, dann sprechen Sie bei nächster Gelegenheit mit dem Arzt über das Problem.

Brustpflege 0–1 Jahr

Ihre Brüste sollten Sie mit besonderer Umsicht pflegen. Diese haben in den ersten Monaten eine Menge Arbeit zu leisten. Kaufen Sie sich den besten Still-BH, den Sie finden können. Achten Sie beim Kauf darauf, daß der BH die Brust sowohl von unten wie auch von den Schultern her gut abstützt. Besonders gut geeignet sind solche BHs, die vorne Klappen besitzen, die die Brustwarzen freilegen. Sie erlauben einen schnellen und hygienischen Zugang zu den Brüsten, die gestützt bleiben. Nach den ersten Tagen, wenn die Milchbildung richtig in Gang gekommen ist, können Ihre Brüste durch die Milchmengen hart und prall und sehr empfindlich werden. Ein guter BH wird Ihnen diesen Zustand erleichtern.

Pflegen Sie täglich Brust und Brustwarzen. Waschen sollten Sie sie mit klarem Wasser

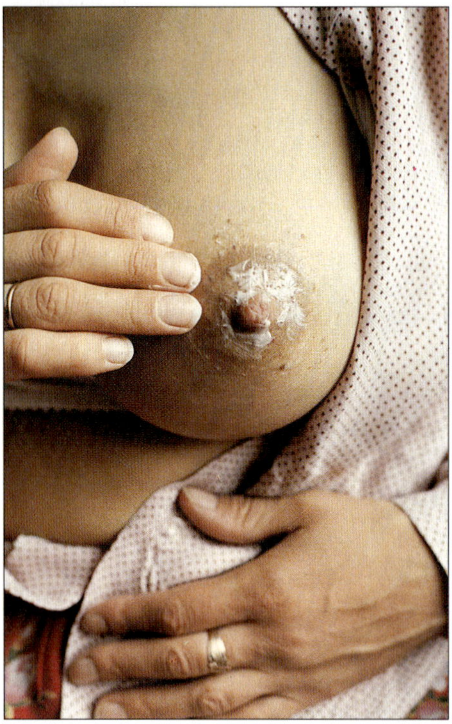

oder mit Babyöl. Auf die Verwendung von Seife verzichten Sie besser. Seife trocknet Ihre Haut aus und reizt zusätzlich Ihre Brustwarzen. Gehen Sie behutsam mit den Brüsten um; tupfen Sie sie nach dem Waschen oder Stillen ab. Lassen Sie sie so oft wie möglich an der Luft trocknen. Dabei sollten Sie Ihren BH mit heruntergelassenen Klappen tragen. Ihr Arzt kann Sie bei Pflegecremes beraten.

Nachdem der Milchfluß richtig in Gang gekommen ist, wird es häufig passieren, daß Milch ausläuft. Legen Sie für diesen Fall Stilleinlagen oder saubere Papiertaschentücher in den BH vor die Brustwarzen. Diese Einlagen saugen die ausfließende Milch auf. Sie sollten regelmäßig gewechselt werden.

Obwohl in den Brüsten selbst keine Muskeln vorhanden sind, können sie durch Gymnastik gut in Form gehalten werden. Die folgende Übung hilft nicht nur nach dem Abstillen. Sie können diese Übung entweder im Sitzen oder Stehen durchführen. Heben Sie Ihre Arme auf Schulterhöhe; greifen Sie den linken Unterarm mit der rechten Hand und umgekehrt. Drükken und schieben Sie in ruckartigen Bewegungen beide Hände gleichzeitig zu den Ellenbogen. Wiederholen Sie diese Übung, bis Sie müde sind. Machen Sie die Übung so oft Sie möchten. Die besten Resultate erreichen Sie, wenn Sie sie mindestens sechs Wochen fortführen.

Wenn möglich, sollten Sie während der Stillzeit auf sämtliche Medikamente verzichten; viele Medikamente gehen in die Muttermilch über und können Ihr Baby beeinflussen. Falls Ihr Arzt Medikamente verschreibt, sagen Sie ihm deutlich, daß Sie stillen. Auch dann wenn Sie Medikamente einnehmen müssen, können Sie solche wählen, die der Stillzeit eher entsprechen. Falls Sie Verhütungsmittel einnehmen möchten, fragen Sie nach etwas anderem als die kombinierte Östrogen-Progestogen-Pille. Falls Ihr Milchvorrat anfangs durch die Pilleneinnahme verringert wird, legen Sie Ihr Baby häufiger an, bis der Vorrat sich wieder eingependelt hat.

Wunde Brustwarzen

Die starke Reizung durch das saugende Kind führt, besonders bei Frauen mit heller Haut, zu wunden Brustwarzen. Sie können dem durch folgende Maßnahmen entgegenwirken: 1. Das Kind muß Warze und Warzenhof stets tief im Mund halten. 2. Nehmen Sie das Kind immer vorsichtig von der Brust ab. 3. Halten Sie die Warzen so trocken wie möglich.

Beginnt eine Brustwarze wund zu werden, dann sollten Sie 24 Stunden bzw. bis zum Abklingen der Schmerzen warten. Geben Sie dem Kind diese Brust vorher weder zum Trinken noch zum Nuckeln. Stillen Sie das Kind an der anderen Seite. Die Milch aus der wunden Brust wird ausgedrückt und mit der Flasche gegeben. Brustschilder sind möglicherweise eine Alternative zum Ausdrücken. Die Schilder aus weichem Gummi werden auf die Warze gesetzt. Sie haben einen hervorstehenden Nuckel. Dem Kind wird so ermöglicht, trotz Entzündung zu saugen. Diese Brustschilder müssen vor dem Gebrauch sterilisiert werden.

Wenn Sie beim Anlegen in der wunden Brustwarze einen stechenden Schmerz verspüren, dann deutet dies wahrscheinlich auf einen Riß hin. Zur Vorbeugung sollten Sie zwei- bis dreimal täglich eine Fettsalbe auf die entzündete Brustwarze schmieren.

Brustprobleme

	Beschreibung	Vorbeugung	Behandlung
Rissige Brustwarzen	Stechende Schmerzen beim Stillen.	Kurze, aber häufige Stillzeiten. Halten Sie die Brustwarzen durch Stilleinlagen oder saubere Taschentücher trocken.	Stillen Sie, solange die Risse nicht geheilt sind, nicht weiter. Drücken Sie die Milch mit der Hand aus (nicht abpumpen). Geben Sie dem Kind diese Milch mit dem Löffel oder aus der Flasche.
Pralle Brüste	Extrem volle und schmerzhafte Brüste mit geschwollenem Warzenhof.	Häufiges Stillen, wobei die Brüste nicht völlig leergetrunken werden sollten.	Nehmen Sie ein heißes Bad. Drücken Sie etwas Milch aus und regen Sie den Milchfluß durch Massieren der Brust in Richtung Brustwarze an.
Milchstau	Harte, rote Flecken an der Brust, oberhalb der gestauten Milchdrüsen. Kann Folge zu praller Brüste oder zu enger Kleidung (BH) sein.	Wie bei prallen Brüsten. Tragen Sie einen passenden BH und stillen Sie Ihr Kind in verschiedenen Haltungen.	Häufiges Stillen, wobei die gestaute Brust als erste angeboten wird. Drücken Sie die Milch bei Bedarf aus.
Brustentzündung (Mastitis)	Akute Entzündung der Milchdrüsen, die zu einer Vereiterung führt.	Wie bei Milchstau.	Wie bei Milchstau. Sie werden evtl. Antibiotika vom Arzt bekommen. Sie können meist weiter stillen.
Brustabszeß	Stammt von einer unbehandelten Brustentzündung. Führt zu Grippe-ähnlichem Fieber. Auch glänzende, rote Flecken auf der Brust.	Wie bei Milchstau.	Ihr Arzt verschreibt Ihnen Antibiotika. Wenn diese nicht ansprechen, muß die Vereiterung operativ entfernt werden. Auch im Fall einer Operation können Sie weiter stillen.

Flaschenernährung 0–1 Jahr

Zur Flaschenernährung können Sie sich entschließen, ohne Schuldgefühle entwikkeln zu müssen. Die Mehrzahl aller Babys wird mit der Flasche gefüttert, auch die, die anfangs noch gestillt wurden. Flaschenkinder entwickeln sich genausogut und glücklich. Sie müssen bloß bei den Mahlzeiten genauso viel Aufmerksamkeit und Nähe verspüren, wie wenn sie gestillt würden. Haben Sie sich gegen das Stillen entschieden, so werden Sie Ihre Milchbildung eventuell mit Hormontabletten hemmen müssen.
Muttermilch ist wichtig für ein Kind, aber nicht so wichtig wie Ihre Liebe. Trotzdem sollte Ihr Kind von allen Stunden, die es mit Ihnen verbringt, besonders während der Mahlzeiten Ihre Liebe und Zuwendung spüren. Viele Frauen, die sich gegen das Stillen entschieden haben, verspüren und erleiden Mißbilligung aus ihrer Umwelt. Nun gibt es aber gute Gründe für einen solchen Entschluß.
Trotz aller Bemühungen kommt es vor, daß Sie einfach nicht stillen können. In einem solchen Fall vergessen Sie am besten alles zum Thema »Stillen« und konzentrieren sich darauf, Ihrem Kind eine optimale Flaschennahrung zu geben.
Manche Frauen lehnen das Stillen aus psychischen Gründen ab, andere fühlen sich zu stark gebunden. Sie sehen durch das Stillen die Rückkehr in die gewohnte Umwelt versperrt. Manche Paare lehnen das Stillen ab, weil der Vater weitgehend ausgeschlossen wird. Tatsächlich ist es ein Vorteil der Flaschennahrung, daß Mutter und Vater sich gleichermaßen an der Ernährung beteiligen können. In einem solchen Fall sollte der Partner das Kind möglichst bald nach der Heimkehr aus dem Krankenhaus füttern. So lernt er schnell die Technik der Flaschenernährung und den richtigen Umgang mit dem Kind. Nach Möglichkeit sollten Sie und Ihr Partner bei der Ernährung des Babys gleiche Rechte und Pflichten eingehen.

Flaschenauswahl

Sie sollten unzerbrechliche Flaschen mit weitem Hals auswählen, diese lassen sich leicht füllen und reinigen. Von der Größe her sind 250 ml-Flaschen am besten geeignet. Der Sauger sollte eine mundgerechte Form haben. Einige Wegwerfflaschen sind nicht nur für unterwegs, sondern auch für den Fall geeignet, daß Sie keine sterilisierten Flaschen bereit haben.

Sterilisieren

Ausrüstung

- Sterilisierbad
- Sterilisiertabletten oder -flüssigkeit
- 6–8 Flaschen
- ein Dutzend Sauger
- Flaschenbürste
- Meßbecher
- langer Löffel
- Salz
- Messer

Kaufen Sie Flaschen und Sterilisierausstattung vor der Entbindung, damit Sie einige Zeit zum Üben haben. Sie bekommen die Ausstattung im Fachhandel, in den Drogerien und Warenhäusern.
Die Sterilisiergeräte sollten in der Küche möglichst nah an der Spüle stehen. Sie werden beim Sterilisieren bald eine eigene Zeitroutine entwickelt haben. Ich rate Ihnen, immer einige Flaschen auf einen Schwung vorzubereiten und sie im Kühlschrank aufzubewahren. Die ausgetrunkenen Flaschen werden ausgespült und gesammelt. Schrumpft Ihr Vorrat auf 2 Flaschen zusammen, sollten Sie wieder einige Flaschen sterilisieren und Milch ansetzen. Bis zum 4. Lebensmonat sollten Sie die gesamte Ernährungsausstattung regelmäßig sterilisieren. Sterilisierbäder sind meist für 4 bis 6 Flaschen konstruiert. Da Ihr Neugeborenes in 24 Stunden etwa 7 Mahlzeiten benötigt, werden Sie zweimal täglich sterilisieren müssen. Wenn mit zunehmendem Alter die Anzahl der Mahlzeiten sinkt, dann reicht ein Sterilisierbad pro Tag.

Flaschen sterilisieren

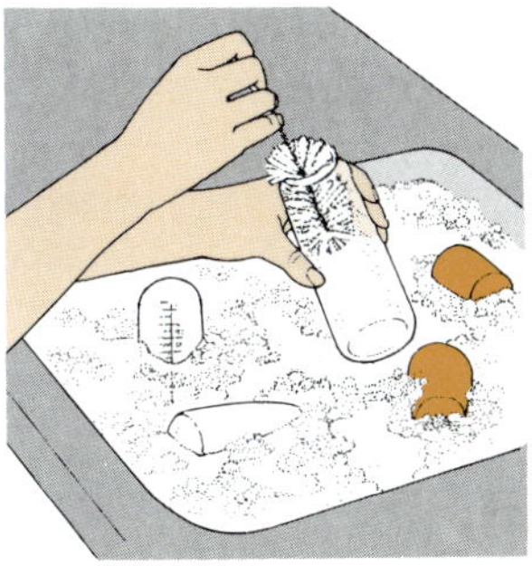

1. Waschen Sie die Flaschen im normalen Spülwasser. Alle Milchreste werden mit einer Flaschenbürste entfernt.

2. Die Sauger werden von innen durch Reiben mit Hilfe von Salz gereinigt.

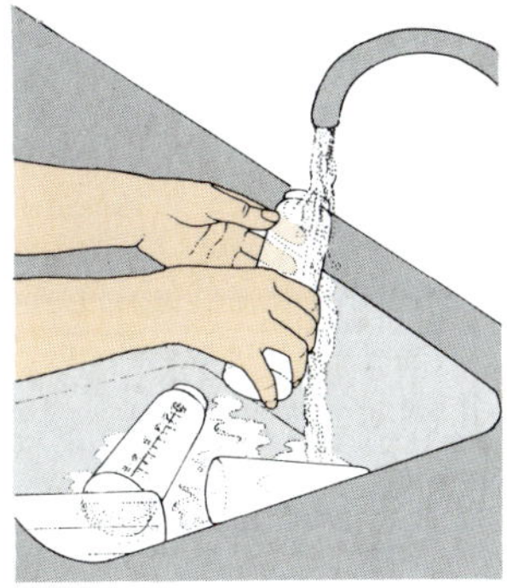

3. Spülen Sie die Flaschen und Sauger gründlich mit warmem Wasser.

4. Füllen Sie das Sterilisierbad etwa zur Hälfte mit kaltem Wasser, und geben Sie eine Sterilisiertablette (bzw. Granulat oder Flüssigkeit) hinzu.

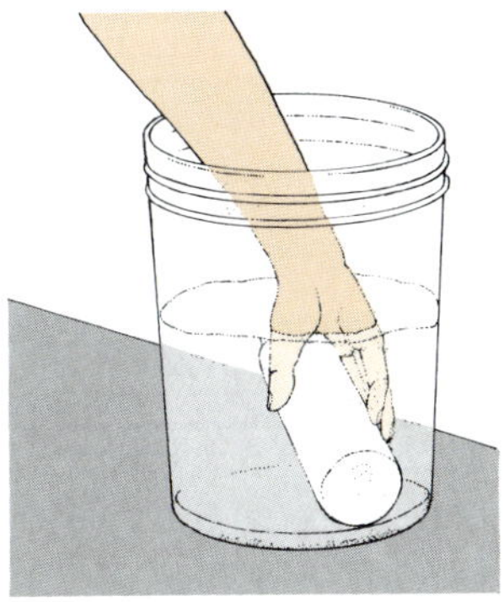

5. Legen Sie Flaschen, Sauger, Meßbecher und Löffel hinein. Achten Sie darauf, daß die Flaschen sich ganz mit Wasser füllen und untertauchen. Geben Sie jetzt bis zum Rand kaltes Wasser hinzu.

6. Achten Sie darauf, daß alles untergetaucht ist. Lassen Sie das Bad für die notwendige Sterilisierzeit (Herstellerangabe) stehen. Danach können Sie das, was Sie brauchen, herausnehmen.

Hinweise zur Hygiene

- Waschen Sie Ihre Hände, bevor Sie eine Flasche sterilisieren und vorbereiten.
- Befolgen Sie die Sterilisieranweisungen auf den Packungen sehr genau.
- Alle Gegenstände, die mit der Nahrung irgendwie in Berührung kommen, sollten sterilisiert werden.
- Geöffnete Nahrungsbehälter sollten im Kühlschrank gelagert werden.
- Befolgen Sie die Anweisungen zum Anmischen der Flaschennahrung sehr genau.
- Stellen Sie fertig vorbereitete Flaschen sofort in den Kühlschrank. Füllen Sie vorbereitete Milch niemals in ein Thermosgefäß, damit fördern Sie nur das Wachstum von Bakterien.
- Bewahren Sie auch die leeren sterilisierten Flaschen im Kühlschrank auf.
- Erwärmte Milch sollten Sie dem Kind sofort geben. Lassen Sie diese Milch nicht stehen.
- Gießen Sie die bei einer Mahlzeit übriggelassene Milch weg.

Flaschennahrung herstellen

Für Flaschennahrung wird am häufigsten pulverisierte Kuhmilch verwendet. Sie ist in Packungen mit Vakuumverschluß zu bekommen. Bei der Wassermenge, die Sie zur Herstellung dieser Nahrung nehmen, müssen Sie sich streng an die Anweisungen auf der Verpackung bzw. Ihres Arztes halten.

Nehmen Sie Flaschen, Sauger, Deckel und alle anderen zur Herstellung der Nahrung notwendigen Gegenstände aus dem Sterilisierbad heraus, und lassen Sie sie abtropfen. Kochen Sie Wasser, lassen Sie es etwas abkühlen und gießen Sie die angegebene Menge in einen Glasbehälter.

Messen Sie das Milchpulver mit dem mitgelieferten Meßlöffel ab. Streichen Sie das Pulver mit einem Messer glatt. Drücken Sie es im Meßlöffel aber nicht fest.

Geben Sie die angegebene Anzahl von gefüllten Meßlöffeln in das abgekochte und abgekühlte Wasser. Geben Sie niemals zusätzliches Milchpulver hinzu, da die Mischung dann zu stark konzentriert wäre.

Rühren Sie die Mischung gründlich mit einem sterilisierten Löffel um, bis sich das Pulver völlig aufgelöst hat. Achten Sie darauf, daß sich weder Klumpen bilden noch Pulver am Boden liegen bleibt.

Füllen Sie die Flaschen mit genau der Menge, die für jede Mahlzeit angegeben ist. Nehmen Sie hierzu einen sterilisierten Trichter, falls notwendig.

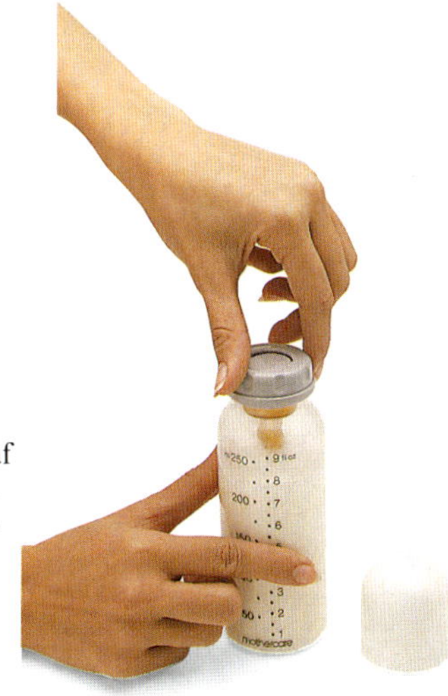

Legen Sie die sterilisierten Sauger umgekehrt auf die Flaschen, schrauben Sie Deckel und, falls gewünscht, Verschlußkappen auf.

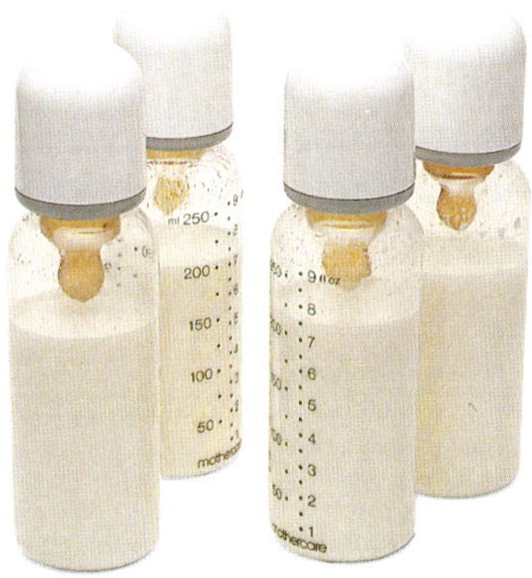

Stellen Sie alle fertigen Flaschen sofort in den Kühlschrank, und zwar in spezielle Flaschenbehälter, damit sie nicht umfallen. Vor jeder Mahlzeit holen Sie eine Flasche heraus und stellen sie einige Minuten in ein heißes Wasserbad.

Alternative Sterilisiermethoden

- Kochen Sie die ganze Ausrüstung mindestens 25 Minuten lang in einem großen, zugedeckten Topf. Diese Methode führt allerdings dazu, daß die Sauger relativ schnell kaputtgehen. Diese Methode ist der sicherste Weg, eine Belastung des Kindes durch Chemikalien zu vermeiden!
- Waschen Sie die Flaschen, Becher usw. in der Geschirrspülmaschine. Die Sauger sollten im Topf, wie oben, gekocht werden.
- Anstelle des Sterilisierbades können Sie auch jeden anderen Plastikbehälter mit Deckel verwenden.
- Es gibt eine Methode, bei der Sie Flaschen und Milch zugleich sterilisieren können. Waschen und spülen Sie die Flaschen wie oben beschrieben. Setzen Sie die Flaschennahrung an und füllen Sie diese in die Flaschen um. Drehen Sie die Sauger nur locker zu. Die Flaschen werden nun in einen großen Topf gestellt, der mit 7–8 cm Wasser gefüllt ist. Der Topf wird zugedeckt und das Ganze 20 Minuten gekocht und 2 Stunden zum Abkühlen stehen gelassen.

Flaschen aufwärmen

Wollen Sie Ihr Baby füttern, dann sollten Sie eine Flasche etwa eine halbe Stunde zuvor aus dem Kühlschrank nehmen und diese mit aufgeschraubtem Deckel stehen lassen. Bis zur Mahlzeit hat die Milch dann Zimmertemperatur und muß eigentlich nicht weiter erwärmt werden. Viele Eltern

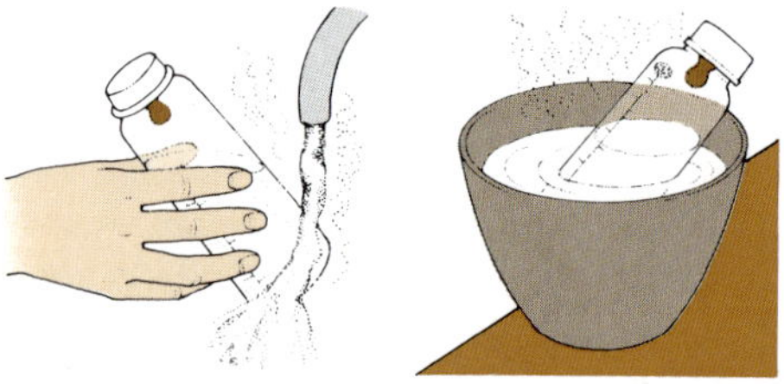

meinen, daß die Milch ähnlich warm sein sollte, wie Muttermilch. Wenn Sie die Milch also weiter erwärmen wollen, dann können Sie dies unter fließend warmem Wasser oder in einem Wasserbad tun. Schneller geht es in einem Mikrowellenherd (Einstellzeit 30 Sek.) oder in einem speziellen Flaschenwärmer.

Füllen Sie warme Flaschennahrung niemals in eine Thermoskanne oder lassen Sie eine Milchflasche über Nacht in einem Flaschenwärmer stehen. Die vorhandenen Bakterien vermehren sich in beiden Fällen sehr schnell. Oft ist die Milch im Nu sauer.

Der Milchfluß

Beim Stillen fließt die Milch von Anfang an aus der Brust, ohne daß sich das Baby beim Saugen anstrengen muß. Meiner Meinung nach sollte es ein Flaschenkind nicht schwerer haben. Um dies zu gewährleisten, muß das Loch im Sauger die richtige Größe haben. Die richtige Größe erkennt man daran, daß beim Umkippen der Flasche die Milch ständig heraustropft. Dauert es einige Sekunden, bis sich ein Tröpfchen bildet, so ist das Loch zu klein. Fließt die Milch regelrecht heraus, ist es zu groß.

- Sie können das Trinkloch im Sauger mit einer glühenden Nadel vergrößern. Wenn Sie die Nadel in das Trinkloch hineinstechen, schmilzt der Gummi. Es gibt aber auch einfache Geräte zu kaufen, um das Loch zu vergrößern.
- Die richtige Trinklochgröße ist für das Kind von einiger Bedeutung. Ist das Loch zu groß, dann trinkt das Kind die Milch zu schnell und verschluckt sich leicht. Ist das Loch zu klein, dann ermüdet das Kind meist vor dem Ende der Mahlzeit. Außerdem schluckt es dann relativ viel Luft.

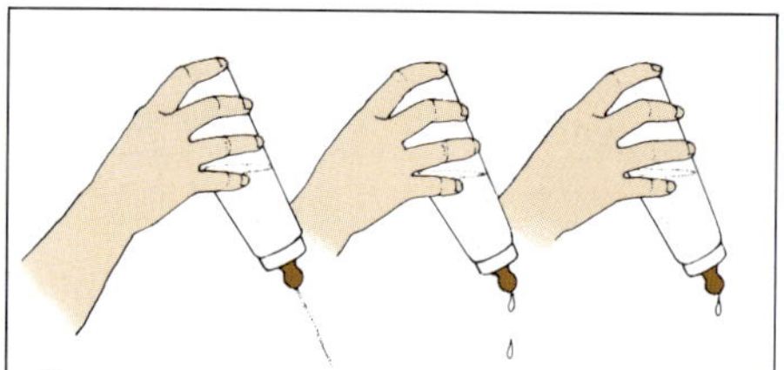

Überprüfen Sie den Milchfluß durch Umkippen der Flasche. Fließt die Milch stetig heraus, so ist das Loch zu groß. Es hat die richtige Größe, wenn einige Tropfen pro Sekunde heraustreten. Dauert es längere Zeit, ehe sich ein Tropfen bildet, dann ist das Loch zu klein.

Die erste Mahlzeit

Für die Vormilch (Kolostrum) gibt es keinen künstlichen Ersatz. Deshalb sollten Sie – selbst wenn Sie sich entschlossen haben, nicht zu stillen – wenigstens in den ersten Tagen Ihr Kind an die Brust legen (siehe S. 106). Bekommt ein Neugeborenes keine Vormilch, so erhält es statt dessen 4 bis 8 Stunden nach der Geburt Zuckerwasser und später Flaschennahrung. In der Regel kümmern sich in solchen Fällen die Stationsschwestern um die Ernährung Ihres Kindes.

Machen Sie sich keine Sorgen, wenn Ihr Kind anfangs die Flasche nicht leertrinkt. Kein Kind, ob gestillt oder mit der Flasche gefüttert, trinkt während der ersten 48 Stunden sehr viel. Wie jedes Kind wird auch das Flaschenkind seinen Hunger durch Schreien kundtun.

Die Flasche geben

Suchen Sie sich eine ruhige und bequeme Sitzgelegenheit. Ihre Arme sollten Sie gut abstützen. Mit einigen Kissen können Sie es sich komfortabel machen (siehe S. 111). Sie halten Ihr Kind auf dem Schoß, mit seinem Kopf in Ihrer Ellenbogenkrümmung. Stützen Sie den Rücken des Kindes mit Ihrem Unterarm. Das Kind sollte nicht waagerecht, sondern halb aufrecht liegen. So kann es schlucken und zugleich gut atmen. Prüfen Sie, bevor Sie dem Kind die Flasche geben, die Temperatur der Milch. Lassen Sie einige Tropfen auf Ihr Handgelenk tropfen; sie sollten sich weder zu heiß noch zu kalt anfühlen. Der Milchfluß sollte stimmen (siehe S. 122). Lockern Sie den Schraubverschluß etwas. Für die ausfließende Milch kann dann Luft nachströmen. Ansonsten würde in der Flasche Unterdruck entstehen, der dazu führt, daß sich der Sauger zusammenzieht und das Kind Mühe beim Saugen hat. Das Kind wird dann meist sehr wütend und verweigert unter Umständen die Flasche ganz. Ist ein Unterdruck entstanden, so müssen Sie die Flasche aus dem Mund des Kindes ziehen und erst einmal Luft nachströmen lassen. Danach kann die Mahlzeit fortgesetzt werden.

Damit das Kind die Flasche besser annimmt, können Sie bei ihm den Saug- und Schluckreflex auslösen. Dazu streicheln Sie es ganz sanft an der Ihnen zugewand-

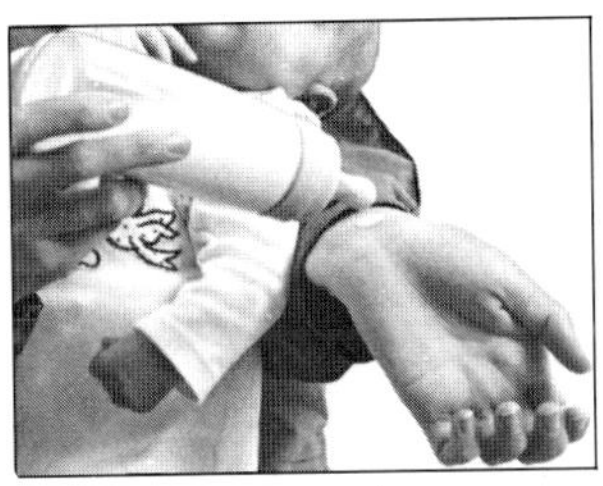

Vergewissern Sie sich immer, daß die Milch nicht zu heiß ist. Lassen Sie einige Tropfen auf Ihr Handgelenk tropfen.

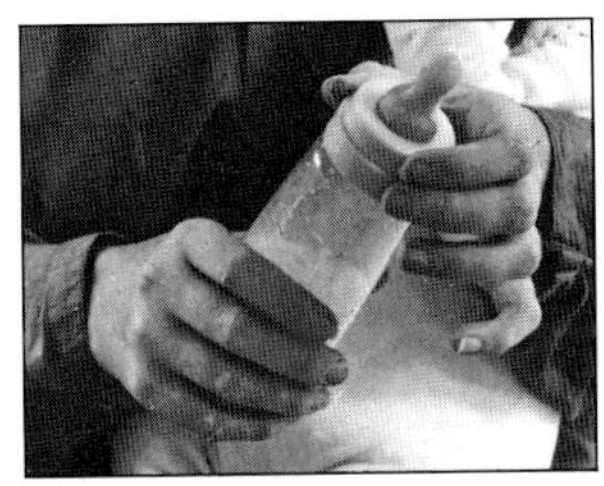

Um einen Unterdruck in der Flasche zu verhindern, sollten Sie vor der Mahlzeit den Verschluß etwas lockern.

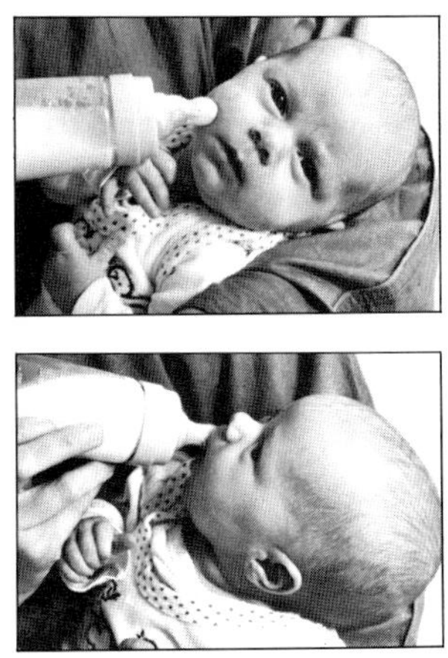

Sie können, falls nötig, Ihr Kind auf die Mahlzeit einstimmen, indem Sie den Saugreflex auslösen.

Die Flasche halten

Halten Sie die Flasche immer so, daß der Sauger voll mit Milch gefüllt ist. Andernfalls verschluckt das Kind beim Saugen mit der Milch auch Luft.

Herausnehmen der Flasche

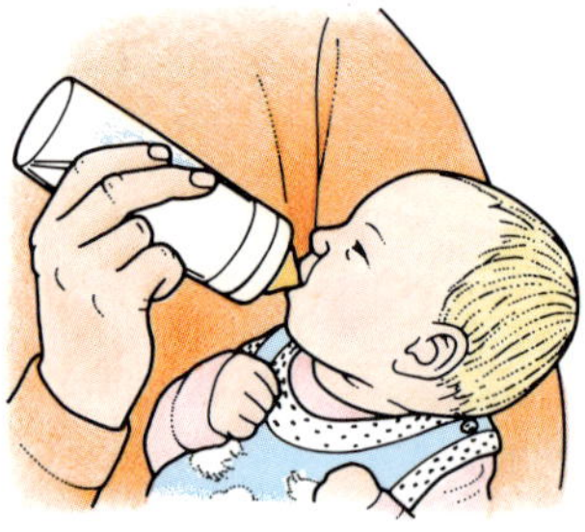

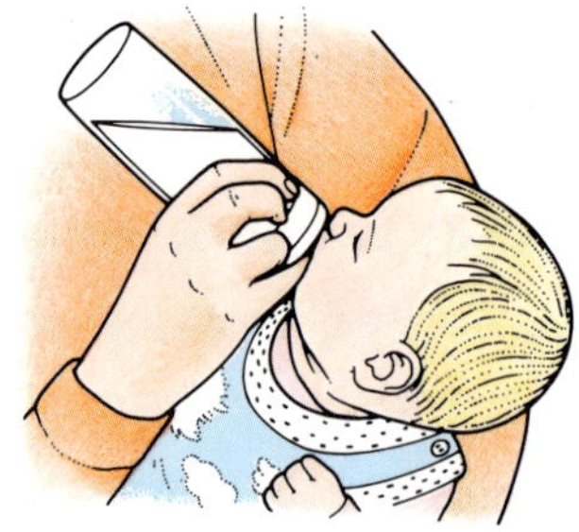

Wenn Sie Ihr Kind stillen, sollten Sie die Brustwarze sehr vorsichtig aus dem Mund des Kindes ziehen. Sie beugen so schmerzhaften Entzündungen der Brust vor. Bei der Flasche gibt es keinen Grund, den Gummisauger nicht einfach herauszuziehen, solange Sie das Baby nicht erschrecken. Will es den Sauger nicht loslassen, dann können Sie Ihren kleinen Finger vorsichtig in seinen Mundwinkel schieben.

Tips: Flasche geben

- Ihr Kind sollte während der Flaschenmahlzeit nicht waagerecht liegen. Diese Haltung erschwert das Schlucken recht stark.
- Lassen Sie das Baby niemals allein eine Flasche trinken, die Sie mit einem Kissen gestützt haben. Sie müssen immer damit rechnen, daß sich das Kind übergeben muß und die Flasche nicht richtig wegbekommt. Außerdem sollte das Kind gerade bei den Mahlzeiten viel Liebe und Zärtlichkeit erfahren.
- Versuchen Sie nicht, das Kind zum Leertrinken einer Flasche zu zwingen, nachdem es zu saugen aufgehört hat. Es weiß selbst am besten, wann es genug hat.
- Verändern Sie die Zusammensetzung der Flaschennahrung auch dann nicht, wenn Sie diese für Ihr Kind für ungeeignet halten. Sprechen Sie vorher mit dem Kinderarzt. Nur in seltenen Fällen liegt es an der Milch, wenn ein Kind schlecht trinkt. Ab und zu gibt es Kinder, die gegen Milchpulver allergisch reagieren. In solchen Fällen gibt es einen Ersatz auf der Basis von Soja. Ihr Arzt wird Sie beraten.

ten Wange. Das Kind dreht dann den Kopf zu Ihnen, und Sie können den Sauger in den geöffneten Mund schieben, ähnlich tief wie eine Brustwarze. Schieben Sie die Flasche nicht so tief, daß das Kind würgt. Das Kind sollte das Tempo der Mahlzeit selbst bestimmen können. Vielleicht will es mittendrin eine Pause machen, herumschauen oder mit der Flasche spielen. Gönnen Sie dem Kind diese Pause. Machen Sie die Mahlzeit zu einem angenehmen und befriedigenden Erlebnis. Schauen Sie das Kind an. Reden Sie oder singen Sie mit ihm. Machen Sie Geräusche mit Ihrer Stimme, die fröhlich und angenehm für das Kind klingen.

Nach etwa der Hälfte der Mahlzeit sollten Sie die Position des Kindes wechseln und es nun im anderen Arm halten. Warten Sie dazu eine Pause beim Saugen ab. Es bekommt so eine neue Sicht, und Sie können Ihren Arm ausruhen. Nehmen Sie den Wechsel zum Anlaß, das Kind aufstoßen zu lassen.

Zeitplan für Flaschenmahlzeiten

Flaschenkinder neigen dazu, weniger häufig zu trinken als gestillte Babys. Dafür gibt es zwei Gründe. Einmal dauert es länger, bis die Flaschennahrung verdaut ist. Zum anderen enthält die Flaschennahrung meist mehr Energie, so daß Hungergefühle erst später auftreten. Nach den ersten 2 bis 3 Lebenstagen stellen sich die meisten Flaschenkinder auf einen Rhythmus von 4 Stunden ein. Das heißt, sie trinken sechsmal, einmal weniger als gestillte Kinder. Anfangs wird das Kind kaum mehr als 60 ml pro Mahlzeit trinken. Mit zunehmendem Alter erhöht sich dann diese Menge, während die Anzahl der Mahlzeiten zurückgeht.

Alter des Kindes	Nahrungsmenge pro Mahlzeit		Anzahl der Mahlzeiten in 24 h
	Gestrichene Meßlöffel	Wasser (ml)	
0–14 Tage	3	85	7
2– 6 Wochen	4	115	6
2 Monate	5	140	6
3 Monate	6	170	5
4 Monate	7	200	5
6 Monate und älter	8	225	4

Lassen Sie Ihr Kind bestimmen, wann es eine Flasche bekommt. Füttern Sie Ihr Kind nicht nach einem festen Zeit-Schema. Es sollte trinken, wenn es Hunger hat, und nicht dann, wenn ein bestimmter Zeitpunkt erreicht ist. Das Kind wird seine Flasche nicht jedesmal gleichermaßen leertrinken. Wie ein Erwachsener wird es Mal mehr, Mal weniger Appetit haben. Will es also seine Flasche nicht leertrinken, so sollten Sie nicht versuchen, es zu zwingen, den Rest auch noch zu trinken. Es würde einerseits die überflüssige Milch sowieso wahrscheinlich wieder ausspucken (siehe S. 129). Zum anderen besteht natürlich die Gefahr, daß Sie auf diese Weise das Kind überernähren; es würde zu dick werden. Ist andererseits Ihr Kind nach einer geleerten Flasche noch hungrig, so sollten Sie ihm ruhig eine zweite Flasche anbieten. Passiert dies oft, dann können Sie auch einfach die Milchmenge pro Flasche erhöhen.

Mögliche Probleme 0–1 Jahr

Überernährung

Dick zu sein, ist oft nicht nur ein psychisches, sondern auch ein gesundheitliches Problem, das seine Ursprünge schon in frühester Kindheit hat. Nach einer Theorie hängt die Anzahl der Fettzellen, die im Körper eines Neugeborenen gebildet werden, von dem Fettgehalt der Nahrung ab, die es aufnimmt. Einmal gebildet, lassen sich diese Fettzellen nicht wieder abbauen. Die Anzahl der jetzt gebildeten Fettzellen begleitet das Kind während des ganzen Lebens.
Sie können dem Kind solche Probleme ersparen, wenn Sie von Anfang an eine Überernährung vermeiden. Leider ist es aber ziemlich leicht, einem Flaschenkind zuviel Milch zu geben, und zwar aus zwei Gründen: Erstens ist es sehr verlockend, mehr als die erforderliche Menge Pulver im Wasser zu lösen. Sie sollten den Anweisungen auf der Packung wirklich genau folgen, sonst erhält Ihr Kind unnötige Kalorien. Da Sie, zweitens, die Milch in der Flasche sehen, fällt es vielen Müttern schwer, Ihr Kind nicht dazu zu bringen, die Flasche leerzutrinken. Sie sollten Ihr Kind entscheiden lassen, wann es genug hat. Weitere Ursachen für Überernährung sind zusätzliche süße, zuckerhaltige Getränke und die zu frühe Einführung fester Nahrung.

Unterernährung

Flaschenkinder sind selten unterernährt. Es kann aber vorkommen; besonders wenn Sie nicht nach Bedarf des Kindes, sondern nach Ihrem Zeitplan füttern. Nehmen wir zum Beispiel ein Kind in dem Alter an, in dem es täglich 5 Flaschen trinken soll. Dieses Kind trinkt aber pro Mahlzeit lediglich 115 ml Milch. Wird das Kind jetzt nach einem festen Zeitplan gefüttert und erhält es, selbst wenn es zwischendurch schreit, keine zusätzliche Milch, so bekommt es nicht die für seine Entwicklung notwendige Nahrungsmenge. Beharren Sie deshalb nicht stur auf Ihrem Plan und auch nicht auf der Milchmenge, die laut Herstellerangabe das Kind trinkt (wohl aber auf dem Mischungsverhältnis!). Wenn es die Flasche regelmäßig leert und noch quengelt, dann hat es wahrscheinlich noch Hunger. Machen Sie bei der nächsten Flasche etwas mehr Milch und beobachten Sie, ob das Kind tatsächlich mehr als sonst trinkt. Tut es dies ohne Ihr Zureden, dann wird es diese zusätzliche Menge brauchen und nicht zuviel davon zunehmen.

Aufstoßen und Spucken 0–1 Jahr

Während des Trinkens und Schreiens schluckt das Baby Luft. Diese verschluckte Luft kann manchmal ein Unwohlsein beim Kind hervorrufen. Man läßt es deshalb aufstoßen. Allerdings reagieren Babys recht unterschiedlich auf die verschluckte Luft. Nach meiner Erfahrung beeindruckt die meisten Babys das Aufstoßen recht wenig. Sie zeigen sich nachher nicht viel zufriedener als vorher.

Säuglinge unterscheiden sich in der Menge Luft, die sie beim Trinken mit hinunterschlucken. Einige, die meisten gestillten Babys, schlucken sehr wenig Luft. Kinder, die aus der Flasche trinken, schlucken mehr Luft, wenngleich es nur wenigen Schwierigkeiten bereitet. Werden beim Trinken sehr kleine Luftmengen mitgeschluckt, dann dauert es eine ganze Weile, bis sich die kleinen Luftblasen im Magen zu einer großen vereinigt haben, die dann aufgestoßen werden kann. Kleine Luftblasen im Magen verursachen selten Unbehagen.

Ein Vorteil des Aufstoßen-Lassens ist es, daß Sie beim Trinken innehalten, sich entspannen, Ihr Kind streicheln und leicht klopfen. Dies ist für Sie und das Kind angenehm. Meine Empfehlung zum Aufstoßen lautet, tun Sie es. Es ist, zumindest für Ihr gutes Gewissen, beruhigend. Sie sollten das Ganze allerdings nicht allzu fanatisch betreiben.

Zum Aufstoßen können Sie dem Kind leicht auf den Rücken klopfen, nicht zu stark; denn dann beginnt es zu spucken. Besser als Klopfen ist eine sanfte, aufwärts gerichtete Streichelbewegung.

Vielfach wird empfohlen, die Mahlzeit extra zu unterbrechen, um das Kind aufstoßen zu lassen. Ich sehe hierfür keinen

Aufstoßen

Halten Sie das Kind aufrecht an Ihrer Schulter, auf die Sie ein Lätzchen oder eine saubere Windel gelegt haben. Klopfen oder reiben Sie sanft den Rücken zwischen den Schulterblättern.

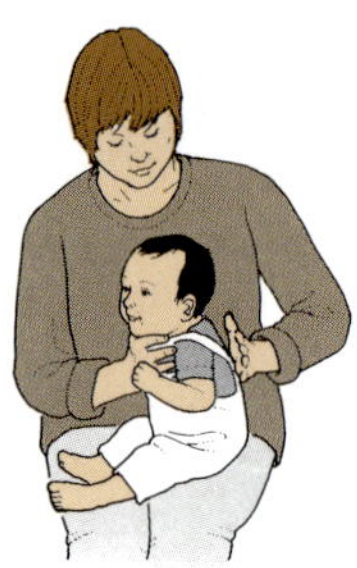

Setzen Sie das Kind auf Ihre Knie. Stützen Sie sein Kinn. Klopfen oder reiben Sie sanft den Rücken.

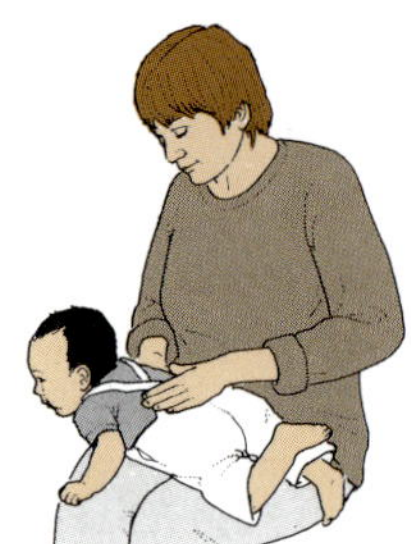

Legen Sie das Kind in Bauchlage auf Ihren Schoß. Klopfen oder reiben Sie sanft den Rücken.

Grund. Warten Sie ruhig ab, bis das Kind eine Pause macht. Mit zunehmendem Alter des Kindes werden Sie wahrscheinlich feststellen, daß das Kind bequem eine ganze Flasche trinken kann, ohne daß die Notwendigkeit zum Aufstoßen entsteht.

Spucken

Einige Babys spucken nie, andere recht häufig, was die Eltern meist sehr beunruhigt. Mein jüngster Sohn spuckte sehr viel. Hatte er zuviel getrunken, dann spuckte er die letzten Schlucke regelmäßig wieder aus. Und wenn er länger als einige Sekunden schrie, dann mußte er meistens husten und dann spucken. War er erkältet und hatte Husten, dann erbrach er fast immer die getrunkene Milch. Ich wußte, daß dieses Spucken nicht Zeichen einer besonderen Krankheit war. Meine Sorge war allerdings, daß der Junge nicht genug zu essen bekam. Hatte er eine größere Menge ausgespuckt, dann gab ich ihm noch einmal zu trinken. Wenn er diese Milch dann trank, nahm ich an, daß er sie auch brauchte. Lehnte er sie ab, so glaubte ich, daß er einfach die Menge, die er vorher zuviel getrunken hatte, wieder ausspuckte.

Bei Neugeborenen ist Überernährung die häufigste Ursache für das Spucken. Häufig spucken Babys auch, wenn sie gezwungen werden, eine Flasche leerzutrinken. Neigt Ihr Kind zum Spucken, sollten Sie zunächst das Trinkloch am Sauger überprüfen. Ist dieses zu groß, dann trinkt das Kind in zu kurzer Zeit zuviel Milch. Ist das Loch zu klein, dann kann es zuviel Luft mitschlucken – was auch Ursache des Spuckens sein kann.

Beobachten Sie Ihr Kind. Sie werden dann feststellen, ob das Spucken harmlos ist oder – als kräftiges Erbrechen – Ausdruck einer Krankheit. Erbricht das Kind jedesmal nach aufeinanderfolgenden Mahlzeiten oder über einen ganzen Tag hinweg, so sollten Sie den Arzt konsultieren. Denn Erbrechen kann bei einem Neugeborenen sehr schnell zu gefährlichem Wassermangel führen.

Nachtmahlzeiten 0–1 Jahr

Wenn Sie einmal eine Bilanz ziehen, dann werden Sie feststellen, daß Sie einen großen Teil Ihrer Zeit mit Füttern verbringen. Rechnet man nur 30 Minuten pro Mahlzeit und 6 Mahlzeiten in 24 Stunden, dann ergibt das 3 Stunden. Berücksichtigt man noch die weitere Zeit, die Sie zur Pflege des Kindes aufwenden, und, daß ein Teil dieser Arbeit nachts geschehen muß, dann ist es ganz normal, daß Sie recht erschöpft und angespannt sein können.

Nachts belasten gar nicht so sehr die Stunden, die Sie keinen Schlaf haben. Viel schwerwiegender wirken sich die Störungen des gewohnten Schlafrhythmus aus. Es ist deshalb wichtig, daß Sie sowohl nachts als auch tagsüber genügend lange Ruhepausen einlegen. Dies bedeutet, daß Ihr Partner einen Teil der Pflegearbeit übernehmen muß. Die Arbeit sollte zwischen Ihnen beiden gleichmäßig aufgeteilt werden. Wenn Sie die Hauptverantwortung für die Ernährung des Kindes übernommen haben, ist es nur gerecht, wenn Ihr Partner hauptverantwortlich in anderen Bereichen für das Kind sorgt.

Tips: Nachts füttern

- Stillen Sie Ihr Kind im bequemen und warmen Bett.
- Sind Sie zu sehr erschöpft, dann drücken Sie die Milch für die Nacht aus. Füllen Sie diese in eine sterilisierte Flasche. Lassen Sie Ihren Partner das Kind versorgen.
- Bewahren Sie im Schlafzimmer einige Windeln auf, damit Sie das Kind schnell und ohne Umstände versorgen können.
- Legen Sie sich abends eine Strickjacke oder einen Bademantel zurecht.
- Stellen Sie, für den eigenen Durst, ein Glas Wasser bereit.
- Schläft Ihr Kind in einem anderen Zimmer und befürchten Sie, sein Schreien nicht hören zu können, dann kaufen Sie sich eine Sprechanlage. Diese überträgt alle Geräusche aus dem Kinderzimmer.

Verringerung der Nachtmahlzeiten

Ihr Kind wird, bis es ungefähr 4500 g wiegt, selten länger als 5 Stunden schlafen. Dann wacht es mit Hunger auf. Nachdem es dieses Gewicht erreicht hat, können Sie versuchen, die Zeit zwischen den Mahlzeiten zu verlängern, damit Sie wieder 6 und mehr Stunden an einem Stück schlafen können. Natürlich hat das Baby seinen eigenen Rhythmus. Aber Sie können versuchen, die letzte Tagesmahlzeit möglichst kurz vor dem Zubettgehen zu verabreichen. Bleiben Sie dabei aber flexibel. Es ist nicht ungewöhnlich, daß das Kind von Ihren Zeiten nichts wissen will und auf seinen Nachtmahlzeiten beharrt, also wach wird und nach Milch verlangt. In diesem Fall bleibt Ihnen nichts anderes übrig, als in den »sauren Apfel zu beißen«.

Die Häufigkeit der Mahlzeiten
Diese Tabelle zeigt die unterschiedlichen Uhrzeiten, zu denen vier Babys (4 Wochen alt) nachts trinken.

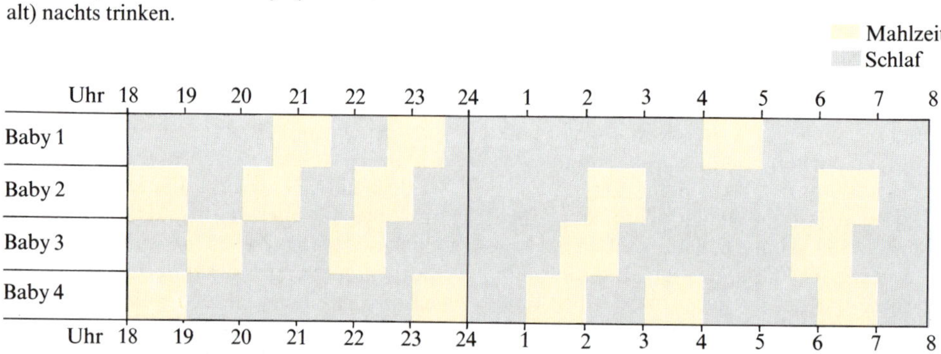

Die Einführung fester Nahrung 4–6 Monate

Irgendwann im ersten Lebensjahr werden Sie beginnen, zusätzlich zur Milch dem Kind festere Nahrung zu geben. Vielfach wird behauptet, dies müsse schon im 3. Lebensmonat geschehen. In den USA bekommen einige Kinder schon in der 6. Lebenswoche feste Nahrung. Dies sollte Sie überhaupt nicht beeindrucken. Ihr Kind benötigt nichts anderes als Muttermilch bzw. die entsprechende Flaschennahrung. Darüber hinaus kann das zu frühe Füttern fester Nahrung zur Abschwächung des Saugens führen. Bei gestillten Kindern bedeutet dies, daß, da weniger Milch aus den Brüsten fließt, weniger Milch gebildet wird. Das Kind erhält dadurch eine Nahrung, die im Prinzip nicht auf seine Bedürfnisse abgestimmt ist.
Schließlich sind bis zum 3. Lebensmonat die Verdauungsorgane noch gar nicht in der Lage, komplexere Nährstoffe für den Körper aufzuschließen und aufzunehmen. Die festen Nährstoffe, die Sie Ihrem Kind in diesem frühen Alter geben, werden deshalb zum großen Teil unverdaut wieder ausgeschieden.

Der richtige Zeitpunkt

Während der ersten Monate kann das Kind seinen gesamten Energiebedarf durch die Milch befriedigen. Je mehr es wächst, desto mehr Milch wird es benötigen und bekommen. Nun kann allerdings der Magen nur eine begrenzte Kapazität an Milch aufnehmen. Irgendwann wird deshalb der Punkt erreicht, an dem das Kind die Höchst-Milch-Kapazität seines Magens ausnützt, aber eigentlich mehr Kalorien braucht, als in der Milch stecken. Dies ist der Zeitpunkt zur Einführung fester Nahrung.
Sie können diesen Zeitpunkt z. B. daran erkennen, daß das Kind nach jeder Mahlzeit noch mehr Milch verlangt. Es möchte auf einmal wieder sechsmal pro Tag trinken, obwohl vorher schon fünf Mahlzeiten ausreichten. Viele Babys erreichen diesen Punkt im 4. Lebensmonat. Diese Zeit ist deshalb ideal, feste Nahrung einzuführen.

Die richtige Nahrung

Bisher bestand die gesamte Nahrung Ihres Kindes aus Milch. Es ist sinnvoll zunächst ähnlich geschmacksneutrale, halbflüssige, Nahrung einzuführen. Ideal sind ungesüßter Obstbrei (von Bananen, Äpfeln, Birnen, Pfirsichen), oder Gemüsebrei (von Kartoffeln, Möhren oder Blumenkohl).
Solche Breie werden, besonders für Babys hergestellt, überall angeboten. Sie können sie sich aber auch selbst herstellen. Ein Vorteil ist, Sie können kleinere Portionen zubereiten und die Zusammensetzung selbst bestimmen, z. B. den Salz- oder Zukkergehalt. Pürierte Gemüsesuppen lassen sich schnell und einfach zubereiten; kochen Sie das Gemüse in etwas Wasser bis es gar ist, pürieren Sie es in einem Mixer oder in einer Passiermühle, und verdünnen Sie es mit Wasser, Milch oder Joghurt. Solche Suppen können je nach Jahreszeit warm oder kalt serviert werden. Ich verwende meist Kartoffeln als Grundlage für eine Cremesuppe.

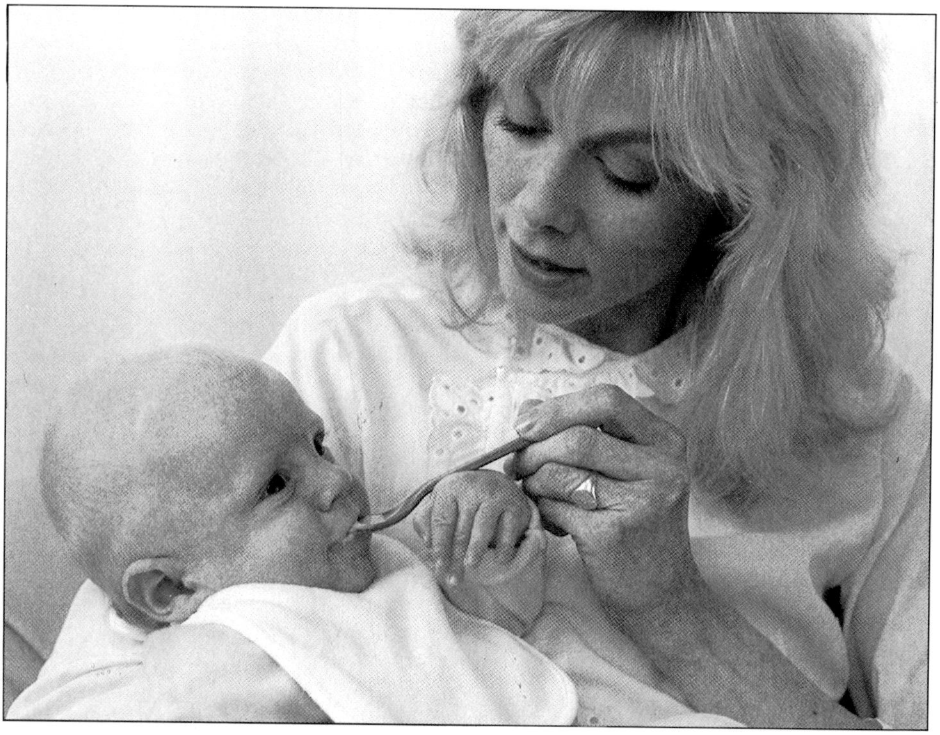

Hygiene

Sobald Ihr Baby feste Nahrung zu sich nimmt, müssen Sie die Kochutensilien nicht mehr wie bisher sterilisieren. Sie müssen allerdings weiterhin die üblichen Hygiene-Regeln beachten. Waschen Sie sich die Hände, bevor Sie die Babynahrung zubereiten und Ihr Baby füttern. Achten Sie darauf, daß alle Kochutensilien sauber sind und daß zubereitete Nahrung im Kühlschrank aufbewahrt wird. Obst- und Gemüsepüree halten sich zwei Tage im Kühlschrank; diese können auch portionsweise eingefroren werden.

Die erste feste Mahlzeit

Von der ersten festen Nahrung geben Sie Ihrem Kind zunächst nur einige Löffel, am besten in Verbindung mit einer der gewohnten Milchmahlzeiten. Gut eignet sich die Mittagszeit. Obwohl das Kind jetzt von seinem Körper her gesehen bereit ist, zusätzliche Kalorien aufzunehmen, wird es zunächst nur die vertraute Milch annehmen wollen. Stillen Sie es deshalb zunächst an einer Brust bzw. geben Sie ihm eine halbe Flasche, ehe Sie es mit den ersten Löffeln Brei probieren.

Vor der ersten Mahlzeit mit fester Nahrung sollten Sie nur eine kleine Portion Brei vorbereitet haben. Sie setzen sich dann wie gewohnt mit dem Kind hin und geben ihm die Milch zu trinken. Nachdem es etwa die Hälfte der üblichen Menge getrunken hat, setzen Sie das Kind aufrecht auf Ihren Schoß und halten ihm einen kleinen Löffel Brei zwischen seine Lippen. Es kann nun den Brei vom Löffel saugen. Schieben Sie den Löffel nicht zu tief in den Mund; das Kind würde unweigerlich zu würgen beginnen.

Zwingen Sie das Kind niemals, mehr Brei zu schlucken, als es haben will! Wenn es dann genug Brei bekommen hat, können Sie die Milchmahlzeit fortsetzen.

Tips:

- Führen Sie immer nur ein neues Nahrungsmittel auf einmal ein. Warten Sie einige Tage ab, um zu beobachten, wie das Kind darauf reagiert.
- Geben Sie dem Kind nur einmal täglich Brei.
- Weigert sich das Kind, von einem Löffel zu essen, stecken Sie Ihren (sauberen) Finger in die Nahrung und lassen das Kind davon lutschen.
- Anstatt das Kind während der Mahlzeit zu halten, können Sie es in eine Wippe legen.
- Halten Sie genug Tücher bereit, um Kleckereien wegzuwischen.

Beispiel einer Entwöhnung

1. Phase (ca. 4. Monat)
1. Mahlzeit
übliche Brust- bzw. Flaschenmahlzeit
2. Mahlzeit
Eine Hälfte der Brust- oder Flaschenmahlzeit. Versuch, 1-2 Teelöffel Püree oder Brei zu geben, dann Rest der Brust- oder Flaschenmahlzeit
3. Mahlzeit
übliche Brust- bzw. Flaschenmahlzeit
4. Mahlzeit
übliche Brust- bzw. Flaschenmahlzeit
5. Mahlzeit
übliche Brust- bzw. Flaschenmahlzeit
2. Phase (ca. 4.-5. Monat)

2. Phase (ca. 4-5. Monat)
1. Mahlzeit
übliche Brust- bzw. Flaschenmahlzeit
2. Mahlzeit
Eine Hälfte der Brust- oder Flaschenmahlzeit. 2 Teelöffel Brei, dann Rest der Brust- oder Flaschenmahlzeit
3. Mahlzeit
Eine Hälfte der Brust- oder Flaschenmahlzeit. 2 Teelöffel Gemüse- oder Obstpüree, dann Rest der Brust- oder Flaschenmahlzeit
4. Mahlzeit
übliche Brust- bzw. Flaschenmahlzeit
5. Mahlzeit
übliche Brust- bzw. Flaschenmahlzeit

Gewöhnung an feste Nahrung 6 Monate–1 Jahr

Nachdem Ihr Kind sich an ein oder zwei feste Mahlzeiten gewöhnt hat, sollten Sie seinen Speiseplan erweitern. Bis zum Ende des ersten Lebensjahrs wird es hauptsächlich fein geschnittene oder zerdrückte Nahrung essen, aber auch lernen, an größeren Brocken zu lutschen oder zu kauen. Die Phase der Milchmahlzeiten mit kleinen Mengen von Brei wird abgelöst durch drei Mahlzeiten am Tag, mit Obstsaft, Milch oder Wasser zu trinken.

Sie können Schritt für Schritt die Mengen fester Nahrung steigern, bis eines Tages Milch ein Getränk wie jedes andere ist – und nicht mehr Hauptnahrungsmittel. Je mehr feste Nahrung das Kind ißt, desto weniger Milch wird es trinken wollen.

Die Menge, die ein Baby essen soll, läßt sich nur schwer allgemein festlegen. Dazu sind die Bedürfnisse zu unterschiedlich. Sie selbst werden recht bald herausfinden, wieviel Ihr Kind essen kann und soll.

Ist das Kind durstig, geben Sie ihm Wasser und verdünnte Fruchtsäfte zu trinken. Verzichten Sie auf Getränke, die Zucker, Farbstoffe und andere Zusätze enthalten.

Speisenauswahl

Sobald sich Ihr Baby an Brei und Gemüse- und Obstpüree gewöhnt hat, können Sie mit der Einführung anderer Nahrungsmittel - wie zum Beispiel Fleisch, Fisch und Molkereiprodukte - beginnen, bis es dann fast alle Nahrungsmittel ißt, die Sie auch essen. Bei der allmählichen Ablösung der Milch als Hauptnahrungsquelle werden Sie sicherstellen müssen, daß die Diät Nahrungsmittel aus allen Hauptnahrungsmittelgruppen enthält (siehe S. 146).

Zu Beginn der Einführung fester Nahrung wird Ihr Baby mit cremiger, halbflüssiger Nahrung am besten zurechtkommen. Die Speisen werden nach dem Kochen zerdrückt, durch ein Sieb passiert oder püriert und dann mit Milch, Brühe oder dem Kochwasser verdünnt.

Wenn Ihr Baby den 6. oder 7. Monat erreicht hat, können Sie ihm allmählich grobere Speisen geben, die mit einer Gabel zerdrückt oder mit einem Messer feingeschnitten wurden. Sie müssen nicht auf die ersten Zähne Ihres Babys warten, bis Sie ihm solche Speisen geben, denn es wird diese mit dem Gaumen »kauen« können.

Speisen, die das Baby in den Fingern halten kann, werden seinen Drang nach selbständigem Essen befriedigen. Beginnen Sie mit Zwieback oder Gemüse- und Obststückchen, die das Kind mühelos halten kann. Lassen Sie Ihr Baby niemals allein, wenn es ißt, denn es könnte sich verschlucken. Falls Speisen in seinem Hals steckenbleiben und das Kind daran zu ersticken droht, halten Sie es an den Füßen mit dem Kopf nach unten, und klopfen Sie auf seinen Rücken, bis die Speisen sich lösen (siehe S. 332).

Umgang mit Lebensmitteln

In den ersten Lebensmonaten ist es notwendig, daß sämtliche Kochutensilien sterilisiert werden (siehe S. 121). Mit der Einführung fester Nahrung muß dieser Aufwand nicht mehr betrieben werden, obwohl Sie Milchflaschen und Sauger weiter sterilisieren sollten. Es ist ausreichend, wenn Tassen, Becher und Besteck einfach heiß abgewaschen und mit heißem Wasser abgespült werden. Mit der Einführung fester Nahrung und Erweiterung der Diät Ihres Babys werden allgemeine Fragen der Lebensmittelhygiene wichtig, besonders auf dem Hintergrund der in letzter Zeit häufig gemeldeten Fällen von Salmonellen und Listeria. Babys gehören - zusammen mit älteren, schwangeren und kranken Menschen - zu denen, die für die schädlichen Auswirkungen von Bakterien in Lebensmitteln am stärksten anfällig sind. Es ist deswegen notwendig, feste Regeln zur Herstellung, Lagerung und Zubereitung von Kindernahrung einzuhalten.

Lebensmitteleinkauf

Die Regeln hier lauten: häufig einkaufen, möglichst frische Lebensmittel auswählen und diese sofort verwenden. Waschen Sie das Obst stets vor dem Verzehr, falls es nicht geschält wird. Wenn Sie Dosen kaufen, achten Sie darauf, daß die Dosen weder Dellen noch Zeichen undichter Stellen haben. Schauen Sie nach dem Verfallsdatum, und verzichten Sie auf Sonderangebote, die aufgrund des ablaufenden Verfallsdatums im Preis heruntergesetzt wurden.

Lagerung

Lebensmittel sollten in sauberen, verschlossenen Behältern im Kühlschrank aufbewahrt und möglichst bald verbraucht werden. Stellen sie nicht gekochte neben rohe Lebensmittel, und legen Sie rohes Fleisch oder Fisch auf einen Teller, damit der Saft nicht auf andere Lebensmittel tropfen kann. Eingefrorene Lebensmittel sollten vor der Zubereitung völlig auftauen und dürfen nach dem Auftauen nicht wieder eingefroren werden.

Das Kochen und Wiederaufwärmen von Speisen

Die einzige sichere Regel in bezug auf Babynahrung heißt, alles gründlich garkochen; dies ist besonders wichtig bei Fleisch, Hühnerfleisch und Eiern. Geben Sie einem Baby niemals rohes Ei. Vermeiden Sie es möglichst, ihm wiederaufgewärmte Speisen zu geben. Gekühlte oder eingefrorene Speisen sollten nur einmal erwärmt und Reste anschließend weggeworfen werden. Wenn Sie Speisen im voraus zubereiten, lassen Sie diese nicht erst abkühlen, bevor Sie sie in den Kühlschrank stellen, da die Zeit für die Vermehrung von Bakterien hierdurch nur verlängert wird. Decken Sie die Speisen zu.

Küchenhygiene

Waschen Sie sich die Hände mit Seife und warmem Wasser, bevor Sie Lebensmittel anfassen. Achten Sie darauf, daß alle Familienmitglieder sich nach Benutzung der Toilette, nach dem Wickeln des Babys oder dem Umgang mit Haustieren die Hände waschen (nicht in der Küchenspüle). Halten Sie die Küche peinlich sauber, besonders die Arbeitsflächen, Hackbretter und Kochutensilien.

Trocknen Sie das Geschirr mit sauberen Geschirrtüchern ab, oder lassen Sie es nach dem Abspülen mit warmem Wasser auf einem Abtropfbrett an der Luft trocknen. Waschen Sie die Geschirrtücher regelmäßig. Halten Sie die Mülleimer sauber und verschlossen, und leeren Sie sie häufig.

Lassen Sie Speisen nur abgedeckt stehen. Wenn Sie Ihrem Baby Gläschenkost geben, dürfen Sie diese direkt aus dem Gläschen löffeln, wenn Sie das Gläschen bei der Mahlzeit ganz aufzubrauchen glauben. Sonst sollten Sie soviel Nahrung wie Sie brauchen herausnehmen, das Gläschen zuschrauben und bis zur nächsten Mahlzeit wieder in den Kühlschrank stellen.

Babynahrung herstellen

Die meisten Familien besitzen einen Mixer in ihrem Haushalt. Haben Sie keinen, dann kaufen Sie sich eine billige Handmühle, die sich zum Pürieren eignet. Sie werden diese nicht lange benutzen müssen. Die Nahrung wird für das Baby nur über einen kurzen Zeitraum püriert, danach wird sie kleingeschnitten, allenfalls noch zerdrückt. Besonders wenn Sie kleine Portionen vorbereiten, erscheint es vielen einfacher, die Nahrung einfach durch ein Sieb zu drücken.

Ihre selbst zubereiteten Speisen können Sie mit Wasser (z.B. dem Wasser, in dem Sie das Obst oder Gemüse gekocht haben), Mutter- oder Kuhmilch, Suppe sowie mit Tomaten-, Orangen- oder Apfelsaft verdünnen. Zum Andicken eignen sich gemahlenes Vollkorngetreide, Frischkäse, Joghurt oder Kartoffelbrei. Wenn Sie meinen, Speisen süßen zu müssen, verwenden Sie natürlich süße Obstsäfte, Honig oder Traubenzucker (Dextrose), aber keinen raffinierten Zucker, egal ob braunen oder weißen. Der menschliche Körper benötigt diesen Zucker nicht, darüber hinaus ist er schlecht für die Zähne und führt beim Kind schnell zu einer Sucht nach Süßigkeiten.

- Mixer, Mühle oder Sieb
- kleiner Kochtopf, um Speisen zu erwärmen
- Dampfkochtopf oder Topf mit fest schließendem Deckel
- Reibe

Tips: Zubereitung

- Bevor Sie Obst oder Gemüse verarbeiten, sollten Kerne, Kerngehäuse und Schalen entfernt werden.
- Bereiten Sie das Fleisch nach Wahl vor, aber pürieren Sie es anschließend. »Verlängern« Sie das pürierte Fleisch mit Gemüsewasser oder Suppe.
- Wählen Sie nicht nur rotes Fleisch, sondern auch Hähnchen und Fisch.
- Kaufen und verarbeiten Sie nur frisches Gemüse.
- Gehen Sie mit Obst behutsam um. Schneiden Sie das Obst erst kurz vor dem Verzehr.
- Dämpfen Sie Obst und Gemüse in wenig Wasser. Benutzen Sie dazu einen gut verschließbaren Topf.
- Weiches Obst und Gemüse sollte in der Schale gekocht werden. Dadurch wird der Vitamingehalt besser erhalten. Im Prinzip kann das Kind die Schale essen, wenn sie gut gereinigt ist. Sie enthält notwendige Ballaststoffe. Könnte es sich jedoch daran verschlucken, entfernen Sie die Schale besser.
- Passen Sie die Konsistenz der Nahrung den Fähigkeiten Ihres Kindes an; z.B. dick und milchig für ein 4 Monate altes Kind, dick und sahnig für ein 6 Monate altes Kind und leicht klumpig für ein 9 Monate altes Kind.
- Grünes Blattgemüse sollte nicht in kupfernen Töpfen zubereitet werden. Durch das Kupfer wird Vitamin C abgebaut.
- Dosennahrung sollte möglichst kurz gekocht werden, damit keine weiteren Vitamine verlorengehen.
- Geben Sie keinen Zucker und kein Salz in die Babynahrung. Die unfertigen Nieren können Salz nicht verarbeiten. Und mit Zucker gewöhnen Sie das Kind unnötig an Süßigkeiten.
- Verzichten Sie auf gesättigte Fette beim Kochen. Wählen Sie z.B. Distel- oder Maisöl.
- Putzen Sie Gemüse erst kurz vor der Verarbeitung. Lassen Sie es nicht stundenlang im Wasser liegen. Sie vermeiden dadurch Vitaminverluste.
- Stellen Sie heiße Babynahrung sofort in den Kühlschrank. Zwar beanspruchen Sie dadurch den Kühlschrank stärker, doch sie schränken besser das Wachstum von Bakterien ein.

Überprüfen Sie den Vakuumverschluß. Knackt er beim Öffnen nicht, so könnte der Inhalt verdorben sein. Eventuell können Sie selbst davon essen. Geben Sie dem Kind ein anderes Gläschen.

Füttern Sie das Kind nur dann direkt aus dem Gläschen, wenn es voraussichtlich die ganze Portion essen wird.

Kaufen Sie Fleisch- und Gemüsegläschen nach Möglichkeit in verschiedenen Gläschen. Stellen Sie eigene Mischungen zusammen.

Kaufen Sie Gläschen ohne den Zusatz von Bindemitteln. Kaufen Sie Gläschen ohne Zusatz von Salz, Zucker oder Glutamat.

Es ist unhygienisch, das Kind ein zweites Mal direkt aus demselben Gläschen zu füttern.

Geöffnete Gläschen dürfen nicht länger als 48 Stunden aufbewahrt werden.

Wenn Sie das Gläschen im Wasserbad aufwärmen, muß vorher der Deckel geöffnet werden, sonst kann das Gläschen zerspringen.

Fertignahrung

Manche Eltern entscheiden sich grundsätzlich gegen und manche für Fertignahrung. Fertignahrung ist in jedem Fall praktischer, wenn Sie unterwegs sind oder in großer Eile. Billiger ist es, wenn Sie die Nahrung selbst herstellen, besonders wenn Sie kleine Portionen in der Tiefkühltruhe einfrieren können. Wenn Sie Ihrem Kind regelmäßig Fertignahrung geben, sollten Sie die oben genannten Tips beachten.

Getränke

Auch nachdem Sie feste Nahrung eingeführt haben, bleibt die Milch fester Bestandteil des Speiseplans. Sie deckt noch lange einen großen Teil des täglichen Kalorienbedarfs ab. Mit 6 Monaten kann das Kind schon Kuhmilch, unter andere Speisen gemischt, oder aus der Flasche oder Tasse trinken. Diese Milch muß zwar nicht abgekocht werden, doch sollten die Gefäße, mit der sie in Berührung kommt, sorgfältig gereinigt werden.

Sobald das Kind größere Mengen fester Nahrung zu sich nimmt, wird es zusätzlich zur Milch noch etwas anderes trinken müssen. Geben Sie ihm nach jeder Mahlzeit etwa 15 ml Wasser oder verdünnten Obstsaft. Wollen Sie dafür keine Flasche nehmen, so probieren Sie es mit einer Tasse (siehe unten). Nach diesem Anfang kann Ihr Kind jederzeit Wasser trinken, um seinen Durst zu stillen. Besonders im Sommer sollten Sie darauf achten, daß es genug trinkt.

Sirupgetränke, aber auch viele Fertig-Babygetränke enthalten Zucker und sollten deshalb vermieden werden. Das gleiche gilt für die meisten Limonaden und Cola-Getränke. Geben Sie besser Wasser und natürliche Obstsäfte.

Einführung der Tasse

Mit ungefähr 6 Monaten kann Ihr Kind damit anfangen, aus einer Tasse trinken zu lernen. Diese Umstellung ist ein wichtiger Bestandteil der Entwöhnung von der Brust bzw. der Flasche. Am besten eignen sich die beiden Mahlzeiten, bei denen das Kind feste Nahrung erhält und sowieso nicht auf Milch fixiert ist. Geben Sie ihm erst die feste Nahrung und dann die Tasse.

Auf dem Markt wird eine Vielzahl von Babytassen angeboten (siehe S. 39). Für den Anfang sind Schnabeltassen zu empfehlen. Das Baby kann bei diesen noch etwas saugen, aber muß schon richtig trinken. Halten Sie die Tasse zunächst selbst und geben Sie dem Kind nur einige Schlucke. Sobald

das Kind allein nach den Griffen greift, können Sie die Tasse abgeben. Sehr bald können Sie zu einer Schnabeltasse mit zwei Henkeln übergehen. Ideal sind solche Tassen, die einen abgewinkelten Schnabel haben, so daß das Kind die Tasse nicht so hoch halten muß. Einige Babys werden es im übrigen von Anfang an vorziehen, aus einer richtigen Tasse zu trinken.
In der Regel wird sich Ihr Kind mit 6 bis 7 Monaten allmählich von der Brust oder Flasche entwöhnen. Am schnellsten kann es tagsüber auf Brust oder Flasche verzichten. Am schwierigsten ist es meist abends; da dient die Brust oder Flasche allerdings mehr als Trostspender denn als Nahrungsquelle.

Wo Sie das Kind füttern

Bis zum 6. Lebensmonat ist es am besten, wenn Sie das Kind auf Ihrem Schoß oder in einer Wippe (Babyliege) füttern. Sobald es aber allein sitzen kann, benutzen Sie am besten einen Hochstuhl. Sehr praktisch ist ein Hochstuhl auf Rädern. Ihn können Sie mit dem Kind problemlos durch die Wohnung rollen. Solche Hochstühle sind allerdings oftmals sperriger und teurer als die anderen.
Es kann sein, daß das Kind zunächst noch einige Kissen als Stützen benötigt, um im Hochstuhl sicher sitzen zu können. Viele Hochstühle haben auch Gurte, um zu verhindern, daß das Kind hinunterstürzt oder losklettert. Solche Gurte haben allerdings einen Nachteil. Falls das Kind sich verschluckt hat und zu würgen beginnt, kommen Sie nicht so schnell an es heran. Da Sie sowieso Ihr Kind in diesem Alter niemals allein lassen sollten, empfehle ich Ihnen, im Hochstuhl dem Kind keine Gurte anzulegen. Behalten Sie es statt dessen im Auge.
Schon bei der Einführung einer neuen Speise kann es vorkommen, daß das Kind aus Überraschung über das Ungewohnte zu würgen beginnt. Sie müssen in jeden Fall damit rechnen, daß das irgendwann einmal passiert. Fängt es an zu würgen, so klopfen Sie ihm fest auf den Rücken, bis die Luftröhre wieder frei wird. In einem wirklichen Ernstfall müssen Sie das Kind dabei an den Beinen, mit dem Kopf nach unten halten.
Deshalb ist es wichtig, daß Sie schnell an es heran können. Die Hauptsache ist, daß Sie schnell reagieren; denn im Ernstfall können verschluckte Speisen (und Gegenstände) zur Bewußtlosigkeit führen. Sie sollten sich klar machen, wie Sie in einem solchen Fall am besten reagieren (siehe S. 333).

Das Füttern

Ihrem Kind wird die neue Nahrung gefallen. Nicht wegen der Nährstoffe, sondern einfach weil sich damit spielen läßt. Für die nächsten Monate ist es deshalb ratsam, daß Sie, falls notwendig, den Boden unter dem Hochstuhl mit Zeitungspapier, einer Plastikplane oder einem waschbaren kleinen Teppich bedecken. Vieles wird vom Teller, vom Tisch, aus dem Mund oder aus den Händen hinunterfallen.
Es dauert meist einige Zeit, bis Ihr Kind die Technik des Essens vom Löffel begriffen hat. Es muß erst lernen, seinen Mund für einen gefüllten Löffel rechtzeitig zu öffnen und zu schließen.

Das Baby ißt selbst

Ihr Kind wird Sie nicht im Zweifel lassen, wenn es lieber selber essen will. Es wird Ihnen ganz einfach den Löffel entreißen. Lassen Sie dies ruhig zu und das Kind experimentieren. Die Kleckerei läßt sich anschließend beseitigen. Diese Versuche, selbständig zu essen, sind eine wichtige Phase in der geistigen und körperlichen Entwicklung. Ihre Ermutigung stärkt das Selbstvertrauen in die eigenen Fähigkeiten des Kindes. Durch diese Versuche gewinnt das Kind bessere Fingerfertigkeiten und lernt Bewegungen aufeinander abzustimmen. Nichts beschleunigt die Hand-Augen-Koordination besser als der Versuch, einen gefüllten Löffel sicher im Mund »landen« zu lassen.

- Es dauert einige Monate, bis Ihr Kind das selbständige Essen einigermaßen sicher beherrscht. Häufig betrachtet es das Essen als Spielmaterial, das sich besser auf den Fußboden als in den eigenen Mund verfrachten läßt. Glücklicherweise ist in diesem Alter die erste große Wachstumsphase meist gerade abgeschlossen, so daß das Kind sowieso weniger ißt als bisher.
- Bis das Kind gelernt hat, den eigenen Löffel erfolgreich zum Mund zu führen, können Sie mit einem zweiten ab und zu das Kind füttern. So bekommt es dann wenigstens einige volle Löffel von seinem Essen.

Ein sechs Monate altes Kind kann noch nicht selber einen Löffel halten. Trotzdem wird es versuchen, den Löffel zu greifen und zum Mund zu führen.

Mit acht Monaten kann das Kind den Löffel schon relativ geschickt und erfolgreich benutzen. Mit einer Tasse kann es auch schon gut umgehen.

Tips: Sicherheit

- Geben Sie dem Kind nichts zu essen, was wegen seiner geringen Größe im Hals stecken bleiben kann oder woran es sich verschlucken könnte. Verzichten Sie deshalb z. B. auf Erdnußkerne oder auf entsprechende Obstsorten.
- Lassen Sie Ihr Kind beim Essen und Trinken niemals unbeaufsichtigt. Es benötigt Ihre sofortige Hilfe, falls es sich verschluckt oder erbricht.
- Beachten Sie die üblichen Hygiene-Regeln. Seien Sie aber auch nicht zu pingelig. Geschirr, Lätzchen und Hochstuhl sollten sauber sein.
- Bewahren Sie im Kühlschrank stets rohes und gekochtes Fleisch getrennt auf.

Tips: Füttern

- Stopfen Sie unter den Halsausschnitt des Lätzchens zusätzlich Papiertücher, wenn Ihr Kind lernt, aus der Tasse zu trinken. Auf diese Weise bleibt die Kleidung trocken.
- Manche Kinder wollen kein Lätzchen tragen. Probieren Sie es mit einem bunten Tuch, z. B. einem alten Kopftuch.
- Bringen Sie sich selbst in Sicherheit, wenn das Kind niest! Es spuckt Sie sonst voll.
- Bringen Sie am Hochstuhl eine Halterung für Papiertücher an.
- Stellen Sie den Hochstuhl nicht zu nahe an eine neu tapezierte Wand; es sei denn, die Tapete ist abwaschbar.

Rezepte für 1–3jährige

Gemüse-Mix mit Käse

1 mittelgroße Kartoffel
2 frische Tomaten
50 g geriebenen Käse oder Frischkäse
1 Möhre, 1 Ei

Die Kartoffel und die Möhre waschen, schälen und weichkochen. Die Tomaten mit kochendem Wasser enthäuten und durch ein Sieb geben, um alle Kerne zu entfernen. Das Gemüse zerdrücken und wieder erhitzen. Den Käse, das Ei und die Tomaten hineinrühren. Unter Rühren weiter erhitzen, bis das Ei geronnen und der Käse geschmolzen ist.

Spaghetti Bolognese

100 g Spaghetti
200 g Tomaten
2 Eßl. Tomatenmark
¼ l Fleischbrühe
Thymian
Oregano
100 g Gehacktes
½ Zwiebel
2 Eßl. Speiseöl

Die Zwiebeln fein schneiden und zusammen mit dem Gehackten anbraten. Alle übrigen Zutaten, außer den Spaghettis, dazugeben und 45 Minuten kochen lassen. Die Spaghetti während dieser Zeit gar kochen, im Mixer zerkleinern. Die übriggebliebene Sauce kann eingefroren werden.

Gedünstetes Huhn

1 Hühnerbrust
150 ml Milch
gehackte Petersilie

Alle Zutaten so lange dünsten, bis die Hühnerbrust gar ist. Diese aus dem Topf herausnehmen, und die Flüssigkeit bis auf ein Eßlöffel reduzieren. Das Hühnerfleisch kann entweder kleingeschnitten und mit der Sauce übergoßen oder mit der Sauce püriert werden.

Fisch mit Gemüse

1 kleines Fischfilet
1 Eßl. Milch
100 g Grüne Bohnen oder Spinat

Die Bohnen bzw. den Spinat kochen. Den Fisch in Milch gar dünsten. Vor dem Servieren kleinschneiden oder pürieren.

Streuselobst

200 g gekochtes und passiertes Obst (Äpfel, Pfirsiche, Brombeere)
2 Eßl. zerdrückter Zwieback
Honig

Das Obst nach Bedarf mit Honig süßen und in eine gefettete Form geben. Den Zwieback darüberstreuen und 20 Minuten bei 175° backen.

Obstgelee

1 Tasse frischen Obstsaft
30 g Gelatine
Frisches Obst, in Würfel geschnitten

Die Gelatine nach Anweisung auflösen, kurz abkühlen lassen und in den Obstsaft einrühren. Das frische, gewürfelte Obst dazugeben und kurz umrühren. Im Kühlschrank fest werden lassen.

Gulasch

250 g Gulasch	*Speiseöl*
2 Kartoffeln	*Kräutermischung*
2 gehackte Möhren	*Mehl*
¼ l Fleischbrühe	*Knoblauch (nach Wahl)*

Die Fleischwürfel in Mehl tauchen und in heißem Öl anbraten. Die Fleischbrühe dazugießen und zum Kochen bringen. Den Knoblauch (nach Wahl) und die Kräuter einrühren und 1 Stunde lang kochen lassen. Danach das Gemüse dazugeben und so lange weiterkochen, bis Fleisch und Gemüse gar sind. Im Mixer zerkleinern.

Thunfischsalat

1 Dose Thunfisch (nach Möglichkeit in Wasser, nicht in Öl)
60 g Frischkäse oder Quark
feingewiegte Salatgurke
feingewiegte Zwiebel (nach Wahl)
Zitronensaft

Den Thunfisch auflockern und unter die anderen Zutaten mischen.

Gebackene Eiercreme

¼ l Milch
2 Eier
2 Eßl. Honig

Die Eier schlagen und nacheinander die Milch und den Honig einrühren. In eine ofenfeste Form umfüllen und diese im Wasserbad (das Wasser sollte halbhoch in der Form stehen) bei 160° eine Stunde backen. Die Eiercreme ist fertig, wenn ein hineingestochenes Messer sauber herauskommt.

Schweinefleisch mit Gemüse

250 g Schweinefleisch
2 Tomaten
250 g Möhren
1 gehackte Zwiebel
¼ l Fleischbrühe

Das Fleisch kleinschneiden und in eine Auflaufform geben. Die Tomaten enthäuten und kleinschneiden. Die übrigen Zutaten dazugeben und 40 Minuten auf dem Herd kochen lassen. Vor dem Servieren im Mixer zerkleinern.

Hamburger

250 g Gehacktes
1 Eigelb
½ gewiegte Zwiebel
1 Eßl. Tomatenmark
Messerspitze Kümmel
und Oregano

Alle Zutaten vermischen. Hamburger-Fladen daraus formen und braten. Vor dem Servieren kleinschneiden oder zerdrücken.

Aprikosencreme

250 g Aprikosen
1 Eigelb
Zitronensaft
1 Eßl. Joghurt

Die Aprikosen kochen und pürieren. Das Eigelb unter 2–3 Eßl. Aprikosenpüree rühren und einige Tropfen Zitronensaft hinzugeben. Diese Mischung unter ständigem Rühren zum Kochen bringen. Kurz abkühlen lassen und den Joghurt einrühren. Vor dem Servieren kalt stellen.

Obst und Gemüse	Getreideerzeugnisse	
– Frisches Obst, das sich leicht halten oder in Scheiben schneiden läßt; nötigenfalls Kerne und Schale entfernen; z. B. Äpfel, Bananen. – Jedes Gemüse, das sich leicht in Stücke schneiden und halten läßt, z. B. Tomaten, Möhren. – Kartoffelbrei.	– Gekochter Reis, zu kleinen Bällchen geformt. – Vollkornbrot – Vollkornzwieback **Eiweiß** – Erdnußmus auf Brot – Käsewürfel – Käse-Nudel-Auflauf – kleingeschnittene Frikadellen (Hamburger)	– Rühreier – Frischkäse – alle Fleischsorten, die sich leicht greifen lassen – Fischbrocken (ohne Gräten!) – hartgekochte Eier (in Scheiben)

Essen mit den Fingern

Nun wird es oft vorkommen, daß Ihr Kind so wenig erfolgreich mit dem Löffel ist, daß es anfängt sich zu ärgern und zu schreien. Halten Sie für solche Situationen immer etwas bereit, das das Kind mit den Fingern essen kann. In der Liste auf dieser Seite sind einige Beispiele genannt. Manches davon erscheint Ihnen vielleicht zu hart, aber das Kind wird daran mit Freude lutschen.

Seien Sie flexibel

Werden Sie bei den Mahlzeiten nicht nervös. Dies wird Ihnen leichterfallen, wenn Sie für die Zubereitung der Mahlzeiten für das Baby nicht allzuviel Zeit aufgewendet haben. Wenn Ihr Baby dann das eine oder andere nicht ißt, trifft es Sie nicht so sehr. Stellen Sie nie Ihren Willen vor den des Kindes, denn schließlich können Sie Ihr Kind nicht zum Essen zwingen. Machen Sie sich keine Sorgen, daß Ihr Kind zuwenig essen könnte. Wenn es Hunger hat, wird es essen. Und wenn es zeitweise weniger ißt, dann ist sein Bedürfnis nach Nahrung auch zurückgegangen. Es wird letztlich immer so viel essen, daß sein Bedarf gestillt ist.

Eine Phase, in der das Kind wenig ißt, wird in aller Regel durch eine Phase abgelöst, in der das Kind ungeahnte Mengen verspeisen kann. Denken Sie also in längeren Zeiträumen. Konzentrieren Sie sich nicht darauf, was Ihr Kind täglich ißt, sondern auf das, was es wöchentlich verspeist.

Über die Woche sollte der Speiseplan ausgewogen gestaltet sein. Ißt Ihr Kind an einem Tag nur Brei, am nächsten nur Käse und am dritten hauptsächlich Obst – dann ist das nicht schlimm. Der kindliche Organismus reguliert vieles von selbst. Er »weiß«, was er möchte und was nicht. Wie in vielen Bereichen der Kindererziehung sollten Sie sich auch hier von den Bedürfnissen Ihres Kindes leiten lassen. Solange Sie dem Kind eine ausgewogene Vielfalt an Speisen anbieten, wird es, über einen Zeitraum, auch immer ausgewogen wählen.

Es ist also nicht richtig, darauf zu bestehen, daß das Kind mit jeder Mahlzeit aus jeder wichtigen Nährstoffgruppe etwas erhalten muß. Es kann bei einer Mahlzeit lediglich den Eiweißbedarf decken und bei der nächsten den an Kohlenhydraten. Versuchen Sie deshalb, dem verständlichen Wunsch, das Kind soll mit jeder Mahlzeit das »Richtige« essen, nicht nachzugeben. Sie können die Nahrungsaufnahme des Kindes nicht bis ins einzelne kontrollieren. Im Prinzip benötigt Ihr Baby nur ein bis zwei große Mahlzeiten am Tag. Zwischendurch reichen einige Häppchen. Sie sollten das Essen nicht auf die Mahlzeiten bei Tisch beschränken. Ist das Kind stur und beharren Sie auf einem Schema, dann arten die Mahlzeiten schnell in einen Kampf aus. Ermutigen Sie das Kind, bei den regelmäßigen Mahlzeiten zu essen. Aber seien Sie bereit, in schwierigen Phasen dem Kind auch zwischendurch etwas zu geben.

Ernährung und Essen 1–2 Jahre

Damit sich Ihr Kind gut entwickelt, muß seine Ernährung ausreichend Eiweiß, Kohlenhydrate, Fette, Vitamine sowie Mineralstoffe enthalten. Sie erreichen dies, indem Sie ihm eine Vielzahl verschiedener Speisen anbieten. Wieviel Ihr Kind ißt, hängt davon ab, wie aktiv es ist bzw. ob es gerade einen Wachstumsschub durchmacht. Um den ersten Geburtstag herum verlangsamt sich das Wachstum, um dann beim Laufenlernen wieder anzusteigen.
Wenn das Kind 18 Monate alt ist, wird es relativ dreimal so viele Kalorien brauchen wie ein Erwachsener; nämlich etwa 100 kcal pro Kilo Körpergewicht. Sein Eiweißbedarf beträgt ca. 2,2 g pro Kilo Gewicht. Obwohl Säuglinge noch mehr Eiweiß benötigen, ist diese Menge immer noch das Zweifache des Bedarfs eines Erwachsenen.

Empfehlenswerte Speisen

Im zweiten Lebensjahr wird Ihr Kind mehr oder weniger das gleiche essen können wie Sie. Es gibt nichts, das ein Baby essen *muß*, um gesund zu bleiben. Sein Speiseplan sollte lediglich eine ausgewogene Mischung an vernünftig zubereiteten Mahlzeiten enthalten. Milch sollte weiterhin ein wichtiger Bestandteil der Nahrung bleiben. Sie enthält nämlich viel Eiweiß (3,2 g auf 100 g Milch). Bei Durst können Sie dem Kind Wasser und verdünnte Obstsäfte geben.
Bieten Sie dem Kind pro Tag etwa vier Portionen Obst oder Gemüse und bei den Mahlzeiten mindestens eine Eiweiß-haltige Speise an. Die Menge, die Ihr Kind bei einer Mahlzeit verspeisen kann, wird laufend zunehmen. Im Durchschnitt kann es jetzt ein Drittel bis zur Hälfte einer Erwachsenenportion essen.
Sie sollten dem Kind von Anfang an gesunde Eßgewohnheiten mitgeben. Benutzen Sie bei der Zubereitung seiner Speisen möglichst wenig Salz und Zucker. Geben Sie ihm möglichst keine »leeren« Kalorien in Form von Kuchen, Keksen und Süßigkeiten. Verzichten Sie auch weitgehend auf Süßspeisen wie Pudding. Joghurt, Quark oder Kompott eignen sich viel besser.

Geben Sie Ihrem Kind keine der folgenden Nahrungsmittel
- ganze Nüsse
- Popcorn
- sehr grobes Vollkornbrot
- kleine Stücke von rohem Obst oder Gemüse
- Kernobst (z. B. Orangen)
- ungeschältes Obst mit harter Schale
- stark gewürzte Speisen
- salzige Speisen
- zuckerhaltige Getränke

Die Mahlzeiten

In der Zeit, in der Ihr Kind mit dem Laufen beginnt, wird es wahrscheinlich 3 (kleinere) Haupt- und zwei Zwischenmahlzeiten pro Tag essen. Im zweiten Lebensjahr schwankt sein Appetit relativ stark. So hat es an einem Tag riesigen Hunger und vertilgt alles, was Sie ihm vorsetzen. Am nächsten Tag kann es dann passieren, daß es kaum etwas anrührt. Machen Sie sich darüber keine Sorgen. Solche »Freß- und Hungerperioden« sind in dieser Zeit völlig normal. Das Kind ißt entsprechend dem Bedarf seines noch jungen Organismus, der noch starken Schwankungen unterlegen ist.

Essen mit den Erwachsenen

Sie sollten Ihr Kleinkind an den Familienmahlzeiten beteiligen. Rücken Sie einfach seinen Hochstuhl an den großen Tisch mit heran. Das Kind kann so das Essen der anderen miterleben und sich allmählich an das Geschehen gewöhnen. Sie können das Kind stärker miteinbeziehen, indem Sie ihm die gleichen Speisen geben, die Sie essen. Sie müssen lediglich darauf achten, daß Ihr Kind diese auch mit seinem Mund bewältigen kann. Solche gemeinsamen Mahlzeiten sind natürlich schöner, wenn das Kind schon einigermaßen sauber essen kann. Ist es noch nicht soweit, dann können Sie das Kind vorab versorgen. Während der Familienmahlzeiten kann es dann mit seinen Fingern eine Kleinigkeit hinterher essen.

Erwarten Sie nicht, daß das Kind mit den gleichen Tischmanieren ißt wie ein Erwachsener. Mit 12 Monaten kann es schon gut krabbeln, vielleicht schon etwas laufen; aber stillsitzen zu müssen, wird ihm schnell zur Qual. Wenn es deshalb aus dem Hochstuhl hinaus will, sollten Sie es herausnehmen. Hat es Hunger, dann wird es nach einigen Minuten wieder zurückkommen. Setzen Sie es wieder in den Stuhl. So lernt es schnell, daß Essen mit Sitzen verbunden ist. Sie sollten nie darauf bestehen, daß das Kind seine Mahlzeiten zu Ende ißt, wenn es nicht will. Es wird das Versäumte bei der nächsten Mahlzeit nachholen.

Ernährungsplan für ein Kleinkind (1–2 Jahre)

Frühstück: 1 Tasse Milch, Brot ohne Rinde, Butter, Honig

2. Frühstück: 1 Tasse Obstsaft, 1 Apfel

Mittagessen: 50 g Fisch, ½ Scheibe (Vollkorn)brot, 1 Eßl. grüne Bohnen, 1 Tasse Obstsaft

Abendessen: 1 Scheibe Vollkornbrot, Butter, Käse, ½ Banane, Milch

Frühstück: 1 Tasse frischen Orangensaft, ½ Scheibe Brot, ein weich gekochtes Ei

2. Frühstück: 1 Tasse Obstsaft, ein Zwieback

Mittagessen: Hühnerfleisch, in Milch gekocht, 2 Eßl. Spinat, Joghurt

Nachmittags: Milch oder Obstsaft

Abendessen: 1 Scheibe Vollkornbrot mit Quark und Kräutern oder mildem Streichkäse, 1 rohe Möhre, Milch

Frühstück: Brei aus Milch und Haferflocken, etwas Obst (evtl. als Kompott)

2. Frühstück: 1 Apfel

Mittagessen: Omlette aus einem Ei und 30 g Käse. 1 Eßl. grüne Bohnen, ½ Scheibe Vollkornbrot, Obstsaft

Nachmittags: Milch, Vollkornkeks

Abendessen: 1 Scheibe Vollkornbrot mit Schinken, Käsewürfel

Empfohlene Höhe der täglichen Nährstoffzufuhr eines 2jährigen Kindes
(nach Deut. Gesell. für Ernährung)

Energie
1 200 kcal
(5 000 kJ)

Nährstoffe
2,2 g Protein je kg Körpergewicht
4,0 g Essentielle Fettsäuren
120 ml Wasser je kg Körpergewicht

Mineralstoffe (in mg)	
Natrium	1 000–2 000
Kalium	1 000–2 000
Kalzium	600
Phosphor	600
Magnesium	130
Eisen	8
Fluor	0,5

Vitamine (in mg)	
A	0,7
E	6,0
B_1	0,7
B_2	0,8
Niacin	8,0
C	70,0
D	500 Einheiten

Sauberkeit beim Essen

Das Essen macht den meisten Kindern so viel Spaß, daß sie sich oft nicht auf die schwierige Bewegung der Speisen vom Teller zum Mund konzentrieren können. Einige Unordnung, bekleckerte Decken und Kleider lassen sich nicht vermeiden. Versuchen Sie dies mit Gelassenheit zu ertragen. Diese Phase ist dann überstanden, wenn das Kind gelernt hat, seine Bewegungen besser zu koordinieren. Selbst wenn Sie glauben, daß dieser Lernprozeß auf Kosten Ihrer Eßkultur stattfindet, sollten Sie ruhig bleiben. Tun Sie alles, was von Ihnen her möglich ist, um die Mahlzeit ruhig verlaufen zu lassen. Behalten Sie stets im Kopf, daß das Essen weniger wichtig ist als die Zufriedenheit Ihres Kindes.

Die folgenden Hinweise können Ihnen dabei helfen.

- Stellen Sie den Hochstuhl auf eine Plastikplane, dann können Sie Heruntergekleckertes leichter aufwischen. Sie können auch Zeitungspapier nehmen und dieses hinterher einfach wegwerfen.
- Zeichnen Sie auf den Tisch einen Kreis, weitab von den Rändern, aber in Reichweite des Kindes. Dort soll es seinen Trinkbecher wieder hinstellen. Machen Sie aus dem Hinstellen ein Spiel.
- Die meisten Kinder mögen es überhaupt nicht, wenn ihr Gesicht mit einem Waschlappen gesäubert wird. Benutzen Sie statt dessen Ihre Hand, die Sie vorher in Wasser getaucht haben. Diese Methode wird eher akzeptiert und erfüllt meist den Zweck genausogut.
- Kleckert sich das Kind beim Essen voll, dann waschen Sie es am besten über dem Waschbecken. Das Waschen macht dort, beim fließenden Wasser, viel Spaß.
- Sie können dem Kind auch, solange es noch im Hochstuhl sitzt, eine Schüssel warmen Wassers anbieten. In diese kann es seine Hände tauchen. Anschließend trocknen Sie die Hände ab.

Mögliche Probleme 1–2 Jahre

Lieblingsspeisen

Während seines zweiten Lebensjahrs wird Ihr Kind ausgesprochene Vorlieben für bestimmte Speisen entwickeln. Solche Lieblingsspeisen hat fast jedes Kind, genauso wie es einiges völlig ablehnen wird. Ein Kind mag vielleicht absolut kein Fleisch und ißt statt dessen mit Heißhunger Joghurt oder Bananen. Sie sollten aus solchem Verhalten keine große Sache machen. Es gibt keine Speise, die unersetzlich wäre; zu jeder läßt sich mindestens eine Alternative finden.

Verschwenden Sie nicht allzuviel Zeit mit der Zubereitung von Speisen, von denen Sie wissen, daß das Kind diese ablehnen wird. Wählen Sie den leichteren Weg und bereiten Sie dem Kind das, was es gerne ißt, auch wenn Sie damit nicht so ganz einverstanden sind. Solange dem Kind ein breites Spektrum an Speisen angeboten wird, ist das nicht schlimm. Es gibt ja auch eigentlich keinen Grund dafür, daß Ihr Kind nun ausgerechnet das immer mit Begeisterung ißt, was Ihrem Geschmack entspricht. Sicherlich wollen Sie dem Kind das Beste geben. Aber ich finde, wichtiger, als daß das Kind das Beste gar nicht ißt, ist doch, daß es etwas ißt, nämlich das, was es will! Seien Sie in der Auswahl der Speisen flexibel, gehen Sie soweit wie möglich auf die Wünsche Ihres Kindes ein.

Ungeliebte Speisen

Ich halte es für falsch, wenn irgendwelche Speisen, die das Kind ungern ißt, versteckt verabreicht werden; etwa indem sie unter eine Lieblingsspeise gemischt werden. Ebenso halte ich die Bestechung mit einem Lieblingsgericht für falsch: Wenn du zwei Löffel Spinat ißt, bekommst du als Belohnung anschließend einen Löffel Joghurt.

Suchen Sie statt dessen nach Alternativen zu den wenig geliebten Speisen. Denn wenn Sie solche Speisen mit Lieblingsspeisen verbinden oder gar vermischen, dann kann es passieren, daß das Kind schließlich auch diese ablehnen wird.

Um neue Gerichte einzuführen, können Sie eine Zeit auswählen, in der das Kind großen Hunger hat. Dann ist es meist eher bereit, Ungewohntes zu akzeptieren.

Das einzige, worauf Sie allerdings achten müssen, ist, daß das Kind nicht alle Speisen einer Nährstoffgruppe ablehnt. Dies führt natürlich zu einer unausgewogenen Gesamternährung und schließlich zu Mangelerkrankungen. Ansonsten sollten Sie die Eßlaunen des Kindes nicht weiter kümmern. Je mehr Sie sich darüber aufregen, desto häufiger zeigt das Kind solches Verhalten, und sei es deshalb, weil es merkt, wie es Sie manipulieren kann.

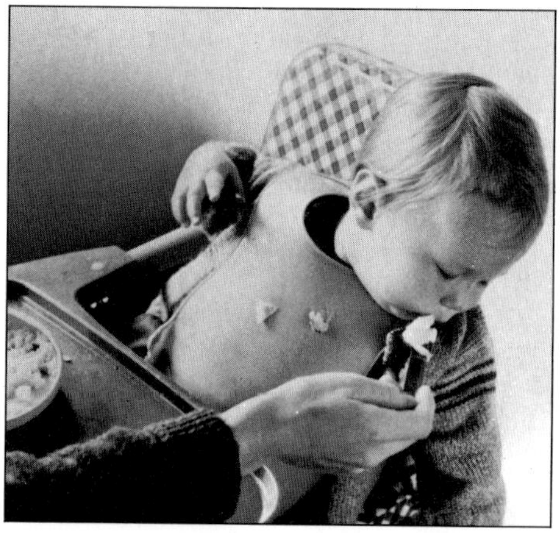

Gewichtsprobleme

Sofern Sie dem Kind die richtige Ernährung anbieten, wird es kaum Probleme mit seinem Gewicht bekommen. Der kindliche Organismus kann dann die Nahrungsaufnahme durch Hunger- oder Sattheitsgefühle selbständig regulieren. Er wird so viel aufnehmen, wie zur Befriedigung des Bedarfs notwendig ist. Übergewicht oder Untergewicht wird beim Kind deshalb in der Regel durch die Eltern verursacht, indem sie dem Kind falsches Essen anbieten.

Übergewicht

Die Ursache von Übergewicht ist in der Regel auf einen Überschuß von Fetten, Zucker und Kohlenhydraten (z. B. in fettem Fleisch, zuckerhaltigen Getränken, Schokolade, Kekse, Kuchen) zurückzuführen. Dazu kommt meist noch mangelnde Bewegung, wenn das Kind z. B. ständig im Buggy gefahren und im Laufstall festgehalten wird. Wenn es sich nicht richtig austoben kann, so kann es die überschüssigen Kalorien auch nicht abbauen, es wird dick. Ermutigen Sie Ihr Kind, sich viel zu bewegen. Spielen Sie selbst mit ihm.

Untergewicht

Solange sie nicht absichtlich unterernährt werden, haben Kleinkinder selten Untergewicht. Es kann sein, daß sie im Vergleich zu gleichaltrigen oder gleichgeschlechtlichen Kindern weniger wiegen. Es kommt aber kaum vor, daß sie in Hinblick auf den eigenen Körperbau und die Körperlänge zu leicht sind. Genauso, wie es unter den Erwachsenen kleine schlanke Menschen gibt, so gibt es dünne, zierliche Babys. Solange Ihr Kind ausgewogen ernährt wird und einen glücklichen und munteren Eindruck erweckt, brauchen Sie sich keine Sorgen zu machen. Sie können im Zweifel ja den Arzt bei der nächsten Regeluntersuchung befragen.

Ernährung und Essen 2–3 Jahre

Mit dem weiteren Wachstum steigt auch der tägliche Kalorienbedarf Ihres Kindes. Im dritten Lebensjahr beträgt er etwa 100 kcal pro Kilogramm Körpergewicht. Der Bedarf an Nährstoffen bleibt wie bisher. Ebenso die Notwendigkeit einer ausgewogenen Nahrungszusammenstellung.

Tips: Essen

- Achten Sie darauf, daß jede Mahlzeit wenigstens eine Lieblingsspeise Ihres Kindes enthält.
- Servieren Sie lieber mehrere kleine Portionen als eine große.
- Servieren Sie möglichst einfache Speisen. Ihr Kind will erkennen, was es ißt.
- Bieten Sie dem Kind einen vielfältigen Speiseplan an. So gewährleisten Sie eine ausgewogene Diät.
- Beleben Sie die Mahlzeit durch Speisen mit verschiedenen Farben, durch lustige Speisen, wie wackelndes Obstgelee, oder durch Ungewöhnliches, wie gefrorenes Joghurt.
- Versuchen Sie in jeder Mahlzeit eine »Fingerspeise« zu servieren.

Speiseplan

Meistens haben die Kinder in diesem Alter eine Vorliebe für Milch und Milchprodukte, wie z. B. Joghurt, Eis, Quark, Frischkäse, sowie für Brot und Getreideerzeugnisse. Weniger gern essen sie Fleisch, Obst und Gemüse. Lassen Sie sich von diesen Vorlieben nicht allzusehr beeindrucken. Versuchen Sie herauszufinden, ob es bestimmte Obst-, Gemüse- und Fleischsorten gibt, die Ihr Kind trotz seiner Vorlieben ißt. Bleiben Sie dann bei diesen Sorten. Ihr Kind wird irgendwann von sich aus auch wieder anderes Obst oder Fleisch essen.
Pro Tag sollte Ihr Kind 2 bis 3 eiweißreiche Speisen und 4 Portionen Obst oder Gemüse essen. Geben Sie ihm mindestens 4 Portionen Brot oder Getreide (eine Portion meint hier eine halbe Scheibe Brot oder 1–2 Eßlöffel Getreide). Ziehen Sie Vollkornprodukte vor und vermeiden Sie Produkte mit »leeren« Kalorien, wie z. B. Weißbrot.

Eßgewohnheiten

Ihr Kind wird auch noch in diesem Alter seine launischen Eßwünsche beibehalten (siehe S. 133). Es beginnt damit, bei den Mahlzeiten auf bestimmten Gewohnheiten und Ritualen zu bestehen. So kann es z. B. verlangen, daß ein Brot nur längs oder nur quer geschnitten wird. Andere Kinder wollen ihren Teller nur auf einem bestimmten Platz gestellt wissen und bekommen wahrhafte Wutausbrüche, wenn dies nicht geschieht.

Üben Sie bei der Bewältigung solcher »Probleme« Geduld. Und bedenken Sie, auch wir Erwachsene haben unsere Rituale, sei es die Abfolge bestimmter Speisen oder die festen Sitzplätze am Tisch. Solange es sich vertreten läßt, sollten Sie deshalb auf diese Ritualwünsche des Kindes eingehen. Werden die Mahlzeiten oder gar das Familienleben dadurch allzusehr gestört, dann sollten Sie dem Kind erklären, warum sein Verhalten alle anderen stört.

Mögliche Probleme 2–3 Jahre

Das übergewichtige Kleinkind

Die Ursache für Übergewicht ist bei Kleinkindern fast immer mangelnde Bewegung und falsche Zusammensetzung der Ernährung (zu viele »leere« Kalorien durch Zukker, Kuchen, Kekse usw.). Hat Ihr Kind Übergewicht, dann können Sie folgende Maßnahmen treffen:

- Überprüfen Sie, wieviel Zucker Ihr Kind ißt. Es gibt keinen Grund, warum das Kind überhaupt Zucker essen sollte.
- Haben Sie bisher die Speisen gezuckert, so hören Sie damit auf. Wenn nötig, können Sie in einer Übergangszeit etwas Süßstoff verwenden.
- Überprüfen Sie, wieviel Ihr Kind zwischen den Mahlzeiten ißt. Versuchen Sie diese Zwischenmahlzeiten zu verringern

Mahlzeiten, die Spaß machen
Sie sollten bei der Zusammenstellung der Mahlzeiten viel Phantasie und Kreativität walten lassen. Das Essen soll Ihrem Kind schließlich Spaß machen. Einige Vorschläge:

- Lassen Sie es ein Messer (ohne Spitze) oder aus Kunststoff benutzen.

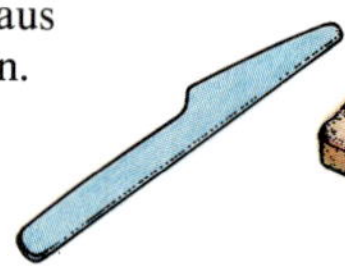

- Lassen Sie Ihr Kind ab und zu mit einem bunten Trinkhalm trinken. Damit es die Tasse nicht umkippt, sollten Sie den Halm 10 cm oberhalb des Tassenrandes abschneiden.

- »Verstecken« Sie Käsescheiben zwischen zwei Eiswaffeln.

- Machen Sie sich den Spaß, und servieren Sie das Essen auf dem Puppengeschirr.

- Machen Sie dem Kind einen eßbaren Baukasten aus Brotwürfel, Käsewürfel, Trockenobst u. ä. Es kann daraus ein Haus bauen und anschließend aufessen.

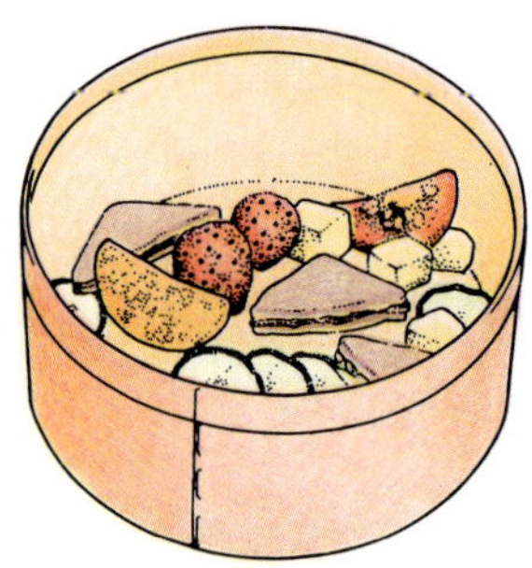

- Füllen Sie eine Dose statt mit Keksen mit verschiedenen anderen Eßwaren: Käsewürfel, Trockenobst, Brotwürfel, rohes Gemüse. Lassen Sie das Kind hineingreifen und auswählen.

oder durch gesunde Speisen zu ersetzen (siehe unten).

- Benutzen Sie weniger Fett beim Kochen. Schränken Sie den Verbrauch von Butter oder Margarine erheblich ein. Ihr Kind wird dies vermutlich kaum vermissen. Benutzen Sie einen Grill statt einer Friteuse. Kaufen Sie mageres Fleisch und Käse mit geringem Fettgehalt.
- Überprüfen Sie, wieviel Milch Ihr Kind trinkt. Trinkt es viel Milch und ißt zugleich viel eiweißhaltige Kost, dann erhält es leicht zuviel des Guten.
- Geben Sie dem Kind viel Rohkost und selbstzubereitete Speisen. Fertignahrung enthält oft »versteckte« Kalorien.
- Achten Sie darauf, daß sich Ihr Kind aktiv bewegt. Laden Sie Nachbarskinder zum »Toben« ein. Spielen Sie selbst mit.

Nahrungsverweigerung

Die Verweigerung zu essen ist in der Regel Anzeichen für eine beginnende Krankheit. Sie sollten Ihr Kind aufmerksamer als sonst beobachten. Ist es blaß, nervös oder verstört? Wenn ja, dann könnte es Fieber haben. Messen Sie die Temperatur und holen Sie sich, falls notwendig, ärztlichen Rat. Sind aber keine Krankheitssymptome wahrzunehmen, dann kann es sein, daß das Kind einfach keinen Hunger hat. Vielleicht hat es gerade, ohne Ihr Wissen, genascht oder es hat kurz vor der Mahlzeit Milch getrunken. In diesen Fällen können Sie nicht erwarten, daß es wie gewohnt ißt.

Oft allerdings werden Sie keinen Grund für eine Nahrungsverweigerung feststellen können. In solchen Fällen sollten Sie unter keinen Umständen auf dem Essen bestehen. Lassen Sie sich durch scheinbare Launen des Kindes nicht ärgern. Nehmen Sie so etwas auf die leichte Schulter. Denn sofern Sie anfangen, darauf zu bestehen, daß das Kind ißt, entsteht zwischen Ihnen beiden ein Kampf, bei dem Sie immer verlieren. Beachten Sie die »Launen« nicht. Wenn es Hunger hat, wird es bei der nächsten Mahlzeit alles Versäumte wieder nachholen.

Lebensmittelallergie

Eine Lebensmittelallergie sollte nicht mit einer Lebensmittelintoleranz verwechselt werden. Eine Lebensmittelintoleranz bedeutet, daß bestimmte Speisen nicht so gut schmecken wie andere. Eine wirkliche Lebensmittelallergie ist sehr spezifisch und kommt nur selten vor. Meistens stellt sich der Verdacht auf eine Lebensmittelallergie tatsächlich als Intoleranz heraus. Mit einer Allergie reagiert der Körper auf fremdes Eiweiß oder fremde chemische Substanzen. Sie ist ein Schutzmechanismus, der Symptome hervorruft wie Kopfweh, Hautausschlag, Magenverstimmung bis hin zu häufigem Erbrechen, Schwellung von Mund, Zunge, Gesicht und Augen, rote Flecken auf der ganzen Haut oder Durchfall. Beim ersten Kontakt mit dem Allergen kann die Reaktion noch sehr leicht ausfallen; bei wiederholtem Kontakt kann sie sich dann verstärken.

Ein Grund, warum Lebensmittelallergien in letzter Zeit soviel Aufmerksamkeit auf sich gezogen haben, mag darin liegen, daß sie für Verhaltensstörungen bei Kindern verantwortlich gemacht wurden. Die tatsächliche Anzahl von Fällen, in denen dieser Zusammenhang nachgewiesen werden konnte, ist aber sehr klein. Ein Beweis, daß eine Allergie Verhaltensstörungen auslöst,

liegt vor, wenn die verdächtigte Speise entzogen wird und sich das kindliche Verhalten daraufhin merklich ändert. Bei der Wiedereinführung der Speise müßte das Kind dann wieder zu dem auffälligen Verhalten zurückkehren. Eine Verbesserung allein ist kein Beweis, die Allergie muß durch das Wiedererscheinen der Symptome nach Wiedereinführung der allergischen Substanz bestätigt werden.
Bei wenigen Fällen wird dieser Beweis erbracht, obwohl es auch dann schwierig zu erkennen ist, ob das Kind auf den Entzug der Speise oder die zusätzliche Aufmerksamkeit der Eltern, Ärzte, Krankenschwestern und Verwandten reagiert. Es kann sein, daß Verhaltensauffälligkeiten den Ruf nach Aufmerksamkeit, Liebe und Zuneigung darstellen und sich dann verbessern würden, wenn das Kind das Gewünschte bekommt. Eltern sollten diesem Thema nicht ausweichen und zunächst ihre Verhaltensweisen überprüfen, bevor sie dem Kind bestimmte Speisen entziehen.
Der Grund, warum mich dieses Problem so beschäftigt, ist, daß im Namen dieser unbewiesenen Zusammenhänge die Ernährungsvielfalt vieler Kinder unnötigerweise eingeschränkt wird. Eltern sollten niemals den Versuch unternehmen, selbst eine Lebensmittelallergie, d.h. ohne ärztlichen Rat, zu behandeln. Die eindeutige Diagnose eines auf Allergien spezialisierten Kinderarztes sollte immer der erste Schritt sein.

Zwischenmahlzeiten 1–3 Jahre

Viele Untersuchungen über Eßgewohnheiten haben gezeigt, daß Kinder unter 5 Jahren häufig essen wollen und daß ihr Körper tatsächlich auch eine häufige Nahrungsaufnahme braucht. Ihr Verdauungssystem kann drei Mahlzeiten von der Menge, wie sie ein Erwachsener ißt, noch nicht bewältigen. Es hat also gar keinen Zweck, dem Kind die Eßgewohnheiten eines Erwachsenen mit drei Mahlzeiten am Tag aufzuzwingen. Untersuchungen haben gezeigt, daß Kinder zwischen 3- und 14mal am Tag essen. Der Durchschnitt liegt bei 6 Mahlzeiten. Die Größe dieser Mahlzeiten ändert sich im Tagesverlauf. Als Faustregel gilt, je häufiger ein Kind ißt, desto weniger wird es bei den Mahlzeiten zu sich nehmen. Die Nährstoffmenge bleibt insgesamt etwa konstant. Wichtig ist also nicht, wie oft Ihr Kind ißt, sondern was es ißt. Vernünftige Zwischenmahlzeiten sind solche, die keine leeren Kalorien enthalten und nicht zu Zahnkrankheiten (Karies) führen. Geben Sie dem Kind frisches Obst und Gemüse, Käsewürfel, Vollkornbrot oder Obstsäfte. Die meisten Süßigkeiten enthalten sehr viele Kalorien und wenig Nährstoffe. Geben Sie deshalb dem Kind möglichst keine Bonbons, Kekse, Kuchen, Eiscremes oder ähnliches.

Einplanung von Zwischenmahlzeiten

Zwischenmahlzeiten sollten zur Befriedigung des täglichen Nährstoffbedarfs beitragen. Sie sollten diese deshalb nicht dem Zufall überlassen, sondern von vornherein einplanen. Genauso wichtig wie bei den Hauptmahlzeiten ist die Vielfalt. Langweilige Wiederholungen sollten Sie vermeiden. Einige Vorschläge können für Abwechslung sorgen:

- Stimmen Sie das Tagesmenü so ab, daß Unterschiedliches bei den Haupt- und Zwischenmahlzeiten gegessen wird.
- Machen Sie etwas Lustiges aus dem Essen: Tomaten und Gurken können so auf ein Brot gelegt werden, daß ein lachendes Gesicht entsteht. Obst kann in interessante Formen zerschnitten werden.
- Beteiligen Sie das Kind an der Zubereitung des Essens.
- Gestalten Sie die Zubereitung der Speisen als Lernprozeß. Mandarinen können gemeinsam geschält werden, Brot gemeinsam gebacken werden usw.
- Servieren Sie bekannte Speisen in unge-

wohnten Formen. Joghurt gewinnt in gefrorenem Zustand einen neuen Reiz.

- Getränke aus fettarmer Milch sind ideale Zwischenmahlzeiten. Sie sind nahrhaft, da sie viel Eiweiß, Kalzium und Vitamine enthalten.
- Obstsäfte sind ebenfalls zu empfehlen. Sie enthalten viel Vitamin C und tragen, wenn sie nicht zusätzlich gesüßt sind, nicht zu Karies bei.

Zahnfäule (Karies)

Die Zusammensetzung unserer Nahrung fördert die Entwicklung von Zahnfäule (Karies). Nach jeder Mahlzeit bleiben Reste der Speisen an und zwischen den Zähnen haften. Die Reste werden dann durch Bakterien abgebaut. Bei diesem Prozeß entsteht Säure, die den Zahnschmelz angreift und so Zahnfäule verursacht.

Die wichtigsten Nährböden für die Bakterien sind Kohlenhydrate wie sie vor allem in zuckerhaltigen Getränken, Kuchen und Süßigkeiten vorkommen. Je höher der Zuckergehalt einer Speise, desto mehr Säure wird bakteriell in den Resten produziert, d.h. desto mehr wird das Auftreten von Zahnfäule begünstigt. Es dürfte kaum überraschen, daß klebrige Speisen längere Zeit an den Zähnen haften bleiben; die Bakterien haben dann auch längere Zeit, die darin enthaltene Stärke in Säure zu verwandeln. Klebrige Speisen führen daher noch stärker als zuckerhaltige zu Zahnfäule. Ein Sahnekaramell-Bonbon ist also noch schädlicher als ein Getränk, das die gleiche Menge Zucker enthält. Und dies gilt nicht nur für Bonbons, sondern für fast alle Süßigkeiten, die gekaut werden müssen.

Sie sollten bei allen Zwischenmahlzeiten, die Sie dem Kind geben, stets an die Auswirkung auf die Zähne denken. Seien Sie von Anfang an konsequent und vermeiden Sie, wo immer es geht, Zucker in der Nahrung. Kein Mensch braucht weißen raffinierten Zucker, unser Körper kommt ohne ihn glänzend zurecht. Helfen Sie Ihrem Kind dabei, keine Vorlieben für Süßigkeiten zu entwickeln, indem Sie ihm möglichst keinen Zucker geben. Die beliebten süßen Nachspeisen müssen nicht sein. Es ist viel gesünder, eine Mahlzeit mit Obst oder mit einem Stück Käse abzurunden. Käse ist in der Lage, die Säuren im Mund zu neutralisieren und so Zahnfäule vorzubeugen.

Und schließlich, eine weitere Vorbeugemaßnahme ist es, wenn Sie das Kind zum regelmäßigen Zähneputzen erziehen (siehe S. 227).

9 Darm- und Blasenfunktion

Die wohl wichtigste Zeit, was die Blasen- und Darmfunktion Ihres Kindes angeht, wird die Phase sein, in der es anfängt, Tag und Nacht sauber zu bleiben. Dies wird natürlich erst dann geschehen, wenn das Kind die physische und psychische Reife dazu entwickelt hat. Sie können den Weg dahin nicht verkürzen. Sie können Ihr Kind lediglich bestärken, wenn es allmählich Kontrolle über seinen eigenen Körper gewinnt.

Urinieren 0–1 Jahr

Die Blase eines Neugeborenen entleert sich mehrmals am Tag und in der Nacht. Sie kann lediglich 60–100 ml Harn sammeln. Nimmt sie mehr auf, so entspannen sich die Blasenwände und lassen den Harn abfließen. Dies passiert ganz automatisch. Sie können deshalb kein anderes Verhalten erwarten, bevor die Blase sich nicht wesentlich weiterentwickelt hat. Und dies geschieht selten vor dem 15. Lebensmonat.

Stuhlgang 0–1 Jahr

Innerhalb der ersten 24 Stunden nach der Geburt scheidet das Kind das Mekonium aus, eine schwarze, klebrige Masse, die bis zur Geburt seine Därme füllte. Das Mekonium muß ausgeschieden werden, bevor eine normale Verdauung beginnen kann.
Bald findet das Kind seinen normalen Rhythmus, und die Stuhlgänge werden fester. Solange Ihr Kind gesund und glücklich ist, brauchen Sie sich um dieses Thema eigentlich nicht mehr zu kümmern.
Die Zahl der täglichen Stuhlgänge unterscheidet sich von Kind zu Kind. Mit zunehmendem Alter werden es weniger. Zunächst hat Ihr Kind vielleicht 3–4 Stuhlgänge pro Tag, nach einigen Wochen vielleicht nur noch einen an jedem 2. Tag. Ein solcher Rhythmus ist normal, ebenso die folgenden Erscheinungen: lockere, formlose Stuhlgänge; grüner Kot; ein Stuhlgang nach jeder Mahlzeit; 6 Stuhlgänge pro Tag kurz nach der Geburt.

Der Stuhlgang eines gestillten Kindes

Nach den ersten Mekonium-Stuhlgängen erscheinen die für ein gestilltes Kind typischen gelblichen Stuhlgänge. Die Zahl der täglichen Ausscheidungen spielt keine Rolle; einige Babys tun dies sehr häufig, andere seltener. Der Stuhl kann klebrig oder cremig-dünn sein. Er ist selten fest, aber meist geruchlos. Gestillte Babys leiden so gut wie nie an Verstopfungen, da ihr Körper fast die gesamte Milch verwertet. Es ist also nicht ungewöhnlich, wenn sich ihre Därme sogar nur einmal innerhalb von drei Tagen entleeren. Denken Sie aber stets daran, daß das Kind von der Zusammensetzung Ihrer Nahrung mitbetroffen wird. Stark gewürzte oder blähende Speisen können seine Verdauung stören.

Der Stuhlgang eines Flaschenkindes

Sobald ein Flaschen-Kind seinen Rhythmus gefunden hat, sind seine Stuhlgänge häufiger, fester, stärker riechend und dunkler als die eines gestillten Kindes. Oft sehen die Ausscheidungen wie Rührei aus, aber normalerweise sind sie fest. Geben Sie der Flaschennahrung mehr Wasser zu, so werden feste Stuhlgänge weicher. Den gleichen Effekt erreichen Sie, indem Sie dem Kind einige Löffel abgekochten Wassers geben. Wenn Ihr Kind mit einigen Monaten schon feste Nahrung zu sich nimmt, können Sie seinen Stuhl durch eingeweichte Backpflaumen oder Obstsäfte lockern. Nimmt Ihr Kind zuviel Zucker auf, wird sein Stuhl locker, grünlich und flockig. In diesem Fall sollten Sie die Zuckeraufnahme drastisch senken. Etwa indem Sie aufhören zusätzlich Zucker zur Flaschennahrung beizugeben – wofür es sowieso keinen Grund gibt. Helfen die Maßnahmen nicht, dann sollten Sie den Kinderarzt konsultieren.

Veränderungen im Stuhlgang

Solange es Ihrem Kind insgesamt gutgeht, sollten Sie Veränderungen des Stuhls von einem zum anderen Tag nicht besorgen. Eine Farbveränderung, beispielsweise von Hell nach Dunkel, bedeutet nichts Ernsthaftes. Auch ein etwas festerer oder lockerer Stuhl ist ohne Bedeutung. Falls Sie irgendwelche Veränderungen beunruhigen, fragen Sie am besten Ihren Arzt.
Ein lockerer Stuhl bedeutet noch nichts Ungewöhnliches. Bei wässerigen Stuhlgängen, die von einer plötzlichen Veränderung der Farbe, des Geruchs und der Häufigkeit begleitet werden, sollten Sie unbedingt mit dem Kinderarzt sprechen. Als Regel läßt sich festhalten: Veränderungen der Häufigkeit und der Farbe sollten Sie weniger beachten als Veränderungen in Geruch und in Wassergehalt.
Bei jeder Einführung einer neuen Speise müssen Sie auf Veränderungen des Stuhls gefaßt sein, besonders bei Obst und Gemüse. Falls der Stuhl zu locker wird, sollten Sie einige Tage abwarten, bevor Sie die neue Speise in geringerer Menge erneut geben.
Rote Bete verursachen übrigens einen tiefroten Stuhl. Lassen Sie sich nicht beunruhigen. Blut im Stuhl ist aber niemals normal. Obwohl es dafür kleine, harmlose Ursachen geben mag, z. B. kleine Hautrisse um den After, sollten Sie in jedem Fall das Kind zum Arzt bringen. Viel Blut, Eiter und Schleim im Stuhl können eine Darmentzündung anzeigen. Das Kind muß sofort zum Arzt!

Mögliche Probleme 0–1 Jahr

Verstopfung

»Verstopfung« bedeutet zu feste Stühle und zu seltene Stuhlgänge. »Selten« heißt in diesem Fall, nur alle 3–4 Tage. »Fest« heißt, fest genug, um beim Kind Schmerzen zu verursachen. Verstopfung allein macht kein Kind krank. Bei der Meinung, Verstopfungen vergiften den menschlichen Organismus, handelt es sich um ein Ammenmärchen. Verstopfung ohne zusätzliche Krankheitsanzeichen sind kein Grund zur Beunruhigung.
Sollte sich Ihr Kind beim Stuhlgang sehr unwohl fühlen oder sich ungewöhnlich anstrengen, sprechen Sie mit Ihrem Arzt. In solchen Fällen können Medikamente zur Stuhllockerung gegeben werden. Neugeborene sollten aber eigentlich nicht mit Abführmittel behandelt werden. Meist ist eine solche Behandlung auch unnötig. Sind Neugeborene verstopft, dann ist dies in der Regel auf mangelnde Wasserzufuhr zurückzuführen. Diese Verstopfung können Sie meist dadurch beheben, daß Sie dem Kind mehr Flüssigkeit geben, z. B. 25 ml zusätzlich in jeder Flasche. Die Zugabe von Zucker wird zwar manchmal empfohlen, ist aber wenig hilfreich. Das einzige, was Sie damit erreichen, ist, daß Ihr Kind eine Vorliebe für Süßigkeiten entwickelt.
Die beste Methode, einen festen Stuhlgang zu lockern, ist die Umstellung der Diät; diese sollte mehr Ballaststoffe enthalten. Einige Teelöffel Backpflaumensaft in der Flasche helfen aber auch sehr. Sobald Ihr Kind feste Nahrung ißt, kann es auch einiges aufgeweichtes Backobst bekommen.

Bei einem älteren Kind, das eine abwechslungsreiche Kost bekommt, dürften Verstopfungen eigentlich nicht vorkommen. Sollte das Kind an Verstopfung leiden, dann fehlt ihm frisches Obst, Gemüse und Vollkornerzeugnisse; ein Mangel, der leicht zu beheben ist. Die Zufuhr cellulosereicher Faserstoffe (besonders in grünen Gemüsesorten und in Wurzelgemüse) bewirkt besonders beim Kind eine rege Darmtätigkeit.

Es gibt eigentlich nur zwei Ursachen für chronische Verstopfungen: 1. Die Eltern messen den Stuhlgängen des Kindes eine extrem übertriebene Bedeutung zu. 2. Das Kind hat Schmerzen beim Stuhlgang und versucht die Schmerzen zu vermeiden, indem es den Stuhl zurückhält. Nach einer fieberhaften Erkältung kommt es häufiger zu Verstopfungen. Meist hat das Kind während der Krankheit wenig gegessen und demzufolge auch weniger auszuscheiden. Durch das Schwitzen beim Fieber hat der Körper viel Wasser verloren. Als Ausgleich versucht er nun, so viel Wasser wie möglich zu halten. Der Stuhl wird dadurch sehr fest. Diese Art der Verstopfung bedarf keiner besonderen Behandlung. Sie verschwindet von selbst, sobald das Kind wieder normal ißt und trinkt.

Im übrigen sollten Sie niemals freiverkäufliche Abführmittel Ihrem Kind geben, ohne zuvor mit Ihrem Arzt gesprochen zu haben!

Durchfall

Bei Durchfall handelt es sich um eine rasche und häufige, dünnflüssige Darmentleerung. Sie ist ein Zeichen für die starke Reizung der Därme, auf die sie mit beschleunigter Entleerung reagieren. Schon eine Veränderung der üblichen Kost durch Einführung einer neuen Obst- oder Gemüsesorte kann einen Durchfall hervorrufen. Bei Neugeborenen ist ein Durchfall immer eine ernste Sache. Das Verdauungssystem ist nicht in der Lage, genügend Wasser aufzunehmen, so daß eine Austrocknung des kindlichen Körpers eintritt.

Solange Ihr Kind gesund ist, normal ißt und glücklich erscheint, brauchen Sie sich über ungewöhnlichen Stuhl wenig Gedanken zu machen. Hat Ihr Kind aber dünnflüssigen, grünlichen, übelriechenden Stuhl, verweigert es die Nahrungsaufnahme, hat Fieber von mehr als 38 °C, dunkle Ringe unter den Augen und sogar Blut im Stuhl, dann sollten Sie mit dem Kind umgehend einen Arzt aufsuchen.

Falls Ihr Kind in den ersten vier Lebensmonaten Durchfall bekommt, sollten Sie sofort zum Arzt, außerhalb der Sprechzeiten in ein Krankenhaus fahren. Bei einem leichten Durchfall ohne weitere Symptome können Sie eine Behandlung selbst einleiten. Falls Sie Ihr Kind stillen, so fahren Sie damit unbeirrt fort. Durchfall wird in der Regel mit der Muttermilch geheilt. Ernähren Sie Ihr Kind mit der Flasche, dann geben Sie auf die übliche Milchpulvermenge die doppelte Menge Wasser. Ihr Kind soll von dieser Mischung soviel trinken, wie es will. Hält der Durchfall länger als zwei Tage an, sollten Sie auch dann zum Arzt gehen, wenn Ihr Kind ansonsten einen recht gesunden Eindruck macht.

Nach dem Abklingen eines Durchfalls kann das Kind wieder feste Nahrung zu sich nehmen. Fangen Sie am besten mit schonender und cremiger Nahrung an, wie Pudding, Gemüsepüree oder Kartoffelbrei, weißes Fleisch mit Eiern, zerdrückte Bananen oder andere Obstsorten.

Die Kontrolle der Blasen- und Darmfunktion 1–2 Jahre

Meiner Meinung nach gibt es zu diesem Thema nur einen Zugang. Sie müssen Ihr Kind beobachten und es in seiner Entwicklung unterstützen. Vor dem 15.–18. Monat gewinnt kein Kind Kontrolle über seine Blasen- und Darmfunktionen. Oft ist es noch später.

Die Darmkontrolle

Mit drei Monaten entleeren viele Babys ihren Darm vor oder unmittelbar nach einer Mahlzeit. Einige Eltern deuten dies als Ansatzpunkt für eine Sauberkeitserziehung. Dies wäre eine vergebliche Liebesmüh! Diese Darmentleerungen sind Folgen eines Reflexes, der die Bewegung der Därme anregt. Eine Kontrolle ist nicht möglich.

Ihr Kind wird frühestens für Ihre Hilfe empfänglich sein, wenn es in der Lage ist, eine Verbindung zwischen Gefühl und Ausscheidung von Harn und Stuhl herzustellen. Dieser Entwicklungspunkt ist oft deutlich erkennbar. Das Kind hält plötzlich inne und deutet auf seine Windel oder es stößt plötzlich einen Schrei bei seinem »Geschäft« aus. Ihm wird wahrscheinlich in dieser Zeit bewußt, daß sein Darm und seine Blase voll sein können.

Nun fällt es einem Kind sehr viel leichter einen vollen Darm als eine volle Blase zurückzuhalten. Ihre Bemühungen sollten sich deshalb zunächst auf den Darm richten. Dies ist auch deshalb sinnvoll, weil Stuhlgänge nach einiger Beobachtung wesentlich leichter als Blasenentleerungen vorherzusagen sind. Sie können sich dann auf das »Ereignis« vorbereiten. Lassen Sie Ihr Kind vorher ausgezogen oder ungewikkelt herumlaufen. Kündigt das Kind durch Bewegung oder Laute die bevorstehende Entleerung an, dann schlagen Sie ihm vor, sich auf das bereitgestellte Töpfchen zu setzen. Nachdem Ihr Kind fertig ist, wischen Sie es mit Toilettenpapier sauber (bei Mädchen von vorn nach hinten). Spülen Sie alles in die Toilette. Waschen Sie das Töpfchen dann mit einem Desinfektionsmittel aus. Vergessen Sie nicht, Ihre eigenen Hände zu reinigen.

Zwingen Sie Ihr Kind aber nicht, sich auf das Töpfchen zu setzen. Sie erreichen nur, daß das Kind einen Wutausbruch bekommt oder das Töpfchen ganz ablehnt. Lassen Sie die Versuche einfach einige Tage ruhen. Danach können Sie das Töpfchen wieder beiläufig einführen.

Kontrolle der Blase

Die Kontrolle der Blase wird nur langsam voranschreiten. Zunächst muß die kindliche Blase erst einmal mehr Harn zurückhalten können als früher. Erste Anzeichen sind trockene Windeln über längere Zeiträume, z. B. nach dem Mittagsschlaf. Bleibt das Kind häufiger in dieser Zeit trocken, so verzichten Sie für diesen Zeitraum auf das Wickeln, nicht ohne aber vorher das Kind gebeten zu haben, seine Blase in das Töpfchen zu entleeren. Gelingt ihm das, so sollten Sie das Kind loben, falls nicht, so sollten Sie kein Aufheben davon machen; probieren Sie es halt beim nächsten Mal wieder! Sobald Ihr Kind auf Ihren Anstoß seine Blase entleert oder Ihnen mitteilt, daß es muß, können Sie tagsüber auf Windeln verzichten. Das Kind sollte allerdings auch schon in der Lage sein, seine Blase einige zusätzliche Minuten zu verschließen – für die Zeit nämlich, in der Sie es ausziehen.

Unfälle wird es immer geben. Üben Sie dann große Nachsicht mit Ihrem Kind. Auf keinen Fall sollten Sie es tadeln. Am Anfang wird Ihnen Ihr Kind nur unklare Zeichen geben, wenn es soweit ist. Sie müssen aufmerksam lernen, diese Zeichen zu verstehen. Und falls Sie nicht schnell genug waren: Das Kind hat wirklich keine andere Alternative als in die Hose zu machen. Ihnen bleibt dann nichts weiter, als ohne Beanstandungen Ihr Kind neu anzuziehen.

Sauberkeitserziehung

Ich bin entschieden gegen Sauberkeitserziehung. Für mich gibt es keine Argumente, die dafür, sondern nur solche, die dagegen sprechen. Ich bin der Überzeugung, daß die Methoden und die sich dahinter verbergende Einstellung, wonach Blase und Darm des Kindes »trainiert« werden könnten, verbannt werden sollten. Meine Gründe lauten:

Es ist unmöglich, ein Kind etwas zu lehren, solange sein Körper anatomisch und physiologisch noch nicht dazu bereit ist. Auf die Blasen- und Darmfunktion bezogen bedeutet dies zweierlei: Erstens kann ein Kind unmöglich seine Blase bzw. seinen Darm kontrollieren, bevor deren Muskulatur überhaupt in der Lage ist Harn bzw. Stuhl zurückzuhalten. Zweitens müssen die Nervenbahnen zwischen Gehirn und Ausscheidungsorganen weit genug entwickelt sein, damit der Befehl zum Halten oder Ausscheiden überhaupt Erfolg haben kann. Solange dieses Entwicklungsniveau noch nicht erreicht ist, kann das Kind gar nichts unternehmen, um den Erziehungskünsten der Eltern zu folgen. Es gerät vielmehr in eine Zwangslage. Es weiß, daß die Eltern etwas verlangen, sein Körper kann dem aber nicht nachkommen. Da es die Wünsche nicht befriedigen kann, wird es unglücklich, schämt sich, fühlt sich schuldig und entwickelt schließlich Groll gegen Ihre Versuche. Bestehen Sie auf einem Sauberkeitstraining, so kann das nur zum Scheitern führen. Ihre Beziehung zum Kind wird darunter leiden. Aus seiner Sicht werden Sie eine Quelle von Unglück, seine Stuhlgänge zu einem Gefechtsfeld: der Wille des Kindes gegen Ihre Nerven. Sie werden immer verlieren! Sie können keinen Stuhlgang, keine trockene Windel erzwingen. Versuchen Sie es, dann lassen Sie Ihr Kind leiden.

Tips: Töpfchen und Toilette

- Nehmen Sie auf jede Reise ein Töpfchen mit. Ihr Kind kann sich bei Bedarf sofort darauf setzen. Sie vergeuden keine Zeit bei der Suche nach einer Toilette.
- Falls Ihr Kind sich auf die Toilette setzt, ohne etwas herauszubringen, können Sie meist nachhelfen, indem Sie die Wasserhähne aufdrehen. Diese Methode hilft bei Erwachsenen wie Kindern gleichermaßen.
- Sie können das Töpfchen mit in den Toilettenraum stellen. Ihr Kind kann dann zusammen mit Ihnen auf die Toilette gehen.
- Lassen Sie Ihr Kind Sie auf die Toilette begleiten, damit es von Ihnen lernen kann. Dies ist besonders Vätern und ihren Jungen zu empfehlen.
- Ihr Kind muß wissen, daß Sie seinen »Unfällen« keine Bedeutung zumessen. Machen Sie kein Aufheben davon!
- Kaufen Sie ein Töpfchen einige Zeit bevor das Kind es zum ersten Mal benutzt. Sie haben dann Zeit, dem Kind den Sinn des Töpfchens zu erklären. Vielleicht funktioniert dies dann auch als Anreiz, es einmal auszuprobieren.
- Leeren Sie anfangs das Töpfchen nicht im Beisein des Kindes in die Toilette. Es könnte Angst vor dem Spülgeräusch haben und davor, daß etwas, was eben noch zu seinem Körper gehörte, nun verschwinden soll.

Das sollten Sie beherzigen!

- Lassen Sie Ihr Kind sein eigenes Entwicklungstempo finden. Ihre Aufgabe ist es nicht zu beschleunigen, sondern zu unterstützen.
- Ihr Kind sollte selbst entscheiden, ob es auf dem Töpfchen sitzen möchte. Sie können ihm Vorschläge machen, sollten aber Ihren Wunsch nicht aufzwingen.
- Betrachten Sie den Stuhl Ihres Kindes in vernünftiger Weise. Entwickeln Sie keinen Ekel oder Widerwillen. Es handelt sich dabei um einen natürlichen Teil Ihres Kindes, auf den es zunächst recht stolz sein wird.
- Nachdem Ihnen Ihr Kind ein Zeichen gegeben hat, sollten Sie nicht herumtrödeln. Es kann seine Blase nur noch kurz unter Kontrolle halten.
- Loben Sie das Kind wann immer sich die Gelegenheit bietet. Behandeln Sie die gewonnene Kontrolle als eigene Leistung des Kindes.

Darm- und Blasenkontrolle 2–3 Jahre

Mit großer Wahrscheinlichkeit hat Ihr Kind jetzt schon ein Bewußtsein von seinen Ausscheidungen und einige Muskel-

kontrolle gewonnen. Falls nicht, dann sollten Sie sich keine Sorgen machen.
Das Verfahren, mit dem Sie Ihrem Kind helfen können, bleibt in diesem Lebensabschnitt das gleiche wie zuvor (siehe die vorhergehenden Kapitel).
Falls Ihr Kind erste Erfolge bei der Kontrolle seiner Ausscheidungsmuskulatur gemacht hat, werden sich diese mit Ihrer Unterstützung in den nächsten Monaten fortsetzen. 90% aller 2½jährigen Mädchen und 75% aller Jungen können ihre Stuhlgänge kontrollieren und selbständig auf die Toilette gehen. Die gleiche Studie, aus der diese Ergebnisse stammen, zeigte aber auch, daß mehr als 50% aller Kinder nachts noch nicht trocken waren.

Blasenkontrolle während der Nacht

Die nächtliche Kontrolle über ihre Blase gewinnen Kinder zu allerletzt. Oft können Zweieinhalbjährige ihren Harn nur 4–5 Stunden halten, manchmal noch kürzer. Sie können erst dann auf die Nachtwindel verzichten, wenn Ihr Kind regelmäßig mit trockener Windel aufwacht. Wenn es soweit ist und Sie auf die Windel verzichten, sollten Sie das Kind dazu ermutigen, vor dem Einschlafen auf den Topf zu gehen. Manchmal ist es nützlich, den Topf nachts neben das Kinderbett zu stellen, damit das Kind ihn bei Bedarf benutzen kann. Lassen Sie ein schwaches Licht brennen, damit Ihr Kind genug sehen kann. Seien Sie bereit, auch nachts wieder aufzustehen, um dem Kind nötigenfalls zu helfen.
Es ist für Ihr Kind ein riesiger Schritt, wenn es sich nicht mehr auf Sie verlassen muß und die Verantwortung für seine Sauberkeit selbst übernommen hat. Unterstützen Sie Ihr Kind bei diesem Schritt! Sie können ihm zu größerem Selbstvertrauen verhelfen. Lassen Sie sich durch »Unfälle« nicht ärgern oder entmutigen. Folgende Hinweise können Ihnen helfen:

- Legen Sie eine Gummieinlage zwischen Matratze und Bettlaken.
- Legen Sie auf das Bettlaken eine weitere Gummieinlage und auf diese ein halbes (eingeschlagenes) Bettlaken. Wenn das Kind nachts ins Bett macht, dann müssen Sie nur die beiden oberen Lagen entfernen.
- Wählen Sie eine Schlafbekleidung aus, die Ihr Kind schnell und problemlos ausziehen kann.
- Vermeiden Sie jeden Streit mit dem Kind in dieser Frage. Auf lange Sicht ist diese Haltung erfolgreicher.

Die Gewöhnung an die Toilette

Sobald sich Ihr Kind mehrmals täglich auf sein Töpfchen setzt, können Sie beginnen, es an die Benutzung der Toilette zu gewöhnen. Kaufen Sie dazu einen speziellen Toiletteneinsatz (S. 29). Ihr Kind wird mit seiner Hilfe besser mit der Größe des Deckels fertig, es fühlt sich sicherer. Ein Schemel zum Rauf- und Runtersteigen wird wahrscheinlich auch noch nötig sein. Sollte das Kind Angst haben herunterzufallen, so sollte es sich am Deckel festhalten.
Ihrem Jungen müssen Sie zeigen, wie er sich vor dem Becken aufzustellen hat und wie er hineinzielt. Sie können ein Blatt Toilettenpapier als Zielscheibe im Becken schwimmen lassen.
Es könnte sein, daß Ihr Kind sehr viel Selbstvertrauen gewinnt und alles allein machen will, ohne Ihre Anwesenheit. Sie sollten diesen Wunsch respektieren. Allerdings sollten Sie vorher besonders einem Mädchen beigebracht haben, wie es sich mit Toilettenpapier abputzt: von vorn nach hinten, um zu vermeiden, daß Darmbakterien an die Scheide und in die Harnröhre gelangen.

Mögliche Probleme 2–3 Jahre

Spätentwickler

Einige Kinder gewinnen die Kontrolle über Darm und Blase erst sehr viel später als die meisten anderen. Für die Eltern kann dies ein ernsthaftes Problem sein. Es wäre aber völlig falsch, eine Schuld dafür beim Kind zu suchen. Denn andererseits ist eine solche Spätentwicklung nichts Ungewöhnliches. Die meisten Ärzte sehen bis zum 3. Lebensjahr keinen Grund, überhaupt etwas zu unternehmen. Falls Ihr Kind nur nachts nicht trocken bleibt, warten viele Ärzte sogar bis zum 5. Lebensjahr, vordem sie mit ihren Mitteln etwas unternehmen.

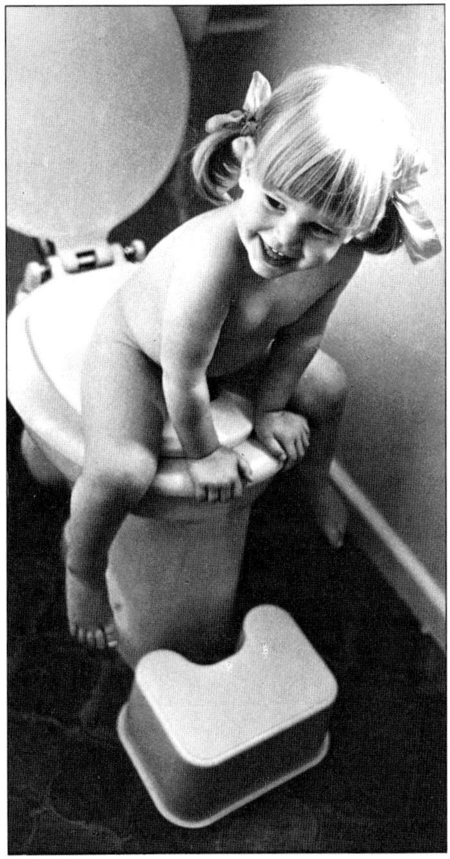

Bettnässen

Einige Kinder werden auch noch nach dem 4. Lebensjahr nachts in ihr Bett machen, besonders Jungen. Dies ist einigermaßen normal und tritt besonders häufig in bestimmten aufregenden Situationen auf, z. B. Umzüge, Abweichungen von der Routine, bei der Geburt von Geschwistern, nach einer Krankheit, während einer schwierigen Lebensphase, wie z. B. der Einschulung. In solchen Situationen können Sie Ihrem Kind nur vorschlagen, in der kommenden Nacht zu versuchen auf die Toilette oder auf das Töpfchen zu gehen.
Machen Sie aus dem Bettnässen kein großes Problem. Sie würden damit Ihr Kind nur verängstigen und damit das Problem nicht lösen. Versichern Sie im Gegenteil Ihrem Kind, daß dieses Problem eines Tages von selbst verschwinden wird – dies ist ja auch die Wahrheit! Ihr Kind wird aus dieser Phase herauswachsen. Bleiben Sie ruhig, übertragen Sie diese Ruhe auf Ihr Kind – dann haben Sie das Problem schon fast bewältigt.

Rückfälle

Manchmal kommt es vor, daß ein Kind seine Kontrolle über Darm und Blase wieder verliert. Dies kann meist auf eine Krankheit oder eine emotionelle Verstörung zurückgeführt werden: Kommt z. B. ein neues Baby in die Familie, so fühlt sich das ältere Kind zurückgedrängt und »enttrohnt«. Es sucht Mittel, Ihre Aufmerksamkeit wieder auf sich zu lenken und macht deshalb unbewußt in die Hose. Die Einschulung, ein Umzug, Ihre Abwesenheit können ein solches Verhalten hervorrufen. Falls Ihr Kind einen Rückfall erlebt, ohne daß Sie ihn sich erklären könnten, dann sprechen Sie einmal mit dem Kinderarzt. Vielleicht hat das Kind eine Entzündung oder eine leichte, bisher nicht erkannte Mißbildung der Harnwege.

10 Schlafen

Ein Neugeborenes verbringt seine Zeit hauptsächlich mit Schlafen. Wird es älter, entwickelt es regelmäßige Schlaf- und Wachphasen. Im 3. Lebensmonat hat ein Kind meist eine längere Wachperiode am Tag; normalerweise immer zur gleichen Zeit am späten Nachmittag. Mit einem Jahr schlafen die meisten Kinder tagsüber zweimal, am Vormittag und am Nachmittag. Viele schlafen auch schon die ganze Nacht durch.
Im zweiten und dritten Lebensjahr wird das Kind seine Schlafrhythmen an die eines Erwachsenen annähern. Gleichwohl wird es meistens tagsüber kurz schlafen müssen; denn es verbraucht in Relation zu seinem Körper noch ungeheuer viel Energie im Spiel, aber auch beim Wachsen.

Über das Schlafen 0–1 Jahr

Zwischen seinen Mahlzeiten wird Ihr Neugeborenes schlafen; es sei denn, es hat Hunger, es friert oder ihm ist aus irgend einem anderen Grund nicht wohl. Die Länge des Schlafes hängt natürlich von seiner individuellen Konstitution ab. In der Regel können Sie davon ausgehen, daß ein Neugeborenes 60% des Tages »verschläft«. Sie sollten sich allerdings keine Sorgen machen, wenn es sehr viel länger schläft oder wach bleibt. Einige Babys sind einfach schlafbedürftiger oder wacher als andere.
Obwohl Ihr Kind von selbst seinen eigenen Schlafrhythmus finden wird, sollten Sie ihm dabei helfen, zwischen Tages- und Nachtschlaf zu unterscheiden. Sie können zum Beispiel nachts sein Zimmer grundsätzlich verdunkeln und das Bett besonders bequem herrichten. Wacht es nachts mit Hunger auf, geben Sie ihm lediglich zu trinken, ohne mit ihm zu spielen oder es sonst abzulenken (z. B. durch helles Licht). Mit zunehmendem Alter sollten Sie auch eine Routine für das Ins-Bett-Gehen entwickeln, z. B. Abendessen, Badewanne, am Bett ein Lied singen (eine Geschichte vorlesen), Schlafen.
Manchmal wird ein Säugling durch die Abendmahlzeit nicht müde, sondern wach und gesellig. Ihnen bleibt keine andere Wahl, als das Kind gewähren zu lassen. Denn wenn Sie auf dem Schlafen bestehen, verursachen Sie lediglich Streit. Ihr Kind würde sich sehr schnell aufregen und letztlich nur äußerst schwer und nervenaufreibend zu beruhigen sein.
Wenn Sie, wie ich, tagsüber außer Haus arbeiten und viel Zeit vom Kind getrennt verbringen, dann wird das Kind natürlich sowieso ein starkes Bedürfnis haben, mit Ihnen zusammen zu sein. Ihnen wird es wahrscheinlich auch nicht viel anders ergehen. Seien Sie deshalb mit der Schlafenszeit flexibel. Als wir in unserer Familie entdeckten, daß wir 2 Söhne hatten, die lieber spät als früh schlafen wollten, mußten wir bald die Vorstellung von regelmäßigen Zu-Bett-Geh-Zeiten aufgeben. Das hat uns allen im Prinzip wohl getan, weil wir vom Zwang der festen Zeit befreit waren.

Wo Ihr Baby schlafen sollte

Solange Ihr Baby warm und bequem liegt, kann es überall schlafen. Viele Eltern legen ihr Neugeborenes in eine Wiege oder eine Tragetasche. Tragetaschen haben den Vorteil, daß das Kind zu jeder Zeit bei den Eltern sein kann.
Wächst das Kind aus diesen ersten Schlafplätzen heraus, dann wird es in der Regel in ein Kinderbett gelegt. Die Matratze sollte in der Höhe verstellbar sein, denn dies

erlaubt jeweils einen Kompromiß zwischen der Zugänglichkeit durch die Eltern und der Größe des Kindes.
Das Zimmer, in dem das Kind schläft, sollte anfangs eine Raumtemperatur von konstant 16-18 °C haben. Ein sehr junges Baby kann seine Körpertemperatur noch nicht selbst regulieren: Es verliert einerseits sehr leicht seine Körperwärme, kann aber andererseits durch Bewegung oder durch Zittern nicht selbst Wärme produzieren.
Schläft Ihr Kind im Freien, dann sollte es nicht der prallen Sonne ausgesetzt sein. Stellen Sie den Kinderwagen entweder in den Schatten oder spannen Sie einen Sonnenschirm auf, dessen Schatten Sie kontrollieren können. Ist es windig, dann sollten Sie das Verdeck des Kinderwagens so hochklappen, daß das Kind im Windschatten liegt. Zum Schutz vor Insekten oder anderen Tieren können Sie den Kinderwagen mit feinmaschigem Tüll abdecken.

Das Kinderbett

Benutzen Sie zum Zudecken Ihres Kindes entweder ein Daunenbett oder eine leichte Baumwolldecke. Eine Baumwolldecke können Sie am Fußende unter die Matratze klemmen.

Legen Sie eine Windel oder ein weiches, saugendes Tuch unter den Kopf des Kindes, falls es sabbert oder spuckt.

Beziehen Sie die Matratze mit weichen Laken, z. B. Biber- oder Frottee-Stoff.

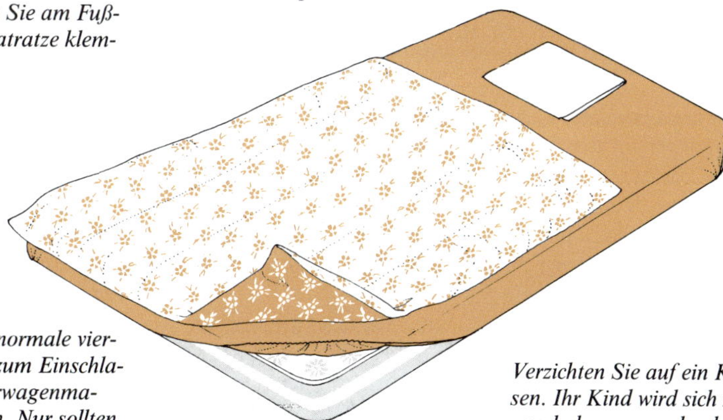

Sie können auch normale viereckige Bettücher zum Einschlagen ovaler Kinderwagenmatratzen verwenden. Nur sollten Sie darauf achten, daß das Tuch überall fest eingeklemmt wird.

Schützen Sie die Matratze mit einer Gummiauflage.

Verzichten Sie auf ein Kopfkissen. Ihr Kind wird sich zwar wegdrehen, wenn durch das Kissen sein Gesicht verdeckt wird. Ich halte aber das Risiko für zu groß.

Tips: Kinderbetten

- Kaufen Sie Bettdeckenklammern. Diese bewahren die Bettdecke vor dem Verrutschen und verhindern das Wegstrampeln.
- Verzichten Sie auf Decken mit Fransen. Ihr Kind würde an den Fransen lutschen.
- Kaufen Sie nur festgewebte Decken. In losen Geweben könnte sich das Kind mit seinen Fingern verheddern.
- Statt besondere Kinderbettwäsche zu kaufen, können Sie Ihre geeignete alte Bettwäsche in die richtige Größe zerschneiden und vernähen.

Schlafbekleidung

Neugeborene wollen ungern ausgezogen werden. Zugleich müssen sie aber häufig gewickelt werden. Sie sollten deshalb solche Bekleidung auswählen, die leichten Zugang zu den Windeln ermöglicht. Anfangs sind Nachthemden recht praktisch, die unten geschlossen werden können. Nach einigen Wochen sind Strampelanzüge aber genauso praktisch, vorausgesetzt, sie lassen sich leicht öffnen und schließen. Um den 4. Lebensmonat herum können Sie das Kind in einen Schlafsack legen (siehe S. 49). Diese sind besonders praktisch im Winter. Ihr Kind bleibt die ganze Nacht warm, und Sie müssen sich nicht um weggestrampelte Decken sorgen. Ist es kalt, dann trägt das Kind einen Strampelanzug unter dem Schlafsack, ansonsten genügt ein Hemd und eine Windel.

Viele Eltern befürchten, daß das Kind nachts zu warm oder zu kalt liegt. Es gibt eine einfache Methode, dies zu schätzen. Legen Sie Ihre Hand in den Nacken des Kindes. Achten Sie dabei aber darauf, daß Ihre Hand weder zu warm noch sehr kalt ist. Hat der Nacken des Kindes etwa die gleiche Temperatur wie Ihre Hand, besteht kein Grund zur Sorge. Fühlt sich die Haut feucht und verschwitzt an, liegt das Kind wahrscheinlich zu warm. Fühlt sich der Nacken kühl an, so sollten Sie das Kind wärmer anziehen oder mit einer (weiteren) Decke zudecken.

Das Schlafenlegen

Es gibt keine Position, in der Ihr Kind unbedingt schlafen muß. In den ersten Wochen nach der Geburt ist es jedoch nicht ratsam, das Kind auf dem Rücken zum Schlafen zu legen. Falls es spuckt, was leicht passieren kann, könnte es sich in der Rückenlage wesentlich leichter verschlukken oder gar ersticken. Legen Sie das Kind deshalb besser auf den Bauch oder auf eine Seite. Sie können auch diese Positionen in verschiedenen Nächten abwechseln. Wenn Ihr Kind sich dann mit 4 bis 5 Monaten selbst drehen kann, wird es die bequemste Lage allein finden, egal, wie Sie es anfänglich ins Bett gelegt haben.

Legen Sie das Kind so in das Bett, daß sein Kopf das Kopfende des Bettes berührt. Diese Berührung verleiht dem Baby ein Gefühl der Sicherheit, genauso übrigens wie das Einwickeln in eine Decke. Um Kopfverletzungen zu vermeiden, sollten Sie den gesamten oberen Bereich des Bettes auspolstern.

Nachdem das Kind einmal eingeschlafen ist, sollten Sie seine Schlafposition nicht wechseln. Es würde mit ziemlicher Sicherheit dabei aufwachen. Ähnliches würde passieren, wenn Sie ständig nachschauten, ob das Kind wirklich noch schläft.

Sie können Ihr Kind auch im Tragetuch an Ihrem Körper schlafen lassen. Es ist ja aus dem Mutterleib gewohnt, in aufrechter Haltung und in enger Verbindung mit Ihrem Körper zu schlafen. Wenn das Kind schläft, sollten Sie nicht krampfhaft versuchen, alle Geräusche in der Wohnung, die den Schlaf des Kindes u. U. stören könnten, zu vermeiden. Gleichmäßige Geräusche, wie eine Stimme aus dem Radio oder Fernseher, das Rauschen einer Wasch- oder Geschirrspülmaschine oder Gespräche, wirken auf das Kind eher beruhigend, als daß sie stören. Meist sind es plötzliche Pegelveränderungen in der Lautstärke, die ein schlafendes Kind alarmieren. Sie wollen ja das Kind möglichst schnell in das normale Familienleben integrieren. Es muß und wird sich deshalb auch an die üblichen Geräusche gewöhnen.

Einwickeln
Falten Sie eine Decke zu einem Dreieck und legen Sie das Kind darauf, mit seinem Kopf auf den langen Rand (1). Legen Sie erst eine Ecke (2), dann die andere Ecke (3) der Decke über das Kind. Falten Sie das untere Ende unter die Füße (4).

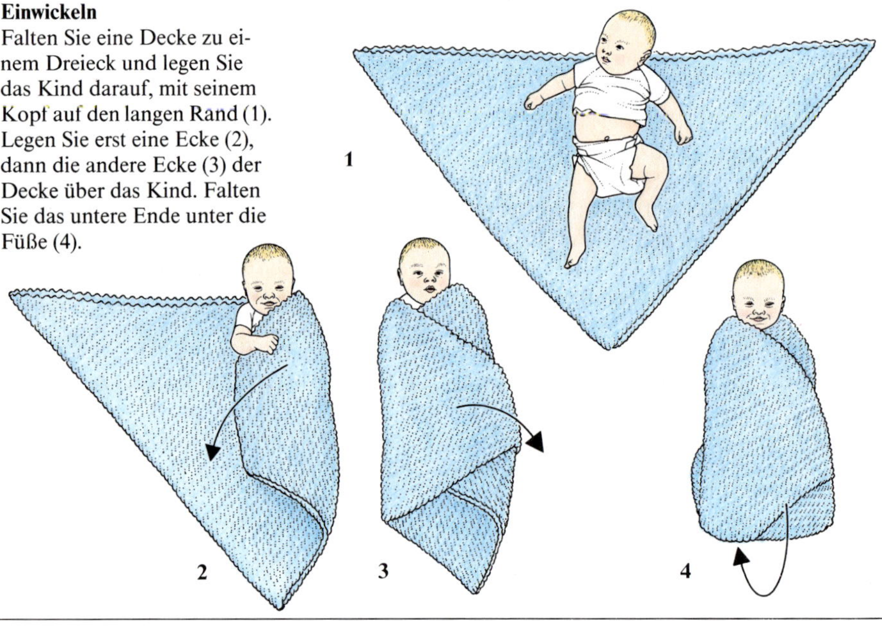

Tips: Einschlafen

- Gestalten Sie die Zeit vor dem Einschlafen so angenehm wie möglich.
- Geben Sie dem Kind Brust oder Flasche als Trost unmittelbar vor dem Schlafen.
- Entwickeln Sie eine Abendroutine. Weichen Sie davon nicht ab. Legen Sie das Kind nicht einfach hin, sondern richten Sie eine Folge von Spiel, Baden, Gesang, Geschichte und Gute-Nacht-Sagen ein. Bleiben Sie noch etwas im Zimmer, räumen Sie leise auf. Ihr Kind kann dann erkennen, daß es einschlafen kann, ohne Sie zu verlieren.
- Lassen Sie dem Kind Objekte, mit denen es sich selbst tröstet.
- Wiegen Sie das Kinderbett hin und her, falls das Kind dadurch beruhigt wird.
- Verwenden Sie eine Spieluhr. Auf die meisten Babys wirkt die Musik sehr beruhigend.
- Verzichten Sie nach dem 6. Lebensmonat darauf, mit dem Kind abends auszugehen. Das Kind ist an seine Routine und sein Zimmer gewöhnt und ist durch Veränderungen leicht verängstigt.
- Gehen Sie zum Kind, wenn es schreit, aber nehmen Sie es nicht sofort hoch. Schauen Sie zunächst nach möglichen Ursachen für das Schreien – vielleicht genügt es, die Decke wieder hochzuziehen.

Einschlafen eines Neugeborenen

Wann auch immer Ihr Neugeborenes müde ist, wird es einschlafen, ganz egal, an welchem Ort es sich gerade befindet. Normalerweise können Sie aber das Einschlafen durch folgende Maßnahmen unterstützen:

- Während des ersten Lebensmonats sollten Sie das Kind eng in eine Decke zum Schlafen legen. Es fühlt sich dann warm und geborgen.
- Verdunkeln Sie nachts das Schlafzimmer durch Gardinen oder Jalousien.
- Legen Sie, besonders im Winter, eine halbe Stunde vor dem Zu-Bett-Gehen eine Wärmflasche in das Bett.
- Achten Sie darauf, daß das Zimmer warm genug ist (siehe S. 164).
- Zur Beruhigung genügt es oftmals, daß Sie das Kind halten und leicht hin und her wiegen.

Einschlafen eines Kleinkindes

Mit 9 Monaten bleibt ein Kind oft wach, wenn es eigentlich ziemlich müde ist. Es kann sogar ab und zu passieren, daß das Kind so übermüdet und angespannt ist, daß es nicht den »Dreh findet« einzuschlafen. Oftmals sind Sie selbst ein Hauptgrund für solche Anspannung. Sie geben ihm die Liebe und Geborgenheit, nach denen es sucht. Es will darauf keine Minute verzichten. Manchmal hält auch sein Sicherheitsbedürfnis ein Kind wach; wenn es etwa in einem anderen Zimmer als sonst schlafen soll oder Sie abwesend sind. Unabhängig von der jeweiligen Ursache wird eine solche Phase des Anklammerns an die Eltern oder der Unsicherheit vorübergehen. Ihnen bleibt nichts anderes, als auf das Kind einzugehen. Sie können es nicht zum Einschlafen zwingen. Trösten Sie sich mit dem Gedanken, daß Ihr Kind nicht das einzige auf der Welt ist, das nicht einschlafen will.

Seelentröster

Schon mit 9 Wochen können Babys eine Beziehung zu einem trostspendendem Objekt eingehen. Das kann eine Decke sein oder eine Windel, ein Tuch, eine Puppe, der eigene Daumen. Es kann sich in den Haaren wühlen, am Ohr zupfen oder rhythmisch hin- und herschaukeln. Obwohl sich viele Elternratgeber gegen solches Verhalten aussprechen, gibt es für mich keinen Grund, dagegen etwas einzuwenden. Es gibt auch keine besonderen Altersgruppen, in denen bestimmte Trostobjekte erlaubt oder verboten sein sollten. Die Kinder entwachsen in der Regel von ganz allein solchen Gewohnheiten. Sie sollten dem Kind deshalb nicht solche Objekte entziehen, es würde sich wahrscheinlich sowieso schnell ein anderes suchen. Sie können die ganze Sache ja auch so betrachten: Mit diesem Trostobjekt hat das Kind eine Methode entwickelt, um unabhängiger von Ihnen zu werden. Es demonstriert damit auch Selbstvertrauen in die eigenen Fähigkeiten. Benützt das Kind allerdings seinen Trostspender auch ausgiebig in Ihrer Anwesenheit, dann ist Aufmerksamkeit angebracht. Verständlich ist dieses Verhalten dann, wenn das Kind sehr müde ist oder eine Krankheit »ausbrütet«. Ansonsten kann es als Anzeichen dafür gewertet werden, daß es von Ihnen nicht das Maß an Liebe und Zuwendung bekommt, das es erwartet.

Schlafen während des Tages

Selbst wenn Ihr Baby nachts durchschläft, wird es tagsüber ein- bis zweimal schlafen müssen. Wann es das tut, ist so verschieden, daß sich schwerlich allgemeine Regeln benennen lassen. Vielleicht schläft es gleich nach dem Frühstück, am späten Vormittag, nach dem Mittagessen oder zur Kaffeezeit. Oft verändern sich diese Zeiten von Tag zu Tag oder Woche zu Woche. Erst gegen Ende des 1. Lebensjahres haben die meisten Kinder einen relativ festen Tagesrhythmus entwickelt. In der Regel sollte Ihr Kind die Zeit und Länge des Schlafens bestimmen. Es gibt Ausnahmen, etwa wenn Sie mit dem Kind einen bestimmten Termin wahrnehmen müssen.
Einige Kinder schlafen tagsüber nur zweimal 20 Minuten, andere 4 Stunden. Verschläft das Kind aber den ganzen Vormittag, um bis in den späten Abend aufzubleiben, dann sollten Sie es doch wecken, damit es abends früher einschlafen kann und Sie eine Ruhepause am Abend bekommen.

Abends ausgehen

Vor dem 6. Lebensmonat benötigt ein Säugling noch keine feste Abendroutine. Sie können ihn deswegen mitnehmen, wenn Sie abends ausgehen wollen. Ein bißchen Abwechslung und Unterhaltung tut während dieser ersten Monate besonders der Mutter gut. Nutzen Sie deshalb die Möglichkeiten, die sich dadurch bieten, daß das Kind fast überall schlafen kann.
Bis zum Ende des ersten Lebensjahres lassen sich die Schlafenszeiten noch nicht voraussagen. Deshalb ist es ratsam, vom 7. Monat an eine Einschlaf-Routine zu entwickeln. Denn Sie können nämlich nicht mehr erwarten, daß das Kind problemlos an jedem Ort oder zu jeder Zeit, in der es müde ist, einschläft.

Mögliche Probleme 0–1 Jahr

Frühaufsteher

Ermutigen Sie das Kind von Anfang an, nach dem Aufwachen sich erst noch eine Weile selbst in seinem Bett zu beschäftigen. Hängen Sie zum Beispiel ein Mobile über das Bett. Wenn es sich durch die Luft bewegt, kann es das Kind durch interessante, ständig wechselnde Muster unterhalten. Hängen Sie einen runden Spiegel an die Gitter des Kinderbettes. Das Kind kann sich im Spiegel entdecken und fühlt sich nicht einsam.
Kann das Kind seinen Arm schon hochstrecken, dann wird es sich mit dem Spielzeug unterhalten, das Sie an einer Schnur über das Bett gehängt haben. Einfache Haushaltsgegenstände, wie leere Nähspulen oder bunte Eierlöffel, reichen völlig aus. Später ist es nützlich, wenn Sie das jeweilige Lieblingsspielzeug mit ins Bett legen. Es lenkt Ihr Kind zunächst ab.
Sie selbst können das Kind durch eigenes Verhalten unterstützen. Springen Sie nicht gleich beim ersten Morgengeräusch, das Sie aus dem Kinderzimmer hören, aus dem Bett, um nachzuschauen, ob alles in Ordnung ist. Überlassen Sie das Kind sich selbst, solange es geht. Gehen Sie erst dann zu ihm, wenn es quengelig und unruhig wird. Selbst dann können Sie aber auch noch warten, um zu hören, ob es sich nicht wieder von allein beruhigt.

Kinder, die nachts aufwachen

Neugeborene

Es ist unerläßlich, daß beide Eltern genug Schlaf bekommen. Es ist deshalb notwendig, daß Sie und Ihr Partner sich von Anfang an die nächtliche Betreuung des Kindes teilen. Nachts sollten Sie, wenn es schreit, sofort zu dem Kind gehen, unabhängig von der Ursache des Schreiens. Andernfalls wird es sich durch das Schreien so aufregen, daß schließlich Kind und Eltern völlig entnervt sind.

Solange Ihr Kind nachts nicht durchschläft, werden Sie immer irgendwann während der Nacht aufstehen müssen. Um damit besser zurechtzukommen, können Sie folgende Maßnahmen treffen:

- Arbeiten Sie mit Ihrem Partner einen Wochenplan aus. Danach sollten Sie mindestens ein- bis zweimal pro Woche früh zu Bett gehen.
- Wenn Sie das Kind mit der Flasche ernähren, bereiten Sie alle für eine Nacht notwendigen Flaschen am Abend vor.
- Geben Sie Flaschen, dann können Sie sich mit Ihrem Partner abwechseln.
- Stillt die Mutter das Kind, dann kann sie, nachdem sich die Milchbildung eingependelt hat, Milch ausdrücken, die nachts der Partner dem Kind aus einer Flasche gibt. Solange das Kind den Gummisauger nicht ablehnt, spricht nichts gegen eine solche Flasche.
- Will die Mutter auch nachts das Kind stillen, dann kann der Partner ihr dabei helfen, indem er das Kind holt und wieder hinlegt und indem er es wickelt.
- Viele Eltern schlafen, nachdem sie nachts durch das Kind geweckt wurden, nur sehr schwer wieder ein. Bleiben Sie dann nicht einfach verärgert im Bett liegen. Machen Sie Entspannungsübungen. Lesen Sie ein Buch oder verrichten Sie kleinere Arbeiten, die Sie ablenken und wieder müde machen.
- Holen Sie, soweit möglich, Schlaf, den Sie nachts vermissen, tagsüber nach. Entspannen Sie sich, wenn das Kind schläft. Schlafen Sie dann selbst.

Unterhaltung im Bett

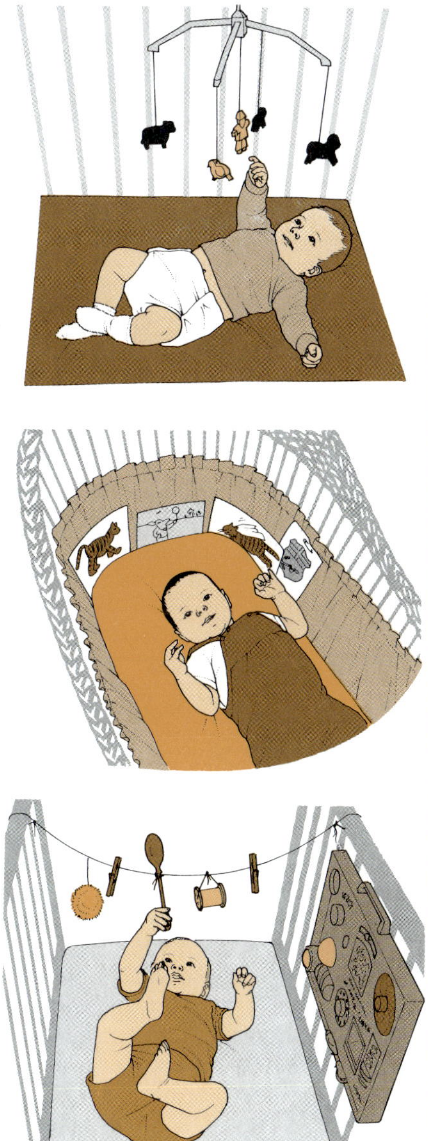

Solange das Baby keinen Hunger hat oder nicht unangenehm naß ist, wird es sich mit dem Spielzeug, das Sie ihm ins Bett mitgegeben haben, beschäftigen. Die Formen auf Bilder und Photos regen ein Kind ebenso sehr an wie ein Mobile.

Ältere Babys
In der zweiten Hälfte des ersten Lebensjahres beginnen die meisten Babys nachts durchzuschlafen. Aber auch danach wird es immer wieder Nächte geben, in denen es unvermutet aufwachen wird. Vielleicht kann dann eine der folgenden Maßnahmen helfen:
- Prüfen Sie, ob es dem Kind zu warm ist. Wenn ja, dann ziehen Sie entweder einige Kleidungsstücke aus oder nehmen die Decke weg.
- Prüfen Sie, ob es dem Kind zu kalt ist. Vielleicht hat es seine Decke weggestrampelt. Benutzen Sie in einem solchen Fall einen Schlafsack (siehe S. 49), zusätzliche Nachtkleidung oder sogar ein Heizgerät, das das Zimmer warm hält.
- Schauen Sie, ob das Kind wund ist. Wenn ja, dann könnte es davon aufgewacht sein. Behandeln Sie die wunden Stellen, ehe Sie das Kind wieder hinlegen (siehe S. 80).
- Gehen Sie nicht ständig in das Kinderzimmer, um nachzuschauen, ob alles in Ordnung ist. Ihre Sorge wird das Kind eher aufwecken.
- Wenn das Kind schlecht geträumt hat und weinend aufgewacht ist, bleiben Sie bei ihm, bis es sich wieder beruhigt hat und eingeschlafen ist.

Wacht das Kind regelmäßig mehrmals nachts auf, dann kann es dafür noch ganz andere Gründe geben: Das Verhältnis zu den Eltern ist gespannt. Es wird von einer neuen Person betreut. Es schläft in fremder Umgebung. Es ist tagsüber zuwenig mit den Eltern zusammen.

Kurzschläfer
Es gibt Babys, die mit weniger Schlaf als andere auskommen. Sie fordern folglich mehr Zeit und Energie von ihren Eltern. Sie sollten das Kind nicht einfach längere Zeit, sich selbst überlassen, im Bett lassen. Es benötigt Spielzeug im Bett (siehe S. 153), aber auch Ihre Nähe. Das kann bedeuten, daß Sie das Kind im Tragegurt mit sich herumtragen müssen, es in Ihrer Nähe beschäftigen, z. B. in einer Zimmerschaukel, oder Sie und Ihr Partner sich im Schlafen und Wachen konsequent abwechseln. Was auch immer Sie tun, Sie sollten sich nicht darüber aufregen, wenn das Kind ständig weniger schläft, als Sie erwarten. Es lernt, wenn es wach ist, und Sie sind zweifellos mit einem sehr lebendigen und aufgeweckten Kind belohnt.

Über das Schlafen 1–2 Jahre

Die meisten Kleinkinder schlafen im Durchschnitt 11 Stunden pro Nacht. Zusätzlich benötigten Schlaf werden sie tagsüber suchen. Hat Ihr Kind im ersten Lebensjahr viel geschlafen, dann wird es dies auch weiterhin tun. Auch wenn es nachts durchschläft, wird es zweimal am Tag zusätzlich schlafen. Die Länge des Tagesschlafes ist von Kind zu Kind verschieden. Im zweiten Lebensjahr ändern sich eventuell ständig die Zeiten, zu denen es tagsüber schläft. So wird es vielleicht den Vormittagsschlaf von 9.30 h immer weiter, bis nach dem Mittagessen hinausschieben. An anderen Tagen kann es dann aber wieder mitten im Vormittag oder erst nachmittags einschlafen. Sie können diese Veränderungen nicht beeinflussen. Es hat keinen Sinn, das Kind einfach hinzulegen, zum Schlaf zu zwingen. Mit wechselnden Zeiten müssen Sie sich einfach abfinden, indem Sie sich den Gewohnheiten des Kindes anpassen. Wenn es z. B. schon um 11.30 h seinen Mittagsschlaf halten will, dann sollten Sie vielleicht das Mittagessen vorverlegen oder verschieben, bis es wieder aufwacht.
Mit 15 Monaten erreichen viele Kinder ein Stadium, in dem 2 Schlafenszeiten am Tag zuviel, aber nur eine zu wenig ist. Während der Zeit, in der es üblicherweise seinen ersten Tagesschlaf absolvierte, wird es jetzt noch zufrieden spielen. Es kann dann aber nicht bis zu der Zeit, an der es normaler-

weise zum zweiten Mal einschlief, durchhalten. Diese Entwicklung führt meistens dazu, daß das Kind an den Nachmittagen länger als sonst wach ist und dafür abends eher ins Bett muß. Auch in dieser Situation kommt es darauf an, daß Sie flexibel bleiben. Diese Phase wird schnell vergehen, und das Kind wird zu veränderten regelmäßigen Schlafgewohnheiten zurückkehren. Am Ende des zweiten Lebensjahres wird es wahrscheinlich nur einmal am Tag schlafen.

Bis das Kind zu dieser festen Routine gefunden hat, sollten Sie darauf achten, daß es sich genügend ausruht. Auch dann, wenn es auf den ersten Blick nicht müde wirkt, spielt oder herumtobt, kann es längst übermüdet sein.

Wann auch immer Ihr Kleinkind tagsüber schläft, sollten Sie es allmählich aufwachen lassen. Der Schlaf mag seine Kräfte regeneriert haben, doch wird es selten erfrischt und aktiv aufwachen. Es wird 10–15 Minuten Schmusezeit brauchen, um sich wieder zurechtzufinden und ganz aufzuwachen. Wenn Sie das Haus verlassen müssen, dann wecken Sie das Kind frühzeitig genug, daß es seine gute Laune wiederfindet.

Abendroutine

Die Routine abends vor dem Schlafen wird sich verändern. Das Kind bedarf verstärkt Ihrer abendlichen Aufmerksamkeit. Die Zeit vor dem Schlafengehen ist eine Zeit, in der Sie ganz besonders mit dem Kind spielen bzw. einfach zusammensein sollten. Das Spiel sollte ruhig sein, das Kind nicht mehr aufregen. Sind Sie selbst vom Tag erschöpft, dann sollten Sie versuchen, entspannt und ruhig zu werden. Schaffen Sie dies nicht, dann überträgt sich Ihre Unruhe auf das Kind, und es wird sehr viel länger als notwendig brauchen, um Schlaf zu finden.

Wo Ihr Kleinkind schlafen sollte

Irgendwann im Laufe des zweiten Lebensjahres wird Ihr Kind versuchen, aus seinem Kinderbett herauszuklettern, um zu Ihnen zu kommen. Ein Sturz aus einem zu hoch eingestellten Bett wäre natürlich gefährlich. Sie sollten deshalb entweder die Matratze des Kinderbetts so tief stellen, daß das Kind oben nicht herausklettern kann, oder das Kinderbett gegen ein normales Jugendbett austauschen (siehe S. 43).

Mögliche Probleme 1–2 Jahre

Nachts aufwachen

Nach Schätzungen wachen etwa 15% aller Zweijährigen nachts regelmäßig auf. Eltern, die ja auch ihren Schlaf brauchen, kann dies zum Problem werden. Aber meine Meinung ist: Ganz egal wie oft Ihr Kind nachts aufwacht und wie stark Sie sich darüber ärgern, lassen Sie es nicht einfach weinend liegen. Gehen Sie zu ihm, trösten Sie es, ergründen Sie, was sein Problem ist. Oft läßt sich dieses Problem schnell beheben. Vielleicht friert es, weil es sich bloßgestrampelt hat, vielleicht schwitzt es, weil es zu warm angezogen ist, vielleicht bekommt es neue Zähne. Manchmal sind die Gründe allerdings auch weniger offensichtlich; wenn es schlecht geträumt hat und sich nun ängstigt. Die Schwierigkeiten des Problems liegen darin, daß sich das Kind ja

Tips: Am Tag einschlafen
- Stellen Sie einige besonders geliebte Spielzeuge und Bilder zusammen, mit denen sich Ihr Kind im Bett beschäftigen kann, bis es müde wird. Verwenden Sie keine wertvollen Bücher. Das Kind wird diese zerreißen. Alte Bücher und Pappbücher sind besser geeignet. Sie können auch selbst Bücher herstellen, indem Sie Photos und Bilder auf Pappe kleben, diese mit Folie überziehen und dann die Pappen zusammenbinden.
- Lassen Sie das Kind ab und zu in Ihrem Bett, auf dem Wohnzimmersofa oder irgendwo in Ihrer Nähe schlafen.
- Will Ihr Kind absolut nicht schlafen, dann sollten Sie darauf achten, daß es trotzdem eine Ruheperiode einlegt. Legen Sie zum Beispiel eine längere Platte oder Kassette mit ruhiger Musik auf, und erklären Sie dem Kind, daß bis zum Ende der Musik Ruhezeit sei.

Tips: Abends einschlafen
- Legen Sie das Kind nicht unmittelbar nach aufregendem, lebendigem Spiel zum Schlafen. Es hätte große Mühe, sich zu beruhigen. Geben Sie dem Kind 15 Minuten als Beruhigungszeit. In dieser Zeit können Sie zusammen ein Buch anschauen oder Musik zuhören.
- Auch schon kleine Kinder blättern gern vor dem Einschlafen in einem Bilderbuch. Lassen Sie deshalb Ihr Kind mit seinem Lieblingsbuch einschlafen.
- Betupfen Sie das Kopfende des Kinderbettes mit Ihrem Parfüm oder Rasierwasser. Schlagen Sie dem Kind vor, tief einzuatmen, um den Geruch wahrzunehmen. Tiefes Atmen entspannt und beruhigt. Das Kind wird leichter einschlafen.
- Baden Sie das Kind, bevor Sie es in sein Bett legen, geben Sie dann etwas Warmes zu trinken und lesen Sie eine Geschichte vor.

noch nicht mitteilen kann. Sie können nur aus Zeichen erschließen, worum es geht. Zeigen Sie immer in solchen Situationen Ihre Liebe und Zuneigung. Sie müssen nicht befürchten, Ihr Kind damit zu verwöhnen.

Schlaflose Kinder

Da ich selbst gleich 2 schlaflose Kinder hatte, empfinde ich mit diesen Eltern großes Mitgefühl. Mein Jüngster hat sich zusätzlich regelmäßig übergeben, wenn wir nicht innerhalb einer Minute bei ihm waren. Mein Mann oder ich haben 6 Jahre lang keine einzige Nacht durchgeschlafen. Manchmal wankten wir tagsüber vor Müdigkeit. Aber wir haben alles überstanden und das Gefühl dabei schon längst vergessen.

Damals brauchten auch wir natürlich einigermaßen regelmäßigen Schlaf. Manchmal war dies unsere Hauptsorge. Wir entschlossen uns, alles zu unternehmen, um wenigstens ab und zu eine durchgeschlafene Nacht zu erleben. Ich war noch nie der Meinung, daß es den Eltern oder dem Kind schaden könne, wenn die Eltern es mit in ihr Bett nehmen. Genausowenig glaube ich, daß es meinem Kind geschadet hat, wenn ich auf sein Verlangen hin bei ihm geschlafen habe. Ich finde, man sollte hier mehr seinen Gefühlen als den Ratschlägen der althergebrachten Kindererziehung folgen. Zögern Sie also nicht, wenn Sie meinen, daß auf diese Weise Sie und Ihr Kind ruhiger schlafen könnten. Noch einige Ratschläge aus unserer Erfahrung:

- Mein Mann und ich wechselten uns jede Nacht ab. Derjenige, der »frei« hatte schlief – außer in Notfällen – ungestört weiter.
- Wir stellten neben das Kinderbett ein Reisebett. Wenn das Kind aufwachte, genügte oftmals nur eine herübergestreckte Hand, um es wieder zu beruhigen.
- Wenn das Kind auch nach 15 Minuten nicht wieder eingeschlafen war, nahmen wir es ins eigene Bett. Es schlief garantiert ein.
- Während der Nacht gaben wir nur Wasser oder Saft zu trinken, niemals Milch. Es sollte sich nicht an nächtliche Nahrung gewöhnen.

Tips: Frühaufsteher

- Legen Sie als Morgenlektüre am Fußende einige Bücher in das Kinderbett. Achten Sie darauf, daß das Zimmer morgens hell genug ist, damit Ihr Kind überhaupt etwas sehen kann.
- Stellen Sie neben das Bett eine Spielzeugkiste mit kleinem Spielzeug, interessanten Stoffresten, Haushaltsgegenständen u. ä.
- Legen Sie frisches Obst oder eine Scheibe Brot, in Butterbrotpapier verpackt, an das Fußende des Bettes. Verwenden Sie niemals Plastiktüten als Verpackung!
- Stellen Sie etwas zu trinken in Reichweite des Kindes.

Verweigerung, ins Bett zu gehen

Wenn ich von den Reaktionen ausgehe, die ich auf meine Rundfunksendungen in England erhalten habe, dann gibt es sehr viel mehr »schwierige« Kleinkinder, als allgemein angenommen. Ein Kind, das nicht einschlafen will, verursacht oft große Probleme für die Eltern. Zugleich ist es oft intelligent, aktiv, an allem, was es umgibt, interessiert und gefühlsbetont. Tagsüber sind diese Eigenschaften eine wahre Freude, nur nachts können sie die Eltern manchmal verzweifeln lassen.

Meine beiden Söhne waren zwei sehr anspruchsvolle schlaflose Kinder. Deshalb habe ich selbst einige Prinzipien aufgestellt, um mit dieser Situation fertig zu werden. Ich muß dabei vorausschicken, daß die herkömmlichen Richtlinien aus weitverbreiteten Elternratgebern in meiner Situation überhaupt nicht geholfen haben. Haben Sie ein »schwieriges« Baby, dann sollten Sie sich zunächst bewußt auf das Kind einstellen. Sie müssen aber auch zur richtigen Zeit die richtigen Prioritäten setzen. So braucht jeder notwendigerweise Schlaf. Sie als Vater oder Mutter bilden keine Ausnahme. Der Mangel vieler Babybücher ist, daß sie sich scheuen, diese Bedürfnisse der Eltern anzuerkennen und richtig zu würdigen. Auf Schlaf können und dürfen Sie nicht verzichten, und Sie sind deshalb berechtigt, alle dafür notwendigen Voraussetzungen zu treffen. Das kann heißen, daß Sie die folgenden Ratschläge beherzigen:

- Schlafzimmer haben nichts Magisches, besonders Schlafbringendes an sich. Lassen Sie Ihr Kind nötigenfalls im Wohnzimmer, zu Ihren Füßen auf dem Boden, auf dem Sofa auf Ihrem Schoß oder wo es sonst gerade will, schlafen.
- Baden Sie Ihr Kind früh am Abend. Ein Bad wirkt oft entspannend und ermüdend auf Kinder.
- Auch wenn das Kind noch nicht ins Bett will, können Sie ihm vorab schon den Schlafanzug anziehen. Wenn es später irgendwo einschläft, dann müssen Sie es nicht durch das Umziehen wecken.

In fremden Betten schlafen

Wenn Ihr Kind während eines Urlaubs oder nur für eine Nacht bei Bekannten in einem fremden Bett schlafen soll, dann sollten Sie sich etwas Mühe geben um dieses »Erlebnis« harmonisch ablaufen zu lassen. Machen Sie kein Geheimnis daraus, indem Sie dem Kind erst kurz vor dem Zu-Bett-Gehen davon erzählen. Sie würden so nur die Unsicherheitsgefühle des Kindes verstärken.

Nehmen Sie das Lieblingsspielzeug oder -buch mit, und seien Sie darauf gefaßt, länger als sonst bei ihm zu bleiben. Ist das Kind besonders anhänglich, sollten Sie so lange bleiben, bis es fest eingeschlafen ist. Lassen Sie ein schwaches Licht brennen, und seien Sie sofort zur Stelle, wenn es schreien sollte. Bis sich das Kind an die neue Umgebung gewöhnt hat, sollte, während der ersten Urlaubsnächte, das Kinderbett in Ihrer Nähe aufgestellt werden. Zwingen Sie, gerade in einer neuen Umgebung, nicht das Kind, ins Bett zu gehen, wenn es nicht will. Sie sollten es auch in gar keinem Fall in ein Zimmer einsperren. Halten Sie es statt dessen so lange auf Ihrem Schoß, bis es einschläft. Wird das Kind durch eine fremde Umgebung nachhaltig gestört, dann sollten Sie überlegen, ob Sie nicht nach Hause fahren.

Alles über das Schlafen 2–3 Jahre

Mit 2 Jahren wird Ihr Kind nachts etwa 12 Stunden und tagsüber 1–2 Stunden Schlaf brauchen. Es gibt natürlich auch in diesem Alter erhebliche Unterschiede zwischen verschiedenen Kindern. Im Laufe des kommenden Jahres wird das Kind tagsüber mit immer weniger Schlaf auskommen. Die Zeit, zu der es abends ins Bett geht, aber auch die Dauer des Nachtschlafes wird dagegen relativ konstant bleiben. Erst im 6. Lebensjahr wird das Schlafbedürfnis deutlicher zurückgehen. Mit 3 Jahren hören viele Kinder ganz auf, tagsüber zu schlafen, obwohl die Mehrzahl von ihnen nach dem Mittagessen eine Ruheperiode benötigt.

Schlafroutine

Mit 2–3 Jahren versuchen viele Kinder den Zeitpunkt, zu dem sie schlafen sollen, immer weiter hinauszuschieben. Sie müssen dann manchmal mehrmals hintereinander auf die Toilette oder haben Durst. Manchmal stehen sie auch lächelnd, um keine Ausrede bemüht, einfach wieder im Zimmer und wollen spielen. In solchen Situationen müssen Sie Ihre Entscheidungen entsprechend der bisherigen Routine fällen. Haben Sie die Schlafenszeit bisher flexibel gehandhabt oder nicht darauf bestanden, daß das Kind in seinem Bett einschläft, dann können Sie diese Regeln nicht plötzlich ändern. Das Kind würde diese Unbeständigkeit nicht verstehen und nicht akzeptieren. Sie müssen in diesem Fall pragmatisch handeln, das Kind bei sich spielen lassen, bis es müde einschläft. War Ihre Abendroutine bisher relativ fest und stellt das Verhalten des Kindes eine Ausnahme zur bisherigen Regelung dar, dann müssen Sie dem Kind gegenüber auf die Einhaltung dieser Regeln drängen. Sie werden dann Auflehnung oder Schluchzen als Reaktion erfahren. Dies finde ich aber so lange nicht schlimm, wie das Kind sich Ihrer Liebe und Zuneigung sicher ist und weiß, daß Sie wirklich kommen, wenn es Sie ernstlich braucht. Sie können sich dann diese Strenge also erlauben. Ihr Kind wird sehr bald lernen, daß seine Aufschubversuche nichts nutzen und diese einstellen. Geben Sie statt dessen dem Kind nach, dann wird das neue Verhalten schnell zur Gewohnheit.
Ihre Reaktion in solchen Situationen hängt natürlich auch davon ab, wie viel Energie Sie noch für das Kind nach einem anstrengenden Tag aufbringen wollen und können. Haben Sie den ganzen Tag mit dem Kind verbracht, dann werden Sie mit einiger Berechtigung meinen, daß der Abend Ihnen allein gehört. Wenn Sie das Kind so erziehen, daß es diese Haltung akzeptiert, dann können Sie auch auf dem »freien« Abend bestehen.

Die Einschlafzeit

Ich finde es sehr wichtig, daß Kinder glücklich und zufrieden einschlafen, und bin diesbezüglich zu sehr vielen Konzessionen bereit. Alles vom Tag ist vergeben und vergessen, aller Ärger, alle Wut dahin. Ärger, Angst oder Weinen sind die ungeeignetsten Begleiter des kindlichen Schlafes. Sie sollten die Zeit vor dem Schlafengehen besonders angenehm gestalten. Verbringen Sie die Zeit zwischen Abendessen und Schlafengehen zusammen mit dem Kind. Selbst wenn Sie im Kinderzimmer nur Zeitung lesen, stricken oder sonst sich irgendwie beschäftigen, während es noch spielt, hat das Kind doch etwas von Ihnen. Allein Ihre Nähe bringt Ruhe und Trost, wenn es vom Wohnzimmer in das Kinderzimmer wechselt. Besser ist es natürlich, wenn Sie mit dem Kind sprechen, ihm etwas erzählen oder vorlesen.

Einschlafrituale

Die meisten Kinder folgen beim Schlafengehen bestimmten Ritualen. Meine Söhne mußten immer eines ihrer halben Dutzend

Lieblingslieder hören, und der Vater mußte eine Geschichte vorlesen. Waren wir beide zu Hause, dann teilten wir uns die »Arbeit« auf. Erst habe ich gesungen, dann wurde die Geschichte gelesen. Wir waren aber beide im Zimmer und machten das Ganze so zu einem Familienerlebnis. Während ich sang, lag mein Mann mit auf einem Bett, während er vorlas, legte ich mich ins andere. Waren Lieder und Geschichte beendet, dann löschten wir, bis auf eine schwache Orientierungslampe, das Licht. Oft blieben wir dann noch und sprachen im Dunkeln mit den Kindern über einige Ereignisse des Tages. Manchmal legten wir uns sogar eine Weile mit zu den Kindern, um ihnen ein kuscheliges und beruhigtes Einschlafen zu ermöglichen. Dieses, vielleicht etwas lange Ritual empfanden wir alle als etwas sehr Schönes und Angenehmes. (Die Lampe im Flur haben wir übrigens mit einem Dimmer auf ein schwaches Licht heruntergeregelt. Die Kinder fanden dann besser den Weg zur Toilette und in unser Schlafzimmer.)

Mögliche Probleme 2–3 Jahre

Manche Kinder versuchen die Eltern zu überreden, das Kinderzimmer beim Schlafengehen nicht zu verlassen. Das Kind fordert Sie auf zu bleiben. Sie haben verschiedene Möglichkeiten, hier zu reagieren. Sie bleiben so lange bei Ihrem Kind, bis alle seine Ängste verflogen sind und es entspannt und ruhig genug ist, allein einzuschlafen. Sie können aber auch das Kind auf die Probe stellen und einfach weggehen. Das ist allerdings eine risikoreiche Sache. Denn das Kind kann sich so in seine Angst hineinsteigern, daß es regelrecht hysterisch reagiert. Dies führt dann nicht nur an diesem Abend zu enormen Einschlafproblemen, sondern kann sich auch auf längere Sicht als problematisch erweisen. Passieren solche Situationen häufiger, dann kann das Kind, allein von dem Gedanken ins Bett gehen zu müssen, Angstzustände bekommen.

Eine weitere Reaktion wäre, dem Kind zu sagen: »Wenn du still liegen bleibst, dann komme ich in fünf Minuten wieder!« Sie müssen dann aber auch wirklich 5 Minuten später erscheinen. Schauen Sie dann, ob das Kind bequem und warm liegt. Wiederholen Sie dann die Zusicherung, daß Sie in fünf Minuten wiederkommen. Sie können in Ihrer Abwesenheit leise Musik spielen lassen oder dem Kind ein Buch zum Ansehen geben. Es kann dann tatsächliche Ängste leichter überwinden. Beim 3. oder 4. Nachschauen werden Sie wahrscheinlich feststellen, daß das Kind längst eingeschlafen ist.

Schließlich können Sie in der eingangs beschriebenen Situation auch Ihr Kind einfach wieder aufstehen lassen. Bleiben Sie mit ihm zusammen. Sie schaden zwar dem Kind dadurch nicht. Sie müssen allerdings darauf gefaßt sein, daß dieses Verhalten schnell zur Gewohnheit wird. Solange Sie aber nicht selbst zu müde oder über den Verlust Ihrer Freizeit verärgert sind, können solche Abende sehr angenehme Familienereignisse darstellen.

Angst vor der Dunkelheit

Hat Ihr Kind Angst davor, allein im Dunkeln gelassen zu werden, dann setzen Sie sich zu ihm und lenken es durch ein Lied oder eine Geschichte ab. Achten Sie darauf, daß sich das Kind dabei entspannt. Streicheln Sie es beispielsweise auf dem Rücken bis es eingeschlafen ist.

Angst vor Dunkelheit zu haben, ist völlig normal bei einem Kleinkind. Bestehen Sie also nicht darauf, daß das Schlafzimmer vollkommen abgedunkelt wird. Lassen Sie, im Gegenteil, ein schwaches Orientierungslicht brennen. Oftmals genügt dies, um das Kind zu beruhigen, und zugleich dient es dazu, die nächtlichen Wege zur Toilette zu erhellen.

Tips: Schlafengehen

- Stellen Sie einen Wecker oder eine Küchenuhr auf die Schlafenszeit. Ihre Kinder hören dann selbst, wann es soweit ist.
- Sie können auch eine Spielzeuguhr, deren Zeiger auf die Schlafenszeit eingestellt sind, neben die richtige Uhr stellen. Stimmen beide Zeigerpaare überein, ist es soweit, ins Bett zu gehen.
- Um regelmäßige Schlafgewohnheiten herauszubilden, sollte das Kind möglichst an jedem Tag zur gleichen Zeit ins Bett gehen.
- Manchmal sind Kinder, wenn sie im Bett liegen, noch nicht so richtig müde. Sie möchten sich im Bett mit einem Buch oder Gespräch entspannen. Es ist deshalb gar nicht schlecht, wenn Kinder gleichen Alters sich ein Schlafzimmer teilen.
- Wenn Ihr Kind schon in einem großen Bett schläft, können Sie sich beim Einschlafen zu ihm legen. Es schläft dann mit dem Gefühl Ihrer Nähe ein. Ich halte es mit meinen Kindern so, muß allerdings zugeben, daß ich dabei manchmal vor ihnen einschlafe. Wir haben diesen Brauch eingeführt, als die Kinder sehr klein waren, und praktizieren ihn auch heute noch recht gern, wo die Kinder 8 und 10 Jahre alt sind.

Alpträume und Schlafwandeln

Bis zum 3. Lebensjahr wird Ihr Kind selten Alpträume haben. Manchmal wachen jüngere Kinder schreiend auf, als hätten sie schlecht geträumt. Später haben viele Kinder ab und zu Alpträume. Das kann die Eltern besonders dann beunruhigen, wenn die schreiend aufgewachten Kinder auch im wachen Zustand scheinbar von den Traumängsten geplagt werden.

Alpträume sind nichts Ungewöhnliches, es sei denn, sie treten sehr häufig auf oder werden durch regelmäßiges Nachtwandeln begleitet. Dieses Verhalten kann bedeuten, daß das Kind tagsüber sehr viel Selbstkontrolle aufwendet (oder aufwenden muß), um Ängste zu überwinden. Im Schlaf, wenn diese Kontrollmechanismen ausgeschaltet sind, erlebt es dann die Ängste sehr intensiv. Versuchen Sie, wenn möglich, die Bedingungen dieses Verhaltens zu ergründen und zu verändern. Manchmal sind die Ursachen recht offensichtlich, z. B. ein weiteres Baby in der Familie, dem plötzlich sehr viel Aufmerksamkeit geschenkt wird, oder die ersten Tage im Kindergarten. Sprechen Sie mit Ihrem Kinderarzt. Der wird Ihnen, wenn Alpträume wirklich zum ernsten Problem geworden sind, einen Psychotherapeuten empfehlen.

Während eines Alptraums kann das Kind Sie mit weit aufgerissenen Augen anschauen, ohne etwas zu sehen. Es kann Sie in einer fremden, ungewohnten Sprechweise regelrecht ausschimpfen und dabei manchmal extrem wütend werden. Nehmen Sie sich dieses Verhalten nicht zu Herzen. Es ist Ausdruck der Angst und der Tatsache, daß sich das Kind dabei nicht kontrollieren kann.

Viele Eltern versuchen das Kind in solchen Situationen durch Erklärungen, durch Logik, zu beschwichtigen. Dies hat aber wenig Sinn. Sie können nur wenig unternehmen, um das Kind zu beruhigen. Häufig wird es nicht einmal Ihre Worte wahrnehmen, geschweige denn, den Sinn verstehen. Fordern Sie das Kind nicht zu irgendwelchen Aktionen auf, dies würde den Druck auf das Kind nur verstärken und die Angst anwachsen lassen.

Selbst wenn der Alptraum eine halbe Stunde andauert, gibt es für Sie nur eine Möglichkeit. Bleiben Sie beim Kind und reden Sie beruhigend und liebevoll mit ihm. Lassen Sie das Kind bei solchen Alpträumen niemals allein. Bleiben Sie stets so lange bei ihm, bis die Alpträume vorbei sind und sich das Kind anhaltend beruhigt hat. Reden Sie ruhig, besänftigend über irgendetwas. Fordern Sie nicht das Kind auf, sich zusammenzunehmen, schreien Sie es niemals an, tadeln Sie es niemals. All dies würde seine Angst nur zur Hysterie steigern.

11 Weinen

Ein junges Baby kennt eigentlich nur drei Zustände: es schläft, es ist wach und ruhig oder es schreit. Die meisten Neugeborenen schreien recht häufig, das ist ganz normal. Sie sollten sich als Eltern deshalb darauf vorbereiten, indem Sie davon ausgehen, daß Ihr Kind schreien wird, wie jedes andere auch. Betrachten Sie das Schreien als ganz gewöhnliche Lebensäußerung Ihres Babys, dann sind Sie schon halb damit fertig geworden. Und gehört Ihr Kind zu den wenigen Ausnahmen, die selten schreien, so seien Sie glücklich über diese Schonung Ihrer Nerven.

Um zu verstehen, warum ein Kind weint bzw. schreit, muß man zunächst wissen, daß sich die Ursachen dafür während der Entwicklung ständig ändern. Ein 2 Wochen altes Baby schreit, wenn es vor dem Baden ungeschickt ausgezogen wird. Ein Einjähriges schluchzt vor Unglück, weil Sie sein Zimmer verlassen haben. Das Baby kann leicht getröstet werden, indem Sie es in eine kuschelige Decke einwickeln. Das Einjährige fühlt sich besser, wenn Sie das Zimmer wieder betreten.

Über das Schreien 0–1 Jahr

Ein Neugeborenes verfügt nur über wenige Möglichkeiten, sich mitzuteilen. Schreien ist praktisch die einzige Möglichkeit die es hat, um zu sagen, daß ihm etwas nicht paßt. Während der Monate vor der Geburt ist Ihr Kind im ständigen Dunkel, bei angenehmer Temperatur und ununterbrochener Nahrungszufuhr geschwommen, kein Wunder, daß helles Licht, Kälte oder Hunger Anlaß für sofortiges Schreien sind.

Die Bedeutung des Schreiens

Die meisten Eltern lernen sehr schnell nach der Geburt, verschiedene Schreie ihres Kindes zu unterscheiden und entsprechend zu reagieren. Dieser Prozeß ist nicht einseitig; denn das Kind lernt seinerseits, die Reaktionen der Eltern auf sein Schreien vorauszusehen. Oft machen sich die Eltern Sorgen über die möglichen Ursachen des Schreiens. Sie können sich dann zu den merkwürdigsten Interpretationen versteigen. Nur selten wird es sich in Gefahr finden, wenn es schreit. Eher schreit es aus Hunger, aus Langeweile, aus Übermüdung, wegen Bauchschmerzen, vielleicht hat es sogar eine Kolik. Manchmal will es nur schmusen oder ihm ist einfach nicht wohl.

Neben dem Schreien lernen Sie aber auch, auf eine weitere Reihe möglicher Faktoren zu achten, z. B. wann seine letzte Mahlzeit war, ob das Kind gut oder schlecht geschlafen hat usw.

Reaktion auf Weinen

Ihre Reaktion auf das Weinen oder Schreien Ihres Kindes bestimmt nicht nur dessen unmittelbares Verhalten, sondern kann längerfristig auch die gesamte Entwicklung des Kindes beeinflussen. Ihre Art, das Kind zu trösten – oder es zu unterlassen –, kann sich nämlich auf die Beziehung zu Ihrem Kind entscheidend auswirken. Im Prinzip handelt es sich um einen der zentralen Forschungsgegenstände der Psychologie, nämlich um die Frage der Auswirkungen der frühkindlichen Erfahrungen auf die Bildung der Persönlichkeit. Jüngere Studien über Neugeborene haben gezeigt, daß während der ersten Lebenstage eine verzögerte Reaktion auf das kindliche Schreien eher zu mehr als zu weniger Schreien führt. Weiter wurde belegt, daß

Babys, deren Schreien anfangs ignoriert wurde, später dazu neigten, sehr viel und ausgiebig zu schreien. Wegen des anhaltenden Schreiens haben die Mütter dieser Babys es meist dann sehr bald ganz aufgegeben, auf Schreien zu reagieren.
Babys, deren Mütter auf Schreien sofort reagierten, zeigten hinsichtlich der allgemeinen Kommunikationsfähigkeiten einen deutlichen Entwicklungsvorsprung. Sie verfügten z. B. über eine größere Vielfalt an Gesichtsausdrücken.
Weitere Untersuchungen weisen auf, daß die einfühlsame und schnelle Reaktion der Eltern eine harmonische Beziehung zum Kind fördert und daß dieses zufriedener, glücklicher und aufgeschlossener heranwächst.
Solche Untersuchungsergebnisse unterstützen Auffassungen, wonach uns die sofortige Reaktion auf das Schreien eines Säuglings mehr oder minder angeboren ist. Und einige Psychologen meinen sogar, daß Mütter, die nicht auf das Weinen ihres Kindes reagieren, »unnatürlich« handeln. Sie schreiben dieses Verhalten der Mütter dem Fehlen einer natürlich-spontanen Mutter-Kind-Beziehung zu, die durch die übertriebene Angst der Mutter, ihr Kind zu verwöhnen, hervorgerufen wird.

Lassen Sie Ihr Kind niemals lange schreien

Gleichgültigkeit seitens der Eltern ist einer der Hauptfaktoren, die ein Kind davon abhalten, eine echte und tiefe Zuneigung zu seinen Eltern zu entwickeln. Durch gar keine Reaktion der Eltern wird die Bindungsfähigkeit des Kindes an seine Eltern stärker gehemmt als durch die elterliche Gewalt. Oft hört man Mütter sagen: »Solange es sauber, trocken und satt ist, soll es weinen!« oder »Schreien ist gesund, das stärkt die Lungen!« Ich halte solche und ähnliche Meinungen für völlig falsch. Man sollte ein Baby niemals schreien lassen. Dagegen sprechen einmal einige ganz »harmlose« Gründe.
Beim Schreien verschluckt das Baby Luft,

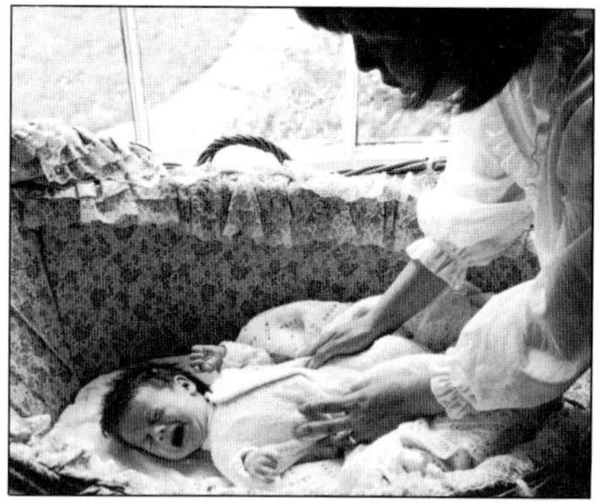

was Unwohlsein hervorruft und das Füttern erschwert. Anhaltendes Schreien erregt und erschöpft das Baby immer stärker. Es läßt sich dann nur sehr schwer beruhigen. Aber viel bedeutender als diese Gründe ist, daß ein Baby, das auf sein Schreien keine Reaktion erfährt, zu einem unsozialen Wesen erzogen wird. Es lernt ja sehr schnell, daß sein Schreien, seine Hilferufe unbeantwortet bleiben. Es erfährt keine liebevolle, menschliche Reaktion, wenn es diese am nötigsten braucht.
Die oben erwähnten Untersuchungsergebnisse deuten alle darauf hin, daß es falsch ist, wenn Sie Ihr Kind schreien lassen. Tun Sie es doch, dann wird es seine Rufe nach Aufmerksamkeit sehr bald ganz einstellen, was wiederum dazu führen kann, daß es später grundsätzliche Schwierigkeiten hat, liebevolle Beziehungen mit anderen Menschen einzugehen.
Die Verhaltensmuster eines Babys entwikkeln sich in der Interaktion mit der Mutter, dem Vater, der weiteren Familie, später der nächsten Umgebung. Die grundlegenden Muster werden wahrscheinlich schon während der ersten Lebenswochen gebildet. Wenn ausgerechnet in dieser sensiblen Phase Zuneigung und Freundschaft durch die Eltern versagt wird, so kann das zu Zurückgezogenheit, Abwehr sozialer Kontakte, ja sogar Angst vor körperlicher Beziehung führen. Verhelfen Sie Ihrem Kind zu einem besseren Start ins Leben!

Das Kind verwöhnen?

Ich bin der festen Überzeugung, daß man einem Kind niemals zuviel Liebe geben kann. Ich teile nicht die Meinung, daß ein Baby durch zu häufiges Aufnehmen oder durch zu intensive Zuwendung verwöhnt werden kann. Ein Kind unter einem Jahr kann nicht genug Liebe und Sorge erhalten. Wenn es oft hochgenommen, gestreichelt, gepflegt, kurz, »verwöhnt« wird, lernt es liebevolles, menschliches Verhalten durch seine Eltern kennen. Nur dadurch wird eine intensive und enge Bindung an die Eltern und die Entwicklung einer selbständigen Persönlichkeit des Kindes gefördert.

Das, was manchmal abwertend »Verwöhnen« genannt wird, ist im Grunde nichts anderes als die normale Reaktion einer Mutter oder eines Vaters auf ein schreiendes, unglückliches Kind. Es gibt sogar Verhaltenswissenschaftler, die davon überzeugt sind, daß wie das Schreien als Reaktion des Kindes auf Hunger oder Furcht, die Reaktion der Mutter genetisch programmiert ist. Sie reagiert auf das Schreien des Kindes durch irgendeine Art der Zuwendung. Gleichwohl können Mütter es lernen, solche Reaktionsbereitschaft zu unterdrücken. Sie handeln dann aber nach Auffassung dieser Verhaltenswissenschaftler gegen ihre natürlichen Anlagen. Die natürlichste Sache wäre es, das Kind hochzunehmen, es zu trösten, es zu stillen oder es sonst auf liebevolle Weise zu beruhigen. Auch wenn also in Ihrer Umgebung behauptet wird, daß Ihr Kind durch solche Verhaltensweisen verwöhnt würde, sollten Sie daran festhalten, wann immer möglich, dem Kind Aufmerksamkeit und Liebe zu schenken. Der Schutz, den Sie Ihrem Kind durch das Hochnehmen geben, ist eine wichtige Grundlage der engen Bindung Ihres Kindes an Sie. Babys bedürfen dieses körperlichen Kontakts zu einer warmen liebevollen Person genauso wie der Nahrung. Erst im sicheren Gefühl der Geborgenheit sind sie in der Lage, aktiv ihre Umwelt zu erkunden und sich zu einer selbständigen Persönlichkeit zu entwickeln.

Meine unzweideutige Antwort auf die Frage: »Ist es möglich, ein Kind zu verwöhnen?«, lautet deshalb: »Nein!«

Schreiphasen

Solange sich Ihr Neugeborenes an die neue Umgebung außerhalb des Mutterleibs gewöhnt, müssen Sie immer wieder mit längeren Schreiperioden rechnen. Diese Phasen können bis in die sechste Lebenswoche hineinreichen. Sobald eine Routine entwikkelt ist, in der Vorlieben und Abneigungen des Kindes berücksichtigt sind, wird die Häufigkeit des Schreiens nachlassen.

Tagsüber haben die meisten Erwachsenen recht viel Geduld und Ausdauer. Sie fühlen sich stark und voller Zuneigung. Nachts aber kann das häufige Schreien doch schwer an den Nerven der Eltern zerren. Wird der nächtliche Schlaf häufig und nachhaltig gestört, dann sind Geduld und manchmal auch Zuneigung schnell verschwunden. Dies ist eigentlich keine außergewöhnliche oder unnormale Reaktion. Jeder hat das Bedürfnis nach Ruhe und Schlaf.

Wenn Sie glauben, daß Ihr Baby ungewöhnlich häufig schreit, dann lassen Sie sich durch die Ergebnisse verschiedener Studien trösten. Diese besagen, daß Babys oft unabhängig von irgendwelchem konkreten Kummer oder vom Trost der Eltern schreien. Das kann z. B. bei Babys vorkommen, deren Mütter unter einer Vollnarkose

entbunden haben. Diese Neugeborenen brauchen sehr viel länger, bis sie sich nach der Geburt an die neue Umgebung gewöhnt haben.
Mütter, die während ihrer Schwangerschaft sehr ängstlich waren, haben häufig aufgeregtere und schwierigere Babys. Es ist auch bekannt, daß männliche Babys bei der Geburt Stress-anfälliger sind als weibliche. Die Ergebnisse einer amerikanischen Untersuchung deuten darauf hin, daß im Alter von 3 Wochen Jungen sehr viel leichter reizbar sind als Mädchen. In den USA wurden sogar kulturelle Unterschiede festgestellt. Chinesisch-amerikanische Babys reagieren auf außergewöhnliche Reize weniger empfindlich als Babys europäisch-amerikanischer Herkunft. Die chinesischen Babys ließen sich auch eher wieder beruhigen und hörten in der Regel sofort auf zu weinen, wenn sie hochgenommen und angesprochen wurden.

Die Ursachen des Schreiens 0–6 Monate

Hunger

Hunger ist die häufigste Ursache des Schreiens bei jungen Babys. Alle Eltern können dieses Schreien recht bald erkennen. Untersuchungen haben bestätigt, was Eltern sowieso schon wußten, daß nämlich Babys häufiger vor als nach einer Mahlzeit schreien. Sie haben aber darüber hinaus ergeben, daß die Beruhigung weniger vom Gehaltenwerden, Saugen oder Schlucken als vom Gefühl des vollen Magens ausgeht.

Was können Sie tun?

- Füttern Sie nach Bedarf. Seien Sie mit den Essenszeiten flexibel und füttern Sie nicht nach einem starren Zeitschema. Ein noch sehr junges Baby möchte manchmal alle 2–3 Stunden trinken. Eine Mahlzeit, die 15 oder 30 Minuten vor dem erwarteten nächsten Zeitpunkt verabreicht wird, schadet nicht.
- Haben Sie den Eindruck, daß das Kind weniger Milch trinken als nur saugen will, dann geben Sie ihm zwischen den Mahlzeiten 30 ml abgekochten Wassers.
- Geben Sie dem Kind einen Nuckel (siehe S. 38). Halten Sie diesen, falls anfangs nötig, im Mund des Kindes fest. Anstelle des Nuckels kann das Kind auch an Ihrem (sauberen) Finger saugen.

Temperatur

Lufttemperatur und Feuchtigkeit wirken sich auf die Zeitdauer aus, die Ihr Kind schlafend, wach oder schreiend verbringt. Junge Babys schlafen in Räumen mit relativ hoher Temperatur (um 30 °C) länger als in Räumen mit niedrigerer Temperatur. Nasse bzw. schmutzige Windeln sind für ein Baby erst dann ein Grund für Unwohlsein, wenn sie wund sind oder die Windel kalt wird.

Was können Sie tun?

- Halten Sie die Temperatur des Kinderzimmers möglichst konstant hoch.
- Prüfen Sie mit Ihrer Hand im Nacken des Kindes, ob es schwitzt oder friert (siehe S. 165).
- Überprüfen Sie, ob die Windel des Kindes naß ist. Wechseln Sie diese, falls nötig.

Kontaktmangel

Manche Babys fangen an zu schreien, sobald man sie in ihr Bett legt. Sie hören augenblicklich wieder auf, sobald sie wieder aufgenommen werden. Dies ist ein völlig natürliches Verhalten, das nichts anderes besagt, als daß sich Ihr Kind in Ihrer Nähe am glücklichsten fühlt.

Was können Sie tun?

- Nehmen Sie Ihr Kind hoch, sobald es zu schreien beginnt.
- Tragen Sie Ihr Kind in einem Tragetuch (siehe S. 69) an Ihrem Körper. Der Ton Ihres Herzschlags wird es beruhigen.
- Wickeln Sie das Kind eng in einer Decke

ein (siehe S. 166). Die Decke sollte aus warmem, kuscheligem Material sein.
- Wiegen Sie Ihr Kind, bis es sich beruhigt.
- Legen Sie das Kind bäuchlings auf Ihren Schoß, und massieren Sie ihm Rücken, Arme und Beine.
- Legen Sie das Kind auf eine Wärmeflasche, entweder im Bett oder auf Ihrem Schoß.

Ausziehen

Die meisten Babys mögen es nicht, wenn sie ausgezogen werden, und zwar auch dann nicht, wenn eine angenehme Zimmertemperatur herrscht und sie vorher glücklich und zufrieden waren. Selbst noch nach der 3. Lebenswoche spannt sich das Baby an und beginnt zu schreien, wenn es spürt, daß seine Kleidung ausgezogen wird. Es schreit dann nicht, weil es ihm zu kalt wäre, sondern weil es den angenehmen Hautkontakt mit seiner Bekleidung verliert und in ungewohnter Weise nackt daliegt.

Was können Sie tun?
- Ziehen Sie Ihr Kind während der ersten Lebenswochen nicht sehr häufig aus. Waschen Sie die jeweiligen Körperregionen immer mit einem Waschlappen, damit Sie nicht alle Kleidungsstücke auf einmal ausziehen müssen.
- Wenn Sie das Kind ganz ausziehen müssen, legen Sie ein weiches Handtuch über seinen Körper – der Kontakt mit dem Stoff wird es beruhigen.

Schmerzen

Obwohl Schmerzen einen eindeutigen Grund für das Schreien darstellen, ist es nicht immer leicht, die genaue Ursache von Schmerzen festzustellen. Vielleicht hat das Kind eine Kolik (siehe unten), vielleicht ist die Ursache so offensichtlich wie eine offene Sicherheitsnadel an einer Windel. Nur selten wird Ihnen das Kind selbst Hinweise geben können: Leidet es zum Beispiel an Ohrenschmerzen, dann wird es seine Hand an das betroffene Ohr halten. In der Regel sind die Eltern jedoch auf Vermutungen angewiesen.

Was können Sie tun?
- Gehen Sie zu Ihrem Kind, drücken Sie es an sich, schmusen Sie mit ihm, reden Sie besänftigend auf es ein.
- Kennen Sie die Ursache der Schmerzen, dann versuchen Sie, diese zu beseitigen.
- Bleiben Sie bei dem Kind, bis es sich völlig beruhigt hat.
- Sollte sich das Kind trotz aller Bemühungen nicht beruhigen lassen und ist Ihnen die Ursache des Weinens unklar, dann wenden Sie sich an einen Arzt.

Erschrecken

Plötzliche Veränderungen des allgemeinen Reizniveaus, z. B. des Lichts oder der Lautstärke, grobe, ruckartige Bewegungen oder das Gefühl, fallengelassen zu werden, erschrecken ein Baby.

Was können Sie tun?
- Drücken Sie das Kind fest an sich und beruhigen Sie es durch Ihre Nähe, sanfte Bewegungen und leises Zureden.
- Vermeiden Sie plötzliche Bewegungen.
- Vermeiden Sie plötzliche Reizungen durch Lärm oder Licht.

Müdigkeit

Viele Babys schreien, wenn sie müde sind. Bei mir dauerte es 2 Wochen, bis ich die diesbezüglichen Signale meines neugeborenen Sohns endlich verstand. Manche Babys zucken beim Einschlafen zusammen. Manchmal ist das Zucken so stark, daß sie davon wieder wach werden. Wenn sich dies mehrmals hintereinander wiederholt, dann hat es Schwierigkeiten, überhaupt einzuschlafen.

Was können Sie tun?
- Legen Sie Ihr Kind in einen ruhigen, warmen, schwach beleuchteten Raum zum Einschlafen.

- Wenn Ihr Kind beim Einschlafen häufig zuckt, dann sollten Sie es eng in eine Decke wickeln, bevor Sie es hinlegen.

Mißverständnisse

Wenn Sie die Zeichen Ihres Kindes mißverstehen, sei es »Ich habe Hunger«, »Ich bin müde«, »Ich möchte schmusen«, wird es unweigerlich zu weinen anfangen. Will Ihr Kind essen und Sie baden es erst, dann wird das Baden durch sein Schreien untermalt. Das gleiche passiert, wenn Sie Ihr Kind stillen und nicht bemerken, daß das Kind nicht richtig saugen kann, weil seine Nase zugedeckt wird.

Was können Sie tun?

- Seien Sie wachsam. Beobachten Sie Ihr Kind. Versuchen Sie seine Mitteilungen verstehen zu lernen.
- Beseitigen Sie die Ursachen seiner Schwierigkeiten sofort.
- Beachten Sie die allgemeinen Ratschläge zum Schreien (siehe unten).

Koliken

Die meisten jungen Babys haben irgendwann am Tag eine Weinphase: Viele weinen um 18 h herum, kurz vor der abendlichen Mahlzeit. Solche Phasen sind völlig normal. Sie sollten allerdings darauf achten, ob sich das Weinen von dem gewöhnlichen Hunger- bzw. Einsamkeitsjammern unterscheidet. Schreit das Kind, läuft sein Gesicht dabei rot an, zieht es beide Beine vor Schmerzen zum Bauch und sind alle Ihre Bemühungen, es zu beruhigen, umsonst – sei es durch Trösten, Füttern, Aufstoßenlassen –, dann leidet Ihr Kind mit hoher Wahrscheinlichkeit an einer Kolik. Niemand weiß genau, wodurch Koliken entstehen. Sie treten erstmals während der ersten drei Lebenswochen auf. Erst nach dem 3. Monat sind sie dann, genauso plötzlich wie sie auftraten, wieder verschwunden.

Koliken werden auf viele Ursachen zurückgeführt: auf Unter- wie Überernährung, auf Allergien, Verstopfung, Durchfall, verschluckte Luft, auf Eltern, die das Kind zu oft hochnehmen, auf Verdauungsstörungen, auf Krämpfe bei der Entwicklung der Darmfunktionen sowie auf allgemeine Anspannungen. Kinderärzte sind sich in der Beobachtung einig, daß Babys, die abends viel weinen, sehr gesund zu sein scheinen. Der bekannte Kinderarzt Ronald Illingworth meint hierzu: »Der Haupteindruck, den wir – außer am Abend – von einem unter Koliken leidenden Baby haben, ist der eines gesunden, glücklichen, gut ernährt und erzogenen Kindes, dem eigentlich nichts fehlt.« Obwohl Illingworth bei einer Untersuchung von 100 Babys keine Belege für einige der oben angeführten Ursachen gefunden hat, ist er sich doch sicher, daß das Verwöhnen eines Babys nicht ursächlich mit den Koliken zusammenhängt.

Zwar fehlen noch immer Beweise, doch für mich ist die Theorie von Spannungen als Ursache des abendlichen Weinens am plausibelsten. Meist ist der Abend eher eine hektische Zeit. Der Vater kommt von der Arbeit zurück. In kurzer Zeit wird das Abendessen gemacht, das Baby gefüttert, gebadet und ins Bett gebracht. Die Eltern sind erschöpft, ihre Geduld eng begrenzt. Das Baby wird jede Spannung, die deutlich wird, selbst aufnehmen und auf die abendliche Hektik mit Weinen reagieren.

Was können Sie tun?

Es gibt keine allgemein anerkannten Heilmittel gegen Koliken. Wenn Koliken einmal da sind, treten sie recht häufig auf. Deshalb bin ich gegen eine medikamentöse Behandlung. Es gibt solche Mittel; doch ich meine, Sie sollten sich die Ergebnisse von Illingworth zu Herzen nehmen: Babys, die abends unter Koliken leiden, sind ansonsten völlig gesund. Versuchen Sie Ihr Kind durch die in diesem Kapitel beschriebenen Methoden zu beruhigen, soweit es geht. Erwarten Sie keine Wunderheilung. Denken Sie stets daran, daß diese Koliken meist nur abends und insgesamt nur einige Wochen auftreten werden.

Tips: Beruhigungsmethoden

Die meisten Babys werden durch Bewegungen oder durch Geräusche wieder ruhig, hier einige erfolgversprechende Methoden:

Bewegungen

- Wiegen Sie das Kind in Ihren Armen. Besonders gut sind Schaukelstühle geeignet.
- Tragen Sie das Kind herum. Tanzen Sie mit ihm, während Sie es in den Armen halten.
- Federn Sie, das Kind in den Armen, auf und nieder, z. B. auf dem Bett oder auf einem Sofa.
- Legen Sie das Kind in eine Wippe, die sich sanft bewegt.
- Fahren Sie das Kind im Kinderwagen oder im Auto spazieren – auch nachts!
- Sind Sie allein, dann tragen Sie bei Ihrer Arbeit das Kind mit einem Tragetuch eng an Ihrem Körper mit sich herum.

Geräusche

- Reden, singen oder summen Sie.
- Lassen Sie im Radio, auf einer Kassette oder auf einer Platte sanfte Musik erklingen.
- Machen Sie den Staubsauger an oder lassen Sie Wasser laufen. Probieren Sie auch ungewöhnliche Geräuschquellen aus!
- Geben Sie dem Kind ein Spielzeug, das mit Lärm bzw. Geräuschen die Aufmerksamkeit fesselt. Bewegen Sie selbst das Spielzeug für einige Zeit.

Die Ursachen des Weinens 6 Monate–1 Jahr

Ihr Baby wird vor allem bei Hunger, Kälte und Hitze weinen. Die Beruhigungsmethoden bleiben die gleichen wie für Neugeborene (siehe S. 182). Doch während es heranwächst, wird es neue Situationen kennenlernen, die zusätzlich Anlaß zum Weinen bieten.

Langeweile

Während der zweiten Hälfte des ersten Lebensjahres wird das Kind tagsüber zunehmend längere Wachphasen haben. Oft wird es aus reiner Langeweile weinen, wenn es etwa allein in seinem Bett wach ist und kein Spielzeug vorhanden ist. Es wird versuchen, soviel Zeit wie möglich mit Ihnen zu verbringen; denn Sie sind seine Hauptquelle für Anregung, Unterhaltung und Zärtlichkeit. Lassen Sie das Kind allein, dann wird es zweifellos zu weinen beginnen, besonders dann, wenn es Sie hören, aber nicht sehen kann.

Was können Sie tun?

- Hängen Sie über das Kinderbett ein Mobile oder etwas ähnliches, das das Kind betrachten kann. Die Blätter von Bäumen, die sich im Wind bewegen, Gardi-

nen, die sich am offenen Fenster bewegen, farbiger Fensterschmuck, all dies kann Ihr Baby unterhalten.
- Ihr Baby bleibt eher zufrieden, wenn Sie während der Wachphasen in seiner Nähe bleiben.

Angst

Angst wird zunächst als Angst vor Fremden und Angst vor Ihrer Abwesenheit auftauchen. Während der zweiten Hälfte des 1. Lebensjahres wird das Kind zunehmend anhänglicher und damit abhängiger von Ihrer Anwesenheit. Wahrscheinlich wird es jetzt auch Beziehungen zu trostspendenden Objekten eingehen, wie dem eigenen Daumen, einer Decke oder einem kuscheligen Stofftier. Die Art der gewählten Objekte unterscheidet sich von Kind zu Kind, das Bedürfnis nach solchen Objekten ist aber bei allen Babys gleichermaßen vorhanden. Die Kinder suchen solche Objekte aus, an denen sie lutschen oder streicheln können oder beides. Sie werden hauptsächlich bei großer Müdigkeit aber auch bei Angst als Beruhigungsmittel benutzt. Diese Bindung an ein Objekt wird in der Regel zwei bis drei Jahre andauern.

Was können Sie tun?
- Seien Sie sich stets darüber bewußt, daß sich das Kind in dieser Zeit in einer wichtigen Phase seiner Entwicklung befindet: Es hat gelernt, Menschen voneinander zu unterscheiden.
- Zwingen Sie das Kind nicht, zu einem Fremden zu gehen, wenn es dies nicht will.
- Schmusen Sie mit dem Kind, so oft es geht.

Ärger

Das Kind wird zunehmend beweglicher. Dies führt oft dazu, daß es aus Verärgerung schreien wird. Sobald es nämlich zu krabbeln begonnen hat, wird es alles in seiner Umgebung für sich entdecken wollen. Häufig werden Sie das Kind aber dabei zurückhalten, sei es, weil es sich verletzen könnte, oder sei es, weil es etwas kaputtmachen könnte.

Was können Sie tun?
- Machen Sie Ihre Wohnung, soweit es geht, kindersicher. Entfernen Sie wertvolle Objekte aus der Reichweite des Kindes. Treffen Sie alle erdenkbaren Sicherheitsvorkehrungen (z. B. Kindersicherungen an den Steckdosen, siehe S. 323).
- Trennen Sie, soweit möglich, grundsätzlich das Kind von der Quelle seines Ärgers. Zieht es z. B. der Katze ständig am Schwanz, dann muß die Katze das Zimmer verlassen. Sonst kann das Kind sehr unangenehme schmerzhafte Erfahrungen mit Ihrem Haustier machen.
- Lenken Sie das Kind falls nötig durch Spiele ab.

Über das Weinen 1–2 Jahre

Ein- bis Zweijährige weinen hauptsächlich aus emotionalen Störungen, aus Angst, aus Trennungsschmerz, weil Mutter oder Vater weg ist.

Unsicherheit

Zwischen dem 1. und 3. Lebensjahr verbringen Kinder immer weniger Zeit in der körperlichen Nähe ihrer Eltern. Im Gegensatz zu dieser entstehenden Unabhängigkeit wird es immer wieder Momente geben, in denen es ängstlich und besorgt Ihre Nähe sucht. Eine solche Phase tritt häufig um den 1. Geburtstag herum auf. Das Kind wirkt ruhiger als sonst, vor Fremden und unbekannten Situationen schreckt es zurück. Es klammert sich ängstlich an Ihre Beine und will auf den Arm genommen werden. Manchmal verschwindet zusätzlich der gewohnte Appetit. Diese Anzeichen sollten Sie ernst nehmen.

Was können Sie tun?
Die beste Reaktion, die Sie zeigen können, ist es, dem Kind besonders viel Zuneigung zu geben. Ermutigen Sie es zugleich, neugierig und unternehmenslustig zu sein und auf die eigenen Fähigkeiten zu vertrauen. Loben und bestärken Sie das Kind bei jeder neuen Leistung. Ihr Kind braucht Ihre Zustimmung jetzt ganz besonders. Ein Kind, das eine stabile Beziehung zu seinen Eltern entwickelt hat, in die es vertraut, wird viel offener auf Entdeckungsreise gehen, in dem Wissen um die sichere »Elternbasis«, zu der es nötigenfalls immer wieder zurückkehren kann. Viele Untersuchungen haben bestätigt, wie wichtig eine stabile Bindung des Kindes an eine Person ist, um mit neuen, möglicherweise beängstigenden Erfahrungen fertig zu werden.

Trennungsangst
Ein Kleinkind hängt natürlich besonders an seinen Eltern. Die Trennung von ihnen ist deshalb eine der bedeutendsten Ursachen für Kummer und Schmerz. Die Angst vor der bevorstehenden Trennung ist ein mächtiger Unruheantrieb. Rufen Unsicherheit, Angst oder Trennung große Unruhe herbei, so reagiert das Kind mit Weinen. Die Stärke dieser Reaktion hängt natürlich vom Alter des Kindes ab. Was mit 12 Monaten noch schwer verstörte, kann schon Wochen später anstandslos akzeptiert werden. Es spielen aber auch weitere Faktoren wichtige Rollen, etwa die Art, mit der Sie sich verabschieden, oder die Vertrautheit mit der Situation, in der das Kind zurückgelassen wird. Und natürlich spielen vorangegangene Erfahrungen mit Trennungen eine erhebliche Rolle. War die erste längere Trennung von Ihnen sehr unangenehm für das Kind, so wird es die nächste kaum begrüßen.
Zweifellos möchten Kinder möglichst wenig verlassen werden. Und je mehr es bei einer Trennung jammert, desto sicherer können Sie sein, daß es Sie braucht.

Was können Sie tun?
Nehmen Sie die Ängste Ihres Kindes ernst. Zeigen Sie stets Mitgefühl und Verständnis. Verdeutlichen Sie dem Kind eher durch Ihre Handlungen als durch Ihre Worte, daß es sich auf Sie verlassen kann. Wenn Sie ihm sagen, Sie seien in einer halben Stunde wieder zurück, dann seien Sie in einer halben Stunde wieder zurück. Sagen Sie, daß Sie im Nebenzimmer sind, dann bleiben Sie auch dort. Sagen Sie, Sie würden in 5 Minuten wieder hereinschauen, dann tun Sie es auch wirklich.
Die Hauptquelle von Mißtrauen liegt darin, daß Sie Ihr Wort nicht halten. Bei all diesen Bemühungen um Vertrauen sollten Sie andererseits nicht in den Fehler verfallen, das Kind übermäßig zu umsorgen und zu beschützen. Es kann und muß Trennungen vertragen können. Diese sind schließlich Voraussetzung für die Entwicklung eines Entdeckungsgeistes, der es die Welt ringsum erforschen läßt.

Frustrationen
Gegen Ende des zweiten Lebensjahres wird der Abenteuergeist Ihres Kindes stärker sein als seine Koordinations- und Mobilitätsfähigkeiten. Es wird Dinge versu-

chen, die es mit seinen Fähigkeiten und Kräften überhaupt noch nicht bewältigen kann. Dies führt immer wieder zu Frustrationen. Sie selbst werden ebenfalls Quelle solcher Frustrationen sein, wenn Sie dem Kind z.B. aus Sicherheitsgründen verbieten, bestimmte Dinge zu tun.

Was können Sie tun?
Üben Sie sich in Geduld. Die beste Unterstützung, die Sie Ihrem Kind geben können, ist, ihm zu helfen. Helfen Sie beim Malen, beim Bauen mit Klötzen, beim Klettern oder im Sandkasten. Fängt ein Kind an, sich über die eigene Unfähigkeit aufzuregen, dann lenken Sie es durch ein anderes Spiel, ein anderes Thema ab.
Ein Kleinkind ist oft frustriert, wenn es vergeblich versucht, älteren Kindern etwas nachzumachen. Es kann sich furchtbar ärgern, wenn ihm mißlingt, was einem älteren Kind problemlos glückt. In solchen Fällen sollten Sie eine Weile gemeinsam mit Ihrem Kind spielen und ihm dabei Aufgaben stellen, die es mit seinen körperlichen Fähigkeiten auch wirklich bewältigen kann. Einerseits ist es wichtig, daß ein Kind Neues erprobt und nicht beim ersten Rückschlag aufgibt, sondern weitermacht. Andererseits führen zu viele Mißerfolge zu Rückzügen und Entwicklungsstillständen. Lassen Sie sich in diesem Zusammenhang auf möglichst wenige Auseinandersetzungen mit Ihrem Kind ein – sei es über die Benutzung des Töpfchens oder über das Essen mit einem Löffel. Es wird seine Unabhängigkeit erfahren und demonstrieren wollen. Dies sollten Sie respektieren und unterstützen.

Mögliche Probleme 1–2 Jahre

Wutausbrüche

Ein Wutausbruch ist ein hervorragendes Mittel, um Aufmerksamkeit zu erregen. Der Ausbruch wird so lange dauern, wie Sie sich dem Kind dabei zuwenden. Er hört schnell auf, wenn Sie ihn nicht beachten. Am besten gehen Sie einfach aus dem Zimmer. Dem Kind wird nichts zustoßen. Es wird seinen Atem nur eine gewisse Zeit anhalten können. Beim geringsten Sauerstoffmangel wird es wieder zu atmen beginnen. Sie sollten allerdings darauf achten, daß alle Gegenstände, an denen sich das Kind verletzen könnte, außerhalb seiner Reichweite sind. Lassen Sie sich nicht dazu hinreißen, dem Kind zu drohen oder es gar zu schlagen. Auch intensives Trösten oder gar Schmeicheleien sind nutzlos. Keine dieser Reaktionen würde den Ausbruch beenden und, was entscheidender ist, den nächsten verhindern. Am besten gehen Sie überhaupt nicht auf den Wutausbruch ein, ignorieren Sie ihn!

Abendliches Weinen

Sehr viele Kleinkinder weinen, wenn sie abends ins Bett gebracht werden. Das beste Mittel gegen dieses Weinen ist die abendliche Routine, was nicht heißen soll, daß Sie nicht flexibel auf die Bedürfnisse des Kindes eingehen sollen. Vielmehr ist damit eine feste Abfolge der Schritte ins Bett gemeint, vom Abendbrot, über das Waschen, bis zum Lichtlöschen. Baden und Ins-Bett-Bringen sollten als glückliche Erlebnisse ausgestaltet werden. Sobald das Kind älter als 6 Monate ist, wird aus dem abendlichen Bad ein Höhepunkt des Tages. Wenn das Bad spielerisch zum Genuß wird, ist ein wichtiger Schritt ins Bett schon getan (siehe S.92). Nach dem Bad ist das Kind meist entspannt und müde. Verläuft dann das Abendessen ohne Probleme, trinkt es seine Milch, hört aufmerksam Ihrer Geschichte oder dem Lied zu, dann schläft es ohne weiteres ein.
Ältere Kinder haben diese Routine oft so verinnerlicht, daß bestimmte Lieder und Geschichten in genau fixierter Reihenfolge vorgetragen werden müssen. Gehen Sie darauf ein. Entwickeln Sie zusammen mit dem Kind die richtige, d.h. akzeptierte Routine. Halten Sie diese an jedem Abend

ein, ohne Ausnahme (siehe S. 171). So kann eine Vertrautheit mit der Situation »Ins-Bett-Gehen« entstehen, die dem Kind erlaubt, ruhig einzuschlafen.

Längere Trennungen

Die Auswirkungen einer längeren Trennung hängen vom Alter des Kindes ab. Vor dem 6. Lebensmonat zeigen Babys kaum Anzeichen von Beunruhigung, wenn sie über längere Zeit von den Eltern getrennt werden, etwa wenn sie in ein Krankenhaus müssen. Danach verstört eine Trennung ein Kind erheblich, oft bis in das 4. und 5. Lebensjahr hinein. Jungen fühlen sich meist stärker betroffen als Mädchen. Die Erfahrung des Kindes spielt eine erhebliche Rolle. Ist eine erste Trennung durch das Kind sehr negativ erfahren worden, dann wird es unter den weiteren Trennungen erheblich leiden können. Natürlich ist für das Verhältnis zu Mutter, Vater oder Geschwister auch wichtig, wie lange eine Trennung andauert. Ein längerer Krankenhausaufenthalt kann zu starken Störungen führen. Solche Auswirkungen können verhindert werden, wenn das Kind durch eine dritte Person – z. B. eine liebevolle Krankenschwester oder Pflegemutter – versorgt wird. Weiter sollte folgendes beachtet werden:

- Die vertraute Tagesroutine sowie die Grundsätze der Erziehung sollten weiterhin beachtet werden.
- Das Kind sollte eine Pflegeperson schon vor einer Trennung kennen lernen.
- Die Pflegeperson sollte das Kind an die Eltern bzw. die Menschen, von denen das Kind getrennt ist, immer wieder erinnern.

Über das Weinen 2–3 Jahre

Mit zunehmendem Alter werden die Gründe, warum ein Kind weint, vielfältiger. Seine Gedanken werden komplexer und sein Verständnis der Welt vielschichtiger und vollständiger. Es beginnt Handlungsantriebe von anderen zu verstehen und feinste Ausdrücke von Zustimmung oder Mißbilligung wahrzunehmen. Es wird sich seiner Position innerhalb der Familie, im Freundeskreis sowie in der weiteren Umwelt zunehmend bewußt. Mit dieser enormen Horizonterweiterung entstehen neue Ursachen für Ärger, Kummer und schließlich Weinen. Die Ängste werden komplexer. Sie richten sich nicht mehr auf einfache Dinge, wie auf die bloße Trennung von einem geliebtem Menschen. Da das Verständnis der Welt angewachsen ist, sind auch die Quellen für Angst gewachsen. Das zunehmende Selbstvertrauen geht einher mit Gefühlen wie Befremden, Frustration, Angst oder Abneigung. Solche Gefühle können ein Kind so stark beunruhigen, daß Tränen fließen.

Da das Kind viel von seiner Umwelt versteht, muß es auch lernen, mit den Bedrohungen dieser Umwelt fertig zu werden – eine Aufgabe, die in der heutigen Zeit nicht nur Kleinkindern schwerfällt. Tränen dürften deshalb kaum überraschen.

Reale und irreale Ängste

Zwischen zwei und drei Jahren leiden Kinder häufig an den »klassischen« Ängsten. Diese sind nicht Ausdruck einer abnormen Entwicklung und nicht außergewöhnlich. Zwei dieser Ängste sind Angst vor Dunkelheit und Angst vor Donner:

Angst vor Dunkelheit

Angst vor Dunkelheit ist weit verbreitet. Sie können dem Kind helfen, indem Sie in seinem Zimmer immer ein schwaches Orientierungslicht leuchten lassen. Ein solches Licht ist nicht teuer und verbraucht nur sehr wenig Energie. Sie können natür-

lich auch eine normale Lampe mit einer sehr schwachen Glühbirne ausstatten.
Eine weitere Möglichkeit, dem Kind zu helfen, ist, ihm zu zeigen, daß es sich vor Dunkelheit nicht fürchten muß. Gehen Sie mit ihm nachts spazieren, zeigen Sie ihm Dinge, die es normalerweise tagsüber nicht sehen kann, den Mond, die Sterne, eine Leuchtreklame oder bestimmte Tiere. Im Sommer können Sie sich nachts zusammen auf eine Decke in den Garten oder auf den Balkon legen und den Himmel beobachten.

Angst vor Donner
Die meisten Kinder haben Angst vor Donner und Blitz. Die beste Reaktion ist es, wenn Sie das Kind während eines Gewitters ablenken. Erzählen Sie seine Lieblingsgeschichte. Machen Sie laute Musik an. Machen Sie selbst zusammen Krach. Präsentieren Sie ein neues Spiel oder Bilderbuch, das Sie für eine solche Situation gekauft haben.

Mit Ängsten umgehen

Sobald Ihr Kind dazu in der Lage ist, sollten Sie es ermutigen, von seinen Ängsten zu sprechen. Hören Sie ihm dabei aufmerksam zu, zeigen Sie Interesse und Mitgefühl. Lassen Sie es ausreden, auch dann, wenn es Schwierigkeiten hat, die richtigen Worte zu finden. Helfen Sie dem Kind, indem Sie von Situationen erzählen, in denen es Ihnen ähnlich erging. Zeigen Sie, daß Sie die Ängste des Kindes verstehen. Machen Sie sich niemals über die Gefühle des Kindes lustig. Es würde dann seine Gefühle vor Ihnen verstecken und sich von Ihnen entfremden. Seien Sie ein mitfühlender Freund, von dem man in beängstigenden Situationen Hilfe und Trost erwarten kann. Sie sollten allerdings auch dem Kind aufzeigen, wie es mit seinen Ängsten fertig werden kann; einige Vorschläge:

- Eine der besten Ermutigungen besteht darin, daß Sie Ihrem Kind zeigen, daß es Ihnen früher ganz ähnlich ergangen ist. Einmal hören Kinder gerne Geschichten aus der Kindheit ihrer Eltern, zum anderen können Sie in die Erzählung einbeziehen, wie Sie damals mit der Angst umgegangen sind.
- Falls Ihr Kind Angst vor Haushaltsmaschinen hat, so können Sie durch ein kleines Lernprogramm helfen, diese Angst zu überwinden. Erzählen Sie z. B., was eine Waschmaschine macht, aus welchen Teilen sie besteht und wie sie funktioniert. Zeigen Sie, daß Angst vor der Maschine unbegründet ist. Nehmen Sie das Kind bei der Hand, erzählen Sie, was Sie machen und warum. Führen Sie die Hand des Kindes an die Maschine, und lassen Sie es die Vibrationen spüren. Erläutern Sie, wie diese entstehen. Machen Sie deutlich, daß Sie selbst keine Angst vor der Maschine besitzen, daß die Maschine ein Ding ist, mit dem Sie machen können, was Sie wollen.
- Hat Ihr Kind Angst davor, sich zu verlaufen oder sonst irgendwie verloren zu gehen, dann spielen Sie mit ihm einige Male durch, wie es sich in einem solchen Fall verhalten könnte. Sie könnten ihm sagen: »Ich glaube, es ist am besten, wenn du zum nächsten Haus gehst und klingelst. Wenn geöffnet wird, sagst du deinen Namen und deine Adresse. Dann bittest du die Leute, deine Eltern zu benachrichtigen, damit Sie dich abholen können.«
- Tun Sie niemals so, als wäre eine Angst des Kindes unwichtig. Für das Kind ist jede Angst – erscheint sie Ihnen noch so absurd – eine ernste Angelegenheit.

Der Umgang mit irrealen Ängsten

Eine der besten Methoden, mit irrealen Ängsten des Kindes umzugehen, ist es, auf diese einzugehen. Hat das Kind z. B. Angst vor Gespenstern oder Ungeheuern, so erzählen Sie, daß Sie in der Lage sind, die Wesen verschwinden zu lassen, indem Sie sie wegpusten. Sie müssen dann tatsächlich ordentlich pusten. Eine andere Möglichkeit ist es, die Wesen mit dem Staubsauger wegzusaugen, was Sie dann wirklich tun

sollten. Versichern Sie, daß Sie das Gespenst im Klo verschwinden lassen können, und spülen Sie gut nach.
Es wird behauptet, durch solche Reaktionen würde das Kind im Glauben an Gespenster bestärkt. Es käme statt dessen darauf an, dem Kind deutlich zu machen, daß es keine Gespenster gibt. Diese Vorstellung mag plausibel klingen. Sie hat nur einen Nachteil. Das Kind wird den Beteuerungen nicht glauben. Es hat ja Angst und kann deshalb der rationalen Argumentation überhaupt nicht folgen.

Trennungsängste

Dreijährige Kinder sehen sich noch höchst ungern von ihren Eltern getrennt, auch wenn diese nur für einen Abend ausgehen. Bis in das 5. Lebensjahr ist es normal, wenn ein Kind in diesem Fall einige Tränen vergießt. Sie sollten dem Kind etwas von dem voraussichtlichen Verlauf Ihres Abends erzählen. Wann werden Sie weggehen, wohin und mit wem gehen Sie. Wann werden Sie wieder zurück sein. Geben Sie dem Kind einige Anhaltspunkte, die ihm vertraut sind. Sagen Sie z. B., daß Sie den Abend mit diesem oder jenem Verwandten oder Bekannten verbringen, daß Sie ungefähr so weit wegfahren wie der Kindergarten oder der Laden, daß Sie dort dieses oder jenes essen und trinken und daß Sie gegen 23 Uhr wieder zu Hause sein werden.
Eine der schwierigsten Trennungen für ein Kind in diesem Alter ist es, wenn die Mutter zur Entbindung eines Geschwisterkinds ins Krankenhaus geht. Abgesehen von der Eifersucht, die die meisten Kinder in dieser Phase empfinden (siehe S. 274), stellt sich auch die zusätzliche Unruhe durch die Trennung von der Mutter ein. Es ist wichtig, daß Sie Ihr Kleinkind weit im voraus auf diese Trennung vorbereiten. Erzählen Sie ihm vom neuen Baby, von Ihrem Aufenthalt im Krankenhaus und, am wichtigsten, wer in dieser Zeit bei ihm bleiben wird. Im Idealfall sollte der Betreuer dem Kind bekannt sein, die Routinen des Kindes kennen und dafür sorgen, daß diese während Ihrer Abwesenheit fortgeführt werden. Sorgen Sie dafür, daß Ihr Kleinkind Sie so oft wie möglich im Krankenhaus besuchen kann.

Die Trennung erleichtern

- Unmittelbar, bevor Sie das Haus verlassen, sollten Sie einige Minuten zusammen mit dem Kind verbringen. Machen Sie sich also rechtzeitig genug fertig, damit Zeit hierfür bleibt. Gehen Sie nie fort, ohne sich von Ihrem Kind verabschiedet zu haben.
- Wenn Sie dem Kind versprechen, bis zu einer bestimmten Uhrzeit wieder zu Hause zu sein, dann sollten Sie dieses Versprechen auch einhalten. Beim Abschied können Sie das Kind an das Versprechen erinnern. Sollten Sie es nicht schaffen, rechtzeitig zurück zu sein, dann rufen Sie zu Hause an, und erläutern Sie dem Kind die Verspätung.
- Hilfreich ist ein Abschiedsritual. Sie können beispielsweise eine Geschichte vorlesen oder ein Spiel gemeinsam spielen. Umarmen oder küssen Sie das Kind, winken Sie, wenn Sie draußen sind, oder hupen Sie, wenn Sie mit dem Auto wegfahren (falls die Nachbarn sich nicht gestört fühlen).
- Lassen Sie sich auf kleine Spielereien ein. Küssen Sie die Handfläche des Kindes und klappen Sie seine Finger darüber. Erläutern Sie dann, daß es dort einen Reservekuß hat – falls es in Ihrer Abwesenheit dringend einen benötigt.
- Verheimlichen Sie nie Ihre Abwesenheit vor dem Kind. Im Gegenteil, Sie sollten schon am Vortag dem Kind beiläufig mehrere Male davon erzählen. Schlagen Sie dem Kind vor, Ihnen zu helfen, während Sie sich umziehen oder vorbereiten. Viele Kinder lieben es, mit dem Schmuck der Mutter zu spielen.
- Benutzen Sie gegenüber dem Kind nur solche Zeitangaben, die es auch verstehen kann. Vergleichen Sie Zeiträume: »Ich bleibe so lange fort, wie du sonst bei der Tagesmutter oder im Kindergar-

ten bist«, »Ich komme zum Abendbrot wieder zurück.«
- Wird Ihr Kind während Ihrer Abwesenheit von einem Babysitter betreut, dann sollte dieser etwa eine halbe Stunde vordem Sie losgehen, schon da sein. So kann sich das Kind leichter an die neue Bezugsperson gewöhnen. Gelingt dies gut, dann wird Ihr Kind kaum seinen Kopf heben, wenn Sie sich verabschieden.

Weinen aufgrund von Übermüdung

Übermüdung ist eine der häufigsten Ursachen für Weinen, besonders am Abend. Das Kind durfte vielleicht länger als sonst aufbleiben, weil Besuch gekommen ist oder weil es ein besonderer Tag ist, beispielsweise Weihnachten. In solchen Fällen neigen Kinder dazu, leicht aus ihrer Routine zu kommen und mit der ganzen Aufregung nicht fertig zu werden. Das Ergebnis ist ein völlig erschöpftes Kind, dessen Übererregtheit bei den kleinsten Problemen leicht in Tränen übergeht. Je mehr Sie versuchen, das Kind aufzuheitern (und dies trifft besonders dann zu, wenn Besucher beteiligt sind), desto hysterischer und untröstlicher wird sein Weinen.

Es ist eindeutig besser, daß Ihr Kind sich an Tagen, an denen es länger aufbleiben wird, tagsüber ausruht.

Gelingt es Ihnen nicht, diese Situation zu vermeiden, und Ihr Kind wird übermüdet und weinerlich, dann versuchen Sie möglichst ruhig mit ihm umzugehen. Bringen Sie es in sein Zimmer, und kuscheln Sie mit ihm, bis es sich beruhigt hat; lesen Sie ihm seine Lieblingsgeschichte vor, oder singen Sie sein Lieblingslied. Oder geben Sie Ihrem Kind ein warmes, beruhigendes Bad, bereiten Sie es auf das Schlafen vor, und bleiben Sie bei ihm, bis Sie sicher sind, daß es sich völlig beruhigt hat.

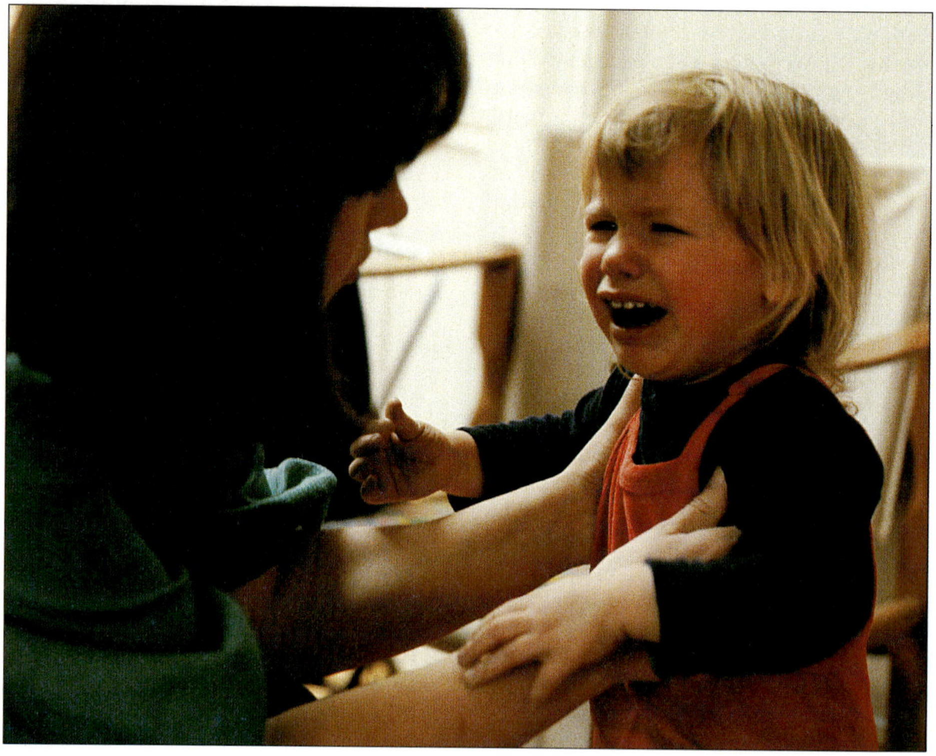

Verletzungen

Niemand wird sein Kind so erziehen wollen, daß es über jede harmlose Verletzung vor Schmerz zusammenbricht. Andererseits sollten Sie eine Verletzung in ihrer Bedeutung für das Kind nicht unterschätzen, besonders dann, wenn sie sichtbar ist. Es nützt gar nichts, dem Kind zu erklären, daß ein kleiner Kratzer harmlos ist und gar nicht weh tut. Fließt Blut, dann bekommen die meisten Kinder Angst und benötigen die Aufmerksamkeit der Eltern bzw. eines Erwachsenen.

Kommt also Ihr Kind mit einer Verletzung zu Ihnen, dann sollten Sie Anteilnahme zeigen. Schrecken Sie nicht vor »magischen« Heilungen oder dem Einsatz von Placebos (Scheinmedikamenten) zurück. Das beste Medikament ist ein Kuß, eine Umarmung oder ein zärtliches Wort. Sehr gute Wirkungen erzielt man auch, wenn man den Schmerz »wegpustet« oder »wegspricht«. Versuchen Sie es mit einem Getränk oder mit dem Versprechen, die Lieblingsspeise beim Essen zu servieren. Benutzen Sie eine Zaubersalbe. Das kann eine präparierte Dose oder Tube mit Babycreme oder einer harmlosen Wundcreme sein, die auf kleine Wunden oder Schmerzstellen gestrichen wird. Sobald das Kind einmal von der Wirkung der Salbe überzeugt ist, haben Sie ein mächtiges Allheilmittel.

Kindergarten

Es gibt nur wenige Kinder, die anfangs hochbeglückt und ohne ängstlichen Blick zurück zu den Eltern, in den Kindergarten gehen. Bereiten Sie deshalb des Kind gründlich auf den Besuch des Kindergartens vor, selbst dann, wenn es schon sehr viel Selbstvertrauen gezeigt hat. Informieren Sie sich zunächst über verschiedene Kindergärten in Ihrer Nähe. Es nimmt zwar viel Zeit und Energie in Anspruch, doch Sie sollten sich schon mit der Kindergärtnerin unterhalten und die Kinder, die schon dort sind, beobachten, um den Umgang untereinander, die Stimmung, das Klima einschätzen zu können. Wenn Sie nicht im Grundsatz mit der Erziehungsphilosophie der Kindergärtnerin und mit dem Klima, das dort herrscht, einverstanden sind, hat es wenig Sinn, Ihr Kind dort hinzuschicken, ganz gleich, wie beeindruckend der Kindergarten sonst ausschaut.

Viele Kindergärtnerinnen wollen ihrerseits Sie und Ihr Kind kennenlernen, bevor das Kind dann endgültig in den Kindergarten geht. Sie sollten aus diesen Besuchen keine große Sache machen. Schieben Sie ihn zwischen andere Erledigungen und bleiben Sie nicht länger als 15 Minuten. Zwingen Sie das Kind nicht hinein, wenn es nicht will. Stellen Sie dem Kind als Zweck des Besuchs Ihre Unterhaltung mit der Kindergärtnerin vor. Während des Gesprächs kann das Kind den anderen Kindern zuschauen und eigene Eindrücke von der Atmosphäre gewinnen. Lassen Sie es umherwandern, Spielzeug in die Hand nehmen oder mit anderen spielen. Zwingen Sie es aber nicht, wenn es lieber in Ihrer Nähe bleiben will. In vielen Kindergärten ist es möglich, mehrere solcher Besuche voranzuschalten. Machen Sie nie den Fehler, Ihre Befürchtungen auf das Kind zu übertragen.

Seien Sie am Tag des ersten »ernsten« Besuchs auf Schwierigkeiten gefaßt. Bereiten Sie sich darauf vor, daß Sie den ganzen Vormittag bei Ihrem Kind im Kindergarten bleiben. Dies wird von den meisten Kindergärtnerinnen durchaus begrüßt. Sie sollten sich, in der Nähe Ihres Kindes, an den Aktivitäten beteiligen. Vielleicht erkennt das Kind aber auch bald, daß Ihre Nähe nicht so wichtig ist. Es reicht ihm dann vielleicht, wenn Sie still in einer entfernten Ecke sitzen. Nehmen Sie sich für diesen Fall ein Buch oder eine andere Beschäftigung mit.

Scheint sich das Kind sehr wohl zu fühlen, dann sagen Sie ihm, daß Sie etwas zu besorgen hätten und in 10 Minuten wieder da sein werden. Kommen Sie dann in 10 Minuten zurück. Bleiben Sie aber, wenn das Kind durch Ihre Ankündigung verängstigt wird. Ist die Sache aber gut verlaufen, dann können Sie einige Zeit später, diesmal für

längere Zeit, weggehen. Sie sollten aber immer zu der versprochenen Zeit zurück sein. Abhängig von der Reaktion des Kindes auf die neue Situation und auf die Trennung von Ihnen, können Sie es zunehmend länger allein im Kindergarten lassen. Einige Kinder brauchen schon nach wenigen Tagen nicht mehr die Anwesenheit der Mutter oder des Vaters. Andere werden aber noch nach 2 Wochen wenigstens in der ersten halben Stunde eine vertraute Person als »Stütze« dabei haben wollen. Gehen Sie auf die Wünsche des Kindes ein. Es soll ja schließlich das Gefühl bekommen, daß der Kindergarten ein angenehmer Aufenthaltsort ist. Gefühle der Trennung bzw. des Alleinseins würden nur stören. Ist das Kind mit der Situation vertraut und kann mit Selbstvertrauen bestehen, dann wird es Ihnen schon zeigen, daß Sie jetzt ganz überflüssig sind.
Versuchen Sie nicht allzusehr in die Abläufe des Kindergartens einzugreifen. Sie würden es Ihrem Kind nur unnötig erschweren, ohne Sie zurechtzukommen. In Zweifelsfällen können Sie sich ja immer mit der Kindergärtnerin beraten.
Wenn ich meine Kinder zum Kindergarten brachte, habe ich immer mit ihnen gespielt oder wir haben etwas gemalt oder gebastelt. Das dauerte meist nicht länger als 5 bis 10 Minuten. Erst dann habe ich mich von ihnen verabschiedet und meine Kinder haben mir regelmäßig vom Fenster aus zugewunken. Dieses Vorgehen hat eigentlich immer geklappt, denn es tauchten keine wesentlichen Trennungsprobleme auf.

Mögliche Probleme 2–3 Jahre

Wutausbrüche

Eine gute Methode, mit den Wutausbrüchen eines Kindes fertig zu werden, ist es, sie zu ignorieren. Eine weitere Möglichkeit ist es, das Kind durch lustige und unerwartete Sprüche oder Handlungen zu verblüffen und damit abzulenken. Laufen Sie plötzlich auf allen vieren, schalten Sie das Licht ein und aus oder singen Sie ganz hoch und dann ganz tief.
Die meisten Wutausbrüche werden durch Ärger oder Frustration verursacht – das Kind ärgert sich, daß es seinen Willen nicht durchsetzen kann, daß ihm die Kraft oder die Geschicklichkeit fehlt, um eine Leistung zu erbringen. Mit zunehmendem Alter wird sich das Kind nicht nur im Rahmen der engeren Familie, sondern auch in der Öffentlichkeit bewegen. Es steigt deshalb die Wahrscheinlichkeit, daß es einen Wutanfall in der Öffentlichkeit haben wird. In einer solchen Situation wollen viele Eltern dann natürlich nicht in der oben beschriebenen unkonventionellen Weise reagieren. Vielleicht helfen dann einige der folgenden Vorschläge:

- Bleiben Sie auch in der Öffentlichkeit besonnen. Wechseln Sie mit dem Kind die Umgebung. Verlassen Sie das Geschäft und gehen Sie an die frische Luft. Gehen Sie im Restaurant zusammen mit dem Kind auf die Toilette oder in einen Nebenraum, wo Sie beide von weniger Menschen umgeben sind.
- Loben Sie Ihr Kind, sobald es sich wieder beruhigt hat.
- Viel Ärger und Aggressivität kann durch körperliche Aktivität bzw. durch Herumtoben abgebaut werden. Bevor Sie z.B. längere Zeit im Restaurant sitzen, sollten Sie mit dem Kind herumtollen.
- Drückt das Kind seine Wut durch Schreien aus, so schreien Sie mit, aber senken Sie die Lautstärke Ihrer Stimme bis zum Flüstern ab. Ermutigen Sie das Kind, es Ihnen nachzumachen.
- Lassen Sie das Kind mit Fingerfarben seine Gefühle auf Papier zeichnen.
- Zeigen Sie dem Kind, daß es seinen Zorn durch bestimmte Spielzeuge abreagieren kann, z.B. durch eine Trommel, aber auch durch lautes Singen.
- Sprechen Sie mit dem Kind in einer ruhigen Minute über Wut. Verdeutlichen Sie ihm dabei, daß Sie Wut für ein wichtiges Gefühl halten. Man kann dabei

Dampf ablassen und doch zugleich gewisse Grenzen wahren.

- Sprechen Sie mit dem Kind über die Ursachen seiner Wut. Wenn Sie dies tun, kann das Kind viel über Toleranz, Liebe und Gefühl sprechen und im Sprechen darüber einen besseren Umgang mit den eigenen Gefühlen erlernen.
- Halten Sie eine Wut für berechtigt, dann sagen Sie dies dem Kind. Erklären Sie, warum ein Wutausbruch in einem solchen Fall eine angemessene Reaktion sein kann. Zugleich können Sie aber auch verschiedene andere Reaktionsmöglichkeiten aufzeigen, die eventuell weniger laut und weniger verletzend sind.
- Zeigen Sie dem Kind, daß es seine Wut statt mit körperlicher Gewalt auch durch Worte ausdrücken kann. Machen Sie deutlich, daß Sie viel eher ein wütendes Wort als Schläge oder die Zerstörung von Mobiliar oder Spielzeug akzeptieren.

Wenn Eltern streiten

Natürlich sollen Ihre Kinder nicht wirklichkeitsfremd aufwachsen. Zum Leben gehört auch der Streit zwischen den Eltern, die Wut und der Ärger über den Partner. Sie sollten aber versuchen, die Anzahl solcher Streitereien niedrig zu halten. Machen Sie eine schwierige Phase in Ihrer Ehe durch, dann sollten Sie dies nicht permanent Ihr Kind spüren lassen. Kinder wollen, daß ihre Eltern in einer Welt ohne Streit, Wut und Bitterkeit leben. Sie werden emotional enorm verunsichert, wenn die Menschen, die sie am meisten lieben, sich nicht mehr gegenseitig zu mögen scheinen. Die erfolgreichste Methode, einen Streit zwischen mir und meinem Mann zu beenden, hat einmal mein 4jähriger Sohn angewendet. Nach einem Wortwechsel mit meinem Mann kam mein Sohn, kuschelte sich an mich und blickte furchtbar traurig in die Welt. Als ich ihn fragte, was er hätte, meinte er: »Ich weiß nicht, aber die Welt ist nicht mehr in Ordnung!«

Kindesmißhandlung

Irgendwann kommen alle Eltern einmal in die Versuchung, ihren Kindern Gewalt anzutun. Die meisten Eltern von Neugeborenen, die in der Nacht durch ständiges Schreien des Kindes erschöpft und völlig entnervt sind, werden zugeben, daß sie manchmal am liebsten dem Kind den Hals hätten zustopfen wollen, um endlich die ersehnte Ruhe zu bekommen. Als mein jüngster Sohn 5 Tage alt war und nur noch schrie, war ich beinahe so weit, ihn gegen die Wand zu werfen. Solche Gedanken sind völlig normal – anormal ist allerdings, diese auch auszuführen.

Kindesmißhandlungen kommen bei Frauen am häufigsten kurz vor der Monatsblutung vor. Der Mangel an Geduld und Verständnis für das Kind wird dann besonders von Depressionen begleitet.

Auch solche Mütter, die man als ideales Vorbild bezeichnen würde, leiden unmittelbar vor der Blutung an diesen Störungen. Die meisten Menschen merken nun allerdings genau, wann die Kontrolle über ihre Handlungen ihnen zu entgleiten scheint. Sie können rechtzeitig gewalttätiges Verhalten abwenden.

Bemerken Sie aber, daß Sie regelmäßig Probleme mit der Kontrolle solchen Verhaltens haben, sollten Sie unbedingt Hilfe suchen – von Ihrem Partner, von Bekannten oder auch von Ihrem Arzt.

Sollten Sie Ihr Kind jemals so schwer schlagen, daß Spuren, wie blaue Flecken bleiben, sollten Sie sich sofort an einen Arzt wenden. Wichtiger als Ihre Scham ist es, das Kind jetzt untersuchen zu lassen.

Lassen Sie es nicht zu, daß Ihr Partner dem Kind Gewalt antut. Versuchen Sie ihn davon zu überzeugen, daß Gewalt immer die falsche Lösung ist. Sollte Ihr Partner oder ein anderer Erwachsener auf Ihre Bitten nicht eingehen, dann sollten Sie nicht scheuen, sich mit der Bitte um Hilfe an andere zu wenden, z. B. an den Arzt, an ein Frauenhaus, an den Kinderschutzbund, im schlimmsten Fall an die Polizei. Niemand darf tatenlos schweigen, wenn er bemerkt, daß ein Kind mißhandelt wird!

12 Körperliche Entwicklung

Ich finde, es gehört zu den schönsten Erlebnissen junger Eltern, das Wachstum und die Entwicklung ihres Kindes verfolgen zu können. Manchmal werden sie während der ersten Jahre fassungslos den schnellen Veränderungen im Körperbau, aber auch im Verhalten ihres Kindes gegenüberstehen. Von Woche zu Woche gewinnt das Baby immer mehr Kontrolle über seine Muskulatur, die Koordination wird immer besser. Es lernt sitzen, krabbeln, stehen und schließlich gehen und laufen. Die Geschicklichkeit seiner Hände verbessert sich zusehends, bis es schließlich mit Daumen und Zeigefinger selbst die kleinsten Gegenstände vom Boden aufnehmen kann.
Jedes Kind ist anders, und jedes Kind entwickelt sich anders. Alters- und Zeitangaben, wann diese oder jene Fähigkeit erreicht ist, können deshalb nur annähernd gelten. Versuchen Sie niemals, die Entwicklung Ihres Kindes zu beschleunigen. Dies nützt nichts. Im Gegenteil, es schadet Ihrem Kind und dem Verhältnis des Kindes zu Ihnen. Viel wichtiger ist, daß Sie lernen wahrzunehmen, in welcher Art und Weise und in welcher Geschwindigkeit sich Ihr Kind entwickelt, damit Sie es unterstützen und ermuntern können.

Wachstum und Bewegungsentwicklung 0–1 Jahr

Körpergewicht, Längenwachstum, Proportionen

Das schnellste Wachstum im Leben überhaupt findet im Mutterleib statt. Aber auch während der ersten sechs Monate nach der Geburt nimmt das Baby noch verhältnismäßig schnell an Größe und Gewicht zu. Bis zum Ende des ersten Jahres verlangsamt sich die Wachstumsrate jedoch schon deutlich und nimmt mit zunehmendem Alter bis zur einsetzenden Pubertät immer mehr ab. Im allgemeinen wächst ein Baby von durchschnittlichem Gewicht in den ersten sechs Monaten etwa um ein Viertel seiner Geburtsgröße und verdoppelt sein Gewicht.
Eine besonders auffallende Veränderung im ersten Jahr betrifft die Proportionen. Während bei der Geburt der Kopf noch ein Viertel der gesamten Körpergröße des Babys ausmacht, verliert er schrittweise diesen hohen Anteil, denn die Glieder strekken sich zusehends. Der Kopfumfang wächst im ersten Jahr etwa doppelt soviel wie in den folgenden elf Jahren.
Eine anschauliche Wachstumskontrolle bietet Ihnen die bei den üblichen Vorsorgeuntersuchungen vom Arzt geführte Tabelle. Die Gewichts- und Größenzunahmen werden im Verhältnis zum Alter des Babys an einer Kurve aufgezeigt. Abgesehen von den ersten Lebenswochen, in denen man das Gewicht häufig prüft, ist dies später nicht so oft nötig. Wichtiger ist, auf einen gesunden Gesamteindruck zu achten. Zum Beispiel wächst das Kind im Frühjahr am schnellsten und im Herbst am langsamsten. Das muß bei Gewicht und Länge berücksichtigt werden und zeigt, daß man einen wirklichen Überblick erst durch jährliche Kontrollen gewinnt. Und wenn Sie das Wachstum verfolgen, achten Sie mehr auf eine regelmäßige Gewichtszunahme und weniger auf deren Menge. Solange das Gewicht über Wochen zunimmt (Schwankungen sind dabei normal) und das Baby sichtbar glücklich gedeiht, brauchen Sie es nicht mit ständigem Wiegen zu plagen. Außerdem – alle Größen- und Gewichtstabellen gehen lediglich von Durchschnittswerten aus.

Entwicklungsstufen

Jedes Baby entwickelt seine Halte-, Stütz- und Bewegungsfähigkeiten stufenweise in einer ganz bestimmten Reihenfolge und innerhalb bestimmter Zeitabschnitte. Individuell dabei bleibt jedoch das Tempo, in dem das Baby die einzelnen Stufen erreicht. Als allgemeine Grundregel gilt folgendes:

- Das Baby geht gewöhnlich zu keinem neuen Entwicklungsschritt über, bevor es nicht den davor gemeistert hat.
- Zeitlich gesehen, erscheint die Entwicklung recht ungleichmäßig. Manchmal geht es sehr schnell (»Schübe«) und dann geschieht eine Weile fast nichts. Deshalb kann man trotz der ständigen Entwicklung, in der sich das Baby befindet, Entwicklungsschübe und -verlangsamungen beobachten.
- Die unwillkürlichen, primitiven Reflexe und ziellosen Bewegungen muß das Baby erst ablegen, bevor es spezielle Fähigkeiten ausbilden kann. So zum Beispiel verliert es den Greifreflex (siehe S. 30) und lernt dann, einen Gegenstand zielgerichtet zu ergreifen.
- Die motorische Entwicklung beginnt immer beim Kopf und endet beim Zeh. Der erste Schritt führt zur Kontrolle des Kopfes, dann der Arme, des Rumpfes und endlich der Beine.
- Die Bewegungen des Babys sind anfangs recht ruckartig. Erst allmählich werden sie weicher, ruhiger und genauer.
- Durch seine noch ziellosen Tätigkeiten bereitet sich das Baby aber schon auf die später gezielt ausgeführten Bewegungen vor. Beim sechs Monate alten Baby können Sie Beinbewegungen erkennen, die dem Gehen ähneln. Die tatsächliche Fähigkeit zum Gehen erreicht es jedoch erst mit einem Jahr.
- Der Entwicklungsstand des Babys wird also nicht nur daran gemessen, was das Baby schon kann, sondern wie gezielt und willkürlich es sich dabei bewegt.
- Alle zielgerichteten Bewegungen werden durch Gehirn und Nervensystem kontrolliert und koordiniert. Dieses sogenannte Zentralnervensystem ist bei Geburt noch nicht ausgereift, sondern entwickelt sich auch stufenweise in einer bestimmten Reihenfolge. Dies bedeutet, daß das Baby eine gezielte Bewegung (z. B. Ergreifen eines kleinen Gegenstandes zwischen Fingern und Daumen) erst dann ausführen kann, wenn die Nervenverbindungen vom Gehirn zu den Muskeln voll ausgereift sind.
- Erwirbt das Baby gerade eine neue Fähigkeit, scheint es oft die zuvor errungene zu verlieren. Es konzentriert sich aber jetzt nur ganz auf das Neue, und sobald es dies gemeistert hat, treten auch die alten Fähigkeiten wieder hervor.
- Auch der Charakter des Babys beeinflußt seine Entwicklung. Willensstarke, selbständige Kinder wagen sich früher an Neues und üben beharrlicher. Deshalb sind sie anderen Kindern, zeitlich gesehen, oft voraus. Ein freundliches, sich der Umwelt öffnendes Kind drängt eher stark nach Kontakt mit anderen und lernt dadurch früher Sprechen als andere Kinder.

Stützen

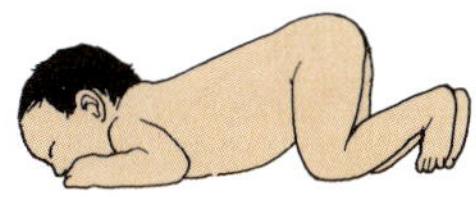

Ein Monat
Ihr Baby hat keine »Neugeborenen-Haltung« mehr, aber es beugt noch die Beine. Es hebt kurz den Kopf.

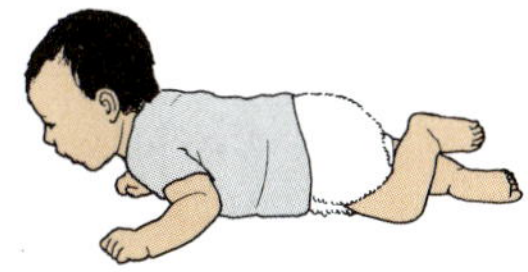

Zwei Monate
Ihr Baby streckt sich zusehends. Es hebt den Kopf im 45° Winkel und hält ihn einige Minuten hoch.

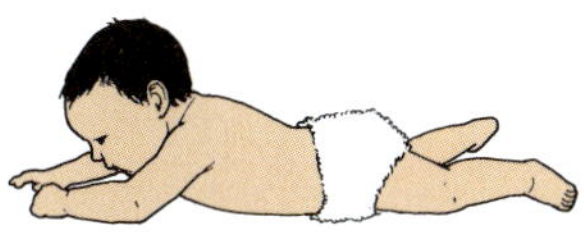

Drei Monate
Ihr Baby streckt seinen Körper völlig und spreizt die Beine. Es hält den Kopf oben.

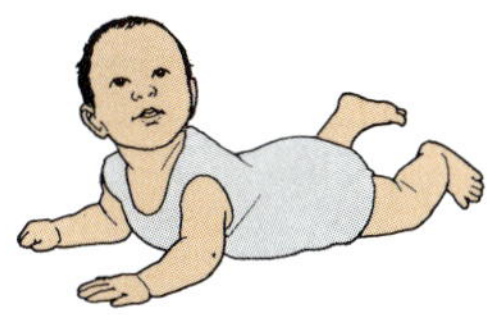

Vier Monate
Ihr Baby rollt sich von einer Seite zur anderen und auf den Rücken. Es stützt sich auf die Unterarme.

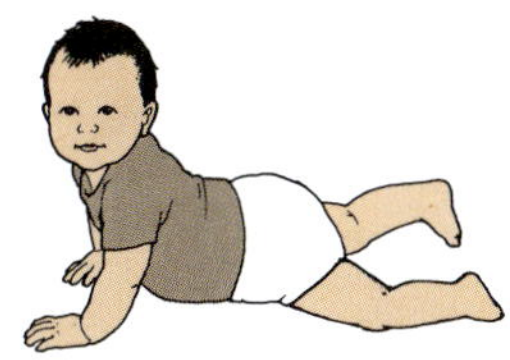

Fünf Monate
In Bauchlage hält Ihr Baby den Kopf frei über der Unterlage. Es rollt sich vom Rücken zur Seite.

Greifen

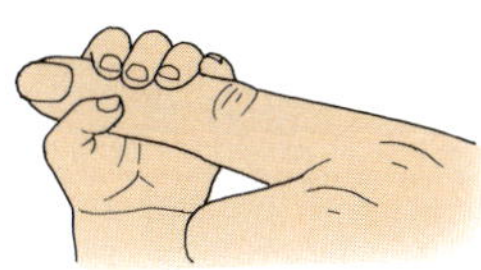

Ein Monat
Die Hände des Babys sind zur Faust geballt. Reflexartig umfaßt es alles, was in seine Hand gelangt.

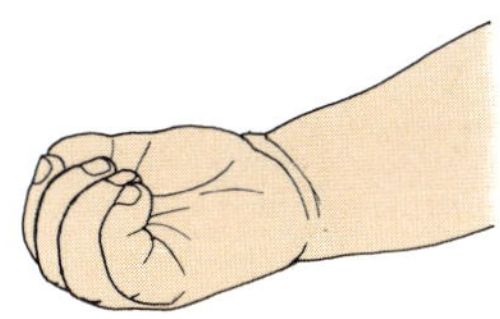

Zwei Monate
Es öffnet seine Hand häufiger, und sein Griff wird willkürlicher und gezielter.

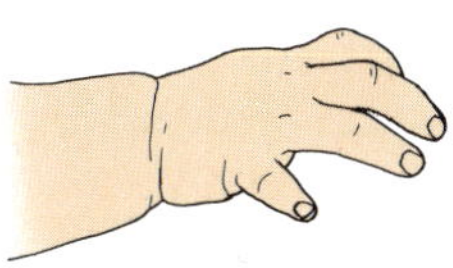

Drei Monate
Die Hände bleiben meist geöffnet. Das Baby ist noch nicht fähig, etwas längere Zeit festzuhalten.

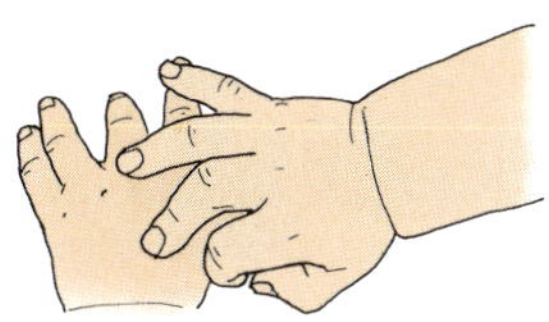

Vier Monate
Ihr Baby entdeckt seine eigenen Hände. Es spielt damit und saugt daran.

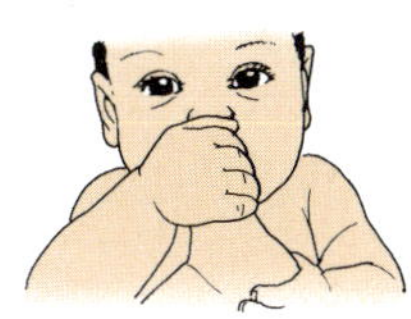

Fünf Monate
Das Baby hält Dinge mit beiden Händen fest und lutscht so auch an seinen Zehen.

Aufrichten

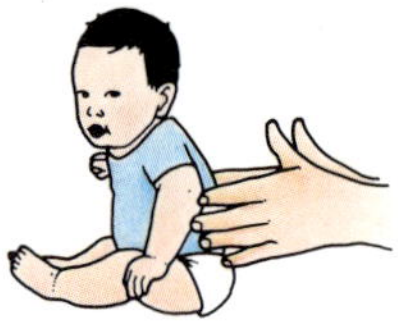

Sechs Monate
Ihr Baby dreht sich nach allen Seiten. Vielleicht sitzt es sogar einige Sekunden ohne Stütze.

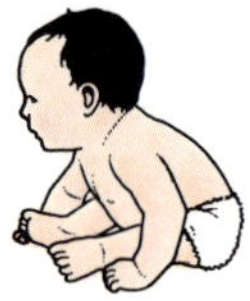

Sieben Monate
Im Sitzen beugt sich das Baby zum Halten des Gleichgewichts vor. Es sitzt immer sicherer.

Acht Monate
Ihr Baby setzt sich von selbst aufrecht hin und dreht sich um.

Neun Monate
Es macht gezielte Krabbelversuche und kommt auf Händen und Knien vorwärts.

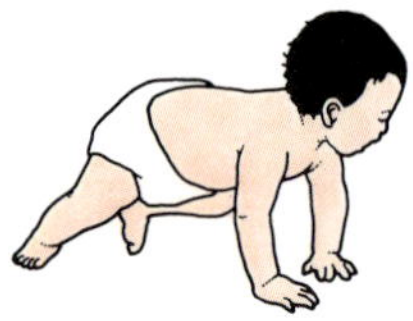

Zehn Monate
Das Baby bewegt sich auf gestreckten Armen und Beinen und zieht sich hoch zum Stehen.

Elf bis zwölf Monate
Mit Unterstützung geht das Baby schwankend und dreht sich um die eigene Achse.

Manipulieren

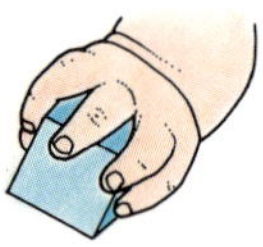

Sechs Monate
Ihr Baby hält Sachen zwischen Daumen und Fingern fest und dreht das Handgelenk.

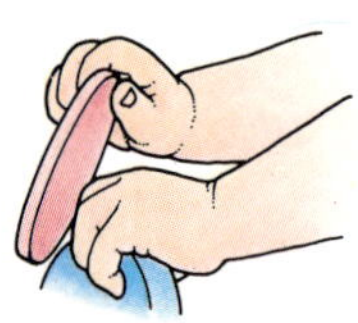

Sieben Monate
Finger und Daumen werden jetzt gegenübergestellt. Das Baby kann deshalb mit den Fingern etwas greifen und festhalten.

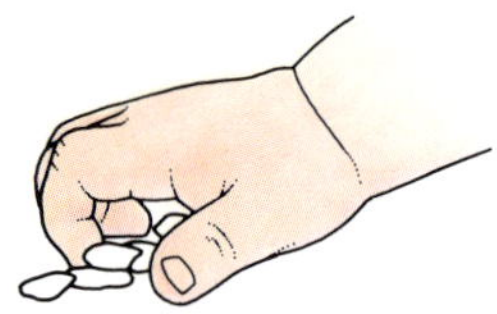

Acht Monate
Die Geschicklichkeit wächst. Das Baby faßt kleine Dinge mit dem »Pinzettengriff«.

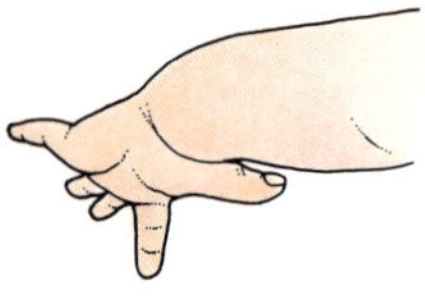

Neun Monate
Das Baby gebraucht den Zeigefinger, um in einem Loch zu bohren.

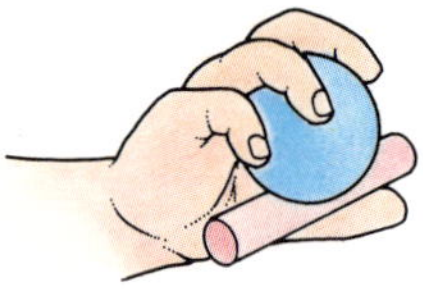

Zehn Monate
Ihr Baby hält zwei Sachen in einer Hand, kann sie aber noch nicht loslassen.

Elf bis zwölf Monate
Das Baby hält Stifte, füttert sich selbst, nimmt und gibt Gegenstände. Die Koordination verbessert sich täglich.

Kopfkontrolle

Bis zum Alter von sechs Monaten erwirbt das Baby folgendermaßen die Kopfkontrolle:

Geburt bis sechs Wochen
Fassen Sie Ihr Baby oben um den Brustkorb und heben es hoch, dann hängt der schwere Kopf schlaff nach hinten. Deshalb müssen Sie Kopf und Nacken stets sorgsam unterstützen.

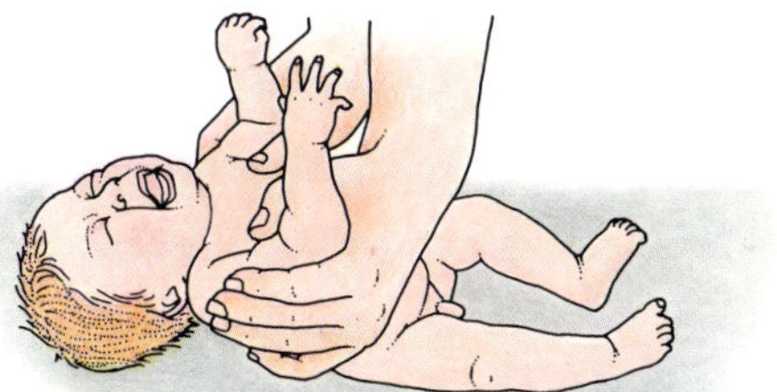

Ein Monat
Das Baby liegt auf dem Bauch mit zur Seite gedrehtem Kopf, hochgestrecktem Po und leicht unter den Körper gezogenen Knien.

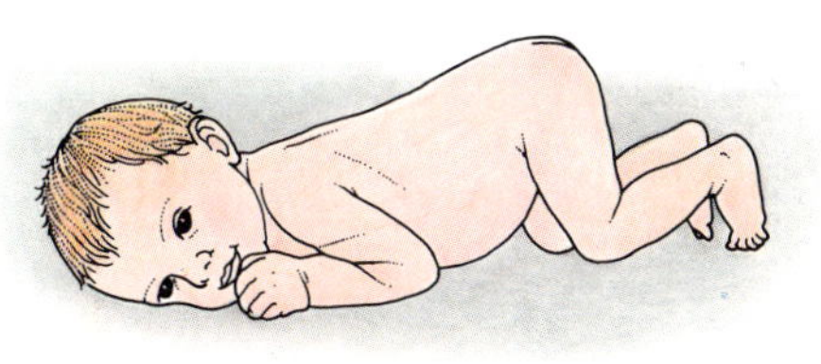

Sechs Wochen
Das Baby liegt auf dem Rücken. Fassen Sie es an den Händen und ziehen Sie es hoch, dann hält es seinen Kopf für wenige Sekunden in einer Linie mit dem Körper.

Zwei Monate
Das Baby liegt auf dem Bauch. Der Körper ist mehr gestreckt. Das Baby hebt den Kopf kurz an.

Drei Monate
Beim Hochziehen aus der Rücklage an den Händen hält das Baby ohne weitere Stütze den Kopf in einer Linie mit dem Körper. Das Baby liegt flach ausgestreckt auf dem Bauch und hält den Kopf längere Zeit hoch. Es beginnt, das Gewicht der Schultern und des Kopfes durch leicht ausgestreckte Unterarme abzustützen.

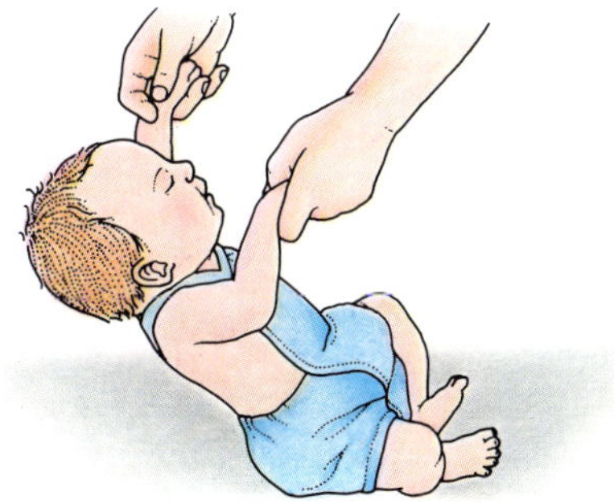

Vier Monate
Das Baby liegt auf dem Bauch. Es hebt beide Beine von der Matratze; es stützt Brust und Kopf durch Aufstemmen der Unterarme und beobachtet, was rundum geschieht.

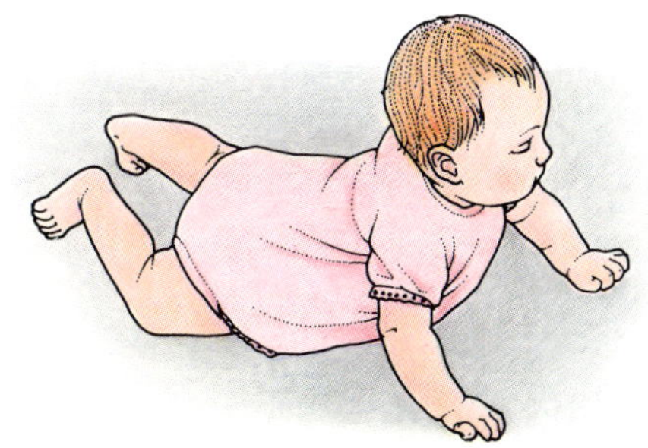

Fünf bis sechs Monate
Das Baby ist so kräftig, um Kopf, Schultern und Rumpf mit den Händen abzustützen. Es rollt sich vom Rücken auf die Seite.

Sechs Monate
Kopf und Nacken Ihres Babys sind so kräftig und gut koordiniert, daß es aus der Rückenlage den Kopf hebt und die Zehen anschauen kann.

Sitzen

Bevor Ihr Baby aufrecht sitzen kann, muß es genügend Kontrolle über Nacken, Schultern und Rumpf entwickeln, um den Kopf und den Rumpf gerade halten zu können. Es muß lernen, das Gleichgewicht zu halten, so daß es nicht immer umkippt, wenn es etwas aufheben möchte oder schauen will, was hinter ihm ist. Die wenigsten Babys sind vor dem achten oder neunten Monat soweit.

Nach der Geburt

Das Baby kann nicht ohne Hilfe sitzen. Wenn Sie es festhalten, krümmt sich der Rücken, und der Kopf fällt nach vorne. Der Körper sackt ohne Stütze in sich zusammen.

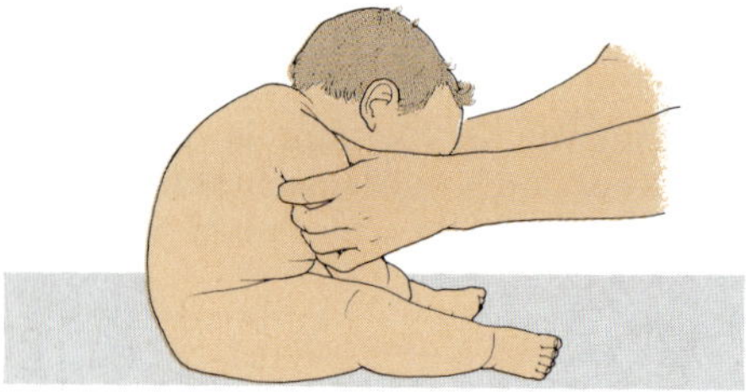

Ein Monat

Der Rücken bleibt gekrümmt, ist aber etwas fester. Wenn Sie das Baby halten, hält es den Kopf wenige Momente oben.

Vier Monate

Wenn Sie Ihr Baby festhalten, sitzt es mit erhobenem Kopf. Der Rücken ist oben fast gerade, unten noch gekrümmt.

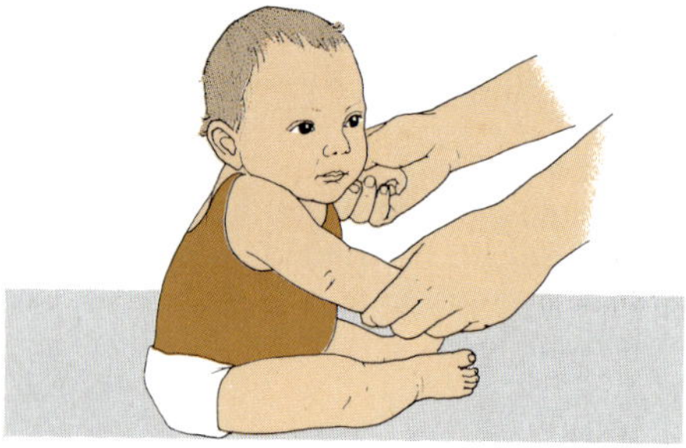

Sechs Monate

Das Baby sitzt wenige Sekunden ohne Stütze. Es kann, rundum durch Kissen gestützt, in einen Stuhl gesetzt werden.

Sieben Monate

Das Baby sitzt allein, aber wackelig. Der Rücken ist noch gekrümmt. Es stützt sich mit beiden Armen, die es meist vor dem Körper aufsetzt. Bei jeder Bewegung der Hände würde es jetzt noch das Gleichgewicht verlieren und umkippen.

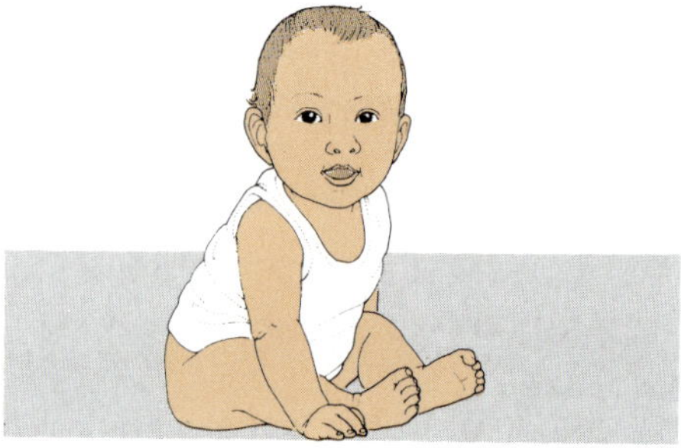

Acht Monate

Ihr Baby sollte ohne Unterstützung der Hände sitzen. Da es aber noch unsicher ist, umgeben Sie es mit Kissen.

Neun bis zehn Monate

Ihr Baby hält das Gleichgewicht so gut, daß es den Oberkörper drehen und rundum schauen kann. Es beugt sich nach vorne und greift nach etwas, ohne das Gleichgewicht zu verlieren.

Sitzübungen

Gemäß den zuvor beschriebenen Entwicklungsstufen können Sie Ihrem Baby beim Erlernen der Kopfkontrolle und des Sitzens helfen. Sie können aber diese Entwicklung niemals beschleunigen. Geeignet sind Spiele, die es während der ersten Lebensmonate auch mit dem Gebrauch seiner Muskeln zum Greifen, Ziehen und Drücken vertraut machen:

- Mit zwei Monaten stützen Sie Bauch und Schultern des Babys und sprechen mit ihm, damit es für einen Augenblick den Kopf hebt, um Sie anzuschauen.
- Mit drei Monaten kontrolliert es Kopf, Nacken und Schultern, der Rücken braucht jedoch noch Unterstützung.
- Mit vier Monaten halten Sie es an den Armen fest, damit es auf dem Po sitzt und in den Hüften nicht zu sehr einknickt.

Sitzhilfen

Lassen Sie Ihr Baby ab der sechsten Woche am Familiengeschehen teilnehmen.
Ich selbst finde die Babywippe am praktischsten. Sie ist verstellbar, schmiegt sich der runden Körperform an und kann mit weichen Kissen gepolstert werden. Gurten Sie das Baby sorgfältig an, damit es nicht herausrutscht, und stützen Sie den Kopf durch ein Kissen. Da die Wippe bei jeder Bewegung mitschwingt, wird das Baby angeregt, sie von sich aus in Bewegung zu setzen. Die schräge Liegefläche ermöglicht ihm, die Umgebung zu beobachten. Auch ist die Wippe so leicht, daß Sie sie samt Baby tragen und immer in Ihre Nähe (z. B. auf einen Arbeitstisch) stellen können. Das Baby fühlt sich sicher und kann Ihren Tätigkeiten zuschauen. Wenn Sie den meist glatten Metallfuß mit Doppelklebeband umwickeln, rutscht er auch nicht mehr auf glatten Flächen. Sie können die Wippe dann ruhig auf einen Tisch stellen.
Prinzipiell können Sie Ihr Baby überall da aufrichten, wo es eine glatte, feste und schräge Stütze zwischen Po und Kopf hat. Rundum angeordnete Kissen dienen als Stütze zur Sicherheit. Mit besonderer Sorgfalt ist dies auch in einem Sessel, einer Sofaecke oder im Kinderwagen möglich.

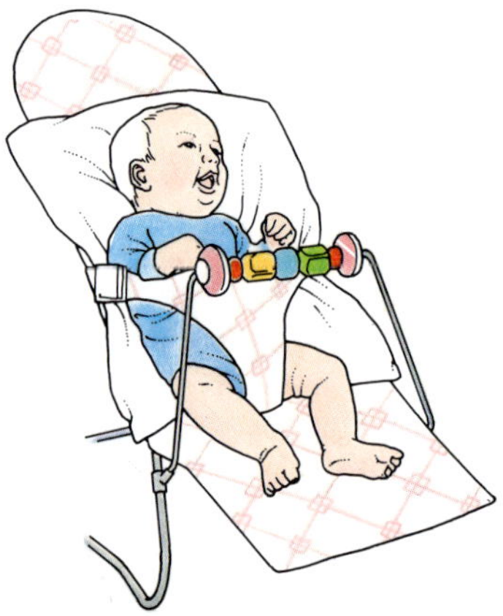

Falls das Baby aus der Wippe rutscht, schafft ein Kissen Abhilfe.

Damit das Baby mit am Familientisch sitzen kann, setzen Sie es in einen Hochstuhl und stützen Rücken und Po durch ein großes, waschbares Kissen.

Tips: Sicherheit

- Ab dem fünften Monat kann sich das Baby umdrehen und darf nirgends liegengelassen werden, ausgenommen auf dem Fußboden, wo weder harte noch spitze Sachen liegen dürfen. Aber auch hier müssen Sie es im Auge behalten.
- Auch ein sechsmonatiges Baby sollten Sie zur Sicherheit noch rund um den Po mit Kissen stützen.
- Ein siebenmonatiges Baby, das vielleicht selbst sitzt, aber leicht umkippt, sollten Sie mit einigen Kissen umgeben, damit es sich nicht weh tut.
- Vorsicht bei leichtgewichtigen Betten, Stühlen und Kinderwagen. Zieht sich das Baby an einer Seite hoch, kippen sie schnell um.

Krabbeln

Zum Krabbeln muß das Baby seinen Körper gerade halten und die Beine ausstrekken können. Es muß lernen, Kopf und Nacken entsprechend zu kontrollieren. Es braucht aber auch genügend Kraft, um sich mit beiden Armen hochzudrücken.

Das Alter, wann ein Baby zu krabbeln beginnt, ist schwer bestimmbar. Betrachten Sie die Altersangaben hier mehr als Entwicklungsetappen. Zeigt das Baby keine Lust zum Krabbeln, sorgen Sie sich nicht. Manche mögen die Bauchlage nicht und sind oft besonders am Geschehen rundum interessiert. Entweder lernen sie es später oder überspringen diese Phase ganz und konzentrieren sich dann auf das Gehenlernen.

Nach der Geburt

Das Baby wird mit einem Krabbelreflex (siehe S. 30) geboren, verliert ihn aber, sobald es den Körper aus der im Mutterleib gewohnten Beugehaltung streckt.

Vier Monate

Das Baby hebt Brust und Beine und macht mit den Armen Schwimmbewegungen.

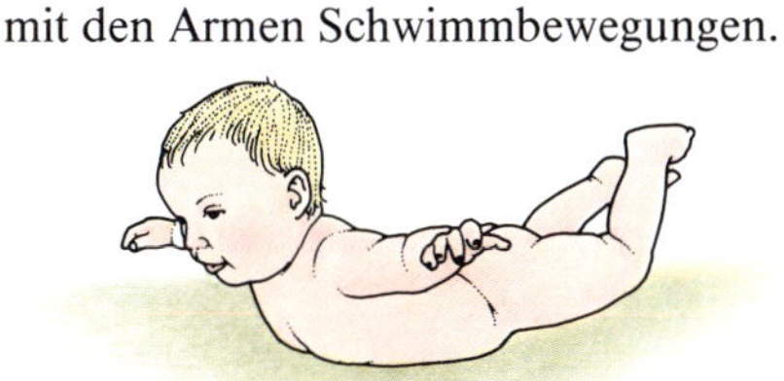

Sechs Monate

Das Baby stützt seinen Oberkörper auf die ausgestreckten Arme. Es beugt die Knie, zieht sie unter den Körper und schaukelt vor und zurück. Dies sind die Vorstufen des Krabbelns.

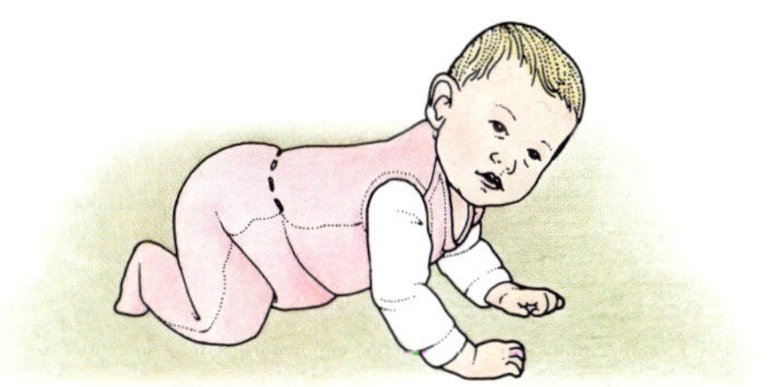

Sieben Monate

Nach eigenem Wunsch verlagert das Baby sein Gewicht auf nur einen der ausgestreckten Arme.

Acht bis neun Monate

Das Baby zieht sich mit erhobenem Kopf am Boden vorwärts und macht stoßartige Bewegungen.

Krabbelübungen

Obwohl ich dagegen bin, dem Baby unbedingt das Krabbeln beizubringen, können Sie es ermuntern, sich aus dem Liegen oder Sitzen vorwärtszubewegen.

- Setzen Sie sich mit wenig Abstand vor das Baby auf den Boden und locken Sie es mit einem Spielzeug, das es besonders gern mag.
- Dem neugierigen Baby legen Sie ein Spielzeug knapp außer Reichweite. Das Baby wird sich anstrengen, um es zu erreichen.
- Babys lernen durch Nachahmung. Krabbeln Sie selbst auf dem Boden herum.
- Glatte Böden sind sonst gefährlich. Beim Krabbelnlernen helfen sie aber dem Baby, da kleinste Bewegungen durch Vorwärtskommen belohnt werden.
- Ihre Aufgabe ist es, das Baby zu unterstützen. Überfordern Sie es nicht, besonders, wenn es müde ist. Freuen Sie sich mit ihm über den kleinsten Erfolg.

Andere Vorwärtsbewegungen

Beim Krabbeln muß das Baby Hand- und Kniebewegungen koordinieren. Anfangs fällt dies schwer, und so erfinden manche Babys ganz eigene Wege, um sich vorwärtszubewegen. Manche schieben sich seitlich weiter, andere sitzen auf dem Po, ein Bein zur Stütze eingeschlagen, und hopsen vorwärts.

Es ist völlig gleichgültig, welchen Stil Ihr Kind entwickelt, wichtig ist, daß es sich fortbewegt. Freuen Sie sich auch über die sonderbarsten Errungenschaften und zwingen Sie ihm nicht einen anderen Stil auf.

Das Krabbelkind

Hat sich Ihr Kind irgendeine Art des Vorwärtskommens errungen, entwickelt es bald ein erstaunliches Tempo und muß ständig beobachtet werden. Um seine Fähigkeit ausschöpfen zu können und zu neuen Entdeckungen ermuntert zu werden, braucht es genügend freie Bodenfläche. Räumen Sie Zerbrechliches weg, da das Baby täglich kräftiger wird.

Auch macht es sich jetzt schmutziger und steckt alles Erreichbare in den Mund. Achten Sie auf Futternäpfe von Haustieren und Mülleimer. Schützen Sie seine strapazierten Knie durch lange Hosen und achten Sie darauf, daß der Fußboden glatt oder weich ausgelegt ist, sonst schürft es sich auf. Ziehen Sie ihm keine Schuhe an, bevor es nicht gehen kann. Es benötigt sie nicht!

Stehen

Da die Entwicklung vom Kopf hinunter zu den Zehen verläuft, erlangt das Baby die

Tips: Sicherheit

- Gestalten Sie Ihre Wohnung kindersicher.
- Lassen Sie Ihr Baby nie allein.
- Entfernen Sie Möbel mit scharfen Kanten oder spitzen Ecken aus all den Räumen, zu denen das Kind Zugang hat.
- Räumen Sie alles Zerbrechliche weg, das nicht mindestens einen Meter über dem Boden steht (z. B. Glas, Schallplatten, Porzellan).
- Kabel sollten nicht quer über dem Boden verlaufen. Alle Steckdosen müssen mit Kindersicherungen abgesichert werden.
- Schalter sollten mindestens einen Meter über dem Boden angebracht sein.
- Sichern Sie Flure und Treppen durch entsprechende Gitter ab.
- Offene Kamine müssen durch Schutzvorrichtungen abgesichert werden.
- Lassen Sie Tischdecken nicht allzu tief herunterhängen. Das Baby wird mit Sicherheit daran ziehen.
- Alle Möbel und Regale sollten standsicher aufgestellt oder sogar angeschraubt sein.
- Lassen Sie nichts Heißes in Reichweite des Babys herumstehen.
- Prüfen Sie, ob die Zwischenräume am Treppengeländer so eng sind, daß sich das Baby nicht hindurchzwängen kann.
- Schließen Sie alle Schranktüren ab oder bringen Sie die Griffe außerhalb der Reichweite des Kindes an.
- Alle chemischen bzw. gefährlichen Substanzen müssen außerhalb der Reichweite des Kindes aufbewahrt werden, seien es Medikamente, Waschmittel, Spülmittel, Reinigungsmittel, Zigaretten, Kaffee usw.

Kontrolle über seine Muskeln in den Knien, Unterschenkeln und Füßen kaum vor dem 11. oder 12. Monat. Erst dann kann es sein ganzes Gewicht auf die Füße verlagern, aufstehen und sein Gleichgewicht halten.

Stehübungen

Drei Monate
Sobald das Kind seinen Kopf hochhalten kann, macht ihm folgendes Spiel besonders Spaß: Halten Sie das Baby mit Ihnen zugewandtem Gesicht so, daß seine Füße Ihre Knie berühren. Heben Sie es hoch und lassen Sie es wieder auf Ihre Knie herab. Es spürt so sein eigenes Gewicht. Auch jüngere Babys mögen dieses Spiel, stützen Sie aber dabei gut den Kopf ab.

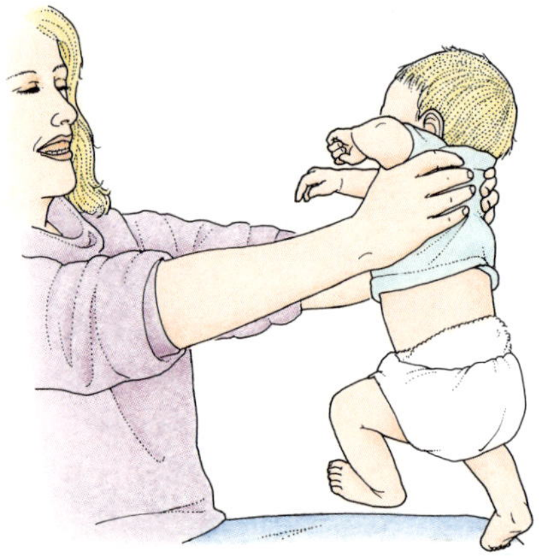

Sechs Monate
Wird das Baby aufrecht gehalten, beugt und streckt es seine Knie und Hüften und macht wahrscheinlich erste Hüpfbewegungen.

Sieben oder acht Monate
Das Baby vollführt mehr tänzerische Bewegungen und wechselt von einem Fuß auf den anderen. Oft stellt es einen Fuß über den anderen, zieht dann den unteren weg und stellt ihn wieder obenauf – und das viele Male.

Neun oder zehn Monate
Das Baby kann sein ganzes Gewicht zwar mit den Füßen tragen, es hält aber noch nicht das Gleichgewicht. Fassen Sie es fest unter seinen Armen, dann versucht es, einen Fuß vor den anderen zu setzen, und macht ein oder zwei Schritte auf Ihrem Schoß. Halten Sie es bei dieser Übung gut fest, denn es kippt immer noch sehr leicht zur Seite. Auch knicken die Knie leicht ein.

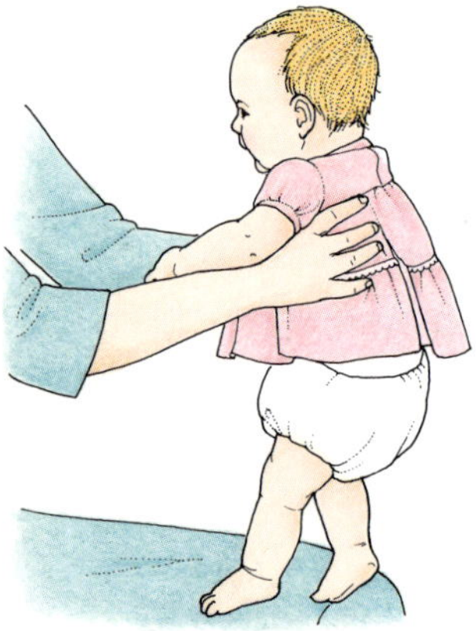

Zehn Monate und später
Die Muskelkontrolle der Knie und Füße hat sich verbessert. Das Baby zieht sich selbst an Möbeln hoch, obwohl seine Gleichgewichtskontrolle noch nicht voll entwickelt ist.

Hinsetzen

Es mag manchen erstaunen, wenn er beobachtet, wie ein Baby fast mühelos aufsteht, anfangs jedoch keinen Weg findet, sich wieder hinzusetzen. Gewöhnlich braucht es drei oder vier Wochen, um dies zu lernen. Meistens läßt es sich einfach rückwärts wieder hinplumpsen.

Bevor es aber soweit ist, bleibt das Baby häufig einfach stehen und schreit, bis Hilfe kommt. Diese drei Wochen können für Sie und das Baby anstrengend werden. Helfen Sie ihm, sich sachte nach unten zu bewegen, damit ihm dies vertraut wird. Und werden Sie nicht ungeduldig, wenn Sie es unzählige Male wiederholen müssen.

Erste Spaziergänge

Nachdem sich Ihr Baby selbstsicher zum Stehen hochzieht und wieder hinsetzt, dauert es noch etwa vier Wochen, bis es seine ersten Spaziergänge unternimmt. Hat es einen interessanten Gegenstand erblickt, rückt es langsam Stück für Stück mit den Händen entlang der Stütze in dessen Richtung. Durch seitlich nebeneinandergesetzte Schritte zieht es den Körper Schritt für Schritt nach.

Ist das Baby mit dieser Methode genügend vertraut, gebraucht es – mit einer Armlänge Abstand – die Stütze nur noch zum Gleichgewichthalten.

Jetzt dauert es nur wenige Wochen, bis das Kind die Stütze verläßt und freihändig dem nächsten Möbelstück zusteuert. Diese ersten freien Schritte sind noch sehr unsicher. Um mehr Standfläche zu gewinnen, spreizt das Kind seine Beine weit auseinander. Zum Balancieren hält es die Arme mit abgewinkelten Ellbogen hoch und nach vorne gestreckt. Immer wieder wird das Kind hinfallen und um Ihre Hilfe schreien. Seien Sie geduldig bereit, beim Aufstehen zu helfen bzw. zu trösten!

Tips: Stehen lernen

- Den besten Halt hat das Baby barfuß. Ist es zu kalt, sollten Sie keine Socken, sondern weiche Babyschuhe mit rutschfester Sohle anziehen. Das Kind sollte außerdem bequeme Kleidung tragen, die nicht behindert.
- Möbel müssen schwer und stabil sein und fest stehen, damit das Baby beim Festhalten nicht damit umfällt.
- Versuchen Sie nicht den Prozeß des Stehen- und Gehenlernens zu beschleunigen. In der Regel richten Sie dabei mehr Schaden an, als daß Sie dem Kind helfen.
- Überlisten Sie das Baby nicht, indem Sie es plötzlich loslassen. Es erschreckt sich und kann sein Vertrauen in Sie verlieren. Dies ist deshalb besonders schlimm, weil Sie seine Hauptquelle von Sicherheit sind.
- Führen Sie in der jetzigen Phase keinen Schlafsack ein. Das Baby fällt darin bei Aufstehversuchen leicht um und kann sich verletzen. Ist es aber bereits daran gewöhnt, benutzen Sie den Sack ruhig weiter.
- Prüfen Sie, ob alle Kabel und Leitungen gut befestigt sind. Wenn sich das Baby entlang der Möbel vorwärtstastet, erscheint ihm ein hängendes Lampenkabel vielleicht als willkommene Haltemöglichkeit.

Wachstum und Bewegungsentwicklung 1–3 Jahre

Körpergewicht, Längenwachstum, Proportionen

Im zweiten Lebensjahr ändern sich beim Kind die Proportionen recht deutlich. Sein Körper wird länger, er verliert die gedrungene Erscheinung, wird kräftiger, muskulös und standsicher. Gleichgewichtskontrolle, Koordinationsfähigkeit und die Feinbewegungen verbessern sich.
Ein zweijähriger Junge erreicht seine halbe Erwachsenengröße, bei Mädchen dauert es meist sechs bis acht Monate länger, bis dieser Zeitpunkt erreicht ist. Wie bei Erwachsenen sind Größe und Gewicht von Kind zu Kind sehr verschieden. Der Gewichtsanstieg entspricht der Körpergröße, so daß kleine Kinder langsamer und weniger zunehmen als große. Der Gewichtsunterschied bei Zweijährigen kann bis zu vier Kilo betragen. Solange sich das Gewicht innerhalb dieser Grenzen verändert, müssen Sie sich darum nicht kümmern.

Laufen

Es gibt keinen festen Zeitpunkt, zu dem Ihr Kind laufen können muß. Seine ersten freien Schritte wird es vermutlich zwischen dem neunten und fünfzehnten Monat machen, Abweichungen in beiden Richtungen sind jedoch möglich. Der Grund für diese Unterschiede ist nicht bekannt. Vererbungsfaktoren könnten eine Rolle spielen. Ungeachtet dieser zeitlichen Abweichungen machen alle Kinder auch beim Laufenlernen die einzelnen Entwicklungsstufen in gleicher Reihenfolge durch (s. u.).
Wie lange ein Kind für jede Stufe braucht, ist individuell wieder verschieden. Ungeduld ist deshalb fehl am Platz. Laufenlernen ist einer der bedeutendsten Entwicklungsschritte, und die beste Hilfe leisten Sie durch verbale Ermunterungen. Überfordern Sie es nicht, durch zu frühe Laufhilfen. Zeigen Sie dem Kind Ihre Freude und seien Sie mit ihm stolz auf alles schon Erreichte.

Bewegung

Dreizehnter bis fünfzehnter Monat
Das Kind steht frei und geht ein bis zwei Schritte zur nächsten Stütze. Es steht aus dem Sitzen noch nicht ohne Hilfe auf.

Fünfzehnter bis achtzehnter Monat
Ihr Kind steht ohne Hilfe auf. Es geht allein, breitbeinig und mit angehobenen Ellbogen.

Achtzehnter bis zwanzigster Monat
Das Gehen wird sicherer, die Arme bleiben unten. Ihr Kind versucht Treppen hochzusteigen.

Einundzwanzigster bis vierundzwanzigster Monat
Das Kind hält sein Gleichgewicht, wenn es sich vornüberbeugt, um etwas aufzuheben.

Greifen

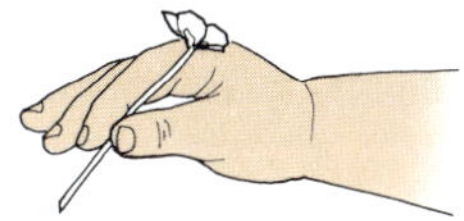

Zwölfter Monat
Das Kind führt Daumen und Zeigefinger zusammen. Wenn Sie es auffordern, gibt es Ihnen etwas. Es rollt einen Ball über den Fußboden.

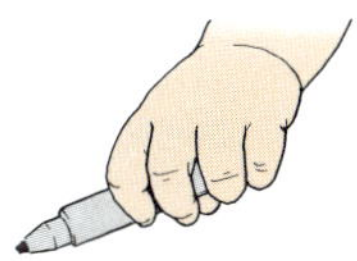

Dreizehnter bis fünfzehnter Monat
Ihr Kind hält zwei kleine Gegenstände in einer Hand. Es stellt einen Bauklotz auf einen anderen und kritzelt mit einem Stift. Es probiert, selbst die Schuhe auszuziehen.

Achtzehn Monate
Das Kind baut Türme aus vier oder fünf Klötzen. Es ißt recht gut mit einem Löffel und blättert Buchseiten um. Wenn Sie ihm einen Reißverschluß vorführen, zieht es ihn auf und zu.

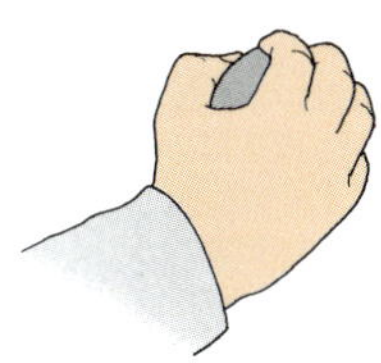

Vierundzwanzig Monate
Ihr Kind kann Drehbewegungen ausführen, öffnet Türen und schraubt Deckel ab.

Stufen des Gehenlernens

1. Oft schon vor dem ersten Geburtstag beginnt das Kind sich entlang der Möbel zu bewegen. Es schiebt dabei zuerst die Hände vor und zieht dann die Füße nach. Gleichgewichthalten fällt ihm noch schwer.

2. Das Kind hält mehr Abstand und verlagert sein Gewicht stärker auf die Füße. Zum Vorwärtskommen greift es mit einer Hand über die andere und schiebt sie nicht mehr parallel. Sobald es dies sicher beherrscht, bewegt es Hände und Füße gleichzeitig.
Das ist ein besonderes Ereignis, weil das Kind dabei für eine Sekunde das Gleichgewicht hält und nur auf einem Fuß steht.

3. Die Errungenschaft, sich aufrecht und selbständig fortzubewegen, kostet das Kind voll aus. Es hält sich überall fest und wandert durch die Wohnung. Der nächste Schritt ist das Überwinden einer Lücke zwischen zwei Haltemöglichkeiten. Das schafft es vorläufig nur, wenn es beide Stützen gleichzeitig greifen kann. Bevor es eine losläßt, muß es die andere fest im Griff haben und sich sicher fühlen.

4. Das Kind überbrückt weitere Abstände. Es stützt sich mit einer Hand, geht vor und, wenn es das Gleichgewicht hat, löst die Hand. Dann macht es einen freien Schritt auf die nächste Stütze zu und ergreift sie mit beiden Händen.

5. Das Kind geht zwei bis drei noch wankende aber freie Schritte auf die nächste Stütze zu.

6. Das Kind steuert mit einigen sicheren Schritten in den offenen Raum. Zuerst faßt es ein Ziel ins Auge und watschelt dann krummbeinig darauf zu. Nach fünf bis sechs Schritten verliert es sein Gleichgewicht und läßt sich plumpsen.

Tips: Laufenlernen

- Stellen Sie im Zimmer die Möbel so auf, daß Ihr Kind daran entlang bzw. rundherumspazieren kann. Achten Sie dabei darauf, daß das Kind nicht mit den Möbeln umfallen kann.
- Anfangs sollten Sie die Abstände zwischen zwei Möbeln so groß halten, daß das Kind mit gestreckten Armen beide gleichzeitig anfassen kann. Ist der Abstand zwischen zwei Möbeln zu groß, dann braucht das Kind sehr viel mehr Selbstüberwindung, um von einem Möbelstück zum anderen hinüberzugreifen.
- Achten Sie darauf, daß der Fußboden nicht rutschig ist. Ein schmerzhafter Fall kann das Kind so verängstigen, daß es für einige Wochen keine Gehversuche mehr unternehmen wird.
- Sorgen Sie dafür, daß das Zimmer wirklich kindersicher ist. Lassen Sie z. B. weder Kabel offen herumliegen noch Gegenstände herumstehen, die es umwerfen kann.
- Wenn es warm genug ist, sollten Sie dem Kind Schuhe und Strümpfe ausziehen. Diese sind unnötig. Barfußlaufen ist viel gesünder. Das Kind findet besseren Halt und bekommt ein sichereres Gefühl für sein Gewicht. Ansonsten sollten Sie Schuhe mit rutschfester Sohle verwenden.
- »Gehschulen« bzw. »Gehhilfen« sind recht praktisch, weil sie nicht umfallen und nur durch das Kind fortbewegt werden können. Beim Kauf sollten Sie darauf achten, daß das Gerät allen Sicherheitsbestimmungen entspricht.

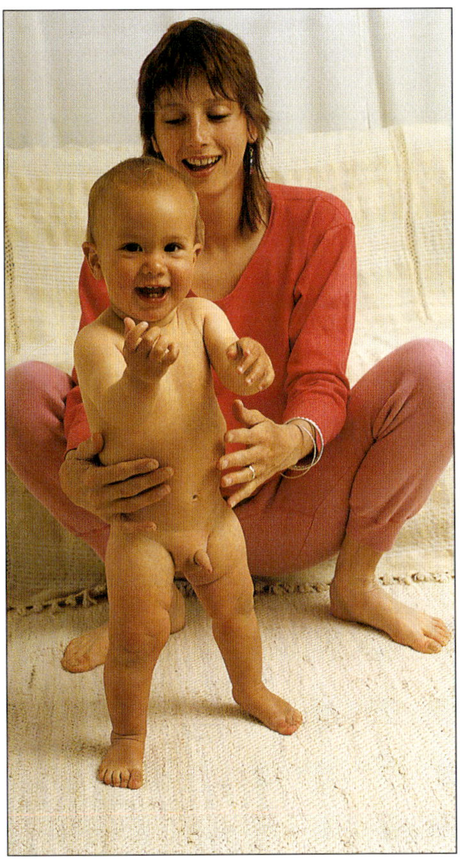

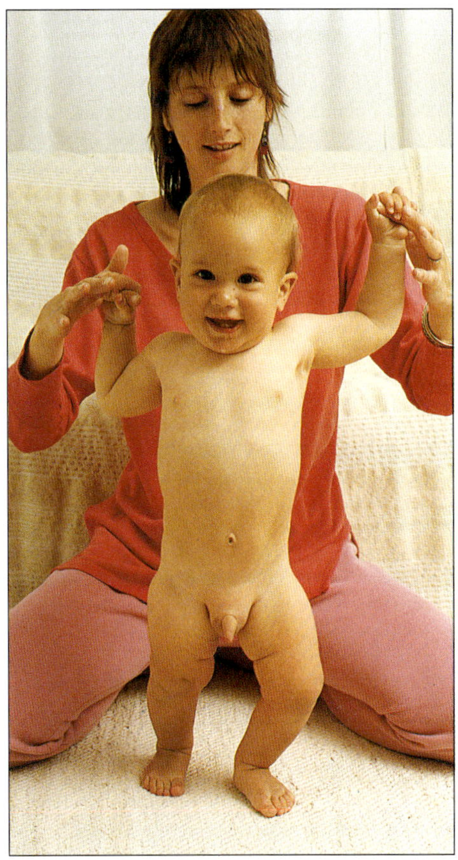

Das frei laufende Kind

Anfänglich bewegt sich Ihr Kind noch recht wackelig und unkontrolliert. Es geht nur in einer Richtung, kann schlecht ausweichen und kaum anhalten, wenn es in Schwung ist. Mit etwa neunzehn Monaten geht es rückwärts und rennt vielleicht sogar. Danach lernt es zu hüpfen. Mit zwei Jahren wendet es beim Rennen die Richtung und schaut sich über die Schulter, ohne sein Gleichgewicht zu verlieren. Es bleibt plötzlich stehen, ohne umzufallen, und beugt sich aus dem Stand, um etwas aufzuheben.

Kicken Sie einen Ball, kickt das Kind ihn zurück, allerdings noch etwas schleppend, da es auf einem Fuß das Gleichgewicht nicht lange halten kann. Natürlich saust das Kind nun viel herum.

Im Freien müssen Sie besonders achtgeben, da es kein Gefühl für die Gefahren des Straßenverkehrs besitzt. Halten Sie es an der Hand oder an einer um den Bauch gebundenen Leine. Letzteres ist eine gute Lösung für Sie beide: Die Arme werden weniger angestrengt, und das Kind hat mehr Bewegungsspielraum. Gleichwohl kann ich Eltern verstehen, die eine Leine grundsätzlich ablehnen.

Erwarten Sie nicht, daß Ihr Kind mehr als 200 m am Stück zurücklegt. Sind Sie in Eile und können nicht dauernd stehenbleiben, um etwas mit ihm anzuschauen, nehmen Sie einen Sportwagen mit.

Falls die Entwicklung beim Gehenlernen stagniert, ist das nicht besorgniserregend. Das Kind lernt so viel in dieser Zeit und kann sich nicht auf alles konzentrieren. Auch Krankheiten bewirken Stillstände oder Rückentwicklungen. Haben Sie Geduld und lassen Sie das Kind sich in Ruhe entwickeln.

Im dritten Lebensjahr verlangsamen sich Wachstum und Entwicklung. Das Kind erreicht nahezu völlige Körperkontrolle, viele Bewegungen erfolgen inzwischen unbewußt, d.h. es muß sich nicht mehr wie früher darauf konzentrieren. Seine Koordinationsfähigkeit übt es beim Turmbau mit Klötzen, es zieht sich an und aus und öffnet Knöpfe ohne die Hilfe eines Erwachsenen.

Tips: Sicherheit

- Das Kind hat inzwischen gelernt, überall hinzuklettern. Sichern Sie deshalb alle Fenster durch Gitter oder Sperren ab.
- Schließen Sie alle möglichen Verstecke für das Kind ab, damit das Kind nicht hineinschlüpft und sich selbst einsperrt (z. B. Kühlschränke oder Türen, die leicht ins Schloß fallen).
- Ziehen Sie an allen Türen die Schlüssel ab.
- Lassen Sie das Kind nicht allein in Gärten, die zur Straße hin offen sind. Beginnen Sie so früh wie möglich mit der Verkehrserziehung. Verhalten Sie sich von Anfang an vorbildlich.
- Zeigen Sie dem Kind, wie es sicher Treppen hinunterkommt: mit dem Po auf die oberste Stufe setzen, Füße auf die nächste Stufe stellen, Hände nachziehen usw.
- Benutzen Sie für die Kleidung des Kindes, aber auch für die Ausstattung der Räume keine leicht entzündlichen Textilien (Synthetics).
- Lassen Sie Pfannen- und Topfstiele nicht über den Herd hinausragen. Verwenden Sie ein Herdgitter. Lassen Sie keine heißen Sachen in Reichweite des Kindes stehen.
- Falls Sie in Ihrer Wohnung Schwingtüren benutzen, sollten Sie diese befestigen oder aushängen. Alle Glastüren sollten durch Aufkleber deutlich sichtbar gemacht werden.
- Alle Medikamente müssen stets verschlossen und für das Kind unerreichbar aufbewahrt werden. Lassen Sie keine Medikamente in Ihren Handtaschen liegen oder auf dem Toilettentisch stehen.
- Lassen Sie das Kind nicht auf Strümpfen herumrennen. Es gleitet sehr leicht aus. Barfuß läuft es sicherer.
- Teppiche, die auf glatten Böden liegen, sollten durch Doppelklebeband befestigt werden.
- Lassen Sie das Kind niemals mit kleinen Dingen spielen, die es verschlucken oder in die Nase oder die Ohren stecken kann.
- Halten Sie alle spitzen oder scharfen Geräte (Küche) außerhalb der Reichweite des Kindes.
- Halten Sie alle Nähutensilien vor dem Kind verschlossen.

Gleichgewicht

Zwei Jahre
Das Kind steigt Treppen hoch und hinunter. Es setzt noch beide Füße auf eine Stufe. Es kickt einen Ball, ohne umzufallen.

Zweieinhalb Jahre
Das Kind geht auf Zehenspitzen, hüpft in die Luft und von Gegenständen hinunter.

Drei Jahre
Beim Hinaufsteigen einer Treppe nimmt das Kind mit jedem Fuß nur eine Stufe, beim Hinabsteigen setzt es noch beide auf. Es steht einige Sekunden auf einem Bein.

Feinbeweglichkeit der Hände

Zwei Jahre
Das Kind zieht selbst Handschuhe, Socken und Schuhe an. Es dreht den Ellbogen richtig und öffnet Türen und Schraubdeckel. Es malt mit Stiften Bilder.

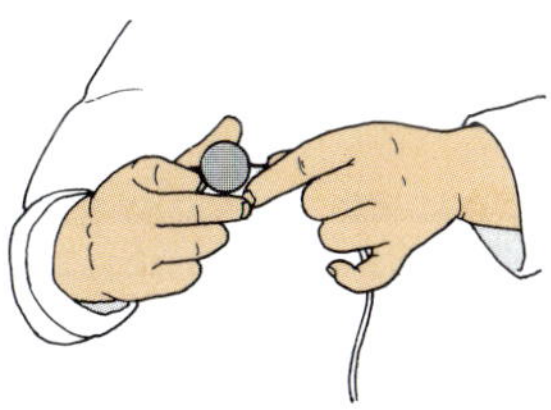

Zweieinhalb Jahre
Das Kind zieht selbst seine Hosen aus. Es fädelt Perlen auf eine Schnur und schließt leicht erreichbare große Knöpfe.

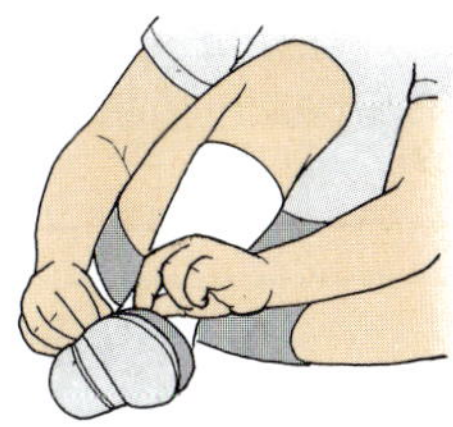

Drei Jahre
Das Kind zieht sich selbst vollständig an und aus, wenn es die Verschlüsse erreicht. Auch Sandalen mit Schuhschnallen bewältigt es. Es zeichnet und malt Bilder an und kann mit der Schere umgehen.

Koordination 0–1 Jahr

Während der ersten sechs Lebenswochen ballt Ihr Baby die Hände zu Fäusten und öffnet sie meist nur beim Weinen. Mit acht Wochen öffnet es die Fäuste häufiger, und der Greifreflex (siehe S. 30) weicht willkürlichen Greifbewegungen. Seien Sie deshalb nicht beunruhigt, wenn Ihr Baby jetzt Dinge nicht mehr so fest umklammert. In etwa zwei Monaten beherrscht es dafür eine neue Fähigkeit.
Bis jetzt hat das Kind die Bewegungen der Finger und Hand nicht koordinieren können. Statt dessen hat es sich damit ver-

genügt, sie zu bewegen, zu befühlen und genau zu beobachten. Es scheint, als wolle das Baby seine Fähigkeiten erst abschätzen, bevor es sie anwendet.
Zwischen dem vierten und fünften Monat streckt das Baby willkürlich beide Arme nach einem Gegenstand aus und umklammert ihn mit beiden Händen. Es hat damit das Stadium erreicht, in dem es bewußt beginnt, Gegenstände aus der Umwelt zu untersuchen.
Mit sechs Monaten hält das Baby einen Gegenstand nur in einer Hand und preßt ihn zwischen Finger und Handfläche. Die Kontrolle ist noch nicht so fein. Es unterscheidet jedoch große und kleine Dinge und öffnet die Hände entsprechend. Es betastet und befühlt alles. Geben Sie dem Baby also Sachen aus unterschiedlichen Materialien, mit verschiedenen Oberflächen und Formen. Da es mit all den Dingen noch nichts Konkretes anzufangen weiß, läßt es sie fallen, wenn Sie ihm etwas anderes geben.
Auf dem Rücken liegend ergreift es seine Füße und steckt sie in den Mund. Die Hand-Augen-Koordination ist so weit ausgebildet, daß das Baby festes Essen mit den Fingern in den Mund schiebt, wobei es noch recht ungeschickt vorgeht.
Mit acht Monaten streckt Ihnen das Baby einen Gegenstand entgegen, weiß aber nicht, wie es ihn loslassen soll. Dies dauert etwa noch bis zum zwölften Monat. Dann wirft es Sachen aus dem Hochstuhl und gestaltet es zum unterhaltsamen Spiel.
Vom neunten Monat an verfeinern sich die Greifbewegungen des Babys. Es hält Gegenstände zwischen Daumen und Zeigefinger. Mit einem Jahr hebt es recht kleine Sachen mit den Fingerspitzen auf und zeigt vermutlich vorher mit dem Zeigefinger darauf. Es wechselt die Gegenstände von einer Hand zur anderen und hält auch gleichzeitig in jeder Hand einen.
Zwischen dem achten und zehnten Monat lernt Ihr Baby an Gegenständen, folgende Handbewegungen zu beherrschen: Drükken, Klatschen, Schieben, Stochern, Reiben, Kratzen und Stoßen. Es untersucht alles mit den Händen, einschließlich des Essens. Es vermischt, verschmiert und verspritzt Flüssiges. Ob Fuß, Finger, Plastikdeckel oder Spielzeug, alles wird in den Mund gesteckt. Dieser Drang läßt nach, je besser es seine Hände steuern lernt. Das Baby liebt Finger- und Handspiele wie »Backe backe Kuchen«. Es nimmt Kontakt zur Umwelt durch Winken auf.

Rechts- und Linkshändigkeit

Sind Sie und Ihr Partner Linkshänder, wird vermutlich eines von dreien Ihrer Kinder es auch sein. Bei rechtshändigen Eltern liegt die Wahrscheinlichkeit bei eins zu zehn. Es gibt kein Naturgesetz, das bestimmt, welche Hand »die richtige« zu sein hat.
Linkshändigkeit hängt von der Entwicklung des Gehirns ab. Stellen Sie es sich als zwei verbundene Hälften vor, von denen jede bestimmte Tätigkeiten steuert. Während des Wachstums wird eine Gehirnhälfte dominant. Ist es die linke, wird das Kind rechtshändig, ist es die rechte, wird es linkshändig. Es liegt also nicht im Ermessen des Kindes oder der Eltern, ob das Kind links- oder rechtshändig ist.
In den ersten Monaten scheint das Baby noch keine Seite zu bevorzugen, allerdings drehen mehr Neugeborene ihren Kopf nach rechts als nach links. Sobald sich Koordination und manuelle Geschicklichkeiten entwickeln, beginnen Kinder oft schon, eine Hand zu bevorzugen.

Koordination von Händen und Augen

Alter	Fähigkeiten	Hilfen
Bis zur achten Woche	Das Kind kann seine Hände noch nicht bewußt gebrauchen. Es fixiert Dinge, die nicht weiter als 25 cm Abstand von seinen Augen haben.	Das Baby versucht alles sich Bewegende zu fixieren, zum Beispiel ein buntes Mobile. Da aber Ihr Gesicht noch interessanter ist, sollten Sie ihm viel Gelegenheit geben, es aus der Nähe zu sehen. Hängen Sie auffallende Dinge in sein Blickfeld (Abstand höchstens 25 cm).
Zwei bis zweieinhalb Monate	Das Baby läßt die Hände geöffnet und betrachtet sie aufmerksam. Es fixiert nur bis zu 30 cm Entfernung und hält die Hände deshalb dicht vor die Augen.	Sobald das Baby die Hände öffnet, können Sie ihm etwas hineinlegen. Am besten Dinge, die Geräusche abgeben, wie zum Beispiel Rasseln. Dabei lernt das Baby auch, seine Handbewegungen mit den Wahrnehmungen seiner Augen und Ohren zu verbinden.
Zweieinhalb bis drei Monate	Das Baby beobachtet mit großer Aufmerksamkeit und länger anhaltendem Interesse seine Hände. Sie erkennen daran, daß es Sehen und Tun in Verbindung zu bringen versucht. Es bewegt unbeholfen die Hände in Richtung Spielzeug.	Ihr Baby lernt Entfernungen zu beurteilen und seine Hände dorthin zu bringen, wo seine Augen etwas entdeckt haben. Ein sinnvolles Spielzeug ist eine Schnur mit verschiedenen herunterbaumelnden Dingen. Hängen Sie die Schnur quer über das Bett oder den Kinderwagen, so daß das Baby die Sachen gerade erreicht und bewegen kann. Das Wichtigste dabei ist sein Erlebnis, selbst etwas in Bewegung setzen zu können.
Drei bis vier Monate	Das Baby berührt alles Sichtbare in Reichweite. Es lernt Entfernungen durch Augen und Hände zu messen, indem es einen Gegenstand fixiert und versucht, ihn zu erreichen. Bevor es ihn berührt, ballt es jedoch wieder die Hand, anstatt sie auf zu lassen.	Da das Baby jetzt alles erreichen will, sind schaukelnde Spielsachen, die ihm ständig entwischen, unangebracht. Befestigen Sie sie nun direkt am Bett oder geben Sie dem Baby etwas in die Hand.

Koordination von Händen und Augen

Alter	Fähigkeiten	Hilfen
Vier bis sechs Monate	Die Sehfähigkeit ist so ausgereift, daß das Baby jetzt weit entfernte Gegenstände fixiert, die ungeteilt seine Aufmerksamkeit erwecken. Mit sechs Monaten mißt es die Entfernung zwischen Gegenstand und Hand nicht mehr durch Hin- und Herschauen ab. Mit flüchtigem Blick erfaßt es den Gegenstand und weiß, ob es eine kleine oder weite Bewegung machen muß, um ihn zu erreichen. Das Baby lernt das Greifen. Wenn es zu einem Gegenstand langt und ihn berührt, öffnet es die Finger und schließt sie dann um den Gegenstand.	Das Baby braucht Dinge zum Ergreifen und übt es mit viel Spaß. Steigern Sie seine Freude, indem Sie ihm besonders interessante Sachen zeigen – solche, die Geräusche abgeben, schöne Farben und Formen haben (Schlüsselbund, Wollknäuel, Plastikfläschchen usw.).

Wenn Sie Linkshändigkeit feststellen, versuchen Sie nicht, das Kind umzustellen. Die Nachteile, die es später beim Umgang mit der Schere oder dem Kartoffelschäler haben mag, sind gering im Vergleich zu den psychischen Störungen (Stottern, Lese- und Schreibschwäche), die durch Rechtszwang verursacht werden können.

Koordination 1–3 Jahre

Mit einem Jahr kann das Kind einen kleinen Gegenstand, zum Beispiel einen Knopf, zwischen Daumen und Zeigefinger aufnehmen. Zeichnen Sie mit einem Stift und geben ihn dem Kind, dann versucht es, Ihre Bewegungen nachzuahmen.

Mit dreizehn Monaten hält das Kind mehrere Sachen in einer Hand. Bauen Sie aus Klötzen einen Turm, versucht es das ebenfalls. Es zieht Kleidungsstücke aus (siehe S. 64). Es beschäftigt sich mit bestimmten Spielzeugen: hämmert Holzstifte durch Löcher, steckt verschieden geformte Klötze in die passenden Öffnungen, zieht Sachen an Schnüren hinter sich her. Es ißt selbst, ohne zu großes Durcheinander anzurichten.

Mit fünfzehn Monaten versucht es sich selbst zu kämmen und im Haushalt zu helfen.

Mit achtzehn Monaten baut das Kind Türme aus vier bis fünf Klötzen und blättert Buchseiten um, wahrscheinlich mehrere gleichzeitig.

Mit zwei Jahren sind seine Hände so gut koordiniert, daß es ganze Drehungen ausführen kann. Es schraubt zum Beispiel den Verschluß von einer Flasche. Händewaschen und -abtrocknen sind ein beliebter Zeitvertreib. Es übt An- und Ausziehen, wobei es die Schuhe eher schafft als die Socken.

Mit drei Jahren baut das Kind Türme mit acht oder neun Klötzen. Es zieht sich selbst geschickt an und aus, öffnet leicht zu erreichende Knöpfe, kann sie aber nicht schließen. Es hilft im Haushalt (Nähen, Spülen, Waschen) und ahmt im Spiel nach. Teller und Schüsseln trägt es sicher an den Tisch und erweist sich schon als tatkräftig mitwirkendes Familienglied.

Denken Sie stets dran, daß die Entwicklung in einer bestimmten Abfolge vor sich geht. Deshalb kann sich beim Kind die Muskelkoordination nicht schneller entwickeln, als es die Entwicklung des Gehirns und des Nervensystems zulassen. Zeitliche Abweichungen von Kind zu Kind sind normal. Versuchen Sie nicht, es nach starren Richtlinien auf bestimmte Fähigkeiten hin zu »trainieren«. Wenn es dafür noch nicht reif ist, verursachen Sie bleibende Schäden, körperliche wie seelische.

Beobachten Sie, womit sich Ihr Kind beschäftigt, welche Entwicklungsstufe es gerade durchmacht, und unterstützen Sie es in seinen gegenwärtigen Bemühungen.

Koordinationsübungen

Im dritten Lebensjahr ist Ihr Kind besonders entdeckungsfreudig, und Sie sollten

seine Neugierde durch genügend »Nahrung« stillen. Es erlebt bewußt die Schwerkraft – alles fällt nach unten. Runde Dinge rollen weiter, eckige nicht. Flüssiges fließt, hat keine eigene Form, sondern nimmt die des Behälters an. In große Töpfe paßt mehr Wasser als in kleine. Festes hat eine Form und kann nicht verformt werden. Lehm und Teig kann es formen.

All diese Entdeckungen macht das Kind nur, wenn es seine gesamten, groben und feinen Körperbewegungen mit seinen Sinneswahrnehmungen koordinieren kann. Entsprechende Spielzeuge unterstützen diesen Entwicklungsprozeß. Damit sich sein Gleichgewichtssinn verbessert, ermutigen Sie das Kind entlang Bordkanten, niederen Mauern oder Baumstämmen zu balancieren, aber bleiben Sie dabei, falls es abrutscht. Fördern Sie sein Ballgefühl durch Werfen und Fangen mit einem großen weichen Ball.

Kinder lieben es, auf federnden Unterlagen herumzuhüpfen und Purzelbäume zu schlagen. Alte Matratzen sind ideal. Eine Schaukel (aufgehängter Autoreifen) kräftigt die Muskulatur, fördert die Koordination und etwas Wagemut. Klettergerüste (auf einigermaßen weichem Rasen, um Stürze abzufedern) haben den Vorteil, daß alle erdenklichen Betätigungen daran möglich sind. Ein stabiles Gerät dient dem Kind über Jahre, und es wird die tollsten Sachen ausprobieren.

Mut und Selbstvertrauen

Sobald das Kind beginnt, sich fortzubewegen, sollten Sie es nicht durch Übervorsicht einschränken. Natürlich wird es ab und zu hinfallen und sich auch einmal weh tun, aber das ist unumgänglich. Auch diese Erfahrung braucht das Kind, um die Schwerkraft der Erde zu überwinden, sich aufzurichten und das Gleichgewicht zu halten.

Helfen Sie ihm, zuerst Selbstvertrauen zum eigenen Körper zu gewinnen. Das kann auf ganz natürliche, spielerische Art geschehen (siehe S. 292), denn Bewegungen hat das Kind ja bereits im Mutterleib ausgeführt.

Jedes gesunde Baby äußert einen ungeheuren Bewegungsdrang und freut sich, wenn es bewegt wird (z.B. bei »Hoppe hoppe Reiter«). Wenn dann die ersten selbständigen Bewegungen in den Raum hinein einsetzen, dürfen Sie dies nicht mit Ängstlichkeit verfolgen, denn diese überträgt sich auf das Kind. In den kommenden sieben bis acht Jahren werden ihm gerade körperliche Aktivitäten besonderes Vergnügen bereiten. Ist sein Verhalten durch Ängstlichkeit und fehlenden Mut geprägt, wird es hinter den anderen Kinder herhinken, und manchen Spaß versäumen.

Was heißt nun »Übervorsicht«? Hier ein Beispiel: Klettert das Kind auf ein Mäuerchen und möchte alleine entlang balancieren, halten es manche Eltern krampfhaft fest. Das fördert weder Selbstvertrauen noch Mut. Beginnen Sie schon zu Hause: Lassen Sie das Kind über ein Seil balancieren, das auf dem Boden liegt, legen Sie ein Brett über zwei Bücher usw.

Sehen 0–1 Jahr

Früher ging man davon aus, daß das Neugeborene nichts sieht und deshalb jeglicher Anreiz im Blickfeld überflüssig ist. Inzwischen weiß man, daß es sehen kann, nur eben in beschränktem Maß. Die volle Sehkraft entwickelt sich erst zwischen dem dritten und sechsten Monat. Das Baby fixiert auch nur Dinge, die weniger als 25 cm Abstand zu seinem Gesicht haben. Sobald seine Augenmuskeln kräftiger werden und es beginnt, mit beiden Augen zugleich zu sehen (binokular), verbessert sich die Sehschärfe.

Trotz beschränkter Sehkraft sind die Augen des Neugeborenen sehr empfänglich für zwei Dinge: Gesichter und Gegenstände, die sich bewegen. Kommen Sie mit Ihrem Gesicht ganz nahe (20 cm) an das

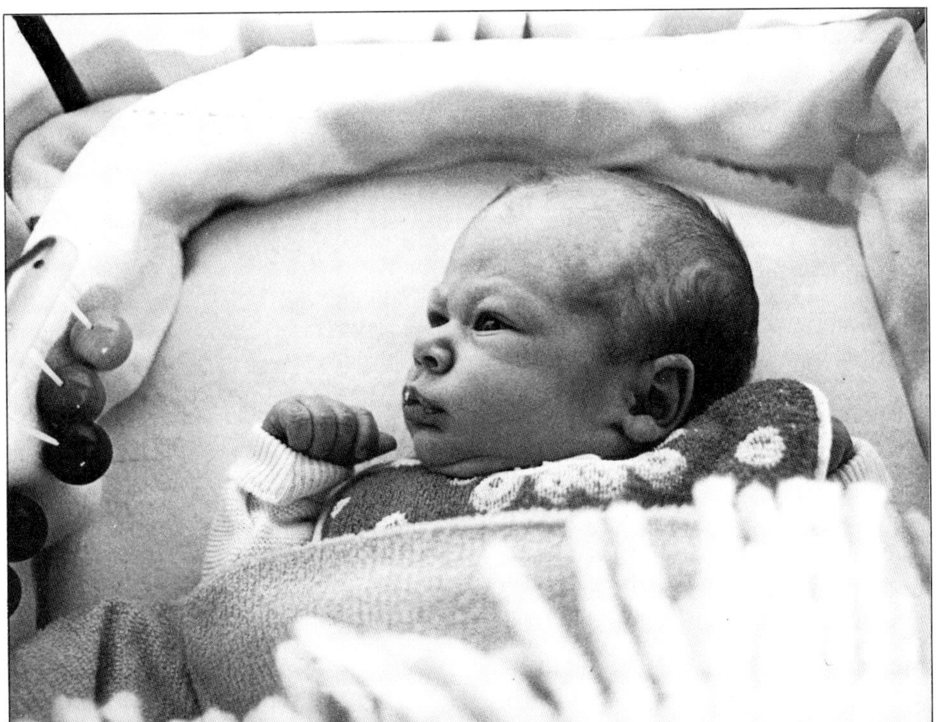

Baby, bewegt es seine Augen und verändert seine Mimik. Selbst ein wenige Stunden altes Baby kann beide Augen auf ein Objekt richten und dessen Bewegung folgen. Beim älteren Baby reagiert oft der ganze Körper mit freudigen Strampelbewegungen auf Ihr erscheinendes Gesicht.

Farben erkennen

Beim Neugeborenen sind die farbenempfindlichen Zapfen der Netzhaut noch nicht voll entwickelt, deshalb sieht es die Umgebung anfangs nur in Form dämmriger Schatten. Zuerst erkennt es dann Rot und Blau, danach Grün und Gelb. Mischtöne kann das Baby in den ersten Monaten noch nicht unterscheiden.

Räumliches Sehen

Da das Baby nur ganz nahe Objekte wahrnimmt, erscheint ihm alles flächenhaft. Sehr viele Einzelheiten sieht es nicht. Ein zweiwöchiges Baby hebt jedoch schon automatisch die Hand zur Abwehr, wenn sich etwas schnell auf es zubewegt. Bevor sich das Baby selbst den Raum krabbelnd erobert, muß es lernen, die Tiefen zu erkennen, d.h. räumlich zu sehen. Dies beginnt mit etwa vier Monaten und dauert in der Regel bis zum sechsten Monat.

Überprüfen der Sehkraft

Während der ersten Monate können Sie selbst am besten beobachten, wie sich die Sehkraft Ihres Babys entwickelt. Mit vier

Monaten etwa sollte jedes Baby einen farbkräftigen Gegenstand fixieren, wenn Sie ihn 20 bis 25 cm vor seinen Augen halten, insbesondere wenn er ein Geräusch abgibt (Rassel) oder Sie ihn bewegen. Am liebsten sieht das Baby Ihr Gesicht. Es sollte in diesem Alter auf Ihr Lächeln und Ihre Kopfbewegungen, wenn Sie mit ihm sprechen, reagieren. Zeigt es keinerlei Regung, weisen Sie bei der nächsten Vorsorgeuntersuchung den Arzt darauf hin.

Sehen 1–3 Jahre

Mit einem Jahr verfolgt das Kind aufmerksam alle Bewegungen. Seine Sehkraft ist nun fast so gut wie die eines Erwachsenen. In den kommenden Entwicklungsjahren geht es deshalb nicht mehr darum, physisch Sehen zu lernen, sondern das Gesehene seelisch zu verarbeiten und durch eigene Worte, Bilder, Bewegungen zum Ausdruck zu bringen. Das Kind muß also lernen, alles miteinander in Verbindung zu bringen – Augen, Zunge, Stift, Pinsel, Gedanken, Hände und den übrigen Körper. Wie bei allen anderen Entwicklungsschritten, sollten Sie ihm auch hier Anstöße geben. Allein die täglich anfallenden Arbeiten im Haushalt, dann Bilderbücher, sinnvolle Spielsachen sowie Spaziergänge oder Besuche bieten reichlich Anregungen.
Regelmäßige Augenuntersuchungen bei einem sich unauffällig entwickelnden Kind halte ich für unnötig. Beobachten Sie selbst das Kind und gehen Sie bei Auffälligkeiten sofort zum Arzt. Das ist z. B. der Fall, wenn das Kind schielt, ein Auge unbeweglich ist oder ein Lid sich herabsenkt. Außerdem, wenn sich das Kind oft an Gegenständen

Tips: Sehen lernen

- Befestigen Sie ein recht großes Foto mit dem Gesicht eines Familienmitglieds (oder ein Gesicht aus einer Illustrierten) an der Bettseite, so kann das Baby es immer wieder fixieren. Auf der anderen Seite können Sie einen Spiegel anbringen, dann sieht es sein eigenes Gesicht und die Bewegungen, wenn es mit dem Kopf wackelt.
- Befestigen Sie im Blickfeld des Babys an den Bettseiten einfache, farbige Bilder (nicht weiter als 20 cm entfernt).
- Hängen Sie ein Mobile über das Bett. Sie können es selbst mit einem Kleiderbügel und verschiedenen farbigen Gegenständen basteln. Oder hängen Sie einfach Luftballons auf.
- Befestigen Sie ein paar Gegenstände mit einem Gummiband am Kinderwagen.
- Bei älteren Babys ist es wichtig, daß sich das Spielzeug bewegt und Geräusche abgibt. Hängen Sie weiche, helle Sachen an einer Schnur so auf, daß das Baby sie zum Schwingen bringen kann. Rasseln und Glöckchen machen ihm viel Spaß. Achten Sie darauf, daß das Spielzeug wirklich gut befestigt ist!
- Im Auto können Sie Spielsachen an der Rücklehne der Vordersitze, an den Seitenfenstern oder am Innendach befestigen. Achten Sie darauf, daß sie weder Ihre Sicht beeinträchtigen noch sonst gefährlich sind.
- Besuchen Sie gerne Museen oder Kunstgalerien, nehmen Sie das Baby ruhig mit. In einem Tragesitz auf Ihrem Rücken kann es über Ihre Schulter hinweg alles mitanschauen.
- Liegt das Baby im Kinderwagen draußen, dann hängen Sie ein Mobile an einen Ast oder eine Wäscheleine.

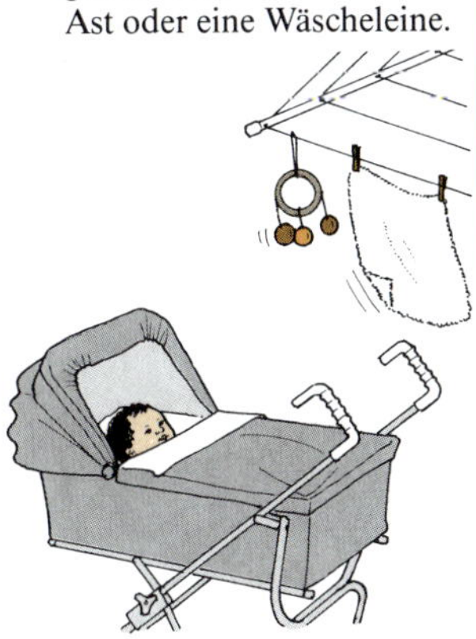

Wäsche und Blätter, die vom Wind bewegt werden, sind ebenso interessant. Bedenken Sie aber, daß von Bäumen im Herbst nicht nur Blätter und Obst fallen, sondern das ganze Jahr über Insekten im Kinderwagen »landen« können.

stößt oder die Flugbahn eines zu ihm geworfenen Balles nicht verfolgt. Sehstörungen klingen nicht von selbst ab, sondern müssen behandelt werden.

Zähne 0–1 Jahr

Auch für die Zähne gibt es keinen festen Zeitplan, wann sie durchbrechen müssen. Manche Babys kommen mit einem Zahn zur Welt, und andere haben mit einem Jahr noch keinen. Im allgemeinen brechen die ersten Zähne um den sechsten Monat herum durch. Die Reihenfolge des Durchbruchs ist aber bei den meisten Kindern dieselbe.

Die Zahnung

Wenn Sie aufmerksam sind, können Sie mitbekommen, wenn sich der erste Zahn durch den Kiefer zu schieben beginnt und eine kleine Erhöhung bildet. Typische Begleiterscheinungen sind Weinerlichkeit und vermehrter Speichelfluß. Treten Symptome wie Fieber, Durchfall, Erbrechen, Krämpfe, Ausschläge oder Appetitlosigkeit auf, nehmen Sie dies nicht als normale Zahnungsbeschwerde hin, sondern befragen Sie den Arzt. Es ist zwar sehr beliebt, aber auch falsch, alle Krankheitszeichen jetzt auf das Zahnen zurückzuführen. Natürlich, Zahnen tut dem Baby oft weh, aber man kann es ihm mit folgenden Mitteln erleichtern:

- Bieten Sie ihm etwas Hartes zum Kauen an (rohe Karotte, Zwieback oder kühlenden Beißring). Schmerzt das Saugen, geben Sie die Getränke aus einem Becher.
- Reiben Sie das Zahnfleisch mit Ihrem kleinen Finger – das hilft mehr als anderes, nicht zuletzt auch, weil Ihre Aufmerksamkeit dem Baby wohl tut.
- Kalter Wind verstärkt die Schmerzen. Im Winter sollten Sie den Kopf des Babys warm einpacken und zusätzlich mit einem Schal Hals und Kinn schützen.
- Zahnungshilfen in Form von Gels, Puder oder Tropfen sind nicht empfehlenswert. Sie betäuben zwar örtlich, aber sie zeigen nur kurzfristig Wirkung und können Allergien verursachen. Es kommen ja noch mehr Zähne, und wenn Sie regelmäßig lokale Betäubungsmittel verabreichen, setzen Sie das Kind unnötigen Medikamentengaben aus, die von Nebenwirkungen begleitet sind.
- Das gleiche gilt für allgemein schmerzlindernde Medikamente. Es sind Fremdstoffe, die im Moment zwar Erleichterung schaffen, vom Körper aber verarbeitet werden müssen. Wenn Sie feststellen, daß das Baby sehr leidet, fragen Sie den Arzt, welches Medikament geeignet ist und wieviel Sie verabreichen dürfen.
- Seien Sie vorsichtig mit wassergefüllten Beißringen, die man im Eisfach gefrieren läßt. Bei falscher Anwendung verur-

So brechen die Zähne durch

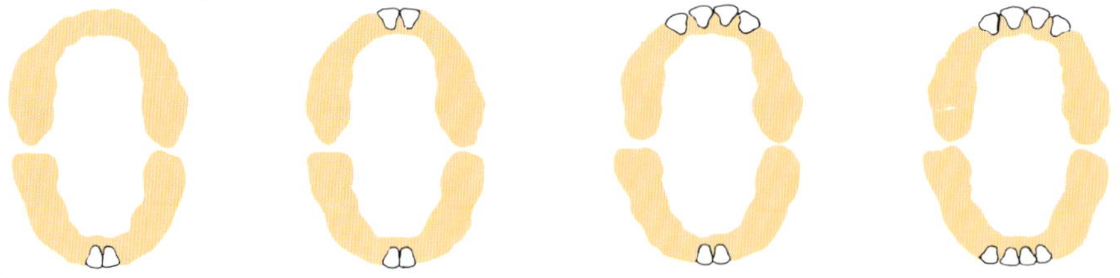

Als erste brechen immer die mittleren unteren Schneidezähne durch. | Ihnen folgen gewöhnlich die mittleren oberen Schneidezähne. | Es folgen die äußeren oberen Schneidezähne | und schließlich die äußeren, unteren Schneidezähne.

sachen sie Frostbeulen. Zum Kühlen der Schmerzstelle genügt es, den Ring im normalen Kühlfach aufzubewahren.

Zahnpflege

Hat das Baby ein paar Zähne, machen Sie es mit dem Zähneputzen vertraut. Lassen Sie es zuschauen, wenn Sie Ihre Zähne putzen. Bieten Sie ihm eine weiche Bürste an. Bestimmt wird es Sie nachahmen und mit der Bürste in seinem Mund hin- und herfahren. Nehmen Sie es noch nicht zu ernst, es soll Spiel bleiben. Sie möchten dem Kind ja beibringen, seine Zähne gerne zu putzen und es nicht als Qual zu empfinden. Um die Zähne tatsächlich zu reinigen, nehmen Sie ein Stück Mull mit etwas Zahnpasta und streichen dem Baby über die Zähne und den Kiefer. Das ist wichtig, damit der Mundraum von Bakterien befreit wird, die die Beläge erzeugen, und um einen gesunden Boden für die ersten und zweiten Zähne zu bilden. Am besten setzen Sie das Baby dabei auf Ihren Schoß mit dem Rücken zu Ihnen und dem Kopf leicht zurückgebeugt.
Verwenden Sie eine gesunde, gut reinigende Fluor-Zahnpasta und keine gesüßte, wie sie oft für Kinder angeboten wird. Will Ihr Baby Zahncreme essen, versuchen Sie es daran zu hindern. Reinigen Sie ihm die Zähne mindestens einmal täglich, möglichst nach dem Genuß gesüßter Speisen und übrigens auch nach der Gabe von Arzneien, die vielfach (zu) stark gesüßt sind.

Verhütung von Karies

Die drei wichtigsten Grundregeln zur Gesunderhaltung der Zähne sind: vollwertige Ernährung unter Verzicht auf Zucker, sorgfältige Zahnreinigung und regelmäßige ärztliche Kontrolle. Was die Ernährung betrifft, so sollten Sie darauf achten, daß das Kind so wenig Zucker wie möglich ißt. Gewöhnen Sie es an regelmäßige Mahlzeiten und verhindern Sie Naschereien zwischendurch. Vor allem sind Süßigkeiten in jeder Form sowie gesüßte Getränke (auch Tees)

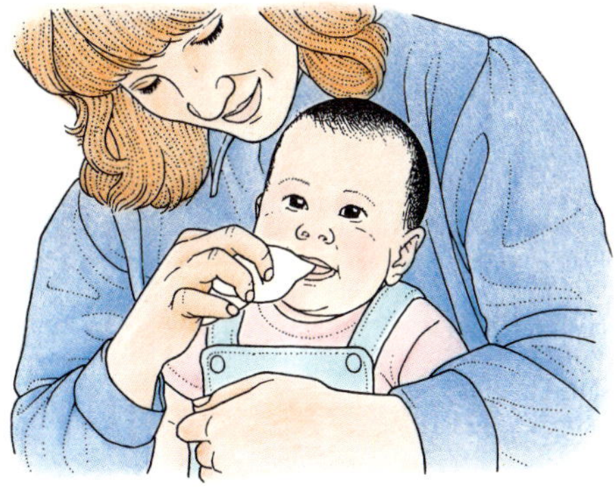

schädlich, nicht nur für die Zähne, sondern auch für das Gewicht Ihres Kindes (siehe S. 131). Überlassen Sie dem Kind keine Flasche mit gesüßtem Getränk, an der es nach Lust ständig trinken kann. Dabei werden die Zähne von zuckriger Lösung umspült.
Die Kost sollte reich an Kalzium und Vitamin D sein, da dies eine wichtige Voraussetzung für das gesunde Wachstum der zweiten Zähne ist, die sich im Kieferknochen bereits bilden. Milchprodukte und Fisch enthalten diese Stoffe besonders reichlich.
Glauben Sie nicht, daß Zahnpflege erst bei den zweiten Zähnen nötig ist. Beginnen Sie so früh wie möglich das Reinigen der Zähne ganz selbstverständlich in den Tagesrhythmus aufzunehmen. Ab dem zweiten Jahr sind regelmäßige ärztliche Kontrollen angebracht.

Zähne 1–3 Jahre

Früher hielt man die Milchzähne für unwichtig; heute wissen wir, daß auch sie schon gepflegt werden müssen. Zum einen bereiten sie den Platz für die zweiten Zähne vor, damit diese richtig wachsen können, zum anderen kann bei Kariesbefall der Milchzähne der Knochen darunter angegriffen werden, so daß die zweiten Zähne nicht genügend Halt haben.

So brechen die Zähne durch

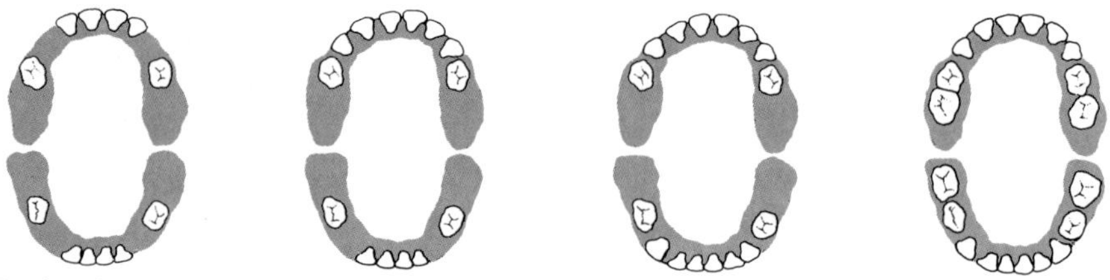

Erst brechen die vorderen oberen Backenzähne durch, dann die unteren.

Auf jeder Seite folgt oben ein Eckzahn.

Es folgen die unteren Eckzähne.

Schließlich kommen die unteren hinteren Backenzähne durch, danach die oberen.

Ihr Kind wird wohl das ganze zweite Jahr hindurch zahnen. Bereiten Sie sich darauf vor, daß die Backenzähne mehr Kummer machen. Die ersten Backenzähne brechen gewöhnlich zwischen dem zwölften und fünfzehnten Monat durch, und zwar erst die oberen. Die hinteren Backenzähne kommen zwischen dem zwanzigsten und vierundzwanzigsten Monat, diesmal zuerst die unteren. Im allgemeinen machen die Zähne weniger Schwierigkeiten, je später sie kommen.

Sobald das Kind alle 20 Milchzähne besitzt, fördern Sie die Entwicklung einer kräftigen Kaumuskulatur, indem Sie dem Kind viel zu kauen geben, z. B. frisches Obst und rohes Gemüse. Diese haben zugleich auch einen Reinigungseffekt.Regelmäßige Zahnarztkontrollen sind jetzt nötig.

Reinigung und Pflege

Als Vorbeugung gegen Karies empfehlen heute viele Ärzte, Kindern zwischen zwei und zwölf Jahren Fluortabletten zu geben, wenn nicht bereits das Leitungswasser fluorisiert ist. Lassen Sie sich von Ihrem Zahnarzt ausführlich zum Thema Kariesvorbeugung beraten und verabreichen Sie nicht eigenmächtig irgendwelche Tabletten. Empfiehlt der Arzt Fluortabletten, versuchen Sie dem Kind beizubringen, daß es die Tablette gut im Mund zerkaut. Das Fluor umhüllt die Zähne, gelangt in den Blutkreislauf und wird in den zweiten Zähnen, die sich schon im Kieferknochen entwickeln, abgelagert. Fluortabletten ersetzen jedoch weder gesunde Ernährung noch gründliche Zahnreinigung.

Bis zum Alter von sechs oder sieben Jahren ist das Kind nicht fähig, seine Zähne wirklich gründlich zu putzen. Hier müssen Sie mithelfen. Manche Kinder verweigern sich und pressen einfach den Kiefer zusammen. Ein gutes Mittel sind sogenannte »Disclosing Tabletten« (Oral B), die beim Kauen Zahnbeläge färben. Das finden viele Kinder sehr lustig.

Manche Zahnärzte sind der Meinung, daß es egal ist, wie die Zähne geputzt werden, solange dabei die Beläge verschwinden. Andere raten, die oberen Zähne nach unten zu bürsten und die unteren nach oben, damit auch der Zahnfleischrand geschützt wird. Da das für Kinder nicht so einfach ist, reicht auch gründliches Hin- und Herbürsten über die gesamte Zahnoberfläche. Achten Sie darauf, das die Bürste abgerundete Borsten hat und nicht zu hart ist. Anderenfalls fängt das Zahnfleisch an zu bluten, weicht zurück und die Zähne lockern sich.

Versuchen Sie, das Reinigen zur Routine zu machen: also nie ohne geputzte Zähne zur Schule und ins Bett gehen. Manche Kinder wehren sich, nach dem Genuß süßer Getränke oder Kekse jedesmal die Zähne zu putzen. Ein Stück Käse nach je-

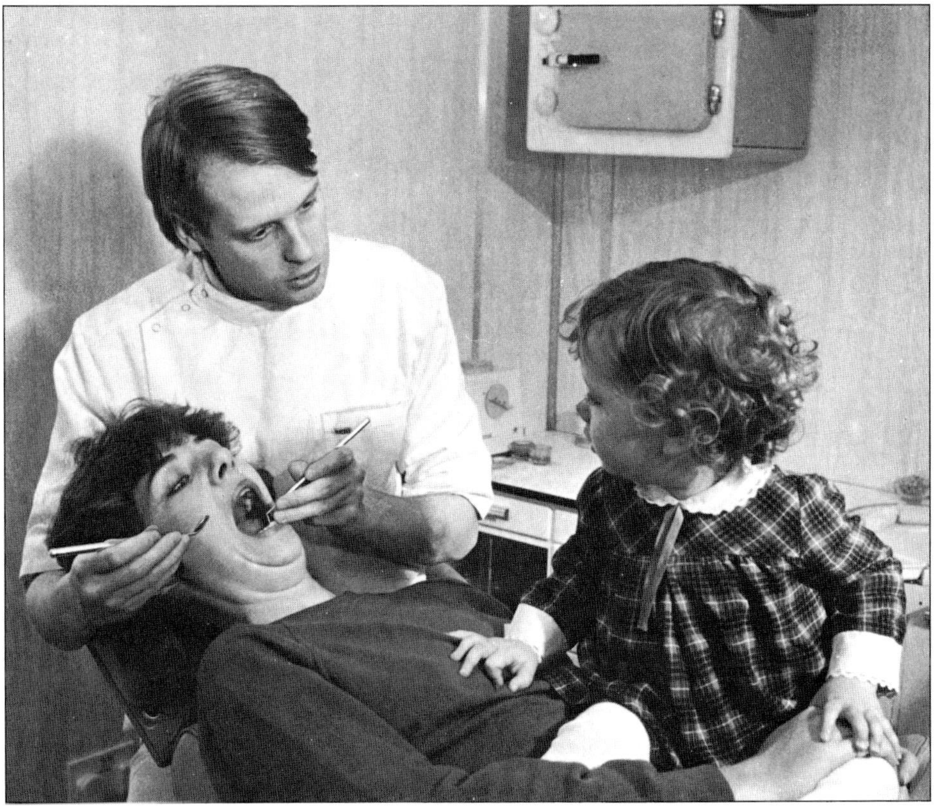

der Mahlzeit ist da ein Notbehelf, weil dadurch der Speichel alkalisch wird und der durch Zucker entstandenen Säure entgegenwirkt. Diese Säure greift den schützenden Zahnschmelz an und verursacht Löcher in den Zähnen.

Besuch beim Zahnarzt

Besuchen Sie um den zweiten Geburtstag herum mit dem Kind erstmals einen Zahnarzt. Dieser Besuch sollte in entspannter, lustiger Atmosphäre stattfinden. Machen Sie das Kind zunächst mit der fremden Umgebung, den Instrumenten und dem ungewohnten Geruch vertraut, indem Sie es zu einem Ihrer Termine mitnehmen.
Wenn es nicht zu zappelig und der Zahnarzt einverstanden ist, setzen Sie es auf Ihren Schoß. So kann es beobachten, wie Sie untersucht werden. Mit Sicherheit wird es fasziniert zuschauen und gerne Ihrem Beispiel folgen. Vorher können Sie zu Hause auch schon Zahnarzt spielen und allen in den Mund schauen. Lassen Sie sich beim Zahnarzt immer zuerst in den Mund schauen, bevor er es beim Kind macht. Am besten ist es, Sie nehmen das Kind erst zu Ihren Terminen mit, ohne daß der Zahnarzt das Kind untersucht. Manchmal möchte ein Kind dann auch von sich aus untersucht werden.

13 Geistige Entwicklung

Ihr Baby ist der aufgeschlossenste, lernwilligste und dankbarste Schüler, den Sie sich vorstellen können. Es drängt nach Betätigung, möchte alles erforschen und sein Gesichtsfeld immer mehr erweitern. Daneben möchte das Baby aber auch Sie erfreuen. Die Verbindung dieser Eigenschaften bewirkt eine ungeheure Lernbegierde, die niemals später übertroffen werden wird.
Zu lernen beginnt das Baby mit dem ersten Atemzug. Es möchte alle fünf Sinne entwickeln und durch alle wahrnehmen und lernen. Bieten Sie ihm deshalb immer wieder neue Anblicke, wie Klänge, Gerüche, Geschmacks- und Tastempfindungen.
Gehen Sie davon aus, daß das Baby zum Lernen nie zu jung ist. Natürlich müssen Sie immer seinen Entwicklungsstand berücksichtigen und alles seinem Alter gemäß vermitteln. Stellen Sie ihm keine Aufgabe, die seine Fähigkeit übersteigt. Das führt zu Enttäuschung, Verlust an Selbstvertrauen und vielleicht sogar Groll gegen Sie. Begleiten Sie seine Entwicklung, aber versuchen Sie nicht, sie zu beschleunigen.

Lernen 0–1 Jahr

Glauben Sie nicht, daß die ersten sechs Lebenswochen des Babys hinsichtlich des Lernens bedeutungslos sind. Nur weil es sich noch nicht so deutlich äußert und wenig bewegt, meinen manche, es sei unempfänglich für das Geschehen in seinem Umkreis. Das ist ein Irrtum, denn parallel zu seinen körperlichen Fähigkeiten entwickeln sich die geistigen Fähigkeiten vom ersten Atemzug an.
Die wichtigste Person für das Baby ist anfänglich diejenige, die sich beständig um es kümmert. In den meisten Fällen ist es die Mutter, und somit ist sie auch seine erste Lehrerin. Auch als Erwachsene lernen wir noch das meiste von Menschen, die wir gerne mögen und zu denen eine gute Beziehung besteht. Je mehr Wärme, Gemeinsamkeit, Einfühlungsvermögen und Verständnis dabei mitschwingen, um so größer ist unsere Lern- und Aufnahmebereitschaft.
Genau dasselbe trifft auf das Baby zu. Je früher und je intimer es sich mit seinem Lehrer verbunden fühlt, um so leichter lernt es. Neben der Mutter ist meist der Vater die nächste Bezugsperson, und auch er sollte so bald wie möglich eine enge Vertrautheit zum Baby suchen und sich gleichermaßen als Lehrer fühlen.
Ihr »Unterricht« ist natürlich nicht im üblichen, formalen Sinn zu verstehen. Es gibt keinen festgesetzten Lehrplan mit bestimmten Richtlinien und keine zeitlich festgesetzten Lernziele. Ihre ständige Aufgabe ist vielmehr, in Ihrem Kind Interesse für die Welt zu wecken und sein Wahrnehmungsvermögen mitauszubilden. Eröffnen Sie ihm Erfahrungsmöglichkeiten, erklären Sie ihm alles, was Sie sehen, und – das Wichtigste – begleiten Sie es bei jeder Aktivität, entdecken und lernen Sie gemeinsam. Ermutigen Sie Ihr Kind, loben Sie seine kleinsten Errungenschaften, unterstützen und trösten Sie es. Auf diese Weise gewinnt es das nötige Vertrauen zu Ihnen und der Welt.
Sie selber können hierbei auch wichtige Erfahrungen machen. Sie beginnen Gewohntes neu zu sehen. Sie können, ähnlich wie Ihr Kind, sich (wieder) über die Entdekkung von Neuem begeistern. Was am meisten Spaß macht, ist zu beobachten, wie das Kind lernt, entdeckt, verbindet und ständig seinen Horizont erweitert.

Was das Baby versteht

Nach der Geburt
Das Baby konzentriert sich auf Ihr Gesicht, wenn es direkt vor seinen Augen ist. Es unterscheidet Ihre Stimme von anderen. Hört es Sie, bewegt es seine Augen in Ihre Richtung und verfolgt die Bewegungen Ihres Gesichtes, wenn es nahe genug ist. Schon nach sechsunddreißig Stunden erkennt es Ihr Gesicht wieder.

Vier Wochen
Ist Ihr Gesicht nahe genug, fixiert es das Baby, beobachtet es und ahmt Ihr Sprechen nach, indem es den Mund öffnet und schließt. Es empfindet Wohlbehagen in Ihrer Nähe und hört auf zu weinen, wenn Sie es auf den Arm nehmen. Es ahmt die Bewegungen Ihres Gesichtes nach: Es kann seine Muskulatur gebrauchen, um zu lachen und Grimassen zu ziehen.

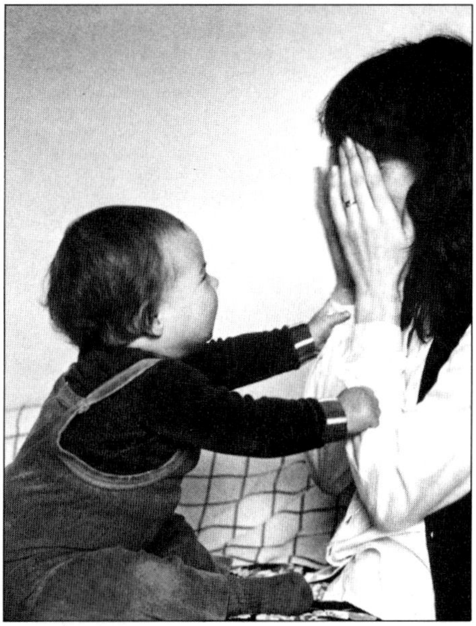

Sechs Wochen
Das Baby lächelt Sie an und folgt mit den Augen einem sich bewegenden Spielzeug.

Acht Wochen
Halten Sie einen farbkräftigen Gegenstand über dem Kopf des Babys, dann braucht es einige Sekunden, um ihn zu fixieren. Bewegen Sie ihn, folgt es mit den Augen.

Drei Monate
Das Baby sieht sofort ein Spielzeug, das über es gehalten wird. Wenn Sie sprechen, lächelt es, quietscht und gurgelt vor Vergnügen.

Vier Monate
Zu den Mahlzeiten wird es ganz aufgeregt. Es lacht und gluckst, wenn man mit ihm spielt. Es liegt gerne aufgerichtet, um die Umgebung zu beobachten. Es wendet den Kopf in Richtung jeglicher Geräusche.

Fünf Monate
Es empfindet fremde Situationen und drückt deswegen Angst, Widerwillen und Zorn aus.

Sechs Monate
Das Baby interessiert sich für sein Spiegelbild. Bieten Sie ihm etwas zum Spielen an, zeigt es Vorlieben für bestimmte Dinge. Das gleiche gilt für bestimmte Speisen, die es jetzt besonders bevorzugt.

Acht Monate
Das Baby kennt seinen Namen und das Wort »Nein«. Es entwickelt Lautsignale (Husten), um Ihre Aufmerksamkeit zu erwecken, wenn es etwas haben möchte. Es versucht, selbst zu essen, es lehnt dabei auch manchmal Ihre Hilfe ab.

Neun Monate
Das Baby zeigt Eigenwille und sträubt sich z. B. beim Gesichtwaschen. Es befaßt sich ausgiebig mit einem Spielzeug und stellt es auf den Kopf, um es zu untersuchen. Ist ein Gegenstand unter einem Tuch versteckt, hebt es das Tuch, um ihn zu sehen.

Zehn Monate
Das Baby klatscht in die Hände und winkt zum Abschied. Es versteht ein paar Worte und kurze, einfache Aussagen.

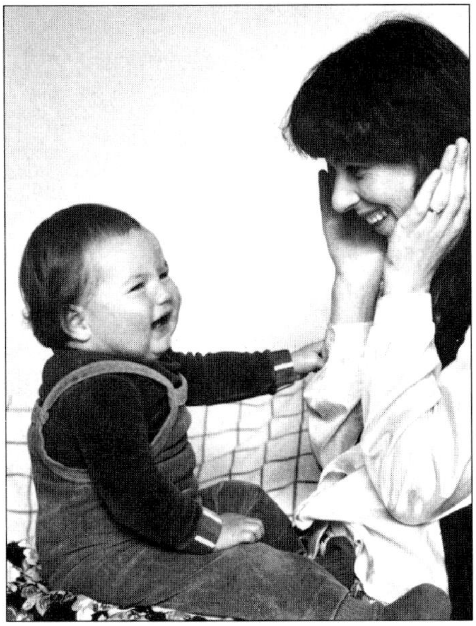

Elf Monate
Es begeistert sich für das »Guckguck-Spiel« und läßt Sachen fallen, die Sie immer wieder aufheben und zurückgeben sollen. Das Baby verursacht Lärm, indem es alles schüttelt, mit allem klappert und klopft.

Zwölf Monate
Es versucht, Sie auf irgendeine Art zum Lachen zu bringen und wiederholt dies unermüdlich. Es »liest« gerne mit Ihnen Bilderbücher und hilft beim Ausziehen durch Heben der Arme. Es sagt »ma-ma«, »baba« und andere, ähnliche Silben.

Schauen Sie Ihr Baby an

In den ersten Lebenswochen ist Gesichtskontakt überaus wichtig, da das Baby mit seinen Augen zuerst auf Gesichter reagiert. Dem Neugeborenen nähern Sie sich am besten bis auf 20 bis 25 cm. Erwecken Sie seine Aufmerksamkeit: Bewegen Sie Ihren Kopf beim Sprechen, heben Sie Ihre Augenbrauen und lächeln Sie.
Schauen Sie dem Baby auch immer direkt in die Augen. Neben der Stärkung des Kontakts hat dieses Verhalten ein Nebenprodukt: Es hat sich gezeigt, daß Mütter, die Ihren Kindern beim Füttern und Spielen immer in die Augen geschaut haben, später die Kinder seltener strafen, da sie die Kinder allein schon durch Anschauen disziplinieren können. Von daher ist es auch nicht erstaunlich, wenn diese Kinder leichter Beziehungen zu anderen Menschen aufbauen können.

Unterhaltungen führen

Ihr Baby unterhält sich mit Ihnen zuerst durch die Sprache des Lächelns. Das spielt sich etwa so ab: Sie neigen Ihr Gesicht nahe an seines, erzählen ihm lebhaft etwas und lächeln dabei. Ihr Baby empfindet es als freundliche Annäherung, was bei ihm das natürliche Bedürfnis erweckt, freundlich zu antworten. So lächelt es ebenfalls. Sie freuen sich über diese Bestätigung und seine Antwort, Sie lachen mehr und liebkosen es. Das mag das Baby, und es lächelt ebenfalls noch mehr, um Ihnen zu gefallen. So spielt sich die Unterhaltung durch gegenseitiges Erfreuen ab.
Das Baby lernt hierbei zwei wichtige Dinge: Sein Lächeln wird durch Lächeln, vielleicht sogar durch Schmusen beantwortet. Es erfährt Lob und Zustimmung.
Zum zweiten hat es einen Weg gefunden, Sie zu erfreuen und Wechselwirkungen zu erzeugen. Nun wird es dies auch bei anderen versuchen. Manche Psychologen messen deshalb auch die Intelligenz des Babys am Ausmaß seines Lächelns, weil dies zeigt, daß das Baby gelernt hat, die Umwelt zu seinem Wohl zu beeinflussen. Auf jeden Fall haben Sie mit der Einführung der Sprache des Lächelns Ihrem Baby den ersten Schritt ermöglicht, sich mit seiner Umwelt aktiv auseinanderzusetzen.

Vorlesen

Kinder lieben Bücher und sind erstaunlich früh dafür ansprechbar; dabei sind oft die Bücher am interessantesten, die eine gute

Mischung aus Bild und Text enthalten. Schauen Sie ein Buch mit ihm zusammen an, und lesen Sie daraus vor, so erfährt es etwas über Farben, Buchstaben, Zahlen und die Namen ihm bekannter Dinge. Lesen Sie auch schon dem kleinen Baby etwas vor – Sie werden feststellen, wie besänftigend Ihre Stimme wirkt.

Führen Sie bald eine »Geschichtenstunde« vor dem Einschlafen ein. Ihr Baby kommt dabei zur Ruhe, und mit der Zeit erwacht sein Interesse für Bücher. Der Erfolg ist, daß es bald alleine »lesen« will. Somit haben Sie ihm nicht nur eine Möglichkeit der Selbstunterhaltung gezeigt, sondern auch den Weg zu einer Beschäftigung, die sein ganzes weiteres Leben begleiten kann – durch Bücher zu lernen. Das ist ein unschätzbarer Schritt ins Leben, in die Welt. Geben Sie dem Baby zuerst farbenfrohe, stabile Pappbilderbücher, zur Abwechslung auch Faltbilderbücher. Seien Sie aber darauf gefaßt, daß das Baby noch grob damit umgeht. Betrachten Sie das Buch als »Verbrauchsmaterial«.

Lernschübe

Die gesamte Entwicklung des Kindes vollzieht sich nicht in einem gleichmäßigen Tempo, sondern tritt schubartig auf. Während eines Lernschubs saugt das Baby alles Neue auf, erwirbt sich neue Fähigkeiten und setzt sie in die Tat um. Andere, schon erworbene Fähigkeiten scheint es dabei wieder zu verlieren; aber nicht völlig, sondern nur für so lange, wie es sich auf die neu zu erringenden Fähigkeiten konzentriert. Ist dieser Prozeß abgeschlossen, taucht alles zuvor Gelernte wieder auf.
Bieten Sie Ihrem Baby während eines Lernschubs besonders viele Anregungen. Zeigt es Ihnen, daß es Bekanntes gerne mag, kommen Sie dem Bedürfnis so oft wie möglich nach, aber setzen Sie auch Neues daneben. Das Baby ist bereit zu lernen und nimmt alles schnell auf. Wählen Sie Ihre Angebote vorher nicht zu sehr aus. Babys entwickeln einen recht gesunden Sinn dafür, was sie mögen und verstehen, und sprechen auf Ungeeignetes nicht an.
Nach solchen Schüben tritt immer ein Stillstand ein. Das Baby festigt seine neuerworbenen Fähigkeiten und bereitet sich auf die nächste Etappe vor. Wiederholen Sie jetzt das Gelernte, singen und spielen Sie zusammen die bekannten Dinge.

Eltern als Lehrer

Ein guter Lehrer bereitet dem Kind einen Weg, sich gesund entwickeln und voll entfalten zu können. Er wird versuchen, die positiven Anlagen zu fördern und die schwachen auszugleichen. Eltern haben die gleiche Aufgabe.
Möchten Sie Ihrem Kind helfen, so achten Sie darauf, wann, wo und wie es Hilfe will. Unterstützung darf nicht in Zwang ausarten. Drängen Sie Ihrem Kind nicht Ihre Vorstellungen auf. Versuchen Sie wahrzunehmen, was das Baby lernen kann und lernen möchte, denn das ist entscheidender als irgendwelche abstrakten Lernziele. Sie müssen zum aufmerksamen Schüler Ihres Kindes werden und hören, was es Ihnen zu sagen hat. Ihre Aufgabe besteht darin, dem Kind ein Stückchen Welt zu öffnen, ohne bestimmen zu wollen, was ihm zu gefallen hat.

Lernen 1–2 Jahre

Das Hauptgewicht des Lernens lag während des ersten Jahres im Erwerb körperlicher Fähigkeiten. Das Kind hat sich aufgerichtet. Es begann, unabhängig von Ihnen seine Umgebung wahrzunehmen und zu erforschen und hat dabei einen grundlegenden Schritt zur Selbständigkeit bewältigt; es kann sich in vielen Situationen nun schon ohne Ihre Hilfe dorthin bewegen, wohin es will.
Im zweiten Lebensjahr erobert es sich die zum Verständnis der Umwelt zweite entscheidende Fähigkeit, die Sprache (siehe S. 251). Ihr Kind ringt darum, seine Vorstellungen und Wünsche sprachlich zum Ausdruck zu bringen. Es entwickelt enorme intellektuelle Kräfte und sein Gedächtnis. Im Verlauf der Zeit empfindet es sich immer mehr als von Ihnen unabhängiges Wesen. Es entdeckt sein »Ich« und erlebt schon häufiger Enttäuschungen und wird aus Einsicht in seine eigenen noch beschränkten Fähigkeiten manchmal überraschende Wutanfälle bekommen. Es braucht in dieser Zeit viel Zuwendung, Ermunterung und ständige Unterstützung. Die Geduld der Eltern wird jetzt manchmal bis auf das äußerste strapaziert. Doch sind die Lernfortschritte des Kindes oft eine ausreichende Entschädigung für möglichen Ärger.

Entwicklungsstufen

Zwölf Monate
Ihr Kind betrachtet Bilderbücher und mag lustige Spiele – es wiederholt alles, wodurch es Sie zum Lachen bringt. Es hebt von selbst die Arme beim An- und Ausziehen und kennt die Bedeutung einfacher, häufig gebrauchter Worte wie Schuh, Flasche, Bad. Vielleicht spricht es sogar schon ein oder zwei verständliche Worte.

Fünfzehn Monate
Das Kind will selbst sein Haar kämmen. Es versteht, was ein Kuß bedeutet, und gibt Ihnen einen, wenn Sie darum bitten. Es ist begeistert über jede neue Fähigkeit und hilft gerne bei Hausarbeiten (z. B. Staubwischen). Obwohl es die einzelnen Worte nicht versteht, begreift es den Inhalt ganzer Sätze.

Achtzehn Monate
Wenn Sie gemeinsam ein Buch lesen, deutet es auf Dinge, erinnert sich an ihre Namen und nennt sie (Ball, Hund, Kuh). Es kennt seine Körperteile und zeigt darauf, wenn Sie fragen, wo sein Fuß, Mund oder seine Nase ist. Es kennt den Unterschied zwischen seiner Nase und Ihrer Nase. Wenn Sie es bitten, etwas zu holen, macht es dies, oftmals mit einer immer wieder überraschenden Begeisterung.

Einundzwanzig Monate
Das Kind kommt zu Ihnen, lenkt Ihre Aufmerksamkeit auf sich und führt sie zu Dingen, die es interessieren oder mit denen es Schwierigkeiten hat. Es kritzelt gerne mit Stiften. Es versteht einfache Fragen und befolgt leicht auszuführende Bitten.

Zwei Jahre
Das Kind spielt gerne allein. Mit dem Stift ahmt es Schreiben nach und macht Striche

auf- und abwärts. Es weiß die Namen bekannter Dinge und gebraucht die Worte sinngemäß. Es wiederholt Worte fortwährend und erfreut sich an ihrem Klang.

Lernen und Sprechen

Die Sprache ist Voraussetzung für viele andere Fähigkeiten. Sprechenlernen ist deshalb fast eine Überlebensnotwendigkeit. Ein Kind merkt dies sehr schnell. Zu Beginn äußert sich das Baby nur durch Weinen. Die erste Unterhaltung führt es dann durch Lächeln, später gebraucht es Gesten: Es nickt mit dem Kopf, um Danke zu sagen. Oder, noch etwas später, stellt es sich vor etwas hin und schreit einfach, wenn es dies haben möchte.

Mit Beginn des zweiten Lebensjahres erwacht in ihm der Sinn für die Verwendung von Sprache. Es erlebt an Ihrem Vorbild eine neue, bessere Möglichkeit zur Kommunikation und lenkt seine Kräfte auf das Ziel, in diesem neuen Medium mit seiner Umwelt in Kontakt zu kommen.

Indem das Kind sprechen lernt, erlebt es seine Umwelt und das Verhalten der Menschen aus einem neuen Blickwinkel. Es erahnt die Bedeutung eines Wortes am Tonfall der Stimme. Dann entdeckt es Verbindungen zwischen sprachlichen Lauten und ihm bekannten Dingen. Mit einem Wort umfaßt das Kind anfänglich einen viel weiteren Begriff als der Erwachsene. Manche Kinder nennen jeden Mann »Papa«, weil dies der Name einer für sie wichtigen Person ist; das darin ausgedrückte besondere Vater-Kind-Verhältnis aber verstehen sie noch nicht. Oder sie nennen jede Frucht »Nane« (Banane), weil sie diesen Namen zuerst in Verbindung mit einer Frucht gehört haben.

Mit Ihrer Hilfe wird das Kind mit der Zeit den Unterschied zwischen einem Auto und einem Lastwagen erkennen lernen, obwohl beide auf vier Rädern fahren. Ebenso lernt es Katze und Hund, Kuh und Pferd zu unterscheiden, auch wenn sie gleich groß sind, beide jeweils vier Beine und einen Schwanz haben.

Unterhaltungen

Ihr Kind möchte immer tiefer in das Reich der Sprache eindringen, also sprechen Sie viel mit ihm. Möchte es etwas von Ihnen, sagen Sie ihm, daß Sie verstehen, was es will, geben Sie ihm das Gewünschte, und benennen Sie den jeweiligen Gegenstand bei seinem Namen.

Schauen Sie das Kind beim Sprechen immer an. Spricht das Kind Sie an, wenden Sie ihm stets Ihr Gesicht zu und hören Sie genau hin. Anfänglich versteht das Kind noch nicht alle einzelnen Wörter, aber meistens begreift es den Kern eines Satzes. Wiederholen Sie deshalb in bestimmten Situationen immer denselben Satz. Räumen Sie vor dem Zubettgehen das Spielzimmer auf, so bitten Sie Ihr Kind, das Spielzeug zu versorgen. Stellen Sie dann zusammen mit dem Kind das Spielzeug an seinen Platz. Gehen Sie dann zur Tür, sagen Sie: »So, nun ist es Zeit, ins Bett zu gehen«, und strecken Sie Ihre Hand nach ihm aus. So erfaßt das Kind den Sinn Ihrer Rede.

Darüber hinaus helfen eine etwas gesteigerte Mimik und Gestik, starke Betonungen von Worten und Wechsel im Tonfall Ihrer Stimme. Beschreiben Sie Ihre Tätigkeiten: »Ich schäle Kartoffeln. Wir gehen einkaufen. Es ist Zeit zum Baden (gehen Sie ins Bad und drehen Sie den Wasserhahn auf). Jetzt wollen wir dein Haar kämmen« (holen Sie den Kamm).

Lernen und Spielen

Spielen ist für das Kind eine wichtige, wenn nicht die wichtigste Form des Lernens überhaupt. Spielen fördert seine Entwicklung in vielerlei Hinsicht:

- Das Kind übt dabei die Geschicklichkeit seiner Hände. Erst baut es Türme aus Klötzen, dann setzt es einfache Puzzels zusammen. Es lernt dabei, seine Hände als Werkzeuge zu gebrauchen, und kann nach und nach immer feinere Arbeiten damit ausführen.
- Beim Spielen mit Kindern erlebt es, wie wichtig es ist, mit anderen auszukommen. Durch Spielkameraden im Haus

lernt es, Schüchternheit zu überwinden und Schwierigkeiten ohne Hilfe seitens Erwachsener zu lösen.
Es lernt Teilen und übt soziales Verhalten. Es erlebt selbst Gefühle von Sympathie und Antipathie, die es noch nicht in Worte kleiden kann. Durch Fremde nimmt es Gefühle anderer wahr und beginnt, sie zu berücksichtigen.
- Durch Spielen mit Kindern wird das Kind sprachlich gefordert. Es muß lernen, die schon recht komplexen, seiner Fantasie entspringenden Einfälle, den anderen Kindern mitzuteilen, um sich verständlich zu machen.
- Spiele und körperliche Betätigungen fördern neben der Entwicklung körperlicher Fähigkeiten, wie Laufen, Klettern oder Springen, auch die Sinnesentwicklung, vor allem das Hör- und Sehvermögen.

Das richtige Spielzeug

Da für Ihr Kind Lernen und Spielen eine Einheit sind, können Sie es mit geeigneten Spielmaterialien und Spielzeugen versorgen, um auf die Lernprozesse Einfluß zu nehmen. Meine vier Kinder spielten von klein auf am liebsten mit Wasser, entweder draußen in einem kleinen Planschbecken oder in der Küche am Spültisch mit Schüsseln, Tassen, Behältern und Trichtern aus Plastik. Dabei lernt das Kind: Wasser ist naß, es fließt, man kann es in Behälter füllen, man kann es ausschütten, man kann hineinblasen; manche Dinge schwimmen darauf, andere versinken darin; Pflanzenfarben lösen sich darin auf und färben es, andere Flüssigkeiten nicht; Wasser formt sich zu Tropfen, becherförmig zusammengelegte Hände halten das Wasser nicht lange.
- Alle knetbaren Massen sind überaus interessant. In feuchtem bzw. warmem Zustand kann das Kind sie ständig umformen. Ein modellierter Körper bewahrt seine Form. Manche Massen trocknen und werden ganz fest, andere können ständig geformt werden.
- Sand ist ein Mittelding zwischen Flüssigem und Festem. Es fühlt sich zwar fest an, rinnt aber wie eine Flüssigkeit. Nasser Sand bleibt im Eimer kleben, mit Förmchen können Kuchen gebacken werden. Trocknet der Sand, zerkrümelt alles.
- Das Kind beginnt gleiche und verschiedene Dinge voneinander zu unterscheiden, es sortiert ständig. Kleine Spieltiere (Bauernhof, Zoo) teilt es in Gruppen nach Pferden, Kühen, Hühnern ein. Weisen Sie es auf die Unterschiede hin und wiederholen Sie die Namen der Tiere, wenn Sie Gruppen zusammenstellen. Dasselbe kann man mit Früchten, Autos, Formen oder Behältern machen.
- Kinder beteiligen sich gern an Hausarbeiten und lernen dabei, welche Arbeiten täglich anfallen und wie sie verrichtet werden. Beim Backen kann es das Mehl mischen, es kann tragen helfen und beim Putzen mit Schaufel und Handfeger umgehen lernen. Echte Geräte sind sinnvoller als Spielgeräte.
- Jahrelang war die Verkleidungskiste Hauptbestandteil in unserem Spielzimmer. Sie enthielt alte Kleider, Uniformzubehör, Hüte und Schuhe. Die meisten Kinder lieben es, in die Rolle anderer Personen zu schlüpfen und deren Verhaltensweisen und Tätigkeiten nachzuahmen. Dabei lernen sie, sich mit der Umwelt auseinanderzusetzen.
- Jungen wie Mädchen mögen Puppen. Während Mädchen sie häufig als Kinder betrachten, stellen sie für Jungen Freunde oder eine Familie dar. Die Puppe ist für den Jungen aber auch wichtiger Teil seiner Fantasiewelt, in die er eintauchen kann.
- Ob weiche Schmusepuppe oder »Aktionspuppe«, das Kind lernt mit der Puppe und durch sie. Es versorgt sie, spricht ständig mit ihr, schimpft mit ihr, gibt ihr einen Klaps, zieht sie an, legt sie schlafen und gibt ihr einen Gute-Nacht-Kuß. Alles was das Kind selbst erlebt, spiegelt sich im Puppenspiel.
- Lange bevor das Kind gegenständlich

zeichnen und schreiben kann, liebt es zu kritzeln und mit Farben umzugehen. Farbige Kreiden und eine aufstellbare Tafel sind insofern praktisch, weil es seine »Werke« wieder auslöschen und etwas Neues malen kann. Befestigen Sie ein Blatt Papier daran, kann es mit Fingerfarben Muster und Kleckse machen, seine Hand abdrucken und mit den Fingern malen.

- Kinder lieben Musik und lassen sich vom ersten Lebenstag an durch Lieder beruhigen, erheitern und anregen. Noch bevor sie sprechen lernen, können sie einfache Melodien nachsummen. Geben Sie ihm recht bald ein Xylophon. Spielen, singen, klatschen und summen Sie zusammen rhythmische Verse.
- Da das Kind durch Nachahmung lernt, genügt es meist nicht, es einfach mit Spielsachen zu versorgen, ohne deren Verwendungsmöglichkeiten aufzuzeigen. Spielen Sie anfänglich zusammen, motivieren Sie das Kind, eigene Ideen zu entwickeln. Wahren Sie danach jedoch Zurückhaltung, mischen Sie sich nicht zu weit ein. Vielleicht wünscht das Kind, daß Sie den Eimer mit Sand füllen; ihn aber umdrehen und den Sandkuchen backen will es dann oft selber.
- Die Konzentrationsfähigkeit des Kindes verbessert sich zwar zusehends, bei schwierigen Aufgaben läßt sie aber oft nach, und das Kind verliert den Mut. Hier müssen Sie eingreifen und die Aufgabe entweder vereinfachen oder dem

Kind vormachen, wie es sie bewältigen kann. Das fördert seine Ausdauer, zeigt ihm, wie es sein Ziel erreichen kann, und vermittelt ein Erfolgserlebnis.

Alleine spielen

Einige Eltern meinen, daß sie das Kind ständig unterhalten und anregen müssen. Das ist falsch und schädlich. Das Kind soll lernen, sich selbst zu beschäftigen. Es braucht auch die Möglichkeit, in Ruhe ganz nach seinen eigenen Vorstellungen zu spielen. Wenn es mit irgend etwas nicht klarkommt, meldet es sich schon – ansonsten mischen Sie sich nicht ein. Bieten Sie nämlich andauernd neue Anreize, langweilt es sich, weil es kein Spiel zu Ende führen kann. Es fühlt sich unzufrieden und erfolglos.

Ein anderer weitverbreiteter Fehler ist die Einstellung, daß ein Kind perfektes Spielzeug braucht. Bei vielen beliebten Beschäftigungen kommt es ganz ohne dies aus. Es entwickelt viel mehr Fantasie, wenn es nicht von schon fertigen Dingen umgeben ist, sondern sie nach seinen eigenen Vorstellungen entstehen läßt. Vor allem im Freien braucht es nur wenig: Beim Planschen, Klettern, Rennen und Fangen, beim Ballspiel, beim Hüttenbau mit Zweigen, im Sand, beim Spielen mit Steinen und Muscheln. Um sich entfalten zu können, braucht das Kind Freiraum und nicht Vorgeprägtes.

Fördern Sie nicht von Anfang an die Eigenaktivitäten des Kindes, fühlt es sich zurückgesetzt und verlassen, sobald Sie abwesend sind. Das Kind nimmt Unarten an, die mit der Zeit zu ernsthaften Verhaltensstörungen führen. Freuen Sie sich also, wenn Ihr Kind Unabhängigkeit zeigt und Sie nicht ständig in sein Spiel einschließen will.

Das bedarf Ihrerseits jedoch auch Geduld, denn mit Sicherheit entsteht mehr Unordnung. Fällt es Ihnen schwer, diese zu ertragen, so beugen Sie vor: Planscht das Kind in der Küche, bedecken Sie den Boden mit Zeitungen oder alten Tüchern; malt es mit flüssigen Farben, legen Sie eine Folie auf den Boden; ziehen Sie ihm beim Kneten einen Kittel über und regen Sie sich nicht über die schmutzigen Arme und Haare auf, man kann sie ja waschen.

Lernen 2–3 Jahre

Der bedeutendste Lernschritt im dritten Lebensjahr, speziell in der zweiten Hälfte, ist das Erlangen der Denkfähigkeit. Vorher hat das kleine Kind aus der Erinnerung geschöpft. Es hat an einzelnen Dingen und Anlässen gelernt, einzelne Erfahrungen gemacht. Es hat seine Neugierde befriedigt, seine Erfahrung ausgedehnt. Aber es hat dies alles noch nicht in Beziehung zueinander gebracht. Das setzt nun mit der Denkfähigkeit ein.

Das Kind unterscheidet, sortiert, vergleicht, verbindet und ordnet alte wie neue Erfahrungen. Es beginnt vorauszuplanen sowie eigene Gedanken und Vorstellungen zu entwickeln. Es verwertet die Erfahrungen der vorausgegangenen Jahre. Das Kind ergreift mit seinen Willenskräften plötzlich seine Gedanken und geht damit um, wie ein Dirigent mit seinem Orchester. Gegen Ende des dritten Jahres bezeichnet sich das Kind nicht mehr selbst beim Namen, sondern als »Ich«.

Diese jetzt erwachenden Denk-, Vorstellungs- und Gestaltungskräfte verändern die Welt des Kindes beträchtlich. Naheliegende familiäre Angelegenheiten im Haus oder Garten sind nicht mehr allein interessant. Das Kind fordert ein breiteres Blickfeld, neue Entdeckungsmöglichkeiten, es möchte seine Erfahrungen und sein Wissen weiter ausdehnen. Das Kind möchte in die Dinge und Geschehnisse eintauchen, und eines der am häufigsten gebrauchten Worte ist »warum«. Es durchlöchert Sie mit Fragen und saugt alles begierig auf. Sein »Eigenwille« entwickelt sich, was in der Trotzphase zum Ausdruck kommt.

Ein bedeutender Fortschritt ist auch der Erwerb des Zeitbegriffes; wenn das Kind also begreift, was Heute, Morgen, Gestern ist. Neben die Dimension des Raums tritt mehr und mehr die Dimension der Zeit. Die ersten Schritte sind getan, wenn Sie das Kind sagen hören: »Ich werde es später essen« oder »Wir können morgen hingehen.«

Entwicklungsstufen

Zweieinviertel Jahre
Das Kind baut Häuser und Burgen aus Klötzen. Es wiederholt neue Worte. Auf die Frage, wie es heißt, nennt es seinen Namen. Es versucht seinen Willen gegen Ihren durchzusetzen. Das Wort »Nein« gebraucht es immer häufiger und befolgt Ihre Wünsche nicht mehr so selbstverständlich wie bisher.

Zweieinhalb Jahre
Das Kind hilft Ihnen gern im Haus, räumt Sachen weg und bringt Geschirr an den Tisch. Es kennt seinen Vor- und Zunamen. Es kann waagerechte und senkrechte Linien ziehen und geläufige Dinge benennen.

Zweidreiviertel Jahre
Das Kind stellt Fragen nach dem Unterschied zwischen Jungen und Mädchen. Es lernt Reime und wiederholt sie. Es beschäftigt sich mit Zahlen. Es versucht Kreise zu ziehen, schafft es aber nicht ohne Hilfe.

Drei Jahre
Das Kind ist mehr an sozialen Kontakten interessiert und spielt mit anderen Kindern. Es kennt einige Verslein und kann fast einen Kreis ziehen. Es kennt den Unterschied zwischen den Worten »auf«, »unter«, »hinter«. Es kann komplexere Sätze vollständig formulieren.

Lernen und Sprache

Die Sprache gewinnt immer mehr Bedeutung als Kommunikationsmittel zwischen dem Kind und Ihnen; folglich steigt auch ihre Bedeutung in bezug auf seine ganze Lernentwicklung. Das Kind begreift jetzt die Grundregeln der Gesprächsführung. Zum Beispiel weiß es, daß man abwechselnd spricht, merkt, wenn es an der Reihe ist, und versucht nicht ständig das Gespräch zu beherrschen. Auch muß es jetzt nicht mehr einzelne Worte durch Gesten verdeutlichen. Es wechselt in der Betonung. Es begreift, daß ein höherer Tonfall häufig eine Frage bedeutet und ein tieferer eine Feststellung.

Das kleinere Kind benutzte die Sprache, um auszudrücken, was es wollte oder nicht wollte, zum Grüßen und um etwas zu bezeichnen. Indem es nun innere und äußere Vorgänge wacher verfolgt, sucht es jetzt feinere Wege des Ausdrucks.

Ein erstes Beispiel dafür ist der Gebrauch des besitzanzeigenden Fürworts:

»Meine Puppe, dein Mantel, sein Auto.«

Dann die Verneinung; bisher gebrauchte es nur »nein«, nun sagt es »ich kann nicht« oder »ich will kein Brot«. Etwas später bezeichnet es Tätigkeiten: »Puppe fällt, Hund bellt, Auto quietscht.«

Ein weiteres Merkmal ist die Verbindung einer Aussage mit einer Frage:

»Papa schläft, warum schläft Papa? Mama muß einkaufen, warum geht Mama einkaufen? Papa geht weg, wohin geht Papa?«

Mit drei Jahren stellt das Kind, seiner Fähigkeit entsprechend, schwierigere Fragen. Wenn sie die folgenden Sätze betrachten, so beinhalten sie recht weite Gedankengänge:

»Ich hole Bleistift und schreibe. Was liegt auf dem Tisch? Das ist besser, aber das ist nicht gut.«

Vermeiden Sie Sprachvereinfachungen

Da das Kind die Sprache durch Nachahmung lernt, hängen seine Fortschritte stark von Ihnen ab. Je älter das Kind wird, umso mehr ändern auch die Erwachsenen ihre Sprache ihm gegenüber. Die Sätze sind umfassender, enthalten längere Worte, beschreiben Gedankengänge.

Verfallen Sie nicht der Unsitte, die Babysprache zu gebrauchen, wenn es längst überflüssig ist. Schieben Sie bei Gesprächen mit dem Kind unbekannte Worte ein, die es dem Sinn nach erahnen kann. Auf diese Art erweitert es seinen Wortschatz und lernt, auch sich selbst deutlicher auszudrücken.

Untersuchungen haben ergeben, daß Kinder von Eltern, die ihre Sprache nicht auf das Niveau der Kinder stellten, leichter, freier und früher mit der Sprache umzugehen verstehen.

Lernen und Spielen

Entsprechend seinem wachsenden Denkvermögen gewinnt auch das Spiel des Kindes eine umfassendere Bedeutung.

- Im Spiel baut sich das Kind nun eine kleine Welt auf. Hat es früher die Tiere des Bauernhofs einfach zusammengestellt und ihnen einen Platz gegeben, so versetzt es sich jetzt in den Bauernhof hinein. Er stellt ja vermutlich eine Seite des Lebens dar, die dem Kind noch fremd ist. Im Spiel erobert es sich nun auch diesen Teil.
- Im Spiel verarbeitet das Kind Gefühle. Puppen, gleich welcher Art, fördern den Sinn für Güte und Fürsorgepflicht. Andererseits dienen sie dem Kind zum Ausgleich von Kummer und Zorn: erst wirft es die Puppe wütend in die Ecke, später nimmt es sie tröstend wieder in den Arm.
- Im Spiel erwacht Interesse für andere Menschen. Findet das Kind in der Verkleidungskiste entsprechende Utensilien, kann es in die Rolle einer Krankenschwester oder eines Cowboys schlüpfen. Oder es setzt einen Hut auf, zieht Stöckelschuhe an und imitiert Tante Soundso. Es sucht Einblick in das Leben anderer zu gewinnen, indem es sie nach-

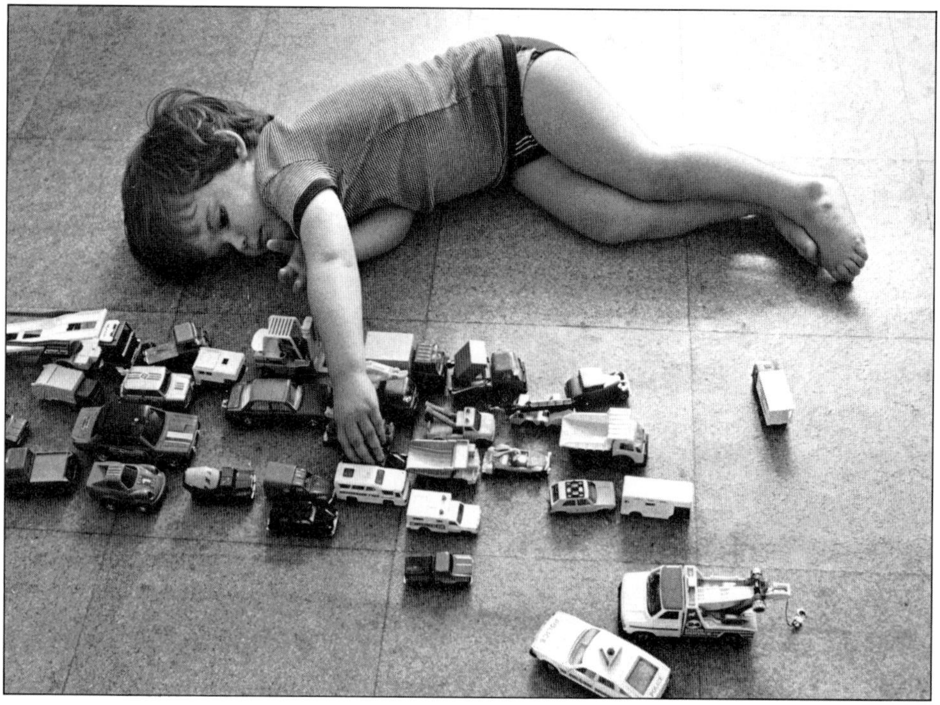

macht und über die Nachahmung hinausfantasiert.

- Im Spiel entwickelt das Kind Sinn für Eigentums- und Besitzrechte. Indem es ein neues, gehegtes und gepflegtes Spielzeug oder seine Spielecke verteidigt, lernt es auch die Dinge oder Plätze anderer zu respektieren.
- Freies Spielen fördert Entdeckungsfreude, Selbständigkeit, Wagemut und Intelligenz. Mechanische Spielsachen und Puzzles fördern den analytischen Verstand. Malen und Plastizieren regen schöpferische Gestaltungskräfte an.
- Das Kind erlebt im Spiel Mißgeschick. Vielleicht zerbricht es ein geschätztes Spielzeug, kann etwas nicht richtig zusammenbauen oder erreicht einfach ein selbstgestecktes Ziel nicht. Aber durch solche ersten »tragischen« Erfahrungen lernt es, mit Schwierigkeiten fertig zu werden. Vielleicht bieten sich ihm verschiedene Lösungswege an, so lernt Ihr Kind, Entscheidungen zu treffen. Außerdem lernt es im Spiel, sich selbst richtig einzuschätzen, es erlebt seine Stärken und seine Schwächen. All dies ist nötig, um nicht nur mit sich selbst, sondern auch mit anderen zurechtzukommen.
- Mit drei Jahren entwickelt das Kind mehr Über-, Um- und Voraussicht. Spielt es »Verkehrsstockung«, stellt es Polizei und Abschleppwagen bereit. Die Fähigkeit, abwarten zu können, erwirbt es beim Umgang mit Dingen (Klebstoff, Ton), die beispielsweise trocknen müssen, bevor sie zu gebrauchen sind. Ist Ihr Kind bereit, mit einem Freund ein liebgewonnenes Spielzeug zu tauschen, hat es den Wert des Gebens und Nehmens erfaßt.

Begriffe, Gedächtnis, Gedanken

Bevor Ihr Kind einen Begriff erfassen und anwenden kann, braucht es ein Verständnis für Gleiches und Ungleiches, das heißt für Gegensätzlichkeiten. Dies erwirbt es sich, indem es ähnliche und verschiedene Dinge erkennt und in seiner Vorstellung entsprechend ordnet.

Den Begriff »dick« kann es sich nur vorstellen, wenn es gleichzeitig ein Bild von »dünn« hat. Noch bevor das Kind zwei Jahre ist, beginnt es automatisch zu sortieren: Rundes, das rollt, bildet eine Gruppe; eckige Körper mit glatten Flächen (Klötze) gehören zu einer anderen Gruppe. Was vier Beine hat und miaut, ist eine Katze, was zwei Beine hat und fliegt, ist ein Vogel. Begriffe werden von uns in Worte gekleidet, durch Namen bezeichnet. Indem das Kind im dritten Lebensjahr sein Sprachverständnis erweitert, erfaßt es auch die Begriffe besser. Ohne Sprachfähigkeit hätte es dabei große Schwierigkeiten. Das jüngere Kind verbindet mit »Katze« noch alles mögliche: die Katze im Haus, die im Buch, die aus Stoff. Mit drei Jahren unterscheidet das Kind schon genauer. Es weiß, was alles Katzen sind, weil es eine relativ präzise Vorstellung von den Eigenschaften einer Katze hat, aber es geht noch einen Schritt weiter und unterscheidet: Meine Katze – deine Katze, Spielzeugkatze, Katzenbild.

Mit zwei Jahren kann ein Kind Dinge noch nicht beschreiben, die es nicht sinnlich wahrnimmt. Auch kennt es noch nicht die Bedeutung von hübsch, leer, voll, leicht und schwer. Es unterscheidet zwar eins und vieles, hat aber noch kein Zahlenverständnis. So ist alles, was mehr als eins ist, eben vieles. Es hat kaum einen Begriff von Zeit, morgen, letzte Woche oder heute abend sind ihm schwer faßbar. Das Verständnis wächst jedoch im Laufe des dritten Jahres.

Um abstrakte Gedanken bilden zu können, muß das Kind in seiner Vorstellung ein Bild von etwas entstehen lassen, das nicht unmittelbar vorhanden ist. Anfänglich schöpft es dabei noch aus dem Gedächtnis. Fragen Sie nach einem Spielzeug, muß es sich erinnern, wo es zuletzt damit gespielt hat. In seiner Vorstellung muß es den Ort des Geschehens auftauchen lassen. Der nächste Schritt geht dann schon in die Zukunft. Auf die Frage nach dem Boot antwortet es: »Boot ist im Garten. Hole es später.« Es malt erst sein Bild fertig, wäscht sich die Hände und holt sein Boot, ohne erinnert werden zu müssen. Denkleistungen schließlich vollbringt das Kind, wenn es seine Gedanken in ein Verhältnis bringt, z. B. die Beziehung zwischen »wenn ... dann« oder »weil ... deshalb« ausdrückt: »Draußen regnet es. Deshalb hole ich die Stoffkatze ins Haus.«

Lernhilfen

Der beste Weg, dem Kind beim Lernen zu helfen, ist es, ihm genau zuzuhören, um seine Gedankengänge zu begreifen. Beantworten Sie seine Fragen entsprechend seinen Verständnismöglichkeiten. Stellen Sie ebenso Fragen, um zu erfahren, was das Kind beschäftigt, woran es interessiert ist. Gehen Sie darauf ein und unterstützen Sie das Kind mit neuen Vorschlägen.

Bei jeder Frage und bei jedem Gespräch bieten sich Möglichkeiten, Ihrem Kind das Lernen zu erleichtern. Beim Zubereiten des Mittagessens fragt es vielleicht, warum Sie der Karotte die Haare abschneiden. Antworten Sie, daß es die Wurzeln sind, die nicht gut schmecken. Vielleicht forscht das Kind dann weiter und möchte wissen, warum eine Karotte Wurzeln hat. So können Sie erzählen, daß die Karotte, wie alle anderen Pflanzen auch, mit den Wurzeln »ißt« und sie zum Wachsen braucht.

Das nächste Mal im Garten stechen Sie ein Grasbüschel aus und zeigen ihm die vielen Wurzeln. Wenn Sie Zeit haben, können Sie auch ein Marmeladeglas innen mit feuchter Watte auskleiden, dazwischen eine Bohne stecken und zusammen beobachten, wie die Wurzel erscheint und wächst.

Sind Sie mit dem Kind unterwegs, erzählen Sie, was rundum vorgeht: Ampeln wechseln die Farbe, Autos halten vor dem Ze-

brastreifen, ein Polizist regelt den Verkehr, Lastwagen transportieren Waren usw.
Mit etwa drei Jahren entwickelt das Kind ein gutes Gespür für die Gefühle anderer Menschen. Wenn Sie traurig wirken, empfindet es Mitleid und möchte Sie erheitern. Bei solchen Gelegenheiten können Sie dem Kind an Beispielen (Geschichten, tatsächlichen Vorgängen) aufzeigen, daß es wichtig ist, andere Menschen zu beachten, freundlich und höflich zu sein, hilfsbereit und rücksichtsvoll.
Machen Sie es mit Menschen bekannt, die ab und zu ins Haus kommen: Postbote, Kaminfeger, Stromableser, Handwerker. Erzählen Sie über deren Arbeit, welchen Dienst sie uns erweisen, vielleicht über Schwierigkeiten, die sie dabei haben. Schlagen Sie dem Kind vor, zu helfen: z. B. dem Briefträger entgegenzulaufen und für ihn die Post zum Haus zu tragen.

Kindergarten

Ist das Kind drei Jahre, können Sie überlegen, ob der Besuch eines Kindergartens nicht nur für das Kind, sondern auch für Sie von Vorteil wäre. Es trifft dort andere Kinder sowie Erwachsene, die sich um sein Wohl bemühen. Es lernt neue und interessante Tätigkeiten kennen und übt neue soziale Verhaltensweisen. Außerdem, und das ist sehr wichtig, lernt es, ohne Sie auszukommen.
Eine Entscheidung für oder gegen den Kindergarten hängt von verschiedenen Faktoren ab: Ist das Kind schon soweit, daß es längere Zeit ohne Sie auskommt; ist es schüchtern und sehr anhänglich und spricht kaum mit anderen; weint es, wenn Sie den Raum verlassen, und folgt Ihnen auf Schritt und Tritt? Ist dies der Fall, wird es das Kind im Kindergarten sehr schwer haben. Auch nehmen viele Kindergärten nur Kinder an, die allein zur Toilette gehen. Für kleine Kinder ist der erste Besuch oft eine schlimme Erfahrung, auf die Sie es kaum vorbereiten können. Die Entscheidung ist also in solchen Fällen nicht leicht. Sie können jedoch auch auf die Erfahrung anderer zurückgreifen, die zeigt, daß sich die meisten Kinder schnell eingewöhnen und ihren Kindergarten furchtbar vermissen, wenn Ferien sind. Berücksichtigen Sie, daß Sie durch gewisse Vorbereitungen dem Kind helfen können, die anfängliche Furcht zu überwinden, so daß es sich nicht verlassen fühlt.

Auswahl eines Kindergartens

Es gibt verschiedene Einrichtungen für Kinder im Vorschulalter, zum Beispiel Spielgruppen, Kindergärten und Kindertagesstätten. Besorgen Sie sich beim Bürgermeisteramt, in größeren Städten beim Sozialamt ein Verzeichnis sämtlicher Einrichtungen. Die Trägerschaft liegt entweder in privater, kirchlicher oder öffentlicher Hand. Wählen Sie zwei oder drei Einrichtungen aus.
Sprechen Sie mit den Leitern und bitten Sie darum, einen Vormittag in einer Gruppe

verbringen zu dürfen. Dabei können Sie einen Eindruck gewinnen über den Tagesablauf, über die herrschende Disziplin, von der Wesensart der Gruppenleiterin, über das pädagogische Konzept, ob der Umgangston liebevoll ist, ob die Kinder eine Orientierung haben und sich geborgen und glücklich fühlen.
Schauen Sie sich vorhandene Spielmöglichkeiten und -materialien an. Sprechen Sie mit einer anderen Mutter aus der Gruppe über deren Erfahrungen. Haben Sie sich für eine Einrichtung entschieden, fragen Sie, ob das Kind einige Wochen vor dem Eintritt ab und zu einen Besuch abstatten kann. So gewöhnt es sich etwas an die Umgebung.
Ist das Kind dort, machen Sie es mit den Gruppenleitern bekannt und zeigen Sie ihm, was es tun kann. Vielleicht mag es sich an den Tisch setzen und etwas spielen. Oder es will die Sandkiste und den Garten oder Hof anschauen. Ermuntern Sie es, mit anderen Kindern zu spielen, aber drängen Sie es nicht, wenn es noch zurückhaltend ist. Es braucht anfangs einfach Zeit.
Ist das Kind ängstlich und klammert es sich an Sie, begrüßen es manche Gruppenleiter, wenn Sie so lange dableiben, bis das Kind Sie freiwillig und gerne gehen läßt. Das kann bedeuten, daß Sie den ganzen ersten Tag bleiben müssen und auch noch an den folgenden Tagen, jedoch dann immer etwas kürzer. Zuletzt sagen Sie, daß Sie kurz einkaufen gehen und dann wiederkommen. Das müssen Sie dann auch einhalten, sonst traut Ihnen das Kind nicht mehr.
In der ersten Zeit ist es besser, wenn Sie oder Ihr Partner das Kind selbst hinbringen und abholen. Seien Sie stets pünktlich. Später kann das Kind dann auch mit einer anderen Mutter, unter Umständen auch allein, nach Hause gehen.

Sprache 0–1 Jahr

Der Augenblick, in dem das Kind zu sprechen beginnt, ist immer sehr aufregend. Zum ersten Mal hören Sie, was das Kind weiß und will. Die Sprache öffnet Ihnen ein Fenster zum Beobachten der wachsenden Verstandeskräfte des Kindes. Das Kind selbst benutzt die Sprache als Lernwerkzeug. Nun muß es nicht mehr schreien, um sich mitzuteilen.

Wir wissen noch sehr wenig darüber, wie Kinder Sprache erwerben: Lange bevor das Kind spricht, befaßt es sich schon mit der Sprache. Anfänglich kennt es zwar noch nicht die Bedeutung einzelner Worte, aber es nimmt Laute, Rhythmen und Tonhöhen wahr. Langsam erahnt es dann den Sinn der Worte und erfaßt gewisse Gepflogenheiten der Sprache und des Gesprächs (z.B. Dialogform). Monat für Monat erweitert es seinen Wortschatz. Es entwickelt ein erstes Verständnis für grammatische Regeln. Sein Hauptanliegen im ersten Jahr ist die Kommunikation mit der Umwelt.

Wie bei allen anderen Entwicklungsprozessen erwirbt sich das Kind auch die Sprache nach seinem eigenen Tempo. Es braucht Sie deshalb nicht zu beunruhigen, wenn es noch nicht so weit wie andere gleichaltrige Kinder ist.

Entwicklungsstufen

Beobachtungen haben gezeigt, daß ein wenige Tage altes Baby auf Sprache mehr reagiert als auf andere Geräusche. Ebenso hat sich gezeigt, daß Babys schon verschiedene Sprachlaute unterscheiden, was ja eine Voraussetzung des Spracherwerbs ist.

Bei einer Untersuchung wurde beobachtet, daß einmonatige Babys schneller tranken, wenn Sie einen neuen Klang hörten, vor allem bei menschlichen Stimmen. Bei diesem Experiment wurde zuerst der Laut »Pa« gebraucht. Nachdem er dem Baby ständig vorgespielt wurde, langweilte es sich und hörte schließlich auf zu trinken. Sobald es den neuen Laut »Ba« vernahm, trank es wieder schneller. Interessant daran ist, daß das Baby zwei sehr ähnliche Laute wie »Pa« und »Ba« schon unterscheiden konnte.

Bis sechs Wochen

Nach der Geburt beginnt das Baby bereits Laute zu äußern. Zuerst schreit es – weil es Hunger hat, Zuwendung möchte oder Unbehagen empfindet. Bald zeigt es seine Zufriedenheit durch Gurgellaute.

Sechs Wochen

Auf Ihr lächelndes Gesicht und Ihre Stimme antwortet es durch verstärktes Gurgeln. Jetzt schon beginnt Kommunikation. Es hat Ihre Stimme gehört, antwortet (gurgelt) Ihnen und erwartet seinerseits eine Antwort.

Drei bis vier Monate

Das Baby äußert zarte, girrende Laute. Es formt einzelne Silben mit einem offenen Selbstlaut (Vokal). Die ersten gebrauchten Mitlaute (Konsonanten) sind p, b und m, deshalb sagt es bald »ma« und »pa« ohne Bezug auf das später gezielt geäußerte »Mama« und »Papa«.

Sieben Monate

Es reagiert immer stärker auf Klänge, sowohl stimmliche als auch musikalische. Es formt zweisilbige Laute wie »mama, beebe, daada«. Dem folgen Laute wie »ei, imi«.

Acht Monate

Das Baby benutzt absichtlich bestimmte Ruflaute, um Ihre Aufmerksamkeit auf sich zu lenken. Wenn Sie sich mit jemandem unterhalten, verfolgt es genau, was Sie sagen und was Ihnen geantwortet wird. Es lallt und ahmt die Melodie vorgetragener Verse oder der Spieluhr nach.

Neun Monate

Das Baby fügt mehrere Silben aneinander und betont sie satzähnlich. Es formt ein »ka-mama-dah-ba« in verschiedenen Tonhöhen. Nach diesem Kauderwelsch fängt dann bald das »richtige« Sprechen an.

Zehn bis elf Monate
Jetzt äußert das Baby erste wirkliche Worte. Ihr Auftauchen hängt ebenso von seinen körperlichen Kontrollfähigkeiten ab wie von seiner Fähigkeit, Dinge und Namen in Verbindung zu bringen. Sein Wortschatz umfaßt die ihm bekannten Erscheinungen: Eltern, Haustiere, alltägliche Dinge (Spielzeug, Essen).

Wortvereinfachungen

Der Übergang vom Lallen zum Sprechen bedeutet, daß das Baby den Schwall seiner spontanen Lautäußerungen in gezielte Sprachäußerungen verwandelt. Es muß lernen, bestimmte Lautfolgen zu formulieren, damit verständliche Worte entstehen. Das ist noch sehr schwierig für das kleine Kind, und so vereinfacht es sich die Aussprache.
Fast alle Kinder verringern die Zahl der Konsonanten am Wortanfang oder auch am Ende. »Stuhl« heißt »tuhl«, »Milch« wird zu »Mil«, »Blume« heißt »Bume« und »Joghurt« nur »nog« oder »u(r)t«. Manche Kinder benötigen vier bis fünf Jahre, bis sie alle Konsonanten mitsprechen.
Eine andere Vereinfachung ist das Wiederholen des gleichen Konsonanten, statt »baden« sagt es »baben« oder »daden«.
Des weiteren zeigen Kinder eine Vorliebe, harte Laute durch weiche zu ersetzen, also »Pilz« durch »Bils« oder »Tante« durch »Da(n)de«.

Lernhilfen

- Zuerst lernt das Kind Hauptwörter, es nennt also die Namen der Dinge. Deshalb sollten Sie auch stets die Dinge bezeichnen und deren Namen ständig nennen. Beim Füttern erzählen Sie, daß Sie den »Brei« mit dem »Löffel« holen, daß es den »Brei« vom »Löffel« ableckt usw. Verwenden Sie wenig Fürwörter. Sagen Sie: »Ich hole deinen Mantel«, statt nur »Ich hole ihn«; »Hier ist der Ball« anstatt »Hier ist er«.
  Da das Kind sich von seinen Mitmenschen zu unterscheiden lernt, reden Sie es statt mit »du« mit seinem Vornamen an: »Peter geht jetzt auf's Töpfchen. Wo hat Anna die Schuhe hingestellt? Mama und Hannes wollen jetzt einkaufen gehen.« Sobald das Kind aber »ich« sagt, reden Sie es mit »du« an.
- Korrigieren Sie nicht die Aussprache des Kindes. Sprechen Sie selbst klar und deutlich, dann kommt es von alleine auch dahin.
- Bemühen Sie sich um ein Verständnis falsch ausgesprochener oder ausgedachter Worte. Versucht das Kind, Ihnen etwas zu erklären, suchen Sie mit ihm nach dem fehlenden Wort, das ermutigt das Kind.
- Helfen Sie dem Kind beim Verbinden von Wörtern, indem Sie über Dinge erzählen, die es sehen, berühren und mit denen es spielen kann. Hat es einen Ball, wiederholen Sie häufig den Namen und sprechen Sie über seine Eigenschaften: er ist rund, rollt und hüpft.
- Entwickeln Sie »schauspielerische« Fähigkeiten und gestalten Sie Ihre Erzählungen so spannend wie möglich. Sprechen Sie mit guter Betonung, so daß das Kind unterscheiden lernt, ob Sie Fragen stellen, ob Sie sich freuen oder unzufrieden sind.
- Das Kind ahmt zwar Ihre Sprache nach, jedoch hat es Schwierigkeiten mit der üblichen schnellen Erwachsenensprechart. Schauen Sie es an, wenn Sie mit Ihm reden, und wenden Sie sich ihm zu, sobald es mit Ihnen »reden« will. Ihr Zuhören ist Belohnung seiner Mühe.
- Fragen Sie das Kind nach seinem Teddy oder ob etwas gut geschmeckt hat, kann es oft nicht sofort antworten, aber zeigt in eine bestimmte Richtung oder nickt.
- Eine verständliche Sprache sprechen bedeutet nicht, daß Sie in die Babysprache zurückfallen sollen. Das Kind will ja weiterkommen.

- Nutzen Sie das Interesse und sprechen Sie über Dinge, die das Kind gerade interessieren. Es mag Geschichten gern, in denen es selbst eine Rolle spielt. Auch mit Tiergeschichten, die von Mamas und Babys handeln, verbindet es sich.
- Gebrauchen Sie die paar Worte, die das Kind spricht, auch in Ihren Erzählungen. Es erkennt sie mit Freude wieder und hat einen Anreiz, sich neue Wörter anzueignen.

Zweisprachigkeit

Kinder sind durchaus in der Lage, zwei Sprachen zugleich zu lernen. Wenn sie mit dem Sprechen anfangen, dann haben sie ja ein ganzes Repertoire an Lautäußerungen zur Verfügung, auch solche Laute, die in einer Sprache nicht vorkommen, dafür aber in einer anderen. Zwei bekannte Beispiele sind das deutsche »ch« und das englische »th«.

Besonders dann, wenn die Eltern verschiedene Muttersprachen haben, lohnt es sich immer, mit dem Kind zweisprachig umzugehen. Dabei spielt es keine große Rolle, wie verwandt die beiden Sprachen miteinander sind. Vom Vater kann das Kind Türkisch lernen und von der Mutter Deutsch. Ein anderes Kind kann von der Mutter Englisch und vom Vater Deutsch lernen.

Solange Vater und Mutter konsequent nur in ihrer jeweiligen Muttersprache mit dem Kind sprechen, kommt es nicht durcheinander. Es verbindet dann mit den beiden meistgeliebten Menschen jeweils eine andere Sprache.

Wenn sich also Ihnen eine solche Gelegenheit bietet, dann sollten Sie nicht zögern sie zu ergreifen. Niemals später in seinem Leben wird es dem Kind wieder so leicht fallen, sich zwei Sprachen und damit die beiden Kulturen der Eltern zu erobern.

Hörschwierigkeiten

Falls Ihr Kind gegen Ende des ersten Lebensjahres noch nicht mit den ersten Sprechübungen beginnt, dann sollten Sie sich keine Sorgen darüber machen. Wie überall, so gilt auch hier, jedes Kind ist anders und jedes Kind entwickelt sich anders. Wenn allerdings das Kind mit zweieinhalb Jahren immer noch keine Anstalten gemacht hat zu sprechen, dann sollten Sie aufmerksam werden und sich bei einem Experten Rat holen. Die meisten Hör- und Sprachfehler können erfolgreich überwunden werden, wenn Sie sich frühzeitig genug an kompetente Fachleute wenden. Ihr Kinderarzt wird Ihnen in einem solchen Fall mit Rat und Tat zur Seite stehen.

Sprache 1–2 Jahre

In diesem Jahr wird das Kind enorme körperliche und geistige Entwicklungen durchmachen. Das wesentliche Geschehen im zweiten Jahr ist das Erlernen der Sprache. Das Kind erweitert seinen Wortschatz und entwickelt Verständnis für die Grammatik. Um eine verständliche Sprache zu erwerben, muß es frühere Sprechgewohnheiten überwinden.

Erste Klassifizierungen

Sobald das Kind Dinge wiedererkennt, beginnt es, sie zu ordnen und in Gruppen einzuteilen. Anfänglich stimmt dies nach unseren Begriffen nicht so ganz. Das liegt daran, daß das Kind in seiner Vorstellung weitergespannte Beziehungen entwickelt. Mit dem gleichen Wort bezeichnet es verschiedene Dinge, die für das Kind etwas Gemeinsames haben. Es fehlt ihm auch noch der Wortschatz, um alles treffend bezeichnen zu können. Trotzdem möchte es mit Ihnen sprechen. Es hilft sich dann mit Zusammenfassungen:

Form
Bälle, Äpfel oder Steine nennt es »Ball«.

Verwendungszweck
Eine Handtasche, einen Plastikbeutel und einen Einkaufskorb nennt es »Tasche«.

Klang
Pfeifen, Sirenen und Hupen heißen »biib«.

Bewegung
Auto, Bus und Zug heißen »tut-tut«.

Auch wenn das Kind verschiedenen Dingen denselben Namen gibt, unterscheidet es sie. Zu Sand wie zu Hand sagt es vielleicht »and«. Fragen Sie, wo der Sand ist, zeigt es richtig dort hin.
Andererseits hat das Kind Schwierigkeiten, unseren weiten Begriff »Tier« zu füllen. Es beschränkt ihn auf die Tiere seiner Umgebung, also vorwiegend Säugetiere.
Neben dem Nennen der Dinge drückt das Kind mit einem einzigen Wort auch Gefühle, Wünsche, Fragen aus. Anfänglich begleitet es das Wort zum Verdeutlichen durch Gesten, später lernt es, dazu die Betonung zu ändern.

Erweiterung des Wortschatzes

Ohne Schwierigkeiten lernt das Kind all die Worte, die tagtäglich gebraucht werden. Sie bezeichnen Menschen und Tiere, Nahrungsmittel und Dinge aus dem Haushalt. Es verbindet den Namen des Tieres gern mit dem Laut, den es äußert (Muh-Kuh) oder nennt nur die Laute (Wau-Wau, Quak-Quak). Es bezeichnet seine liebsten Spielsachen. Es kennt die Worte, durch die es etwas beeinflussen kann: nein, auf, mehr, aus. Manche Kinder lernen, sobald sie anfangen zu sprechen, sehr viele Worte auf einmal. Gewöhnlich erwerben sie jedoch anfangs nur ein bis drei Worte monatlich und haben mit zwei Jahren einen Wortschatz von etwa 200 Worten.

Verständnishilfen

Ihr achtzehnmonatiges Kind versteht bedeutend mehr, als es äußern kann. Beschränken Sie Ihre Gespräche deshalb nicht auf Worte, die das Baby sowieso dauernd hört und kennt.

- Halten Sie bei den Gesprächen mit dem Kind möglichst viel Blickkontakt.
- Begleiten Sie das Gesprochene mit Mimik und Gestik. Bezeichnen Sie Ihre Tätigkeiten: »Mama zieht Anna den Mantel aus.« »Papa kocht Annas Brei.« Erzählen Sie auch bei länger andauernden Vorgängen, was Sie tun. Beim Baden zum Beispiel, daß Sie den Wasserhahn aufdrehen und Wasser in die Wanne laufen lassen; daß Sie prüfen, ob das Wasser die richtige Wärme hat; welche Kleidungsstücke Sie dem Kind gerade ausziehen usw.
- Da das Kind lernt, Gespräche zu führen, sollten Sie nicht zu lange hintereinander reden, sondern ihm immer wieder Gelegenheit geben, sich einzuschalten und etwas beizutragen. Stellen Sie Fragen.
- Hintergrundgeräusche stören das Kind und lenken es ab. Unterhalten Sie sich nicht neben dem eingeschalteten Radio oder Fernseher.
- Ermutigen Sie es auch, mit Fremden zu sprechen. Betätigen Sie sich nur als Dolmetscher, und geben Sie also nicht, statt des Kindes, gleich die Antworten.
- Korrigieren Sie jetzt noch nicht die falsche Aussprache. Ich selbst habe es bei meinen Kindern sehr lange vermieden. Manche »Wortkreationen« waren so originell, daß sie von uns allen im Haus übernommen wurden. Zum Nachtisch gab es bei uns z. B. »Frau-Nille-Pudding«.

Die ersten Sätze

Irgendwann vor seinem zweiten Geburtstag beginnt das Kind, Worte aneinanderzureihen. Das ist ein bedeutender Schritt, denn er zeigt, daß das Kind die Beziehungen zwischen den Dingen wahrnimmt. Die ersten Sätze beschränken sich auf Beschreibung dessen, was gerade vorgeht oder was jemand im Moment tut. Die Sätze berühren folgendes:

Vorgänge
Anna rennt
Papa kommt
Auto hupt

Wem gehört was
Annas Puppe
Mamas Rock
Papas Schuh
Omas Hut

Wo sich etwas befindet
Puppe im Bett
Papa im Garten
Fisch im Wasser
Ball im Sand

Wiederholungen
Anna mehr Milch
Wieder hoch
Noch mal spielen

Wenn etwas verschwunden ist
Milch alle
Papa weg
Kein Bär da

Die Sätze folgen zwar keiner grammatisch korrekten Regel, sind aber in sich logisch abgeschlossen und meistens nicht nur den eingeweihten Eltern verständlich. Die ersten Versuche, die Zeit auszudrücken, klingen oft komisch. Für die Vergangenheit hängt das Kind oft einfach die Endung »te« an: gehte, singte, laufte. Zum Bilden der Mehrzahl hängt es, wie es ihm gerade einfällt, entweder ein »s« oder ein »e« oder »en« an: Messers, Mause, Ballen.

Gemeinsam Bücher anschauen

Wie so oft bei der Entwicklung Ihres Kindes, geben Sie die erste Einführung in die Welt des Buches. Wenn Ihr Kind sieht, daß Sie regelmäßig Bücher und Zeitschriften lesen, wird es Ihr Verhalten bald nachahmen wollen. Sie werden entdecken, daß Ihr Kind sehr ruhig sitzt und sein Buch – das es womöglich verkehrt herum hält – »studiert«, ab und zu Seiten umblätternd. Sobald es beginnt, Objekte zu erkennen, wird seine Aufmerksamkeit allmählich auf den Inhalt der Seiten gelenkt. Bücher mit deutlich erkennbaren Bildern von Alltagsgegenständen, die Eltern mit Ihren Kindern anschauen und benennen, sind für diese Altersgruppe gut geeignet. Mit zunehmender Erweiterung des Wortschatzes in diesem Jahr wird Ihr Kind selbst auf die genannten Objekte zeigen können. Bald wird es einfache Bildergeschichten genießen. Neben Geschichten mit einem regelmäßig wiederholten Teil haben die beliebtesten Geschichten dieser Altersgruppe einfache, immer wiederauftauchende Themen – die oft mit dem Niedergang eines »Bösen« (der Wolf, die böse Hexe) oder dem Sieg des Schwächeren über den größeren und stärkeren Gegner enden. Kleinkinder möchten die gleiche Geschichte immer wieder hören; aus irgendeinem Grund entdecken sie etwas in der Geschichte, das sie brauchen. Falls Ihr Kind dies möchte, lesen Sie die Geschichte immer wieder vor – auch dann, wenn es Sie selbst langweilt.

Die Bedeutung von Kinderversen

Kinder lieben Kinderverse. Sie werden mit Begeisterung mitmachen, besonders dann, wenn Handbewegungen gefragt sind. Wie bei Bilderbüchern liegt die Anziehungskraft der Kinderverse in ihrer Einfachheit, ihrer Dramatik, in der Wiederholung der Themen und vor allem in ihrem Rhythmus, auf den Kleinkinder schon sehr früh reagieren. Machen Sie sich keine Sorgen, wenn Sie meinen, daß Sie nicht singen können; Ihrem Kind macht das nichts, und Sie werden niemals ein dankbareres Publikum haben!

Kinderverse spielen bei der sprachlichen Entwicklung des Kindes eine wichtige Rolle, und sie sind zugleich eine angenehme, unterhaltende Form der Verständigung. Viele Verse können als Begleitung zu Aktivitäten gesungen werden – wie beispielsweise »Backe, backe Kuchen«. Sie dienen der Erweiterung des Wortschatzes Ihres

Kindes, der Ausdehnung seiner Vorstellungskraft und fördern seine Liebe zur Musik und zum Rhythmus.

Sprache 2–3 Jahre

Im dritten Lebensjahr tritt beim Kind die Denkfähigkeit in den Vordergrund, was sich auch in seiner Sprache durch gut formulierte Sätze äußert. Es wählt die richtige Verneinungsform, Fragen drückt es nicht nur durch das Voraussteilen von »warum« aus. Es begreift die Beziehung zwischen einem Objekt und einem anderen. Es gebraucht Eigenschaftswörter – groß, klein, dick, dünn – und deren Steigerung – größer, kleiner, dicker, dünner. Das Kind versteht und verwendet Wörter, die eine räumliche Beziehung andeuten – dieses hier, das dort. Es unterscheidet – ich und mein, du und dein – und gebraucht die Bindewörter – und, dann, aber.

Gespräche führen

Im dritten Lebensjahr wird Ihr Kind zum Plapperer. Nützen Sie diese natürliche Erscheinung zum Üben der »Gesprächsführung«. Führen Sie vor allem Dialoge, stellen Sie viele Fragen, um das Gespräch lebhaft zu halten, weiten Sie das Thema durch neue und andere Gesichtspunkte aus.

Ein guter Ausgangspunkt für ein Gespräch mit Ihrem Kind ist, zu fragen, was ihm gefällt, was es tut oder wie etwas vor sich geht. Warten Sie aber auch sehr aufmerksam seine Antwort ab, damit es sich nicht umsonst bemüht.

Wenn das Kind Sie etwas fragt, um etwas bittet oder einfach wünscht, daß Sie kommen und etwas anschauen, zeigen Sie echtes Interesse. Auf diese Art beeinflussen Sie sein Denken, Verständnis und Lernen. Reagieren Sie auf seine laufenden Berichte nur mit abwesendem »mhm«, spürt das Kind Ihr Desinteresse und wendet sich nicht mehr an Sie.

Äußern Sie sich dem Kind gegenüber immer etwas ausführlicher. Hat es zum Beispiel Schwierigkeiten, den Pulli über den Kopf zu ziehen, sagen Sie nicht nur: »Ich helfe dir«, sondern fügen noch: »Der Halsausschnitt ist wohl zu klein für deinen Kopf!« hinzu. So vermitteln Sie dem Kind neue Gesichtspunkte, ohne schulmeisterlich zu wirken. Kann es etwas nicht heben, erzählen Sie, daß Sie mehr Kraft haben, daß das Ding schwer oder unhandlich ist. Berühren Sie in Gesprächen stets Farben, Formen und Beschaffenheiten. »Du ißt den roten Apfel und ich den gelben.« »Schau, die hübsche blaue Blume mit dem langen Stiel.« »Laß uns riechen, wie sie duftet.« »Papas Auto hat vier Räder, aber der Lastwagen dort hat viel mehr. Wir wollen sie zählen: eins, zwei ...«.

Findet das Kind nicht die richtigen Worte, helfen Sie ihm durch Stichworte. Findet es auf Ihre Frage, was es im Garten gespielt hat, keine Antwort, deuten Sie in die entsprechende Richtung und sagen Sie: »Was hast du im Sandkasten gemacht?« »Wie bist du vom Klettergerüst heruntergekommen?« »Wohin bist du mit dem Dreirad gefahren?« Nach seinen Antworten setzen Sie das Gespräch durch »Und was geschah dann?« fort.

Ein Spiel, das meine Kinder in solchen Situationen begeistert hat, war, ein von mir ausgelassenes Wort zu ergänzen: »Also, du hast Kuchen gebacken in der ...« Prompt kam die Ergänzung »Sandkiste«.

Grammatikhilfen

Das Kind entwickelt immer mehr Gespür für die Grammatik. Korrigieren Sie es nicht penetrant, sondern erweitern Sie seine Aussagen, indem Sie die Sätze in der richtigen Form wiederholen.

Negationen

Sagt das Kind: »Ich nicht Keks (geg)essen«, sagen Sie: »Du hast keinen Keks gegessen.« Sagt es: »Keks nicht da«, sagen Sie: »Es gibt keinen Keks mehr.«

Fragen

Sagt das Kind: »Raus gehn?«, sagen Sie: »Wohin gehen wir jetzt? Zu ...«.
Sagt es: »Hund heißen?«, sagen Sie: »Wie heißt der Hund? Wir wollen fragen.« In dieser Weise lernt es den Gebrauch von »warum, weshalb, wohin, wie, was«.

Eigenschaftswörter

Die Bedeutung des Eigenschaftswortes vermitteln Sie dem Kind am besten durch Gegenüberstellungen. Sagt das Kind »großer Ball«, suchen Sie noch einen kleinen und halten ihn dagegen. Erzählen und zeigen Sie, daß der eine Ball im Vergleich größer ist, der andere kleiner.
Bei den Begriffen »breit, dick, leicht, weich, kurz« suchen Sie ebenso immer das passende Gegenbild.

Besitzanzeigende Fürwörter

Sagt Ihr Kind: »Ich Buch hier bringen«, sagen Sie: »Schön, daß du mir dein Buch herbringst.«
Sagt es: »Ich mag nicht Keks«, sagen Sie: »Wenn du deinen Keks nicht magst, gib ihn mir. Ich gebe dir dafür meinen Keks.«
Sagt es: »Annas Mantel, Mamas Mantel«, so sagen Sie: »Ja, das ist dein Mantel und das ist mein Mantel.« So lernt es, »mein« und »dein« richtig zu gebrauchen.

Zeitformen

Wenn das Kind ein Gefühl für Zeiten bekommt, formt es anfänglich die Vergangenheit oft einfach durch Anhängen von »te« (eßte, fahrte) oder es gebraucht »hat« mit der Grundform des Verbs (Anna hat essen). Geben Sie ihm auch hier durch Ihre Sprache das Vorbild.

Fragen und Antworten

Gegen Ende des dritten Jahres fragt das Kind ununterbrochen. Auch wenn Ihnen die ewigen »Warums« manchmal auf die Nerven gehen, seien Sie froh, daß Ihr Kind an den Vorgängen in seiner Umwelt Interesse zeigt, daß es versucht, sie zu verstehen und seine Vorstellungen darüber auszudrücken.
Nehmen Sie die Fragen ernst und beantworten Sie sie gut und richtig, niemals mit Ausreden wie: »So ist das nun mal.« Damit kann das Kind nichts anfangen. Die Antworten müssen ihm verständlich sein und sollen sein Wissen erweitern. Wenn es fragt, warum es regnet, können Sie eine schöne Geschichte dazu erzählen, wenigstens aber so viel, daß die Wolken Wasser von der Erde sammeln und, wenn es zu schwer wird, es in Form von Regen zurück auf die Erde gießen.
Da das Kind die Frage noch nicht so gut formulieren kann, müssen Sie oft erahnen, was es eigentlich wissen will. Fragt es: »Was ist das?«, und zeigt auf ein Lineal, möchte es nicht nur den Namen hören, sondern auch, was man damit macht. Das sollten Sie ihm dann auch schon zeigen.
Manchmal scheint es auch Fragen zu stellen, die sich anscheinend so nicht beantworten lassen; zum Beispiel »Warum fliegen Vögel?« Was hinter solcher Frage steckt, ist oftmals eine andere Frage, nämlich die nach der Art und Weise, in der etwas geschieht. Die Frage könnte deshalb so gemeint sein: Wie fliegen Vögel? Was machen sie mit den Flügeln? Sie sollten versuchen, die Frage so zu beantworten, aber dabei am Ende das Kind zurückfragen, ob es das sei, was es gemeint habe.
Können Sie eine Frage nicht beantworten, seien Sie ehrlich und schlagen Sie vor, in einem Buch nachzuschauen oder jemanden zu fragen.
Manchmal scheuen sich Eltern, eine Frage

wahrheitsgemäß zu beantworten, weil sie befürchten, daß das Kind sie nicht verkraften kann, zum Beispiel in bezug auf Tod oder Sexualität. Wahrheitsgetreu antworten heißt nicht, den Komplex bis ins Detail zu schildern. Das übersteigt tatsächlich das kindliche Verständnis, auch will es das oft auch gar nicht alles wissen. Suchen Sie nach einer richtigen, altersgemäßen Antwort (siehe S. 280).

Mögliche Probleme 2–3 Jahre

Legasthenie

Nur wenige Menschen wissen, was der Begriff Legasthenie wirklich bedeutet. Ich bin gegen den ungenauen Gebrauch, denn einem Kind kann ein falsches Etikett umgehängt werden, das verhindert, daß es die Hilfe bekommt, die seinen Schwierigkeiten entspräche.

Zweifellos haben einige, offensichtlich intelligente Kinder Schwierigkeiten beim Lesenlernen, aber auch die Fachleute streiten sich noch darüber, wann die Bezeichnung Legastheniker angebracht ist und wodurch diese Störung verursacht wird.

Die Sprachfähigkeit von Kindern mit Legasthenie kann auf verschiedene Weise und in unterschiedlichem Ausmaß beeinträchtigt sein. Für die meisten als »Legastheniker« eingestuften Kinder wird das Leseproblem als das schwerwiegendste betrachtet.

Die Hauptinterpretation der Psychologen lautet, daß Legasthenie durch ein Defizit in den Gehirn- und Muskelfunktionen verursacht wird, die für die Formung der Laute und für das Behalten dieser Laute verantwortlich sind. Weiter wird angenommen, daß Legasthenie eine genetische Komponente hat, d.h. teilweise von den Eltern ererbt wurde. Legasthenie hängt aber nicht mit der Intelligenz zusammen, obwohl das Problem eher bei intelligenten Kindern auffällt. Deren Schwierigkeiten beim Lesenlernen werden ungerechterweise häufig auf Faulheit zurückgeführt. Es ist wichtig, daß eine korrekte Diagnose der Legasthenie erstellt wird, damit dem Kind von besonders ausgebildeten Lehrern geholfen werden kann.

Lispeln

Lispeln ist ein weiterer häufiger Sprachdefekt bei Kindern, die gerade das Sprechen lernen. Er tritt zunächst auf, weil das Kind einfach noch nicht alle notwendigen Laute beherrscht und diese deshalb durch ähnliche Laute, die es schon bilden kann, ersetzt. Dies kann aber zur Gewohnheit werden. Genauso kann das Kind ein anderes, lispelndes Kind nachahmen. Sie sollten sich über beides keine Sorgen machen, denn dieses Verhalten verschwindet meist von allein.

Lispeln kann aber auch auf ein ernsthafteres Problem weisen. Es wird vielleicht durch eine partielle Taubheit, eine Gaumenspalte oder durch fehlerhafte Zungenbewegungen hervorgerufen. Obwohl solche Möglichkeiten bei den regelmäßigen ärztlichen Vorsorgeuntersuchungen hätten ausgeschlossen werden müssen, sollten Sie bei anhaltendem Lispeln Ihren Arzt aufsuchen. Er kann eine eventuell notwendige Sprachtherapie einleiten.

14 Soziales Verhalten

Die Grundlage für das soziale Verhalten Ihres Kindes legen Sie bereits im Säuglingsalter. Die Art, wie Sie mit dem Baby umgehen und wie es auf Sie und seine Umwelt reagiert, prägt seine Wesensmerkmale. Die soziale Entwicklung in der frühen Kindheit folgt genau bestimmbaren Stufen:

Das noch ungesellige Neugeborene wächst durch Nachahmung in die es umgebende Gemeinschaft hinein. Erst ahmt es Gesichtsausdrücke, Gesten und Bewegungen nach, dann Sprachlaute und endlich Verhaltensweisen. Eines der wichtigsten Vorbilder dieser frühen Periode ist die Mutter oder der Muttersatz. Babys, die ein warmes, liebevolles und offenes Verhältnis zu diesen Menschen finden, sind auch bereit, freundliche Beziehungen zu anderen Menschen aufzunehmen, weil sie es als wohltuend empfunden haben, wie sie mit den Eltern umgegangen sind.

Vermutlich gegen Ende des zweiten Lebensjahres setzt eine etwas schwierige Phase ein. Das Kind kämpft um die Durchsetzung seines Willens. Es folgt keiner Ihrer Aufforderungen mehr, sondern nur seinen eigenen Wünschen. Lassen Sie sich nicht aus der Fassung bringen und stehen Sie es mit dem Kind durch. Es braucht jetzt mehr denn je Ihre Zuwendung und Hilfe. Sie müssen einen »goldenen« Weg finden, um diesen ersten Unabhängigkeitskampf zu überbrücken. Am besten gelingt es, wenn Sie all Ihren Witz zusammennehmen und dem Kind das Gefühl vermitteln, seinen eigenen Weg gehen zu dürfen; im Prinzip ist es das ja auch, worauf es Ihnen ankommen sollte! Am Ende haben Sie das liebenswürdigste Kind, das gelernt hat, die Empfindungen anderer zu respektieren und dessen größter Wunsch es ist, mit denen, die es liebt, seine Freude zu teilen.

Persönlichkeitsentwicklung 0–1 Jahr

Ihr Baby ist anders als alle anderen, es ist einzigartig. Egal, wie viele Bücher Sie lesen, keines kann Ihnen das Wesen Ihres Kindes darstellen. Sie müssen es selbst entdecken, Schritt für Schritt. Beobachten Sie sorgfältig und aufmerksam alle Zeichen und Äußerungen, so lernen Sie die Individualität des Kindes kennen und schätzen. Sie ist sein wertvollster Besitz, und Ihre Aufgabe ist, sie zu hegen und zu pflegen. Helfen Sie, daß sie sich entwickeln und entfalten kann und nicht verletzt wird. Das Kennenlernen der Persönlichkeit Ihres Kindes ist wie das langsame Lesen einer aufregenden Geschichte. Nach und nach werden Sie herausfinden, ob es besonders zart behandelt werden will oder etwas tempramentvoller, ob es einen Sinn für Humor mitbringt, Späße liebt und alles mitmachen will oder ob es lieber Zurückhaltung übt.

Es kann einige Wochen dauern, bevor Sie erkennen, ob das Baby sich tatsächlich wohl fühlt. Bis dahin werden Sie sich oft sorgen, ob es nicht krank ist. Es kann sogar mehrere Monate dauern, bis Sie seine Art des Weinens verstehen – ein erstes Zeichen, ob das Kind sehr empfindlich oder recht umgänglich ist. Machen Sie sich keine Sorgen. Im Laufe der Zeit werden Sie alle seine Eigenarten kennen: ob es schnell oder langsam trinkt, ob es viel Schlaf braucht oder oft munter ist, ob es Schmusen gerne mag oder nicht.

In dieser Zeit werden Sie Ihren Tagesablauf häufiger umstellen und den Bedürfnissen des Babys anpassen müssen. Seien Sie in dieser Hinsicht flexibel!

Entwicklungsstufen

Mit sechs Monaten hat das Baby bereits erste soziale Verhaltensweisen in fast unbegreiflicher Weise angenommen. Es weiß, wie es Sie dazu bringen kann, mit ihm ein Gespräch zu führen oder zu spielen. Es hat gelernt, Ihre Aufmerksamkeit durch Lächeln, durch Lallen, durch Zeigen von Interesse und Neugier zu erhalten. Es weiß eine Unterhaltung abzubrechen, indem es wegschaut, schreit oder sich gelangweilt zeigt.

Drei Monate
Das Baby mag nicht mehr ausgeschlossen sein und weint, wenn es alleine ist. Sobald ein Erwachsener wieder erscheint und mit ihm spricht oder es durch ein Spielzeug ablenkt, ist es still. Hört es eine Stimme, dreht es seinen Kopf. Es lächelt, wenn es einen Erwachsenen lächeln sieht oder ihn schnalzen hört. Sein Wohlbehagen in Gesellschaft anderer drückt es durch Lächeln, Strampeln und Schwenken der Arme aus. Vertrauten Personen gegenüber äußert es sich freundlich, vor Fremden ängstigt es sich, wendet sich ab und weint vielleicht. Erst im Arm der vertrauten Person beginnt es sich an Fremde zu gewöhnen.

Vier Monate
Das Baby hebt seine Arme in Erwartung, hochgenommen zu werden. Es fixiert Gesichter und folgt mit den Augen der Person, die sich von ihm fortbewegt. Es lächelt, wenn man mit ihm spricht. Schenkt ihm jemand besondere Aufmerksamkeit, strahlt es. Es lacht, sobald jemand mit ihm spielt.

Fünf bis sechs Monate
Das Baby reagiert unterschiedlich auf ein Lächeln und auf einen ernsthaften Tonfall. Familienmitglieder begrüßt es lächelnd, Fremde erkennbar ängstlich.

Sechs Monate
Das Baby nimmt tatkräftig Kontakt auf. Sitzt es bei jemanden auf dem Arm, zieht es an dessen Haaren, reibt dessen Nase oder tätschelt dessen Gesicht.

Sieben bis neun Monate
Das Baby zeigt Geselligkeit durch Nachahmen von Sprachlauten und Gesten.

Zwölf Monate
Das Baby folgt auf »nein« und äußert Fremden gegenüber meist Angst und Abneigung, indem es zur Mutter eilt und eventuell sogar weint, wenn man sich ihm nähert. Es ist in dieser Phase sehr anhänglich.

Die »richtige« Einstellung

Im allgemeinen versteht man unter einem »lieben Baby« eines, das wenig weint, sich schnell beruhigt, lange schläft. Demnach hatten meine Freundinnen alle recht liebe Babys, ich dagegen nicht. Meine Babys gebärdeten sich recht anspruchsvoll und gelegentlich schwierig. Doch dies erschien mir als völlig normaler Wunsch nach Zuwendung.
In den ersten Wochen müssen Sie und Ihr Baby sich aneinander gewöhnen. Lassen Sie sich von seinem jetzigen Verhalten nicht aus der Fassung bringen. Es beherrscht noch nicht seine Reaktionen ge-

genüber der Umwelt und äußert Züge, die kaum die beiden ersten Monate überdauern.
Es mag weinerlich, schreckhaft, überaus wach oder verschlafen sein. Ihre Aufgabe ist, die Bedürfnisse des Babys so gut und so ruhig wie möglich zu befriedigen und ihm Ihre ganze Liebe zu schenken.

»Schwierige« Babys

Bei einem wirklich schwierigen Baby, das zum Beispiel sehr viel weint und durch gar nichts zufriedengestellt werden kann, ist es besonders schwer, Nerven zu bewahren. Ständiges Weinen regt einen auf und beunruhigt gleichzeitig. Wenn sich das Baby auch noch allen Beruhigungsversuchen widersetzt, fühlen Sie sich vielleicht zurückgestoßen und unfähig.
Glauben Sie aber nicht, daß das Baby Sie ärgern will. Das ist völlig unmöglich. Das Baby weint von Natur aus so lange, bis seine Bedürfnisse verstanden und erfüllt sind. Wenn Sie das nicht schaffen, beginnt ein Teufelskreis: Sie regen sich auf, das Baby weint noch mehr, Sie regen sich noch mehr auf und so fort.

Was können Sie tun?

Verlieren Sie vor allem nicht Ihre Geduld und regen Sie sich nicht zu sehr auf.

- Teilen Sie die Verantwortung mit Ihrem Partner und wechseln Sie sich bei der Betreuung so oft wie möglich ab.
- Beachten Sie die Hinweise zum Thema »Schreien« (siehe S. 182), und denken Sie daran, daß Ihr Baby nicht das einzige ist, das durch diese »schwierige« Phase geht. Sie wird nur kurz andauern.
- Betrachten Sie das Verhalten des Babys nicht als bewußte Ablehnung Ihrer Person. Es kann nicht anders, es versucht mit seinen Mitteln auf seine Bedürfnisse aufmerksam zu machen. Im Prinzip hat es aber nur dieses einzige Mittel: Schreien. Sie müssen dies anerkennen und entsprechend darauf eingehen. Sobald das Baby älter wird, ändert sich vieles.
- Nehmen Sie Hilfsangebote von Freunden und Verwandten an. Sie brauchen Ruhe. Und wenn jemand wenigstens zwischen den Mahlzeiten für zwei Stunden nach dem Baby schaut, können Sie sich schon etwas erholen.

Schläfrige Babys

Diese Babys werden oft als »pflegeleicht« oder »lieb« bezeichnet. Manche schlafen über zwanzig Stunden täglich, stellen keine Anforderungen, weinen selten, sind träge und nehmen am Geschehen rundum kaum Anteil. Während des Fütterns schlafen sie ein, reagieren kaum, wenn sie angesprochen werden, und äußern selten Erregung.

Was können Sie tun?

So ein Baby ist zuerst herrlich, weil es Sie nach der Geburt wieder Kräfte sammeln läßt. Allerdings versäumt es dabei auch vieles und sollte deshalb dazu gebracht werden, Spaß am Wachsein zu finden.

- Halten Sie das Baby nicht künstlich wach, es braucht diesen Schlaf, aber lassen Sie es nicht zu lange ohne Nahrung. Schläft es schon sehr bald nachts durch, wecken und füttern Sie es, bevor Sie selbst zu Bett gehen. Kleine Babys brauchen nämlich reichlich Flüssigkeit.
- Sobald es wach ist, versorgen Sie es mit möglichst viel Aufmerksamkeit und Anreizen. Umgeben Sie sein Bett mit Mobiles und Fotos, damit es sich auch beschäftigen kann, wenn Sie nicht da sind.
- Tragen Sie das Baby, wenn es schläft, in einem Tuch bei sich, damit es Ihre Wärme spürt.

Wache Babys

Statt der in der ersten Woche üblichen sechzehn Stunden schläft das Baby zwölf Stunden, und zwar immer nur über kurze Zeitabschnitte. Es ist voller Leben, an allen Vorgängen interessiert und lernbegierig. Obwohl seine Wachheit sehr anstrengt, belohnt es Sie durch sein umgängliches, herzliches Verhalten.

Was können Sie tun?

Bis das Baby alt genug ist, um sich selbst zu beschäftigen, sind Sie und Ihr Partner seine einzigen Unterhalter, und es fordert Sie Tag und Nacht. Sie sollten sich rechtzeitig mit Ihrem Partner ein »Schichtsystem« überlegen, sonst sind Sie bald völlig erschöpft. Ärgern Sie sich nicht über die Wachphasen, sondern akzeptieren Sie sie und unternehmen Sie praktische Schritte, um genug Schlaf zu erhalten.

- Benutzen Sie ein Tragetuch.
- Stellen Sie das Bett des Babys zu Hause immer in Ihrer Nähe auf, damit es Sie hören kann.
- Bieten Sie dem Baby durch Mobiles und Bilder genügend Beschäftigung, wenn Sie nicht anwesend sind.
- Richten Sie das Baby nach sechs Wochen im Bett oder Kinderwagen auf (siehe S. 69).

Unzufriedene Babys

Vielleicht ist Ihr Baby besonders ungeduldig, wenn es Hunger hat, genießt aber auch nicht das Gefüttertwerden. Es nimmt die Nahrung langsam und mit Schwierigkeiten auf. Danach ist es nicht sehr gesellig und mag nicht getragen werden. Unterhalten Sie sich mit ihm, beachtet es dies kaum. Es erscheint müde, gereizt und gespannt. Legen Sie es zum Schlafen, beginnt es zu weinen.

Was können Sie tun?

Glauben Sie nicht, daß Sie Ihr Baby nie zufrieden und glücklich erleben werden, und lassen Sie sich nicht von einem Gefühl der Unzulänglichkeit oder gar des Ärgers überwältigen. Das Verhalten Ihres Babys richtet sich gegen eine Umwelt, in der es sich noch nicht heimisch fühlt, nicht gegen Ihre Person. Betrachten Sie seinen Unmut deshalb nicht als Kritik. Versuchen Sie mit allen Mitteln, dem Baby ein Lächeln zu entlokken, auch wenn es sich noch so ablehnend verhält. Versuchen Sie, es in ein Spiel einzubeziehen, setzen Sie es auf Ihren Schoß und machen Sie ein paar Turnübungen.

- Weint es, dann probieren Sie nicht nur ein Mittel, sondern mehrere hintereinander – bis Sie Erfolg haben.
- Halten Sie sein Zimmer besonders warm und gemütlich.
- Hüllen Sie es in ein großes Wickeltuch, damit es sich geborgen fühlt (siehe S. 166).
- Hängen Sie Mobiles über sein Bett, um seine Aufmerksamkeit zu wecken.
- Tragen Sie es mit sich herum, das vermittelt ihm Wohlbehagen.

Schreckhafte Babys

Alle Neugeborenen sind empfindlich gegenüber lauten Geräuschen und plötzlichen, ruckartigen Bewegungen. Manche Babys aber reagieren überempfindlich auch auf ganz gewöhnliche Reize.

Hunger zeigen solche Babys nicht durch das übliche anhaltende Weinen, sondern innerhalb von Sekunden steigern sie sich in fast hysterisches Schreien. Hebt man sie hoch, versteift sich der ganze Körper, legt man sie wieder hin, zuckt der Körper sogar.

Was können Sie tun?

Verstehen Sie diese Reaktion des Babys nicht als Abweisung, sondern als Zeichen der Unfähigkeit, mit der neuen Umwelt zurechtzukommen.

- Hüllen Sie es stets in ein großes Wickeltuch (siehe S. 166), damit Arme und Beine am Körper liegen und es sich geborgen fühlt.
- Heben Sie es vorsichtig und langsam hoch. Wenn Sie sich zu ihm beugen, sprechen Sie zärtlich, oder singen Sie ihm etwas vor.
- Baden Sie das Baby nicht, sondern waschen Sie es täglich. Ziehen Sie ihm dabei nicht alle Kleider auf einmal aus, sondern lassen Sie stets das Hemdchen oder die Windel an.
- Lassen Sie das Baby in keinem lauten Zimmer, in dem zum Beispiel Lärm vom Straßenverkehr oder einer Schule zu hören ist oder in dem ein Telefon steht oder eine Uhr schlägt.

Das Baby als Familienmitglied

Während der ersten Wochen wird sich alles um das Baby drehen, aber langsam muß es sich dann in das Leben der Familie eingliedern. Es ist wichtig, daß das Baby lernt, mit Menschen zusammenzuleben, die einen anderen Rhythmus, gewisse Gewohnheiten, eine Reihe von Richtlinien und wenige Regeln haben.

Sie können aber nicht erwarten, daß sich ein Baby Ihrem Alltag anpaßt, wenn es diesen gar nicht miterlebt. Beziehen Sie es deshalb möglichst bald mit ein – bei den Mahlzeiten, bei Spielen, Spaziergängen, Einkäufen, bei der Hausarbeit, beim Besuchen von Freunden.

All diese Begegnungen sind wichtig für Ihr Kind, weil es durch die Tätigkeiten der Familienmitglieder auch etwas über das Tun der Menschen überhaupt erfährt. Es wird sein Verhalten in der Familie auf das gegenüber Fremden übertragen. Durch die Familie lernt das Baby Gebräuche und Verhaltensweisen der Kultur kennen. Indem das Baby Sie beobachtet und nachahmt, entwickelt es seine eigenen Verhaltensmuster, die zugleich typisch sind für die Kultur, in die es hineinwächst.

Disziplin 0–1 Jahr

Kaum ein Kind unter einem Jahr muß diszipliniert werden. Bis zu diesem Zeitpunkt ist es gar nicht empfänglich für vernünftige Begründungen. Ihre häufigste Maßnahme ist deshalb einfach ihr »Nein«. Folgt das Kind nicht, entfernen Sie entweder das Objekt oder das Kind. Schläge sind grundsätzlich völlig ungeeignete Mittel.

Mit der Zeit müssen die Eltern dem Kind auch die Grenzen für sein soziales Verhalten setzen. Viele werden unausgesprochen durch die Verhaltensweisen der Familienmitglieder untereinander festgelegt. Der beste Weg führt wieder über Ihr gutes Vorbild.

Es ist Teil Ihrer Verantwortung als Erzieher, dem Kind Richtlinien für sein Verhalten zu geben, und Sie sollten damit bereits im ersten Lebensjahr beginnen. Versäumen Sie das, wird Ihr Kind bald feststellen, daß andere Kinder und Eltern selbstsüchtige und sich schlecht benehmende Kinder nicht dulden. Halten Sie sich in Ihrem Haushalt ebenso an gewisse Richtlinien, wie in jeder anderen gesellschaftlichen Gruppierung auch, kann Ihr Kind davon profitieren und erfährt den Sinn von Gerechtigkeit und Sicherheit.

Unarten

Kein Baby verhält sich mit Absicht unartig, obwohl müde und erschöpfte Eltern es manchmal fast glauben. Das Baby mag zwar ununterbrochen weinen, sehr ungeduldig und mißmutig sein – dies liegt gewöhnlich daran, daß es übermüdet, hungrig oder krank ist, beunruhigt, aus Angst Sie könnten weggehen oder es könnten Fremde kommen. Die Schuld liegt also nicht beim Baby, und Sie sollten ihm nie etwas übelnehmen, das außerhalb seiner Kontrollfähigkeit steht. Genausowenig brauchen Sie sich Vorwürfe zu machen, wenn Sie alles in Ihrer Macht Stehende getan haben, um die Ursache des Mißbehagens zu vermeiden oder zu beseitigen.

Gegen Ende des ersten Jahres sind Enttäuschungen Hauptursache für Unarten. Ein von Anfang an sehr willensbetontes Baby möchte dies mit zunehmendem Alter und wachsender Selbständigkeit ausdrücken. Indem seine Willensstärke zutage tritt, akzeptiert es nicht mehr, daß Sie alles bestimmen. Es widersetzt sich Ihren Entscheidungen und beginnt sich kräftig zu behaupten. Einwände gegen Ihre Essensauswahl sind üblich. Lassen Sie es also essen, was es mag und in welcher Reihenfolge es dies mag (siehe S. 140).

Ähnlich drückt es jetzt auch den Wunsch aus, bestimmte Kleidungsstücke zu tragen. Lassen Sie ihm seinen Willen. Gewähren Sie dem Baby nicht einige Freiheiten, wird es sehr enttäuscht und bockig.

Bei seinem Alleine-machen-Wollen erlebt das Kind auch Enttäuschungen, da sein Wollen oft seine Fähigkeiten übersteigt. Sein Körper macht nicht immer das, was es will, und auch in seiner Umwelt geht nicht alles nach seinem Wunsch. Das mündet unausweichlich in Tränen und Zornausbrüchen (siehe S. 188). Versuchen Sie, sich nicht darüber zu ärgern, da jedes Kind dieses Verhalten aufweist, sondern helfen Sie ihm darüber hinweg. Wenn Sie keine Hilfe anbieten, vergeudet das Kind viel Kraft für Dinge, die seine Fähigkeiten übersteigen, und wird durch ständige Fehlschläge entmutigt. Befindet sich Ihr Kind in dieser Gefühlslage, wird es durch Einschüchterungsversuche und Druck noch widerspenstiger. Sie müssen Feingefühl und Humor beweisen und etwas indirekter vorgehen. Erst so helfen Sie dem Kind.

Wenn Sie das Kind spüren lassen, daß es die Kontrolle hat, dann wird es sich oft nach Ihrem Wunsch richten. Statt zum Kind »Nein, das darfst du nicht!«, zu sagen, wenn es Plastikbecher durch die Gegend wirft, machen Sie ein Spiel aus dem Aufräumen. Holen Sie ein Tablett, legen Sie entsprechend viele Nüsse darauf und schlagen Sie dem Kind vor, jede Nuß unter einem Becher zu verstecken.

Wann ist »Nein« angebracht?

Während des ersten Lebensjahres gibt es nur ein paar Gründe, um »nein« zu sagen. Ich selbst habe diese Maßregelung so selten wie möglich angewandt und gebrauchte »nein« nur und immer dann, wenn eine Gefahr für das Kind oder andere drohte. In diesen Fällen sagte ich ganz bestimmt »nein«, entfernte gleichzeitig den Gegenstand oder hielt das Kind davon ab, eine gefährliche Tätigkeit auszuführen. Ich wartete also nicht ab, ob es mein »nein« befolgte. Während ich versuchte, meinem Kind beizubringen, was gefährlich ist, bot ich immer eine Erklärung, warum ich es an bestimmten Tätigkeiten hinderte. Ich zeigte, was daran gefährlich ist, und wiederholte es jedesmal, wenn wieder die gleiche Situation entstand, in der Hoffnung, das Kind prägt es in sein Gedächtnis ein und richtet sich mit der Zeit danach.

Erst als die Kinder älter waren und die Gefahren kannten, ließ ich ihnen die Möglichkeit, der Versuchung selbst zu widerstehen. In anderen Fällen lehrt man Disziplin besser durch Loben und Belohnen guten Verhaltens, auch seitens anderer Familienmitglieder. Trotzdem, all das hat nur Erfolg, wenn das Kind begreift, was falsch war und was richtig gewesen wäre.

Mögliche Probleme 0–1 Jahr

Mangelnde Liebesfähigkeit

Viele Mütter glauben, daß ihnen nach der Geburt wie selbstverständlich eine Liebe zum Kind entströmt – etwa wie einem aufgedrehten Wasserhahn das Wasser. Um so bestürzter sind sie, wenn sie nach zwei oder drei Tagen dem Baby gegenüber nichts Derartiges fühlen. Sie empfinden Zärtlichkeit und Verantwortung gegenüber dem winzigen neuen Wesen, das so abhängig von ihnen ist, aber sie verspüren noch nicht eine starke, verbindende Liebe. Das ist jedoch ganz normal. Liebe entwickelt sich gewöhnlich erst nach einer, vielleicht zwei Wochen. Bis dahin erfreut man sich am Baby mehr sinnlich: Man spürt es an der Haut, steckt die Nase in seine Nackenfalte und atmet seinen Duft ein, legt die Finger in seine kleine Hand und spürt den festen Griff.

Manchmal jedoch erwächst gar keine Mutterliebe, aus welchem Grund auch immer. Die Mutter verspürt Abneigung und Ablehnung gegenüber dem Kind. Keines von beiden scheint zum anderen zu passen.

Früher wurde gewöhnlich die Mutter für schuldig befunden, weil sie unfähig sei, sich auf die Bedürfnisse und die Persönlichkeit des Kindes einzustellen. Heute weiß man, daß dies nicht immer so einfach stimmt.
Eine Frau kann starke Muttergefühle entwickeln, den festen Wunsch, sich um das Baby zu kümmern und sich ihm zuzuwenden und es zu lieben. Sie kann alles tun, und trotzdem bleibt eine undurchdringliche Wand bestehen.
Es kann durchaus sein, daß die Schuld hierfür mehr beim Baby als bei der Mutter liegt, sie bilden einfach ein schlechtes Paar. Eine Mutter, die solche Schwierigkeiten hat, sollte unbedingt mit einem Arzt darüber sprechen, denn sie, wie auch das Baby brauchen Hilfe.

Ungesellige Babys

Wie es ungesellige, nach innen gekehrte Erwachsene gibt, die ziemlich wortkarg sind und keine gesellschaftlichen Verbindungen eingehen mögen, so gibt es auch Babys mit derartigen Zügen. Es lächelt selten, reagiert nicht, wenn es angesprochen wird, erfreut sich nicht am Spielen und wird nicht gern umarmt. Andererseits quengelt es, wenn man es in den Kinderwagen oder das Bett legt und alleine läßt. Es ist leicht erregbar und gerät schnell aus der Fassung. Es weint viel und ist ein langsamer, schwieriger Esser. Wird das Baby müde, ist es gereizt und kann nicht einschlafen. Was immer Sie unternehmen, nichts scheint das Baby zufriedenzustellen. Ein Gefühl für vergebliche Liebesmühe mag Sie dabei überkommen.
Traurig für dieses Baby ist, daß es so nie kennenlernt, wie Geben durch Zurückgeben belohnt wird. Ein Baby, das oft lächelt und Freude ausstrahlt, erhält Freundlichkeit, Liebe, Gesellschaft und Hilfe zurück. Ein Baby, das mißmutig oder gleichgültig ist, erfährt dies nicht. In seinem Leben fehlt es an Heiterkeit, und so wächst es vielleicht zu einer nicht sehr umgänglichen Persönlichkeit heran.

Eltern müssen hier ihr Bestes geben und alles versuchen, damit das Kind nicht weiterhin in dieser ablehnenden Haltung lebt. Auch wenn es schwierig ist, bemühen Sie sich mit aller Kraft, seinen Blick, sein Gehör und sein Lächeln zu erringen. Sobald Sie erreicht haben, daß das Baby auf Ihre Annäherungsversuche reagiert, gehören fast alle Unerfreulichkeiten bald der Vergangenheit an.

Zurückgebliebene Babys

Da sich jedes Baby in einem anderen Tempo entwickelt, die Spanne reicht von sehr schnell bis sehr langsam, ist es nicht einfach, noch normale Spätentwicklung von Zurückgebliebenheit zu unterscheiden. Beobachten Sie, daß Ihr Baby weit hinter den allgemeinen sozialen Entwicklungsstufen (siehe S. 260) zurückbleibt, besuchen Sie den Arzt. Da bei kleineren Störungen vielleicht über Monate hinweg keine deutlichen Anzeichen auftreten, ist es besser, Sie verlassen sich nicht nur auf Ihr Gespür und suchen frühzeitig Rat. Je früher man Störungen entdeckt, um so größer ist die Möglichkeit, unnormale Entwicklungen zu beeinflussen. Außerdem bewahren Sie das Baby, Ihre Familie und sich selbst vor unnötigem Leid.
Zeigt beim Baby nicht nur die soziale, sondern auch die körperliche Entwicklung Auffälligkeiten, werden große Anforderungen bei der Pflege an Sie gestellt. Sie müssen dann mit ihm wie mit einem Neugeborenen umgehen. Da dies oft zu einer gespannten Atmosphäre im Haus führt, sollten Sie sich nach Hilfe umsehen. Es ist nicht nur praktisch gesehen hilfreich, sondern auch beruhigend, mit anderen Menschen zu sprechen, die in einer ähnlichen Situation sind. Versuchen Sie, über Ihren Arzt, die Zeitung oder das Sozialamt Adressen von entsprechenden Verbänden zu erhalten. Zwar kostet es immer etwas Selbstüberwindung, sich mit solchen Problemen nach außen zu wenden. Doch sollten Sie dann daran denken, Sie tun es zum Wohle des Kindes.

Persönlichkeitsentwicklung 1–2 Jahre

Während des zweiten Jahres ist das ganze Verhalten des Kindes darauf ausgerichtet, Aufmerksamkeit zu erwecken. Es redet, es weint, es stößt etwas um und macht Dinge, die, wie es weiß, verboten sind. Hat das Kind dabei sein Ziel erreicht, zeigt es seine Zufriedenheit durch freudiges Lächeln.

Das zweijährige Kind tritt gegenüber allem oftmals sehr ablehnend auf, und sein Lieblingswort ist »nein«. Es befindet sich im Übergang vom, Baby zum Kleinkind und versucht in dieser Phase seine Selbständigkeit durchzusetzen.

Das Kind will alles sofort tun. Häufig hält es an bestimmten Rhythmen fest. Seine Launen wechseln und seine Gefühlsempfindungen schwanken zwischen übertriebenen Liebesbeweisen und Zornausbrüchen. Geben Sie diesen Stimmungen nach. Hat das Kind jetzt nicht die Möglichkeit, selbständig zu werden, können diese Widerstände zu erheblich schlechteren Verhaltensweisen führen.

Auf der anderen Seite entwickelt das Zweijährige nun Bereitschaft zum gemeinsamen Spielen. Mit und durch den Erwachsenen lernt es nun erste »soziale Zusammenarbeit«, wobei es die Aufgabe des Erwachsenen ist, ihm mit Geduld den Sinn des Teilens zu vermitteln. Nach und nach kann es mit anderen Kindern zusammenspielen, selbst wenn diese anfänglich nicht gewillt sind, zu teilen. Ermutigen Sie Ihr Kind zur Ausdauer und seien Sie ihm dabei immer wieder ein Vorbild.

Zu- und Abneigungen

Das Kind beginnt sich während des zweiten Jahres auf allerlei Art Geltung zu verschaffen, und so ist es ganz natürlich, wenn es seine Vorlieben besonders lebhaft zum Ausdruck bringt. Es ist versessen darauf, weiterzukommen und zu zeigen, daß es weiterkommt. Es betrachtet sich nicht länger als Ihr Spiegelbild, empfindet sich schon mehr als eigenes Wesen und sieht somit keinen Grund, genau das zu tun, was Sie wünschen. Es ist entschlossen, seine Selbständigkeit auszuüben, und lehnt Hilfe ab, selbst wenn es sie nötig hätte.

Ihr Kind entwickelt Zu- und Abneigungen und hat das starke Verlangen, sich seine Wünsche zu erfüllen, auch wenn es nicht die gleichen sind wie Ihre und es dadurch mit Ihnen in Konflikt gerät. Darüber ist es dennoch unglücklich und fühlt sich deshalb hin- und hergerissen. Es möchte sowohl Selbständigkeit üben wie von Ihnen geliebt werden. Selbst wenn es versucht, ein Gefecht gegen Sie zu gewinnen, braucht es Ihre Hilfe und seelische Unterstützung, da es noch zu unreif ist, ohne Sie auszukommen. Ihre Aufgabe ist, einen Mittelweg zu finden und ein Gleichgewicht zu schaffen zwischen seinem Bedürfnis nach Selbständigkeit und dem nach Liebe und Schutz. Das ist nicht einfach.

Verständnis-, Gedächtnis- und Urteilsvermögen sind noch unausgereift. Das Kind kann nicht weit vorausdenken und ist deshalb ungeduldig, wenn nicht alles sofort geschieht. Gleichzeitig ist es bestrebt, seine Umwelt zu beeinflussen und zu bestimmen. Seine Willenskräfte sind stärker als seine Verstandeskräfte. So haben Sie zu entscheiden, wann Sie das Kind noch wie ein Baby behandeln müssen und wann Sie es ermuntern können, Selbständigkeit und Wagemut zu entwickeln, wobei Sie es noch gegen Gefahren schützen müssen.

Seien Sie großzügig und erlauben Sie dem Kind, seinen Zu- und Abneigungen zu entsprechen. Setzen Sie Ihren Willen nicht einfach durch, um zu gewinnen und Autorität zu beweisen.

Natürlich können Sie immer gewinnen, aber Sie sollten es dem Kind zuliebe nicht übertreiben. Beurteilen Sie die Situation sorgfältig. Es gibt einige wenige Fälle, wo es wichtig ist, daß Sie Ihren Willen durchsetzen, z. B. wenn die Sicherheit des Kindes gefährdet ist. Aber ansonsten lassen Sie dem Kind seinen Willen.

Individuelle Wesenszüge

Jedes Kind bringt eigene Wesenszüge mit auf die Welt, die sich bereits in den ersten Lebenswochen zeigen. Aber auch Einflüsse aus der Umwelt färben die Persönlichkeit des Kindes in der frühen Kindheit. Sie können sowohl gute wie weniger gute Eigenarten zum Vorschein bringen. Versuchen Sie, die guten Anlagen zu betonen und die schwachen auszugleichen.

- Hat das Kind ein starkes Verlangen nach Anerkennung, ist es auch motiviert, die Erwartungen seiner Umwelt zu erfüllen. Zuerst sucht es Anerkennung seitens Erwachsener, später von Kindern. Hier müssen Sie dem Kind Wege zeigen, das »Richtige« zu tun, damit es seine Selbständigkeit entwickelt und wahren kann.
- Kleine Kinder drücken Sympathie aus, indem sie versuchen, jemandem zu helfen oder ihn zu trösten, wenn er traurig oder in Not ist. Das ist allerdings erst dann möglich, wenn das Kind selbst bereits Kummer erlebt hat.
- Sobald Kinder Gesichtsausdrücke und die Sprache anderer verstehen, entwickeln Sie die Fähigkeit, sich in die Empfindungen anderer zu versetzen und mitzufühlen.
- Freundliche Kinder möchten gern für und mit anderen etwas tun. Sie drücken ihre Neigung in jeder Art von Worten und Gesten aus.
- Kindern, denen nicht gewährt wird, ständig im Mittelpunkt der Familie zu stehen, die Möglichkeiten und Anregungen erhalten, zu teilen was sie haben, berücksichtigen andere und leisten etwas für sie. Sie konzentrieren sich nicht nur auf ihren eigenen Besitz, ihre eigenen Interessen und Wege.

Das schüchterne Kind

Einige Kinder sind von Natur aus scheu, in sich gekehrt und sprechen sehr wenig. Ist das bei Ihrem Kind der Fall, dann schließen Sie daraus nicht sofort, daß es zurückgeblieben ist, und werden Sie nicht überängstlich und überfürsorglich. Ein Kind, das sich zu Hause sehr gesprächig zeigt, verstummt oft in einer fremden Umgebung oder gegenüber Unbekannten und zieht sich zurück. Das geschieht bei vielen Kindern, wenn sie etwa ein Jahr sind. Bestehen Sie nicht darauf, daß sich das Kind sofort in neue Situationen einfügt. Erlauben Sie ihm, ruhig auf Ihrem Schoß zu sitzen oder neben Ihnen zu stehen, während es beobachtet, was die anderen tun. So findet es Vertrauen. Nach etwa einer halben Stunde, wenn Sie spüren, daß sich das Kind wohl fühlt, ermuntern Sie es nach und nach, an der Unterhaltung teilzunehmen. Sogar ein schüchternes Kind schließt sich nach etwa einer Stunde neuen Freunden und Spielen an, wenn es langsam und sachte dazu ermutigt wird.

Ist das Kind sehr scheu und ängstlich, gerät es vielleicht sehr aus der Fassung, wenn Sie es mit einem Babysitter allein lassen. Versuchen Sie, dies zu verstehen, und zeigen Sie dem Kind Ihre Zuneigung, auch wenn die Situation noch so ärgerlich ist. Mit Ihrer Hilfe entwächst das Kind dieser Anhänglichkeit, aber zuerst muß es das Gefühl der Sicherheit erlangen.

Spielen und Teilen

Ihr Kind sollte so bald wie möglich mit anderen Kindern zusammentreffen. Im ersten Jahr gewöhnt es sich an Wechselbeziehungen im engen Familienkreis und mit weiteren Verwandten, die ins Haus kommen. Fremden und Erwachsenen gegenüber fühlt es sich bedeutend wohler, wenn es zu spüren beginnt, daß Ihre Freunde auch seine Freunde sind, daß es auch andere Menschen gibt, die ihm helfen, es versorgen und denen es vertrauen kann. Helfen Sie Ihrem Kind jetzt, Erwachsene zu akzeptieren, hat es später weniger Schwierigkeiten mit Kindern, deren Gesellschaft es sucht, sobald es seine Erfahrungen ausdehnen und sich selbständig machen will.

Mit etwa achtzehn Monaten toleriert das Kind schon andere Kinder, obwohl sie kaum zusammen, sondern Seite an Seite – oft sogar das gleiche – spielen, ohne aufeinander einzugehen. Etwas später, wenn sich die Kinder mit Spielsachen beschäftigen, nehmen sie sich gegenseitig Sachen weg, schubsen oder hauen sich. Das ist ganz normal. Wiederholt Ihr Kind dies zu oft, weisen Sie es ruhig darauf hin, daß dies nicht schön ist und daß es selbst dies ja auch nicht mag.

Da das Kind das Teilen erst lernen muß, dürfen Sie nicht erwarten, daß es seine Spielsachen selbstverständlich hergibt. Deshalb ist es weder selbstsüchtig noch ein Tyrann, es hat nur noch nicht den Sinn des Teilens begriffen. Diesen können Sie ihm, über den Weg des anfänglichen Tauschens,

immer dann verdeutlichen, wenn es sich ein Spielzeug ergattert, mit dem gerade ein anderes Kind spielte. Sagen Sie ihm, daß es nun auch eines seiner Sachen abgeben muß. Ein zweijähriges Kind ist meist fähig, die Richtigkeit dieses Tausches zu verstehen.

Stellen Sie vorläufig nur ganz einfache Bedingungen, da das Kind noch nicht so weit ist, reifes Verhalten zu äußern. Erst zwischen zweieinhalb und drei Jahren können Sie seine Vernunft ansprechen und erwarten, daß es sich selbstloser zeigt.

Freigebigkeit

Schon sehr früh können Sie beim Kind Freigebigkeit anlegen, am leichtesten in bezug auf Sie selbst, da Sie noch die wichtigste Person für das Kind sind. Nützen Sie seinen Wunsch, Sie zu erfreuen, leiten Sie es zu kleinen Freigebigkeiten an (z. B. Papa einen der geliebten Kekse zu geben), und dehnen Sie es langsam über Ihre ganze Familie aus. Es ist ja natürlich, daß Ihr Kind Menschen erfreuen will, von denen es geliebt und versorgt wird und zu denen es Zuneigung verspürt. Wenn Freigebigkeit zu seiner Verhaltensregel gegenüber geliebten Menschen wird, überträgt es dies auch bald auf Bekannte und Freunde.

Auch in bezug auf Tätigkeiten können Sie mit dem Kind Freigebigkeit üben. Begeistert es sich für eine Beschäftigung, bitten Sie es, daran teilnehmen zu dürfen. Regen Sie das Kind an, auch andere Familienmitglieder und Freunde im Haus daran teilhaben zu lassen. Mit achtzehn Monaten sollte das Kind auch Bekannten gegenüber freigebig sein. Schafft es dies, wird es sich später auch Gleichaltrigen gegenüber freigebiger und selbstloser zeigen.

Einzelkinder

Einzelkinder haben zweifellos den Vorteil, ständig ungeteilte Elternliebe zu erfahren und mit dem Gefühl besonderer Nähe zu Ihnen und Freunden aufzuwachsen. Trotzdem gibt es nur wenige, die nicht gestehen, daß sie in einigen Lebensphasen gerne Brüder und Schwestern gehabt hätten. Dies ist zwar selten ein ernstes Problem, aber Sie können möglichen Schwierigkeiten vorbeugen, wenn Sie Ihr Kind mit Gleichaltrigen zusammenbringen. Sobald das Kind das gesellige Alter erreicht, also zwischen achtzehn Monaten und zwei Jahren, sollten Sie diesbezüglich etwas unternehmen und Kinder zu sich nach Hause einladen.

Eltern von Einzelkindern sind leicht zu nachgiebig und vermitteln dem Kind das Gefühl übermäßiger Wichtigkeit. Ihr Bedürfnis, dem Kind alle Wünsche zu erfüllen und ihm Ihre absolute Aufmerksamkeit zu schenken, sollten Sie etwas zurückhalten. Das Kind muß lernen, daß es weder alles bekommen noch ständiger Mittelpunkt Ihres Lebens sein kann, genausowenig wie das Kind aus einer größeren Familie (siehe S. 263).

Die Versuchung, das Kind stark an sich binden und gegen alles abschirmen zu wollen, mag groß sein, tut aber weder dem Kind noch Ihnen gut. Nicht nur, daß Sie sich versetzt fühlen, wenn das Kind selbständig wird und Sie weniger braucht, sondern das Kind entwickelt weniger Neugierde, Wagemut und Selbständigkeit, und es wird zu anhänglich. Scheuen Sie sich nicht, dann aktiv zu werden. Manchmal muß der richtige Weg zum Verhalten in einer Gruppe gewiesen werden.

Disziplin 1–2 Jahre

Es war schon immer erwünscht, daß Kinder Disziplin zeigten, aber mehr zur Bequemlichkeit der Erwachsenen als zum eigenen Wohl. Meist stand und steht dann die eigene Bequemlichkeit, die ungestörte Routine oder auch eigene Verhaltensunsicherheit im Vordergrund.
Auch ging man davon aus, daß Disziplin nötig ist, damit sich die Kinder den gesellschaftlich anerkannten Normen anpassen. Inzwischen weiß man, daß Kinder Ordnung brauchen – einfach um glücklich und ausgeglichen zu sein. Kinder möchten wissen, wo Grenzen für Verhaltensweisen bestehen. Ein bestimmtes Maß an Disziplin ist unentbehrlich in der kindlichen Entwicklung, solange dem Kind dadurch Sicherheit im sozialen Verhalten vermittelt wird.

- Durch Disziplin lernen Kinder sich so zu verhalten, daß sie gelobt werden. Lob ist für sie ein Zeichen für Anerkennung und Liebe. Beides brauchen sie, um glücklich aufwachsen zu können.
- Wenn Disziplin, dem Alter des Kindes angemessen, vermittelt wird, dient sie als Antriebskraft. Das Kind bemüht sich, Aufgaben zu erfüllen, und erfährt Befriedigung.
- Disziplin hilft (vor allem anderen) dem Kind bei der Entwicklung der Selbstbeherrschung und des Gewissens. Diese innere Stimme wird es später bei eigenen Entscheidungen und Verhaltensweisen anleiten. Fehlt ihm dieser Sinn, ist das Kind wankelmütig und verhält sich oftmals unsozial.
- Undisziplinierte Kinder werden oft gescholten. Dadurch entstehen Schuld- und Schamgefühle. Diese führen unausweichlich zu Leid und Anpassungsschwierigkeiten.
- Disziplin ermöglicht Kindern, allgemein Zustimmung zu erhalten, wodurch sie sich zufrieden, glücklich und sicherer fühlen.

Wann ist Disziplin nötig?

Zuviel, wie zuwenig Disziplin sind gleichermaßen schlecht, weil beides die Kinder verunsichert. Auf keinen Fall darf das Kind durch Angst, Druck, Schläge oder Demütigungen reglementiert werden. Obwohl Sie dem Kind die Gründe angeben können, warum Sie gewisse Dinge in einer bestimmten Weise so wollen, ist es nicht möglich, das Kind vor zweieinhalb bis drei Jahren auf seine Vernunft hin anzusprechen. Deshalb müssen Sie einfache, leicht verständliche Maßnahmen ergreifen, die deutlich mit dem Vorgang zusammenhängen. Deshalb müssen Sie auch sofort handeln und nicht erst dann, wenn das Kind den Vorfall bereits vergessen hat. Wenn Sie bereits bei Kleinigkeiten immer gleich furchtbar ärgerlich werden, verwirren Sie das Kind und stören sein Vertrauensverhältnis zu Ihnen. Behalten Sie sich Maßnahmen nur für wirklich ernste Fälle vor, z. B. wenn das Kind erkennbar mit Absicht etwas zerstört, wenn es andere schlägt oder schwindelt. Auf diese Art erhält das Kind ein klares Bild dessen, was duldbar ist und, andererseits, was Sie mißbilligen.

Das Gedächtnis des Kindes ist noch sehr kurz. Brüten Sie längere Zeit über Ihren Ärger, weiß das Kind bald nicht mehr, warum Sie sich so verhalten. Es denkt, daß Sie ihm absichtlich Liebe entziehen, und gerät völlig durcheinander. Klären Sie also einen Vorfall ab, und zwar unverzüglich – und dann vergessen Sie ihn!

Schwierigkeiten

Kinder sind sehr empfänglich für Gerechtigkeit. Halten Sie sich an die folgenden Regeln, so vermeiden Sie vermutlich die meisten Schwierigkeiten:

Schläge verursachen neue Probleme. Unterlassen Sie sie um jeden Preis. Untersuchungen haben gezeigt, daß Kinder nicht wissen, warum sie geschlagen werden. Die Erinnerung fehlt, deshalb bringen Sie die Strafe nicht mit ihrer Missetat in Verbindung. Schläge wirken nicht abschreckend. Nach meiner Ansicht ist es völlig falsch, dem Kind »spürbar« vorzuführen, daß

Einige Grundregeln

Denken Sie daran, daß soziales Verhalten und Selbstbeherrschung nicht in ein paar Monaten zu lernen sind, es braucht Jahre. Erwarten Sie nicht zu viel vom Kind, schon gar nicht, daß es noch weiß, was Sie das letzte Mal gesagt haben. Es mißachtet frühere Gebote nicht, sondern hat sie einfach vergessen. Ein zweijähriges Kind hat noch kein so gutes Gedächtnis, wiederholen Sie also geduldig Ihre Anweisungen.

Worte bewirken stets weniger als Taten, leben Sie dem Kind also gutes Verhalten vor. Im folgenden einige Ratschläge:

- Stellen Sie nur wenige »Gebote« auf – die dann jedoch unter keinen Umständen gebrochen werden dürfen. »Das darfst du nicht!«, ist eine negative Redewendung, die einem nur zu oft entschlüpft. Soll das Kind etwas nicht tun, verbieten Sie es nicht direkt, sondern bieten Sie ihm eine Alternative in Form des: »Du darfst ...« an.
- Geben Sie keine verschwommenen Anweisungen wie: »Sei nicht unartig!«, sondern sagen Sie deutlich, was Sie meinen.
- Erklären Sie Ihre Anweisungen. Soll das Kind abends sein Dreirad unter ein Dach stellen, erzählen Sie, daß es sonst bei Regen rostet und nicht mehr fährt. Vermeiden Sie auf die Frage »warum« Redewendungen wie: »Das gehört sich so!« oder ähnliches.
- Wann immer das Kind eine Anweisung befolgt, loben Sie es und – wenn es etwas Schwieriges vollbringt – belohnen Sie es. So erfährt das Kind allein durch fehlendes Lob, daß Sie seinem Verhalten nicht zustimmen.
- Ihr Vorbild ist dem Kind in vielen Fällen die beste Richtlinie: Ziehen Sie Ihre schmutzigen Schuhe an der Tür aus, oder ziehen Sie Stiefel an, bevor Sie in den Regen hinausgehen!
- Bleiben Sie konsequent (lassen Sie z. B. das Kind nicht einmal mit und ein andermal ohne Stiefel in den Regen), aber zeigen Sie, daß besondere Anlässe Ausnahmen erlauben. Genehmigen Sie ihm zum Geburtstag mehr Eis als sonst, aber verdeutlichen Sie auch, daß dies nicht am nächsten Tag so weitergeht.
- Geben Sie Fehler zu, auch dem kleinen Kind gegenüber. Das fördert seinen Sinn für Gerechtigkeit. Sagen Sie ruhig einmal: »Dumme Mama! Das hätte Mama nicht tun dürfen! Du hast recht, ich habe mich geirrt!«

körperliche Gewalt jemals zu billigen sei, schon gar nicht als Strafe für etwas, das es falsch gemacht hat. Ich halte es nicht nur für untauglich, sondern auch für herzlos.
Strafen Sie das Kind nie mit Berechnung, denn es spürt den Unterschied zu einem scharfen Verweis oder Klaps, der aus einer momentanen Erregung kommt und den es vergißt, sobald sich auch Ihr Gemüt beruhigt hat. Solche spontanen Auseinandersetzungen sind weniger schädlich als hinausgezögerte mit einer Strafandrohung wie: »Warte, bis wir zu Hause sind ...«, oder noch schlimmer: »... bis Papa nach Hause kommt.«

Mögliche Probleme 1–2 Jahre

Aggressivität

Aggression ist ein Akt von Feindseligkeit, der – nach allgemeinem Verständnis – nicht durch jemand anderen provoziert wurde. Auch Kinder empfinden Aggressivität und drücken sie gewöhnlich in Form von verbalen oder körperlichen Angriffen aus, häufig gegenüber schwächeren Kindern.
Angriffslust, Tyrannisieren und Zerstören sind aber eigentlich Hilferufe. Häufig rühren sie her von elterlicher Vernachlässigung und Abwesenheit, zuviel oder zuwenig Disziplin oder Prügelstrafen. Das Kind trägt deshalb wirklich keine Schuld, auch wenn es sich schwer helfen läßt. Ein garstiges Kind spiegelt meist »nur« das garstige Verhalten ihm gegenüber wider. Tadeln Sie es nicht deshalb vorschnell, sondern schauen Sie in sein Zuhause, in seine Umgebung.
Man kann im übrigen nicht erwarten, daß ein solches Kind seine aggressiven Verhaltensmuster vom einen auf den anderen Tag ablegt. Das Mißtrauen gegenüber anderen Menschen ist meist in frühester Kindheit entstanden und über Jahre gewachsen. Im Prinzip muß ein solches Kind gewissermaßen wieder ganz von vorne anfangen und Grundvertrauen in andere Menschen gewinnen.
Entdecken Sie bei Ihrem Kind Anzeichen von Aggressivität, dann versuchen Sie, sie im Keim zu ersticken. Bestrafen und schlagen Sie das Kind nicht, das macht es nur noch schlimmer. Zeigen Sie deutlich, daß Sie von seinem Verhalten nichts halten und daß das Kind so keine Zustimmung von Ihnen zu erwarten hat. Zeigen Sie ihm, daß es für liebevolles Verhalten belohnt wird und viel Lob ernten kann. Erscheint Ihnen das Kind sehr verstört, oder fühlen Sie sich der Sache nicht gewachsen, suchen Sie Rat bei Ihrem Arzt.

Eifersucht

Rivalitätsgefühle sind bei Kindern völlig normal. Manchmal wirken sie sich positiv aus und spornen das Kind dazu an, sein Bestes zu tun. In diesem Fall ergänzt sich seine Freundlichkeit durch den Wunsch nach sozialer Einpassung. Führen sie jedoch zu Streitereien und Angeberei, muß Ihr Kind eine schwierige Zeit durchmachen.
Eine der stärksten Formen von Eifersucht erlebt das Kind bei Ankunft eines Geschwisterchens. Das Kind fühlt sich »entthront«, seines besonderen Platzes in Ihrem Leben beraubt. Es versucht mit allen Mitteln Aufmerksamkeit zu gewinnen und fällt oft in frühkindliche Verhaltensweisen zurück: Es näßt die Hose, möchte wieder gefüttert und angezogen werden. Oder das Kind lenkt seine Eifersucht auf das Baby und versucht, es zu hauen. Ein anderes Kind leidet unter seinen Eifersuchtsgefühlen, kehrt sich nach innen, wird still, bleibt Ihnen fern, vielleicht lehnt es sogar Sie alle ab.
Alle diese Gefühle sind leicht verständlich. Helfen Sie Ihrem Kind, indem Sie es auf das neue Baby vorbereiten und ihm deutlich machen, daß ihm sein Platz in Ihrer Zuneigung sicher ist. Wenn das Baby da ist, lassen Sie das Kind sich an der Pflege beteiligen, bitten Sie es um Hilfe bei leichten

Aufgaben und loben und belohnen Sie sein hilfreiches Verhalten oder wenn es sich dem Baby liebevoll zuwendet. Vergessen Sie nicht, sich täglich eine gewisse Zeit ausschließlich dem größeren Kind zu widmen.

Übermäßige Nachgiebigkeit

Eltern neigen sehr leicht dazu, einem Kind allzuviel nachzugeben und es zu verwöhnen, vor allem, da sie es ja mehr als alle anderen Menschen mögen. Man wünscht, daß sich das Kind froh und glücklich fühlt, man überhäuft es irrgläubig mit allem möglichen, man macht ihm das Leben so leicht wie möglich und stellt es in den Mittelpunkt. Dem Kind zuliebe sollten Sie sich hierbei beherrschen, denn dabei wird es leicht zu einem auf sich selbst bezogenen Menschen erzogen.
Um dies zu verhindern, sollten Sie es von klein auf daran gewöhnen, daß es nicht immer im Mittelpunkt Ihrer Aufmerksamkeit steht, daß die Welt sich nicht um das Kind dreht, daß der Haushalt und die Familie es nicht als Drehpunkt ihrer ständigen Beachtung sehen. Sie leisten dem Kind einen Gefallen, wenn Sie ihm deutlich machen, ohne Gewalt und ohne herzlos zu sein, daß es Zeiten gibt, in denen es sich ohne Sie beschäftigen muß. Zeigen Sie Ihrem Kind Ihre ganze Liebe, aber auch, daß jeder Mensch innerhalb bestimmter Grenzen lebt. Wenn das Kind älter ist, müssen Sie ihm beibringen, daß Sie einen persönlichen Bereich brauchen – genau wie das Kind auch, daß Sie aber immer da sind, wenn es ernsthaft Hilfe braucht.
Es geht hier also nicht um die Anzahl der Besitztümer des Kindes oder wieviel Zuwendung es erfährt. Es geht darum, daß Sie dem heranwachsenden Kind nicht erlauben dürfen, daß es seinen Willen Ihnen und anderen durch Machtspiele aufzwingt, weder einschmeichelnd noch tyrannisch. Es ist Ihre Pflicht, dies zu verhindern.

Stottern

Fast alle Kinder dieses Alters haben eine ruckartige Sprache, die sich gelegentlich in Stottern verwandelt. Oft, weil das Kind nicht so schnell sprechen kann, wie es Vorstellungen bildet, oder es ist sehr aufgeregt und kann sich nicht mehr richtig artikulieren. Stottern tritt ebenso für kurze Zeit auf und verliert sich dann wieder.
Am wichtigsten ist es, daß Sie Ruhe bewahren und die Aufmerksamkeit des Kindes nicht auf sein Stottern lenken. Springen Sie nicht mit Worten ein, nach denen Ihr Kind sucht, sondern erdulden Sie seine Sprache. Indem Sie es auf seine Fehler hinweisen, verunsichern Sie das Kind, und es stammelt dann noch mehr.

Zornausbrüche

Im zweiten Lebensjahr sind Zornausbrüche normale Erscheinungen, durch die ein Kind Aufmerksamkeit zu erringen sucht. Das Kind beherrscht noch nicht seine Willenskräfte und stößt deshalb häufig mit seiner Umwelt, das heißt vor allem mit den Eltern, zusammen. Ein Übermaß an Ärger und Enttäuschung gipfelt dann im Zorn-

ausbruch. Das Kind wirft sich auf den Boden und strampelt und schreit, weil es sich nicht anders zu helfen weiß. Es zeigt seine Hilflosigkeit, mit einer Schwierigkeit fertig zu werden.
Zweifellos das beste ist, ruhig zu bleiben, sonst überträgt sich Ihre Erregung auf das Kind, und es verhält sich noch schlimmer. Beachten Sie es nicht und lassen Sie es möglichst allein, denn der Ausbruch verliert seinen Sinn, wenn keine Zuschauer da sind. Mit zunehmendem Alter wird das Kind geduldiger und kompromißbereiter. Gleichzeitig gelingt es auch Ihnen besser, Probleme vorauszusehen, Zusammenstößen zuvorzukommen und sie frühzeitig abzulenken.

Das unartige Kind

Ich möchte zwischen einem sich gewohnheitsmäßig unartig verhaltenden und einem ungehorsamen Kind unterscheiden, denn diesen beiden Verhaltensweisen muß jeweils anders begegnet werden.
Für mich ist ein unartiges Kind noch unreif und unfähig, sein Verständnis und sein Handeln in Einklang zu bringen. Das ungehorsame Kind dagegen ist reifer und mißachtet wissentlich Ihre Wünsche und Anweisungen. Das unartige Kind vergißt oft einfach Ihre Einwände. Sie erklären ihm, was es falsch gemacht hat, und beobachten, wie es eine Stunde später genau dasselbe wieder macht. Es ist ehrlich überrascht, wenn Sie es darauf hinweisen. Häufig ist das Kind so vertieft in sein Tun, daß es dabei alle Regeln unbeachtet läßt. Diese Kinder müssen öfters als andere erinnert und behutsam zurechtgewiesen werden. Bedauern und Reue sollten vom Erwachsenen herzlich und verständnisvoll aufgenommen werden. Trotzdem ist oft ein Punkt erreicht, wo das Kind gestraft werden muß, natürlich nicht durch Schläge. Wirkungsvoller ist der Entzug von Vergnügungen (Eßbares oder Aktivitäten), die man wieder erlauben kann, sobald das gesteckte Ziel erreicht ist.
Es kann lange dauern, bis das Kind dieses Verhalten überwindet. Werden Sie nicht zu ärgerlich. Reine Unartigkeit ist mehr ein Reizzustand als eine ernsthafte Störung. Vielleicht können Sie dies bis zu einem gewissen Grad nachempfinden – dann seien Sie nicht zu streng.
Ein ungehorsames Kind dagegen weckt in uns weniger Mitgefühl, da es selten etwas bedauert und kaum Reue ausdrückt. Wenn Sie verhindern möchten, daß dieses Verhalten später in ewige Verneinungen, Zankerei und gegenseitige Anklagen mündet und einen unerfreulichen Schatten auf Ihr Leben wirft, müssen Sie frühzeitig darauf einwirken. Das Kind hat nur einen begrenzten Wortschatz, um auf Ihren Ärger zu reagieren. Gefühlloses Verhalten Ihrerseits erwidert es in gleicher Weise, Schläge von Ihnen fördern Gewaltsamkeit, Grobheiten und Aggressionen seinerseits. Es ist schwierig, aber äußern Sie sich positiv, in Worten und Taten. Sprechen Sie mit ihm über seinen Ungehorsam, erklären Sie, daß es gefährlich oder anderen gegenüber unfein ist, schlagen oder führen Sie dem Kind andere, positive Verhaltensweisen vor. Vermeiden Sie Strafen und belohnen Sie gute Handlungsweisen. Sie sind maßgebend für das Kind – zeigen Sie ihm Ihre Liebe und vermitteln Sie ihm Sicherheit.

Persönlichkeitsentwicklung 2–3 Jahre

Die Abhängigkeit des Babys von Ihnen beruht auf der Tatsache, daß Sie seine ganze Welt sind, Sie schenken ihm Pflege und Liebe. Ohne Ihre Hilfe könnte es nicht leben, und es sucht nach Ihrer Zustimmung und Zuneigung.
Wenn es älter wird, fühlt es sich mehr und mehr als selbständiges Wesen, nicht nur als Ihr Spiegelbild. Es beginnt, Sie als von sich abgetrennte, eigene Persönlichkeit zu betrachten. Es erlebt viele verschiedene neue Gefühle und muß mit ihnen vertraut werden. Es spürt nun auch Liebe zu vielen

Dingen und Wesen seiner Umgebung: zu einem Spielzeug, einem Haustier oder auch zu einer bestimmten Großmutter oder einem Großvater.
Merkt das Kind, daß Sie müde sind, ist es echt betroffen, sind Sie unglücklich, fühlt es ernsthaft mit. Seine Freude möchte es mit Ihnen teilen. Brauchen Sie Hilfe, erklärt es sich spontan dazu bereit, weil es sie Ihnen wirklich geben will. Sind Sie bestürzt oder erschrocken, drückt das Kind aus, daß Sie ihm sehr leid tun. Es hat das starke Verlangen, Sie froh und glücklich zu stimmen. Es weiß dies nur so zu zeigen, daß es Sie umarmt und sagt, wie lieb es Sie hat.
All diese Erscheinungen deuten auf einen großen Fortschritt in der Persönlichkeitsentwicklung des Kindes hin, weil sie selbstlos sind. Es stellt andere über sich, es liebt sie, es versucht sie zu verstehen und möchte das tun, was sie mögen, und sie erfreuen. All dies sind schon sehr erwachsene Züge. Sie sollten dieses Verhalten unterstützen.

Nachahmung und Identifikation

Bisher lernte das Kind vorwiegend durch Nachahmung, nun beginnt es, sich durch Identifikation eines weiteren Mittels zu bedienen. Es versetzt sich in Ihre Rolle sowie in die anderer und verhält sich so, wie sich andere ihm gegenüber verhalten. Dabei lernt es, sich selbst zu beherrschen. Vielleicht hören Sie es sogar einmal mit sich selber schelten, wenn es etwas von Ihnen Mißbilligtes getan hat. In dieser anderen Rolle kann es sich ja leichter selber kritisieren.
Sie werden feststellen, daß sich Ihr Kind mit fast allen nahestehenden oder eindrucksvollen fremden Erwachsenen identifiziert. Es durchlebt dies aber nicht nur in seiner Vorstellungswelt, sondern verkleidet sich und stellt die verschiedensten Menschen (meist die Eltern) auch szenisch dar. Dies sind Wege des Kindes, soziale Rollen, wie es sich sie vorstellt, spielerisch zu erforschen und zu erproben.

Freundschaften knüpfen

Das fortschreitende Lernbedürfnis des Kindes erweckt nun auch den Wunsch nach Umgang mit Gleichaltrigen. Vermutlich entdecken Sie während dieses Jahres Zeichen von Geselligkeit und dem Bedürfnis, an Spielen anderer teilzunehmen. Das Kind sucht jetzt Anreize im Verhalten und in den Ideen anderer Kinder.

Sie können für Ihr Kind Freundschaften nicht schließen, aber zumindest vermitteln. Es muß, genau wie alles andere im Leben auch, dies langsam lernen. Lassen Sie Ihr Kind deshalb zunächst nur mit einem Kind näher bekannt werden.

Beginnen Sie auf heimischem Grund und laden Sie ein Kind aus der Nachbarschaft ein. Ihr Kind bleibt in familiärer Umgebung und fühlt sich sicher beim Spielen. Bleiben Sie in der Nähe und helfen Sie, wenn das Kind es wünscht. Ermuntern Sie es zum Spielen, indem Sie selbst spielen. Hat das Kind diese Hürde genommen, laden Sie zwei oder drei Kinder gleichzeitig ein. Schaffen Sie am besten einen besonderen Anlaß: Vielleicht hat jemand Geburtstag, oder Sie veranstalten ein Garten-, Sommer- oder Planschbeckenfest.

Sobald sich Ihr Kind in einer Gruppe von Kindern bewegt, ermutigen Sie es, von sich aus (mit Ihrer Erlaubnis) Freunde nach Hause einzuladen.

Da Ihr Kind nun seine ersten Schritte in die »große« Welt setzt, ist es wichtig, daß es sich dabei wohl fühlt und sich seines eigenen Platzes darin sicher ist. Indem Sie ihm helfen, mit einem bekannten und beliebten Kreis von Freunden zusammenzukommen, vermitteln Sie eine gute Grundlage für sein soziales Verhalten, auch in späteren Jahren.

Ängste überwinden

Alle Kinder verspüren Angst. Angstgefühle sind völlig normal, aber sie machen das Kind unglücklich und unruhig. Es wird einige Zeit dauern, bis Ihr Kind Ihnen gewachsen ist oder Ihnen von vornherein aus dem Weg geht.

Seine erste große Angst erlebt das Kind vor Ihrem Weggehen und dem Verlassensein. Diese können Sie ihm am besten nehmen, wenn Sie ihm beweisen, daß Sie immer wie versprochen zurückkommen. Scheuen Sie nicht, das Kind auch ab und zu zu verlassen. Indem Sie immer beim Kind bleiben, beheben Sie ja nicht die Ängste vor dem Alleinsein! Im Gegenteil, das Kind wird noch ängstlicher, weil es nicht lernen kann, ohne Sie auszukommen. Das kleine Kind erschrickt vor seinen eigenen Gefühlen, wenn es z. B. von Enttäuschungen, Ärger oder Eifersucht geplagt wird. Hier können Sie dem Kind helfen und es beruhigen, wenn Sie die Ursachen seiner Angst herausfinden. Dazu müssen Sie ihm stets zuhören und es gut beobachten. Die nötige Sicherheit gewinnt es auch, wenn Sie über einige Ängste sprechen und dem Kind begreiflich machen, was da geschieht.

Es ist gleichgültig, ob Ihr Kind begründet Angst hat (z. B. bei Gewitter) oder unbegründet (vor dem Haarfön), Sie müssen in beiden Fällen mitfühlend und sanft vorgehen. Versetzen Sie Ihr Kind nie unvorbereitet in eine angsteinflößende Lage. Es würde Ihnen sicher nicht im Traum einfallen, das Kind bei Gewitter in den Garten zu schicken, warum soll es dann beispielsweise den Fön ertragen? Wann immer Ihr Kind Angst zeigt, müssen Sie diese anerkennen und dürfen sie nicht einfach abtun. Erzählen Sie dem Kind nicht nur, daß es keine Angst zu haben braucht, denn das allein hilft ihm nicht, sondern erklären Sie ihm den Grund. Aber bringen Sie auch zum Ausdruck, daß Sie seine Angst verstehen, und zeigen Sie Mitgefühl. Wenn Sie seine Angst lächerlich machen, zieht es sich zurück. Alleine aber lernt es noch weniger, sie zu überwinden.

Kindliche Onanie

Gegen Ende des ersten Lebensjahres entdecken Babys ihre Geschlechtsorgane und spielen anfänglich damit ohne erkennbare Reaktion. Bei fast allen Kindern jedoch bewirkt es eine angenehme Empfindung, die

sie dann absichtlich herbeiführen. Dies bezeichnet man als kindliche Onanie. Sie tritt bei Mädchen wie Jungen auf. Es bestehen diesbezüglich viele naive und falsche Deutungen. Es sind Ammenmärchen, daß Onanie Blindheit, Homosexualität oder Geisteskrankheit hervorrufen soll.
Es ist ganz natürlich, daß ein Junge mit seinem Penis spielt. Er tut es ja auch mit allen anderen hervorstehenden Körperteilen. Bei kleinen Kindern hält diese Phase selten lange an und ist nur eine Begleiterscheinung in der Entwicklung. Erzeugte Reize dienen dem allgemeinen Wohlbehagen und keinem speziell sexuellen. Dies setzt erst bei viel älteren Kindern ein.
Es gibt keinen Grund, das Kind von dieser Spielonanie abzuhalten. Das verursacht nur Heimlichkeiten und Schlimmeres, und es kann das Kind davon abhalten, später mit Ihnen über Geschlechtsorgane zu sprechen. Beobachten Sie beim zwei- bis dreijährigen Kind, daß es die Grenze des Spielens übertritt und Onanie als Flucht aus der Wirklichkeit fast zwanghaft betreibt, sollten Sie mit Ihrem Arzt darüber sprechen. Ansonsten beachten Sie es überhaupt nicht. Geschieht es in der Öffentlichkeit, und ist Ihnen das dann unangenehm, so ist Ablenkung das beste Mittel. Auf keinen Fall dürfen Sie mit dem Kind schimpfen.

Nacktheit und Sexualität

Die Sexualerziehung des Kindes beginnt bei der ersten Umarmung. Alle Kinder finden Vergnügen an körperlichem Kontakt und Freude an der gegenseitigen Beziehung. Heranwachsend erkennen sie, daß die Menschen sich gegenseitig berühren, um Freundschaft und Liebe auszudrücken. Mit der Zeit erwacht beim Kind eine Freude am Körper, ohne daß es dabei befangen wäre. Dies können Sie weiterhin unterstützen, wenn Sie innerhalb der Familie eine offene Haltung zur Nacktheit einnehmen. Wie auch sonst, lernt das Kind durch Ihr Verhalten und Ihre Einstellung zu den Dingen. Ein Kind, das seine Eltern unbekleidet und ungezwungen erlebt, empfindet

Nacktheit als selbstverständlich und wird sich auch später wahrscheinlich weniger Gedanken darüber machen. Wenn dieses Thema Sie jedoch beunruhigt, wird es das Kind sicherlich auch beunruhigen, und wenn Sie etwas verheimlichen, verhält es sich ebenso.
Es ist ganz natürlich, daß beim Kind der körperliche Unterschied zwischen Mann und Frau Neugierde erweckt. Bereits mit etwa fünfzehn Monaten nimmt es die Verschiedenheit wahr. Sobald es die Eltern nackt gesehen hat, unterscheidet es auch die Geschlechtsorgane. Seine Neugierde an den Brüsten der Mutter oder am Penis des Vaters werden am besten durch eine freimütige Unterhaltung und durch Anschauen befriedigt. Dabei werden keine sexuellen Reize ausgelöst, und verlegen wird das Kind nur, wenn Sie es sind.

Fragen beantworten

Kinder, die zu Fragen ermutigt werden und Erklärungen erhalten, können sicher sein, daß die Eltern auch ihnen zuhören. Diese Kinder sind später innerlich zufriedener und nach außen weniger gebieterisch als Kinder, deren Fragen übergangen werden und die nur spärlich Erklärungen erhalten. Eltern, die aufpassen, was ihr Kind sagt, zeigen ihm, daß sie es als Persönlichkeit betrachten, die etwas Nützliches zu sagen hat. Wenn Ihre ganze Familie in dieser Überzeugung lebt und in freier und ungezwungener Weise danach handelt, werden Sie eine viel glücklichere Einheit bilden.
In den ersten Jahren betrachtet das Kind Sie als allwissend und wendet sich natürlich mit allem an Sie. Bleiben Sie zugänglich und begrüßen Fragen, wächst Ihr Kind in dem Gefühl auf, über alles mit Ihnen sprechen zu können. Wenn Sie das junge und ungehemmte Kind jedoch entmutigen, kann es in späteren Jahren zu Hemmungen führen. Wenn Sie der Vertraute Ihres Kindes sein möchten, müssen Sie ihm unter allen Umständen sämtliche Verbindungswege zu Ihnen offenhalten.
Beantworten Sie auch Fragen, die Sie zunächst in Verlegenheit bringen. Wenn Sie unsicher sind, wann Sie mit Ihrem Kind erstmals über Sexualität sprechen sollen, dann warten Sie einfach seine Fragen ab. Die Neugierde des Kindes sollte immer auf Ihre Bereitwilligkeit, wahrheitsgemäß zu antworten, treffen. Es ist besser, das Kind erfährt in sachlich richtiger Weise etwas über Sexualität, als auf heimliche, melodramatische Art über Freunde, die vielleicht sogar falsch unterrichtet sind.
Ab drei Jahren kann das Kind bereits einiges verarbeiten, aber zum Beispiel erst mit sechs oder sieben Jahren die Vorgänge beim Geschlechtsverkehr. Ich sprach mit meinen Kindern, wann immer sie fragten, über Befruchtung, Wachstum im Mutterleib und Geburt. Über Geschlechtsverkehr sprach ich erst, als sie etwa sechs Jahre waren, wobei ich dies auch vom Kind abhängig machte. Bei allen Gesprächen über Sexualität dürfen Aspekte wie Schutz, Liebe und Verantwortung, die mit einer intimen Beziehung verbunden sind, selbstverständlich nicht fehlen.

Disziplin 2–3 Jahre

Ist das Kind alt genug, daß Sie schon vernünftiger miteinander reden können, versuchen Sie ihm deutlich zu machen, warum Disziplin nötig ist. Das Kind sollte mit dem Gefühl aufwachsen, daß Disziplin sowohl auf gegenseitigen Verpflichtungen als auch auf gemeinsamen Entscheidungen beruht. Erwarten Sie vom Kind keinen blinden Gehorsam, gut zureden und überzeugen ist besser. Erzwingen Sie von Zweijährigen nichts, dies führt zu Willenskämpfen und Groll.
Wenn Sie sich die Mühe machen und mit dem Kind darüber sprechen, warum es falsch ist, sich so oder so zu verhalten, und wie es richtig wäre, werden Sie feststellen, daß das Kind an Ihrer Begründung interessiert ist. Es ist dann auch eher geneigt, sich

danach zu verhalten, weil es versteht, warum Sie es so wünschen.
Begehen Sie aber andererseits nicht den Fehler, über jede Ihrer Entscheidungen zu diskutieren. Überlasten Sie das Kind nicht mit Eigenverantwortung für seine Handlungsweise und seine Sicherheit. Wenn Sie meinen, die Situation rechtfertige es, geben Sie klare Anweisungen. Vermuten Sie, daß Ihr Kind störrisch wird, gehen Sie etwas sachter vor.
Indem Sie das Kind zur Disziplin erziehen, müssen Sie ihm auch die Möglichkeit der freien Wahl einräumen. Die Fähigkeit dazu muß es sich, wie zu allem anderen auch, erringen und erüben. Am Anfang sollten Sie mit Bedacht vorgehen und dem Kind nur dann eine Wahlmöglichkeit anbieten, wenn es sich um etwas Belangloses handelt, wenn es also unwichtig ist, in welcher Richtung sich das Kind entscheidet. Täuschen Sie nie das Kind, indem Sie ihm erst Wahlfreiheit gewähren und, wenn Ihnen der Entschluß nicht behagt, ihn rückgängig machen und seine Ausführung nicht zulassen.

Wann ist Disziplin nötig?

Nach meiner Ansicht gibt es nur wenige Fälle, in denen Sie auf Disziplin bestehen müssen:
- Wenn die Sicherheit Ihres Kindes oder anderer Personen gefährdet ist. Das betrifft gefährliche Spiele und Spielzeuge sowie Beschäftigungen im Haus mit Feuer, Strom oder spitzen und scharfen Geräten. Wenn Sie ein Feuerwerk veranstalten, ein Lagerfeuer oder einen Grill anzünden, sind genaue Verhaltensmaßregeln zu geben.
- Kinder müssen lernen, die Wünsche und das Wohl anderer Menschen zu achten. In bezug auf Aufmerksamkeit, Hilfsbereitschaft, Uneigennützigkeit und Höflichkeit war ich immer sehr auf das richtige Verhalten meiner Kinder bedacht.
- Ich meine, daß man im Hinblick auf Ehrlichkeit keine Zugeständnisse machen sollte. Meinen eigenen Kindern gegenüber begegnete ich Lügen und Stehlen mit Strenge, jedoch nicht durch Strafen. Vielmehr verdeutlichte ich ihnen, daß es besser und angenehmer für sie ist, wenn sie die Wahrheit sagen – gleich wie schlimm sie ist und wie schrecklich das Vergehen erscheint – anstatt zu lügen. Ich erzählte ihnen, daß die Strafe für Lügen immer härter sei als für wahrheitsgetreues Zugeben eines Fehlers, damit sie wußten, daß ich den Mut, zu seinen Taten zu stehen, schätze.

Mögliche Probleme 2–3 Jahre

Bettnässen

Bei Kindern unter vier Jahren ist gelegentliches Bettnässen noch normal (siehe S. 161). Einer von zehn Jungen tut es noch mit fünf Jahren. Denken Sie daran, daß sich die Blasenkontrolle, wie andere Fähigkeiten auch, bei den Kindern unterschiedlich schnell entwickelt. Um sie völlig zu gewinnen, muß das Kind fähig sein, immer länger den Urin zu halten. Dies fällt gerade während der vielleicht zehn Stunden dauernden Nachtzeit einigen Kindern lange Zeit schwer. Hier können Sie folgendermaßen helfen:
- Verringern oder unterlassen Sie Flüssigkeitsgaben nach 18 Uhr.
- Achten Sie genau darauf, daß das Kind kurz vor dem Zubettgehen nochmals die Toilette besucht.
- Bevor Sie selbst zu Bett gehen, setzen Sie das Kind noch auf den Topf, ohne es richtig aufzuwecken.
- Stellen Sie ein Töpfchen neben das Bett, damit sich das Kind schnell daraufsetzen kann, wenn es aufwacht.
- Verwenden Sie Pyjamas, die es leicht und schnell ausziehen kann.
- Lassen Sie ein schwaches Licht brennen, damit sich das Kind schnell zurechtfindet, wenn es nachts aufwacht.

Zu tiefer Schlaf, aber auch Unruhe und

Angst des Kindes sind fast immer die Wurzel solcher Schwierigkeiten. Deshalb erscheint es mir herzlos, beim Kind das Gefühl von Unzulänglichkeit durch irgendwelche Äußerungen noch zu verschlimmern. Machen Sie kein Aufheben bei einem eingenäßten Bett, vor allem schelten Sie nicht das Kind. Sie selbst können sich den Aufwand etwas verringern, wenn Sie ein Gummituch über das Laken legen und mit einem kleineren Leintuch abdecken. Beides ist recht schnell gewaschen, und die Matratze bleibt trocken.
Hört das Bettnässen im Laufe der Jahre nicht auf, so daß Sie es als ernste Störung betrachten, sollten Sie eine ärztliche Behandlung anstreben – jedoch nur mit Einwilligung des Kindes! Wenn Sie mit ihm offen darüber sprechen und das Kind möchte sich nicht medizinisch untersuchen lassen, dann lassen Sie es lieber. Alle Kinder entwachsen dem Bettnässen und Ihr Kind auch. Bis zu diesem Zeitpunkt sollten Sie Ihrem Kind mit viel Taktgefühl begegnen und es nicht unnötig darauf ansprechen. Ist das Kind einverstanden, vergewissern Sie sich, daß die Tests gründlich gemacht werden und alle Störungen ausschließen. Akzeptieren Sie keine Behandlung ohne vorherige genaue Erläuterung der Untersuchungsergebnisse.

Stottern

Vorübergehendes Stottern ist eine übliche Begleiterscheinung beim Sprechenlernen. Stottern oder Stammeln, das sich über eine längere Zeit ausdehnt, hat die gleichen Ursachen wie Bettnässen, nämlich Spannungen oder Ängste. Es kann auch aus heiterem Himmel, nach einem ernsten Schock oder Unfall einsetzen.
Stottern setzt sich manchmal bis ins Erwachsenenalter fort. Wie wir aber wissen, ist es kein Hindernis, ein völlig normales, glückliches und erfolgreiches Leben zu führen. Ich meine, daß Stottern auch wie Bettnässen zu behandeln ist. Beim kleinen Kind sollten Sie sich damit abfinden und nie darüber spotten oder darauf hinweisen.

Wenn es fünf oder sechs Jahre alt ist, können Sie offen und ungezwungen darüber reden. Ist das Kind sehr beunruhigt und in der Schule wie gegenüber Fremden stark gehemmt, können Sie die Hilfe eines Sprachtherapeuten suchen. Wenn das Kind offensichtlich nicht unter seinem Stottern leidet, dann belasten Sie es nicht, indem Sie es von einer Klinik zur anderen schleppen – in der Hoffnung, daß das Stottern behoben wird. Einer meiner Stiefsöhne stottert und ist dabei ganz unbekümmert, sogar beim Vorlesen in der Schule. Wir fragten ihn, ob er einen Sprachtherapeuten besuchen möchte, aber er lehnte es ab, und wir drängten ihn nicht. Stottern verliert sich beim Singen und Vortragen von Gedichten. Sprechen Sie deshalb mit Ihrem Kind viele rhythmische Verse, ein einfaches Mittel, das ein bißchen helfen kann.

Das aggressive und unsoziale Kind

Jeder von uns hat gegenüber anderen Menschen schon einmal aggressive Gefühle empfunden, besonders dann, wenn wir meinten, unsere Sicherheit, unser Territorium oder unser Besitz seien bedroht. Nur durch erhebliche Selbstkontrolle können wir solche Gefühle überwinden: Selbstkontrolle, die wir uns in vielen Jahren des Lernens und der Reife angeeignet haben. Es überrascht deshalb nicht, wenn Kinder ihren aggressiven Gefühlen oft freien Lauf lassen.

Wenn aber ein Kind relativ häufig aggressives Verhalten zeigt, ist dies meist ein Ergebnis zweier Entwicklungen: Das Kind wurde von Geburt an nicht mit der notwendigen Konsequenz und Disziplin erzogen. Oder sein Verhalten wird durch Gefühle der Unsicherheit bestimmt, weil es vielleicht zu wenig Aufmerksamkeit, Liebe und Zuneigung von seinen Eltern erfahren

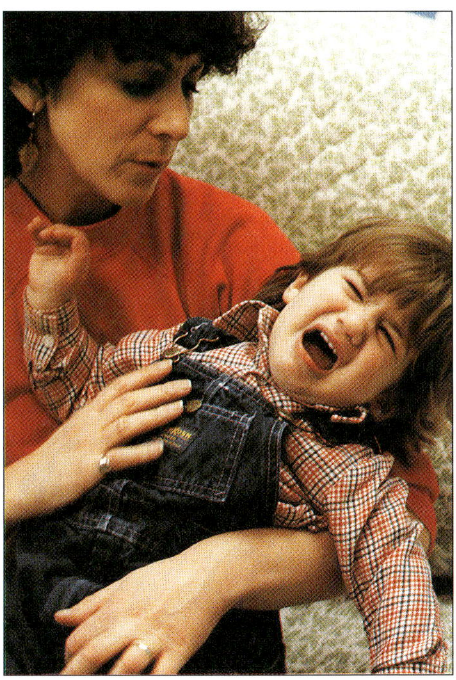

hat. In beiden Fällen tragen die Eltern beinahe die alleinige Verantwortung für das schwierige Verhalten ihres Kindes.

Falls Ihr Kind aggressiv ist, sollten Sie über Ihr Verhalten und das Verhalten Ihres Partners in allen Einzelheiten nachdenken. Wenn Sie ehrlich sind, werden Sie sicherlich feststellen, wo Sie in Ihren Rollen als Eltern und als Modelle für Ihr Kind versagen. Es ist relativ einfach, die Entwicklung von Aggressivität bei einem Kind zu verhindern, aber es ist sehr schwer, ein aggressives Kind zurückzuhalten und weniger aggressiv zu machen. Eine der ersten und wichtigsten Grundsätze bei der Erziehung ihres Kindes zu Sanftmut und Flexibilität ist es, in Ihrem eigenen Umgang mit dem Kind stets flexibel, tolerant und sanft zu sein. Vergessen Sie nicht, daß Ihr Kind vieles, was Sie machen, nachahmen wird - auch aggressive Verhaltensweisen.

Falls Ihr Kind plötzlich aggressiv wird und beginnt, andere Kinder zu schikanieren, ist dies ein sicheres Zeichen von Spannung oder Traurigkeit in seinem Leben, und Sie sollten sorgfältig nach den Ursachen suchen. Der Grund wird fast immer in der Beziehung des Kindes zu Ihnen, zu Ihrem Partner, zu anderen Familienmitgliedern oder in familiären Spannungen liegen. Glauben Sie nicht, daß Sie einem Kleinkind etwas vortäuschen können, indem Sie Mißstände unter den Teppich kehren: Ein Kind spürt eine spannungsgeladene Atmosphäre, und dies kann große Unsicherheit bei ihm hervorrufen.

Stehlen

Die meisten Kleinkinder sind es gewohnt, sich ohne zu fragen die Sachen anderer zu nehmen - die Schminke der Mutter, ein Spielzeug des Bruders oder die Schlüssel des Vaters - weil sie damit spielen möchten. Zu Hause ist dies meist problemlos. Kleinkinder sind aber nicht in der Lage, die »Besitzrechte« anderer zu verstehen. Sie werden deshalb vielleicht irgendwann einmal feststellen, daß Ihr Kind etwas mitgenommen hat - entweder beim Einkaufen oder bei einem Besuch. In diesem Fall erklären Sie Ihrem Kind, daß es etwas unrechterweise genommen hat und daß es dies nicht tun darf.

Es ist nicht notwendig, daß Ihr Kind Sie bei der Rückgabe des »gestohlenen« Objekts begleitet, es sei denn, Sie meinen, das Stehlen sei zur Gewohnheit geworden und zusätzliche Maßnahmen seien notwendig. Die meisten Kinder sind schon reuig genug, wenn sie ertappt werden.

Schüchternheit

Einige Kinder sind von Natur aus schüchtern. Untersuchungen zeigen, daß bis zu 10% aller Säuglinge zur Schüchternheit neigen. Solche Kinder drücken ihre Schüchternheit durch Abneigung gegenüber neuen Erfahrungsmöglichkeiten aus. Selbst wenn Sie zu einem Familientreffen mitgenommen werden, hängen sie die meiste Zeit an Mutters Rockzipfel oder verstecken ihr Gesicht. Sie sind bei Gesprächen mit fremden Kindern oder Erwachsenen zurückhaltend und ziehen es vor, allein statt mit anderen zu spielen. Wenn ein solches Kind älter wird und zur Schule geht, fällt ihm das Schließen von Freundschaften schwer.

Falls Ihr Kind schüchtern ist, rate ich Ihnen, es nicht zu kritisieren oder seine Natur ändern zu wollen - dies ist nicht nur unrealistisch, sondern verursacht zusätzliche Probleme. Versuchen Sie es statt dessen auf neue Erfahrungen, auf Ungewohntes, auf neue Bekanntschaften vorzubereiten. Und wenn Ihr Kind auf fremde Menschen trifft, lassen Sie ihm viel Zeit, sich an sie zu gewöhnen.

»Unarten«

Nägelkauen, Daumenlutschen oder ständiges Herumtragen eines »Seelentrösters« sind beim kleinen Kind keine Seltenheit. Versuchen Sie nicht, es zu unterbinden, schon gar nicht durch Druck, Spott oder Entzug. Diese Angewohnheiten werden fast immer durch gewisse Spannungen verursacht und treten bei fast der Hälfte sonst völlig normaler Schulkinder auf. Meistens werden diese unbewußten, nervösen Handlungen am besten kuriert, wenn man den Stolz des Kindes hinsichtlich seiner äußeren Erscheinung anspricht.

Die meisten Kinder beenden Nägelkauen in der Pubertät, wenn ihnen ihr Äußeres wichtig wird und ein Interesse am anderen Geschlecht erwacht. In diesem Alter sind soziale Gesichtspunkte gewichtiger als persönliche Gewohnheiten.

Daumenlutschen und Seelentröster findet man bei über Zehnjährigen noch. Ich halte nicht viel davon, diese Gewohnheiten zu unterbinden. (Daumenlutschen im Alter über 4 Jahre kann allerdings gravierende Schäden am Gebiß verursachen.) Werden die Kinder älter, spüren sie, was angebracht ist, beherrschen sich von selbst und gehen ihrer Gewohnheit nur nach, wenn sie allein sind. Es leuchtet mir nicht ein, warum man in solch umsichtiges Verhalten noch eingreifen sollte.

Das freche Kind

Es ist nicht immer einfach, aber man sollte zwischen mehr frech-keckem und anmaßendem Verhalten unterscheiden. Mir selbst gefällt eine Portion Frechheit, und ich halte sie auch allgemein für vertretbar. Sie deutet auf geistige Regsamkeit, Wagemut und eine gesunde Einstellung gegenüber Autoritäten hin.

Es ist ein Fehler zu glauben, daß das Infragestellen von Entscheidungen frech sei. Die Eltern fühlen dabei nur ihre Autorität schwinden. Wenn Sie Ihr Kind ermutigen, Dinge mit Ihnen zu besprechen, dann fördern Sie auch sein Verantwortungsgefühl in bezug auf Selbstdisziplin und nicht nur blinden Gehorsam. Auf diese Weise wächst das Kind mit der Vorstellung vom Wert überzeugender Argumente auf.

Andererseits, wenn Sie das Kind nicht ermutigen zu sagen, was es denkt, weil Sie seine Einwände als ungehörig empfinden, wird es kaum die Möglichkeit haben, den Grund Ihrer Entscheidungen zu begreifen.

Die andere gute Seite des Frechseins ist, daß sich das Kind einen verbalen Weg schafft, um Ärger und Enttäuschung loszuwerden. Ärger ist eine gerechtfertigte Empfindung, aber es ist nicht zu billigen, wenn das Kind sich durch körperliche Übergriffe, durch aggressives und tyrannisches Verhalten gegenüber anderen Luft macht. Lieber soll es sich ausschimpfen als andere schlagen.

Finden Sie das Kind frech, versuchen Sie den Grund zu erfahren. Ist er verständlich, dann halten Sie das Kind einfach etwas im Zaum. Anmaßungen übersteigen Frechheit und verhöhnen gutes Benehmen. Die Gefühle anderer Menschen werden dabei mißachtet und verletzt. Überschreitet Ihr Kind diese Grenze, müssen Sie ihm deutlich machen, warum dies nicht mehr tragbar ist.

Eigennützigkeit

Alle Kinder sind eigennützig. Sobald Ihr Kind aber dem Kleinkindstadium entwächst, ist es wichtig, daß Sie ihm einen Grundsatz klarmachen: nur so zu handeln, wie es selbst behandelt werden will. Es kann nicht immer alle Leckereien alleine bekommen, sondern muß sie mit anderen teilen. Es kann nicht immer den größten und rötesten Apfel essen, denn es gibt nur einen davon, und ein anderes Kind mag ihn vielleicht auch. Es muß lernen zu verlieren, denn nicht jeder kann gewinnen.

Am besten zeigen Sie dem Kind die Kehrseite der Eigennützigkeit, wenn Sie ihm das Empfinden vermitteln, wie andere auf Eigennutz reagieren. Sobald es begreift, daß im allgemeinen alle anderen Kinder genauso fühlen wie es selbst, dann wird ihm auch klar, daß sich nicht alle Menschen gleichzeitig ihren Wunsch erfüllen können. Nicht alle können gleichzeitig Erster sein, den gleichen Preis bekommen, häufiger mit dem Dreirad fahren oder länger schaukeln als alle anderen. Es liegt an Ihrem vorbildlichen Verhalten, wenn dem Kind die Vorteile der Uneigennützigkeit aufgezeigt werden.

15 Spielen

Noch bis in die jüngste Zeit betrachtete man in weiten Kreisen Spielen zwar als ein Vergnügen, aber doch mehr als Zeitverschwendung. Sobald Kinder das Schulalter erreichten, wurden sie zur Mitarbeit angehalten. Spielen durften sie nach vollendeter Arbeit oder während der Ferien. Nur kleine Kinder hielt man für unfähig, etwas Nützliches zu vollbringen, so durften sie eben spielen. Heute wissen wir, daß die frühe Kindheit eine entscheidende Rolle in der Gesamtentwicklung des Kindes spielt. Untersuchungen während der vergangenen fünfzig bis sechzig Jahre haben aufgezeigt, daß Spielen nicht nur ein Zeitvertreib, sondern auch eine der wichtigsten Lernform ist, insbesondere was das soziale Verhalten anbelangt. Dazu muß das Kind aber Kontakt zu Gleichaltrigen haben, und dieser entsteht durch das Spiel. Viele Eltern stimmen mit dieser Ansicht überein und sind überzeugt, daß ihren Kindern – damit sie gesund und glücklich aufwachsen und sich gut in Gruppen eingliedern können – so lange wie möglich die Freiheit zum Spielen eingeräumt werden muß.

Spiel 0–1 Jahr

Während des ersten Lebensjahres macht Ihr Baby die sogenannte Entdeckungsphase durch. Bis zu etwa drei Monaten besteht sein Spiel hauptsächlich darin, Menschen und Dinge zu beobachten. Auch versucht es, noch recht ungezielt, Dinge, die ihm vorgehalten werden, zu ergreifen. Aber nach dem dritten Monat hat es genügend Kontrolle über seine Hände und Arme, um Gegenstände festzuhalten und zu betrachten. Sobald es anfängt zu kriechen, zu krabbeln oder zu gehen, öffnet sich ihm die Welt. Es ist fähig, selbst überall herumzustöbern und alles Erreichbare zu untersuchen.

Spiele und Beschäftigungen

Nie mehr in der weiteren Entwicklung des Kindes ist Spielen so sinnverwandt mit Lernen wie in den allerersten Lebensjahren. Das Baby lernt, richtig zu sehen, es entdeckt, wie es seine Hände gebrauchen kann, und erwirbt die Koordination von Händen und Augen (siehe S. 219). Vieles lernt es zwar allein durch das Beobachten und Bewegen seiner eigenen Hände und Finger, jedoch übt und vervollkommnet es seine neuen Fähigkeiten mit Spielsachen, die es von Ihnen erhält.

Geeignetes Spielzeug
- Mobiles
- Rasseln
- Spiegel
- Spieluhr
- Bälle
- tönende Sachen
- bewegliche Sachen
- Bücher
- Kochutensilien

Altersgemäßes Spielzeug

Ab etwa fünf Wochen

Das Baby erweitert sein Gesichtsfeld und erfreut sich an allem Beweglichen. Hängen Sie Mobiles über sein Bett und seinen Wickeltisch. Sie sind einfach aus alltäglichen Dingen herzustellen.

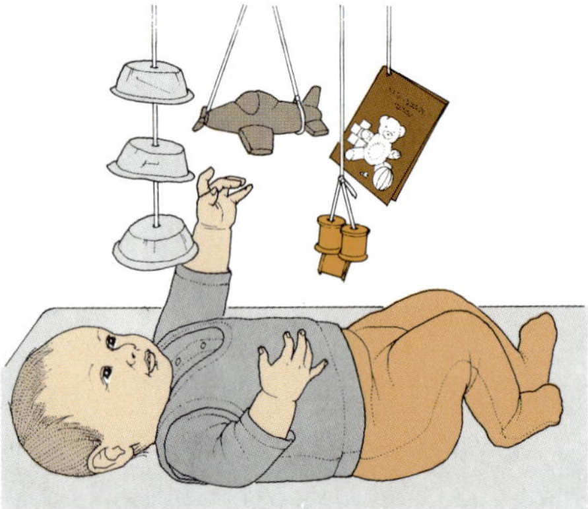

Drei Monate

Das Baby mag Sachen, die Geräusche abgeben. Geben Sie ihm eine Rassel und hängen Sie Dinge auf, die es schütteln und nach denen es sich strecken kann. Wählen Sie eine leichte, unzerbrechliche und waschbare Rassel, die das Baby gut greifen kann. (Muskelkraft und Koordination sind noch wenig ausgebildet, und so hält es Dinge nur wenige Sekunden lang fest.)

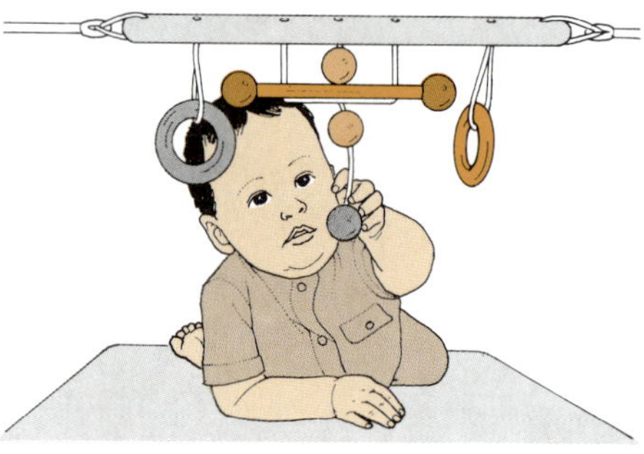

Vier Monate

Kleine verschließbare Plastikbehälter, die das Baby in beide Hände nehmen kann, mit Bohnen oder etwas Wasser gefüllt, geben interessante Geräusche ab.
Alle kleinen Sachen mit Rillen, Löchern oder Griffen, die das Baby mit seinen Fingern gut greifen kann, sind geeignet. Außerdem sollten sie kräftige Farben haben und möglichst klingen, wie z. B. Ringe mit Glöckchen.
Hängen Sie einen speziellen Babyspiegel ins Bett. Das Baby wird aufmerksam sein Gesicht beobachten. Verwenden Sie keinen Ihrer Spiegel, er könnte leicht zerbrechen.
Spieluhren üben auf kleine Babys eine fast unerschöpfliche Faszination aus und können den abendlichen Rhythmus beim Zubettgehen beschließen. Uhren mit Schnur kann das Baby sogar selbst aufziehen.
In Heimwerkerläden erhält man alle möglichen Arten von Knöpfen, Griffen und Schaltern, an denen das Baby, sobald sich seine Geschicklichkeit verbessert, drehen und drücken kann, um Geräusche zu erzeugen. Befestigen Sie sie am Bett oder an der Badewanne.

Zehn bis zwölf Monate

Sobald das Baby kleine Dinge aufheben kann, spielt es gern mit Stiften und Kreiden. Nun ist es beweglicher und zieht und schiebt gern Züge, Autos oder Tiere auf Rädern herum. Befestigen Sie eine kurze Schnur daran, kann es sie im Sitzen zu sich heranziehen.

Gemeinsame Spiele

Das beliebte »Guckguck-Spiel« können Sie zusammen am Bett spielen oder wenn das Baby auf Ihrem Schoß sitzt. Verstecken Sie Ihr Gesicht nicht nur hinter Ihren Händen, sondern auch hinter einem Schal oder Handtuch.

Rollen Sie einen großen, aufblasbaren Wasserball sachte auf das Baby zu. Sobald es ohne Stütze sitzt, kann es ihn mit den Händen zurückschubsen. Werfen Sie den Ball vorsichtig auf seinen Schoß, damit es ihn »zurückwerfen« kann. Nehmen Sie einen größeren Behälter und zeigen Sie dem Baby, wie Sie Spieltiere, Plastiklöffel und irgendwelche unzerbrechlichen Sachen hineinfüllen. Ermuntern Sie es, dies ebenfalls zu tun. Sie werden feststellen, daß es bald stundenlang seinen Behälter einfüllt und ausleert. Endlose Geduld beweisen Babys auch bei Steckspielen (Becher, Ringe), die die Koordinationsfähigkeit fördern. Es gibt verschiedene Arten mit dem gleichen Grundprinzip. Für jüngere Babys sind größere Teile besser, da sie leichter zu greifen sind.

Spielzeug aus dem Haushalt

Babys unter einem Jahr brauchen wirklich noch kein gekauftes Spielzeug, obwohl sie es (oft unvermeidbar) geschenkt bekommen. Im Prinzip müßten die meisten Eltern gar kein Spielzeug kaufen.

Alles ist jetzt interessant. Alles was auffallend aussieht, riecht oder klingt, zieht die Aufmerksamkeit des Babys an. Viele alltäglichen Haushaltsgegenstände halten es in ständiger Begeisterung. Versuchen Sie es mit folgenden:

- Holzlöffel, Teigschaber, kleine Töpfe mit Deckel, Siebe, Trichter, Meßlöffel; Plastikdosen, -behälter und -flaschen mit Deckeln; Eiswürfeltabletts, Schneebesen, Eierkartons, Keksdosen.
  Geben Sie es einfach dem Baby, es wird selbst entdecken, was damit alles zu machen ist.
- Alles was rollt: Pappröhren (von Alufolie, WC-Papier) und Garnspulen.
- Runde Dinge: Bälle aller Größe, Schnur- und Wollknäuel, Orangen und Äpfel.
- Leichte Dinge: Luftballon, Schwamm, Schaumgummi, Styropor.
- Harte, flache Dinge: Holzteller, Untersetzer, Lineal.
- Dehnbare Dinge: Gummi, schräg zum Fadenlauf geschnittenes Stoffstück.
- Dinge, die eine Öffnung haben, durch die das Baby den Finger stecken kann: Klebebandrolle, Leukoplastrolle, Serviettenring, Plastik-Ausstechförmchen.
- Große, schwere, aber sichere Dinge: Sofakissen, Fußball, weich gebundenes Buch, Reis oder getrocknete Hülsenfrüchte in eingeschweißten Beuteln, Brotlaib.
- Alles was klappert: durchsichtige Kunststoffbehälter mit Hülsenfrüchten, bunten Perlen, Büroklammern. Sie sollten aber darauf achten, daß die Deckel sicher verschlossen sind.
- Dinge mit interessanten Oberflächen: Filz, Samt, Sandpapier, dicke Wollfäden, rauhe Steine, glatte Steine, Fell.
- Sachen, die »Krach« machen: Topfdeckel, Glocken, Topf mit Holzlöffel.

Tips: Sicherheit

- Geben Sie dem Kind keine kleinen Dinge zum Spielen. Es könnte sie versehentlich schlucken oder daran ersticken, sie in die Nase oder ins Ohr stecken.
- Achten Sie bei bemalten Sachen darauf, daß die Farben ungiftig sind (auf Etikett meist angegeben). Kinder stecken alles in den Mund. Es gab schon Vergiftungsfälle durch lackierte Spielsachen und Möbel.
- Sie sollten dem Kind keine harten Spielsachen mit scharfen Kanten geben.
- Sie sollten das Kind beim Spielen möglichst nicht allein lassen, auch nicht im Laufstall.
- Alle Malfarben, -stifte und -kreiden müssen ungiftig sein (Herstellerhinweise beachten). Außerdem sollten sie abwaschbar sein.
- Keine Spielsachen aus hartem, dünnem Kunststoff kaufen. Sie brechen leicht und hinterlassen dabei scharfe Kanten.
- Bei weichen Stoffspielsachen sollten Sie prüfen, ob sie nicht innen durch Drähte versteift sind, und daß Augen und Nase am Material befestigt, nicht nur eingesteckt sind.

Turnspiele

Sie können die körperliche Entwicklung des Babys von früh an durch einfache Turnübungen unterstützen, die Sie in den üblichen Tagesablauf einbauen. Der Zweck ist zwar auch eine körperliche Kräftigung, aber mehr noch der Spaß. Betrachten Sie die Übungen als willkommene Gelegenheit, sich mit dem Baby hinzusetzen und zu spielen. Allerdings gibt es bestimmte Punkte, die Sie stets berücksichtigen sollten:

- Bewegen Sie nie die Gliedmaßen des Babys in unnatürlicher Weise.
- Achten Sie darauf, ob das Baby lächelt und zufrieden wirkt.
- Üben Sie auf einem rutschfesten weichen Teppich oder einer Decke.
- Ziehen Sie dem Baby etwas Bequemes an. Ist der Raum warm genug, genügen Windeln und Hemdchen.
- Nie turnen, wenn das Baby müde oder hungrig ist.

Kreuzen
1. Sie sitzen mit gekreuzten Beinen auf dem Boden, das Baby auf Ihrem Schoß.
2. Strecken Sie die Arme des Babys zur Seite, nicht weiter als bis in Schulterhöhe.
3. Führen Sie seine Arme nach vorne und kreuzen Sie sie über seiner Brust. Wiederholen Sie die Übung.

Flieger
1. Sie liegen auf dem Rücken, das Baby auf Ihren Schienbeinen.

2. Strecken Sie seine Arme zur Seite, so sollte es den Kopf anheben. Lassen Sie seine Arme zurücksinken.

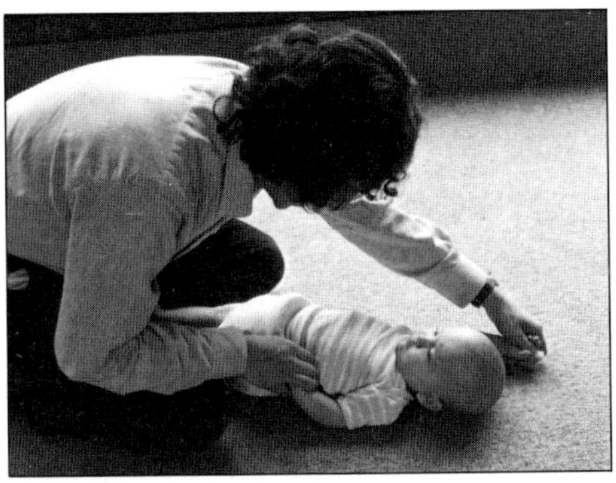

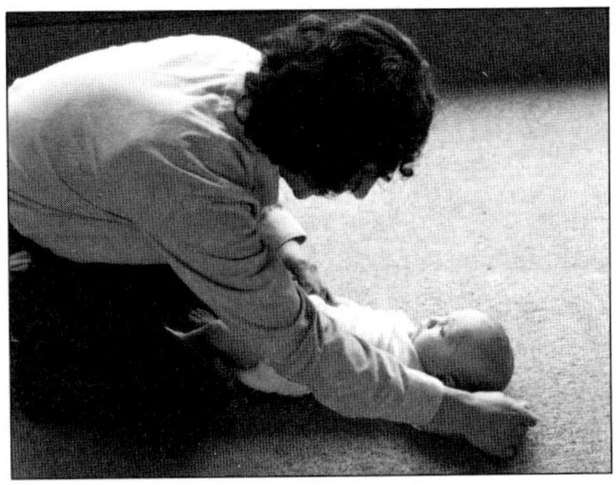

Arme strecken
1. Das Baby liegt auf dem Rücken und umklammert Ihre Daumen. Führen Sie einen Arm über seinen Kopf.

2. Legen Sie diesen Arm zurück nach vorne und führen Sie den anderen hoch.

Schubkarre
1. Das Baby liegt auf dem Bauch und stützt sich vorn auf die Arme. Halten Sie es fest um die Hüften.

2. Heben Sie langsam seinen Unterkörper, bis sein Rücken im rechten Winkel zu den Armen ist. Lassen Sie es ab und wiederholen Sie dies nach einer kurzen Pause.

Babymassage

Eine Massage bietet Ihnen eine wundervolle Möglichkeit, die Liebe zu Ihrem Kind auszudrücken. In den ersten Lebenstagen fördert sie die Bindung zwischen Ihnen und Ihrem Baby. Sie hilft bei der Beruhigung eines aufgeregten Babys und kann einer ängstlichen Mutter helfen, sich im Umgang mit ihrem »zerbrechlichen« Neugeborenen wohler zu fühlen. Ältere Babys und Kleinkinder ziehen ebenfalls Nutzen aus der Massage; sie ist bei der Beruhigung eines weinerlichen Babys wirksam und kann einem überdrehten Kleinkind zur Entspannung verhelfen.

Das Zimmer sollte warm sein und das Telefon abgestellt. Legen Sie das Baby auf ein warmes Handtuch, ein Schaffell oder auf Ihren Schoß. Beginnen Sie mit dem Kopf und massieren Sie mit leichten Bewegungen abwärts. Achten Sie darauf, daß beide Körperseiten gleich massiert werden.

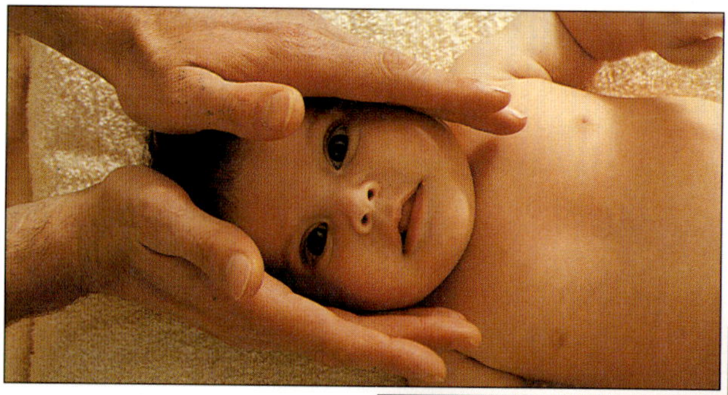

Massieren Sie den Kopf mit kreisenden Bewegungen, und streichen Sie dann an den Seiten des Gesichts entlang. Massieren Sie anschließend die Stirn von der Mitte über die Augenbrauen zu den Wangen und um die Ohren herum.

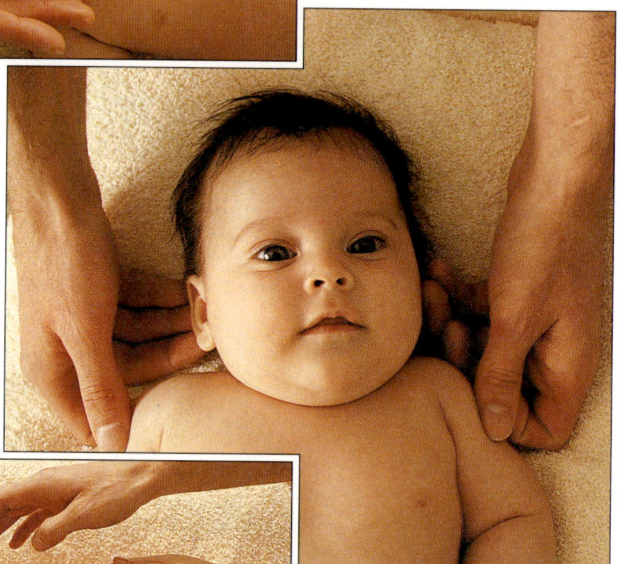

Streichen Sie sanft den Hals entlang, von den Ohren zu den Schultern und vom Kinn zum Brustkorb. Streichen Sie dann vom Hals zu den Schultern nach außen. Weiter den Armen entlang, bis zu den Fingerspitzen. Mit Fingern und Daumen drükken Sie dann den Arm sanft von oben bis unten. Massieren Sie das Handgelenk und die Hand; streichen Sie jeden Finger mit Ihren Fingerspitzen und Daumen.

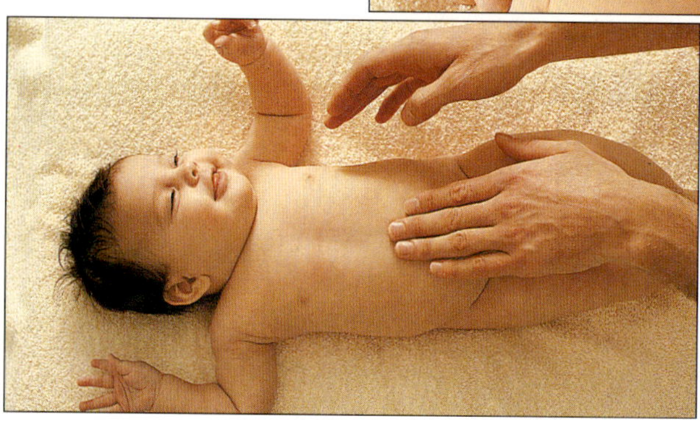

Massieren Sie den Brustkorb herunter, den Kurven der Rippen folgend. Massieren Sie den Bauch vom Nabel aus mit einer nach außen kreisenden Bewegung. Benutzen Sie hierzu Ihre Fingerspitzen und Ihre Handflächen.

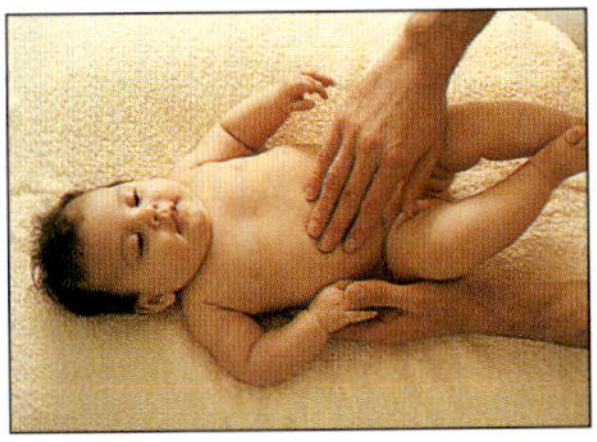

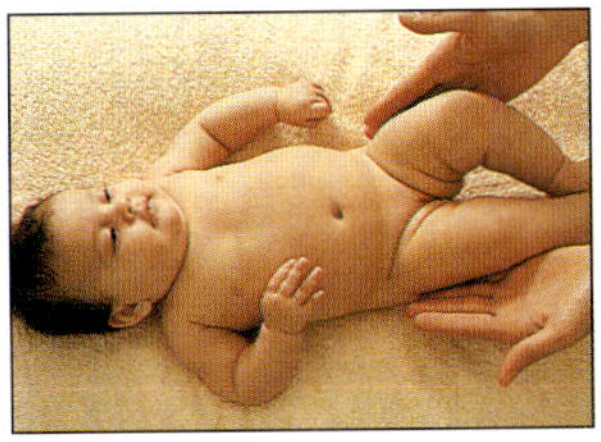

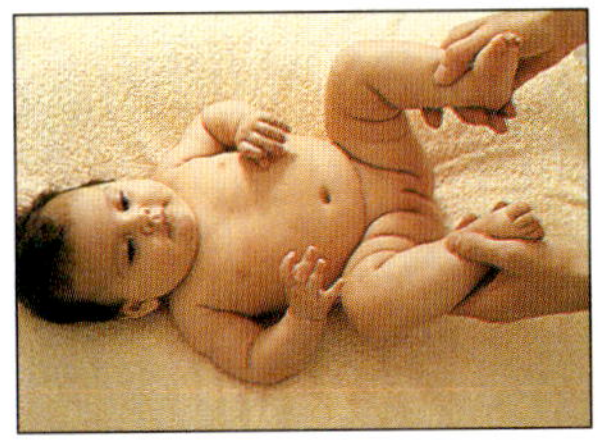

Massieren Sie die Beine von den Oberschenkeln zu den Knien, Schienbeinen, Waden und Knöcheln. Üben Sie sanften Druck aus, wie bei den Armen. Massieren Sie die Knöchel und Füße von der Ferse bis zu den Zehenspitzen. Streichen Sie dann jede einzelne Zehe entlang. Beenden Sie die Massage mit einigen langen, sanften Streichbewegungen am ganzen Körper: vom Hals bis zu den Zehen.

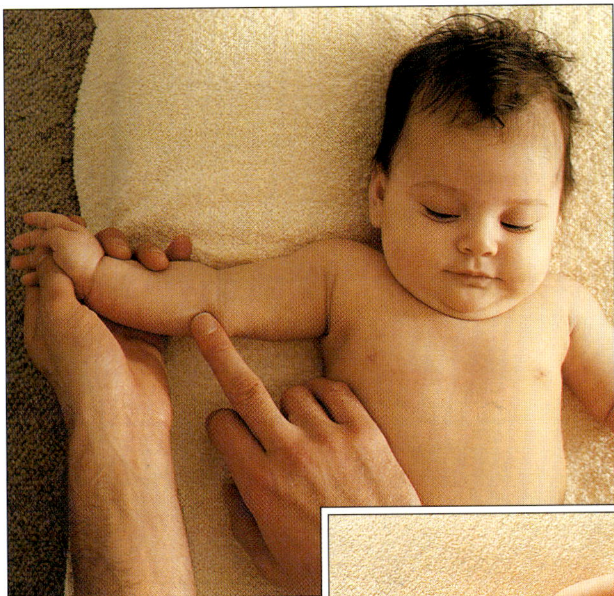

Nachdem Sie das Baby vom Kopf bis zu den Zehen auf einer Seite massiert haben, drehen Sie es um und beginnen auf der Rückseite, wieder vom Kopf abwärts.

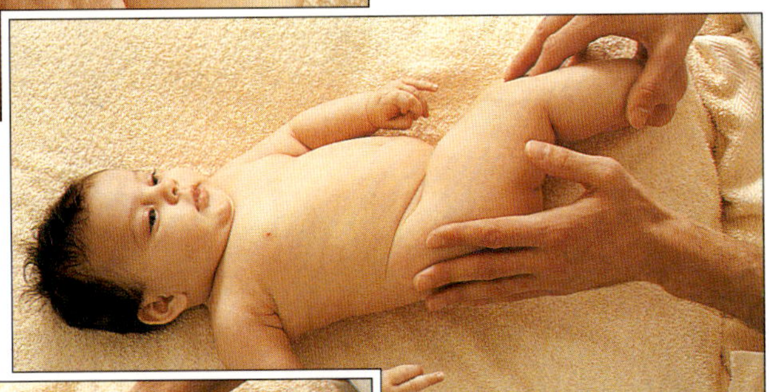

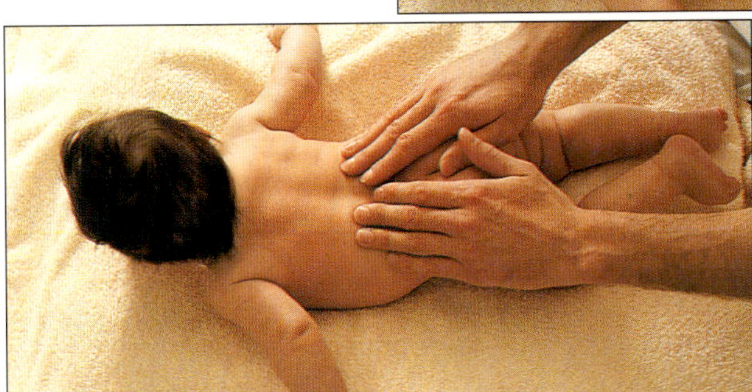

Sie können den Druck Ihrer Bewegungen verstärken, wenn dies Ihrem Baby gefällt. Machen Sie schwungvolle Bewegungen, und wiederholen Sie jeden Teil zwei- bis dreimal. Benutzen Sie an kleinen Körperteilen nur Ihre Fingerspitzen. Bei manchen Körperteilen werden Sie beide Hände, bei anderen nur eine Hand brauchen.

Spiel 1–2 Jahre

Wie alles, entwickelt sich natürlich auch das kindliche Spiel weiter. Es tritt nun in ein richtiges Spielalter ein. Dies beginnt meist gegen Ende des ersten Jahres und erreicht seinen Höhepunkt zwischen fünf und sechs Jahren. Anfänglich untersuchen und erforschen die Kinder einfach noch die Spielsachen. Später »beleben« sie diese mit ihren Fantasiekräften. Sie statten die Dinge mit menschlichen Eigenschaften aus, sie bauen Häuser und Lager auf und lassen ihre Puppen darin leben, sprechen und fühlen – gerade so, wie sie es selbst tun.

Geeignetes Spielzeug
- Steckkasten
- Steckbausteine
- Bauklötze
- Klopfbank
- Sachen zum Schieben und Ziehen
- Puppen
- Autos
- Kreiden und Filzstifte
- Farben und Pinsel
- Tafel
- Bücher
- Knet- und Modelliermassen
- Sandkiste
- Planschbecken
- Rutschbahn
- Schaukel
- Klettergerüst
- Handwagen

Spiele und Beschäftigungen

Sowohl die Koordinationsfähigkeit wie auch die Geschicklichkeit der Hände des Kindes verbessern sich im zweiten Jahr erheblich. Spielsachen, die beides ansprechen, bereiten deshalb das meiste Vergnügen. Rechnen Sie damit, daß das Kind anfänglich noch ungeschickt ist, und geben Sie ihm recht große, einfache Sachen. Haushaltsgegenstände sind weiterhin beliebt, aber andere Spielsachen fördern besser die Koordination und die Verstandesentwicklung.

Geschicklichkeitsspiele

Steckspiele, bei denen das Kind unterschiedlich geformte Klötze in die entsprechend geformten Öffnungen stecken kann, sind gut geeignet. Dieses Spiel gibt es in verschiedenen Ausführungen (Kästen, Zylinder, Häuser), und das Kind hat großen Spaß daran, wenn die Klötze mit einem Plumps wie in einem Briefkasten verschwinden. Viel Freude erlebt das Kind mit Steckbausteinen, mit denen es sowohl im Bad, im Garten, am Strand wie auf dem Fußboden spielen kann. Falls Sie keine haben: Auch Bauklötze sind ein langwährendes Lieblingsspielzeug bei Kindern, da sie in deren Fantasiewelt alle möglichen Formen annehmen und den vielen Zwecken dienen. Wenn Sie diese in einem Wägelchen kaufen, verbindet es mit dem Üben der Geschicklichkeit auch das des Gehens.

Mit Farben spielen

Alle Kinder lieben es zu malen und zu zeichnen. Ihnen allerdings wird es in diesem Jahr noch schwerfallen, die »Werke« zu interpretieren, aber das ist auch nicht der Sinn der Sache. Treffen Sie entsprechende Vorbereitungen: Decken Sie Tisch und Fußboden mit Zeitungen oder wasserdichtem Material ab und ziehen Sie dem Kind einen Kittel über.

Es gibt zwei Techniken, die Ihrem Kind viel Spaß bereiten dürften, das Drucken und das Klecksen. Zum Drucken braucht das Kind irgendeinen Stempel, beispielsweise einen kleinen Schwamm, ein Wattebällchen, einen Korken, einen halben Apfel oder eine Kartoffel – eigentlich alles, das es gut in der Hand halten und mit dem es die Stempelbewegung ausführen kann. Als »Stempelkissen« legen Sie ein angefeuchtetes, saugfähiges Stück Papier (Küchenrolle) in eine flache Schüssel. Streuen Sie zwei Eßlöffel Farbpulver darüber und reiben Sie es vorsichtig mit dem Löffelstiel in das Papier.

Beim »Schmetterlings-Klecksen« tropft man flüssige Farbe auf dickes Papier und faltet es so, daß beim Aufklappen eine spiegelgleiche Form entsteht. Hat das Kind gelernt, durch einen Halm zu blasen, kann es den Klecks zuvor noch in Formen pusten.

Bewahren Sie nur Bilder auf, die Ihr Kind auch mag. Befestigen Sie sie mit kleinen Magneten an der Eisschranktür oder verschönern Sie damit Wände, die durch Fingerspuren weniger ansehnlich wurden (entlang der Treppe). Außerdem können Sie hübsche Gruß- und Dankkarten oder Kalender daraus basteln.

Drucken

1. Tisch mit Zeitungen abdecken. Dem Kind einen Schwamm zum Eintauchen in Farbe geben.

2. Das Kind mit dem farbigen Schwamm über das Papier tupfen (oder wischen) lassen.

3. Nach und nach dem Kind andere »Stempel« geben und auch verschiedene Farben.

Klecksen

1. Tisch abdecken, Wasserfarbe anrühren, das Kind die Farbe mit einem Spachtel verteilen lassen.

2. Kann es blasen, geben Sie ihm einen Trinkhalm zum Verteilen der Farbe.

3. Das Blatt in der Mitte falten und zusammenpressen. Lassen Sie es das Kind öffnen.

Malpapier

Eigentlich kann alles bemalt werden: Tapeten, Packpapier, Schrankpapier, Zeitungspapier, gebrauchte Briefumschläge. Sie können auch eine Rolle billiges weißes Papier kaufen, von der Sie nach Bedarf abschneiden. Für eine Maltafel, von der wieder alles abwischbar ist, überziehen Sie ein Stück Karton mit durchsichtiger Klebefolie. Probieren Sie aus, welche Farbe am besten darauf hält.

Malpinsel

Anfänglich sind dicke Pinsel vorteilhaft, da das Kind sofort ein Ergebnis vor Augen hat. Später kann es dann mit Pinsel aller Größe arbeiten. Daneben sind Kuchenpinsel, Wattebällchen und Pfeifenreiniger verwendbar. Ab und zu können Sie auch erlauben, daß das Kind seine Finger und Füße gebraucht, da es sich selber gerne mit Farbe anmalt. Lustig ist auch das Malen mit einem ausgebrauchten Roll-on-Deodorant, den Sie mit Farbe füllen.

Tips: Malen

- Besorgen Sie Pulverfarben in Blau, Rot, Gelb und Weiß, und rühren Sie nur die benötigte Menge mit Wasser an.

- Verwahren Sie die Farbe in Plastikbehältern mit Deckel, eventuell mit Loch, um den Pinsel hineinzustecken.
- Plastikeierbehälter sind praktische Paletten.
- Einen nützlichen Halter für Farbbecher können Sie aus einem Stück Schaumgummi mit entsprechend

ausgeschnittenen Löchern basteln.
- Zum Verdicken von flüssigen Pulverfarben können Sie etwas flüssige Stärke nehmen.
- Kinder rühren gern selbst Farbe an. Rühren Sie zuerst etwas Stärke mit Wasser an und geben Sie ihm Lebensmittelfarben oder Farbpulver zum Selbermischen.
- Wenn Sie zu Fingerfarben ein wenig Waschmittel geben, sind sie leichter abzuwaschen.
- Eine auf glatten Flächen haftende Farbe können Sie aus Lebensmittelfarbe, Eigelb und Waschpulver mischen.

- Kaufen Sie nur dicke, runde Wachs- oder Filzstifte zum Malen, da das Kind sie besser halten kann.

Bilder fixieren

Ein Wachsfarbenbild können Sie verewigen, wenn Sie es auf ein Stück Stoff aufbügeln. Legen Sie das Bild mit der bemalten Seite nach oben auf ein Bügelbrett, darüber einen hellfarbigen Stoff, und bügeln Sie ihn mit niedriger Temperatur. Dabei drückt sich das Bild ab. Lassen Sie den Stoff abkühlen, bevor Sie ihn abnehmen.

Eine andere Möglichkeit ist käufliches Fixativ oder Haarspray. Übersprüht man damit die Bilder, lösen sich die Farben nicht mehr ab.

Ein »Zaubermittel«, das ein Bild zweihundert Jahre lang erhalten soll, wird aus einer Tablette Magnesiamilch, aufgelöst in einem Liter Sprudel, hergestellt. Die Lösung über Nacht stehen lassen. Am nächsten Tag das Bild eine Stunde darin einweichen und dann trocknen.

Tips: Aufbewahren von Farben

- In eine dickere Schaumgummi- oder Schaumstoffplatte werden den Farbbechern entsprechend große Löcher hineingeschnitten und die Becher hineingestellt.

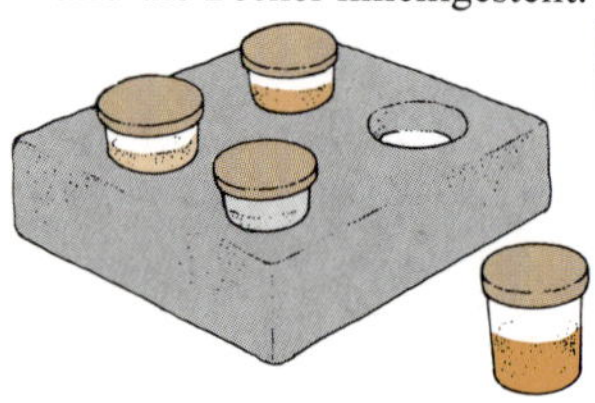

- Besteckkästen sind günstig für Farbgläser und Pinsel.

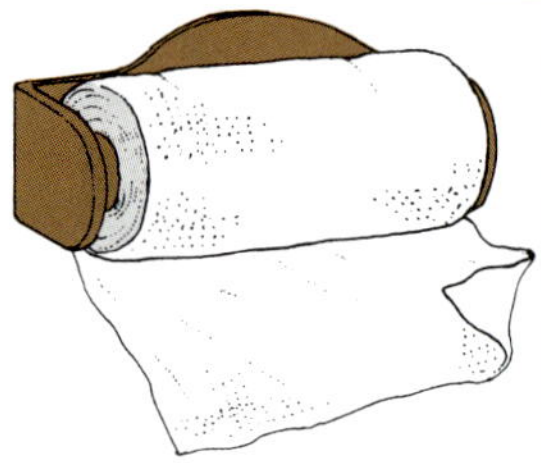

- In der Bastelecke kann eine Zeichenpapierrolle mit einem Halter an der Wand befestigt werden.

Herstellen von Bastelmaterial

Fingerfarben
Etwa 60 g flüssige Stärke mit entweder vier Tropfen Lebensmittelfarbe oder einem Eßlöffel Farbpulver mischen.

Klebstoff
250 g Mehl mit einem Teelöffel Salz in einem Topf mischen. 600 ml Wasser einrühren. Fünf Minuten schwach kochen. Abkühlen lassen und im Kühlschrank aufbewahren.

Bunte Knetmasse
Drei Teile Mehl und ein Teil Salz mischen und mit einem Teil Wasser verkneten. Mit Lebensmittelfarbe färben und luftdicht aufbewahren.

Tonähnliche Masse
Mehl und Salz zu gleichen Teilen mischen, etwas Öl beifügen, so viel Wasser unterarbeiten, daß ein fester Teig entsteht. Kneten, bis die Masse weich und geschmeidig ist.

Spiele mit Wasser

Die meisten Kinder spielen liebend gern mit Wasser. Im zweiten Lebensjahr haben sie eventuelle frühere Ängste längst überwunden. Im folgenden sind noch einige Anregungen genannt:

- Geben Sie dem Kind in der Badewanne unzerbrechliche Becher, Behälter und Flaschen, mit denen es schöpfen und spritzen kann (siehe S. 92).
- Planschbecken für den Garten sind im Sommer ideal und gar nicht so teuer. Kleine, runde, aufblasbare reichen dabei völlig aus.
- Eine Zeltplane auf dem Rasen, mit einem Schlauch oder einer Gießkanne kräftig durchnäßt, ist im Sommer eine herrliche Rutschbahn.
- Bohren Sie ein kleines Loch in den Boden eines Plastikbehälters. Füllen Sie ihn mit gefärbtem Wasser (ungiftige Farben nehmen) und befestigen Sie ihn hinten am Dreirad oder später am Fahrrad. Das Kind kann »Muster fahren« und seine Spur verfolgen.
- Kinder lieben Schlammspiele. Geben Sie ihm Wasser und Erde in einer Gartenecke, damit es selbst Matsch zubereiten kann.
- Stellen Sie zum Spielen im Bad oder im Planschbecken einen »Eisberg« her. Füllen Sie einen Luftballon mit gefärbtem Wasser (Lebensmittelfarbe). Legen Sie ihn in einen Topf, falls er je platzen sollte, und stellen Sie ihn in den Gefrierschrank. Ist das Wasser gefroren, schälen Sie den Ballon ab – ein toller runder Eisberg bleibt übrig.

Spiele im Sand

Sandkästen sind für Kinder die herrlichsten Spielecken. Man kann sie aus Holz oder Kunststoff fertig kaufen, ein altes Planschbecken oder einen alten Autoreifen mit Sand füllen oder ein Erdloch ausheben und auszementieren. Besorgen Sie gut »backenden«, gereinigten Sand. Den unbenutzten Kasten stets abdecken, damit er nicht von Katzen als Toilette benutzt wird.

Spielgeräte

Wenn Ihr Kind im Laufe des Jahres seine Koordination verbessert, sollten Sie an größere Spielgeräte denken. Anfänglich können Sie zur Sicherheit eine Babyschaukel aufhängen, aus der das Kind nicht herausfallen kann. Eine Rutschbahn muß splitterfrei sein und braucht einen sicheren Rand an den Seiten.

Falls Sie einen Garten haben ist eine Schaukel fast unumgänglich. In der Wohnung wird ein Schaukelpferd nicht fehlen. Ein Dreirad kann ein zweijähriges Kind noch nicht beherrschen. Ein Schlitten im Winter sollte aber nicht fehlen.

Tips: Sicherheit

- Lassen Sie Ihr Kind nie an Feuerwerkskörper.
- Halten Sie es stets fern von Wasserstellen, ganz gleich, wie klein oder niedrig sie sind. Auch wenn es schwimmen kann, sollten Sie es nie unbeobachtet lassen.
- Achten Sie bei Spielplätzen besonders auf sich schnell drehende Karussells und Betonflächen. Spielen ältere, wildere Kinder gerade an den Geräten, halten Sie das Kind fern.
- Alle Metallgegenstände sind gefährlich: Eimer und Schaufel oder Spielpistolen. Das gleiche gilt für scharfe oder spitze Dinge wie Pfeil und Bogen oder Messer.

Rauhe und sanfte Spiele

Weder mögen alle Kinder alle Arten von Spielen, noch mag ein Kind immer nur das gleiche Spiel. Jedoch bevorzugen einige Kinder mehr Spiele, bei denen sie sich körperlich einsetzen und austoben können, andere dagegen spielen lieber still und beschaulich.

Von meinen vier Söhnen gehörten jeweils zwei zu einer der Gruppen. Die beiden äußerlich aktiveren Jungen versorgte ich von früh auf mit großen, weichen Kissen und Polstern sowie Möbeln mit Schaumstofffüllung. So konnten sie in ihrem Zimmer herumhüpfen und -springen und akrobatische Leistungen vollführen. Im Freien hatten sie einen Kletterbaum, ein Kletterseil und ein Klettergerüst mit Strickleiter und Netz zum Hangeln, eine Reifenschaukel und, soweit ich mich erinnere, das erste Dreirad mit dreizehn oder vierzehn Monaten. Ballspiele wie Fußball liebten sie. Diese hatten zudem den Vorteil, die Kinder müde zu machen.

Den anderen beiden Jungen stellte ich Berge von Büchern, unzählige Farbkästen, Staffelei und Zeichenbrett zur Verfügung. Schon früh bauten sie aus Haushaltsabfällen wie Eierkartons, Pappröhren, Joghurt- oder Margarinebechern Schiffe und Lokomotiven. Später bastelten sie Papierflugzeuge. Einer von ihnen beherrschte mit drei Jahren meisterhaft die Papierfalttechnik. Beide liebten Musik und besaßen früh unter anderem ein Xylophon und eine Blockflöte.

Tips: Spielzeug aufbewahren

- Plastikbehälter mit Deckel (auch von Eis oder Margarine) sind ideal für Steine, Murmeln und alle kleinen Dinge.
- Bezeichnen Sie den Inhalt der einzelnen Behälter durch farbige Aufkleber.
- Große Schraubgläser sind praktisch, weil der Inhalt sichtbar ist (außer Reichweite des Kindes halten).
- Schuhschachteln sind ideale Puppenbetten, Häuser und Scheunen.
- Hängen Sie für die Badespielsachen ein Kunststoffnetz über die Hähne der Badewanne
- Eine Truhe oder ein Kasten mit glattem Deckel dient für größere Sachen sowie als Tisch.
- Bestimmt finden Sie Spielsachen im ganzen Haus verstreut. Halten Sie in jedem Zimmer einen Korb, dann können Sie jederzeit alles schnell aus dem Weg räumen.
- Verwahren Sie im Auto immer eine extra Tasche oder Schachtel mit Spielsachen.

Was fördert Fantasie und Kreativität?

Jedes Spiel und jedes Spielzeug, je weniger perfekt um so besser, weckt im Kind schöpferische Kräfte, mit denen es sich seine Fantasiewelt aufbaut. Mit Farben und Formen entwirft es Muster. Aus Kartons, Tüchern und allem möglichen baut es sich sein Zuhause.

Die schönsten und befriedigendsten Spiele sind solche, die wenig Anleitung Ihrerseits bedürfen. Das Kind kann dabei seinen Einfällen freien Lauf geben und das Spiel immer wieder neu aus sich heraus umgestalten, seinen eigenen Vorstellungen nachkommen. Wenn Sie das Kind dabei unterbrechen, es dauernd zu Sauberkeit und Achtsamkeit ermahnen, ihm zu viel helfen wollen, schwindet sein Interesse am Spiel, der Sinn dessen geht ihm verloren und es wird entmutigt. Derartige Eingriffe des Erwachsenen wirken sich später beim Schulkind oft in Form von Konzentrationsschwäche aus.

Findet das Kind genügend Anregung?

Hierüber brauchen Sie sich kaum Sorgen bereiten, wenn Sie dem Kind die richtige Umgebung schaffen und die wenigen, aber geeigneten Spielmittel zur Verfügung stellen. Im zweiten Lebensjahr entwickelt das Kind langsam eigene Vorstellungen, was es spielen möchte. Was es braucht, ist genügend Freiraum, um Ideen entwickeln und in Spiel umsetzen zu können, und zwar ganz nach seinem Sinn. Ihre Aufgabe dabei ist, ihm eine Spielecke, ein paar »Werkzeuge« und Ungestörtheit zur Verfügung zu stellen. Lassen Sie es seinen Entdecker- und Forscherdrang ausleben und stehen sie zur Verfügung, wenn es Hilfe braucht. Sie sollten sich aber nicht in das Spiel »einmischen«.

Spielhilfen

Sie können dem Kind zwar nicht Fantasie beibringen, jedoch seine natürliche Anlage dazu wecken:

- Spielen Sie ernsthaft Ihre Rolle in seinen ausgedachten »Als-ob-Spielen«.
- Schlüpfen Sie selbst in die Gestalten aus einer Geschichte und übernehmen Sie deren Rolle. Mag das Kind eine Gestalt besonders gern, ermuntern Sie es, sie zu spielen.
- Spielen Sie: »Was ist das?« Das Kind darf die Augen schließen, Sie streichen ihm mit irgend etwas über die Haut, und es soll erraten, was dies war.
- Handpuppen sind sehr reizvoll. Sie können sich einige ganz einfach selbst herstellen, indem Sie auf eine feste Papiertüte Gesichter malen.
- Beginnen Sie, eine Verkleidungskiste mit alten Schuhen, Hemden, Röcken, Kleidern, Hüten und Schals anzulegen. Wertloser Modeschmuck ist heißbegehrt, ebenso Teile von Berufsbekleidungen (manchmal auf Flohmärkten zu bekommen). Aus einem größeren Stoffstück mit angenähtem Haken entsteht ein vielseitig verwendbarer Umhang.
- Puppen sind für Jungen wie Mädchen wichtig, da sie sie spontan in ihre Fantasiewelt eingliedern können, ebenso Stofftiere, Putz- und Gartengeräte sowie einfache Werkzeuge.
- Schlüpfen Sie in die Rollen verschiedener Tiere, krabbeln Sie auf allen vieren und imitieren Sie deren Laute. Bestimmt macht das Kind begeistert mit.
- »Telefonieren« Sie mit dem Kind, entweder mit einem Spieltelefon oder einfach mit einem Kochlöffel als Hörer.

Tips: Spielsachen in Ordnung halten

- Kaufen Sie nur waschbare Stoffspielsachen.
- Wenn dies nicht möglich ist, reiben Sie die Sachen mit einem Schwamm und trockenem Schaum ab.
- Plastikspielzeug ab und zu mit warmem Seifenwasser reinigen.
- Verformte Plastikteile kann man manchmal in heißes Wasser legen und dann in ihre alte Form bringen.
- Unangenehm riechende Sachen mit einem Schwamm abreiben, den man in eine Lösung von Speisenatron getaucht hat.
- Zum Trockenreinigen kann man Sachen in einem Beutel mit einer größeren Menge Backpulver oder Stärkemehl schütteln.

Spiel 2–3 Jahre

Das Kind spielt zwar weiterhin mit den bekannten Spielsachen, aber auf andere Art. Nun stapelt es die Bauklötze nicht nur aufeinander, sondern gestaltet weite Anlagen und benützt sie z. B. als Umgrenzung eines nur vorgestellten Vorhofes einer Tankstelle. Im dritten Jahr imitiert das Kind gerne Sie, Ihr Verhalten, Ihr Aussehen. Auch seine Geschicklichkeit verbessert sich beträchtlich, so daß größere Legespiele und Puzzles beliebt sind.

Geeignetes Spielzeug
- großflächiges Puzzel
- Modelliermasse
- Steckbausteine
- stumpfe Schere
- Klebstoff
- Puppenwagen
- Küchen- und Haushaltsutensilien
- Spielhaus
- Dreirad
- Autos und Lastwagen
- Klettergerüst

Rollenspiele

Indem das Kind die Erwachsenen seiner Umgebung nachahmt, baut es sich eine eigene kleine Welt auf. Sie müssen dazu kein teures Spielhaus kaufen. Ein paar Stühle, ein kleiner Tisch oder ein alter Laufstall mit einer großen Decke darüber werden von dem Kind unmittelbar als Zelt oder Haus erlebt. Kinder lieben es, im Dunkeln zu spielen, ziehen Sie ruhig die Vorhänge zu, wenn es gewünscht wird. Ein paar Utensilien aus der Küche sind oft sehr willkommen.

Meine Kinder hatten viel Spaß an Kartons aller Größe, in die sie hineinklettern konnten. Kleinere wurden zu Schiffen oder Autos, oder sie stapelten sie zu Schlössern und Festungen und bauten Tunnels und Züge. Ein etwas ausgefeilteres Haus kann man aus einem ganz großen Karton (Umzugskisten) basteln. Entfernen Sie gefährliche Klammern o. ä. und schneiden Sie Fenster und Tür aus. Das Kind kann das Haus bemalen (Vorhänge, Fensterläden, Türklinken usw.) und innen Bilder an die Wände kleben. Hocker und kleine Stühle, in einer Reihe aufgestellt, stellen eine Eisenbahn, ein Schiff oder Flugzeug dar. Solche Kartonhäuser kann man auch relativ billig kaufen.

Geschicklichkeitsspiele

Nun gebraucht das Kind verstärkt seine Hände, um Dinge zu erforschen und deren Anwendungsmöglichkeiten herauszufinden. Die im folgenden angeführten Ideen und Spiele erfordern gute Koordination.

- Im Laufe dieses Jahres erwirbt das Kind genügend Koordination, um bei einigen Hausarbeiten mithelfen zu können. Es betrachtet auch dies als Spiel, weil es Sie unbedingt nachahmen will. Es kann einen Handmixer festhalten, wobei Sie natürlich noch mitaufpassen müssen. Es kann die Spitzen von Bohnen abzwicken oder Erbsen schälen.
- Kinder bauen gern mechanische Geräte auseinander. Geben Sie ihm einen alten, kaputten Wecker, Motor, Plattenspieler oder Fotoapparat. Muß irgendwo ums Haus etwas abgerissen werden wie eine Mauer oder ein Zaun, müssen Sie für einen neuen Gartenweg Steine behauen, lassen Sie das Kind mithelfen.
- Beim Umgang mit Farben hat das Kind nun vielleicht Spaß an der Spritztechnik. Es legt Blätter, Gräser, Münzen und andere Formen auf ein Blatt Papier, taucht eine Zahnbürste in flüssige Farbe, streicht mit einem stumpfen Messer über die Bürste und spritzt so einfach Farbe über das Papier. Besondere Effekte entstehen, wenn es dabei noch verschiedene Farben verwendet. Sobald die Farbe getrocknet ist, kann es die Objekte vom Blatt nehmen.
- Geben Sie dem Kind im Garten ein klei-

nes Beet ganz für sich, dazu eine eigene Schaufel und Gießkanne. Helfen Sie ihm, einige Blumenzwiebeln zu stecken oder schnellwachsende Blumen- oder Gemüsearten zu säen (Ringelblumen, Radieschen, Bohnen, Petersilie).

- Vermutlich kann Ihr Kind Puzzles bis zu sechs Teilen zusammenstellen. Geben Sie ihm anfänglich ein Spiel, bei dem jedes einzelne Teil klar erkennbar ist, also z. B. entweder ein Bein, ein Arm oder ein Baum abgebildet sind statt einer nur farbigen Fläche. Vorläufig sind Holzpuzzles denen aus Karton vorzuziehen, da das Kind die Teile besser greifen kann und die Ecken nicht so schnell abbrechen. Hat es trotzdem Greifschwierigkeiten, können Sie auf jedes Teil ein kleines Häkchen kleben. Für die Jüngsten sind Einsetzpuzzles am geeignetsten, weil hier nur einzelne Teile aus der Fläche ausgeschnitten sind, die das Kind wieder einfügen kann.
- Bei einigen Puzzles müssen Sie dem Kind zeigen, wie die Teile zusammengestellt werden. Erklären Sie, warum die Teile an diese oder jene Stelle gehören: »Schau, auf diesem Teil ist etwas vom Hals und Gesicht zu sehen, das gehört zum Kopf und kommt über den Körper.« Helfen Sie dem Kind zwei- oder dreimal, wird es bald mit großem Spaß das Puzzle immer wieder selbst zusammenstellen.
- Basteln Sie selbst Puzzles. Kleben Sie ein beliebtes Bild (Kalender usw.) auf Karton, überziehen Sie es mit selbstklebender Klarsichtfolie und zerschneiden Sie es mit einem scharfen Universalmesser in etwa sechs verschiedene geometrische Teile.
- Mehrere Puzzles können Sie vor dem Durcheinandergeraten bewahren, wenn Sie jedes auf der Rückseite durch eine andere Farbe markieren.

Soziales Lernen durch Spiel

Wie das Spiel des Kindes seine Persönlichkeitsentwicklung und sein Sozialverhalten ausformt, kann man in verschiedenen Situationen beobachten. Oft erfüllt sich das Kind Bedürfnisse und Wünsche im Spiel, weil es sie anders noch nicht befriedigen kann. Dabei gewinnt es Mut und Selbstvertrauen und behauptet sich auch langsam in der »realen« Welt. Ein Kind, das zum Beispiel sonst unfähig ist, eine Führungsrolle zu ergreifen, versetzt sich im Spiel in den Anführer seiner Raketenmannschaft, seines Indianerstammes oder einer Gruppe Cowboys. Das Spiel wird zum Versuchsfeld und Übungsplatz, um sich für die Welt »draußen« zu rüsten.

Indem das Kind im Spiel die Erwachsenen seiner Umgebung nachahmt und ihre Rollen übernimmt, lernt es diese kennen. Es ordnet bestimmte Aufgaben und Verpflichtungen der Mutter zu, dem Vater, der Schwester, dem Bruder. Dieses Feld erweitert sich, je älter das Kind wird.

Es selbst hat im Kreis der Familie auch eine bestimmte Rolle – als Einzelkind eine andere als ein Kind unter mehreren Geschwistern. Sobald das Kind einer Spielgruppe angehört, muß es auch hier die zugewiesene Rolle akzeptieren, um von den anderen als Mitglied anerkannt zu werden. Jedoch – nichts fördert mehr die Entwicklung sozial wünschenswerter Eigenschaften als das Spiel in einer Gruppe. Vielleicht trifft das Kind gerade hier auf besonders strenge moralische und soziale Wertschätzungen. So lernt es beim täglichen Zusammenspiel mit Freunden, freigebig, ehrlich, bereitwillig, kameradschaftlich und freundlich zu sein, da es die Bestätigung der anderen sucht.

Farben kennenlernen

Nennen Sie immer die Farben der Dinge, die Sie gebrauchen oder die Sie suchen: »Ich suche das grüne Paket! Wo ist denn die rote Dose? Ach, hier ist das Glas mit dem blauen Aufkleber! Reiche mir bitte den gelben Stift!« Bezeichnen Sie auch die Farben der Kleider: »Heute ziehen wir das hübsche rosa Kleid an! Die rote Jacke paßt gut zu deiner blauen Hose!« Erwähnen Sie

stets die Farben, wenn Sie Ihr Kind auf schöne Blumen im Park oder auf der Fensterbank hinweisen, wenn Sie ihm Tiere, besonders Vögel, zeigen.
Mischen Sie beim Malen die Farben: »Schau, wenn wir Rot und Gelb mischen, entsteht ein Orange, wenn wir Gelb und Blau mischen, wird daraus Grün. Welche Farbe erscheint wohl, wenn wir Blau und Rot mischen?« Malen Sie mit dem Kind einen Regenbogen. Er besitzt für das Kind noch etwas ganz Zauberhaftes.

Buchstaben kennenlernen

Beginnen Sie zusammen mit dem Kind ABC-Lieder zu singen oder ABC-Gedichte zu sprechen, das prägt sich leicht seinem Gedächtnis ein. Servieren Sie Suppen mit Buchstabennudeln oder Buchstabenkekse zum Knabbern. Benennen Sie die einzelnen Buchstaben seines Namens. Besorgen Sie magnetische Buchstaben, mit denen das Kind an der Eisschranktür spielen kann. Meine Kinder spielten sehr gerne »Wörter raten«, indem sie sich bei geschlossenen Augen die Buchstaben in ihre Handfläche schreiben ließen und versuchten, das Wort zu finden.

Zahlen kennenlernen

Im Laufe eines Tages gibt es viele Möglichkeiten, das Kind mit Zahlen bekanntzumachen. Zählen Sie mit, wenn Sie die Knöpfe seiner Jacke schließen, wenn Sie seine Finger oder Füße waschen, wenn Sie den Tisch decken, wenn Sie beim Einkauf Ihren Korb füllen. Zählen Sie zu Hause Ihren Einkauf, die Flaschen, Dosen, Gläser und Pakete. Teilen Sie diese in Gruppen ein: zwei Flaschen, drei Dosen, vier Pakete. Schreiben Sie Zahlen auf Zettel, und helfen Sie dem Kind, kleine Gruppen von Spielsachen auszuzählen: drei Bälle, fünf Klötze, sieben Bauernhoftiere. Zählen Sie bei Spaziergängen die Häuser, Gartentore, Bäume, die Enten auf dem Teich.

Fernsehen

Es gibt tatsächlich Babys, die bereits vom Bettchen aus fernsehen dürfen. Die Eltern betrachten das Gerät als Babysitter, der das Kind unterhält, wenn sie selbst keine Zeit haben. Bei sehr vielen Kindern ist Fernsehen so beliebt, daß sie dafür mehr Zeit verwenden als für alle anderen Spiele zusammen. Im folgenden einige ermittelte Tatsachen:

- Fernsehen ist nicht sinnvoll, wenn Kinder alleine zuschauen, selbst bei einem pädagogisch guten Beitrag, denn sie nehmen ihn in passiver Haltung auf. Zusammen mit anderen Kindern, die Bemerkungen machen, oder mit einem Erwachsenen, der Fragen stellt oder etwas erklärt, kann Fernsehen als Anregung dienen und neue Gesprächsthemen liefern. So konsumiert das Kind nicht einfach, sondern kann aktiv am Geschehen teilnehmen.
- Kinder, deren Eß- und Schlafrhythmus durch Fernsehen gestört wird, leiden unter Verdauungsschwierigkeiten und sind müde.
- Durch Fernsehen werden andere Beschäftigungen vernachlässigt, insbesondere Spiele im Freien und mit anderen Kindern. Für kreative Spiele bleibt kaum mehr Zeit übrig.
- Durch Fernsehen werden Unterhaltungen wie auch die ganzen sozialen Wechselwirkungen in der Familie beschränkt.
- Charaktere werden im Fernsehen oft übertrieben und stereotyp dargestellt. Dies führt dazu, daß Kinder glauben, Menschen in ähnlichen Verhältnissen haben die gleichen Eigenschaften wie jene auf dem Bildschirm.
- Sieht das Kind zu oft Gewalttätigkeit, stumpfen seine Empfindungen ab, es betrachtet gewalttätiges Verhalten als normal.
- Die Wirkung von Gewaltakten im Fernsehen auf Kinder wurde an zwei Gruppen studiert. Die erste sah Sendungen mit Gewalttätigkeiten, die zweite nicht. Man fand heraus, daß die erste Gruppe sich deutlich aggressiver gegenüber anderen Kindern und ihren Spielsachen verhielt.
- Kinder ahmen alles nach. Da Gesetzesbrecher oft verherrlicht werden, identifizieren sich die Kinder leicht mit ihnen.
- Das Verhalten zwischen Mann und Frau, Lebensweisen und -wege werden oft modellhaft vorgeführt, was Kindern zu ähnlichen und nicht immer den besten Erwartungen veranlaßt.
- Kinder, die eine Sendung mit echtem Interesse verfolgen, werden angeregt, dem Thema weiter nachzugehen, entweder durch Bücher oder durch Fragen an Erwachsene.

16 Unterwegs

Solange eine Mutter ihr Baby stillt, ist sie selbstverständlich an bestimmte Rhythmen gebunden. Dies muß jedoch nicht bedeuten, daß sie keiner ihrer früheren Aktivitäten außerhalb des Hauses mehr nachgehen kann. Mit den entsprechenden Utensilien, etwas Planung und genügend Gelassenheit kann man auch ein kleines Baby zu verschiedensten Anlässen mitnehmen. Natürlich spürt das Baby, wenn es sich in einer fremden Umgebung befindet, und wird unter Umständen unruhig. Bis zu einem gewissen Grad können Sie dem vorbeugen, wenn Sie die im folgenden Kapitel beschriebenen Erfahrungen berücksichtigen und Ausflüge Schritt für Schritt zur Routine werden lassen, an der auch das Baby Freude hat.

Beginnen Sie nicht gerade mit anstrengenden Einkäufen, die Sie von einem Geschäft zum anderen führen, bei denen das Baby ständig neuen Reizen ausgesetzt ist und Sie dauernd damit beschäftigt sind, Tüten zu verstauen und Dinge zu suchen. Besuchen Sie anfänglich Freunde oder Ausstellungen. Ist das Wetter entsprechend, machen Sie einen Ausflug ins Grüne, und bereiten Sie sich darauf vor, das Baby draußen zu wickeln und zu stillen. Viele Mütter scheuen sich inzwischen nicht mehr, ihre Babys auf einer Parkbank während des nachmittäglichen Spaziergangs zu stillen.

In der Nähe unterwegs 0–1 Jahr

Vorbereitung

Überlegen Sie in Ruhe, wie Sie und das Baby am bequemsten zu Ihrem Bestimmungsort kommen. Müssen Sie durch den Verkehr, ist oft der schnellste Weg am günstigsten, führt es Sie durch eine schöne Umgebung, ist vielleicht ein Spaziergang erholsamer. Überlegen Sie noch, was Sie unterwegs benötigen, wo Sie das Baby füttern und wickeln können. Bei warmem, schönem Wetter ist vieles einfacher, da Sie in einen Park oder auf eine Wiese ausweichen können. Ist es naß oder kalt, brauchen Sie ein Dach über dem Kopf. Finden Sie heraus, ob und wo es in Ihrer Umgebung »Mutter-und-Kind-Räume« gibt. Dort können Sie das Baby in Ruhe stillen und wickeln.

Solange Sie sich noch nicht sicher fühlen, sollten Sie längere Ausflüge nur in Begleitung eines weiteren Erwachsenen unternehmen. Lassen Sie sich aber nicht durch zu erwartende Probleme so abschrecken, daß Sie stets lieber zu Hause bleiben. Alles ist nur eine Frage der Übung.

Ausrüstung für das kleine Baby

- Wickelunterlage
- Höschenwindeln und Einlagen
- feuchten Schwamm in Plastikbeutel
- Babycreme oder -milch
- Watte
- Mulltupfer für die Brust
- Flasche und Nahrung (wenn gebraucht)
- Mütze
- Pullover
- Spielsachen
- Plastikbeutel für schmutzige Windeln

Ausrüstung für das ältere Baby

- Wickelunterlage
- Höschenwindeln und Einlagen
- Babycreme oder -milch
- Watte
- feuchten Schwamm in Plastikbeutel
- Lätzchen
- Babynahrung
- etwas Trockenes zum Knabbern
- Trink-Lernbecher mit Saft oder Tee
- Mütze
- Pullover
- Spielsachen

Gebrauch einer Baby-Trage

Baby-Tragen gehören zu den ältesten und bequemsten Methoden, ein Baby zu befördern. Es ruht sicher und geborgen an Ihrer Brust, und Sie haben beide Hände frei. Suchen Sie eine abwaschbare Trage aus, da das Baby häufig spuckt. Probieren Sie die Trage vorher an. Sie sollte leicht anzulegen und zu tragen sein. Die Schulterbänder müssen breit genug sein, um das wachsende Gewicht des Babys abzufangen und Sie oder Ihr Partner es ohne Anstrengung bequem tragen können. Die Ansicht, daß ein Baby erst in eine Trage gesteckt werden darf, wenn es seinen Kopf selbst halten kann, ist falsch. Vorausgesetzt der Kopf ist gestützt, können Sie das Baby so früh Sie wollen hineinsetzen. Das Baby empfindet den nahen Kontakt zu Ihnen so beruhigend und sicher, daß es vermutlich seinen Kopf an Sie schmiegt und, gut gestützt, einschläft.

Anlegen eines Trägers

1. Gurt um die Taille legen, schließen und den Sitz nach vorne drehen.

2. Baby mit einem Arm halten, mit der anderen Hand seine Beine durch die Öffnung schieben.

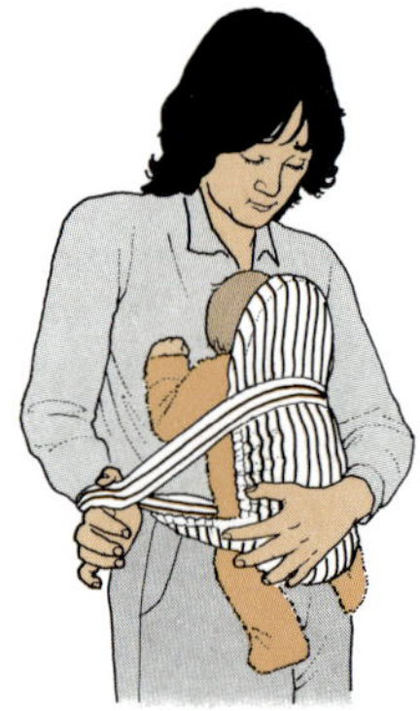

3. Schulterband auf einer Seite über das Baby und auf Ihre Schulter schieben, mit der anderen Hand dann das andere.

Anlegen eines Tragesacks

1. Tragesack anlegen. Das Baby bequem in den Innensitz setzen, den Reißverschluß hochziehen.

2. Mit einer Hand das Baby halten, die Außenseite hochklappen, Reißverschluß zuziehen.

Nach vorne beugen

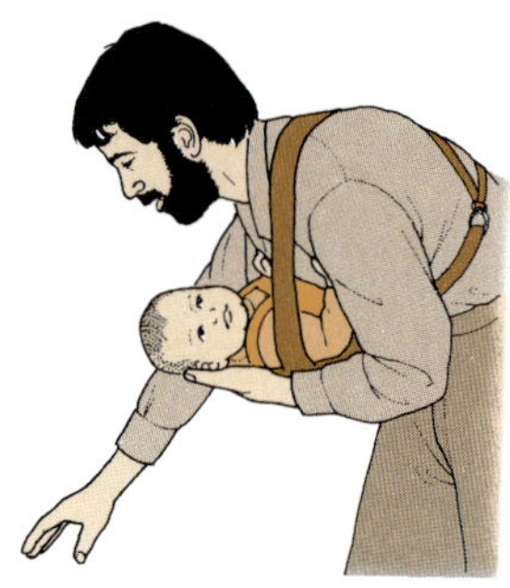

Sobald Sie sich nach vorne oder zur Seite beugen, stets den Kopf des Babys stützen.

Benutzung eines Kinderwagens

Es hängt ganz von den jeweiligen Umständen ab, ob ein Kinderwagen oder eine Baby-Trage günstiger ist. Ein Wagen mit Gepäckkorb ist praktisch, weil man auch Taschen unterbringen kann und eine Wikkelfläche hat. Im Verkehr ist er aber unhandlicher.

Buggys, die man schnell und leicht zusammenklappen kann, sind sehr handlich, aber Gepäck ist nicht verstaubar. Das Baby paßt schon gut in die gewölbte Liegefläche des Buggys. Stützen Sie es beidseitig durch Kissen und gurten Sie es sicher an. Ist es wach, können Sie es aufrichten, damit es die Umgebung sieht.

Bevor Sie mit dem Buggy ausgehen, üben Sie, wie man ihn mit nur einer Hand und einem Fuß zusammenklappt und wo man die Bremse feststellt.

Tips: Im Buggy

- Lassen Sie das Baby nie unbeobachtet im Buggy
- Prüfen Sie stets, ob der Buggy richtig aufgeklappt und eingerastet ist.
- Lassen Sie den Buggy nie ohne festgestellte Bremsen stehen.
- Legen Sie dem Kind immer die Sicherheitsgurte an.
- Verhindern Sie, daß das Kind während der Fahrt in die Räder greift.
- Im Buggy ist das Kind stärker der Kälte ausgesetzt. Haben Sie keinen Fellsack (siehe S. 37), legen Sie zuerst eine Decke in den Wagen, dann das Baby darauf, und wickeln Sie es sorgfältig hinein.
- Wird das Baby unterwegs müde, klappen Sie den Buggy entweder in Liegestellung oder staffieren ihn mit Kissen bequem aus.

Zusammenklappen des Buggys

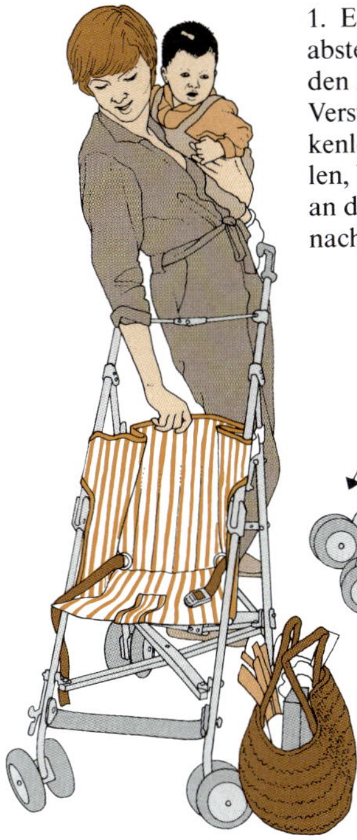

1. Einkaufstasche abstellen, Baby auf den Arm nehmen. Verstellbare Rükkenlehne hoch stellen, Verstrebungen an der Rückseite nach oben ziehen.

2. Einen Griff in die Hand nehmen, mit dem Fuß die untere Strebe hochziehen.

3. Den Griff so weit nach vorn drücken, bis Sie hören, daß die Halterung einrastet.

Gebrauch einer Rückentrage

Eine Rückentrage ist nützlich, wenn das Baby bereits aufrecht sitzen kann und zu schwer für den Tragebeutel geworden ist. Auch hier haben Sie die Hände frei, und das Baby kann gut sehen, was rundum vorgeht. Letzteres wird immer wichtiger, je älter es wird und je mehr sein Verständnis wächst.

Bevor Sie eine Rückentrage kaufen, prüfen Sie folgendes:

- Probieren Sie sie mit dem Baby an.
- Ist die Sitzfläche des Babys etwa in halber Höhe Ihres Rückens? Das ist wichtig, damit das Gewicht nicht nur auf Ihren Schultern, sondern auch auf Ihrem Rücken lastet. Außerdem sitzt das Baby sicherer.
- Achten Sie auf einen Sicherheitsgurt, der das Baby hält, und einen zum Befestigen des Trägers um Ihre Taille. Die Schulterriemen müssen gut gepolstert sein.
- Kann das Baby seine Beine bequem durch die dafür vorgesehenen Öffnungen stecken?

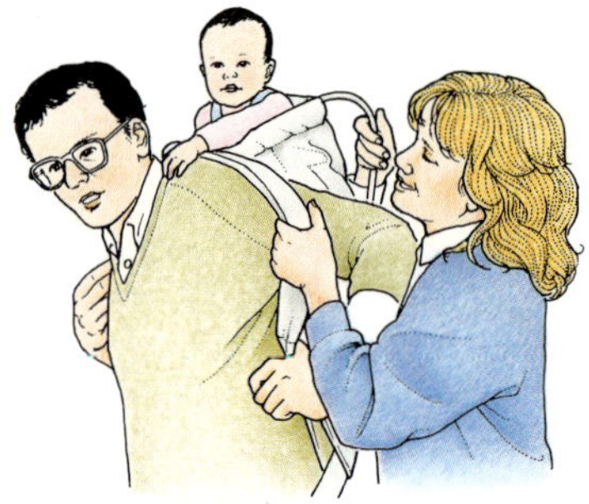

Setzen Sie das Baby zuerst in den Sitz. Heben Sie ihn dann in Rückenhöhe Ihres Partners hoch, damit er mit den Armen in die Schulterriemen schlüpfen kann.

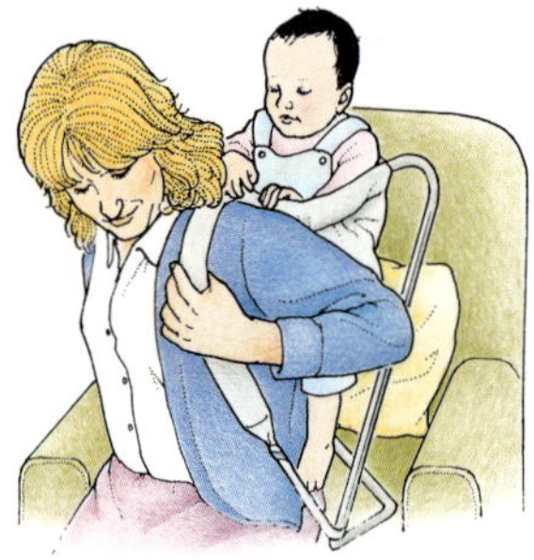

Sind Sie allein, setzen Sie das Baby in die Trage, stellen Sie sie auf einen Sessel und nehmen Sie sie auf Ihren Rücken.

Einkaufen gehen

So nett kleinere Einkäufe mit dem Baby sind, so anstrengend können Großeinkäufe werden, für Sie wie für das Baby, vor allem in Warenhäusern und Supermärkten mit extremer Geräuschkulisse und schlechter Belüftung. Versuchen Sie deshalb, solche Einkäufe in die Morgenstunden zu legen und möglichst nicht ans Wochenende. Gehen Sie in einen Markt mit Einkaufswagen und, kann das Baby schon alleine sitzen, setzen Sie es hinein, und fahren Sie stets in der Mitte der Gänge, da das Baby alles anfassen mag und schnell ein wohlgeordnetes Regal in ein Chaos verwandelt.

Stillen Sie noch das Baby, so erledigen Sie Einkäufe möglichst in der Zwischenzeit. Sind Sie länger unterwegs, versuchen Sie das meiste zu besorgen, bevor Sie einen ruhigen Platz zum Stillen aufsuchen. Besitzen Sie ein Auto, ist es oft einfacher, weil Sie das Baby hier gut stillen und wickeln können.

Tips: Einkaufen gehen

- Sitzt das Kind in der Rückentrage, denken Sie daran, daß es bequem in Regale greifen kann, ohne daß Sie es sofort bemerken.
- Sitzt es in einem Einkaufswagen, können Sie es mit Ihrem eigenen Gürtel sicher anschnallen.
- Nehmen Sie Spielsachen mit, binden Sie sie immer am Kinderwagen fest, damit nichts verlorengeht.
- Einkäufe scheinen Kinder hungrig zu machen. Nehmen Sie etwas zum Knabbern mit, das beruhigt zudem.
- Zum Wickeln können Sie das Baby auf eine Decke in den Kofferraum legen.
- Nehmen Sie jedesmal eine Tasche mit Wickelutensilien mit, aber halten Sie trotzdem stets für Notfälle einige Plastikbeutel, Höschenwindeln und Reinigungstücher im Auto bereit.

Auswärts essen

Da das Baby in den ersten Monaten fast überall einschläft, ist es recht einfach, auswärts zu essen. Mit neun Monaten hält es sich länger wach und wird in einem Restaurant die fremden Menschen und den ungewohnten Betrieb neugierig und fasziniert verfolgen. Suchen Sie das Restaurant sorgfältig aus. Vielleicht kennen Sie eines, das insoweit »kinderfreundlich« ist, daß es beispielsweise Hochstühle anbietet. Falls nicht, nehmen Sie einen klappbaren Hochstuhl mit und bitten Sie, ihn an einem Seitentisch aufstellen zu dürfen. Nehmen Sie immer selbst etwas zum Knabbern mit und geben Sie es dem Baby, damit es beschäftigt ist. Versorgen Sie es auch mit Spielsachen. Papierservietten neu falten oder Bierdeckel stapeln ist auch ein Zeitvertreib, bis das Essen kommt. Meist ist es günstiger, das Kind zu füttern, bevor Sie selbst zu essen anfangen.

Öffentliche Verkehrsmittel

Selbst wenn Sie ein Auto besitzen, stellt sich manchmal die Frage, ob es nicht bequemer ist, einen Bus oder einen Nahverkehrszug zu benutzen. Haben Sie allerdings viel Gepäck mitzunehmen oder zu besorgen, können Ein- und Aussteigen und viele Treppen auf Bahnhöfen zur Tortur werden. Allerdings können Sie sich im Bus wie im Zug besser um das Baby selbst kümmern. Autofahrten werden anstrengend, wenn Sie lange nach einem Parkplatz suchen müssen, ständig in Verkehrsstockungen geraten oder wenn es sehr heiß ist. Beim Benutzen öffentlicher Verkehrsmittel sollten Sie folgendes beachten:

- Vermeiden Sie möglichst den Hauptverkehr (vor Geschäftsbeginn, bei Schulschluß während der Mittagszeit und nach Büroschluß). Eine Stunde im Park oder Café zu warten, ist dann oft weniger anstrengend.
- Eine Trage oder ein Buggy ist hier dem Kinderwagen vorzuziehen.
- Bitten Sie beim Benützen des Busses den Fahrer, die hintere Tür zu öffnen. Dann können Sie sogar den Buggy ohne vorheriges Zusammenklappen hineintragen (wenn der Bus nicht gerade überfüllt ist).
- Mit einem großen Kinderwagen sollten Sie auf jeden Fall überfüllte Busse meiden, da Sie an der Haltestelle unter Umständen kaum aussteigen können. Bei Zügen sind die für Rollstuhlfahrer reservierten Plätze am Eingang günstig, da sie hochklappbar sind und Raum für den Wagen bieten.
- Scheuen Sie sich nie, andere Fahrgäste um Hilfe zu bitten.
- Bei längeren Fahrten ist es besser, das Baby auf den Schoß zu nehmen. So kann es mehr beobachten und ist abgelenkt. Etwas zum Knabbern oder ein Spielzeug vertreibt die Zeit.

In der Nähe unterwegs 1–3 Jahre

Vorbereitung

Sobald das Kind allein gehen kann und will, ist das größte Problem, es an der Hand und im Auge zu behalten. Das Vorwärtskommen ist dann mühsam, weil es überall stehen bleibt und die vielen interessanten Dinge und Vorgänge betrachten will. Hier müssen Sie vorher überlegen, was Sie vorhaben und wieviel Zeit Ihnen zur Verfügung steht. Dann können Sie entscheiden, ob Sie das Kind lieber in einer Rückentrage, einem Buggy oder einem Fahrradsitz schnell durch den Verkehr oder durch Geschäfte bringen wollen, oder ob Sie es in Ruhe an der Hand mitnehmen.

Ausrüstung
- Spielsachen
- Bücher
- Getränke
- Proviant
- »Seelentröster«
- Pullover/Mantel
- Sonnenhut
- Wickelutensilien oder Töpfchen

Im Buggy

Je älter das Kind wird und je lebhafter es ist, desto lieber will es selbst neben Ihnen gehen. Wenn man etwas Eile hat oder während des Einkaufens ist dies oft sehr hinderlich und unsicher. Versuchen Sie, das Kind mit einem Spielzeug oder etwas zum Knabbern im Buggy zu halten. Sträubt es sich zu sehr, ist ein Laufgeschirr mit längerem Halteriemen eine passable Lösung, dann können Sie das Gepäck in den Buggy legen. Manche Eltern wie Kinder haben oft eine Abneigung gegen diese Laufgeschirre, aber man sollte doch die Sicherheit des Kindes über solche Gefühle stellen. Es ist unmöglich, das Kind dauernd an der Hand zu halten, weil es dies auch nicht mag und sich oft in Sekundenschnelle losreißt. Je früher Sie das Baby an ein Geschirr gewöhnen, um so selbstverständlicher akzeptiert es dies später.

Fahrradsitze

Es gibt Sitze, die man hinten auf dem Gepäckträger anbringt, und solche, die vorne unterhalb der Lenkstange angeschraubt werden. Viele Gepäckträgersitze sind ähnlich einem Autositz schalenartig aus Kunststoff geformt und mit Sicherheitsgurten versehen. Das Kind ist darin gut vor Zugluft geschützt. Sitze, die man vorne anbringt, sind ohne hochgezogene Rückenstütze. Das Kind ist voll dem Wind ausgesetzt. Der Vorteil hier liegt darin, daß Sie sich mit dem Kind unterhalten können und es ständig im Auge haben. Sehr wichtig ist, daß das Kind vom Fahrradsitz aus seine Beine nicht zwischen die Speichen bekommen kann.

Einkäufe

Hier gilt, was auch beim Baby schon gesagt wurde: Umgehen Sie möglichst ausgedehnte Großeinkäufe, die für Sie auch

Tips: Einkaufen gehen

- Da sich ein Kind selbst bei größter Vorsicht in einem großen Geschäft schnell verlaufen kann, ziehen Sie ihm eine von weitem erkennbare Mütze oder Jacke in leuchtender Farbe an.
- Hat das Kind noch nicht seinen Namen und seine Adresse gelernt, sollten Sie ihm einen Anhänger machen, auf den Sie auch noch Ihre Telefonnummer schreiben können.
- Wenn Sie Ihr Kind in große Supermärkte mitnehmen, kaufen Sie möglichst immer im gleichen ein. So wird es langsam vertraut mit dem Geschäft, weiß, in welcher Ecke es Gemüse gibt, wo Milch und wo Waschpulver.
- Sobald das Kind Interesse für die eingekaufte Ware zeigt, können Sie es mithelfen lassen. Geben Sie ihm eine leere auffallende Verpackung und sagen Sie ihm, es solle gut aufpassen, ob es die gleiche im Regal findet.
- Mit der Zeit können Sie auch Einkäufe dazu benutzen, das Kind mit dieser Seite des Alltaglebens bekanntzumachen. Erzählen Sie ihm, warum Sie das eine kaufen und das andere nicht: »Wir holen lieber Obstsaft statt Limonade, weil er gesünder ist. Die Orangen schmecken jetzt im Sommer nicht mehr so gut, aber dafür gibt es frisch geerntete Erdbeeren.

Unterwegs mit zwei Kindern

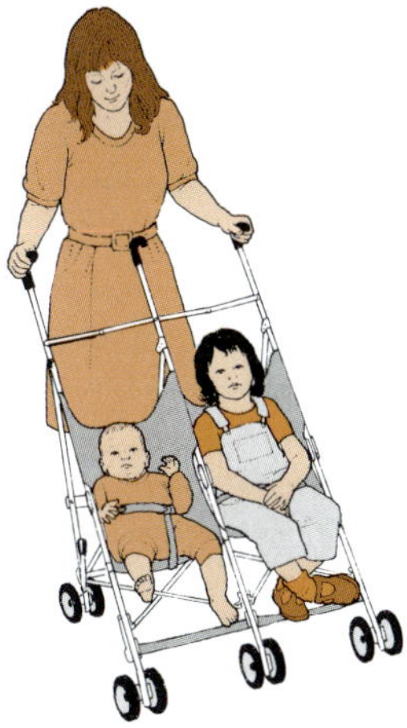

Zwillingsbuggy: In die einzustellenden Sitze kann man verschieden große Kinder setzen.

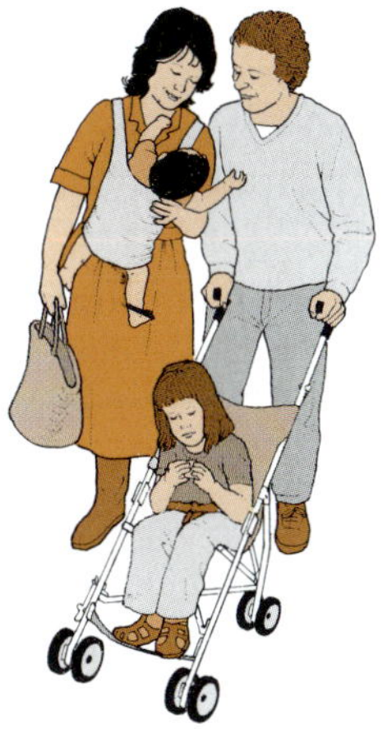

Partner und Buggy: Bei zwei Erwachsenen gibt es keine Probleme.

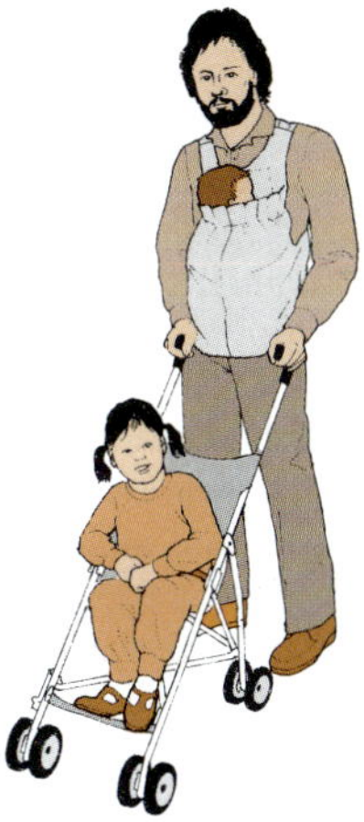

Trage und Buggy: Mit dem Baby im Tragebeutel bleiben die Hände frei für den Buggy.

ohne Kind schon anstrengend genug sind. Ist dies unvermeidbar, versuchen Sie einen anderen Erwachsenen als Begleitung zu finden, das vereinfacht manches.
Am wichtigsten bei Einkäufen ist, das Kind sicher in der Nähe zu haben, um sich auf das Einkaufen konzentrieren zu können. Am günstigsten sind daher Einkaufswagen, in die man das Kind setzen kann. So können Sie mit ihm auch über die Einkäufe sprechen: »Siehst du, wo es Spaghetti gibt? Magst du lieber rote oder grüne Äpfel?« Auch können Sie es ein unzerbrechliches, leicht zu erreichendes Paket selbst aus dem Regal nehmen und in den Wagen legen lassen. Wird das Kind so beschäftigt ist es viel umgänglicher.
Möchten Sie Bekleidung einkaufen, nehmen Sie z. B. ein Bilderbuch mit. Vielleicht bleibt das Kind im Buggy sitzen und schaut es an, während Sie anprobieren.
Seien Sie darauf gefaßt, daß das Verkaufspersonal dem Kind Wurst oder Süßigkeiten anbieten werden. Wenn Sie das nicht wollen, dann sollten Sie von Anfang an eine konsequente Haltung zeigen.

Autoreisen 0–1 Jahr

Mit dem kleinen Baby sind Autofahrten noch recht unproblematisch, weil es doch recht viel schläft und vieles gar nicht mitbekommt. Je älter und je wacher es wird, um so schneller wird es auch ungeduldig. Sie dürfen dann nicht nervös werden, sondern müssen versuchen, es abzulenken und zu beschäftigen. Wenn Sie alleine fahren, kann dies überaus anstrengend werden.

Sicherheit

Bevor das Baby alleine sitzen und in einen Kinderautositz geschnallt werden kann (ab etwa 6 Monaten), müssen Sie auf dem Rücksitz das Kinderwagenoberteil oder die Tragetasche gut befestigen. Daß Sie nicht mit dem Kind auf dem Schoß vorne sitzen dürfen, ist selbstverständlich.

Füttern

Solange Sie stillen, ist das Füttern unterwegs im Auto problemlos. Wenn Sie ihm die Flasche geben, müssen Sie überlegen, wie Sie die Flasche erwärmen. Länger als zwei Stunden können Sie eine zubereitete Mahlzeit nicht warm halten, weil sich dann Keime schnell vermehren. Können Sie nirgends eine Flasche oder eine Mahlzeit erhalten, gibt es zwei Möglichkeiten: Sie füllen gekochtes Wasser in eine sterilisierte Flasche, bewahren Sie in einer Thermoskanne auf und mischen bei Bedarf das Wasser mit Pulvernahrung. Oder Sie bereiten die Nahrung wie üblich zu und verwahren Sie dann in einer Kühltasche, um sie zu gegebener Zeit aufzuwärmen.
Sobald Sie abgestillt haben, müssen Sie immer Nahrung, einen Plastiklöffel, Zwieback ohne Zucker, ein Lätzchen und eine Schnabeltasse mitnehmen. Sie können das Baby direkt aus dem Glas füttern, müssen den Rest jedoch unbedingt wegwerfen oder selber essen.

Wickeln

Unterwegs sind Höschenwindeln am praktischsten. Zum Wickeln legen Sie das Baby entweder mit einer Unterlage auf den Rücksitz oder bei einem Kombi-Auto hinten in den Kofferraum. Waschen können Sie es jetzt nur oberflächlich. Nehmen Sie einen Schwamm und eine Flasche Wasser mit oder verwenden Sie die speziellen Reinigungstücher für Babys.

Tips für Autofahrten

- Schlafend überstehen Babys Fahrten am besten. Reisen Sie deshalb lieber nachts oder fahren Sie kurz vor einer seiner üblichen Schlafenszeiten ab.
- Entfernen Sie alle Gegenstände hinten von der Hutablage, damit bei einem Unfall nichts aufs Baby fällt.
- Binden Sie einige Spielsachen an kurze Schnüre und befestigen Sie sie am Sitz. Kleben Sie Bilder an die Rücklehne der Vordersitze und an die Seiten des Rücksitzes.
- Stets eine Tasche mit Windeln und Waschutensilien zur Reserve im Auto lassen, ebenso Plastikbeutel für verschmutzte Windeln.
- Decken Sie das Baby während des Schlafens zu.
- Nehmen Sie seine Spieluhr mit oder spielen Sie ein Band mit beruhigenden Melodien ab.
- Geben Sie dem Baby häufig kleine Mengen verdünnten Fruchtsaft, Wasser oder Tee zu trinken.
- Halten Sie zum Knabbern Zwieback oder Knäckebrot bereit.

Autoreisen 1–3 Jahre

Ist das Kind zwischen einem und zweieinhalb Jahren, werden Autofahrten mit ihm recht schwierig. Es mag nicht mehr in seinem Sitz angegurtet sein, da es ja nun gehen und rennen gelernt hat und dies auch tun will. Sein Drang nach Selbständigkeit kommt auch hier immer stärker zum Ausdruck. Es will seine Wünsche durchsetzen, die sicher oft nicht mit Ihren Vorstellungen übereinstimmen. Jetzt müssen Sie das Kind unterhalten und beschäftigen, damit die Fahrt nicht für alle zur Qual wird. Ich selbst habe folgendes als hilfreich empfunden:

- Fahren Sie nachts oder ganz früh morgens ab.
- Stecken Sie z. B. Anoraks in einen Bezug, dann hat das Kind ein Kissen zum Schlummern. Natürlich können Sie auch einfach ein kleines Kissen mitnehmen.
- Kaufen oder nähen Sie für die Vordersitze Bezüge mit Taschen an der Rückseite. Spiele, Bücher, Getränke und etwas zum Knabbern können darin verstaut werden.
- Dämpfen Sie Unruhe durch stündliche kurze Pausen. Lassen Sie die Kinder die Umgebung durchstöbern, ihre Beine und ihre Fantasie austoben.

- Schimpfen Sie nicht, wenn etwas verschüttet wird oder sonst etwas passiert. Nehmen Sie Kleidung zum Wechseln mit und einen Plastikbeutel für schmutzige Sachen.
- Halten Sie einige Plastikbeutel für Abfälle bereit.
- Packen Sie zum Knabbern Rosinen, Nüsse, Corn-flakes und Käsestückchen ein.
- Nehmen Sie mehr Getränke als voraussichtlich nötig mit. Saft mit Eiswürfeln in einem Thermosgefäß ist sehr erfrischend.
- Weintrauben stillen Durst und Hunger.
- Sorgen Sie für Überraschungen. Wickeln Sie einige Spielsachen in mehrere Lagen Papier. Das Auspacken beschäftigt ebenso.
- Lassen Sie das Kind selbst für seine Unterhaltung sorgen. Geben Sie ihm vor der Abfahrt eine Tasche, um selbst Spielzeug einzupacken.
- Spiele mit Magneten sind günstig, weil die Spielsteine dabei nicht herunterfallen.
- Hörspiele halten das Kind oft auch eine halbe Stunde lang ruhig. Nehmen Sie eine entsprechende Auswahl an Bändern mit, wenn Sie einen Recorder im Auto haben.
- Halten Sie ein paar Spielsachen in Reserve versteckt, falls das Kind sonst nicht mehr abzulenken ist.
- Spielen Sie: »Ich sehe was, was du nicht siehst«, oder fragen Sie: »Wo ist die braune Kuh, wo ist der rote Lastwagen?«
- Fängt das Kind an zu toben oder zu schreien, halten Sie möglichst sofort an und sagen Sie, daß Sie nicht weiterfahren können, bevor es nicht ruhig ist.

Reisekrankheit

Einige Kinder neigen sehr zu Reisekrankheit. Der Gleichgewichtsmechanismus ihres inneren Ohrs reagiert besonders empfindlich auf die schwingenden Bewegungen im Auto. Je älter die Kinder werden, um so weniger empfindlich reagieren sie meistens. Vorbeugend hilft meist folgendes:

- Fragen Sie den Arzt nach geeigneten Reisetabletten. Sie werden gewöhnlich vor und während der Fahrt eingenommen.
- Geben Sie dem Kind einige Stunden vor der Abfahrt kein reichhaltiges, fettes Essen mehr.
- Während der Fahrt nur trockene Kekse, Knäckebrot oder Zwieback anbieten, an Süßem nur Traubenzucker.
- Lassen Sie sich selbst nicht vom Reisefieber anstecken. Kinder spüren das sofort. Nervosität ist mit eine Ursache für Übelkeit, deshalb sind Kinder auf der Hinreise oft anfälliger als auf der Rückreise.
- Beschäftigen Sie das Kind ständig.
- Wird das Kind sehr blaß oder sehr still, halten Sie an. Geben Sie ihm eine Plastiktüte oder -schüssel und gehen Sie schnell an die frische Luft.
- Halten Sie stets Wasser und Tücher bereit, um das Kind zu waschen, und Pfefferminzbonbons gegen schlechten Geschmack.

Flugreisen 0–3 Jahre

Lange Reisen per Flugzeug zurückzulegen, ist mit einem Kind wohl das Bequemste. Aber Sie müssen auch eine Flugreise sehr sorgfältig vorbereiten, besonders wenn Sie ohne Begleitung eines anderen Erwachsenen fliegen. Es gehört schon sehr viel Routine dazu, um immer alles richtig zu machen. Ich werde nie einen Flug von New York nach London mit meinem achtzehn Monate alten Sohn vergessen, der die ganzen siebeneinhalb Stunden weinte, obwohl mein Mann und ich alle möglichen Anstrengungen machten, ihn zu besänftigen.
Bei der Buchung müssen Sie gleich angeben, daß Sie mit einem kleinen Kind reisen. Bitten Sie um einen Flug, der nicht so voll ist, und um einen Sitz in der ersten Reihe (Bulkhead seat), weil Sie mehr Platz für die Beine haben. Fragen Sie, ob Kinderbetten zur Verfügung stehen. Wenn ja, dann bestellen Sie eines, damit das Kind bequem untergebracht ist. Sitzen Sie in der ersten Reihe, können Sie ein Handtuch vor sich auf den Boden legen, auf dem das Kind spielen kann.
Ein kleines Kind tragen Sie am besten in einem Baby-Träger, damit Sie die Hände für Gepäck frei haben. Fragen Sie beim Bodenpersonal an, ob der Flughafen Buggys zur Verfügung stellt. Unter Umständen ist der Weg zum Flugzeug sehr weit und mit Handgepäck und Baby zu anstrengend. Andernfalls nehmen Sie Ihren eigenen Buggy mit, er gilt als Handgepäck.
Seien Sie schon sehr früh auf dem Flughafen. Dann können Sie sich vor den anderen Fluggästen eintragen lassen und in Ruhe alles vorbereiten.

Nötige Ausrüstung

- Kinderpaß und eventuell Impfpaß
- leichte Schultertasche für Babysachen
- Reisebett (falls nötig)
- Buggy, Tragetasche oder -sitz
- abwischbare Wickelunterlage
- Babywippe (falls verwendet)
- ein Paket Höschenwindeln
- Wickelutensilien
- Töpfchen (wenn nötig)
- Plastikbeutel für schmutzige Windeln
- Thermosflasche für Tage am Strand
- Kochutensilien bei Flaschenernährung
- kippsicheren Becher und Plastikschüssel
- Spielsachen
- »Seelentröster«
- pflegeleichte Kleidung
- Sonnenhut
- auch im Sommer Kleidung mit langen Ärmeln und Hosenbeinen

Tips: Flug-Vorbereitungen

- Achten Sie darauf, daß Sie mit dem Kind zuerst an Bord gehen dürfen.
- Wickeln Sie das Baby, kurz bevor Sie an Bord gehen.
- Halten Sie etwas zum Essen und Trinken fürs Baby bereit. Beim Starten und Landen hilft Schlucken den Druck auf das Ohr auszugleichen.
- Halten Sie gleich Ausschau nach einer besonders freundlich wirkenden Stewardeß und erfragen Sie, wann es ihr günstig wäre, die Nahrung fürs Baby zu erwärmen.
- Versichern Sie sich, daß Ihre Babytasche mit Namen und Reiseziel bezeichnet ist, falls sie während des Flugs verlegt wird.
- Essen oder trinken Sie nichts Heißes, solange Sie das Baby halten, damit Sie es nicht verbrühen, falls Sie jemand stößt.
- Nehmen Sie Spielsachen mit, und geben Sie dem Baby immer wieder ein anderes zum Spielen.
- Lassen Sie das Kind mit ungefährlichen Gegenständen spielen, die sich im Flugzeug rundum anbieten.
- Beschäftigen Sie das Kind mit den gleichen Spielen, wie sie für Autofahrten vorgeschlagen sind.

Ferien im Ausland

Schon mit dem kleinen Baby können Sie ohne Sorge Ferien im Ausland verbringen. Meine Mutter beispielsweise nahm mich mit sechs Wochen zu einem Camping-Urlaub mit, unser knapp drei Monate alter Sohn begleitete uns nach Italien. Kinder sind dem gewöhnlich gewachsen. Mein kleiner Sohn verbrachte damals vergnügt gurgelnd zwei Stunden auf dem Flughafen von Rom, während wir unser verlorenes Gepäck suchten. Die nächsten drei Tage ertrug er geduldig unsere Versuche, eine geeignete Milchfertignahrung zu finden.

In welcher Weise Sie Ferien machen wollen, hängt natürlich von Ihren Bedürfnissen ab – ob Camping, in einem komfortablen Hotel oder in einer Privatwohnung. Ziehen Sie ein Hotel vor, erkundigen Sie sich zuerst, ob die nötigen Einrichtungen für Kleinkinder vorhanden sind, sonst werden Sie es dort kaum genießen. Es sollte ein Hochstuhl vorhanden sein, Spielecken und eine Wäscherei, falls Sie Mullwindeln verwenden, darüber hinaus die Möglichkeit früher Mahlzeiten (heißes Wasser) für Kinder.

Sprechen Sie mit Ihrem Arzt über nötige Vorsorgemaßnahmen, Impfungen, Medikamente und Hygieneartikel. Informieren Sie sich über die im Ferienland übliche Nahrung, Ausrüstung und Hygiene. Wagen Sie auch zu Hause, ungewohnte Menüs zuzubereiten, dann lassen Sie die Kinder im Ausland essen, was sie mögen. Ziehen Sie oder die Kinder eher Hausmannskost vor, sollten Sie zuvor mit dem Hotel arrangieren, daß Ihnen schlichte Mahlzeiten serviert werden. Geben Sie dem Kind beim ersten Auslandsaufenthalt keine exotischen Gerichte.

Tips zum Sonnenbaden

- Niemals die Haut des Kindes längere Zeit direkter starker Sonne aussetzen. Für ein Kind über sechs Monaten gilt folgende Richtlinie:
  5 Minuten am ersten Tag
  10 Minuten am zweiten Tag
  15–20 Minuten am dritten Tag
  20–30 Minuten am vierten Tag
  45 Minuten am fünften Tag
  60 Minuten am sechsten Tag
  falls keine beunruhigenden Wirkungen erkennbar werden.
- Vermeiden Sie Sonnenbrände, indem Sie die ganze Haut des Kindes alle drei Stunden mit Sonnencreme einreiben.
- Lassen Sie das Kind stets Sonnenhut, T-Shirt und Shorts tragen.
- In heißem Klima das Baby durch dünne Baumwollwäsche, einen Hut und einen Sonnenschirm schützen. Den Wagen oder die Tragetasche an einen Platz stellen, der noch warm genug ist, aber mit leichter Brise.
- Kindern bei Hitze viel zu trinken geben.

17 Sicherheit im Haus

Unfälle im Haushalt sind die Ursache von 37% der Todesfälle bei Kindern zwischen ein und vier Jahren. Da viele Unfälle vermeidbar sind, sollten Sie sich Zeit nehmen und mit größter Sorgfalt mögliche Gefahrenquellen in Ihrem Haus beseitigen. Bevorzugte Räume sollten dabei Küche und Bad sein. Auch passieren viele Unfälle eher durch eine Verkettung verschiedener Ursachen. Unfallursachen werden durch folgendes verstärkt:

- Das Kind ist müde oder hungrig.
- Der Mutter ist unwohl, sie ist müde oder schwanger.
- Das Kind ist überaktiv.
- Aufregung im Haus (bevorstehende Reise oder eine Geburt).
- Auseinandersetzungen mit dem Partner.
- Fehlen einer sicheren Spielecke.
- Nichtbefolgen oder falsche Anwendung von Sicherheitsvorrichtungen.
- Nicht genügend sichere Baby-Ausrüstungsgegenstände.

Sicherheitsvorrichtungen
Sobald sich das Baby fortbewegt, müssen Sie es vor gefährlichen Gegenständen oder Situationen schützen.

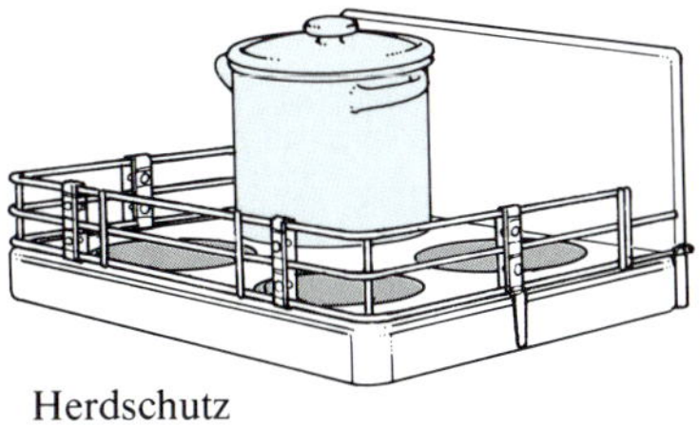

Herdschutz

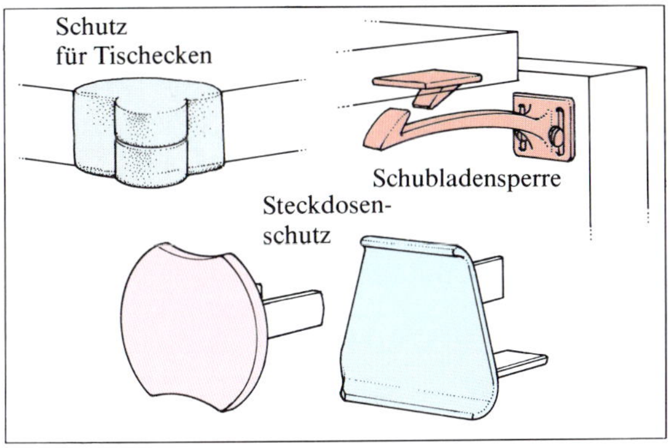

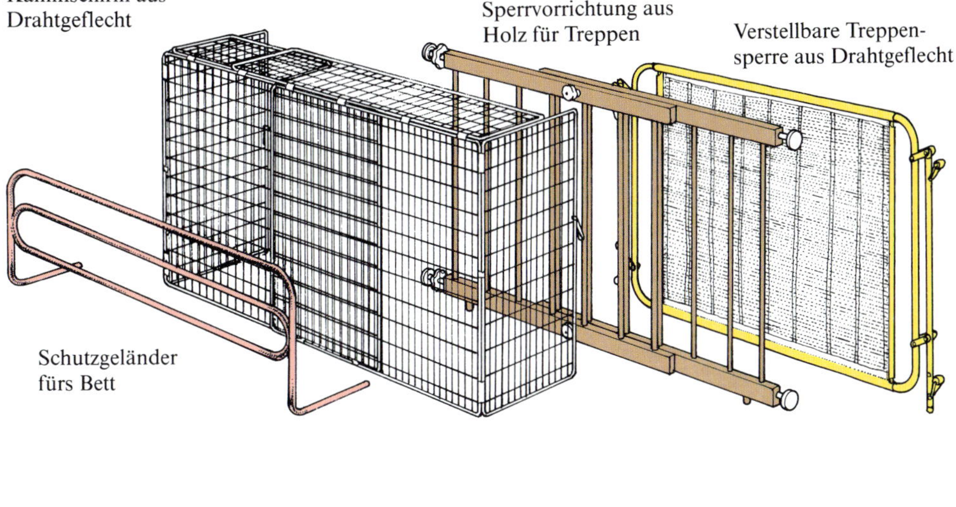

Tips: Sicherheit im Haushalt

- Chemikalien (Reinigungsmittel/Medikamente) nur in Behältern mit Sicherheitsverschluß kaufen und in abschließbaren Schränken außer Reichweite des Kindes aufbewahren.
- Chemikalien in den deutlich beschrifteten Originalbehältern lassen und nicht z. B. in harmlos aussehende Limonadeflaschen umfüllen.
- Chemikalien nie in der Nähe von Nahrungsmitteln halten.
- Keine Spraydosen herumstehen lassen. Sie sind vom Kind einfach zu entleeren und verletzen die Augen.
- Öfen immer abschirmen.
- Elektrische Leitungen außer Reichweite befestigen.
- Alle Steckdosen mit Schutzvorrichtung versehen.
- Heiße Heizkörper und Leitungen mit Tüchern abdecken oder durch Möbel verdecken. Dem Kind frühzeitig beibringen, daß Heizungen heiß sind und nicht berührt werden dürfen.
- In oberen Stockwerken alle Fenster absichern und nichts herumstehen lassen, an dem das Kind hochklettern kann.
- Balkone so absichern, daß das Kind nicht auf die Brüstung klettern kann. Lassen Sie das Kind nie unbeobachtet auf dem Balkon!
- Gewehre und Munition streng verschlossen halten.
- Nägel, Nadeln, Streichhölzer, Feuerzeuge, scharfe Messer und Scheren außer Reichweite und in abgeschlossenen Schubladen aufbewahren.
- Nur Möbel benutzen, die fest stehen und vom Kind nicht umgeworfen werden können.

Das Badezimmer

- Schlösser an Bad- und Toilettentüren müssen von außen zu öffnen sein.
- Medikamente, Scheren und Rasierklingen außer Reichweite von Kindern aufbewahren.
- Kosmetika nicht herumliegen lassen.
- Toilettendeckel stets geschlossen halten.
- Immer zuerst kaltes Wasser in die Badewanne einlaufen lassen, damit sich das Kind nicht verbrüht. Wassertemperatur genau prüfen.
- Handgriffe seitlich an der Badewanne anbringen.
- Rutschfeste Badematten verwenden.
- Fußboden mit rutschfestem Material auslegen.
- Dem Kind frühzeitig Schwimmen beibringen.
- Alle Fenster absichern.
- Verschließbaren Badezimmerschrank außer Reichweite anbringen, nie über der Toilette, da das Kind hinaufsteigen kann.
- Das Kind nie allein im Bad lassen.
- Heizstrahler ganz oben an der Wand befestigen.
- Heiße Röhren mit Tüchern abdecken. Das Kind frühzeitig lehren, sie nicht anzufassen.
- Toilettenreiniger nicht mit Chlor mischen, da gefährliche Dämpfe entstehen.
- Reinigungs- und Desinfektionsmittel unter Verschluß halten.

Nur Wand-Heizstrahler
verwenden
Medizinschrank mit
Sicherheitsschloß
Heiße Handtuchtrockner
außer Reichweite
anbringen
Griffe an der
Badewanne befestigen
Rutschfeste Bademattte
Deckel geschlossen
halten
Reinigungsmittel
verschließen

Die Küche

- Fußboden rutschfest auslegen.
- Arbeitsfläche gut beleuchten.
- Fußboden stets aufgeräumt halten.
- Große Fenster und Glastüren sollten aus gehärtetem Sicherheitsglas sein.
- Schränke mit Schiebetüren sind vorteilhaft. Klapptüren immer geschlossen halten und möglichst abschließen, ebenso Schubladen.
- Verschüttete Flüssigkeiten sofort aufwischen.
- Arbeitsflächen überschaubar halten, damit scharfe Messer (o. ä.) gleich zu sehen sind.
- Schutzvorrichtung am Herd anbringen.
- Keine Töpfe mit heißem Wasser oder Fett unbeaufsichtigt lassen.
- Griffe und Stiele nie über den Herdrand ragen lassen.
- Beim Hantieren am Herd besonders achtgeben, daß nichts herunterkippt.
- Elektrische Geräte genau nach Anweisung gebrauchen.
- Kein Tischtuch verwenden. Schon Krabbelkinder können es herunterziehen.
- Streichhölzer an kühlem, sicherem Ort verwahren.
- Beim Kochen das Kind nicht um Sie herum spielen lassen, sondern einen etwas abgelegeneren Platz einrichten, so daß es Sie noch sieht und sich unterhalten kann.
- Kabel von Elektrogeräten kurz halten.
- Häufig gebrauchte Gegenstände nicht in den obersten Regalen aufbewahren. Wenn nötig, stabile Küchenleiter benützen und das Gleichgewicht finden, bevor Sie etwas in die Hand nehmen.
- Tücher nicht in Herdnähe halten.
- Nur Geschirrspül- oder Waschmaschine mit Sicherheitsschloß kaufen.
- Fiberglastuch in Herdnähe halten, falls etwas Feuer fängt.
- Plastiktüten außer Reichweite verwahren (Erstickungsgefahr).
- In eine Schwingtür klemmt das Kind leicht die Finger ein, deshalb am besten aushängen oder geöffnet befestigen.
- Kein eingeschaltetes Bügeleisen stehen lassen. Brett und Eisen kann das Kind leicht umwerfen.
- Dem Kind nur bruchsicheres Glasgeschirr geben.

- Die Spielecke weit weg vom Herd einrichten, damit das Kind keine heißen Spritzer abbekommt. Das Kind in einen Laufstall, eine Wippe oder ein Stühlchen setzen.
- Den Laufstall mindestens 60 cm von der Arbeitsfläche entfernt aufstellen.
- Reinigungsmittel aller Art außer Reichweite des Kindes aufbewahren.

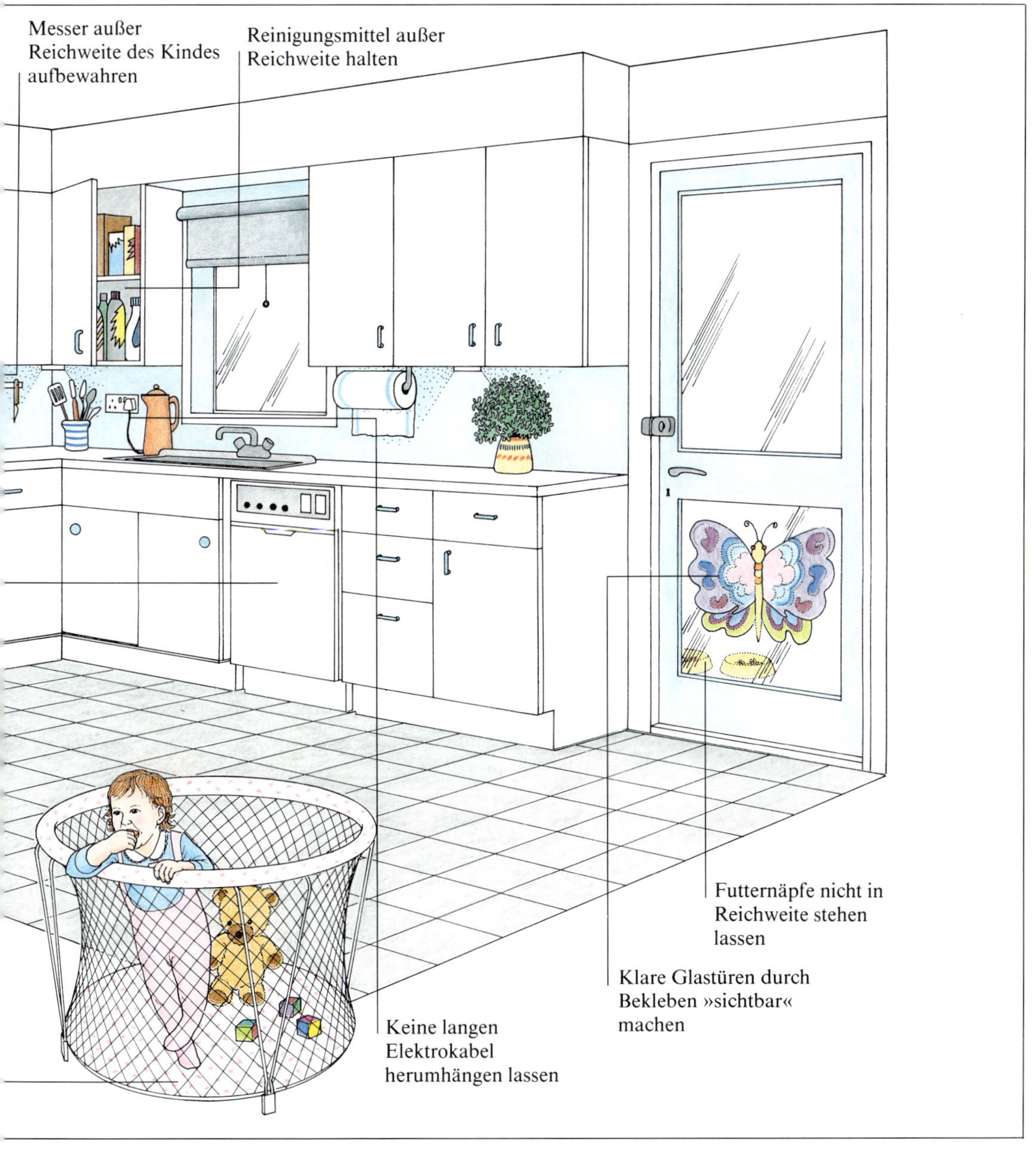

Das Wohnzimmer

- Kabel so entlang der Wände verlegen, daß das Kind sie nicht erreichen kann.
- Den Stecker unbenutzter elektrischer Geräte herausziehen.
- Kabel so kurz wie möglich halten.
- Keine heißen oder schweren Sachen auf niedrigen Tischen abstellen.
- Regale gut an der Wand befestigen, möglichst nicht in Reichweite des Kindes.
- Nichts Zerbrechliches herumstehen lassen.
- Öfen oder offenen Kamin durch befestigten Schirm absichern.
- Tiefe Fenster und Balkontüren mit Sicherheitsglas versehen, damit sie nicht zerbrechen, wenn das Kind hineinfällt.
- Keine heißen oder alkoholhaltigen Getränke stehen lassen.
- Streichhölzer und Feuerzeuge nicht irgendwo liegen lassen.
- Fernseher außer Reichweite aufstellen.
- Keine giftigen Zimmerpflanzen halten (siehe S. 330).

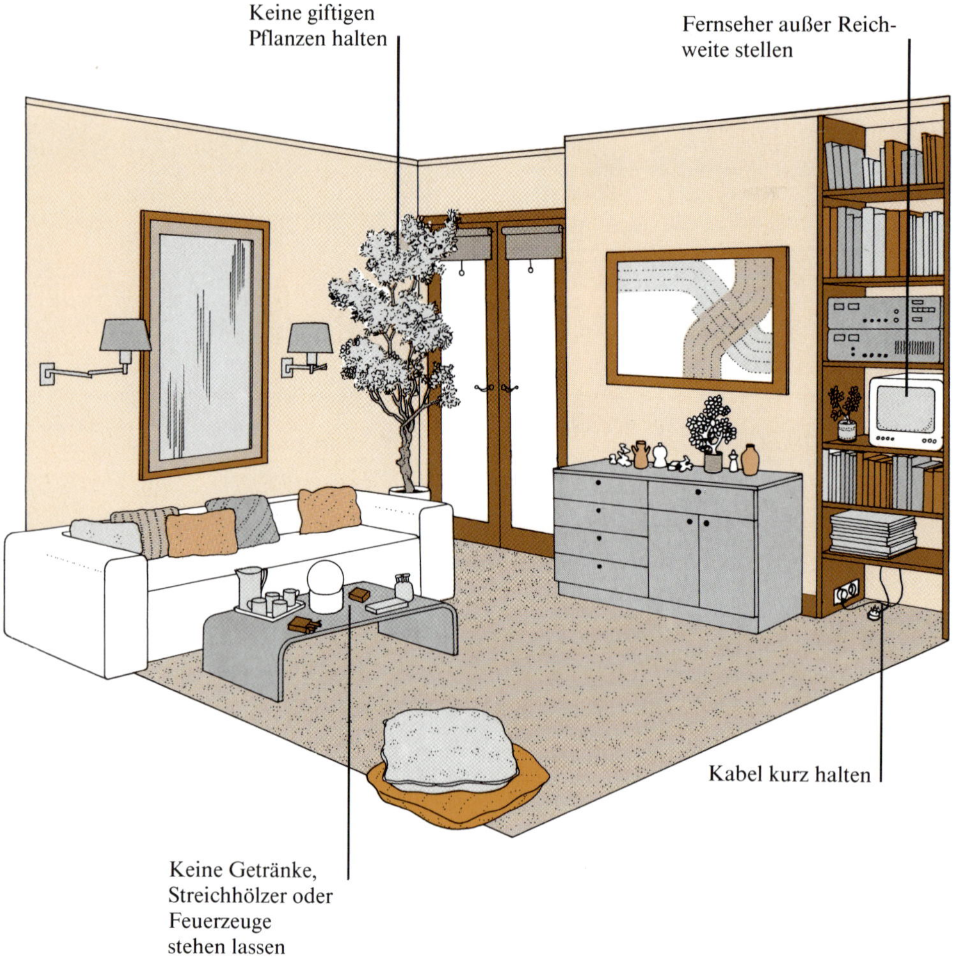

Das Kinderzimmer

- Fenster alle absichern und in der Nähe keine Möbel aufstellen.
- Nur Möbel mit abgerundeten Ecken kaufen. Spitze Ecken mit Schutzecken aus Plastik versehen.
- Spielzeug unten aufbewahren, damit das Kind keinen Anreiz bekommt, auf etwas hochzusteigen und es sich zu holen.
- Heizgeräte nicht ans Bett stellen. Falls das Kind seine Decke hinauswirft, kann sie sich entzünden.
- Liegt das Zimmer im Oberstock, ein Schutzgitter an der ersten Treppenstufe anbringen.
- Kabellose Wandlampen anbringen.
- Bettseite nicht unten lassen, wenn das Baby allein bleibt.
- Das Baby auch nicht einen Augenblick unbeobachtet auf dem Wickeltisch lassen.
- Plakate o.ä nicht mit Nadeln an der Wand befestigen.

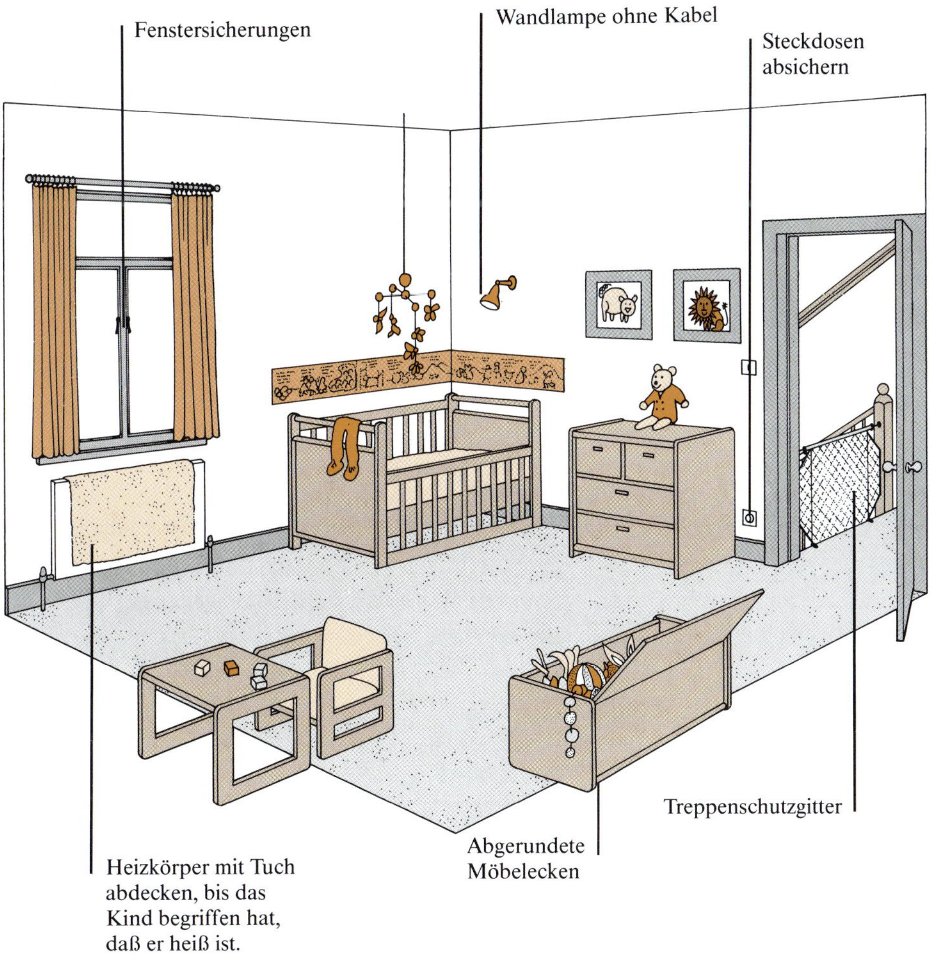

Flur und Treppenhaus

- Oben und unten an der Treppe Schutzgitter anbringen.
- Keine Sachen auf oder neben der Treppe liegen lassen. Flur und Treppenhaus gut beleuchten.
- Schalter an leicht erreichbaren Stellen anbringen.
- Geländer müssen fest und mit engen Zwischenräumen versehen sein.
- Frei angebrachte, offene Treppen sind äußerst gefährlich. Tun Sie alles, um sie zu sichern.
- Teppichläufer auf Treppen müssen rutschfest angebracht werden. Beschädigte Stellen sofort mit Teppichklebeband ausbessern.

Der Garten

- Alle Tore mit Sicherheitsschlössern versehen.
- Swimming-Pool oder Teich einzäunen.
- Planschbecken nicht mit Wasser gefüllt stehen lassen. Das leere umdrehen oder Luft ablassen.

Einige giftige Pflanzen

(hier nicht aufgeführt: zahlreiche Pilzarten!)

† = stark giftig (u. U. tödlich)
(†) = giftig

Zimmerpflanzen

Alpenveilchen †
Begonie (†)
Dieffenbachie (†)
Oleander †
Philodendron (†)
Weihnachtsstern (†)

Pflanzen im Freien

Bilsenkraut †
Bittersüßer Nachtschatten †
Blauer Eisenhut †
Christrose †
Eibe †
Einbeere (†)
Eßbare Platterbse †
Frühlingsadonis (†)
Gartenbingelkraut (†)
Gefleckter Aronstab †
Gefleckter Schierling †
Goldregen †
Gemeiner Seidelbast †
Giftlattich (†)
Gottesgnadenkraut †
Hanf (†)
Herbstzeitlose †
Hundspetersilie †
Kartoffel (bis auf die Knolle) (†)
Knolliger Hahnenfuß †
Kornrade †
Maiglöckchen (†)
Mandelbaum (†)
Pfaffenhütchen †
Rhododendron †
Roter Fingerhut †
Sadebaum †
Schlüsselblume †
Schöllkraut (†)
Schwalbenwurz †
Spargel (unreife Triebe) (†)
Stechapfel †
Sumpfdotterblume †
Tabak †
Tollkirsche †
Tomaten (Blätter) (†)
Wasserschierling †
Weißer Germer †
Wolliger Fingerhut †
Zypressenwolfsmilch (†)

Weihnachtsstern

Goldregen

- Regentonnen und andere Wasser-Auffangbehälter abdecken. Ein Baby kann in 5 cm hohem Wasser ertrinken.
- Giftige Pflanzen entfernen.
- Alle Pilzarten sofort beseitigen, wenn sie sichtbar werden.
- Kot von Tieren beseitigen, bevor das Kind damit spielt oder ihn verspeist.
- Gartenwerkzeuge in abgeschlossenem Schuppen aufbewahren.
- Beim Rasenmähen nicht das Kind dabeilassen.
- Nicht am Auto herumbasteln, wenn das Kind draußen spielt.
- Wäscheleine für das Kind unerreichbar hoch anbringen.
- Keinerlei Schnüre oder Kabel herumliegen lassen.
- Mülleimer abgezäunt halten, damit das Kind nicht darin herumstochert.
- Schaukel, Rutschbahn und Klettergerüst regelmäßig auf Standsicherheit, Rost und andere Beschädigungen überprüfen.

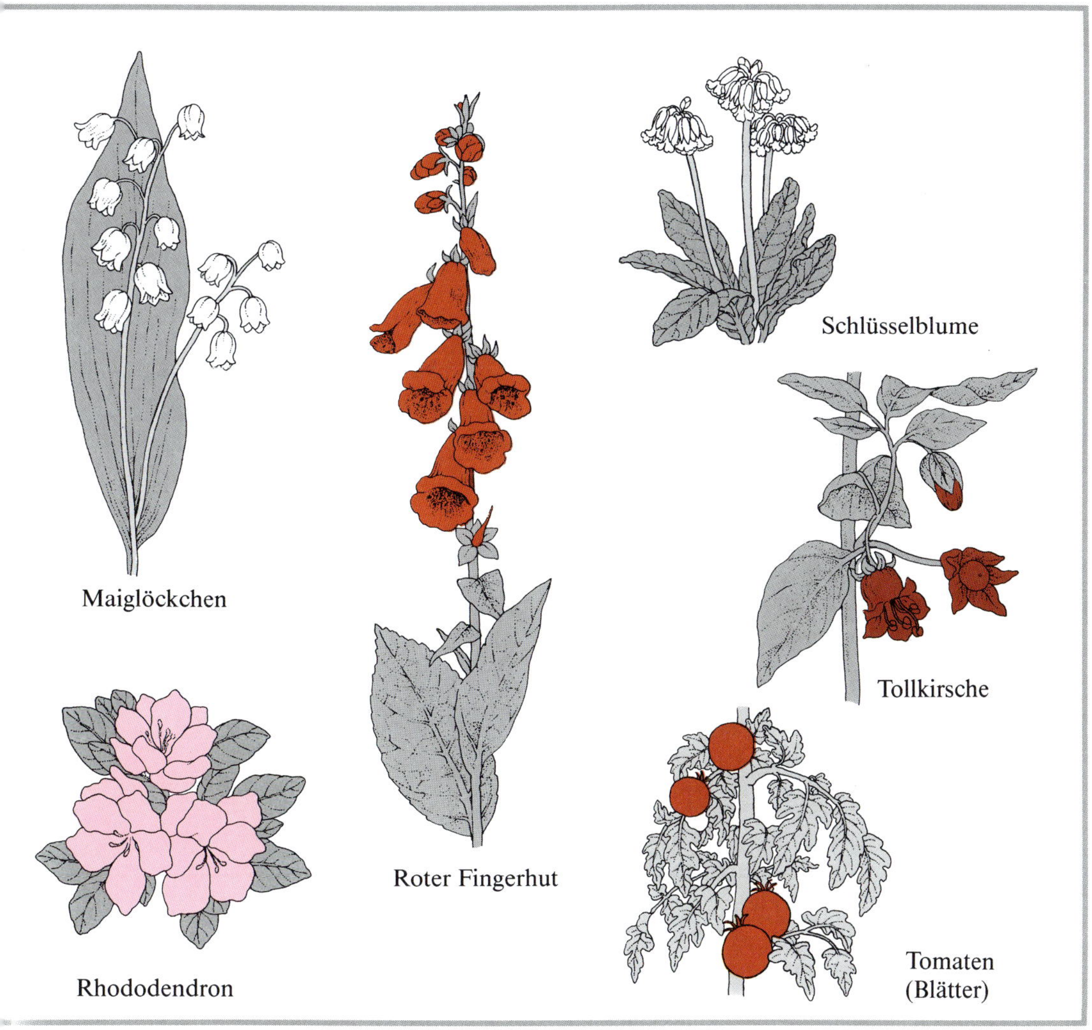

Erste-Hilfe-Maßnahmen

Die Kenntnis einiger grundlegender Erste-Hilfe-Maßnahmen und damit die Möglichkeit, bei Unfällen richtig eingreifen zu können, kann dem Kind das Leben retten.

Erstickungsgefahr

Das kleine Baby am besten an den Füßen, mit dem Kopf nach unten, halten. Zwischen den Schulterblättern auf den Rücken klopfen, um den Fremdkörper aus der Luftröhre zu treiben. Ein älteres Kind fest um die Taille fassen, in Bauchlage mit dem Kopf nach unten über Ihr Knie legen und auf den Rücken (zwischen die Schulterblätter) klopfen, bis es den Fremdkörper aushustet. Geben Sie acht, daß er vom Kind nicht im Mund gehalten und dann nochmals verschluckt wird. Halten Sie deshalb mit Ihrer linken Hand das Kinn fest und angeln Sie den Gegenstand mit dem Zeigefinger heraus. Dabei nicht wieder nach hinten schieben. Falls Sie über den Zustand des Kindes besorgt sind, sofort zum Arzt gehen.

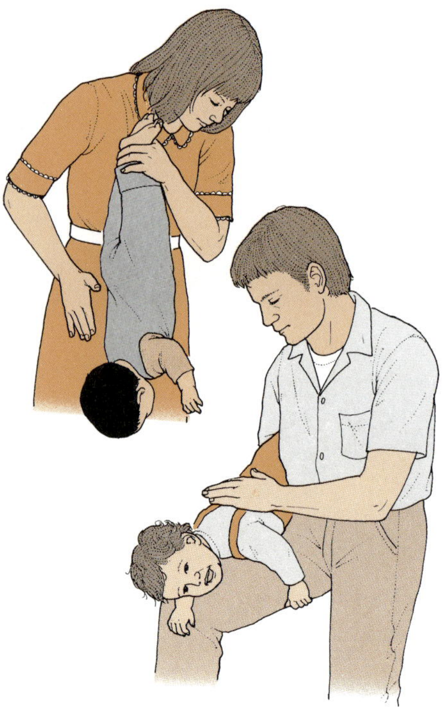

Starke Blutung

1. Nehmen Sie irgendein sauberes Tuch und pressen Sie die Ränder der Wunde zusammen, bis das Blut gerinnt und nicht mehr fließt.

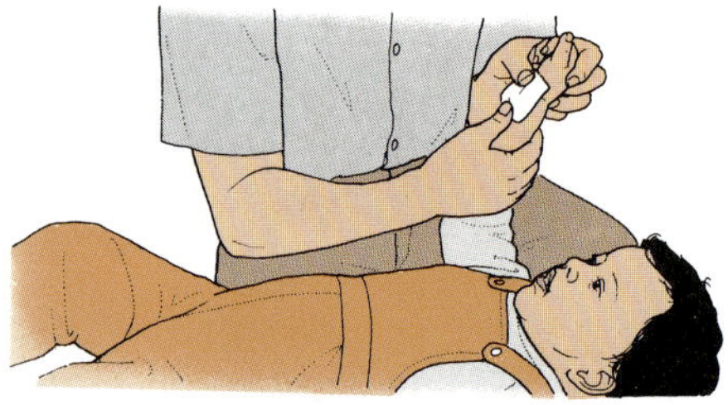

2. Kommt ein Knochen zum Vorschein oder ist etwas in der Wunde (Glas), nicht auf, sondern um die Wunde herum drükken.
3. Legen Sie das Kind flach hin und halten Sie das verletzte Körperteil nach oben. Dadurch fließt das Blut weniger in die Gliedmaßen, sondern gelangt schneller zu Gehirn, Herz und Nieren und verhindert einen Kreislaufschock. Baldmöglichst den Arzt aufsuchen, da die Wunde eventuell genäht werden muß.
4. Blutet das Kind zum Beispiel in der Leistengegend, legen Sie es hin und drücken mit dem Handballen auf den Knochen unter dem blutenden Gefäß.

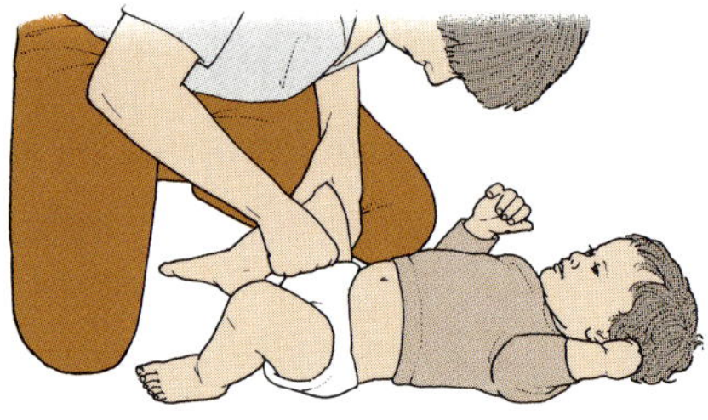

Bewußtlosigkeit

1. Prüfen Sie, ob das Kind noch atmet und auch den Puls. Die beste Stelle dazu liegt knapp unter dem Kiefer in der Nähe des Ohrläppchens. Hier verläuft die Halsschlagader.

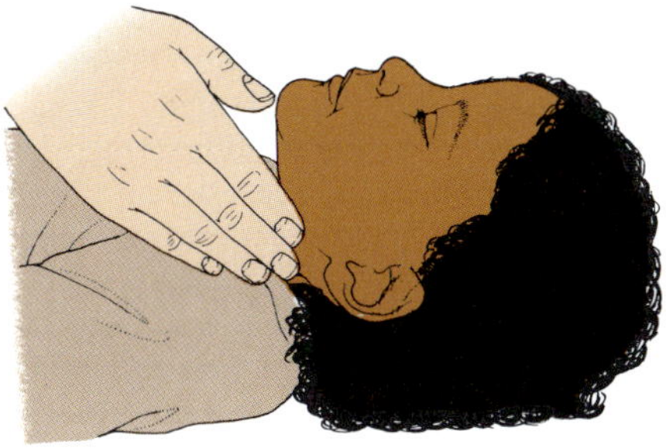

2. Zum Wiedererlangen des Bewußtseins legen Sie das Kind folgendermaßen hin: auf den Bauch, die Arme abgewinkelt und zur Stütze unter den Oberkörper; den Unterkörper durch Abwinkeln eines Knies abstützen, den Kopf zur Seite drehen. Rufen Sie den Notdienst. Atmet das Kind nicht mehr, beginnen Sie sofort mit einer Mund-zu-Mund-Beatmung.

Mund-zu-Mund-Beatmung

1. Biegen Sie den Kopf des Kindes nach hinten, damit die Luftwege frei sind, und prüfen Sie, daß nichts den Rachen versperrt.

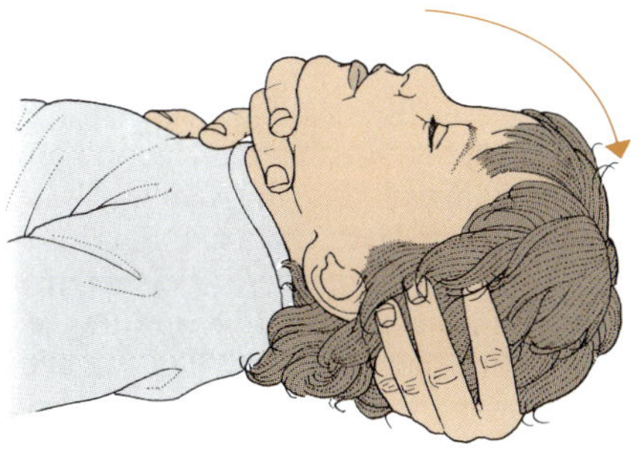

2. Setzen Sie Ihren Mund auf die Nase und den Mund des Kindes und pusten Sie vorsichtig Luft in seine Lunge, etwa 20 Atemzüge pro Minute. Sie tun dies richtig, wenn sich der Brustkorb hebt. Prüfen Sie nach vier Zügen die Atmung des Kindes und fahren Sie so fort, bis es wieder selbst zu atmen beginnt. Dann legen Sie es in die Position wie nebenstehend beschrieben. Lassen Sie so schnell wie möglich einen Krankenwagen rufen und bringen Sie das Kind ins Krankenhaus.

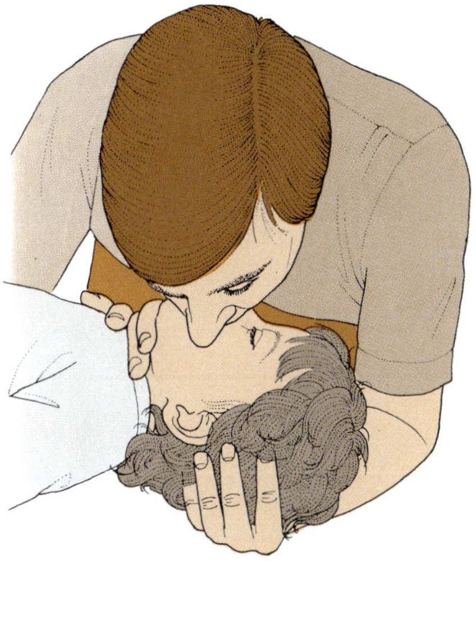

Herzmassage

Falls die Mund-zu-Mund-Beatmung allein erfolglos ist und das Herz Ihres Kindes aufhört zu schlagen, müssen Sie zusätzlich zur Mund-zu-Mund-Beatmung eine Herzmassage durchführen. Sie sollten dies aber nur tun, wenn Sie dazu in einem Kurs ausgebildet wurden.

Die Beatmung muß so lange fortgesetzt werden, bis der Kreislauf wieder in Gang kommt und Sie den Herzschlag fühlen. Falls Sie bei einem Säugling Schwierigkeiten haben, den Herzschlag an der Halsschlagader zu fühlen, überprüfen Sie den Herzschlag am Oberarm: In der Mitte zwischen der Schulter und dem Ellenbogen legen Sie Ihren Daumen auf die Außenseite, Ihre Zeige- und Mittelfinger auf die Innenseite des Oberarms. Drücken Sie mit den Fingerspitzen sanft zum Knochen, um den Herzschlag zu spüren.

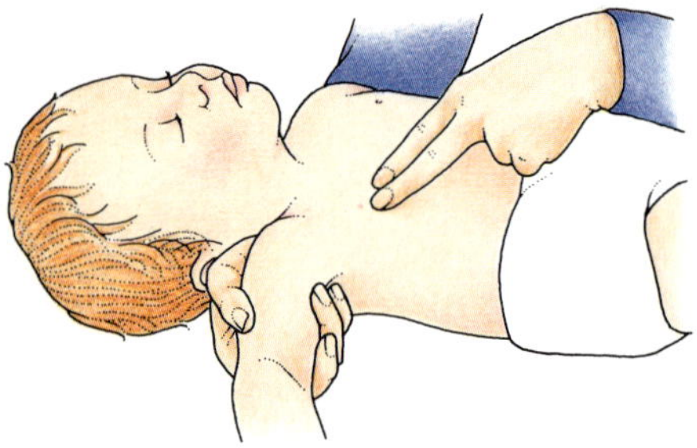

Bei Babys und Kleinkindern bis 2 Jahre

Stützen Sie Kopf und Rücken des Babys, indem Sie eine Hand unter seinen Rücken schieben. Drücken Sie dann mit 2 Fingern gerade unterhalb des Brustbeins etwa 1½ bis 2½ cm tief ein, 100mal in der Minute. Geben Sie dem Kind nach 5maligem Drücken einen Atemzug durch Mund-zu-Mund-Beatmung.

Bei Kindern

Legen Sie das Kind auf eine feste Unterlage. Legen Sie Ihre Handfläche auf die untere Hälfte des Brustbeins. Drücken Sie mit dem Ballen das Brustbein sanft 2,5 bis 3,5 cm ein, 100mal in der Minute. Geben Sie dem Kind nach 5maligem Drücken einen Atemzug durch Mund-zu-Mund-Beatmung.

Schock

Nach einem Unfall, der von heftigen Blutungen oder schweren Verbrennungen begleitet wird, nach wiederholtem Übergeben, bei sehr schwerem Durchfall, bei extremen Schmerzen oder starker Angst leidet ein Kind oft an Schocksymptomen. Mögliche Anzeichen sind blasse, kühle, feuchte Haut; flache, schnelle Atmung mit Gähnen und Seufzen; Übelkeit und Erbrechen und, das ernsteste Symptom, Bewußtlosigkeit. Vermuten Sie, daß Ihr Kind einen Schock erlitten hat, handeln Sie sofort. Schicken Sie jemand, um ärztliche Hilfe zu holen, und widmen Sie sich inzwischen dem Kind.

1. Legen Sie es hin. Der Kopf sollte tiefer und zur Seite gedreht liegen, so daß gegebenenfalls Flüssigkeit aus dem Mund herauslaufen kann. Heben Sie die Beine an (aber nicht bei vermuteten Knochenbrüchen).

2. Lockern Sie enge Kleidung, und, falls Ihr Kind friert, decken Sie es mit einer Decke zu. Verwenden Sie niemals eine Wärmflasche oder eine elektrische Heizdecke.

3. Falls Ihr Kind bewußtlos wird, wenden Sie die auf S. 333 beschriebenen Wiederbelebungstechniken an. Falls die Atmung oder der Herzschlag aussetzt, beginnen Sie mit Mund-zu-Mund-Beatmung und Herzmassage.

Geben Sie Ihrem Kind weder zu essen noch zu trinken, befeuchten Sie nur seine Lippen mit Wasser.

Elektrischer Schlag

Strom sofort abschalten (am besten an der Sicherung). Falls Sie die Steckdose nicht gleich finden, das Kind nicht anfassen, sonst bekommen Sie selbst einen Schlag. Das Kind mit einem nicht leitenden Gegenstand (z. B. Besen mit Holz- oder Plastikstiel) von der Stromquelle schieben. Dieser Gegenstand und Ihre Hände müssen dabei ganz trocken sein. Atmet das Kind nicht mehr, Notarzt benachrichtigen und von Mund-zu-Mund beatmen.

Elektrische Schläge können Schocks verursachen, die sich durch niedrigen Blutdruck, schwachen Puls, Blässe, feuchtkalte Haut, Schweißausbruch, Schwindelanfall und schnelle Atmung äußern. Dann muß das Kind ins nächste Krankenhaus. Ist es ein Angstschock ohne diese Anzeichen, beruhigen Sie das Kind und legen Sie sich mit ihm hin, bis es sich wieder gefangen hat.

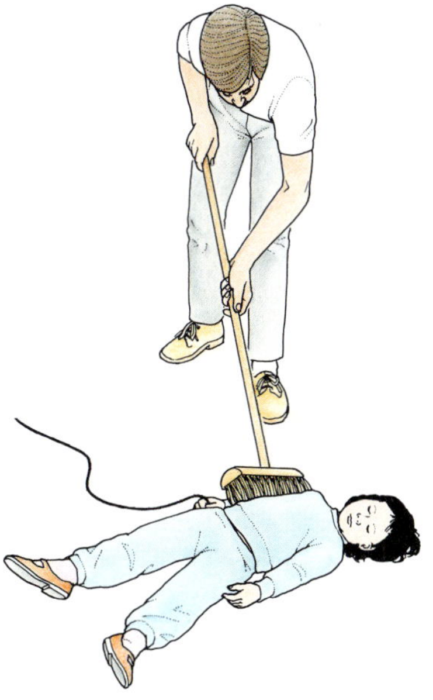

Verbrennungen

1. Feuer breitet sich aus, deshalb wird es noch schlimmer, wenn das Kind in Panik herumrennt. Hat es selbst Feuer gefangen, wälzen Sie es ganz schnell auf dem Boden, so daß die Flammen ersticken.

2. Ist kein Wasser zum Löschen zur Hand, ersticken Sie die Flammen, indem Sie das Kind mit einer Decke, einem Badetuch oder Mantel zudecken. Kein synthetisches Material nehmen, da es durch die Hitze schmilzt.

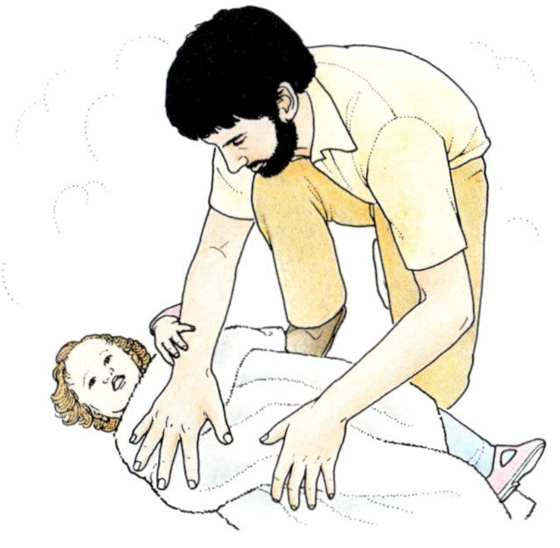

3. Ist gar nichts erreichbar, legen Sie sich selbst auf das Kind, und zwar ganz flach, damit kein Hohlraum entsteht und Sie nicht auch noch Feuer fangen. Das Kind dann sofort vom Arzt untersuchen lassen.

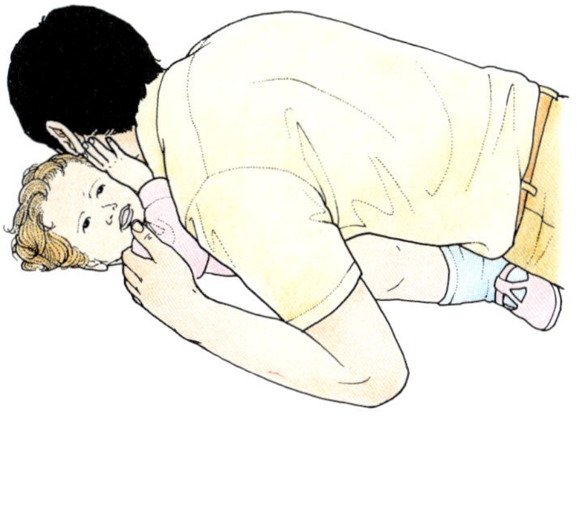

Verbrennungen

Verbrennungen müssen wegen der Infektions- und (bei schweren Verbrennungen) Schockgefahr sofort versorgt werden. Oberflächliche Verbrennungen, bei denen die Haut nur leicht verletzt wird, können zu Hause behandelt werden. Tiefe Verbrennungen, bei denen die Haut in ihrer ganzen Stärke verletzt wird, müssen von einem Arzt behandelt werden.

1. Bringen Sie das Kind von der Gefahrenstelle weg, und trösten Sie es, denn Verbrennungen können sehr schmerzhaft sein.

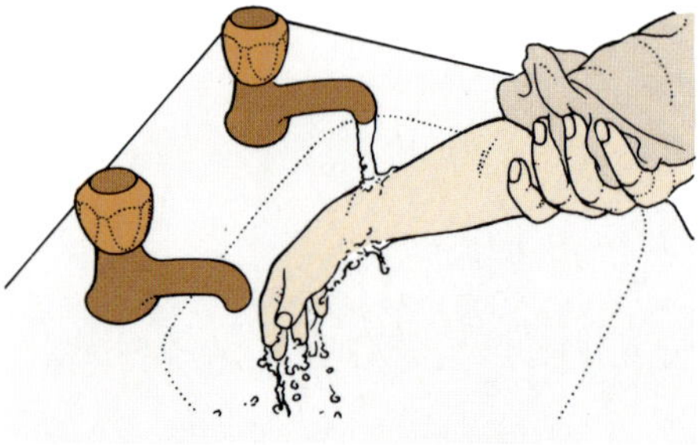

2. Kühlen Sie die betroffene Stelle sofort. Halten Sie die verletzte Zone mindestens 10 bis 20 Minuten unter fließendes kaltes Wasser oder in ein kühles Bad. Achten Sie darauf, daß ein Kleinkind hierbei nicht auskühlt.

3. Entfernen Sie oder schneiden Sie Kleider, die mit kochender Flüssigkeit (oder Chemikalien) getränkt sind, vorsichtig ab. Achten Sie darauf, daß Sie sich nicht ihrerseits die Finger verbrennen. Entfernen Sie die Kleidung nicht, wenn Sie dabei die Haut weiter verletzen könnten.

4. Bedecken Sie die Verletzung mit einem sterilen Verband oder mit nichtflusendem Stoff, der größer als die verbrannte Fläche ist. Tragen Sie niemals Fett, Salbe oder Lotion auf Verbrennungen auf.

Knochenbrüche

Herumtoben endet manchmal mit Knochenbrüchen. Bei Kindern treten die sogenannten Grünholzfrakturen am häufigsten auf, bei denen der Knochen sich eher zu stark biegt, statt zu brechen. Die Haut wird dabei nur leicht verletzt. Sie sollten einen Bruch vermuten, wenn Ihr Kind die betroffene Stelle nicht normal oder nur unter großen Schmerzen bewegen kann; wenn ein Bluterguß und/oder Schwellungen auftreten; wenn die betroffene Stelle deformiert aussieht.

1. Wenn das gebrochene Glied gebogen oder verdreht aussieht, sollten Sie nicht versuchen, es zu richten. Bei offenen Wunden, wenn ein Knochen durch die Haut ragt, bedecken Sie die Fläche mit einem sterilen Verband. Berühren Sie die Wunde nicht.

2. Wenn der Knochen nicht durch die Haut ragt, stellen Sie die Gliedmaßen über und unter dem Bruch ruhig, um eine Verschlimmerung der Verletzung zu vermeiden. Einen gebrochenen Arm legen Sie in eine Schlinge, bei einem gebrochenen Bein binden sie jeweils Knie und Knöchel zusammen. Falls möglich, legen Sie den betroffenen Körperteil hoch.

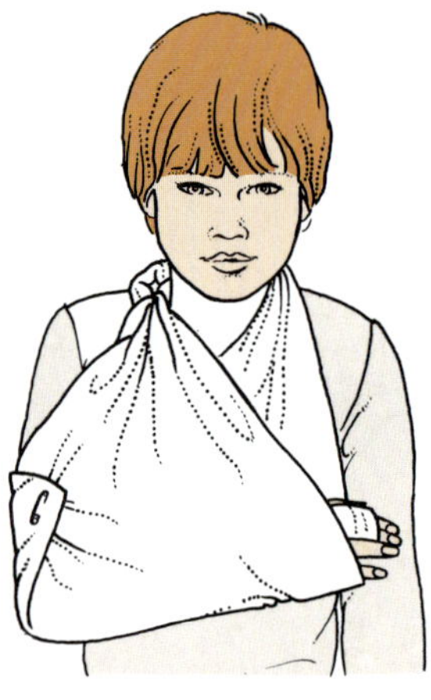

3. Geben Sie dem Kind nichts zu essen oder zu trinken, es könnte in der Klinik eine Vollnarkose brauchen.

4. Wenn ein Knochen durch die Haut ragt, rufen Sie einen Krankenwagen. Sonst bringen Sie Ihr Kind zur nächsten Unfallambulanz.

Unterkühlung

Eine Unterkühlung kann sich entwickeln, wenn die Körpertemperatur unter eine bestimmte Temperatur sinkt. Dies passiert meist bei extremer Kälte oder durch unzureichende Heizung im Haus. Ein Baby, das an einer gefährlichen Unterkühlung leidet, wird still, schläfrig und leblos. Es verweigert die Nahrung. Hände, Füße und Gesicht können hellrosa aussehen. Falls Sie bei Ihrem Baby eine Unterkühlung vermuten, suchen Sie schnellstmöglich ärztliche Hilfe. In der Zwischenzeit legen Sie sich mit Ihrem Baby ins Bett oder in einen warmen Schlafsack, um es zu wärmen.

Vergiftungen

Wenn Sie vermuten, daß das Kind etwas Giftiges geschluckt hat, sofort den Notarzt benachrichtigen und eventuell auch die **Giftzentrale (Telefonnummer siehe S. 396)** Das Kind hat unter Umständen starke Magenschmerzen und erbricht. Halten Sie es so, daß es das Erbrochene auf keinen Fall wieder schluckt. Regen Sie das Erbrechen nie an. Hat das Kind ätzende oder benzinhaltige Flüssigkeit getrunken, wird alles dadurch noch schlimmer. Ätzend sind: Ätznatron, Unkrautvertilger, Desinfektionsmittel, Chlorlauge und ammoniakhaltige Reinigungsmittel. Achten Sie auf Zeichen von Verätzungen um den Mund. Geben Sie Wasser oder Milch zum Kühlen. Achtung! Milch dürfen Sie nur bei Säureverätzungen geben!

Ist das Kind bewußtlos, legen Sie es in eine sichere Lage (siehe S. 333). Stoppt der Atem, setzen Sie mit Mund-zu-Mund-Beatmung ein.

Erste Hilfe Ausstattung

1 Verbandswatte
2 sterile Mulltupfer
3 Auswahl Heftpflaster
4 5 cm breite Mullbinden
5 2 bis 3 elastische Binden
6 2,5 cm breites Leukoplast
7 sterile Augenbinde
8 Dreieckstuch aus festem Material
9 Sicherheitsnadeln
10 feine Pinzette
11 Verbandsschere
12 Kinder-Aspirin-Brausetabletten
13 Mittel gegen Magenverstimmungen, am besten Kamillentee
14 Sonnencreme mit sehr hohem Schutzfaktor
15 Paracetamolhaltiger Sirup oder Zäpfen
16 Merfen-Tinktur zur Wundreinigung
17 Antihistamin-Gelee für Reaktionen bei Insektenstichen

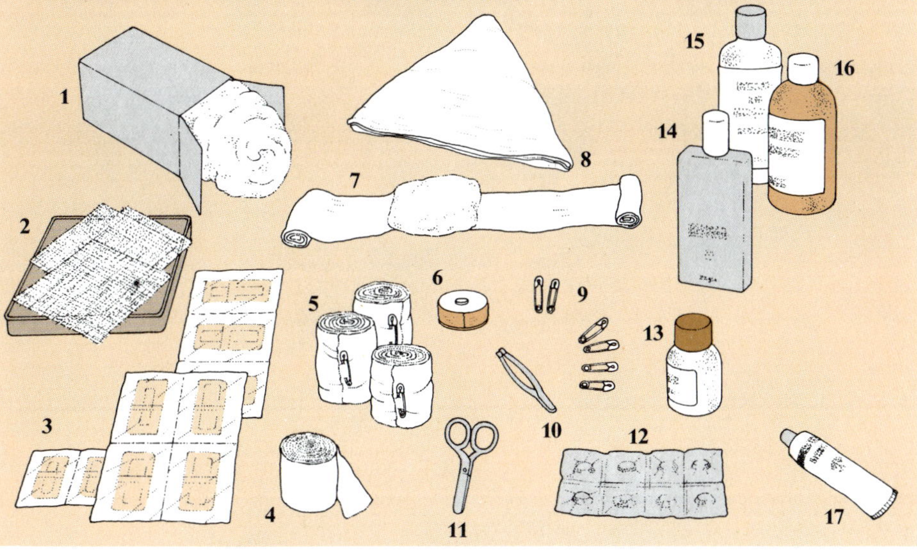

18 Krank im Haus

Man findet wohl selten Eltern, die nicht in Sorge sind, wenn ihr Kind krank ist. Ihre Schwierigkeit ist oft, daß sie nicht wissen, was das Kind hat und wie ernst man es nehmen muß. Die Medizin ist heute so weit, daß nur noch wenige Krankheiten wirklich bedrohlich sind. Ärzte sind schnell erreichbar, um die Krankheit zu erkennen und zu behandeln. Aufgabe der Eltern ist, das Kind zu betreuen und aufzuheitern.

Wann muß ein Arzt gerufen werden?

Seien Sie versichert, daß kein Arzt es übelnimmt, wenn Sie ihn zu Ihrer Beruhigung konsultieren. Wie andere Ärzte auch, habe ich sehr bald festgestellt, daß das Gefühl einer Mutter nicht übergangen werden darf. Eine Mutter spürt meist instinktiv, wenn mit ihrem Kind etwas nicht stimmt. Und sobald sie sich mit dieser Überzeugung an einen Arzt wendet, ist er verpflichtet, darauf einzugehen.
Manchmal äußern sich Krankheiten durch ungewöhnliches Verhalten – das Kind hat keinen Appetit, verhält sich stiller und nicht so ausgelassen wie sonst. Nur eine nahestehende Person wird solche nicht spezifischen Krankheitssymptome als Warnsignale auffassen. Im Zweifelsfall gehen Sie zum Arzt. Wenn folgendes auftritt, auf jeden Fall:

Bei Temperatur
- Wenn die Temperatur über 38 °C steigt und das Baby erkennbar krank ist.
- Wenn die Temperatur ohne sonstige Krankheitszeichen über 39 °C steigt.
- Wenn hohes Fieber zuerst fällt und dann wieder steigt.
- Wenn das Kind einen steifen Nacken, Kopfweh sowie Fieber hat.
- Wenn die Temperatur länger als drei Tage über 38 °C liegt.
- Wenn sich die Haut kalt anfühlt, das Baby schläfrig, ungewöhnlich still und matt erscheint, obwohl Gesicht, Hände und Füße in Ordnung sind (mögliche Unterkühlung).

Bei Wunden
- Wenn das Kind irgendeinen ernsten Unfall oder eine Verbrennung hat.
- Wenn es das Bewußtsein, egal wie kurz, verloren hat.
- Wenn die Wunde tief ist oder der Blutverlust hoch war.
- Wenn das Kind gebissen wurde (Haustier, Wildtier, anderes Kind).
- Wenn Säure oder andere Chemikalien ins Auge gelangt sind.
- Wenn das Auge durch ein Objekt verletzt wurde.

Bei Schmerzen und Beschwerden
- Wenn das Kind über Übelkeit, Schwindel und Kopfweh klagt.
- Wenn es klagt, verschwommen zu sehen, insbesondere nach einem Stoß auf den Kopf.
- Wenn in regelmäßigen Abständen heftige Leibschmerzen auftreten.
- Wenn das Kind in der rechten Bauchseite Schmerzen hat und ihm übel ist.

Bei Atmungsbeschwerden
- Wenn die Atmung mühsam wird und die Rippen bei jedem Zug scharf nach innen gezogen werden.

Bei Appetitlosigkeit
- Wenn das Kind normalerweise gut ißt.

- Wenn das Baby jünger als sechs Monate ist.

Bei Erbrechen
- Wenn Erbrechen heftig, anhaltend oder übermäßig auftritt.
- Wenn das Baby noch sehr jung ist. Es kann schnell zur Austrocknung führen.

Bei Durchfall
- Beim kleinen Baby Gefahr der Austrocknung.
- In Verbindung mit Leibschmerzen, Fieber oder anderen Krankheitszeichen.

Nötige Hinweise für den Arzt
Dem hinzugezogenen Arzt sollten Sie folgende Fragen beantworten können:
- Wie hoch ist jetzt die Temperatur, schwankt sie, wenn ja, in welchem Ausmaß?
- Stieg das Fieber schnell oder langsam an?
- Ist der Rachen gerötet? Sind weiße Pünktchen sichtbar?
- Sind die Halsdrüsen geschwollen?
- Gibt es weitere Anzeichen wie Erbrechen oder Durchfall?

Temperaturmessen 0–3 Jahre

Die Temperatur Ihres Kindes schwankt normalerweise zwischen 36 und 37,5 °C. Der tiefste Punkt wird nachts beim Schlafen, der höchste Punkt am Nachmittag erreicht. Wenn Ihr Kind herumtobt, wird seine Temperatur ebenfalls steigen.
Obwohl Sie wahrscheinlich allein vom Anschauen erkennen können, ob Ihr Kind Fieber hat, gibt es gelegentlich Situationen, in denen Sie die Temperatur messen sollten. Verlassen Sie sich jedoch nicht darauf, daß die Temperatur immer ein Spiegel des Gesundheitszustandes ist. Es gibt sehr kranke Kinder ohne Fieber und gesunde Kinder mit hoher Temperatur.

Thermometertypen
Es gibt verschiedene Typen von Thermometern. Sie unterscheiden sich nach Verwendungszweck und Einfachheit beim Ablesen. Bis Ihr Kind alt genug ist, um garantiert nicht auf das Thermometer zu beißen – was vielleicht erst mit 6 oder 7 Jahren der Fall ist – sollten Sie ein Rektalthermometer mit stumpfem Ende verwenden. Es gibt auch spezielle Babythermometer zu kaufen, die Temperaturen ab 25 °C messen. Sie sind sehr nützlich, da Babys schneller als Erwachsene Körperwär-

Ablesen der Temperatur

Quecksilber-Thermometer
Zwischen Daumen und Zeigefinger drehen, bis dicker Silberstreifen sichtbar wird. Sein rechtes Ende zeigt die Gradzahl an.

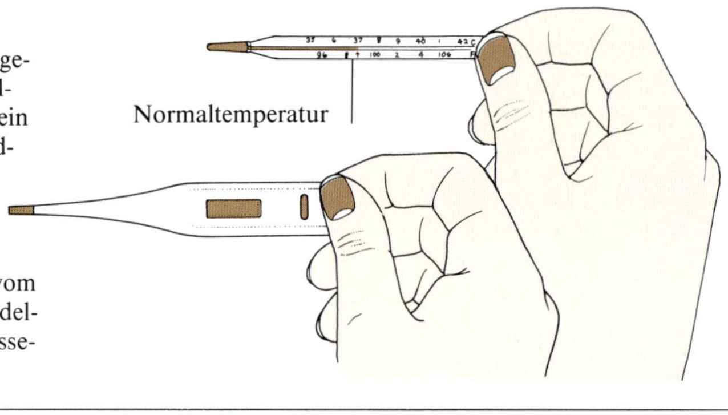

Digitalthermometer
Lesen Sie die Temperatur vom Anzeigefeld ab. Einige Modelle können den vorher gemessenen Wert speichern.

me verlieren und bei Krankheiten eine zu tiefe Temperatur haben können. Eine weitere Eigenschaft, auf die Sie beim Kauf eines Kinderthermometers achten sollten, ist wieviel Meßzeit notwendig ist, bis die Temperatur abgelesen werden kann – einige Thermometer brauchen hierzu nur 30 Sekunden. Moderne Digitalthermometer sind besonders gut, sie haben ein leicht lesbares Anzeigefeld und hohe Genauigkeit.

Das Ablesen eines herkömmlichen Thermometers

Halten Sie das Thermometer gegen das Licht, bis Sie die Quecksilbersäule klar erkennen. Von der Seite her erscheint die Säule wie ein dünner Strich, von vorne wie ein dicker. Sie sollen den dicken Strich betrachten. Auf der Vorderseite des Thermometers ist eine Skala, auf der die Normaltemperatur, 36,9 °C, oft mit einem Pfeil markiert ist.

Bevor Sie die Temperatur Ihres Babys messen, achten Sie stets darauf, daß die Quecksilbersäule unterhalb der tiefsten Skalenmarkierung liegt. Nachdem Sie die Temperatur gemessen haben, ziehen Sie das Thermometer heraus, und lesen Sie es ab. Waschen Sie das Thermometer mit Seife und kaltem Wasser, bevor Sie es weglegen.

Messen der Temperatur

Das Messen im After (rektal) ist wohl die genaueste Methode, vielleicht muß Ihnen dabei aber jemand helfen. Wenn Sie dabei unsicher sind, lassen Sie es sich beim nächsten Besuch vom Arzt zeigen. Zwei Möglichkeiten sind hier beschrieben, wählen Sie die Ihnen am sichersten erscheinende. Das Messen in der Achselhöhle ist angebracht bei älteren Kindern oder wenn Sie mit der Darmmessung gar nicht zurechtkommen.

Rektalmessung

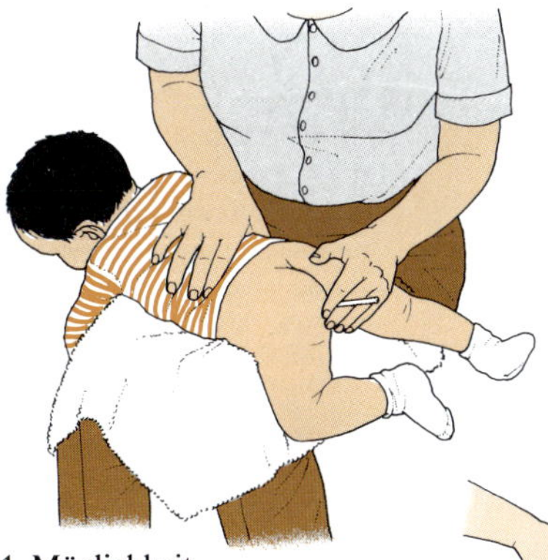

1. Möglichkeit
Legen Sie das Baby bäuchlings auf Ihren Schoß. Halten Sie es mit einer Hand fest am Rücken. Schieben Sie die mit Öl oder Creme eingefettete Thermometerspitze etwa 2,5 cm tief in den Po. Halten Sie das Thermometer zwischen Zeige- und Mittelfinger (nicht zu fest) und lassen Sie Ihre Handfläche auf dem Po ruhen. Mindestens zwei Minuten messen.

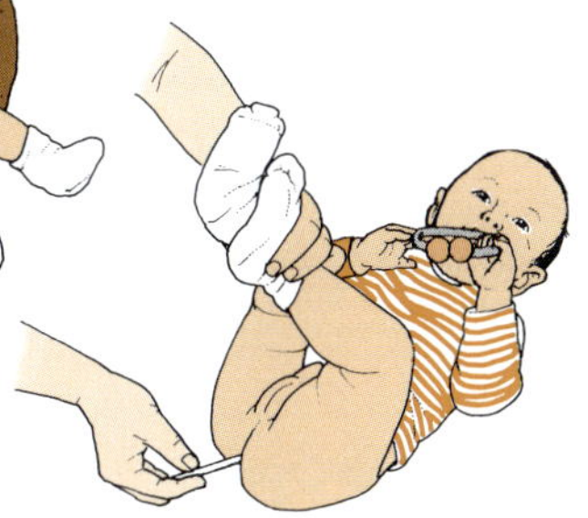

2. Möglichkeit
Legen Sie das Baby auf den Rücken. Halten Sie seine Beinchen hoch und schieben Sie die eingefettete Thermometerspitze etwa 2,5 cm tief in den Po. Mindestens zwei Minuten messen.

Achselhöhlenmessung

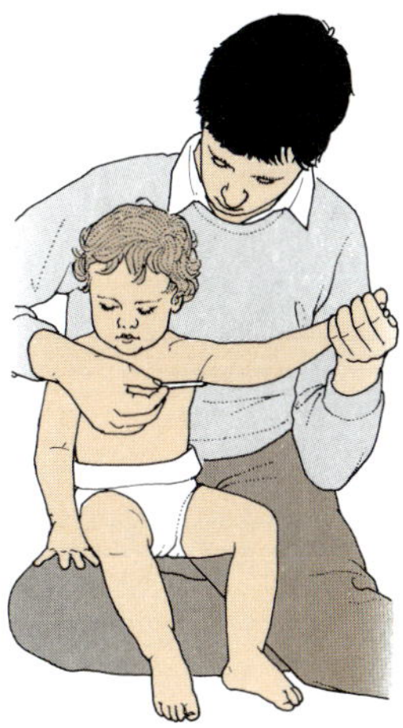

Die Thermometerspitze in der Mitte der trockenen Achselhöhle ansetzen und mit dem seitlich an den Körper gelegten Arm festhalten. Das Kind mindestens zwei Minuten so festhalten.

Verabreichen von Medikamenten 0–1 Jahr

Viele Medikamente für Babys werden in Form von Kindersäften mit einem Löffel oder einer Tropfpipette verabreicht. Beim Neugeborenen müssen alle Geräte zuvor sterilisiert werden. Wenn Ihr Baby beim Einnehmen weint, dürfen Sie sich nicht verunsichern lassen. Wichtiger als die gute Laune des Kindes ist jetzt, daß es die Medizin schluckt und bei sich behält. Deshalb dürfen Sie ruhig Methoden anwenden, die sonst nicht ratsam sind (wirkungsvolle Versprechungen oder andere Lockmittel). Stellen Sie fest, daß sich Ihr Kind bei einer bestimmten Darreichungsform (Tabletten oder Tropfen) mehr sträubt als bei einer anderen, fragen Sie den Arzt, ob es das Präparat nicht auch in der anderen Form gibt.

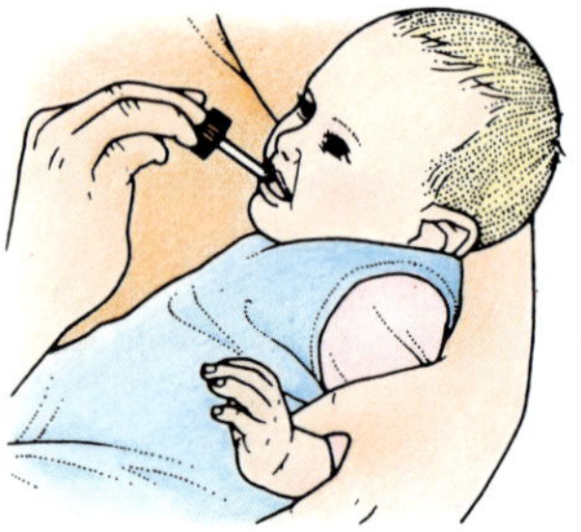

Mit einer Pipette
Legen Sie sich das Baby in den Arm, den Kopf etwas aufgerichtet, damit es leicht schlucken kann. Saugen Sie die entsprechende Menge Medizin mit der Pipette auf und träufeln Sie sie dem Baby am Mundwinkel ein.

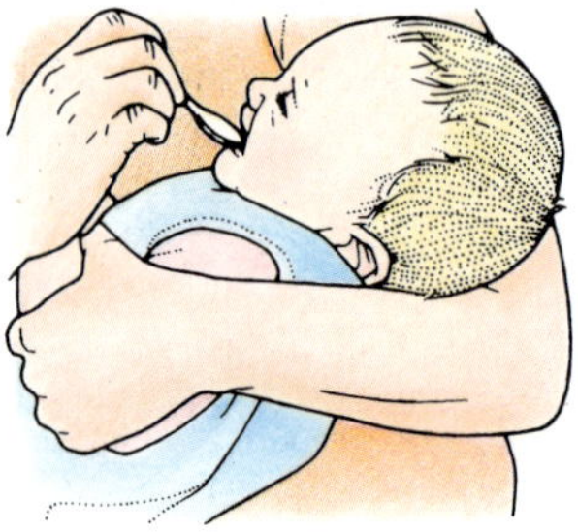

Mit dem Löffel
Nehmen Sie das Baby auf den Schoß und öffnen Sie ihm den Mund, indem Sie sein Kinn nach unten ziehen. Setzen Sie die Löffelspitze auf die Unterlippe und flößen Sie ihm die Flüssigkeit so langsam ein, daß es sie gut schlucken kann.

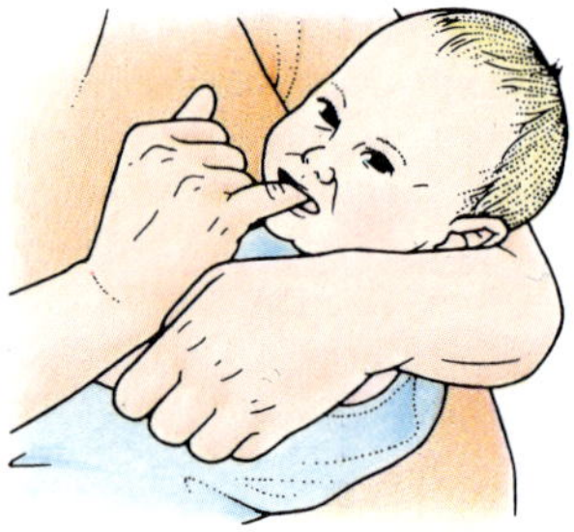

Mit dem Finger
Verweigert das Baby Pipette und Löffel, versuchen Sie es mit Ihrem kleinen Finger. Sorgfältig waschen, in die Medizin tauchen und das Baby daran lutschen lassen. Diese Methode ist zwar unüblich, aber besser, als keine Medizin zu verabreichen.

Tropfen geben

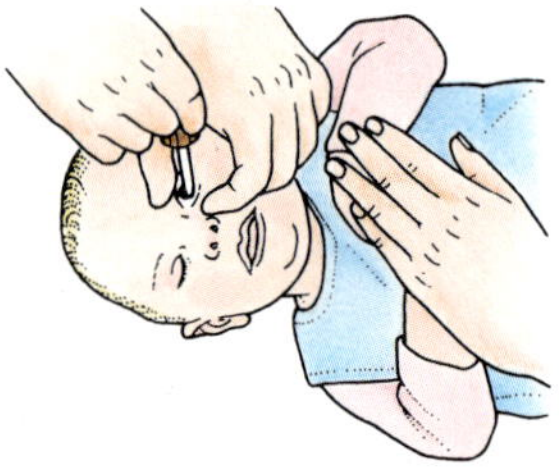

Augen
Unterlid herunterziehen und Tropfen zwischen Augapfel und Lid träufeln. Jemand sollte das Baby festhalten.

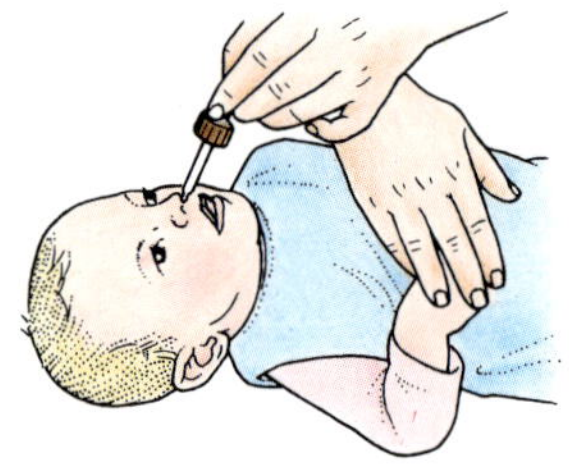

Nase
Das Baby flach hinlegen, den Kopf leicht nach hinten beugen und die Tropfen sachte in jedes Nasenloch träufeln.

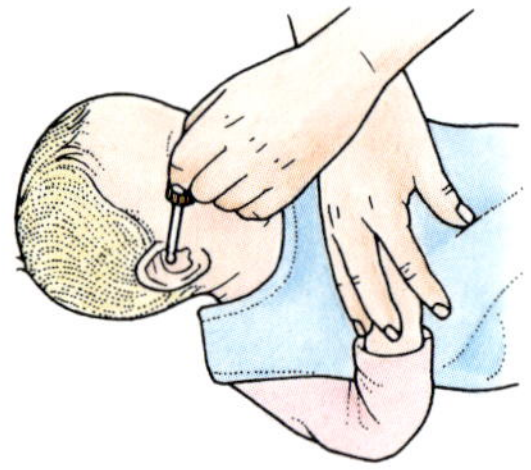

Ohren
Das Kind beim Einträufeln auf die Seite legen.

Verabreichen von Medikamenten 1–3 Jahre

Augen-, Nasen- und Ohrentropfen

Tropfen werden genauso wie beim Baby eingeträufelt. Wehrt sich das Kind heftig, dürfen Sie nicht die Ruhe verlieren. Bitten Sie jemanden, das Kind festzuhalten, während Sie die Tropfen verabreichen.

Tropfen geben

Je älter das Kind wird, um so weniger Aufheben dürfen Sie um die Sache machen. Je hartnäckiger Sie werden, um so mehr sträubt sich das Kind. Nehmen Sie z. B. zuerst etwas, ist das Kind oft auch dazu bereit. Hilft gar nichts, mischen Sie die Tropfen mit einer kleinen Menge seines Lieblingsgetränks.

Tabletten geben

Verweigert das Kind die Tablette, zerdrükken Sie sie zwischen zwei Löffeln und mischen das Pulver mit Honig, Marmelade oder Bananenbrei.
Achten Sie bei allen Medikamenten auf die vom Arzt angegebenen Einnahmezeiten und -abstände. Dies ist wichtig bei Medikamenten, die immer einen hohen Blutspiegel brauchen, um wirken zu können. Ist der Zeitabstand zu lang, sinkt der Blutspiegel ab und das Medikament kann nicht optimal wirken.

Tablette zwischen zwei Löffel legen und zerdrükken. Mit Honig, Marmelade oder Joghurt vermischt eingeben.

Pflege des kranken Kindes 0–3 Jahre

Als Mutter oder Vater hat man früher oder später auch die Rolle einer Krankenschwester zu übernehmen. Und da für sie das Wohl des Kindes meist Vorrang vor allem anderen hat, ist der Erfolg entsprechend gut. Viele kranke Kinder werden überaus anhänglich, möchten die Eltern ständig um sich haben und verlangen auch nach mehr körperlichem Kontakt. Das kranke Baby braucht noch mehr Zuwendung und Schmusen als sonst. Beim Stillen wird es vielleicht nach zusätzlichem »Trostsaugen« verlangen. All dem sollten Sie jetzt nachgeben.

Soll das Kind das Bett hüten?

Hat der Arzt keine Bettruhe angeordnet, entscheiden Sie nach Ihrem Eindruck und dem natürlichen Bedürfnis des Kindes! Will es unbedingt aufbleiben, selbst mit Temperatur, erlauben Sie es.
Achten Sie jedoch darauf, daß es viel trinkt und daß es sich sofort ausruht, wenn es müde ist. Die Raumtemperatur sollte beständig 22 °C anzeigen. Die beste Medizin ist jetzt nicht ein abgelegenes Schlafzimmer, sondern die Sicherheit Ihrer Nähe – Sie zu sehen und zu hören. Wenn möglich, richten Sie dem Kind eine bequeme Ecke (Sofa, Sessel) in dem Zimmer ein, in dem Sie sich meistens aufhalten. So kann es sich mit Ihnen unterhalten, bekommt mit, wer im Haus ein- und ausgeht, und fühlt sich nicht gelangweilt und abgeschoben. Sobald das Kind müde wird, muß es ins Bett. Aber lassen Sie es nicht zu lange allein. Schauen Sie regelmäßig jede halbe Stunde nach. Ist es wach, nehmen Sie sich die Zeit

für ein Spiel, Puzzle oder lesen Sie etwas vor. Regen Sie auch die Geschwister an, sich etwas um den Patienten zu kümmern. Ist das Kind auf dem Weg der Besserung, achten Sie darauf, daß es tagsüber genügend Beschäftigung hat, damit es Tag und Nacht nicht als gleich empfindet. Haben Sie ihm früher auch schon Fernsehen erlaubt, lassen Sie es jetzt wieder kurz etwas anschauen, bevor es zu Bett geht. Erzählen oder lesen Sie eine Geschichte, damit das Kind zur Ruhe kommt.

Ernährung des kranken Kindes

Es gibt keine feste Regel, was ein krankes Kind essen soll, außer der Arzt hat eine Diät verordnet. Das Kind darf essen, worauf es Appetit hat. Sie selbst sollten jetzt sonst übliche Ernährungsgrundsätze etwas zurückstellen. Das Kind wird vielleicht auch weniger, dafür aber etwas ganz bestimmtes zu sich nehmen wollen. Mag es gar nichts essen, zwingen Sie es nicht. Zwei bis drei Tage ohne Essen spielen keine Rolle, dafür um so mehr das Trinken. Hat das Kind zudem Fieber und erbricht, braucht es täglich mindestens einen Liter Flüssigkeit. Am nahrhaftesten sind frische Obstsäfte und Milch. Schmeckt ihm keine Frischmilch, machen Sie Mixgetränke oder Eis. Joghurt, Sauermilchprodukte und Vanillesaucen sind ebenfalls ein Ersatz. Da frische Säfte mit ihrem hohen Vitamin- und Mineralstoffgehalt ausgezeichnet sind, verwöhnen Sie das Kind mit seinen Lieblingssorten. Sobald sich der Appetit wieder einstellt, macht das Kind alles wieder wett. Dies ist auch ein deutliches Zeichen, daß es sich auf dem Weg der Besserung befindet. Verwöhnen Sie es jetzt mit Lieblingsgerichten, besonders solchen, die zuvor vielleicht stark rationiert waren. Auf diese Weise gleicht sich ein Gewichtsverlust schnell wieder aus.

Behandlung des Fiebers

Prüfen Sie zuerst, ob das Kind nicht zu warm angezogen ist. Decken Sie es mit höchstens zwei Wolldecken zu und öffnen Sie das Fenster ein wenig, damit genügend Frischluft im Zimmer ist.
Liegt die Körpertemperatur über 39 °C, können Sie dem Kind Erleichterung schaffen, indem Sie es mit einem Schwamm und lauwarmem Wasser abreiben. Prüfen Sie dabei alle zehn Minuten die Temperatur; ist sie auf 38,5 °C abgesunken, hören Sie auf. So entsteht keine Unterkühlungsgefahr.
Vor dem Abreiben decken Sie das Bett mit einer wasserdichten Unterlage und einem Badetuch darüber ab und legen das Kind darauf. Füllen Sie eine Schüssel mit lauwarmem Wasser. Tauchen Sie mit einem Schwamm oder weichen Waschlappen ein, und reiben Sie damit über die Haut des Kindes. Beginnen Sie immer im Gesicht, dann über den Rumpf, die Arme und die Beine. Lauwarmes Wasser weitet die Blutgefäße der Haut. Sobald das Wasser auf der Haut verdunstet, zieht es Wärme aus dem Blut und bewirkt eine Abkühlung. Glauben Sie nicht, mit kaltem Wasser sei die Temperatur schneller zu senken. Ganz im Gegenteil. Kaltes Wasser schließt die Gefäße, das Blut kann die Hitze nicht richtig abgeben. Je schneller das Wasser verdunstet, um so schneller tritt Kühlung ein. Nach dem Abreiben die Haut abtrocknen. Keinen Pyjama anziehen, sondern das Kind in ein Laken einhüllen. Steigt die Temperatur erneut, können Sie den Vorgang wiederholen.
Oft sind die Kinder jedoch sehr empfindlich. Dann genügt meist auch folgendes einfache Verfahren: Handtücher oder Windeln werden in lauwarmes Wasser getaucht und um die Unterschenkel des Kindes gewickelt. Etwa alle 10 bis 15 Minuten werden diese Wadenwickel erneuert, bis die Körpertemperatur des Kindes auf unter 39 °C abgesunken ist.

Soll das Kind isoliert werden?

Früher wurden Kinder mit ansteckenden Krankheiten von der übrigen Familie isoliert. Das bedeutete ständiges Sterilisieren

sämtlicher verwendeter Gegenstände und separates Waschen der Körper- und Bettwäsche. Davon ist man inzwischen abgekommen, weil die meisten Infektionen innerhalb von achtundvierzig Stunden aufgenommen und auch weitergegeben werden. Während dieser Zeit sind die Symptome oft undeutlich. Bekommt das Kind dann schließlich Fieber, war die übrige Familie bereits auch den Bakterien oder Viren ausgesetzt und hat sie schon aufgenommen.

Beschäftigung des kranken Kindes

Lockern Sie alle Regeln. Lassen Sie das Kind weitgehendst spielen, womit es will, auch wenn es sonst nicht im Bett erlaubt war. Will es malen, bedecken Sie das Bett mit einem abwaschbaren Tuch. Seien Sie großzügig, was Ordnung betrifft, und regen Sie sich nicht über ein Durcheinander auf. Ihr Kind langweilt sich im Bett schnell – vor allem, wenn es sich noch nicht selbst beschäftigen kann. Haben Sie keine Zeit, ist meiner Meinung nach ausnahmsweise Fernsehen eine Ablenkung. Bleiben Sie jedoch so viel wie möglich in der Umgebung des Kindes. Schneiden Sie Bilder aus Zeitschriften aus, malen Sie mit ihm ein Bild an, machen Sie Spiele, singen Sie Lieder, erzählen Sie etwas, lesen Sie Geschichten vor. Sie selbst sind die beste Kur für das Kind. Es liegt vor allem in Ihrer Hand, ob das Kind glücklich oder traurig ist. Versuchen Sie, sich ganz dieser Aufgabe zu widmen.

Wenn das Kind ins Krankenhaus muß

Ein Krankenhausaufenthalt ist oft unumgänglich, auch wenn man seitens der Ärzte versucht, dies zu vermeiden. Kinder unter vier Jahren leiden besonders unter der Trennung. Folgende Ratschläge sollen helfen, den Aufenthalt zu erleichtern:

Tips: Genesung

- Versorgen Sie Ihr Kind mit leckeren Speisen: bei Halsweh Eis, bei Übelkeit Kartoffelpüree.
- Kühle Baumwollaken wirken lindernd bei Fieber. Wechseln Sie regelmäßig die Bettwäsche.
- Ist dem Kind übel, bleiben Sie bei ihm. Legen Sie Ihre Hand auf seine Stirn. Geben Sie nach dem Erbrechen ein Pfefferminzbonbon oder ein Stück Schokolade gegen den schlechten Geschmack.
- Stellen Sie einen Tisch für Spielzeug, Bücher und Getränke neben das Bett.
- Basteln Sie ein Bettischchen, indem Sie einen Karton so ausschneiden, daß er über den Schoß gestellt werden kann. Oder legen Sie ein glattes Brett über zwei Stühle links und rechts des Bettes.
- Besorgen Sie neues Spielzeug und überraschen Sie das Kind ab und zu damit.
- Ist es nicht mehr so krank, machen Sie ein Spiel daraus: Packen Sie das Spielzeug ein und lassen Sie das Kind fühlen und raten, worum es sich wohl bei dem Geschenk handelt.

- Lügen Sie das Kind nie an. Erzählen Sie ihm, wo es hinkommt und daß Sie meistens auch da sein werden.
- Begleiten Sie das Kind. Einige Kliniken erlauben den Eltern, das Kind mitzuversorgen, und stellen sogar Betten zur Verfügung. So kann ein Elternteil während des Aufenthalts beim Kind bleiben. Erkundigen Sie sich nach solchen Kliniken.
- Packen Sie vor allem den »Seelentröster« Ihres Kindes ein, einige Lieblingsspielsachen und Spiele. Das ist wichtig. Das Schlimmste am Krankenhaus ist der veränderte Tagesablauf, das Unfamiliäre und das Fehlen liebgewonnener, vertrauter Menschen.
- Bereiten Sie sich darauf vor, daß das Kind verändert zurückkommt. Sein Schlaf kann gestört sein und ebenso die Darm- und Blasenkontrolle. Berücksichtigen Sie das, es wird sich wieder normalisieren.
- Sobald Sie erfahren, daß das Kind ins Krankenhaus muß, können Sie es im Spiel darauf vorbereiten. Besorgen Sie einen Arzt-Spielkoffer, untersuchen Sie den Teddy, die Puppe. Lassen Sie das Kind mitwirken, z.B. Instrumente reichen und auch selbst Doktor spielen.
- Erzählen Sie, daß man im Krankenhaus Menschen gesund macht, daß es sogar für Tiere Krankenhäuser gibt. Versuchen Sie, das Kind damit so vertraut wie mit dem Laden um die Ecke zu machen.
- Suchen Sie nach geeigneten Büchern zum Thema Krankenhaus. Je mehr das Kind davon sieht und hört, je weniger Angst wird es davor haben.
- Unternehmen Sie auf der Station nichts auf eigene Faust. Fragen Sie die Krankenschwester, wie Sie helfen können, und halten Sie sich an das, was die Krankenschwester sagt. Die meisten Schwestern sind für Hilfe sehr dankbar, und Sie werden vielleicht bald am Essenausgeben, Unterrichten, Baden usw. beteiligt.
- Seien sie bereit, nicht nur dem eigenen Kind, sondern auch anderen Kindern zu helfen. Manche Kinder bekommen nie Besuch, und ein liebevolles Wort, ein ge-

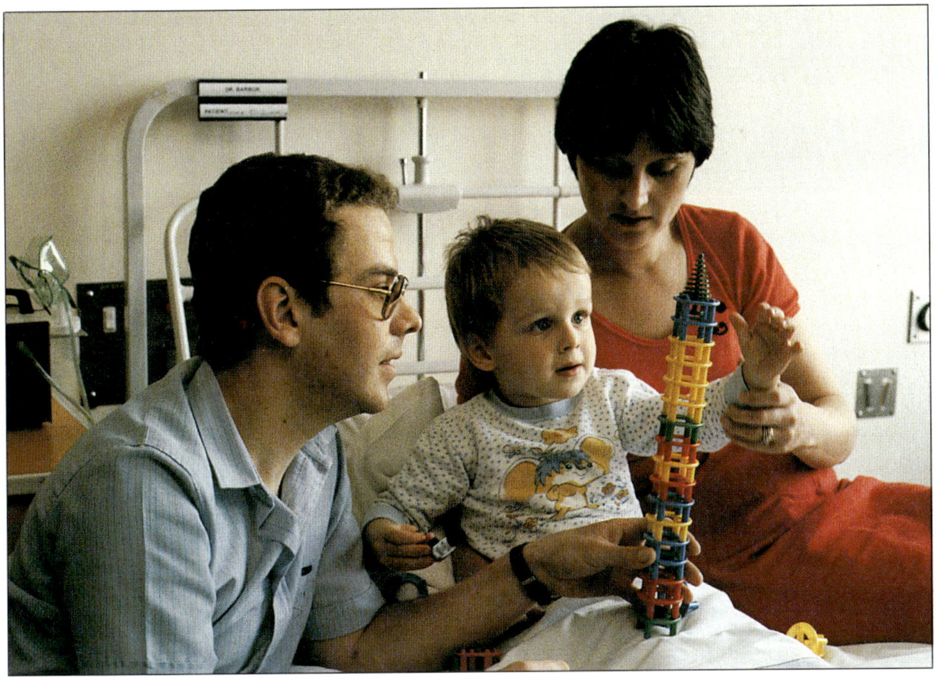

meinsames Spiel oder eine vorgelesene Geschichte kann ihnen ein großer Trost sein.

- Richten Sie sich auf längere Aufenthalte ein. Besuchen Sie Ihr Kind nicht nur dreimal täglich für eine halbe Stunde. Bleiben Sie lieber mehrere Stunden. Machen Sie sich nützlich. Ihr Kind wird sich sehr freuen, Sie zu sehen. Und es wird während Ihrer Abwesenheit viel glücklicher sein, nachdem Sie einige Stunden mit ihm verbracht haben und Ihre Versprechungen, es zu besuchen, einhalten.
- Auch wenn Ihr Kind sehr krank, womöglich bewußtlos ist, sollten Sie es regelmäßig besuchen und Zeit mit ihm verbringen. Falls möglich, reden Sie mit ihm, lesen Sie ihm eine Geschichte vor, spielen Sie seine Lieblingsmusik. Bleiben Sie nicht still, sondern machen Sie so viele Geräusche wie möglich. Kinder reagieren auf viele verschiedene Geräusche und Gerüche. Vielleicht ist es hilfreich, das Bellen des Familienhundes oder die Stimmen der Geschwister aufzunehmen und sie am Krankenbett abzuspielen.

ABC der Krankheiten

Asthma

Bei Asthma handelt es sich um eine allergische Reaktion an der Schleimhaut der Atemwege. Nicht nur als Reaktion auf Allergene, sondern auch bei Infekten und seelischen Störungen kommt es zu einer giemenden, keuchenden Atmung. Die glatte Muskulatur der Bronchien verkrampft sich, und die Bronchialschleimhaut sondert große Mengen eines zähen Schleims ab. Ihr Kind hat besonders große Mühe, auszuatmen, es wird blaß, und seine Lippen können blau werden.
Asthma kann z. B. verursacht werden durch Pollen, Federn oder Pilzsporen, die mit der Atemluft in die Lunge gelangen. Es tritt eine giemende, pfeifende Atmung bei vielen Babys auf, wenn sie eine Bronchitis oder Bronchiolitis (Entzündung der kleinen Verästelungen im Bronchialsystem) haben. Man darf das nicht mit Asthma verwechseln; sobald die Kinder größer und damit ihre Bronchien weiter werden, hört das Giemen auf.

Behandlung

Bei häufigen Asthmaanfällen sollten Sie Ihren Arzt bitten, Ihr Kind zu einem Lungenfacharzt zu überweisen. Wenn Ihr Kind älter ist, wird dieser verschiedene Allergentests mit ihm durchführen, um eine Überempfindlichkeit gegen bestimmte Stoffe nachzuweisen. Der Kontakt mit Asthma auslösenden Substanzen muß dann, wenn möglich, vermieden werden.
Wenn Ihr Kind z. B. auf Federn und Hausstaub – zwei sehr häufige Allergene – allergisch reagiert, müssen Sie alle mit Federn, Daunen oder Haaren gefüllten Decken aus dem Haus schaffen und dafür sorgen, daß Möbel, Teppiche und Vorhänge im Kinderzimmer nicht verstauben. Die Ursache der Hausstauballergie ist eine kleine Milbe (die Hausstaubmilbe), die im Hausstaub lebt und die allergische Reaktionen hervorruft. Meistens sind diese Milben in feuchten Häusern häufiger als in trockenen. Das erklärt, warum Asthma sich in feuchten Häusern verschlechtert.
Neben der allergischen Komponente gibt es bei Asthma meist auch eine seelische. Kinder, die unter Asthma leiden, sind oft sehr lebhaft und intelligent, auf der anderen Seite aber auch sehr sensibel. Sie brauchen viel Zuwendung und Aufmerksamkeit und belohnen Sie dafür durch ihr freundliches und heiteres Wesen. Sollte Ihr Kinderarzt vermuten, daß seelische Faktoren beim Asthma Ihres Kindes eine wichtige Rolle spielen, müssen Sie und Ihre Familie versuchen, herauszufinden, wie Sie die Atmosphäre daheim verbessern und Streßsituationen im Leben Ihres Kindes auf ein Minimum reduzieren können.
Es ist aber auch wichtig, daß Sie und Ihre Familie sich nicht zu sehr auf die Krankheit Ihres Kindes konzentrieren. Viele Eltern reagieren überängstlich und versuchen, ihr Kind gegen alles abzuschirmen, so daß sich zum Schluß der ganze Haushalt nur noch um das Asthma des Kindes dreht. Diese Verhaltensweise ist nicht empfehlenswert, da Ihr Kind sehr schnell lernt, wie es mit seinem Asthma seine Umgebung unter Druck setzen kann.
Die Behandlung von Asthma ist ziemlich kompliziert. Sie müssen sich von Ihrem Kinderarzt ganz genaue Anweisungen geben lassen, was Sie machen sollen, wenn ein Asthmaanfall aus heiterem Himmel auftritt.

Augen vereitert

Vereiterte Augen sind in den ersten ein bis zwei Lebenstagen recht häufig. Der Grund dafür ist, daß während der Geburt Blut oder Fruchtwasser in das Auge des Neugeborenen gelangen kann.

Behandlung

Es besteht immer die Möglichkeit, daß eine bakterielle Infektion der Grund für das verklebte Auge ist. Fragen Sie deshalb Ihren Arzt, ob Antibiotika eingesetzt werden müssen. Meist reicht jedoch die sorgfältige

Reinigung des Auges mit sterilen Wattetupfern, die in sterilem Wasser angefeuchtet wurden. Wenn Sie das Auge waschen, sollten Sie den Tupfer vom inneren Augenwinkel an der Nase zum äußeren ziehen und dann wegwerfen. Verwenden Sie für jedes Auge einen neuen Tupfer.

Benommenheit

Benommenheit kann bei einem normalerweise aufgeweckten Kind ein Symptom von Fieber, Unterkühlung (Absinken der Körpertemperatur unter das normale Niveau) oder Austrocknung sein. Sie kann vor oder nach einem Krampf, nach einem Kopfschlag oder als Folge von Medikamenten, wie Antihistamine, auftauchen. Falls ein Kind benommen, aber zufrieden ist, gut ißt und eine normale Körpertemperatur hat, besteht kein Grund zur Sorge. Es ist wahrscheinlich nur etwas müde. Falls ein Kind aber während der Genesung von einer ansteckenden Krankheit, wie Masern oder Windpocken, benommen wird und über Kopfweh oder Nackenschmerzen klagt, könnte dies ein Hinweis auf Gehirnentzündung, Hirnhautentzündung oder Reye-Syndrom sein. Diese Krankheiten sind alle sehr ernst und müssen sofort ärztlich behandelt werden.

Behandlung

Messen Sie die Temperatur Ihres Kindes. Falls diese über 38 °C liegt, hat es Fieber. Falls seine Temperatur unter 35 °C liegt, leidet es an Unterkühlung. In beiden Fällen sollten Sie Ihren Arzt sofort benachrichtigen.

Falls die Benommenheit von Durchfall und Erbrechen begleitet wird, achten Sie darauf, daß Ihr Kind genügend Flüssigkeit zu sich nimmt, um der Gefahr der Austrocknung vorzubeugen. Falls sein Zustand sich nicht bessert, holen Sie ärztliche Hilfe. Schauen Sie nach, ob Ihr Kind einen Schlag auf den Kopf bekommen hat; fragen Sie es, ob es Kopf- oder Nackenschmerzen hat; riechen Sie seinen Atem – es könnte Alkohol getrunken haben. Überprüfen Sie den Medizinschrank nach einschläfernden Medikamenten. In jedem dieser Fälle rufen Sie sofort Ihren Arzt.

Bindehautentzündung

Bindehautentzündung ist eine Entzündung der äußeren Haut des Augapfels – der Bindehaut. Das Auge sieht rot aus, juckt oder fühlt sich wund an.

Behandlung

Wenn Ihr Kind ein »rotes Auge« bekommt, suchen Sie zuerst nach Fremdkörpern unter dem Lid, die Sie gegebenenfalls entfernen sollten. Wenn das Auge klar aussieht, aber weh tut, wenn Ihr Kind in helles Licht schaut, oder zwinkert und wenn das Auge stark tränt, halten Sie es geschlossen, indem Sie ein kleines Stück Watte mit zwei Streifen Leukoplast kreuzweise über das Auge kleben. Lassen Sie diese Augenklappe aber nicht zu lange auf dem Auge, sondern gehen Sie umgehend zum Arzt, der eventuell eine antibiotische Behandlung anordnet.

Bienen- und Wespenstiche

Es läßt sich kaum vermeiden, daß Ihr Kind früher oder später von einer Biene oder Wespe gestochen wird. Das ist ziemlich schmerzhaft für Ihr Kind.

Behandlung

Wenn Ihr Kind gestochen wurde, versuchen Sie nicht, den Stachel herauszudrükken. Dadurch kann das Gift an der Spitze des Stachels noch tiefer in die Haut gepreßt werden. Ziehen Sie den Stachel vorsichtig mit einer Pinzette heraus. Als Salbe sollten Sie für diesen Fall ein Antihistamin-Präparat in der Hausapotheke haben. Eines der besten Hausmittel, um den Schmerz zu bekämpfen, ist es, ein Stück Watte oder Gaze in eine Natriumbikarbonatlösung zu tauchen und dann mit Leukoplast über dem Stich zu befestigen. Zerriebener Spitzwegerich hilft ebenfalls recht gut.

Wenn Ihr Kind in den Mund gestochen wird, sollten Sie sofort den Arzt rufen. Wenn Sie Ihren Arzt nicht erreichen und bemerken, daß die Mundschleimhaut anschwillt, geben Sie Ihrem Kind ein Stück Eis oder Eiskrem zum Lutschen, suchen eine Begleitperson und bringen Sie es ins Krankenhaus. Wenn es nicht anders geht, legen Sie Ihr Kind auf den Rücksitz Ihres Wagens und bringen es allein ins Krankenhaus.

Bisse

Die Möglichkeit, daß Ihr Kind von einem Haustier oder auch von einem anderen Kind gebissen wird, ist verhältnismäßig groß.

Behandlung

Die Behandlung von Bißwunden, die von Säugetieren stammen, hängt davon ab, wie tief die Wunde ist und ob die Tetanusschutzimpfung noch wirksam ist. Bei oberflächlichen Bißwunden reicht die Reinigung der Wunde und gegebenenfalls ein Verband aus. Bei tiefen Wunden oder Wunden im Gesicht muß ein Arzt zugezogen werden. Wenn die letzte Tetanusschutzimpfung zu lange zurückliegt, wird dieser eine einmalige Impfung zur Wiederauffrischung des Impfschutzes durchführen. Nehmen Sie deshalb das Impfbuch Ihres Kindes mit. Bisse von anderen Kindern müssen gereinigt und verbunden werden. Sollten Sie aber in irgendeiner Weise beunruhigt sein, zögern Sie bitte nicht, Ihren Arzt zu Rate zu ziehen.
Bei Bissen von Tieren sollten Sie immer die Möglichkeit einer Tollwutinfektion in Betracht ziehen; besonders, wenn es sich um Wildtiere oder Ihnen unbekannte Tiere handelt. Wenden Sie sich beim leisesten Verdacht umgehend an einen Arzt.

Blasen

Blasen entstehen an Stellen, wo die Haut übermäßig beansprucht wurde, oder bei Verbrennungen.

Behandlung

Öffnen Sie eine Blase nie. Wenn die Gefahr besteht, daß sie durch Anstoßen oder ähnliches unabsichtlich eröffnet wird, kleben Sie ein Pflaster darauf. Die Blase wird von selbst eintrocknen. Dann stirbt die darüberliegende Haut ab, wird hart und dunkel und fällt mit der Zeit ab. Stören Sie diesen natürlichen Vorgang nicht.

Bronchitis und Lungenentzündung

Bronchitis ist eine Komplikation der kindlichen Infektionskrankheiten. Krankheiten wie Masern oder Keuchhusten haben häufiger eine Infektion z. B. an den Bronchien oder der Lunge zur Folge.
Die Erreger dieser Krankheiten dringen in die Lunge ein. Das Bronchialsystem entzündet sich und produziert eine Menge Schleim, die Lungenfunktion verschlechtert sich, und der Schleim kann nicht abgehustet werden. Es bilden sich Schleimansammlungen, die mit Bakterien infiziert werden können. Die Anfangssymptome einer Bronchitis oder Lungenentzündung sind die beschleunigte Atmung, Atemnot und möglicherweise eine gewisse Blässe um den Mund. Wenn Schleim einen der kleinen Äste des Bronchialsystems ganz verstopft, wird der Lungenabschnitt unterhalb der Blockade von der Luftzufuhr abgeschnitten, und der Schleim kann diesen kleinen Lungenabschnitt ganz verstopfen; in diesem Gebiet entsteht eine kleine Lungenentzündung. Wenn ein größerer Bronchialast verstopft ist, ist die Lungenentzündung entsprechend ausgedehnter.

Behandlung

Bei Auftreten auch nur eines der obengenannten Symptome müssen Sie Ihren Arzt sofort benachrichtigen. In der Zeit, bis er kommt, können Sie folgendes machen: Halten Sie die Luft im Kinderzimmer feucht, sie können z. B. einen Wasserkessel kochen lassen (lassen Sie aber Ihr Kind nicht allein mit dem kochenden Wasserkessel). Bleiben Sie bei Ihrem Baby, so daß es sich wohl und sicher fühlt. Legen Sie es

hoch, denn es atmet leichter in aufrechter Haltung. Bleiben Sie ruhig.
Ihr Arzt wird dem Kind nach der Untersuchung schleimlösende und bronchienerweiternde Medikamente und evtl. Antibiotika verschreiben. Geben Sie diese genau nach der Verordnung.

Dreitagefieber

Diese Krankheit wird oft mit Röteln verwechselt (siehe S. 333). Ihr Kind bekommt plötzlich hohes Fieber (39–40 °C) ohne irgendwelche anderen Symptome. Beim Abklingen des Fiebers tritt dann ein Ausschlag mit blaßrosa Flecken auf.

Behandlung

Rufen Sie Ihren Arzt, damit Sie wegen der Diagnose sicher sind. Sonst ist außer der Fiebersenkung keine besondere Behandlung nötig.

Endogenes Ekzem (Milchschorf)

Beim endogenen Ekzem handelt es sich um einen Hautausschlag, der vorwiegend im Gesicht, der Kopfhaut, den Kniekehlen, den Ellenbeugen und den Innenseiten der Handgelenke auftritt. Die Haut juckt, ist trocken, rot und schuppig. Im schlimmsten Stadium kann sie auch stark nässen. Das Ekzem kommt und geht. Es kann z. B. durch einen Schnupfen hervorgerufen werden oder auftreten, wenn Ihr Baby zu wenig geschlafen oder sich den Magen verdorben hat.
Das endogene Ekzem ist oft mit Asthma und der Neigung zu Allergien kombiniert. Diese Bereitschaft zur allergischen Reaktion ist gewöhnlich erblich und tritt in der ganzen Familie auf. Z. B. hat ein Verwandter eine Penizillinallergie, ein anderer Asthma, der dritte endogenes Ekzem und ein vierter schließlich Heuschnupfen.

Behandlung

Die Behandlung sollte durch einen Hautarzt erfolgen. Bitten Sie Ihren Arzt, Ihr Kind zu überweisen, dann wird es eine den neuesten Erkenntnissen entsprechende Behandlung erhalten. Ein erfahrener Hautarzt wird auch am ehesten wissen, ob man mit einer neuen Behandlungsmethode anfangen soll, wenn die bisherigen Mittel nicht mehr wirksam zu sein scheinen.
Wenn Ihr Baby Milchschorf hat, machen Sie sich keine allzu großen Sorgen. Bei vielen Kindern tritt eine Besserung ein, wenn sie ungefähr zwei sind, und bei vielen anderen mit sieben. Zwischen 10 und 20 ist das Ekzem in der Regel abgeklungen. Man muß aber damit rechnen, daß es im späteren Leben bei einem schweren körperlichen oder seelischen Trauma wieder auftritt.
Bei der täglichen Körperpflege eines Babys mit Milchschorf würde ich folgendes raten: Baden Sie es nicht zuviel – Seife und Wasser trocknen die Haut aus. Benutzen Sie lieber Kinderöl – es hat dieselbe Reinigungswirkung. Achten Sie darauf, daß Ihr Kind immer sauber ist, besonders an den Stellen, wo die Windeln die Haut bedekken, und im Gesicht. Ziehen Sie ihm nichts Wollenes direkt auf die Haut an, da Wolle das Ekzem verschlimmern kann. Reiben Sie die verordneten Salben und Cremes genau nach Anweisung des Arztes ein.

Entzündung der Eichel

Dies ist die Entzündung der Penisspitze bei unbeschnittenen Jungen. Sie kann durch Windelausschlag, als Folge einer allergischen Reaktion auf Waschmittel oder durch eine Infektion verursacht werden. Die Erkrankung ist nicht ernst, sollte aber für das Wohlbefinden Ihres Kindes rasch behandelt werden. Der Penis wird rot und geschwollen sein, Eiter kann sich an der Spitze absondern, und die Vorhaut läßt sich nicht zurückziehen.

Behandlung

Falls Sie eine Rötung an der Penisspitze bemerken, ziehen Sie die Vorhaut sehr vorsichtig zurück. Wenn sich die Vorhaut nicht zurückschieben läßt, versuchen Sie es nicht weiter. Wenden Sie sich an einen Arzt.

Wenn sich die Vorhaut zurückschieben läßt, waschen und trocknen Sie den Penis gründlich ab, und tragen Sie eine antiseptische Salbe auf. Wenn Ihr Kind stark über Schmerzen klagt, reden Sie mit Ihrem Arzt. Er wird vielleicht eine antibiotische Salbe verschreiben, um die Entzündung einzudämmen. Falls die Vorhaut verengt ist, wird der Arzt Ihr Kind erneut sehen wollen. Wenn sie sich nicht gedehnt hat, bis der Junge sechs Jahre alt ist, wird eventuell eine Beschneidung notwendig werden.

Epilepsie

Neben Fieberkrämpfen ist der häufigste Grund für Krampfanfälle bei Kindern die Epilepsie. Sie kann in zwei Formen auftreten: als »petit mal« und als »grand mal«. Bei »petit mal« wird Ihr Kind plötzlich für einige Minuten völlig teilnahmslos, es ist sehr bleich, sein Gesicht ausdruckslos. Es wird nicht hinfallen oder Stuhlabgang haben, aber es nimmt von seiner Umwelt überhaupt nichts wahr. Eventuell zeigt es ein kurzes Hochreißen beider Arme. Wenn der Anfall vorbei ist, wird Ihr Kind weiterspielen, als ob nichts gewesen wäre. Wenden Sie sich an Ihren Arzt, wenn Sie etwas Derartiges bemerken. Ein Kind mit »grand mal«-Anfällen zeigt genau dieselben Symptome wie ein Kind mit Fieberkrämpfen (siehe unter Krämpfe).

Behandlung

Verhalten Sie sich wie bei Fieberkrämpfen; nach dem Anfall ziehen Sie sofort Ihren Arzt zu Rate. Er wird wahrscheinlich ein Elektroenzephalogramm (EEG) anordnen, um die Epilepsie nachzuweisen. Behandeln Sie ein epileptisches Kind nicht als »Epileptiker«. Das wirkt sich psychologisch ungünstig aus. Behandeln Sie es ganz normal, nur beachten Sie verschiedene Vorsichtsmaßnahmen: Lassen Sie es nicht die Badezimmertür abschließen, falls im Bad ein Anfall auftritt, und achten Sie gut auf es beim Schwimmen oder Segeln.

Erbrechen

Erbrechen ist das gewaltsame Ausstoßen des Mageninhalts durch den Mund. Ein Baby kann nach dem Trinken kleine Mengen Milch aufstoßen, aber das darf man nicht mit Erbrechen verwechseln. Das Erbrechen kann viele Ursachen haben. Es kommt meist ohne Vorwarnung, und nach einem einzigen Krampf sollte Ihr Kind wieder normal und munter sein.

Das Erbrechen kann ein Symptom bestimmter Magenleiden, wie eine Magenausgangsverengung, oder einer Infektion, wie beispielsweise eine Ohrenentzündung, sein. Häufig ist es eine Begleiterscheinung von Fieber, und sogar Erkältungen können Erbrechen verursachen, wenn das Kind so viel Schleim schluckt, daß sein Magen gereizt wird. Bei starkem Husten kann Ihr Kind das gerade Gegessene erbrechen. Weitere Ursachen sind Blinddarmentzündung, Hirnhautentzündung, Migräne, Lebensmittelvergiftung und Reisekrankheit. Manche Kinder (meist Kleinkinder) erbrechen, wenn sie aufgeregt sind.

Erbrechen sollte man immer ernst nehmen, weil es – insbesondere bei Babys und Kleinkindern – schnell zur Austrocknung führen kann.

Behandlung

Legen Sie Ihr Kind ins Bett, und stellen Sie ihm eine Schüssel in Reichweite, in die es sich erbrechen kann. Geben Sie ihm häufig kleine Mengen Flüssigkeit, etwa alle 10 bis 15 Minuten kaltes Wasser mit einer Prise Salz und 5 ml (1 Teelöffel) Traubenzucker. Messen Sie die Temperatur, um festzustellen, ob das Kind auch Fieber hat. Halten Sie das Kind kühl, indem Sie ihm das Gesicht mit einem kalten, feuchten Tuch abwischen. Lassen Sie Ihr Kind sich die Zähne putzen, damit es den üblen Geschmack los wird. Rufen Sie sofort den Arzt, wenn sich Ihr Kind über mehr als sechs Stunden immer wieder erbricht, wenn das Erbrechen von Durchfall oder Fieber über 38 °C begleitet ist oder wenn es von anderen besorgniserregenden Symptomen, wie zum Beispiel Ohrenschmerzen, begleitet ist. Ihr

Arzt wird die Ursache des Erbrechens diagnostizieren und Ihr Kind entsprechend behandeln. Er wird auch feststellen, ob die Gefahr einer Austrocknung besteht. Geben Sie Ihrem Kind reizstoffarme Kost, wenn die Übelkeit und das Erbrechen vorbei sind. Führen Sie feste Nahrung erst allmählich wieder ein.

Fieber

Die normale Körpertemperatur schwankt zwischen 36 und 37 °C. Bei Temperaturen, die über 37 °C liegen, spricht man von Fieber, obwohl die Höhe der Temperatur die Schwere einer Erkrankung nicht unbedingt widerspiegelt. Fieber ist keine Krankheit, sondern Symptom einer Krankheit. Abgesehen von einer Krankheit ist die Temperatur Ihres Kindes von der Tageszeit und seinen Aktivitäten abhängig. Eine Temperatur über 37 °C ist bei einem Baby unter sechs Monaten immer ernst. Falls die Temperatur hoch bleibt, besteht eine geringe Gefahr, daß Krämpfe auftreten.

Behandlung

Wenn sie vermuten, daß Ihr Kind Fieber hat, messen Sie die Körpertemperatur. Wiederholen Sie die Messung nach 20 Minuten. Notieren Sie alle Werte.

Legen Sie Ihr Kind ins Bett, und ziehen Sie es aus, selbst wenn das Zimmer kühl ist. Ein Kind, das fiebert, braucht nur eine dünne Decke. Senken Sie Temperaturen von über 40 °C, indem Sie das Kind am ganzen Körper lauwarm waschen. Messen Sie alle 5 Minuten die Temperatur. Stellen Sie das Waschen ein, wenn die Temperatur auf 38 °C abgesunken ist. Verwenden Sie nie kaltes Wasser zum Waschen, da sich dadurch die Blutgefäße verengen; dies verhindert die Wärmeabgabe und läßt die Temperatur weiter steigen.

Geben Sie nur dann ein fiebersenkendes Mittel, wenn die anderen Methoden versagen. Geben Sie einem Kind, das Windpokken- oder Grippesymptome zeigt, nie Aspirin, da dies mit dem gefährlichen Reye-Syndrom in Verbindung gebracht wurde.

Ermuntern Sie Ihr Kind, möglichst viel zu trinken, indem Sie ihm regelmäßig kleine Mengen Flüssigkeit anbieten. Wenden Sie sich sofort an einen Arzt, wenn Ihr Kind noch keine sechs Monate alt ist oder einen Fieberkrampf hat, einmal einen Krampf gehabt hat oder wenn die Neigung zu Fieberkrämpfen in der Familie liegt, wenn das Fieber über 24 Stunden anhält oder Sie sich über Begleitsymptome Sorgen machen.

Fieberbläschen

Fieberbläschen werden durch das Herpes-Virus verursacht. Dieses Virus überdauert nach der Erstinfektion in den Nervenendigungen der Haut. Wenn der Körper aus irgendeinem Grund überwärmt wird, z. B. durch Fieber, Sonnenlicht oder bei Frauen durch den Eisprung, werden die Viren aktiviert. Es kommt zuerst zu einem Jucken der Haut, dann zu einem Gefühl des Wundseins, und eine Schwellung tritt auf, die sich später in kleine Bläschen umwandelt. Das alles passiert im Zeitraum von 24–36 Stunden. Die Bläschen dagegen nässen und verschorfen sich abwechslungsweise und brauchen 10 bis 14 Tage bis zur völligen Abheilung.

Behandlung

Wenn Sie die beginnenden Bläschen möglichst bald mit Idoxuridinhaltiger Salbe einreiben, können Sie den Herpesausbruch zum Stillstand bringen bzw. auf ein Minimum reduzieren. Fragen Sie Ihren Arzt nach den entsprechenden Präparaten. Sehr gute Erfolge kann man aber auch mit Ringelblumensalbe erreichen.

Das Herpes-Virus wird durch direkten Kontakt übertragen. Die meisten Kinder, die an der Lippe, Nase oder manchmal auf den Backen oder am Kinn Fieberbläschen bekommen, haben sich bei Erwachsenen, die sie geküßt haben, angesteckt. Wenn ein Elternteil Fieberbläschen hat, bekommen oft andere Familienmitglieder auch welche; ebenso kann Ihr Kind andere Menschen anstecken.

Finger eingeklemmt

Solange Ihr Baby noch nicht gelernt hat, wie Türen funktionieren, besteht immer die Gefahr, daß es seinen Finger einklemmt.

Behandlung

Bei großen Quetschwunden und starkem Bluten müssen Sie mit Ihrem Kind sofort in die Klinik. Drosseln Sie bei starkem Bluten die weitere Blutzufuhr, indem Sie mit Daumen und Zeigefinger das Grundglied des verletzten Fingers abklemmen. Das wird die Blutung zum Stillstand bringen. Wenden Sie keine weiteren Erste-Hilfe-Maßnahmen an. Versuchen Sie nicht, die Hand Ihres Kindes in eine bestimmte Lage zu zwingen; es soll seine Hand so halten, wie es ihm am bequemsten ist. Geben Sie ohne ärztliche Anweisung keine Schmerztabletten.

Wenn die Schmerzen und die Schwellung des Fingers nicht innerhalb 24 Stunden zurückgehen, legen Sie den Arm so in eine Schlinge, daß die Hand senkrecht gehalten wird. Aber achten Sie darauf, daß Ihr Kind mehrmals in der Stunde seinen Ellbogen bewegt, damit er nicht steif wird. Und vor allem – fragen Sie Ihren Arzt um Rat.

Gerstenkorn

Ein Gerstenkorn ist die Infektion einer Liddrüse. Es sieht aus wie eine kleine Beule auf dem Augenlid – eine rote Schwellung mit einem Eiterpfropf.

Behandlung

Augen sind sehr wertvoll. Gehen Sie kein Risiko ein und fragen Sie Ihren Arzt um Rat, wenn Sie auch nur im geringsten besorgt sind. Benutzen Sie keines der Allerweltsmittel, die Sie in der Apotheke bekommen, da diese möglicherweise die Wirkung einer spezifischen Antibiotikatherapie verringern, falls diese nötig wird. Sie können das Gerstenkorn mit einem Wattetupfer betupfen, der in eine Salzlösung aus 1 Teelöffel Salz auf 1 Glas lauwarmes Wasser getaucht wurde.

Hautausschläge

Die Ursache der meisten Hautausschläge sind innere Krankheiten. Bei kleinen Kindern sind sie ein klassisches Symptom einiger häufiger Infektionskrankheiten.

Behandlung

Die Hauterscheinungen sind meist die Folge von Schäden an den kleinen Hautblutgefäßen. Durch Auftragen von Salben auf die Hautoberfläche können sie kaum beeinflußt werden. Sie können aber das Jukken und Brennen durch eine kühlende Schüttelmixtur, z. B. durch Zinkschüttel, lindern. Wenn der Ausschlag infiziert ist oder wenn Sie merken, daß kleine Bläschen auftreten, müssen Sie sofort Ihren Arzt verständigen. Sprays gegen Insektenstiche oder Brandwunden sollten nicht verwendet werden, weil sie oft Lokalanästhetika (Betäubungsmittel) enthalten, die leicht Allergien hervorrufen können.

Heuschnupfen

Heuschnupfen gleicht dem Asthma, nur tritt die allergische Reaktion in den Schleimhäuten der Nase und an den Augenlidern auf und nicht in der Brust. Die auch allergische Rhinitis genannte Krankheit verursacht Niesen, Schnupfen und jukkende und tränende Augen. Sie tritt im Frühling und Sommer auf und ist gewöhnlich eine Reaktion auf Blüten-, Baum- und Graspollen. Heuschnupfen verursacht zwar periodisch Beschwerden, hat aber keine ernsten Konsequenzen.

Behandlung

Wenn Ihr Kind viel niest, messen Sie seine Temperatur, um festzustellen, ob es an einer Infektion erkrankt ist. Halten Sie Ihr Kind davon ab, sich die Augen zu reiben; dadurch verschlimmert sich das Jucken. Baden Sie die Augen mit kaltem Wasser, um die Reizung zu lindern.

Reden sie baldmöglichst mit Ihrem Arzt, wenn Sie meinen, Ihr Kind könne an einer ernsthaften Infektion leiden, oder wenn Ihr Kind unter Heuschnupfen stark leidet.

Wenn Ihr Kind starke Beschwerden hat, kann der Arzt dafür sorgen, daß eine Reihe von Hauttests durchgeführt wird, um das Allergen zu bestimmen, das die Heuschnupfen-Symptome auslöst. Wenn ein oder mehrere Allergene bestimmt sind, kann man einen speziellen Impfstoff für Ihr Kind zusammenstellen und es über mehrere Wochen mehrmals impfen, um es zu desensibilisieren. Diese Impfungen haben allerdings nicht immer Erfolg und müssen während des Winters durchgeführt werden.

Sie können verschiedene Maßnahmen ergreifen, um die Stärke der allergischen Reaktion bei Ihrem Kind zu vermindern. Achten Sie täglich auf die Pollenmeldungen; halten Sie Ihr Kind beispielsweise an pollenreichen Tagen davon ab, auf frischgemähten Wiesen zu spielen. Geben Sie ihm eine Synthetikdecke anstatt Daunenbettzeug. Halten Sie Ihr Haus möglichst staubfrei. Selbst wenn Ihr Kind nicht gegen Staub allergisch ist, kann eine staubige Umgebung den Heuschnupfen verschlimmern. Bereiten Sie eine Notfalltasche für Ausflüge vor. Sie sollte Papiertaschentücher, Augentropfen zur Linderung der Augenreizung, ein feuchtes Handtuch, um Ihrem Kind die Augen zu kühlen, und alle verschriebenen Medikamente enthalten.

Husten

Husten ist ein natürlicher Reflex des Körpers auf einen Reiz im Hals, im Rachen oder an der Schleimhaut der Atemwege. Er ist normalerweise Begleitsymptom einer Infektion der oberen Luftwege oder der Nebenhöhlen. Der Sinn des Hustens ist es, übermäßigen Schleim oder Eiter aus den Atemwegen zu entfernen. Durch das Husten löst sich der eitrige Schleim, wird in den Mund transportiert und dann verschluckt. Die darin enthaltenen Keime werden dann durch die Magensäure abgetötet.

Behandlung

Ein Husten, der nur durch eine Reizung ausgelöst wird und nicht durch übermäßige Schleimproduktion, wird »unproduktiver Husten« genannt. Der Husten ist trokken, und man hat dabei keinen Auswurf. Husten mit Auswurf wird als »produktiver Husten« bezeichnet.

Ein unproduktiver Husten dient keinem sinnvollen Zweck und kann ein kleines Kind sehr plagen, so daß es z. B. nicht schlafen kann. Die Unterscheidung beider Formen ist für die Behandlung wichtig: Unproduktiver Husten wird nämlich mit Medikamenten behandelt, die den Hustenreiz unterdrücken, während bei einem produktiven Husten schleimlösende Mittel verabreicht werden. Sie sollten gegen den trockenen Reizhusten immer ein entsprechendes Medikament vorrätig haben (es muß vom Arzt verschrieben werden).

Bei nächtlichen Hustenanfällen ist es für das Kind eine Erleichterung, wenn es auf die Seite oder auf den Bauch gelegt wird. Kinder, die älter als ein Jahr sind, können auch hochgelegt werden. Lassen Sie den Husten nie so schlimm werden, daß Ihr Kind sich am Ende eines Hustenanfalles erbricht. Vorher müssen Sie zum Arzt gehen.

Ein produktiver Husten darf nie mit Medikamenten, die den Hustenreiz unterdrükken, behandelt werden, weil dadurch die Schleimentfernung verhindert wird. Das Abhusten des Schleims ist aber wichtig, um günstigere Bedingungen für die Ausheilung der Infektion herzustellen. Ein produktiver Husten, der länger als 48 Stunden anhält, sollte vom Arzt behandelt werden.

Keuchhusten

Diese Krankheit ist recht leidvoll, besonders, wenn Ihr Kind noch kein Jahr alt ist. Wie die meisten Kinderkrankheiten fängt der Keuchhusten mit Schnupfen, Husten und leicht erhöhten Temperaturen an. Dieses Stadium kann bis zu zwei Wochen anhalten. Dann folgt der schwere, in Anfällen auftretende Husten. Ihr Kind hat Schwierigkeiten, einzuatmen, und Angst zu erstikken. In diesem Stadium tritt das charakteristische juchzende Einatmen am Ende des Hustenanfalls auf. Ein Kind kann gegen Keuchhusten geimpft werden (siehe S. 367).

Behandlung
Holen Sie sofort Ihren Arzt. Er wird Antibiotika verschreiben, die bei frühzeitiger Gabe eine mögliche Bronchitis oder Lungenentzündung verhindern können. Außerdem zeigt er Ihnen, wie Sie Brust und Rücken Ihres Kindes abklopfen können, um den zähen glasigen Schleim etwas zu lösen. Wenn Ihr Kind einen Hustenanfall hat, halten Sie es fest und versuchen Sie, es zu beruhigen. Wenn Ihr Kind sich anspannt, wird das Atmen noch schwerer. Stützen Sie mit Kissen Ihr Kind in einer halbsitzenden Stellung ab, das erleichtert die Atmung zwischen den Anfällen. Die Nahrungsaufnahme kann Erbrechen hervorrufen. Geben Sie das Essen in kleinen Portionen und nötigenfalls passiert. Die Mahlzeiten sollten möglichst gleich nach einem Hustenanfall verzehrt werden.

Krämpfe

Bei manchen Kindern wird die Ursache für Krampfanfälle nie herausgefunden, aber bei der Mehrzahl der Kinder zwischen eins und drei werden sie durch hohes Fieber hervorgerufen. Das Gehirn jüngerer Kinder ist bei einem Anstieg der Körpertemperatur stärker erregbar als das von Erwachsenen. Die Dauererregung der Nerven, die die Muskelfunktion steuern, führt zu krampfartigen Muskelkontraktionen. Bei einem Krampfanfall wird Ihr Kind bewußtlos und vollführt ruckartige Bewegungen, ohne sich kontrollieren zu können. Seine Augäpfel rollen nach oben, und es bekommt vielleicht etwas Schaum vor den Mund. Es atmet schwer und hält die Zähne fest aufeinander gepreßt; während des Anfalls ist Stuhl- und Urinabgang möglich. Ist der Krampf vorbei, so schläft Ihr Kind ein, entweder direkt im Anschluß an den Anfall oder nachdem es für kurze Zeit wieder das Bewußtsein erlangt hat.

Behandlung
Lassen Sie Ihr Kind nie allein. Auch wenn Sie kaum an etwas anderes denken können, als Hilfe zu holen, müssen Sie bei Ihrem Kind bleiben, weil es sich erbrechen könnte. Wenn das Erbrochene in die Atemwege und die Lunge gelangt, kann es zu einer Lungenentzündung kommen. Das ist eine große Gefahr. Sie müssen Ihr Kind deshalb auf den Bauch legen mit dem Kopf nach einer Seite. Öffnen Sie seine Kleider und entfernen Sie alle Gegenstände, an denen es sich verletzen könnte. Versuchen Sie nicht, es gewaltsam festzuhalten. Versuchen Sie nicht, ihm irgend etwas in den Mund zu stecken. Entgegengesetzt der landläufigen Meinung beißen krampfende Kinder nur sehr selten auf ihre Zunge. Mit Ihrem Versuch, den Mund zu öffnen, können Sie viel eher Schaden anrichten. Sobald der Krampfanfall vorbei ist und Ihr Kind schläft, rufen Sie sofort einen Arzt.
Wenn Ihr Kind einen Fieberkrampf hatte, sollten Sie versuchen, künftig hohes Fieber zu vermeiden. Waschen Sie Ihr Kind mit lauwarmem Wasser ab und entfernen Sie überflüssige Kleidung oder Decken, wenn Ihr Kind heiß wird. Fragen Sie Ihren Arzt nach fiebersenkenden Medikamenten und nach Mitteln gegen Krämpfe.

Krupp

Ein Kruppanfall tritt oft bei Virusinfektionen der oberen Luftwege auf und kommt gewöhnlich nur bei Kindern zwischen ein und fünf Jahren vor. Der Name kommt vom Klang der Luft, wie sie in der verengten Luftröhre an den entzündeten Stimmbändern vorbeischwingt. Ihr Kind geht noch ganz vergnügt ins Bett, wacht dann in der Nacht mit einem Engegefühl in der Brust auf und kann nur sehr schwer einatmen. Das Ausatmen dagegen ist leichter.

Behandlung
Wenn Sie eine solche Atmung bemerken, müssen Sie sofort Ihren Arzt holen. Gelegentlich kann die Atmung so mühsam wer-

den, daß Erstickungsgefahr droht. In diesem Fall müssen Sie Ihr Kind sofort ins Krankenhaus bringen. Ansonsten bleiben Sie bei Ihrem Kind, bis der Arzt kommt. Atemnot ist sehr beängstigend, und Ihre Anwesenheit wird es beruhigen. Setzen Sie es aufrecht hin, unterstützt von einigen Kissen, so daß es sich bequem fühlt. Wenn es sehr erregt ist, nehmen Sie es auf den Schoß und halten Sie es ganz fest. Versuchen Sie zu erreichen, daß es mit Ihnen zusammen atmet. Wenn es Ihnen zuhört, wie Sie aus- und einatmen, wird es abgelenkt und entspannt sich – das erleichtert ihm das eigene Atmen. Die Luft im Kinderzimmer darf nicht zu warm sein. Das trocknet die entzündeten Stimmbänder aus und reizt sie noch mehr. Öffnen Sie das Fenster und lassen Sie kühle Luft herein. Feuchte Luft wirkt beruhigend auf die Atemwege. Bringen Sie Ihr Kind deshalb ins Badezimmer und lassen Sie bei geschlossenen Türen und Fenstern das warme Wasser der Dusche laufen. Das schafft eine dampfige Atmosphäre. Möglicherweise hilft es Ihrem Kind, wenn Sie mit ihm dort sitzen und dabei eine Geschichte erzählen. Wenn Sie keine andere Möglichkeit haben, stellen Sie im Kinderzimmer einen Wasserkessel auf den Ofen. Mit dem dampfenden Kessel dürfen Sie Ihr Kind allerdings nicht allein lassen. Wenn der Arzt kommt, vergessen Sie nicht, ihn zu fragen, was Sie tun sollen, wenn wieder ein Kruppanfall auftritt.

Madenwürmer

Bei Wurmerkrankungen sind die häufigsten Erreger Madenwürmer. Diese dünnen, 6 mm langen weißen Würmer leben im Enddarm, und die Weibchen kriechen aus dem After, um ihre Eier auf der umgebenden Haut abzulegen. Das führt zum klassischen Symptom: Juckreiz, besonders bei Nacht. Wenn Ihr Kind sich am After kratzt, bleiben einige Eier unter den Fingernägeln hängen. Wenn es dann den Finger in den Mund nimmt, gelangen die Eier wieder in den Darm.

Behandlung

Wenn Sie beobachten, daß Ihr Kind sich besonders abends und nachts am After kratzt, sammeln Sie seinen Stuhl und untersuchen Sie ihn auf fadenförmige Würmer. Wenn Sie sie finden, fragen Sie sofort Ihren Arzt um Rat. Er wird Ihnen ein Medikament verschreiben, das durch einmalige Anwendung nicht nur die Würmer, sondern auch deren Eier vernichtet. Weil Madenwürmer leicht von einem Familienmitglied zum anderen übertragen werden, sollte die ganze Familie dagegen behandelt werden, und Sie alle sollten nach zwei Wochen nochmals eine Wurmkur machen. Halten Sie die Nägel Ihres Kindes kurz und achten Sie darauf, daß es die Hände wäscht, wenn es auf der Toilette war.

Mandelentzündung

Die Aufgabe der Rachenmandeln ist es, Infektionserreger, die durch den Mund in den Körper gelangen, abzufangen. Deshalb sind bei einer Halsentzündung meist auch die Mandeln entzündet. Die Mandeln senden Warnsignale in den Rest des Körpers, wenn eine Infektion beginnt, so daß der Körper all seine Abwehrkräfte aktivieren kann. Die Gaumenmandeln erfüllen genau denselben Zweck, sie liegen aber an der Nasenhinterwand.
Die Mandeln sind für Kinder bis zum Alter von zehn Jahren sehr wichtig, das ist die Zeit, wo sie sich am ehesten entzünden und ihre Abwehrfunktion am nötigsten ist. Wenn Ihr Kind Mandelentzündung hat, klagt es über starke Halsschmerzen und seine Mandeln sind rot und geschwollen, oft mit weißen Flecken darauf.

Behandlung

Sie sollten den Arzt rufen, damit er Ihr Kind genau untersuchen kann; wahrscheinlich verschreibt er Antibiotika, um die Infektion zu bekämpfen. Um ihm das Halsweh zu erleichtern, sollten Sie Ihrem Kind so viel Eis und kalte Getränke geben, wie es will. Trotz ihrer nützlichen Aufgaben war es früher üblich, Gaumen- und

Rachenmandeln zu entfernen. Heutzutage meinen Hals-Nasen-Ohren-Ärzte, daß bestimmte Kriterien erfüllt sein müssen, bevor eine Entfernung der Mandeln in Erwägung gezogen werden kann. Diese Kriterien sind u.a.: häufig wiederkehrende schwere Infekte der Mandeln, eventuell mit Mittelohrentzündung und Schwerhörigkeit. Auch wenn diese Kriterien erfüllt sind, werden einem Kind unter vier Jahren sehr selten die Mandeln entfernt.
Die schlimmste Komplikation von Mandelentzündungen sind Mittelohrentzündungen, die zu chronischer Schwerhörigkeit führen können. Achten Sie immer darauf, ob Ihr Kind schlechter hört, wenn es häufig Mandelentzündungen hat. Wenn das der Fall ist, muß Ihr Kind zu einem Hals-Nasen-Ohren-Arzt.

Masern

Masern sind eine sehr ansteckende Krankheit, sie kann ernste Komplikationen nach sich ziehen, vor allem Lungen- und Gehirnhautentzündung. Am ehesten wird sich Ihr Kind im Alter zwischen ein und sechs Jahren anstecken. Die schwersten Verläufe kommen bei Kindern unter drei Jahren vor. Im allgemeinen treten die Symptome ein bis zwölf Tage nach Ansteckung auf. Die ersten Symptome ähneln einem Schnupfen – laufende Nase, rauher Hals, ein heiserer Husten und Fieber. In den ersten beiden Tagen wird die Temperatur zwischen 38 und 39 °C liegen. Danach fällt sie möglicherweise kurz, um dann auf 40 °C anzusteigen. In diesem Stadium tritt gewöhnlich der Ausschlag auf. Er beginnt mit kleinen, scharlachroten, leicht erhabenen Flecken. Diese verschmelzen zu unregelmäßigen rotbraunen Flächen. Der Ausschlag beginnt meist am Hals und hinter den Ohren. Er breitet sich dann im Gesicht und auf dem übrigen Körper aus. Die Augen Ihres Kindes können entzündet sein.

Behandlung

Rufen Sie Ihren Arzt, der wahrscheinlich die Diagnose Masern bestätigt, vor allem wenn er oder Sie im Mund Ihres Kindes kleine rote Flecken mit einem weißen Zentrum finden – die Koplikschen Flecken.
Gegen das Fieber befolgen Sie bitte die allgemeinen Anweisungen auf S. 320. Geben Sie in lauwarmes Wasser getauchte Wattekompressen auf die wunden Augen und verdunkeln Sie das Zimmer, wenn Ihrem Kind das angenehm ist. Es wird wahrscheinlich nicht viel Hunger haben, solange das Fieber anhält, aber achten Sie darauf, daß es genügend Flüssigkeit zu sich nimmt, indem Sie für kleine, aber häufige Trinkmengen sorgen. Wenn Ihr Kind vier Tage nach Ausbruch des Ausschlags noch immer hohes Fieber hat, müssen Sie den Arzt benachrichtigen. Ebenso, wenn es Ohrweh hat oder mühsam atmet. Wenn es einen Husten mit eitrigem Auswurf hat oder wenn es so aussieht, als ob es das Bewußtsein verliert, dann rufen Sie sofort Ihren Arzt.
Im Alter zwischen ein und zwei Jahren kann Ihr Kind gegen Masern geimpft werden. Wenn es vor der Impfung mit Masernkranken zusammengekommen ist, kann ihm der Arzt Gammaglobulin verordnen, das die Krankheit entweder verhindert oder einen leichteren Verlauf zur Folge hat.

Mumps

Diese Krankheit ist ungewöhnlich bei Kindern unter fünf. Falls sie aber doch auftritt, werden Sie vielleicht als erstes bemerken, daß Ihr Kind schlapp ist. Ein sicheres Zeichen ist es, wenn die Drüsen vor und unterhalb des Ohrs auf einer Seite anschwellen. Hohes Fieber kann auftreten, in dessen Verlauf das Kind phantasiert. Die andere Gesichtsseite schwillt einige Tage später an, nachdem das Fieber zuerst gefallen und dann wieder sprunghaft angestiegen ist. Ihr Kind hat einen steifen Nacken und Halsentzündung. Es wird über einen trockenen Mund klagen.

Behandlung

Rufen Sie Ihren Arzt. Es gibt zwar keine spezifische Behandlung gegen Mumps, aber Sie können eine Menge tun, um Ihrem Kind die Krankheit zu erleichtern. Senken Sie das Fieber mit lauwarmen Waschungen und fiebersenkenden Medikamenten (z. B. Paracetamol) – natürlich im Einverständnis mit Ihrem Arzt. Geben Sie Ihrem Kind flüssige Speisen, wenn es Schwierigkeiten mit dem Kauen hat, und genug zu trinken.

Nase läuft ständig

Gelbeitriger Nasenschleim oder eine ständig laufende Nase sind nicht normal. Beides kann bedeuten, daß Ihr Kind an chronischer Nebenhöhlenvereiterung oder an einer chronischen Infektion der Nase oder des Rachens leidet. Beide Krankheiten erfordern eine konsequente antibiotische Therapie durch Ihren Arzt. Bei Nichtansprechen wird die Überweisung an einen Hals-Nasen-Ohren-Arzt erforderlich.

Behandlung

Da Ohr, Nase, Hals und die Lungen durch direkte Kanäle miteinander verbunden sind, kann sich eine Infektion sehr schnell ausbreiten. Z. B. führt eine chronische Mandelentzündung in der Regel zu chronischer Mittelohrentzündung, wenn sie nicht behandelt wird. Diese chronischen Infektionen können nicht wiedergutzumachende Schäden an der Gesundheit Ihres Kindes zeitigen. Gehen Sie zum Arzt, wenn Beschwerden an Ohr, Nase oder im Hals länger als eine Woche anhalten.

Nasenbluten

Nasenbluten wird meist durch eine Verletzung kleiner oberflächlicher Blutgefäße dicht am Eingang des Nasenlochs verursacht. Es kann spontan auftreten, oft ist es aber auch die Folge von Raufereien oder von ständigem Herumspielen an der Nase.

Behandlung

Diese kleinen Blutgefäße können recht stark bluten, aber geraten Sie nicht in Panik. Halten Sie ruhig den Kopf Ihres Kindes nach unten, niemals nach oben oder hinten, weil verschlucktes Blut leicht den Magen reizen und zu Erbrechen führen kann. Erbrechen aber erhöht den Blutdruck im Kopf nur noch weiter, weiteres Nasenbluten ist die Folge. Meist hilft ein naßkalter Lappen, der in den Nacken gelegt wird. Nützt das nichts, dann drücken Sie mit Daumen und Zeigefinger leicht auf beide Seiten der Nase, bis die Blutung aufgehört hat. Das wird nach zwei bis drei Minuten der Fall sein. Wenn das Nasenbluten häufig auftritt, lassen Sie sich von Ihrem Arzt an einen Facharzt überweisen, der die empfindlichen Bereiche in der Nase verödet.

Nesselsucht

Die Nesselsucht ist eine allergische Reaktion der Haut. Die meisten Kinder neigen dazu, irgendwann eine Nesselsucht zu entwickeln, aber das verliert sich mit zunehmendem Alter. Eine Nesselsucht ist sehr leicht zu diagnostizieren, da es der einzige Hautausschlag ist, der in wenigen Minuten wieder völlig verschwindet.

Der Ausschlag juckt stark, die Haut sieht so aus, als ob man in Brennesseln gefallen wäre. Auch große rote Quaddeln mit unregelmäßiger Begrenzung können entstehen. Ebenso kann es zu Schwellungen der Augenlider, der Lippen und manchmal auch der Zunge kommen. Wenn das letztere passiert, müssen Sie sich sofort an Ihren Arzt wenden. Häufige Auslöser für eine Nesselsucht sind Aspirin, Antibiotika, Penizillin oder Sulfonamide.

Behandlung

Der Juckreiz kann recht gut durch Auftragen von Zinkschüttel gelindert werden. Eine spezifische Behandlung ist nur nötig, wenn die Nesselsucht immer wieder auftritt. In diesem Fall sollten Sie Ihr Kind an einen Hautarzt überweisen lassen, der versuchen wird, die Ursache für die Nesselsucht zu finden.

Es gibt eine besondere Form der Nesselsucht, die durch Flohbisse ausgelöst wird, meistens von den Flöhen der Hauskatze.

Ich kann mich gut an ein Kind erinnern, das regelmäßig einmal im Monat in unserer Ambulanz auftauchte. Es stellte sich heraus, daß das immer der Tag nach einem Besuch bei der Oma war, und Omas Katze hatte Flöhe. Für dieses Kind war es die beste Behandlung, die Flöhe der Katze loszuwerden, nicht die Katze.

Ohrenschmerzen

Ohrenschmerzen treten bei Säuglingen und Kleinkindern sehr oft auf. Der Hauptgrund dafür ist die Anatomie des Ohrs: Stellen Sie sich das Ohr in zwei Räume aufgeteilt vor, die durch eine Membran, das Trommelfell, getrennt sind. Die erste Abteilung ist der Gang, der von der äußeren Ohröffnung bis zum Trommelfell führt. Das ist der äußere Gehörgang. Die zweite Abteilung hinter dem Trommelfell ist das Mittelohr. Die Eustachischen Röhren, die bei kleinen Kindern recht kurz und weit sind, verbinden das Mittelohr mit der Rachenhinterwand. Ihre Aufgabe ist der Druckausgleich im Ohr, aber auf diesem Weg können sich auch Infekte leicht ausbreiten.

Mittelohrentzündungen sind häufig – einmal wegen des Aufbaus der Eustachischen Röhren, zum anderen, weil Säuglinge die meiste Zeit liegen. Die Kombination beider Faktoren macht es Bakterien sehr leicht, von Nase und Rachen aus auch das Ohr zu befallen. Die Entzündung der die Eustachischen Röhren auskleidenden Schleimhaut läßt die Gänge zuschwellen. Im abgeschlossenen Mittelohr finden Bakterien dann gute Vermehrungsbedingungen.

Offenkundig kann kein kleines Kind Ihnen sagen, daß sein Ohr weh tut, aber wenn es unter unerklärlichem Fieber, Erbrechen, Durchfall und Appetitlosigkeit leidet und – ganz sicher – wenn es an seinem Ohr zieht, werden Sie zu Recht vermuten, daß seine Ohren es plagen.

Behandlung

Rufen Sie sofort Ihren Arzt, wenn Sie bei Ihrem Kind Ohrweh vermuten. Er wird Ihr Kind untersuchen, um die Diagnose zu bestätigen, und gegebenenfalls Antibiotika und Nasentropfen verschreiben. Das Antibiotikum soll die Bakterien bekämpfen und die Nasentropfen das Zuschwellen der Eustachischen Röhren verhindern. Geben Sie nie Ihrem Baby etwas ins Ohr und legen Sie keine heißen Kompressen auf. Überlassen Sie die Behandlung Ihrem Arzt. Auch wenn zum Beispiel durch Verbrennung oder eine andere Ursache im äußeren Gehörgang Schmerzen auftreten, behandeln Sie nicht selbst, sondern rufen Sie den Arzt.

Penis im Reißverschluß eingeklemmt

Dieser schmerzhafte Unfall passierte meinem Sohn William, als er ungefähr sechs Jahre alt war.

Behandlung

Versuchen Sie niemals, am Reißverschluß zu ziehen, weder nach oben noch nach unten, weil dadurch die Verletzung eher größer wird und es Ihrem Kind peinigende Schmerzen verursacht. Bringen Sie Ihr Kind auf dem schnellsten Weg ins Krankenhaus. Auf dem Weg dahin legen Sie eine Kompresse mit kaltem Wasser oder Eis auf den Penis. Aber vorsichtig! Zwingen Sie Ihr Kind nicht dazu, falls es das nicht möchte. Geben Sie Ihrem Kind für die Fahrt ein Schmerzmittel, das für Kinder geeignet ist (z. B. Paracetamol). Im Krankenhaus wird Ihrem Kind eine Lokalanästhesie in den Penis gegeben (das ist nicht sehr schmerzhaft, lenken Sie Ihr Kind dabei ab). Wenn der Penis völlig gefühllos ist, kann der Reißverschluß geöffnet werden. Der Penis wird zweifelsohne grün, blau und geschwollen sein, je nachdem, wie schwer er eingeklemmt war.

Williams Penis blieb zwei Tage lang schrecklich geschwollen, fünf Tage lang hatte er Schmerzen beim Urinieren. Für die Hautabschürfung hatten wir keine besonderen Hinweise zur Behandlung bekommen. Wenn Sie sehr besorgt sind, fragen Sie im Krankenhaus deswegen nach. Es ist auf jeden Fall kein Fehler, etwa dreimal täglich eine antiseptische Salbe oder Lösung aufzutragen. Lassen Sie das Ihr Kind selbst machen, wenn es schon kann. Die Abschürfung muß nicht abgedeckt werden.

Röteln

Röteln ist wie Masern eine Virusinfektion, aber nicht so schwer und nicht so ansteckend. Die Anfangssymptome ähneln einem Schnupfen mit Fieber um 38 °C. Der Ausschlag kommt gewöhnlich einige Tage nach Beginn des Unwohlseins. Die Flecken, die zuerst hinter den Ohren und an der Stirn auftreten, um dann den ganzen Körper zu bedecken, sind schwach rot und flach. Sie stehen nicht so dicht wie bei Masern. Der Ausschlag dauert nur wenige Tage lang. Die Lymphknoten im Nacken sind mit großer Sicherheit geschwollen und bleiben auch einige Zeit so, nachdem der Ausschlag abgeklungen ist.

Behandlung

Sie sollten Ihren Arzt holen, um eine sichere Diagnose zu erhalten. Das ist wichtig, falls Ihr Kind mit einer schwangeren Frau Kontakt hatte. Es ist ebenfalls wichtig für die Entscheidung, ob Ihr Kind – wenn es ein Mädchen ist – bei Eintritt in die Pubertät gegen Röteln geimpft werden soll. Die Infektion selbst verläuft so milde, daß keine besondere Behandlung nötig ist, außer natürlich, daß sich Ihr Kind so wohl wie möglich fühlen soll. Ihr Kind sollte allerdings noch einige Tage nach Abklingen des Ausschlags in der Wohnung bleiben.

Scharlach

Scharlach ist eine schwere Infektion des Rachens und der Mandeln. Die Erkrankung kann in jedem Alter auftreten. Scharlach fängt mit Halsentzündung und Fieber an, die Mandeln sind geschwollen und entzündet, und Ihr Kind kann Kopfweh haben oder sich erbrechen. Etwa nach drei Tagen kommt es zu einem kleinfleckigen Ausschlag am Hals und in den Achselhöhlen, der sich am ganzen Körper ausbreitet. Die Zunge ist meist rot und geschwollen (Himbeerzunge), und wenn die Infektion nicht behandelt wird, schält sich die Haut der Fingerspitzen, der Handflächen und der Fußsohlen.

Behandlung

Rufen Sie Ihren Arzt zur Bestätigung der Diagnose. Er wird Ihrem Kind wahrscheinlich Antibiotika verschreiben. Sonst können Sie nichts tun. Achten Sie aber auf Zeichen von Ohrweh. Dann müssen Sie sich mit Ihrem Arzt in Verbindung setzen. Wenn der Scharlach nicht rechtzeitig behandelt wird, besteht die Gefahr, daß es ab der zweiten oder dritten Krankheitswoche zu Entzündungen an Herz und Gelenken oder am Nierengewebe kommen kann. Dauerschäden an den Herzklappen können zurückbleiben. Bei Auftreten von Symptomen wie Blut im Urin, Schwellungen vor allem im Gesicht und den Händen, Schmerzen an den Gelenken, bläuliche Lippen oder Atemnot müssen Sie sich sofort an Ihren Arzt wenden.

Schielen

Manche Babys schielen, bis sie acht oder zehn Wochen alt sind. Dann haben sie gelernt, beide Augen zugleich zu benutzen (stereoskopisches Sehen).

Behandlung

Dieses frühe Schielen ist kein Grund zur Aufregung, aber wenn Ihr Baby nach drei Monaten immer noch schielt, müssen Sie Ihr Kind an einen Augenarzt überweisen lassen. Frühe Behandlung ist notwendig, sonst kann man das Ungleichgewicht zwischen den einzelnen Augenmuskeln, wodurch normalerweise das Schielen verursacht wird, vielleicht nicht mehr korrigieren.

Schlafwandeln

Schlafwandeln ist eine Art »bewegliches Träumen«. Ein schlafwandelndes Kind geht nicht, wie allgemein angenommen, mit geschlossenen Augen und gerade nach vorn gestreckten Armen herum. Seine Augen stehen offen, aber es schläft; es sieht Sie nicht und wird nicht verstehen, was Sie sagen.

Behandlung

Wenn Sie Ihr Kind beim Schlafwandeln finden, versuchen Sie nicht, es zu wecken. Führen Sie es sanft zum Bett zurück. Es ist nicht nötig, den Arzt zu sprechen, außer wenn das Schlafwandeln sehr häufig auftritt und Sie die Beruhigung brauchen, daß dies nichts Ernstes ist. Schützen Sie Ihr Kind - indem Sie beispielsweise nachts ein Gitter vor die Treppe setzen. Versuchen Sie, Ihr Kind zu beruhigen, wenn Sie glauben, die verborgene Ursachen seines Schlafwandelns zu kennen.

Schnitt- und Schürfwunden

Schauen Sie jede Wunde gründlich an, um zu sehen, wie tief sie ist und ob sie stark blutet. Tiefe, stark blutende Wunden sollten ausschließlich vom Arzt behandelt werden.

Behandlung

Reinigen Sie die Wundumgebung mit einer antiseptischen Lösung (z. B. Merfen). Sollten Sie so etwas nicht bei sich haben, können Sie einen Teelöffel voll Salz in einem Glas Wasser auflösen und diese Lösung zur Wundreinigung verwenden (brennt recht stark!).

Schnupfen (Erkältung)

Schnupfen wird von einem Virus hervorgerufen, gegen das es keine spezifische Behandlung gibt. Das Abwehrsystem des Körpers muß mit dem Virus allein fertig werden, und das dauert im allgemeinen 10 bis 14 Tage, was immer wir auch machen. Das Schnupfenvirus besiedelt die Nasen- und Rachenschleimhaut. Das führt zu den bekannten Symptomen: Halsweh und eine laufende Nase.
Manchmal schwächt die Virusinfektion den Körper so, daß es zu einer zweiten bakteriellen Infektion kommt. Gleichzeitig können die Gaumen- und Rachenmandeln und die Halslymphknoten anschwellen.
Wenn als Komplikation einer Erkältung eine Mandelentzündung auftritt, ist meist eine antibiotische Behandlung erforderlich. Sie müssen dann Ihren Hausarzt zu Rate ziehen.
Erkältungen sind bei kleinen Kindern sehr häufig, fünf bis sechs im Jahr sind nichts Außergewöhnliches. Säuglinge unter sechs Monaten haben weniger Schnupfen, besonders wenn sie mit Muttermilch ernährt werden.

Behandlung

Für kleine Babys kann ein Schnupfen sehr unangenehm sein, da sie beim Trinken dann nicht durch die Nase atmen können. Bewahren Sie Ihr Baby davor und setzen Sie sich baldmöglichst mit Ihrem Arzt in Verbindung. Er wird Ihnen wahrscheinlich Nasentropfen verschreiben, die, wenn nötig, vor jeder Mahlzeit verabreicht werden müssen. Benutzen Sie Nasentropfen aber niemals länger als einige Tage, außer es wäre von Ihrem Arzt anders verschrieben.
Infektionen können sich bei kleinen Kindern sehr leicht von der Nase zum Ohr und zu den Nebenhöhlen ausbreiten. Deshalb kann ein Schnupfen in eine Nebenhöhlenentzündung, Bronchitis, Mandelentzündung oder manchmal Mittelohrentzündung übergehen. Wenn Ihr Kind über starke Hals- oder Ohrenschmerzen klagt, müssen Sie sofort Ihren Arzt verständigen, da möglicherweise eine antibiotische Behandlung notwendig ist.
Ältere Kinder scheinen die unangenehmen Begleiterscheinungen eines Schnupfens weniger zu spüren als Erwachsene: Sie sind selten schlapp und stehen ihren Schnupfen ziemlich unbekümmert durch. Deshalb ist bei ihnen keine besondere Schnupfenbehandlung nötig.

Sonnenbrand

Die Haut der meisten Kinder ist recht empfindlich gegen Sonnenstrahlung. Achten

Sie darauf, daß Ihr Kind nicht zu viel Sonne auf einmal abbekommt, vor allem, wenn es nicht schon daheim viel draußen war.

Behandlung
Einen Sonnenbrand zu vermeiden, ist sehr viel besser, als ihn zu behandeln. Lassen Sie nur die wettergewöhnte Haut (z. B. an Unterarmen) Ihres Babys unbedeckt, wenn Sie zum erstenmal in starke Sonne gehen. Benutzen Sie eine Sonnenschutzcreme, die die ultraviolette Strahlung abschirmt. Diese sind unterschiedlich in ihrer Wirkung, aber alle Firmen produzieren Cremes mit niedrigen und hohen Sonnenschutzfaktoren. Entscheiden Sie sich für eine Creme mit hohem Sonnenschutzfaktor und tragen Sie sie alle zwei bis drei Stunden auf; ebenso, nachdem Ihr Kind im Wasser war.
Setzen Sie Ihrem Kind immer einen Sonnenhut auf und lassen Sie es zuerst kurz und dann immer etwas länger in die Sonne. Anfangs sollten Sie den Körper Ihres Kindes nicht länger als fünf bis zehn Minuten der Sonne aussetzen und dann die Dauer täglich um fünf bis zehn Minuten steigern. Bei sehr starker Sonne sollten Sie Ihre Kinder im Haus lassen.
Falls es doch zu einem Sonnenbrand kommt, ist Zinkschüttel ein gutes Mittel zur Kühlung. Geben Sie dem Kind viel zu trinken. Wenn es unruhig ist und sich unwohl fühlt, messen Sie die Temperatur. Falls es Fieber hat, ist das möglicherweise ein Zeichen für einen Sonnenstich, und Sie sollten den Arzt rufen.

Splitter
Lassen Sie Splitter in Ruhe, wenn sie nicht sehr groß sind oder so tief sitzen, daß sie Ihrem Kind weh tun. Wenn Ihr Kind keine Beschwerden hat, sollten Sie sich auch keine Sorgen machen. Viele Splitter werden durch die wachsende Haut wieder an die Oberfläche gebracht und abgestoßen.

Behandlung
Wenn sich das Gebiet um einen Splitter entzündet, müssen Sie nur die Haut über dem Eiterpfropf mit einer sterilen Nadel durchstoßen. Der Eiter wird sich entleeren und dabei den Splitter mit ausschwemmen. Wenn Sie die Absicht haben, einen Splitter zu entfernen oder einen Eiterpfropf zu öffnen, sollten Sie folgendes tun: Beruhigen Sie Ihr Kind, so gut es geht. Sagen Sie niemals, daß es nicht weh tun wird. Es tut nämlich weh, und Ihr Kind wird das Vertrauen in Sie verlieren. Machen Sie die Nadel keimfrei, indem Sie sie fünf Minuten lang im Wasser kochen lassen oder, noch besser, ziehen Sie die Nadelspitze fünf- oder sechsmal durch die Flamme einer Kerze. Holen Sie sich einen Helfer, der Ihr Kind beruhigt. Wenn die Nadel dann abgekühlt ist, eröffnen Sie die Haut an der Stelle, wo der Splitter am oberflächlichsten liegt. Ziehen Sie ihn mit einer sterilen Pinzette heraus. Sobald er freiliegt, spülen Sie die Stelle mit Merfen aus.

Spulwürmer
Dieser Schlauchwurm befällt Katzen und Hunde. Seine Eier werden mit deren Exkrementen ausgeschieden; deshalb sind Kinder in Gefahr, die an Stellen spielen, wo Tiere Kot abgesetzt haben. Ihr Kind kann Eier mit aufnehmen, wenn es die schmutzigen Hände in den Mund nimmt. Die Eier werden verschluckt, und die darin enthaltenen Larven bohren sich durch die Darmwand und werden mit dem Blutstrom zur Lunge getragen. Sie werden dann hochgehustet, verschluckt und setzen ihre Entwicklung im Dünndarm fort. Meist bleibt der Wurmbefall symptomlos, bei starkem Befall sind Bauchschmerzen und Appetitlosigkeit möglich.

Behandlung
Vorsorgen ist besser als Heilen. Lassen Sie keine Haustiere an Plätze, wo Ihr Kind spielt. Bei Auftreten von Spulwürmern muß Ihr Kind eine Wurmkur machen; befolgen Sie die Anweisungen Ihres Arztes genau.

Verbrennungen

Es ist fast unvermeidlich, daß sich Ihr Kind früher oder später an der Heizung oder dem Heißwasserhahn verbrennt, trotz aller Anstrengungen, dies zu verhindern.

Behandlung

Lassen Sie kleinere Verbrennungen in Ruhe und öffnen Sie keine Brandblasen. Geben Sie weder Brandsalben noch Mehl, Öl usw. auf die verbrannte Stelle. Die beste Behandlung ist es, die Verbrennung mit einer Gaze zu bedecken (ein frisch gewaschenes Taschentuch reicht aus). Wenn Sie beunruhigt sind, suchen Sie Ihren Arzt auf. Schwere Verbrennungen müssen im Krankenhaus behandelt werden.

Verstauchungen

Verstauchungen der Hand- und Fußgelenke kommen bei Kindern recht häufig vor, weil Kinder so aktiv sind und auf der anderen Seite oft ihre Bewegungen noch nicht richtig koordinieren können. Bei einer Verstauchung sind oft die Gelenkbänder gezerrt, und das ruft eine Schwellung hervor. Ihr Kind will das Gelenk nicht belasten und hat Schmerzen bei der Bewegung.

Behandlung

Die beste Behandlung einer Verstauchung ist Ruhe. Jede Art von Belastung der verstauchten Gelenke sollte vermieden werden. Wenn Sie meinen, Sie müßten noch zusätzlich etwas tun, so sind Umschläge nützlich. Lösen Sie so viel essigsaure Tonerde oder auch einfach Kochsalz in einem Glas Wasser, daß auf dem Glasboden ein Rest ungelöster Substanz bleibt. Tauchen Sie einen Streifen Gaze oder Leinen in diese gesättigte Lösung und umwickeln Sie damit fest das betroffene Gelenk. Sie können diesen Umschlag alle ein bis zwei Stunden wiederholen, wenn Sie wollen. Ihr Kind empfindet es vielleicht auch als Erleichterung, wenn Sie das Gelenk mit einer elastischen Binde verbinden.

Warzen

Warzen sind kleine, gutartige Geschwülste, die durch ein Warzenvirus hervorgerufen werden. Sie bestehen aus einem Überschuß an totem Gewebe, das über die Haut hinausragt. Sie können einzeln oder in alarmierendem Ausmaß überall am Körper auftauchen, auch auf dem Gesicht und an den Genitalien. Wenn Sie an den Fußsohlen auftreten, nennt man sie Plantar- oder Sohlenwarzen. Der Körper braucht etwa zwei Jahre, um gegen das Warzenvirus resistent zu werden, und nach dieser Zeit verschwinden die Warzen normalerweise von allein. Warzen sind ansteckend und verbreiten sich durch unmittelbaren Kontakt mit infizierten Menschen.

Behandlung

Wenn Ihr Kind eine Warze entfernen lassen möchte oder wenn sie an einer Stelle des Körpers ist, wo sie leicht andere Menschen infizieren könnte, versuchen Sie es mit den rezeptfreien Warzenmitteln, die Ihr Apotheker führt. Diese enthalten eine schwache Säurelösung, die auf die Haut aufgetragen wird; die abgeätzte Haut wird dann täglich entfernt. Halten Sie sich sorgfältig an die Anweisungen des Herstellers, und tragen Sie die Lösung nicht auf gesunde Haut auf.

Verwenden Sie keine Warzenmittel im Gesicht oder an den Genitalien. Sie könnten Narben hinterlassen.

Reden sie baldmöglichst mit dem Arzt, wenn Sie nicht sicher sind, ob die Knubbel tatsächlich Warzen sind. Jede Geschwulst und Verdickung an der Haut Ihres Kindes, über die Sie sich nicht sicher sind, sollte vom Arzt untersucht werden. Gehen Sie auch zum Arzt, wenn die Warzen sich weiter vermehren oder auf dem Gesicht oder den Genitalien auftreten und Sie sie entfernen lassen möchten.

Windpocken

Windpocken sind eine eher harmlose Infektionskrankheit, aber eine der ansteckendsten. Ihr Kind kann einen Tag vor

Ausbruch des Ausschlags bis zu seiner Verschorfung andere anstecken. Das Windpockenvirus ist identisch mit dem Virus, das Gürtelrose hervorruft. Deshalb ist es möglich, daß Erwachsene – vor allem ältere Menschen – eine Gürtelrose bekommen können, wenn ein an Windpocken erkranktes Kind in ihrer Umgebung ist. Windpocken fangen mit Fieber zwischen 38 und 39 °C an. Bei sehr jungen Kindern gibt es kaum einen Fieberanstieg, der Ausschlag kann das erste Krankheitszeichen sein. Er tritt in Schüben von drei bis vier Tagen auf und juckt stark. Zuerst entstehen dunkelrote und leicht erhabene Flecken, nach einigen Stunden entwickeln sich darauf kleine Bläschen, die einem Wassertröpfchen gleichen. Diese Bläschen verschorfen und fallen dann ab. Der Ausschlag beginnt gewöhnlich am Körper und breitet sich dann auf Gesicht, dem behaarten Kopf und an Armen und Beinen aus. Bei schwerem Krankheitsverlauf können auch die Mund- und Nasenschleimhaut, die Ohren, die Scheide und der After befallen sein.

Behandlung
Das wichtigste ist, Ihr Kind daran zu hindern, sich zu kratzen. Sonst besteht die Gefahr, daß der Schorf abgekratzt wird, die entstandene Wunde sich infiziert und dann eine Narbe hinterläßt. Die beste Behandlung ist das regelmäßige Auftragen von Zinkschüttel. Schneiden Sie Ihrem Kind die Nägel kurz, um das Infektionsrisiko zu verhindern, wenn es sich trotzdem kratzt. Manchmal ist der Juckreiz so stark, daß die kranken Kinder nicht schlafen können. Dann müssen Sie Ihren Arzt nach einem Beruhigungsmittel fragen. Wenn Ihr Kind noch gewickelt wird, lassen Sie es so oft wie möglich ungewickelt, um Infektionen zu vermeiden.

Zahnen

Als Zahnen bezeichnet man das Hervorkommen der ersten Zähne eines Babys. In der Regel beginnt dies im Alter von sechs bis sieben Monaten. Die meisten Zähne brechen durch, bevor das Baby 18 Monate alt ist. Ihr Baby produziert dann mehr Speichel als gewöhnlich und sabbert; es versucht, seine Finger in den Mund zu stekken und darauf oder auf irgendeinem anderen Gegenstand herumzukauen. Es kann anhänglich und gereizt sein, Schlafstörungen haben und wird mehr weinen und jammern als gewöhnlich. Die meisten dieser Symptome treten auf, unmittelbar bevor der Zahn durch das Zahnfleisch dringt. Es ist wichtig zu erkennen, daß Symptome wie Bronchitis, Windelausschlag, Erbrechen, Durchfall und Appetitlosigkeit nicht mit dem Zahnen zusammenhängen und entsprechend behandelt werden sollen.

Behandlung
Wenn Sie nicht herausfinden können, warum Ihr Kind so gereizt ist und es keine anderen Krankheitssymptome hat, tasten Sie sein Zahnfleisch ab. Wenn ein Zahn durchkommt, fühlen Sie eine harte, scharfe Stelle, und das Zahnfleisch ist geschwollen und gerötet. Sie brauchen nicht mit Ihrem Arzt zu reden, außer wenn Ihr Baby andere Symptome hat, die nicht dem Zahnen zuzuschreiben sind, oder wenn Sie sich erhebliche Sorgen machen. Stillen Sie Ihr Baby häufig. Ein zahnendes Baby braucht Geborgenheit und Trost. Glauben Sie nicht, daß das Abstillen durch das Erscheinen eines Zahnes notwendigerweise beschleunigt werden muß. Babys mit Zähnen können ohne Beschwerden für die Mutter weiterhin gestillt werden.
Lenken Sie Ihr Kind mit einem gekühlten Beißring (legen Sie den Ring nie ins Eisfach, sonst könnte Ihr Baby Erfrierungen bekommen), mit einer Möhre oder einem Apfel ab – mit etwas Hartem also. Bleiben Sie bei Ihrem Baby, damit es sich nicht verschluckt.
Versuchen Sie die Verwendung von Schmerzmitteln zu umgehen. Im Laufe des Zahnens können die Dosierungen dieser Mittel zu hoch werden. Verwenden Sie Schmerzmittel nur auf ausdrücklichen ärztlichen Rat.

Massieren Sie das geschwollene Zahnfleisch mit dem Finger. Verwenden Sie keine Zahncremes, die örtlich betäuben, da die Wirkung nur zeitlich begrenzt ist und Allergien hervorgerufen werden können. Wenn sich Ihr Kind weigert zu essen, geben Sie ihm kalte, gut gleitende Nahrungsmittel wie Joghurt oder Speiseeis.

Zöliakie

Die Zöliakie beruht auf einer allergischen Reaktion der Darmschleimhaut auf ein Eiweiß, das in fast allen Getreidearten vorkommt. Sie füttern daher Ihr Kind, ohne es zu wissen, mit einem Allergen, das in Babybreien, anderen Getreideprodukten und allen Nahrungsmitteln, die mit weißem oder braunem Mehl gemacht sind, enthalten ist. Ein Kind mit Zöliakie gedeiht von Anfang an nicht richtig: Ihr Kind zeigt nicht soviel Energie, wie Sie es erwarten würden, ist etwas schläfrig und nimmt zu wenig an Gewicht zu. Sein Stuhlgang wechselt zwischen fettigen Stühlen (wenn Sie versuchen, den Stuhlgang hinunterzuspülen, schwimmt er auf dem Wasser) und ganz dünnen Stühlen. Der Grund dafür ist, daß die allergische Reaktion der Darmschleimhaut die normale Verdauung und Aufnahme von Fett verhindert. Ihr Kind hat oft Durchfälle und ist meist sehr reizbar. Wenn die Krankheit bei Mädchen nicht diagnostiziert wird, verzögert sich der Eintritt der Menstruation. Im fortgeschrittenen Stadium verursacht die Zöliakie eine ganz ungewöhnliche Körpergestalt. Der Bauch wölbt sich vor, dabei ist der Körper sehr dünn. Die Arm- und Beinmuskulatur schwindet, die Zunge wird ganz glatt und die Knöchel können geschwollen sein. Merkwürdigerweise haben diese Kinder oft sehr lange Augenwimpern. Zöliakie ist nicht sehr häufig, und die Tatsache, daß sie von normalen Nahrungsbestandteilen hervorgerufen wird, darf Sie wegen der Ernährung Ihres Kindes nicht unnötig beunruhigen.

Behandlung

Wenn die Diagnose gestellt ist, muß Ihr Kind eine glutenfreie Kost erhalten, das bedeutet, daß in der Nahrung kein Weizen, Roggen, Gerste oder Hafer enthalten sein darf. Sie werden dabei von einer Diätassistentin beraten. Ihr Kind muß diese glutenfreie Kost sein ganzes Leben lang essen. Die erste Veränderung nach Beginn der Behandlung ist, daß Ihr Kind besser gelaunt ist. Das passiert im Lauf weniger Tage. Etwas später wird der Appetit Ihres Kindes größer und es nimmt zu. Dann bemerken Sie die Veränderung in der Stuhlbeschaffenheit und der Häufigkeit der Stühle, das kann allerdings Wochen dauern. Nach einem halben bis einem Jahr glutenfreier Kost sollte Ihr Kind normalgewichtig sein; bis seine Größe im Normbereich liegt, dauert es ungefähr zwei Jahre.

Schutzimpfungen

Die Schutzimpfung gegen bestimmte Krankheitserreger bewirkt, daß der Körper auf die Abwehr dieser Erreger vorbereitet ist. Bei der ersten Auseinandersetzung mit Bakterien oder Viren haben die Abwehrkräfte des Körpers noch keine Waffen entwickelt, die gerade bei dieser Bakterien- oder Virenart wirksam sind. Der Körper muß dem Krankheitserreger einmal ausgesetzt gewesen sein, um ihn wiederzuerkennen. Dann bildet er Antikörper und Gegengifte, um den jeweiligen Krankheitserreger zu töten und seine Giftstoffe zu neutralisieren. Die meisten von uns müssen eine Infektion durchmachen, bevor ihre Abwehrkräfte zum Gegenangriff antreten. Die Schutzimpfung übernimmt die Rolle dieser ersten Infektion. Durch Injektion, Schlucken oder Einritzen der Haut wird eine geringe Anzahl von abgeschwächten Keimen dem Körper zugeführt, aber in ausreichender Menge, um die Bildung von Antikörpern und Antitoxinen in Gang zu setzen.

Das Impfprogramm setzt bei uns bereits in der ersten Woche nach der Geburt mit der BCG-Schutzimpfung gegen Tuberkulose ein. Über Ihren Kinderarzt und die Mütterberatung der Gesundheitsämter werden Sie über die üblichen Impfungen unterrichtet und zur Teilnahme aufgefordert. Bei der ersten Impfung bekommen Sie für Ihr Kind ein Impfbuch, das zu allen weiteren Impfungen mitgebracht werden muß, damit diese eingetragen werden können.

Seit etwa fünf bis zehn Jahren ist die Keuchhustenschutzimpfung umstritten, da man Zusammenhänge zwischen der Impfung und Gehirnentzündungen festgestellt hat. Die Zahl der berichteten Fälle ist allerdings gering. Nach dem neuesten Stand der Forschung und der Ansicht vieler Ärzte ist es für Ihr Baby und die Allgemeinheit trotzdem besser, das geringe Risiko schwerwiegender Impfkomplikationen auf sich zu nehmen. Wenn bei Ihrem Kind allerdings schon ein Krampfanfall aufgetreten ist oder in der Familie Krämpfe vorkommen, sollte Ihr Kind nicht gegen Keuchhusten geimpft werden, ebenso keine Kinder über drei Jahre.

Impfkalender

Krankheit	Zeitpunkt der Impfung	Impfreaktion	Schutzwirkung
Tuberkulose	Injektion in der 1. Woche	Die Injektionsstelle kann sich entzünden und verhärten	Bis zum 10. Lebensjahr
Diphtherie, Keuchhusten, Tetanus	Injektionen mit 3, 5–6 und 9–11 Monaten, Wiederholung mit 5 Jahren	Kind kann Fieber bekommen, die Injektionsstelle kann sich entzünden	Diphtherie und Tetanus müssen wiederholt werden
Kinderlähmung	Schluckimpfung mit 3, 5–6 und 9–11 Monaten, Wiederholung mit 5 Jahren	keine	muß wiederholt werden
Masern	Injektion mit 1 Jahr	Kind kann Fieber und einen leichten Ausschlag bekommen	unbekannt, wie lang die Schutzwirkung anhält
Röteln	Injektion bei Mädchen zwischen 10 und 14 Jahren	Kind kann über Gelenkschmerzen klagen	unbekannt, wie lang die Schutzwirkung anhält

Infektionskrankheiten

Krankheit	Inkubationszeit	Symptome
Masern	10–12 Tage	Schnupfen, Husten, entzündete Augen, Fieber, Erbrechen, Kopfweh, Kopliksche Flecken, Ausschlag beginnt hinter den Ohren, es folgt das Gesicht und dann der ganze Körper
Röteln	17–18 Tage	leicht erhöhte Temperatur, vergrößerte Nackenlymphknoten, Ausschlag beginnt hinter den Ohren, es folgt das Gesicht, dann der ganze Körper
Dreitagefieber	7–14 Tage	hoher Temperaturanstieg mit leichtem Schnupfen, Ausschlag mit blaßrosa Flekken, wenn das Fieber gefallen ist
Windpocken	14–16 Tage	dunkelrote, in Gruppen auftretende Flekken, die tageweise neu erscheinen
Keuchhusten	5–14 Tage	zunächst leichte Temperaturerhöhung, Schnupfen, leichter Husten, dann schwere Hustenanfälle mit typischem juchzenden Einatmen, Erbrechen
Mumps	17–21 Tage	Schwellung der Drüsen seitlich des Gesichts und vor den Ohren, Schmerzen beim Schlucken, trockener Mund
Scharlach	2–5 Tage	Appetitlosigkeit, Fieber, Erbrechen, Schwellung der Halslymphknoten, Ausschlag mit winzigen roten Flecken

Behandlung	Komplikationen	Immunität	Vorbeugung
keine spezifische Behandlung, Fiebersenkung, bei zusätzlicher Infektion von Ohren oder Lunge, Antibiotika	Mittelohrentzündung, Lungenentzündung, Hirnhautentzündung	lebenslang	Impfung zwischen 12 und 14 Monaten
keine spezifische Behandlung	keine für das Kind; bei Schwangeren besteht Gefahr für das ungeborene Kind	lebenslang	Impfung bei Mädchen zwischen 10 und 14 Jahren
keine spezifische Behandlung	möglicherweise Fieberkrämpfe	meist lebenslang	keine
Juckreiz lindern mit Zinkschüttel, infizierte Bläschen nach ärztlicher Verordnung behandeln	selten	lebenslang	keine
nur frühe Antibiotikagabe ist wirksam, frische Luft, Aufrichten des Kindes im Bett, zur Erleichterung der Atmung	selten, Lungenentzündung oder Bronchitis möglich	lebenslang	Impfung zwischen 3 und 6 Monaten
viel trinken, breiige Kost	Gehirnhautentzündung	lebenslang	Impfung mit 1 Jahr
Penicillin und Bettruhe, solange das Fieber anhält	selten	lebenslang	keine

Impfungen und Auslandsreisen

Falls Sie Ihr Baby oder Kleinkind auf einer Auslandsreise mitnehmen möchten, ist es unerläßlich, sich vorher über die dort herrschenden Gesundheitsrisiken und notwendigen Vorbeugungsmaßnahmen, u. a. auch Impfungen, zu informieren. Diese Informationen erhalten Sie in Reisebüros, im Konsulat des zu besuchenden Landes oder vom deutschen Gesundheitsministerium. Falls Impfungen erforderlich sind, sollten Sie Ihren Arzt mindestens 2 Monate vor der Abreise aufsuchen, denn einige Impfungen dürfen nicht gleichzeitig gegeben werden, und die Schutzwirkung einiger Impfungen setzt erst nach längerer Zeit ein. Die Krankenkasse trägt die Kosten für bestimmte Impfungen, andere müssen aus der eigenen Tasche bezahlt werden.

Vorbeugungsmaßnahmen im Urlaub

Erste-Hilfe-Kasten

Nehmen Sie einen Erste-Hilfe-Kasten mit, der folgendes enthält: Heftpflaster, sterile Spritzen, Insektenschutz, antiseptische Creme, Mittel zur Entkeimung von Wasser und sämtliche von Ihrem Arzt verschriebene Medikamente.

Wasser

Babynahrung sollte mit abgekochtem Wasser zubereitet werden. Wenn Sie nicht wissen, ob das Leitungswasser hygienisch einwandfrei ist, verwenden Sie entweder in Flaschen gekauftes Wasser, oder entkeimen Sie das Wasser vor dem Gebrauch durch Abkochen oder mit Hilfe von Sterilisiertabletten. Diese Regel bezieht sich nicht nur auf das Trinkwasser, sondern auch auf das Wasser, das Sie zum Zähneputzen verwenden.

Lebensmittel

Meiden Sie rohes Gemüse, Salate, ungeschältes Obst, Sahne, Speiseeis, Eiswürfel, nicht durchgebratenes Fleisch oder Fisch sowie rohe oder wiedererwärmte Speisen. Frisch gekochte Lebensmittel sind sicherer.

Die Einfuhr von Medikamenten

Falls für Sie, Ihr Baby oder Ihr Kleinkind Medikamente verschrieben wurden, die während des Auslandsaufenthalts eingenommen werden müssen, kann Ihnen Ihr Arzt einen begrenzten Vorrat im voraus verschreiben. Sie sollten die Einfuhrbestimmungen des zu besuchenden Landes vorher überprüfen (Botschaft, Konsulat), um mögliche Einfuhrbeschränkungen für Drogen, sowohl rezeptpflichtig wie auch rezeptfrei, festzustellen. Um Probleme mit dem Zoll zu vermeiden ist es empfehlenswert, einen Brief von Ihrem Arzt mitzunehmen, in dem er die verschriebenen Medikamente beschreibt.

Reisekrankenversicherung

Unabhängig davon, welche Länder Sie besuchen wollen, ist es wichtig, daß Sie über einen ausreichenden Versicherungsschutz verfügen. In vielen – aber nicht in allen – europäischen Staaten wird eine Bescheinigung Ihrer Krankenkasse anerkannt. Diese müssen Sie sich vor dem Reiseantritt besorgen. Außerhalb Europas – aber beispielsweise auch für deutsche Bürger in Österreich – ist es ratsam, eine zusätzliche private Krankenversicherung abzuschließen. Dies ist meist nicht sehr teuer. Und selbst die Vereinbarungen über eine medizinische Versorgung in Notfällen, die zwischen den EG-Ländern bestehen, decken nicht alle Eventualitäten ab: Die Versorgung ist nicht immer so umfassend wie hierzulande und deckt die Kosten einer Heimführung im Krankheitsfall nicht.

Krankheiten und Vorbeugungsmaßnahmen

Krankheit	Gefahrenregion	Impfung
Cholera	Südamerika, Afrika, Asien, Naher Osten, besonders dort, wo schlechte Hygiene und nicht ausreichende sanitäre Anlagen sind	2 Impfungen. Cholera bekommt man nach dem Essen verseuchter Nahrung.
Gelbfieber	Afrika und Südamerika	1 Impfung mindestens 10 Tage vor der Abreise. Säuglinge unter 9 Monaten sollten nicht geimpft werden und deshalb der Reise nicht ausgesetzt werden.
Kinderlähmung	Überall, außer Europa, Nordamerika, Australien und Neuseeland	Hier eine Routineschutzimpfung
Malaria	Afrika, Asien, Mittel- und Südamerika	Keine Impfung. Anti-Malaria-Tabletten erhältlich, die vor, während und 1 Monat nach der Reise eingenommen werden sollen.
Tetanus	Dort, wo medizinische Versorgung nicht leicht zugänglich ist	Hier eine Routineschutzimpfung
Tollwut	In vielen Teilen der Welt	Keine Routineschutzimpfung. Erkundigen Sie sich bei Ihrem Arzt.
Tuberkulose	Afrika, Asien, Mittel- und Südamerika	Hauttest und Injektion, etwa 3 Monate vor Abreise. Bei kurzen Reisen und Übernachtung in modernen Hotels nicht erforderlich. Bei längerem Kontakt mit Einheimischen empfehlenswert.
Typhus	Überall, außer Europa, Nordamerika, Australien und Neuseeland, dort, wo schlechte Hygiene und nicht ausreichende sanitäre Anlagen sind	2 Impfungen, 4 bis 6 Wochen vor Abreise. Typhus entwickelt sich nach dem Genuß verseuchten Wassers.

Persönliche Aufzeichnungen

Während des ersten Lebensjahres Ihres Babys wird Ihnen das Datum jeder Schutzimpfung, jedes Zahns unvergeßlich erscheinen. Im Laufe der Jahre jedoch, wenn ein zweites oder drittes Kind nachkommt, werden Sie feststellen, daß Ihnen nicht nur Unwichtiges, wie beispielsweise das erste Mal, daß Ihr Baby sich auf den Bauch gedreht hat, sondern auch Wichtiges, wie die Zeitpunkte der Schutzimpfungen, entfallen ist. Aus diesem Grund fügen wir hier Tabellen bei, die Ihnen helfen sollen, Ereignisse festzuhalten.

Name des Babys ______________________

Geboren am ______________________

Ort ______________________

Name des Babys ______________________

Uhrzeit der Geburt ______________________

Geburtsdatum ______________________

Schwangerschaftsdauer ______________________

Gesundheit der Mutter während der Schwangerschaft

Krankheiten ______________________

Medikamente ______________________

Probleme ______________________

Entbindung:

Art der Entbindung ______________________

Überwachung ______________________

Schmerzstillende Mittel ______________________

Probleme ______________________

Krankenhaus ______________________

Ansprechperson ______________________

Aufenthaltsdauer ______________________

Körpergröße ______________________

Gewicht ______________________

Blutgruppe ______________________

Art der Ernährung:

Stillen ______________________

Flaschennahrung ______________________

Name des Babys ______________________

Geboren am ______________________

Ort ______________________

Name des Babys ______________________

Uhrzeit der Geburt ______________________

Geburtsdatum ______________________

Schwangerschaftsdauer ______________________

Gesundheit der Mutter während der Schwangerschaft

Krankheiten ______________________

Medikamente ______________________

Probleme ______________________

Entbindung:

Art der Entbindung ______________________

Überwachung ______________________

Schmerzstillende Mittel ______________________

Probleme ______________________

Krankenhaus ______________________

Ansprechperson ______________________

Aufenthaltsdauer ______________________

Körpergröße ______________________

Gewicht ______________________

Blutgruppe ______________________

Art der Ernährung:

Stillen ______________________

Flaschennahrung ______________________

Entwicklungstabelle

Hält Kopf aufrecht für einige Sekunden ______
Lächelt ______
Lacht ______
Schläft nachts durch ______
Dreht sich auf den Bauch ______
Sitzt ungestützt ______
Krabbelt ______
Läuft ______
Erster Zahn ______
Einführung fester Nahrung ______
Abgestillt ______
Ißt selbständig ______
Sucht verstecktes Spielzeug ______
Erste Wörter ______
Zeigt auf Körperteile ______
Bildet einfache Sätze ______
Fährt Dreirad ______
Bleibt nachts trocken ______
Knöpft Knöpfe zu ______
Zeichnet einen Kreis ______
Gewinnt Blasenkontrolle ______
Gewinnt Darmkontrolle ______
Kindergartenbeginn ______
Erster Zahnarztbesuch ______

Krankheiten, Verletzungen und Allergien

Krankheit	Dauer	Datum

Verletzungen	Datum

Allergien ______

Entwicklungstabelle

Hält Kopf aufrecht für einige Sekunden ______
Lächelt ______
Lacht ______
Schläft nachts durch ______
Dreht sich auf den Bauch ______
Sitzt ungestützt ______
Krabbelt ______
Läuft ______
Erster Zahn ______
Einführung fester Nahrung ______
Abgestillt ______
Ißt selbständig ______
Sucht verstecktes Spielzeug ______
Erste Wörter ______
Zeigt auf Körperteile ______
Bildet einfache Sätze ______
Fährt Dreirad ______
Bleibt nachts trocken ______
Knöpft Knöpfe zu ______
Zeichnet einen Kreis ______
Gewinnt Blasenkontrolle ______
Gewinnt Darmkontrolle ______
Kindergartenbeginn ______
Erster Zahnarztbesuch ______

Krankheiten, Verletzungen und Allergien

Krankheit	Dauer	Datum

Verletzungen	Datum

Allergien ______

Impfungen

Krankheit	Datum / Alter
Diphtherie, Keuchhusten, Tetanus	______
Diphtherie- und Tetanus-Auffrischungsimpfungen	______
Kinderlähmung (Polio)	______
Polio-Auffrischungsimpfungen	______
Masern, Mumps, Röteln,	
Negative Reaktionen	______

Impfungen

Krankheit	Datum / Alter
Diphtherie, Keuchhusten, Tetanus	______
Diphtherie- und Tetanus-Auffrischungsimpfungen	______
Kinderlähmung (Polio)	______
Polio-Auffrischungsimpfungen	______
Masern, Mumps, Röteln,	
Negative Reaktionen	______

Familiäre Krankengeschichte

	Geburtsdatum	Krankheiten
Vater	______	______
		______
		______
Mutter	______	______
		______
		______

Allergien und chronische Leiden in der Familie

______
______
______

Telefonnummern

Hausarzt ______
______

Krankenhaus ______
______

Zahnarzt ______
______

Kindergarten ______
______

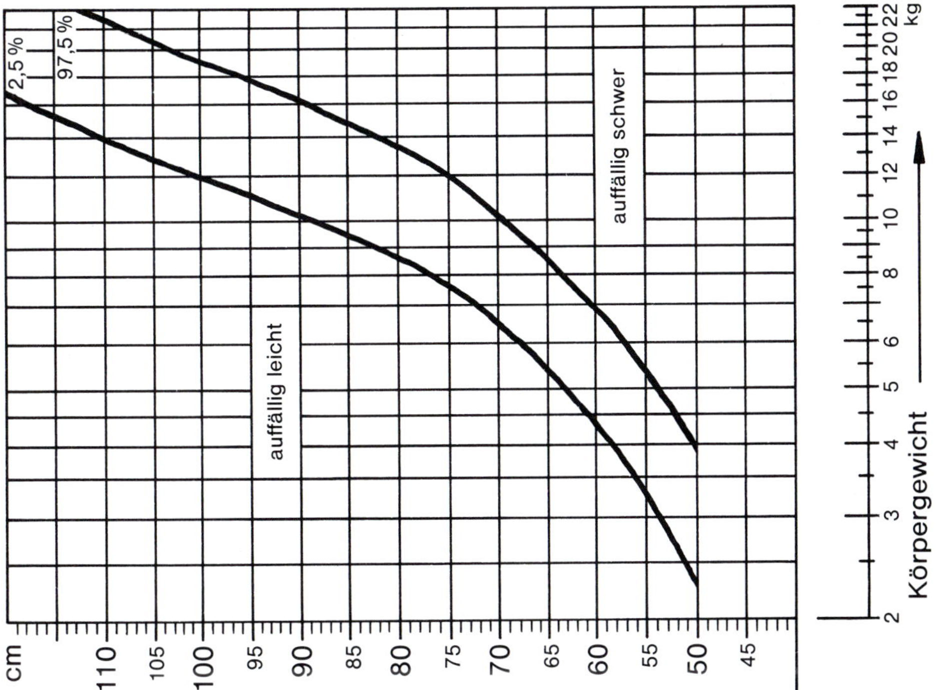
2,5 %
97,5 %
auffällig schwer
auffällig leicht
cm
110
105
100
95
90
85
80
75
70
65
60
55
50
45
2
3
4
5
6
8
10
12
14
16
18
20
22
kg
Körpergewicht

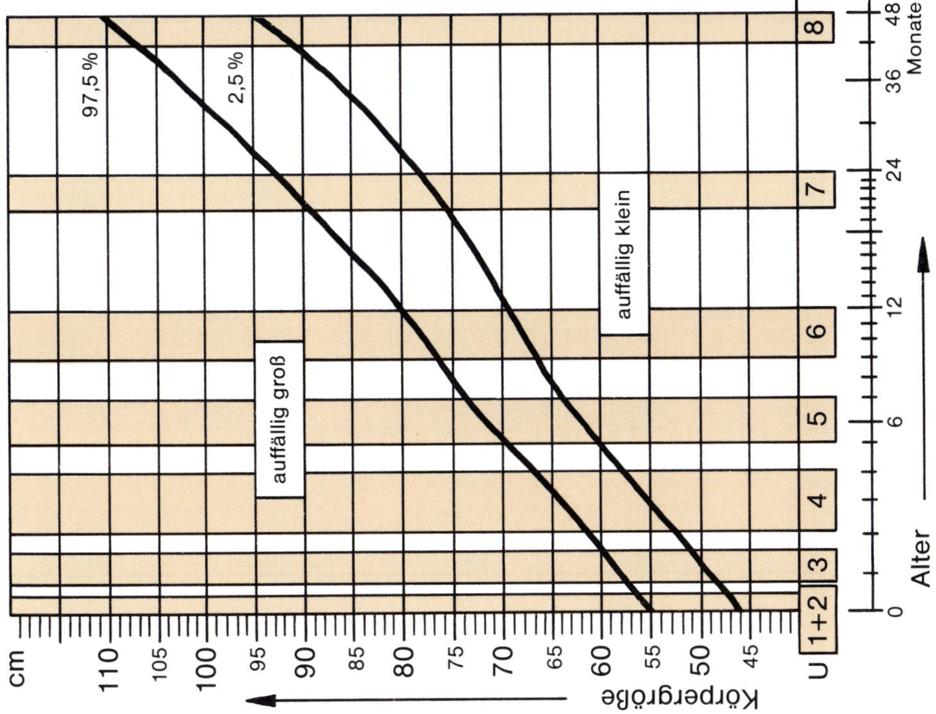
97,5 %
2,5 %
auffällig groß
auffällig klein
cm
110
105
100
95
90
85
80
75
70
65
60
55
50
45
U
1+2
3
4
5
6
7
8
0
6
12
24
36
48
Monate
Alter
Körpergröße

Impfkalender des Kindes

Krankheit	Zeitpunkt der Impfung	Impfreaktion	Schutzwirkung bis
Tuberkulose			
Diphterie			
Keuchhusten			
Tetanus			
Kinderlähmung			
Masern			
Röteln			

Infektionskrankheiten des Kindes

Krankheit	Zeitpunkt			Verlauf
	0 - 1 Jahr	1 - 2 Jahre	2 - 3 Jahre	
Masern				
Röteln				
Dreitagefieber				
Windpocken				
Keuchhusten				
Mumps				
Scharlach				

● günstiger Verlauf ✕ ungünstiger Verlauf

Was Sie Ihren Kinderarzt noch fragen möchten:

19 Anhang

Kinderverse

Wenn sich das Kind gestoßen hat
Heile, heile Segen,
morgen gibt es Regen,
übermorgen Schnee
und schon tut's nicht mehr weh.

Heile, heile Kätzchen,
das Kätzchen hat vier Tätzchen
und einen langen Schwanz –
morgen ist es ganz.

Wenn das Kind nicht essen will
Bim, Bam, beier,
die Katz' mag keine Eier.
Was mag sie dann?
Speck aus der Pfann'.
Ei, wie lecker ist unsre Madam.

Wenn das Kind einen Schluckauf hat
Schluckauf und ich gingen über die Brück'.
Schluckauf und ich kamen wieder zurück.
Schluckauf und ich gingen über den Steg,
Schluckauf fiel ins Wasser und wupp war er weg.

Fingerverse
Das ist der Daumen.
Der schüttelt die Pflaumen.
Der sammelt sie auf.
Der trägt sie ins Haus.
Und der Kleine,
der ißt sie ganz alleine.
Der ist ins Wasser gefallen.
Der hat ihn rausgeholt.
Der hat ihn heimgebracht.
Der hat ihn ins Bett gesteckt.
Und der Kleine hat ihn wieder aufgeweckt.

Backe, Backe Kuchen.
Der Bäcker hat gerufen:
Wer will guten Kuchen backen,
der muß haben sieben Sachen:
Eier und Schmalz,
Zucker und Salz,
Milch und Mehl, Safran macht den Kuchen geel.
Schieb ihn in den Ofen.

Hier hast 'nen Taler.
Geh auf den Markt.
Kauf Dir 'ne Kuh.
Kälbchen dazu.
Kälbchen hat ein Schwänzchen –
dideldideldänzchen.

Krabbelverse
Kommt ein Mann die Treppe rauf.
Klingeling, klopft an,
guten Tag Madam!

Kommt eine Maus,
die baut ein Haus.
Kommt ein Mückchen,
baut ein Brückchen.
Kommt ein Floh –
der macht so.

Kniereiterverse
Hoppe, Hoppe Reiter,
wenn er fällt dann schreit er.
Fällt er in den Graben,
lachen alle Raben.
Fällt er in den Sumpf,
macht der Reiter plumps.

Eine kleine Dickmadam
fuhr mal mit der Eisenbahn.
Eisenbahn, die krachte,
Dickmadam die lachte.

Hopp, hopp, hopp,
Pferdchen lauf Galopp,
über Stock und über Steine,
brich dir aber nicht die Beine.
Hopp, hopp, hopp,
Pferdchen lauf Galopp.

Reit, Kindchen, reit,
der Weg, der ist noch weit.
Wir reiten nach Amerika,
in hundert Tagen sind wir da.
Steh, Pferdchen, steh –
da fällt es in den Schnee.

Steigt ein Bübchen auf 'nen Baum,
steigt so hoch, man sieht es kaum,
springt von Ast zu Ästchen,
schlüpft ins Vogelnestchen.
Ei, da lacht es,
ei, da kracht es,
plumps, da liegt es unten.

Stichwortverzeichnis

Ravensburger®

Ratgeber Familie

Georg Seter/Gisela Floto
Alles über Gymnastik
für Schwangerschaft und Geburt
Gymnastik und Entspannungsübungen bereiten auf eine problemlose, aktive Geburt vor.
72 Seiten.
ISBN 3-332-00859-5

Brigitte Benkert
Alles über Stillen
Ein praktisches und leichtverständliches Handbuch zum Thema Stillen.
71 Seiten.
ISBN 3-332-00852-8

Helmut W. Mallmann
Schwangerschaftsbuch
für Männer
Ein Buch, das sich besonders an die werdenden Väter richtet und genauestens informiert über Schwangerschaft, Geburt und die Zeit danach.
108 Seiten.
ISBN 3-332-00871-4

Cordula Neuhaus
Das hyperaktive Kind
und seine Probleme
Dieses Buch beleuchtet das Thema „Hyperaktivität“ aus allen Blickwinkeln, zeigt unterschiedliche Therapiemöglichkeiten und gibt praktische Ratschläge zur Bewältigung des Alltags.
240 Seiten.
ISBN 3-332-00872-2

Ravensburger®

Ravensburger®

Ratgeber Familie

Gisela Floto / Viktor Vogler
Das Babysitterbuch
Berufstätige Mütter möchten nach der Schwangerschaft wieder arbeiten und, Eltern wollen nicht auf abendliches Ausgehen verzichten: Babysitting wird in unserer Gesellschaft immer wichtiger.
96 Seiten
ISBN 3-332-00645-2

Helga Gürtler
Kinderärger – Elternsorgen
Ein Ratgeber für die häufigsten Probleme im Umgang mit Kindern zwischen Babyalter und Schulzeit.
192 Seiten.
ISBN 3-332-00868-4

Sandy Jones
Schlafende Babys
Ruhige Nächte
Dieses Buch zeigt, was die Ursachen von Schlafproblemen beim Baby sein können und wie man sie überwindet.
160 Seiten
ISBN 3-332-00870-6

Carola Schuster-Brink
Regeln und Rituale im Kinderalltag
Feste Regeln geben Sicherheit, gute Gewohnheiten sind Stützen im Alltag, liebevolle Rituale machen das Kinderleben fantasievoll und prägen sich für ein ganzes Leben ein.
144 Seiten
ISBN 3-332-00642-8

Ravensburger®

Telefonnummern der Informations- und Behandlungszentren für Vergiftungen

BERLIN
Beratungsstelle für Vergiftungserscheinungen an der Universitätsklinik, KAVH
030/3023022
Pulsstr. 3–7, 14059 Berlin

BONN
Universitäts-Kinderklinik und Poliklinik Bonn
0228/2606-211, Zentrale: **2606-1**
Adenauerallee 119, 53113 Bonn

BRAUNSCHWEIG
Medizinische Klinik II
0531/62290, Zentrale: **6880**
Salzdahlumer Str. 90, 38126 Braunschweig

BREMEN
Kliniken der Freien Hansestadt Bremen
0421/4975268, 4973688
St.-Jürgen-Straße, 28205 Bremen

FREIBURG
Universitäts-Kinderklinik Freiburg
0761/2704361/2704300/1, Zentrale: **270–1**
Mathildenstr. 1, 79106 Freiburg

GÖTTINGEN
Georg-August-Universität Göttingen
Kinderklinik und Poliklinik
0551/396239/396210
Robert-Koch-Str. 40, 37075 Göttingen

HAMBURG
I. Medizinische Abteilung des Krankenhauses Barmbek
040/63853345/3346
Rübenkamp 148, 22307 Hamburg

HOMBURG/SAAR
Beratungsstelle für Vergiftungsfälle
06841/162257/162846, Zentrale: **16-0**
66424 Homburg/Saar

KIEL
I. Medizinische Universitätsklinik Kiel
0431/5974268, Zentrale: **597-0**
Schittenhelmstr. 12, 24105 Kiel

KOBLENZ
Städtisches Krankenhaus, Kemperhof,
0261/499676, Vergiftung bei Kindern
Koblenzer Straße 115, 56073 Koblenz

LUDWIGSHAFEN
Klinikum der Stadt Ludwigshafen
0621/503-431, Zentrale: **503-1**
Bremserstr. 79, 67063 Ludwigshafen am Rhein

MAINZ
Beratungsstelle bei Vergiftungen,
II. Medizinische Klinik der Universität
06131/232466, Zentrale: **17-1**
Langenbeckstr. 1, 55131 Mainz

MÜNCHEN
Giftnotruf München
089/41402211
Ismaninger Str. 22, 81675 München

MÜNSTER
Medizinische Klinik und Poliklinik
0251/836245/-6188, Zentrale: **83-1**
Albert-Schweitzer-Str. 33, 48149 Münster

NÜRNBERG
II. Medizinische Klinik
Toxikologische Intensivstation
0911/3982451
Flurstr.17, 90419 Nürnberg

PAPENBURG
Marienhospital, Kinderabteilung
04961/830 Zentrale
Hauptkanal rechts 75, 26871 Papenburg